U0895837

海丰年鉴

HAIFENG YEARBOOK

2013

中共海丰县委
海丰县人民政府 主办

海丰县人民政府地方志办公室 编

方志出版社

图书在版编目（CIP）数据

海丰年鉴·2013 / 海丰县人民政府地方志办公室　编
—北京：方志出版社，2013.10
ISBN 978-7-5144-1004-4
I.①11海… II.①11海… III.①11海丰县—2013—年鉴
IV.①Z526．54

中国版本图书馆CIP数据核字（2013）第233592号

海丰年鉴（2013）

编　　者：海丰县人民政府地方志办公室
责任编辑：罗　滔
出 版 者：方 志 出 版 社
（北京市东城区夕照寺街14号院富瑞苑公寓6层）
邮编　100061
网址　http://www.fzph.org
发　　行：方志出版社发行部
（010）67120966-6008
经　　销：新华书店总店北京发行所
法律顾问：北京市大禹律师事务所
印　　刷：深圳市精典印务有限公司
开　　本：889×1194　1/16
印　　张：36
字　　数：968千字
版　　次：2013年10月第1版　2013年10月第1次印刷
印　　数：0001—2500册
ISBN 978-7-5144-1004-4/K·813　　定　价：226.00元
如发现印装质量问题，影响阅读，请与深圳市精典印务有限公司（0755-83748726）联系调换

编辑说明

一、《海丰年鉴》是中共海丰县委、海丰县人民政府主办的大型地方综合年鉴，是一部融思想性、科学性和资料性于一体的实用工具书，由《海丰年鉴》编纂委员会组织实施，海丰县人民政府地方志办公室、《海丰年鉴》编辑部编辑，方志出版社出版发行。

二、《海丰年鉴·2013》旨在全面、系统、翔实地记述2012年海丰县自然、政治、经济、文化、社会的基本面貌和发展情况，为"资治、存史、教化"服务，为各级领导决策服务，为广大读者掌握信息、积累资料、了解海丰服务。

三、本卷年鉴卷首设彩页、特载、大事记。卷尾附录设有统计资料、专记和报刊文摘。本卷年鉴配备双重检索系统，正文前有目录、正文后有索引，索引按照主题词首字汉语拼音字母顺序排列。为方便阅读，本年鉴出版同时制作电子版光盘。

四、本卷年鉴的主体内容采用类目、分目、子目、条目四级结构层次，类目有：概况、政治、经济、科教文卫体、社会生活、镇区概况。条目为基本记述实体，全书共设条目1054个。年鉴主体内容附配插图，图文并茂地反映海丰社会经济发展面貌。

五、本卷年鉴人物与先进集体所收录内容主要有：海丰县受省、部级以上表彰的先进人物与先进集体；海丰县受市委、市政府和省厅级表彰的先进人物与先进集体。各类人物与集体采用列表形式记述，并以获奖年月先后排序，无月可稽者排在年末。

六、本卷年鉴所记述的资料，分别由海丰县各有关部门负责提供，并经所在单位领导审定。年鉴所用的统计数字，采用县统计局快报数或撰稿单位数据，使用时应以县统计局公布的《2012年海丰县国民经济和社会发展统计公报》中的数字为准。

七、本卷年鉴的编纂工作得到县委、县政府的高度重视和县直各单位、各镇场、社会各界的大力支持与通力合作，谨此，表示真诚的感谢。书中纰漏之处在所难免，敬请各界人士批评指正。

海丰年鉴编纂委员会

2013年2月26日海委办〔2013〕18号文调整

名誉主任：沈木荣
主　　任：陈德忠
副 主 任：许信咏　廖汉生　黄坚如　蔡　忠
委　　员：陈建东　罗展峰　吴清瑜　吴远峰　林国强　张文亮
　　　　　谢立群　郭庆寿　林国义　张翰文　颜荣林　陈容生
　　　　　何秀山　卢小娟　林建军　郑永城　黄小平　刘城芳
　　　　　李小平　黄大毅　程剑章　林木森

编委会下设海丰年鉴编辑部，由许信咏任主编、蔡忠任执行主编，负责海丰年鉴编纂工作。

海丰年鉴编辑部

2012年4月16日海府办函〔2012〕20号文批复

主　　编：许信咏
执行主编：蔡　忠
执行副主编：叶玉坤
总　　纂：赵　辉
编　　审：黄俊仁
编　　辑：吕奋腾　方楚华　张梅春　黄群彬　余景新
编　　务：林巧惠

《海丰年鉴·2013》撰稿人名单

（按姓名笔画排序）

马　民	马泽民	马泽葵	马斯力	王小明	王富海	方楚华	方武会
龙信荣	叶　娜	叶玉坤	叶克好	叶楚东	冯琬舒	吕以实	吕锦佳
刘少予	刘诗章	刘锦琪	刘思捷	许宇帆	许竞跃	许海明	许镇奎
孙云山	苏少楠	杜少明	杜俊刚	李立文	李伯仪	李向东	李碧良
李海明	李智荣	杨靖海	何海平	吴小川	吴远峰	吴国和	吴贤圳
吴家海	邱佳文	余晓亮	余景新	余海洋	张志刚	张梅春	陈　川
陈广真	陈小明	陈土财	陈仁耀	陈仕明	陈汉武	陈永强	陈惠燕
陈孝光	陈学胜	陈冬妮	陈伊拉	陈寿浩	陈秋荣	陈楚文	陈晓彬
陈高贤	陈智军	陈建东	陈卓如	陈海明	陈智辉	陈俊超	陈锡坤
陈耀华	招秉纬	林　望	林小明	林仁涛	林时伟	林学强	林储武
林镇城	林基谋	林坤国	林雅棠	卓晖山	罗挺中	罗争鸣	周初现
郑江利	郑晓峰	郑碧山	郑凯旋	郑建程	柯以捷	柯明文	钟秀业
施圣悦	施美华	洪海洋	姚汉斌	倪素瑜	郭志峰	郭务民	郭耀鸿
黄庆锦	黄志雄	黄俊荣	黄秩才	黄俊敏	黄德银	黄奕添	黄建平
黄信鑫	黄群彬	黄翰瑜	黄腾辉	黄保欣	黄振启	章为华	梁泽文
彭军科	彭成托	程少章	程传穆	程招焕	曾　慧	曾庆诗	温海波
谢钊毅	谢耀富	蔡　忠	蔡小健	蔡世春	蔡华杰	蔡翠萍	蔡春富
蔡素芬	廖建峰	黎智文	颜俊富	颜雅静	戴晓震		

目　录

编辑说明
海丰年鉴编纂委员会
海丰年鉴编辑部
海丰年鉴撰稿人名单
数字海丰
海丰县政区图
图片专辑

特　载

建设全市转型升级先行区　当好县域经济发展排头兵（2012年2月24日）………郑　佳　2
政府工作报告（2012年3月17日在海丰县第十四届人民代表大会第二次会议上）………沈木荣　8
在传达贯彻全市重点项目建设（海丰）现场会精神会议上的讲话（2012年7月18日）………郑　佳　15
适应市场经济需要　打造廉洁高效政府（2012年10月12日）………陈德忠　19
在县委常委（扩大）会议上的讲话（2012年10月24日）………陈德忠　22
在全县学习贯彻党的十八大精神大会上的讲话（2012年11月23日）………沈木荣　27

大事记

2012 年大事记………32

概　况

▲海丰概况………44
建置区划………44
· 建置沿革
· 行政区划
自然地理………44
· 位置面积
· 地形地貌
· 气候特征
资源物产………45
· 土地资源
· 矿产资源
· 水资源
· 海洋资源
· 森林资源
· 野生动物
· 水产资源
· 物产
人文风俗………47
· 人口

·民族
·宗教
·语言
·民风民俗
·历史名人
环境保护……49
·简述
·环境质量
·生态保护
·污染控制
·环境监测
·环境监察
·环保宣教
·建设项目环保管理

▲经济社会发展概况……52
·简述
·国民经济发展
·深汕特别合作区建设
·重点项目建设
·工业经济
·农业生产
·社会购买力
·对外经济贸易
·宜居城乡建设
·教科文卫体事业
·民生工作
·社会保障

政 治

▲中共海丰县委员会……58
县委领导成员……58
·2012年中共海丰县委正、副书记及常委名录
县委工作机构……58
·2012年中共海丰县委工作机构设置
重要会议……59
·县委常委扩大会议
·县党政联席会议
·全县领导干部会议
·县委理论学习中心组学习会
重大决策……60
·加强基层组织建设
·重点建设项目责任制
·大力推进“扶贫双到”工作
·部署开展“三打两建”工作
·加强社会管理工作
综合工作……64
·督查督办
·信息工作
·保密工作
·调研工作
组织工作……65
·简述
·党组织和党员情况
·开展“五好五强”领导班子建设
·开展“讲理想、爱家乡、争上游”主题实践活动
·干部管理与监督
·开展争先创优活动
·人才队伍建设
宣传工作……70
·简述
·理论武装工作
·舆论宣传工作
·文化艺术工作
·文化设施建设
·文化体制改革
·思想道德建设
·“广东精神”宣传实践活动
·“海丰精神”宣传实践活动
县直工委工作……72
·固本强基工程
·机关作风建设
·党务量化考评
·党员的培养与发展

· 党内选举工作
统战工作……74
· 简述
· 侨务工作
· 港澳事务
· 台湾事务
· 民主党派工作
· 指导工商联工作
· 民族事务管理
· 宗教事务管理
· 开展“同心”系列行动
· 统战部自身建设
老干部工作……78
· 简述
· 落实老干部政治待遇
· 落实老干部生活待遇
· 老干部工作调研
· 老干部发挥作用
· 老干部活动
党史工作……79
· 简述
· 党史编研
· 革命遗址普查
党校……80
· 干部培训
· 理论研究
· 党校教学创新
信访工作……81
· 简述
· 县党政领导轮值接访日制度
· 带案下访、主动约访
· 综治信访维稳
· 督查督办信访积案
编制工作……82
· 简述
· 巩固政府机构改革成果
· 事业单位分类改革
· 行政审批制度改革
· 机构编制核查工作
· 机构编制实名制动态管理
· 事业单位登记管理
· 加强机构编制法制化和制度化建设
· 调整县机构编制委员会成员
· 加强编办自身建设

▲海丰县人大常委会……85
县人大常委会领导成员……85
· 2012年第十四届县人大常委会正、副主任和委员名单
县人大常委会工作机构……85
· 县人大常委会办公室和各工作委员会机构设置
重要会议……85
· 县十四届人大第二次会议
· 县人大常委会会议
· 全国十省（市、区）十二县（市、区）人大工作研讨会第26次会议
主要工作……87
· 议案建议办理
· 依法进行人事任免
· 人大监督工作
· 人大工作调研
· 组织人大代表视察
· 依法治县

▲海丰县人民政府……93
县人民政府领导成员……93
· 2012年海丰县人民政府县长、副县长名录
县人民政府工作机构……94
· 2012年海丰县人民政府工作机构设置
重要会议……96
· 县政府常务会议
· 县政府安全生产专题常务会议
· 重点项目工作会议
· 消防安全工作会议
· 县政府防范重特大安全事故会议
· 县“三打两建”工作会议
重要决策……99

· “四抓四促”助力转型升级
· “五个工作年”
· 遗体火化“一刀切”
· 建设广东省教育强县
综合政务……99
· 办文办会
· 信息调研
· 民心工程
· 政务督办
· 政府自身建设
政府法制……100
· 推进依法行政工作
· 行政复议和行政应诉
· 规范性文件审核
· 当好政府参谋助手和法律顾问
· 行政执法监督和培训
· 提案议案交办工作
· 参与“三打两建”工作
· 协助县领导抓好政法线条工作
外事·侨务……101
· 简述
· 海外联谊
· 加强因公出国（境）签证管理
· 侨捐项目监管
· 建立完善归侨普查数据库
· 为侨服务工作
· 加强自身建设
机关事务接待……103
· 机关事务管理
· 机关大院安保工作
· 办公经费管理
· 接待工作
· 迎宾楼管理
· 采购工作管理
地方志工作……104
· 简述
· 《海丰县志（1988～2004）》出版
· 《海丰年鉴·2012》出版
· 《海丰史志》总第17、18期出版发行
· 海丰县地方志编纂委员会成员调整
· 《海丰年鉴》编纂委员会成员调整
· 地情信息化工作
· 制定《海丰县地方志事业“十二五”发展规划》
· 贯彻汪洋书记对地方志工作的重要论述
· 组织收看收听全省2012年地方志工作电视电话会议
· 给省志办和市县党政领导赠送《陈炯明》系列史料
· 认真贯彻全省地方志工作总结表彰大会精神
档案工作……108
· 简述
· 档案工作目标管理与指导
· 档案业务培训
· 健全档案目录数据库
· 档案信息化建设
· 国家重点建设项目档案
· 声像档案工作
· 政府信息公开工作

▲政协海丰县委员会……111
县政协领导成员……111
· 2012年第八届政协海丰县委员会正、副主席名录
县政协工作机构……111
· 2012年县政协工作机构及各专委会设置
重要会议……112
· 县政协八届二次会议
· 县政协主席会议
· 县政协常委会议
主要工作……112
· 政协调研考察
· 提案办理
· 协商议政
· 政协民主监督
· 文史工作
· 政协联谊活动

▲中共海丰县纪律检查委员会……………………114
县纪委（监察局）领导成员……………………114
·2012年第十届中共海丰县纪律检查委员会领导名录
·2012年海丰县监察局领导名录
县纪委（监察局）工作机构……………………114
·2012年县纪委（检察局）工作机构
·2012年县纪委（检察局）派驻纪检监察组
重要会议……………………………………114
·中共海丰县第十届纪律检查委员会第二次全体会议
主要工作……………………………………115
·开展专项治理
·完善惩防体系
·查办违纪违法案件
·加强纪检队伍建设

▲民主党派与工商联…………………………116
中国民主同盟海丰县委员会……………………116
·组织建设
·思想建设
·参政议政
·社会服务
中国农工民主党海丰县总支部委员会…………117
·组织建设
·思想建设
·参政议政
·社会服务
中国致公党海丰县委员会………………………117
·组织建设
·主要活动
·参政议政
·社会服务
·宣传与海外联谊
县工商联……………………………………119
·工商联建设
·参政议政
·培训教育
·工商联党建工作
·公益事业

▲群众团体…………………………………121
县总工会……………………………………121
·工会建设
·法制建设
·劳动竞赛
·劳模工作
·维权宣传
·送温暖工程
·职工教育
共青团县委…………………………………122
·共青团海丰县第十四次代表大会
·维护青少年合法权益
·“牢记使命，寻找星火之源”汕尾青年“讲理想、爱家乡、争上游”主题实践活动
·“志愿服务集中行动月”活动
·开展“青春流行色、使你更快乐”系列志愿服务实践活动
·“大流杯”汕尾青年乒乓球邀请赛
·“幸福海丰·2012年圆贫困学生大学梦”爱心助学活动
·“相约青春、缘聚莲花”交友节
·“两进三同”活动
·“南粤幸福周”健康直通车活动
·“幸福海丰·健康同行”活动
·出版县级团刊《海丰·青年·志愿者》杂志（第二期）
县妇联……………………………………123
·实施妇女儿童发展规划
·维护妇女儿童合法权益
·妇女儿童节日庆祝活动
·深化三大主体活动
·未成年人思想道德教育
·帮扶困境妇女儿童
·妇联基层组织建设
科学技术协会………………………………126
·开展科普宣传
·农村实用技术培训

· 青少年科技教育
· 科普大篷车服务“三农”
个体劳动者协会……130
· 组织机构
· 主要活动
县侨联……130
· 简述
· 参政议政
· 联谊活动
县残联……130
· 残疾人“两项”调查
· 残疾人就业培训
· 残疾人康复服务
· 残疾人文体工作
县红十字会……131
· 关爱弱势群体
· 开展救助活动
· 普及救护知识
· 海丰首例自愿人体器官捐献
· 志愿者服务工作

▲政法……133
综述……133
社会治安综合治理……133
· 维护社会和谐稳定
· 深入开展“三打”专项行动
· 开展严打整治斗争
· 综治信访维稳三级平台建设
· 构筑社会治安防控体系
· 政法队伍建设
公安……135
· 简述
· 打击刑事犯罪
· 打击欺行霸市
· 打击经济犯罪
· 禁毒工作
· 警卫与安全保卫
· 公安监管
· 治安管理
· 边防管理
· 户政管理
· 消防管理
· 道路交通安全管理
· 公共信息网络安全监察
· 110接处警
· 巡警工作
· 警务督察
· 出租屋管理服务
· 提高公安执法质量
· 县公安机关机构设置
· 公安队伍建设
检察……141
· 简述
· 刑事检察
· 职务犯罪侦察与预防
· 民事行政检察
· 控告申诉检察
· 检察工作联络室
· 检察队伍建设
· 基层基础建设
审判……146
· 简述
· 刑事审判
· 民事审判
· 行政审判
· 审理执行
· 司法为民
· 法院规范化建设
· 法院队伍建设
司法行政……148
· 简述
· “六五”普法工作
· 法律服务
· 法律援助与咨询
· 公证工作
· 人民调解工作
· 社区矫正工作

▲军事……150
地方武装……150
·简述
·民兵预备役
·国防动员
·征兵工作
·军事训练
·军事管理
·安全管理
·后勤装备建设
·双拥共建
武警……152
·简述
·武警思想政治教育
·军事训练
·武警基层建设
·部队管理与后勤保障
·双拥工作
人民防空……153
·人防“结建”工作
·防空警报试鸣
·人防专业队伍训练

经　济

▲农业……156
综述……156
·农业发展概况
·农村体制改革
·农业产业化经营
·农业对外交流
·新农村建设
·农业管理机构改革
种植业……159
·简述
·粮食生产
·蔬菜生产
·水果生产
·茶叶生产
·农田基本建设
·农业科技推广
·农业品牌建设
·农资和农产品质量安全监管
林业……161
·简述
·绿化工程
·生态工程
·义务植树
·自然保护区
·林业改革
·森林防火
·林政管理
·行政执法
·重点林场
畜牧业……163
·简述
·畜禽饲养
·良种良法
·重大动物疫病防控
·肉品卫生安全
·贯彻“以法治牧”
农机管理……166
·简述
·落实强农惠农政策
·推广先进农机技术
·加强农机安全监管
·农机培训和农机服务
海洋与渔业……167
·简述
·海洋捕捞
·海水、淡水养殖
·加强水产品质量安全管理
·实施科技兴渔战略
·推进依法治渔（海）
·伏季休渔管理
广东海丰鸟类省级自然保护区……168

· 简述
· 保护区功能区调整
· 实施中央湿地保护补助资金项目
· 保护区项目申报工作
· 保护区多种形式的宣传活动
· 发挥保护区行政执法职能
· 强化保护区监测
水利与水务……172
· 简述
· 水行政执法
· “三防”工作
· 防洪救灾工作
· 实施水库移民后期扶持政策
· 千里海堤东关联安围达标加固工程
· 小型农田水利建设
· 小型水库除险加固工程
· 大中型水库概况
气象……177
· 简述
· 天气预报服务
· 气象现代化建设
· 防雷减灾管理

▲工业……180
综述……180
· 概况
· 企业转型升级
· 节能降耗工作
· 参加经贸洽谈会
工业行业……180
· 珠宝首饰加工业
· 服装业
· 毛织业
· 制鞋业
工业园区与专业城镇建设……181
· 广东可塘珠宝产业园
· 梅陇珠宝首饰城
· 梅北工业园区
· 可塘珠宝专业镇
· 梅陇金银首饰专业镇
· 公平服装生产专业镇
· 鹅埠制鞋专业镇
供电……182
· 简述
· 电网建设
· 供电服务
· 安全生产管理
· 党建与企业文化

▲商贸流通业……185
综述……185
· 商业经济发展概况
· 农村市场与城市市场
· 居民消费结构
· 批发业和零售业
粮食储备供应……185
· 粮食工作政府责任制
· 粮食宏观调控
· 储备粮油管理
· 粮食市场监管
· 粮食企业改革
· 粮食应急体系
商品供销……188
· 简述
· 农资供应和监管
· 专业合作社建设
· 提升农业品牌经营水平
· 推进农超对接建设平价商店
· 申报项目扶持农业企业发展
· 供销安全生产
烟草专卖……191
· 简述
· 卷烟经营
· 专卖管理与依法打假
· 烟草行业内部建设
食盐专卖……195
· 简述
· 依法治盐

· 营造食盐专营社会氛围
· 盐业企业改革
· 强化盐业内部管理
商业企业选介……………………………………196
· 海丰县商业企业（集团）公司
· 海丰县食品企业集团公司

▲对外经贸与口岸监管…………………………199
对外经济合作……………………………………199
· 利用外资
· 招商经贸洽谈会
对外贸易…………………………………………199
· 贸易出口
· 加工贸易
海关监管…………………………………………199
· 简述
· 优化海关监管服务
· 海关队伍建设
打击走私…………………………………………200
· 简述
· 贯彻落实《广东省反走私综合治理工作规定》
· 打击成品油走私活动
· 海防基础设施建设
出入境检验检疫…………………………………201
· 简述
· “双打”活动取得成效
· 检验检疫“质量月”活动
· 服务外贸发展
· 检验检疫监管模式改革
· 保障进出口食品安全
· 检验检疫队伍建设

▲旅游服务业………………………………………204
旅游业……………………………………………204
· 简述
· 旅游市场监管
· 旅游宣传促销
· 旅游设施建设
· 旅游景点建设
服务业……………………………………………205
· 住宿业与餐饮业

▲金融………………………………………………206
综述………………………………………………206
银行………………………………………………207
· 中国人民银行海丰县支行
· 中国农业银行海丰县支行
· 中国工商银行海丰支行
· 中国建设银行海丰支行
· 中国银行海丰支行
· 中国农业发展银行海丰县支行
· 中国邮政储蓄银行海丰县支行
· 海丰县农村信用合作社联合社
保险………………………………………………218
· 中国人民财产保险股份有限公司海丰支公司
· 中国人寿保险股份有限公司海丰县支公司

▲交通运输…………………………………………220
综述………………………………………………220
交通设施建设……………………………………220
· 厦深铁路建设
· 高速公路建设
· 一级公路建设
· 县乡公路建设
· 通村公路建设
· 港口码头建设
客货运输…………………………………………221
· 城镇客运
· 市际、县际班车客运
· 农村客运
· 公交交通
· 出租车运输
· 客运站
· 货物运输
· 机动车维修
· 渡口渡运
交通管理…………………………………………222
· 运输市场管理

·交通运输综合行政执法
·交通工程质量管理
·地方公路管养
·交通行业安全生产管理
·驾驶员培训
国道、省道建设与管养……224
·简述
·国道、省道建设
·国道、省道养护
·路政管理

▲邮政　电信……226
邮政业……226
·简述
·邮政网点整治与转型
·邮政业务
·邮政管理
·邮政队伍建设
电信与信息化……228
·简述
·加速信息化建设
·移动3G业务规模发展
·电信企业管理和改革
·营销机制创新
·电信内部建设
移动通信……229
·简述
·移动业务发展
·移动网络运营
·企业综合管理
·汕尾移动第一通信机楼在海丰投产
联通通信……231
·简述
·联通业务发展
·通讯设施建设

▲财政　税务……232
财政……232
·财政预算
·财政收支
·财政征管
·国有资产管理
·政府采购
·镇级财政
·重点工程投资
·财政监督
国家税务……233
·简述
·贯彻税收政策
·规范两税管理
·坚持组织收入原则
·税源分析监控
·依法开展税收稽查
·优化纳税服务
地方税务……235
·简述
·依法治税
·税收征管
·纳税服务
·社保费征管
·税收调研
·地税队伍建设
·税收信息化建设

▲综合经济管理……239
发展和改革……239
·简述
·年度计划编制与经济运行监测
·发展现代服务业
·投融资管理
·重大项目建设
国土资源管理……245
·简述
·土地利用
·土地储备
·耕地保护
·地籍管理
·土地规划微调

· 卫片执法检查
· 土地执法监察
· 测绘管理
· 矿产管理
· 地质灾害防治
· 领导班子和队伍建设
· 基层建设
工商行政管理……247
· 简述
· 工商企业登记管理
· 商标管理
· 广告管理
· 市场监管
· 合同管理
· 工商行政执法
· 市场物业管理
质量技术监督……252
· 简述
· 标准化与代码管理
· 计量检测
· 民主计量工作
· 市场监督巡查
· “5·12”世界计量日活动
· 工业产品质量管理
· “质量强县”工作
· 管理体系认证与食品农产品认证监管
· 工业锅炉专项与节能降耗整治
· 特种设备管理及宣传
· 开展安全生产“打非治违”专项行动
· 重特大事故隐患监控
· 生产加工环节食品监管
· “三打两建”打击制假售假专项行动
食品药品监督管理……256
· 简述
· 食品安全综合监管
· “三品一械”监管
· 药品经营审批认证
安全生产监督管理……257
· 简述
· “安全生产年”活动
· 安全生产监督检查
· 安全生产行政许可
· 安全生产行政执法检查
· 安全生产宣传教育
物价管理……259
· 简述
· 价格监测
· 成本调查与成本监审
· 规范收费管理
· 物价监督检查
· 价格认证工作
· 价格调节基金
· 规范农村道路客运票价管理
· 价格管理
· 重新核定廉租房租金
· 药品价格“三控”管理
· 平价商店等三项建设
审计……261
· 简述
· 财税审计
· 经济责任审计
· 政府投资审计
· 专项资金审计和审计调查
· 财务收支审计
· 配合审计核查
· 内部审计
· 审计机关规范化建设
统计……263
· 简述
· 统计法制建设
· 国情国力调查
· 统计分析调研
· 统计信息化建设

▲城镇建设与管理……266
综述……266
城乡规划……266
· 简述

· 城市总体规划
· 小城镇规划
· 新农村规划
村镇建设……267
· 村居建设
建设管理……267
· 建设市场秩序管理
· 建设工程安全质量管理
· 城管行政执法管理
· 燃气管理
房地产与建筑业……268
· 房地产建设
· 房地产交易
· 房地产管理
· 住房解困
· 建筑业管理
城镇管理与公用事业……269
· 简述
· 市政建设
· 治理“脏、乱、差”
· 亮化建设
· 园林绿化
· 环卫保洁
· 城镇供水

教科文卫体

▲教育……274
综述……274
· 概况
· 教育督导
· 教育投入
· 民办教育
普通教育……274
· 学前教育
· 基础教育
· 德育教育
· 学校体育
· 高招考试
成人教育……275
· 成人文化技术培训
教育管理……276
· 师资队伍
· 教育科研
· 教育信息化
· 学校安全
学校选介……277
· 海丰县彭湃中学
· 海丰县陆安中学
· 海丰县广播电视大学
· 海丰县中等职业技术学校
· 海丰县红城中学
· 海丰县梅陇中学
· 海丰县赤坑中学
· 海丰中学
· 海丰县公平英豪学校
· 海丰县仁荣中学
· 海丰县德成中学
· 海丰县林伟华中学
· 海丰县实验中学
· 海丰县光明职业技术学校

▲科学技术……282
· 简述
· 科技计划
· 科普宣传
· 科技示范
· 科技服务
· 知识产权
· 防震减灾
· 农业技术培训
· 科技队伍建设

▲文化……284
综述……284
文化设施建设……284

· 农家书屋工程
· 综合文化站改建扩建工程
· 文化室设施配套建设
· 乡镇健身工程和广场建设
· 电影放映“3121”工程
· 广播电视“村村通”“户户通”配套工程
文学 艺术……284
· 书法活动
· 马思聪研究
· 楹联活动
· 文学艺术作品成果
群众文化……285
· 群众文化活动
· 文化馆活动
图书 文物……286
· 图书馆
· 博物馆
· 红宫红场纪念馆
· 《海丰县文化志》编修工作
文化遗产保护……286
· 非物质文化遗产保护
· 西秦戏
· 白字戏
文化市场……287
· 文化市场管理
· 版权保护工作
传播媒体……288
· 《海丰报》
· 海丰广播电视台

▲医疗卫生……292
综述……292
· 概况
· 机构改革
预防与保健……292
· 疾病预防控制
· 妇幼保健
· 爱国卫生运动
卫生监督执法……294
· 卫生监督
· 餐饮环节食品安全监管
· 卫生知识普及
医疗工作……295
· 中医事务
· 新型农村合作医疗
医疗卫生管理……295
· 县级公立医院综合改革
· 医院管理年活动
· 巩固和完善基本药物制度
· 开展“三好一满意”活动
· 规范临床护理管理
· 卫生科研
· 卫生信息化建设
医院选介……298
· 彭湃纪念医院
· 海丰县中医医院
· 海丰县妇幼保健院

▲体育……300
· 简述
· 体育设施建设
· 国民体质监测
· 社会体育指导员
· 全民健身活动
· 体育产业
· 体育人才培养
· 体育彩票

社会生活

▲社会生活……304
劳动就业 社会保障……304
· 简述
· 城乡统筹就业
· 下岗再就业
· 人事管理
· 职业技能培训

·劳动信访与劳动监察
·劳动仲裁与工伤认定
·社保扩面征缴
·社保基金管理
人口和计划生育……307
·简述
·建立和落实计生层级动态管理责任制
·落实生育节育政策
·计划生育队伍建设
·流动人口计生服务管理
·计生宣教与综合治理
·开展计生活动
民政……309
·简述
·最低保障与“五保”供养
·规范低保、“五保”与孤儿管理
·双拥、优抚工作
·基层村（居）委建设
·村（居）务公开民主管理示范创建活动
·区划地名工作
·社团组织管理
·老龄工作
·婚姻登记管理
·殡葬管理
·福利彩票工作
扶贫开发……314
·简述
·农村低收入困难户住房改造
·实施“大禹杯”项目
·“两不具备”贫困村庄搬迁安置
·贫困户生活质量明显提升
·贫困村生产生活条件有效改善
·中山市对口帮扶成效显著
·“一村一基地”帮扶项目
·打造贫困户社保体系
·扶持基础设施项目建设
消费者权益保护……315
·企业诚信建设
·新闻消费导向
·受理消费投诉咨询
·“3·15”系列宣传活动
·开展食品安全系列活动

镇（区）概况

▲经济开发区……318
·简述
·招商引资
·重点项目建设

▲海城镇……319
综合概况……319
·简述
·招商引资
·重点项目建设
·旅游开发
·基层组织建设
村（社区）选介……321
·海城镇长埔村
·海城镇新园社区

▲城东镇……322
综合概况……322
·简述
·重要会议
·农业经济
·招商引资
·重点项目建设
·工业转型升级
·民生工作
·基层组织建设
·其他工作
村（社区）选介……323
·城东镇龙山村
·城东镇汀州村

▲附城镇……325
综合概况……325
· 简述
· 农业经济
· 重点项目建设
· 综治信访工作
· 民主法治建设
· 基层组织建设
村（社区）选介……327
· 附城镇城南社区
· 附城镇圆山村

▲联安镇……328
综合概况……328
· 简述
· 招商引资
· 重点项目建设
· 教育事业
· 计划生育
· 社会保障
· 基层党建工作
· 社会管理工作
· 扶贫开发“双到”工作
· 惠民政策落实
· 乡村生态旅游
村（社区）选介……332
· 联安镇优冲村
· 联安镇坣头村

▲可塘镇……333
综合概况……333
· 简述
· 农业经济
· 珠宝产业
· 招商引资
· 重点项目建设
· 村镇基础建设
· 科教文卫事业
· 民生工作
· 综治维稳工作
· 基层组织建设
· 其他工作
村（社区）选介……337
· 可塘镇可北村
· 可塘镇罗山村

▲陶河镇……338
综合概况……338
· 简述
· 农业经济
· 工业发展
· 基础设施建设
· 民生工作
· 推进教育强镇
· 计划生育
· 维稳工作
· 基层组织建设
村（社区）选介……340
· 陶河镇陶塘社区
· 陶河镇陶联村

▲赤坑镇……342
综合概况……342
· 简述
· 农业经济
· 重点项目建设
· 招商引资
· 基础设施建设
· 民生工作
· 综治维稳工作
· 教育事业
· 群众文化
· 卫生和计划生育
· 基层组织建设
村（社区）选介……344
· 赤坑镇岗头村
· 赤坑镇石望村
· 赤坑镇溪金村

▲大湖镇……346
综合概况……346
·简述
·农业经济
·重点项目建设
·旅游资源开发
村（社区）选介……348
·大湖镇高螺村
·大湖镇山脚村

▲梅陇镇……349
综合概况……349
·简述
·农业经济
·重点项目建设
·民生工作
·信访维稳工作
·环境卫生整治
·基层组织建设
村（社区）选介……350
·梅陇镇梅陇村
·梅陇镇西兴社区

▲鲘门镇……352
综合概况……352
·简述
·招商引资
·重点项目建设
·民生工作
·计划生育
·综治维稳工作
·基层组织建设
村（社区）选介……354
·鲘门镇民新村
·鲘门镇鲘门社区

▲小漠镇……357
综合概况……357
·简述
·革命历史
·经济发展
·重点项目建设
·环境整治
·旅游开发
·社会事业
村（社区）选介……360
·小漠镇云新村
·小漠镇大澳村

▲赤石镇……361
综合概况……361
·简述
·农业经济
·重点项目建设
·社会保障
·综治维稳工作
·计划生育
·社会事业
·领导关怀
村（社区）选介……368
·赤石镇新里村
·赤石镇大安村

▲鹅埠镇……370
综合概况……370
·简述
·产业转移园区建设
·鞋业生产
·新农村建设
·扶贫“双到”工作
·社会保障
·民生工作
·文化事业
·旅游服务
·基层组织建设
村（社区）选介……374
·鹅埠镇红罗畲族村
·鹅埠镇蛟湖村

▲公平镇……375
综合概况……375
· 简述
· 服装产业
· 农业经济
· 城乡建设
· 综治维稳工作
· 民生工作
· 社会事业
· 安全生产
· 基层组织建设
村（社区）选介……379
· 公平镇五联村
· 公平镇笏雅村

▲平东镇……380
综合概况……380
· 简述
· 农业经济
· 招商引资
· 社会事业
· 综治维稳工作
· 民生工作
· 其他工作
· 基层组织建设
村（社区）选介……382
· 平东镇双墩村
· 平东镇南门村

▲黄羌镇……384
综合概况……384
· 简述
· 农业经济
· 重点项目建设
· 新农村建设
· 扶贫开发工作
· 民生保障
· “三打两建”工作
· 综治维稳工作
· 计划生育
· 教科文卫事业
· 安全生产
· 其他工作
· 基层组织建设
村（社区）选介……389
· 黄羌镇虎噉村
· 黄羌镇坑联村

▲黄羌林场……391
· 简述
· 林业生产
· 民生工作
· 基层组织建设
· 计生与殡改工作

▲梅陇农场……393
· 简述
· 农业经济
· 基础设施建设
· 民生工作
· 基层组织建设

人物与先进集体

▲先进人物……396
· 2012年海丰县受省、部级以上表彰的先进工作者名录
· 2012年海丰县受市委、市政府和省厅级表彰的先进人物名录

▲先进集体……398
· 2012年海丰县受省、部级以上表彰的先进单位名录
· 2012年海丰县受市委、市政府和省厅级表彰的先进单位名录

附录

▲社会经济统计资料……404
2012年海丰县国民经济和社会发展统计公报
2012年海丰县主要经济指标完成情况一览表
▲文献选编……407
关于印发《中共海丰委关于进一步加强基层组织建设的实施意见》的通知
关于印发《海丰县法治文化建设实施方案》的通知
中共海丰县委 海丰县人民政府关于全面创建平安海丰的实施方案
中共海丰县委 海丰县人民政府关于表彰2011年度全县先进单位的决定
关于印发海丰县加快推进农村综合改革工作意见的通知
关于落实《海丰县国民经济和社会发展第十二个五年规划纲要》主要目标和任务工作分工的通知
关于印发《海丰县妇女发展规划（2011-2020年）和《海丰县儿童发展规划(2011-2020)》的通知
印发2012年海丰县推进扩大就业工程工作方案的通知
关于印发《海丰县2012年度地质灾害防治方案》的通知
印发海丰县气象灾害应急预案的通知
关于公布海丰县不可移动文物名录的通知
印发海丰县地方志事业“十二五”发展规划的通知
地方综合年鉴编纂出版规定（试行）
关于印发《广东省地方志资料年报制度》的通知
《孙文与陈炯明史事编年》增订本说明
岭南文库顾问
岭南文库编辑委员会

▲专　记……465
可塘镇珠宝产业的发展
梅陇镇首饰产业的发展
鹅埠镇制鞋产业的发展
公平镇服装产业的发展
联安镇全力打造特色农业

▲报刊选摘……476
马思聪—音乐，越是民族的才是世界的（载2012年9月13日《南方日报》）
海丰加快重点项目建设进程（载2012年10月8日《汕尾日报》）
蓝图已绘就 号角已吹响（载2012年10月25日《汕尾日报》）
海丰商贸物流业“热流”滚滚（载2012年12月11日《汕尾日报》）
评《海丰县志（1988—2004）》的成就和特色

▲重要文件目录……487
2012年中共海丰县委文件目录表
2012年中共海丰县委办公室文件目录表
2012年海丰县人民政府文件目录表
2012年海丰县人民政府办公室文件目录表
《海丰县2012年国税纳税超500万元以上企业名录》
《海丰县2012年地税纳税超500万元以上企业名录》

索引……497

数字海丰

Shuzihaifeng

2012

总面积：1782.70平方公里

常住人口：80.32万人

户籍人口：81.46万人

本地生产总值：201.6 亿元

其中：第一产业：31.1亿元

第二产业：89.4亿元

第三产业：81.1亿元

第一、第二、第三产业构成：15.4 : 44.4 : 40.2

人民币存款余额：131.70亿元

人民币贷款余额：40.60亿元

居民储蓄存款余额：108.00亿元

职工人均工资：32696元

居民人均可支配收入：16031元

居民人均消费性支出：13002元

居民家庭恩格尔系数：47.23 %

农民人均经营性收入：3734.6元

农民人均生活消费支出：7837.5元

规模以上工业总产值：214.5亿元

人均本地生产总值：2.51万元

地方财政一般预算收入：11.35亿元

地方财政一般预算支出：19.71亿元

全社会固定资产投资：179.09亿元

社会消费品零售总额：177.1亿元

商品出口总额：49233万美元

商品进口总额：21422万美元

实际利用外资：12680万美元

货物运输量：1176万吨

医院床位数：2294张

卫生技术人员：2880人

供电总量：10.41亿千瓦时

县城供水总量：2917万立方米

本图资料截至2004年12月

广东省地图院编制 审图号：粤S（2012）061号

马思聪百年诞辰

2012年5月7日，省委宣传部和汕尾市委、市政府主办，海丰县委、县政府承办的马思聪百年诞辰纪念大会在海丰县迎宾楼会议厅隆重举行

隆重纪念马思聪百年诞辰

2012年5月7日，广东省副省长雷于蓝在马思聪百年诞辰纪念大会上讲话

2012年5月7日，市委常委、秘书长、县委书记郑佳（右一），县长沈木荣（左一）共同为马思聪百年诞辰纪念封揭幕

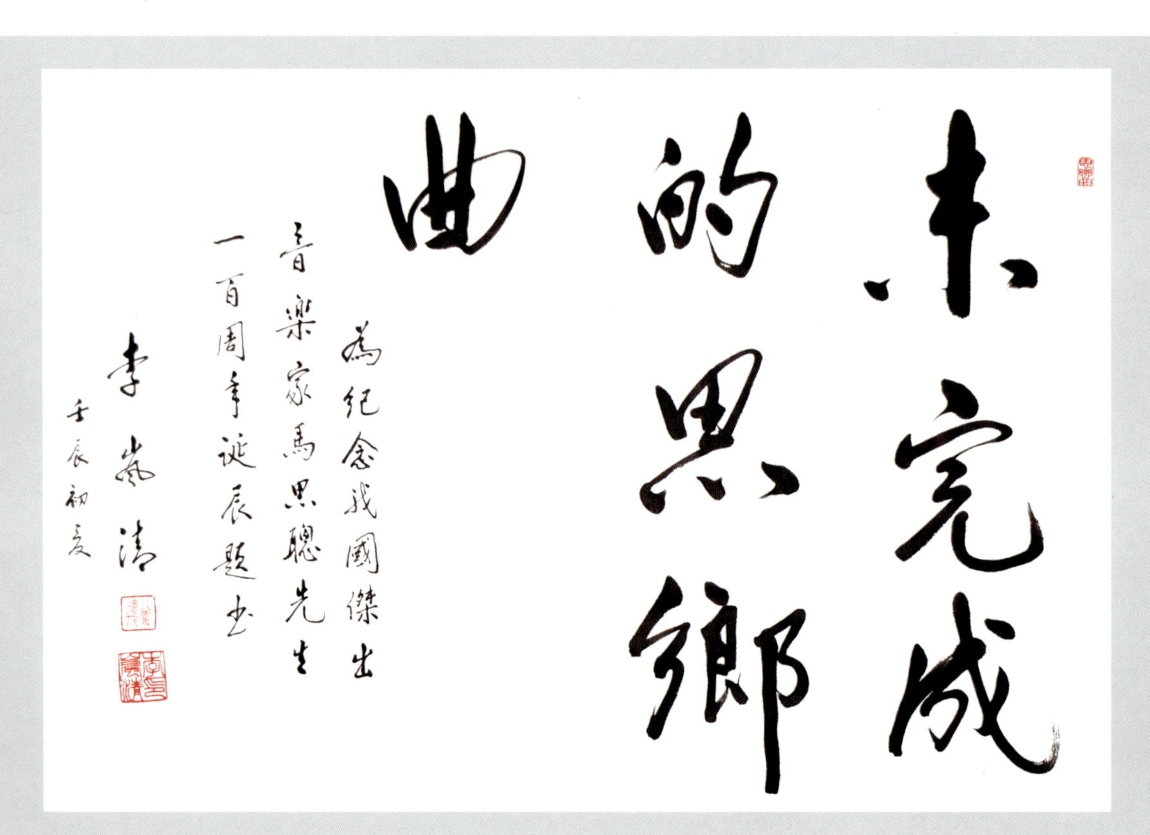

中共中央政治局原常委、国务院原副总理李岚清为马思聪百年诞辰纪念活动作画题字

海城镇中心小学合唱团演唱马思聪作品（中国少年儿童队队歌）、《大海，我爱你》

深圳交响乐团精彩演绎马思聪管弦乐作品《欢喜组曲》、《晚霞》、《塞外舞曲》等

2012年2月4日，海丰县2012年庆元宵文化巡游暨经贸洽谈会活动主会场

2012年2月4日，海丰县2012年庆元宵文化巡游彩车

2012年2月4日，海丰县2012年庆元宵文化巡游彩车

①②③国家级非物质文化遗产海丰西秦戏——《留取丹心照汗青》剧照

2012年1月16日，市委副书记陈央（中）到海丰县红宫红场调研

2012年1月16日，市委副书记陈央（右一）到海丰县文天祥公园调研，听取市委常委、秘书长、县委书记郑佳（左一）的介绍

2012年2月17日，汕尾市市委书记郑雁雄（前中）深入赤石镇调研

2012年3月5日、6日，市委书记郑雁雄（中）由市委常委、秘书长、县委书记郑佳（左二）陪同到联安镇调研

2012年3月5日、6日，市委书记郑雁雄（左三）由市委常委、秘书长、县委书记郑佳（右二），县委副书记、县长沈木荣（左二），市农业局局长陈德忠（右一）陪同到平东镇调研

2012年3月6日，市委书记郑雁雄（前右一），由市委常委、秘书长、县委书记郑佳（前左一）、县委副书记、县长沈木荣（前左二）陪同深入海丰县供销果蔬加工厂调研

2012年3月6日，市委书记郑雁雄一行深入黄羌镇坑联村调研

2012年3月6日，海丰县供销社主任林惠迎（前右一）向市委书记郑雁雄（前左一），市委常委、秘书长、县委书记郑佳（前左二），县委常委、县委办公室主任廖汉生（右二）介绍县供销果蔬加工厂的生产情况

2012年3月6日，汕尾市市长吴紫骊（前中）深入赤石镇调研

2012年3月14日，深圳市副市长陈彪参（中）在市委常委、秘书长、县委书记郑佳（左一）陪同下参观红宫红场

2012年3月12日植树节，市委常委、秘书长、县委书记郑佳（右）带头植树

2012年3月12日，县委副书记、县长沈木荣（右）在植树

2012年3月15日，市政府在海丰县联安镇召开汕尾市农业科技创新促春耕现场展示会

2012年3月18日，省市领导专家学者深入海丰县梅陇镇高产创建示范片田头指导粮食生产

2012年3月18日，省市领导专家学者深入海丰县梅陇农场燕洲管区田头指导粮食生产

2012年3月29日，农业部政策法规司司长张红宇莅临海丰县调研农业农村工作

2012年4月1日，汕尾市党政领导、海丰县党政领导率各级领导、社会各界人士代表在海丰县烈士陵园开展祭奠革命烈士活动

2012年4月11日，省人大常委会委员赵振华（中）到海丰县检查《禁毒法》贯彻落实情况，市委常委、秘书长、县委书记、县人大常委会主任郑佳（右二）陪同

2012年4月27日，省国土资源厅党组书记邬公权在市、县领导陪同下到海丰县联安镇检查指导耕地保护工作

2012年5月24日，市委常委、秘书长、县委书记郑佳（中）调研农业水利建设

2012年5月29日，县委副书记、县长沈木荣（中），县委副书记林建隆（右一）、县人大常务副主任姚英谋（左一）、副县长卓凛波（右二）调研海丰县中等职业技术学校建设情况

2012年5月29日，县委副书记、县长沈木荣（中），县人大常务副主任姚英谋（左二），县委副书记林建隆（左一），副县长卓凛波（右一）等县领导深入海丰县实验中学调研

2012年6月13日，市委书记郑雁雄（中）在市委常委、秘书长、县委书记郑佳（左二）的陪同下，到大湖镇调研镇、村经济社会发展和农民生活生产情况

2012年6月15日，市委常委、秘书长、县委书记郑佳（中），县委副书记、县长沈木荣（左）调研全县重点项目建设

2012年6月15日，市委常委、秘书长、县委书记、县人大常委会主任郑佳（前左一），县委副书记、县长沈木荣（前右一），县政协主席冯月琴（二排左一），县人大常务副主任姚英谋（右二）等县四套班子领导成员和县人大代表，政协委员到海丰县实验中学视察

2012年6月15日，县政协主席冯月琴（右二），县委副书记林建隆（左一），县委常委、县委办主任廖汉生（右三），县委常委、宣传部长卢雁慧（右一），副县长卓凛波（左二）、陈凯婵（二排左一）等县领导深入海丰县实验中学调研

2012年7月4日，市委常委、秘书长、县委书记郑佳（左二）在龙津河整治排污管道安装工程现场指导工作

2012年7月10日，省政协唐国忠副主席（左二）率团到海丰县工商局督导“三打”工作。在市委副书记陈央、市委常委、秘书长、海丰县委书记郑佳（右二）、县长沈木荣（中）等市县领导的陪同下，唐国忠副主席会见了“三打两建”办工作人员，查阅了海丰县工商局“三打”工作资料，观看了“三打”工作专题片，对海丰县工商局“三打”的工作给予充分肯定

2012年7月23日，市委书记郑雁雄（中）率市“三打”检查组，在市委常委、秘书长、海丰县委书记郑佳（右一）、县长沈木荣（左二）的陪同下，到海丰县工商局查看“三打”查获物资。指导海丰县“三打”工作。

2012年7月23日，市委书记郑雁雄(左一)在市委常委、秘书长、县委书记郑佳（左二），县委副书记、县长沈木荣（右二），县委常委、县委政法委书记陈连郑（右一）副县长、县公安局长王楚雄（左三）的陪同下深入海丰县检查督导“打欺”工作

2012年8月10日，市委常委、秘书长、县委书记郑佳（中），县委副书记、县长沈木荣（右）在县影剧院建设工地考察

2012年9月3日，市委常委、秘书长、县委书记郑佳（后排中）、沈木荣县长（后排右二）深入赤石镇调研

2012年9月12日，汕尾市人大副主任刘雪真（中）、县人大副主任陈木（左一）在镇长林永长（右一）陪同下深入赤石镇调研

2012年9月26日，海丰县委副书记、代县长陈德忠（中）深入赤石镇调研

2012年9月28日，县委书记沈木荣（右二），县委副书记、代县长陈德忠（左二），县政协主席冯月琴（右一），县委常委、县委办公室主任廖汉生（左一），县委常委、县委宣传部部长卢雁慧（左三）率领有关部门负责人深入县影剧院实地检查指导工作

2012年10月10日，县委书记沈木荣（左一）深入敏兴毛织有限公司调研

2012年10月10日，县委书记沈木荣深入海丰珠江啤酒厂调研

2012年10月16日，省委常委、秘书长林木声组团到海丰县可塘镇党代表工作室约谈党员群众

2012年10月16日，市长吴紫骊与参加约谈的党员代表亲切座谈，了解基层党员群众的思想动态和工作生活现状，听取基层党员群众所关心的热点、难点问题的意见和建议

2012年06月29日，县领导为受表彰的先进基层党组织、优秀共产党员和优秀党务工作者代表颁奖

2012年10月20日，中央组织部干部教育局局长李小三（前左二）在省委组织部副部长张辉的陪同下率调研组到海丰县调研干部教育培训工作

2012年11月9日，县委书记沈木荣（中）深入大湖镇南北堤围除险加固工程建设现场调研

2012年11月8日上午，省统计局局长幸晓维到海丰县调研基层统计工作

2012年11月9日，县委书记沈木荣深入大湖镇石牌社区养殖公司调研

2012年11月9日，县委书记沈木荣（前左二）深入大湖镇调研，深入南北堤围湖仔村角仔尾除险加固工程指导工作

2012年11月21日，县委书记沈木荣（左二），县委副书记、代县长陈德忠（右一），县人大常委会代主任姚英谋（左三）深入平东镇调研镇域经济与社会发展情况

2012年11月22日，市委常委、组织部长苏茂荣带领市委组织部调研组深入鲘门镇开展调研活动，了解鲘门镇学习贯彻落实党的十八大精神、“三打两建”和基层组织建设工作情况

2012年11月30日，县委、县政府在平东镇召开全县冬种生产现场会。县委副书记、代县长陈德忠（前左一）、县委副书记林建隆（前右一）参观冬种冬修现场

2012年11月29日，副省长林少春（左二）在市、县等领导陪同下到海丰县人口计生局检查指导工作

2012年12月5日，县委书记沈木荣（左二）深入县计生服务站检查指导工作

2012年12月21日，县委书记沈木荣（中）深入梅陇镇调研镇域经济社会综合发展工作

2012年12月26日，县委书记沈木荣检查黄羌镇里坑村整村推进工作

2012年4月16～17日，海丰县政协八届二次会议在海城召开

2012年7月21日，海丰县政协常委会到黄羌镇开展农田水利建设专题调研

2012年8月30日，全省移民安居工程建设（海丰）现场会

2012年9月19日，县委书记沈木荣在全县“三打两建”工作会议上作重要讲话

2012年9月19日，县委副书记、代县长陈德忠主持全县“三打两建”工作会议

2012年9月19日，海丰县“三打两建”工作会议现场

海丰县2012年武装工作会议

市社会信用体系建设调研督导会议现场

2012年11月30日，海丰县委、县政府召开冬种和冬修现场会

紅宫

莲花山鸡鸣寺

金丽湾度假别墅

金丽湾

红宫

彭湃故居

马思聪故居

陈炯明将军府旧址

钟敬文广场（公平镇）

海丰烈士陵园广场

海丰县鲘门海丽国际高尔夫球场（肖　穗摄）

海丰县鲘门——惊涛拍岸（肖 穗摄）

海丰县莲花山——空山秋韵（肖 穗摄）

海丰县莲花山——银瓶瀑布（肖　穗 摄）

赤石五龙峰

丽江

粉围村

丽江水鸟

海丰文天祥公园

莲花魂

林厝寨全貌（肖　穗摄）

西闸

大湖银滩

大湖镇风光旖旎的十里银滩

小漠镇南方澳度假村

国际重要湿地——东关联安围

东关联安围红树林

联安镇田园风光

大湖鸟岛省级自然保护区

大湖鸟岛省级自然保护区

赤石镇新厝林古寨一角

特 载

建设全市转型升级先行区 当好县域经济发展排头兵

——2012年2月24日在全县领导干部大会上的讲话

市委常委、秘书长、县委书记、县人大主任　郑　佳

今天，县委、县政府召开的全县领导干部大会，主要任务是：深入贯彻落实中央工作会议、省委十届十一次全会、市第六次党代会和省、市“两会”，以及全市领导干部会议精神，回顾总结我县去年的工作，研究部署新一年的各项任务，动员全县各级党政和广大干部群众，进一步统一思想，迅速行动起来，全力投入到推动创新发展、建设幸福海丰，努力使我县成为全市转型升级先行区、县域经济发展排头兵上来。刚才，木荣同志传达了省计生会议精神、并对开展春季计生集中服务月活动作了动员讲话，讲得很好，我表示赞同。我县分别被国家计生委和省委、省政府授予“全国人口与计划生育优质服务县”和“全省人口与计划生育工作先进单位”，荣誉来之不易，我们要倍加珍惜。这次计生集中服务活动，是县委、县政府根据我县计生工作存在的一些薄弱环节，为进一步巩固工作成果，自加压力开展的，希望各地各单位按照县的部署抓好落实，为我县计生工作再上新台阶打好基础。大会还表彰了一批2012年庆元宵文化巡游活动中获奖单位，这次文化巡游活动在组委会的周密策划下和各地各单位的精心组织、积极参与下，取得圆满成功，其规模之大、观众之多、效果之好是前所未有的，有力地推进了我县文化强县建设。下面，我就今年的工作，特别是对如何“建设全市转型升级先行区、当好县域经济发展排头兵”问题，讲三点意见。

一、总结成绩，正视差距，强化加快海丰发展信心

过去的一年，县委、县政府认真落实党中央和省、市委全会精神，以及各项决策、决定，紧紧围绕县委九届十次全会确定的“推动创新发展、建设幸福海丰”的奋斗目标，带领全县广大干部群众，团结拼搏，开拓进取，强力推进“六大工程”，促使全县经济和社会各项事业不断取得新发展、新进步。据统计，全县实现GDP 182亿元，同比增长15.5%；工业总产值254亿元，比增33.6%，其中，规模以上工业总产值156亿元，比增45.5%；农业总产值45.5亿元，比增6.8%；实际利用外商直接投资1.05亿美元，比增43.5%；社会固定资产投资138亿元，比增38%；社会商品零售总额175亿元，比增21.8%；城镇居民人均可支配收入14268元，比增12.8%。农民人均纯收入7648元，比增15%。并先后被评为“广东省林业生态县”“广东省党管武装工作先进单位”“全省双拥模范县”“全国人口与计划生育优质服务先进单位”和“全省人口与计划生育工作先进单位”。主要呈现“十大亮点”：一是财政收入保持高增长。2011年县级财政一般预算收入完成9亿元，自2005年以来连续7年比增30.6%。二是项目建设实现新突破。列入全省十大重点项目的华润海丰电厂，已在去年10月份正式动工建设，一批投资上亿乃至十亿元以上的大项目先后动工或竣工。三是转型升级实现新进展。深汕特别合作区于去年5月由省委省政府正式授牌；金庄电器、中阳光研、华成峰抗衰老中心等一批新兴产业企业集聚发展。四是教育事业实现新腾飞。中等职业技术学校、县实验中学、县教育园区公办高级中学和德成中英文学校等新扩建工程顺利推进。五是扶贫“双到”实现新成效。全县投入扶贫资金2.77亿元，脱贫率达到92%，被评为全省优秀等次；全省扶贫“双到”工作现场会在我县召开，扶贫工作受到高度评价和充分肯定。六是中等现代化城市实现新提升。碧桂园、第一城等10大高层楼盘全面启动；县城北三环路、红城大道改造、龙津河综合整治等民生工程竣工或加紧建设；

城市管理进一步规范，县城中等现代化城市初步形成。七是新农村建设实现新推进。大力实施“五改、五化”工程，改善了群众生活生产环境；申报推荐了公平镇等一批名镇名村示范村，尤其是黄羌镇坑联村被评为“全国文明村”。八是文化建设实现新跨越。举办“岭南画家走进海丰”美术作品展，原创历史剧西秦戏《文天祥在岭南》参加第十一届广东省艺术节荣获七大奖项。九是平安建设得到新巩固。严厉打击各种违法犯罪行为，成功处置了河南籍部分出租车司机计划上京上访案等比较突出的信访问题；实现了厦深铁路后门段顺利拆迁、华润海丰电厂和谐征地，受到省委主要领导的充分肯定，切实维护了社会的和谐稳定。十是党的建设实现新加强。圆满完成了村、镇、县三级换届选举工作，确保换届风清气正；大力加强廉政建设和反腐败斗争，促使领导成员切实做到以身作则，廉洁自律，干净干事，全县党风廉政建设进一步加强。

在肯定成绩的同时，我们必须清醒地看到，当前我县仍存在一些薄弱环节，特别是经济结构不够优化，经济总量小，新兴产业和新型工业集聚程度不高，缺乏大型项目的支撑，经济实力仍较为薄弱，重点项目推进不快，区域发展不够平衡；社会管理还不够完善，社会不稳定因素依然存在；部分农村基层党组织建设有待加强，机关作风仍须改进等，阻碍了我们的发展。又加上《珠三角地区改革发展规划纲要》实施以后，省委、省政府加大对粤东西两翼加快发展的扶持和推动力度，各地抢抓机遇、乘势而上、跨越发展，发展步伐加快，对我县压力很大，如不清醒认识形势，增强发展危机感、紧迫感，奋起直追、迎头赶上，我们就有可能被甩到后面，谈不上在汕尾市当排头兵。面对全省全市蓬勃发展的新形势，我们只有正视差距，科学谋划，发挥优势，扬长避短，加速发展，才能实现县第十次党代会确定的目标任务，才能不辜负市委、市政府和全县80万老区人民对我们的期望。对此，我们必须进一步鼓舞斗志、增强信心，敢于担当，把全县各级党政和广大干部群众的思想、行动和目标，统一到“推动创新发展、建设幸福海丰”上来，统一到成为全市转型升级先行区、县域经济发展排头兵上来。

二、明确目标，奋发向上，强力推进建设幸福海丰

前几天，县党政联席会议研究确定了今年经济社会发展目标和重点建设项目。今年全县GDP要实现增长16%，争取增长18%，达到215.5亿元以上（突破200亿元大关）；县级财政一般预算收入确保增长26%，争取增长28%，达到11.28亿元以上（突破10亿元大关）；工业总产值、全社会固定资产投资、社会消费品零售总额、外贸出口、实际利用外资等经济指标都要达到两位数以上增长目标；各项事业都要有新的发展、新的进步。大家知道，我县近几年经济发展均保持高增长的态势，尤其是财政收入连续7年保持30%左右的增长速度，今年要完成以上确定的发展目标，确实不容易，也有很大的压力。但我们也要看到我县的优势和潜力：从发展看海丰，我县各项经济指标均走在全市各县（区）的前面，是全市科学发展的排头兵、主力军，尤其是华润海丰电厂、大湖风电、碧桂园等大项目落户海丰，为我县今后发展积聚后劲。从全市看海丰，我县基础建设、行政服务等“硬件、软件”环境进一步完善、优化，为新一轮的大发展提供更大优势。从全省看海丰，深汕特别合作区的发展辐射，省对粤东西两翼的扶持政策，为我县更好发挥桥头堡作用，实现建设转型升级先行区、当好县域经济排头兵，“推动创新发展、建设幸福海丰”的奋斗目标，打下了坚实基础。因此，我们一定要正确把握好这个发展大势，进一步增强发展的信心，振奋精神，乘势而上，奋力拼搏，全面推进海丰经济社会大发展。

一要在提升综合经济实力上下真功夫。市第六次党代会报告提出海丰要成为“全市县域经济发展排头兵”，这是市委对海丰的新定位、新任务、新要求。要成为全市县域经济发展排头兵，关键在于提升经济综合实力，根据我县发展的实际，最重要还是要继续把重点项目建设作为拉动我县经济加快增长、夯实县域经济强大后劲的重点工作来抓。今年，县委、县政府初步筛选了49个重点建设项目，其中预备项目18个，下来将落实责任单位和责任领导。从现在开始，各责任单位和责任领导，要切实负起责任，迅速进入角色，做到思想、责任、行动、措施“四到位”，力促项目尽快启动或投入建设。要在抓好华润海丰电厂、龙津河综合整治、千里海堤加固工程、行政小区等18个续建项目的同时，狠抓县城影剧院、顺盈糖业项目、教育园区、公办高中等13个新开工项目，并开展华城峰抗衰老中心、金山小区等18个项目立项。各业主单位和责任领导要切实负起责任，严格按县制订下达的目标要求狠抓落实，想方设法，逐个击破，要列出具体工作时间表，每周做什么，每月做什么，每季度要达到

怎样的目标任务，一项一项分解，全力推进重点项目建设，促使早投建、早建成、早发挥效益。同时，要充分利用国家和省的有关激励政策，积极向上争取扶持重大基础设施、重点项目建设和引导产业发展的项目和资金，对列入国家和省“十二五”规划“笼子”的重点项目，要全程跟踪、重点落实，使其早日开工建设，为推动海丰县域经济跨越式发展，继续当好全市发展排头兵，打好基础、蓄聚后劲。

二要在促进区域协调发展上下真功夫。要成为全市县域经济发展排头兵，必须坚持实施区域协调发展战略，在保持先进地区持续健康发展的前提下，要下工夫解决地区发展不平衡问题，特别是要加大对落后地区、贫困地区扶持力度，促进全县各地协调发展。重点要做到强镇、壮村、富民。一是强镇。要做大做强中心镇、专业镇，促进产业集聚，使中心镇更强、专业镇更专，辐射带动其他建制镇的发展。公平、梅陇、可塘三个中心镇要加快总体规划修编和评审，积极申报第三批国家发展改革试点镇。在提升公平服装、城东毛织、可塘珠宝、梅陇金银首饰、后门旅游美食、小漠大湖水产养殖等专业镇发展水平基础上，按照“一镇一特色”的发展方向，做大、做强、做活特色产业，对具有产业集聚趋向的镇，要引导和扶持其加快技术创新、加快产业聚集，逐步培育发展成为具有产业特色的新的专业镇，形成镇级乃至全县的支柱产业。二是壮村。各镇要加强“三农”工作，不折不扣落实各项扶农、惠农、支农政策的前提下，按“一村一品”的发展模式，从各地的资源优势、发展条件出发，引导各村发展生产、壮大村级经济。要因地制宜，大力培育发展粮食、蔬菜、林业、渔业、特色、劳务“六大产业主导村”，以此促进农村产业结构调整，带动村特色产业发展。三是富民。要科学规划、高标准高起点，建设宜居宜业新城乡，优化美化居住环境。要加快双转移工作和加大扶贫开发“双到”工作力度，按照省、市对扶贫开发“双到”工作的要求，力争今年全面完成省下达的扶贫任务，提高村级集体经济收入，实现农业增产、农民增收、农村稳定。同时，按照建设社会主义新农村的要求，全力以赴建设社会主义新农村，促进我县城乡区域协调发展。

三要在推进产业转型升级上下真功夫。建设全市产业转型升级先行区，不仅是市委、市政府对我们寄予厚望，也是我县今年乃至今后一段时间的重要任务。我县要充分利用毗邻大珠三角地区和深汕特别合作区的地缘优势，大力实施“三大战略”，推进产业的转型升级。一是大力实施“工业强县”，打造新型工业。今年我县工业发展要在创名牌、促规模、上档次上有新的突破。我县现有的工业产品、产业，科技含量不高，产品档次低，分散粗放经营，未能形成规模效益，对财政贡献率不高。但是，这些传统产品产业也是我们发展壮大工业的优势和出路，如果能够走品牌化发展道路，形成规模经营和集聚效应，市场前景是美好的，前途是光明的。比如贵州茅台酒产品，其技术含量也不高，因为成为国家乃至国际名牌，给产地带来极大的经济效益和社会效益；又如碧桂园，同是房地产项目，因为成为品牌，到哪里开发建设，就带旺一个地方；再如我们公平服装、可塘珠宝，一些企业走品牌发展之路，效益也非常可观。由此可见，一个产品、一个产业，不是要有高科技才能带来高效益，而是要创品牌、成规模，形成集聚效应，同样有大市场、大效益。对此，我们要坚定不移走品牌发展之路，加快企业转型升级。要围绕推进技术改造、提高新产能的储备，继续加强政策、资金、技术、人才扶持力度，引导鼓励我县服装、毛织、珠宝、金银首饰等传统特色产业加强自主创新，打造自主品牌，促使民营支柱产业转型升级，逐步向规模化、品牌化发展。要主动承接深汕特别合作区发展的辐射，因地制宜、科学谋划，规划好梅陇天星湖一带10平方公里工业园区；控制好城东至公平沿路两边的土地，着手进行规划、开发，建设公平6公里高新产业园区；以县经济开发区为依托，继续完善、配套好金园工业区、科技工业园、金岸工业区，把县城各工业园区进行整合、联结，建设县城地区20平方公里的工业基地，不断提升工业园区的规模化，促进各大园区实现大升级，为我县主动接受深汕特合区的辐射带动和产业链条延伸打好基础、筑好平台、提供载体。要认真开展清理多年闲置的用地，凡是多年征而不建、圈而不动的用地，要依法依规予以收回，一方面减少因征地长期不用引发群众上访因素，另一方面可解决我们发展工业“没地之愁”。在此基础上，要充分发挥这些园区优势，进一步加大招商引资力度，紧紧把握先进发达地区产业趋于饱和、大型企业逐步外溢、转移的新形势，把招商触角伸向珠三角、长三角等经济发达地区的转移企业、大型集团企业，着力引进一批电子信息、家用电器、太阳能产业等低能耗、高科技、高附加值的新兴产业企业到我县园区落户、聚集发展，从而形成高新产业链和产业集群，着力打造新的经济发展增长极。二是大力实施“农业大县”，打造现代农业。深入开展农业结构调整，继续走“科技兴农”的道路，大力发展优质、高产、高效、生态、安全的现代农业。要在加快联安海纳有机米生产基地、黄羌虎噉金针菜生产基地、平东九龙生姜生产基地、梅陇无公害蔬菜生产基地、莲花山云雾茶生产基地建设的同时，立足各地的资源优势和主导产业，引进、吸纳一批像广东恒兴集团有限公司一样的省内外知名农业龙头企业到我县设立子公司，开展农业种养、农产品加工和销售，并积极发展一批区域性农产品市场，引导农民发展专业合作社、专业协会和中介组织，提高农民进入市场的组织化程度，推动农业形成“龙头企业+合作经济组织+农户+市场”的农业产业化新模式，带动农业转型升级，进一步提升农业产业化水平。三是大力实施“商旅旺县”，打造现代产业。按照“大市场、大商贸、大物流”的发展规划，以提升县城商贸流通产业为中心，紧紧抓住国内知名企业小商品市场有意在我县投资的契机，在全县各地建设一批平价市场，在县城地区引资、兴建一批上规模、高档次的超级商场和专业市场，规划、建设一批新的专业商业街，加强对海丰特色产品和美食小吃的宣传和推介，促进消费品市场加快发展，努力提升诚信度，把我县打造成为周边地区乃至粤东地区的商贸中心。要进一步整合旅游资源，加快旅游开发、建设，继续抓好莲花山度假村、海丽高尔夫球场等原有旅游景区建设和配套；规划建设小漠—后门—东关联安围湿地—大湖公平鸟类保护区，红宫红场—马思聪故居—莲花山风景区旅游线路；继续抓好东关联安围至莲花山30多公里“绿道网”的建设，完善、配套旅游相关的市场和产业，推动以往旅客从单纯旅游向集旅游、购物、品尝特色美食小吃于一体的现代旅游方式转变，形成全省有名的山海休闲、品尝小吃、购物旅游胜地，全力打造全省旅游强县。

四要在建设宜居宜业城乡上下真功夫。要围绕县第十次党代会提出“建设一个中等现代城市”的目标，着力推进城乡一体化建设进程。一方面，要搞好县城中心区规划建设。按照“宜居宜业”的发展理念，要按照新修编的县城总体规划要求，着力做好各功能区的控制性详细规划。继续抓好“一场、二河、三区、四化、五路、十亮点工程”的建设，尤其要全力加快碧桂园、“第一城”、雍悦豪苑、凯旋花园等10个大型高层房地产项目建设，建成高低错落、各具风格的靓丽楼群，提高城市品位和档次。大手笔、大气魄抓好县城北部新区的规划建设，抓好联河小区、金山小区的旧区改造，完善配套县城二环路、海丽路、三环路、红城大道等公路建设，加快县行政小区、市民广场、影剧院、“绿道网”等市政项目建设，加快专业市场、商贸中心、物流中心的规划建设，大力发展商贸、旅游、餐饮等产业。要以创建文明卫生城市活动为契机，在县城地区定期开展大型市政综合整治专项行动，加强净化、绿化、美化、亮化，大力整治县城市政、交通秩序，坚决消除脏、乱、差现象，使县城面貌实现根本性改变，确保县城环境整洁、有序、优美，展现海丰城市的新形象。另一方面，要打造宜居宜业新农村。今年，要着重推进“一镇一街一中心”建设，即每个镇都要规划建设一条示范街和一个群众文体活动中心，有条件的要规划建设一个小公园，美化、净化、亮化镇区面貌，让群众有一个休闲娱乐的活动场所。要大力开展“万村百镇”整治工作，推进“一镇一样榜村”建设，集中力量打造一批像黄羌镇坑联村一样生产发展、村容整洁、环境优美的新农村。要按照全县社会主义新农村建设的目标任务，全力推进“五村”、“六基地”、“三个十工程”的建设，并以点带面，全面铺开全县的新农村建设。现在，有些村环境卫生很差，村道的两旁垃圾成堆、臭气冲天，今年农村的重点就是要清理这些村，每个村要建成2～3个垃圾池，并有环卫人员每天清扫运走，确保村容村貌整洁卫生。我去年在会议上讲过，如果我们的干部连几堆垃圾都管不好，还说有多强的执行力吗？还能带领群众发展经济、谋求幸福吗？这件事县政府要抓紧出台一个文件，由县卫生局、县农业局、县环保局等有关部门共同管理，按各职能落实责任。县人大、县政协、县卫生局抽调人员组成专门督察组，每月下乡检查一次，深入各镇、村现场办公、现场解决问题，促进全县环境卫生进一步改善。要做出详细方案，积极配合，加大投入，确保取得明显成效。

五要在创新社会建设管理上下真功夫。要以民计民生为重点，大力发展社会事业和公共服务，不断完善社会保障体系，着力解决热点难点问题，促进各项事业稳步有序发展，使发展成果更好地惠及广大人民群众。要大力维护社会稳定和谐，充分发挥县、镇、村三级综治信访维稳工作平台作用，构建信访、调解、综治“三位一体”的排查化解机制，加强建立“横向到边，纵向到底”的工作格局，真正把“中心”建设成为化解矛盾纠纷的有效平台、服务群众的文明窗口、维护社会和谐稳定的前沿阵地，及时妥善处理群众的合理诉求，把矛盾问题化解在萌芽初始阶段。要继续开展社会治安综合治理，坚持打击各种歪风邪气、违法犯罪等社会不稳定因素，依法处置严重扰乱社会秩序的群体事件，深入开展“三打两建”和“打黑除恶”专项活动，坚决打击和惩处一切违法犯罪，提升群众的安全感，切实有效维护全县政治稳定、社会和谐。要优先发展教育事业，继续加大教育投入力度，加快教育基础建设，尤其是教育园区和县职中、县实验中学等学校建设；积极发展基础教育、成人教育、职业教育，大力提高我县教育水平和质量；不断深化教育改革，高质量、高水平普及九年义务教育，推进教育跨越发展，努力提高教育教学质量，为海丰今后发展打好人才基础。要着力加强基础设施和文化惠民工程建设，以建设宜居城乡为契机，大力发展科技、环保、水利、体育、公共交通等公共事业，尤其要加大对文化惠民工程的投入，加快“农家书屋”、文化下乡、广播电视村村通等建设，不断提高公共服务水平。要加强卫生医疗保健工作，着力完善城乡医疗卫生保障和公共卫生服务体系，加快建立覆盖城乡居民的基本医疗保障制度，加快城市社区卫生服务体系建设，实现人人享有基本医疗卫生服务。要高度重视社会保障工作，进一步完善社会保险体系，扩大社会保险覆盖面，切实做好养老、失业、医疗保障工作；认真做好城乡困难群众基本生活保障工作，健全和完善城乡社会救助体系，逐步完善农村低保制度，着力保障和改善贫困人口、低收入家庭的生产生活水平。加大就业培训力度扩大就业，鼓励自主创业，促进下岗失业人员再就业，特别要扎实推进“百万农村青年技能培训工程”，加快农村劳动力转移就业；积极实施城乡居民收入倍增计划，努力缩小城乡、区域、行业和社会成员之间的收入差距。要及时处理、解决群众反映强烈的热点难点问题，建立社情民意调查网络，广泛收集和采纳群众意见，切实解决劳动就业与劳资关系、居民收入、教育医疗、食品安全、环境保护、计划生育等事关广大群众的切身利益问题。

*六要在提高党建科学化水平上下真功夫。*市委郑雁雄书记在全市领导干部会议上提出要建设“敢担当”的基层组织，必须扭住镇级“基层首善”这个牛鼻子。这对我县在新一年党建工作方面提出了一个新的课题、新要求。各地、各单位的主要负责人必须深入学习领会市委郑书记的讲话精神，明晰基层组织建设的关键所在，敢于放权，进一步加强建设，不断提升执行力。要深入开展“固本强基”“创先争优”“双考双评”等党建活动，进一步拓宽、深化各级组织建设，创新党的基层组织发挥作用的途径和方式，不断增强推动科学发展、维护社会和谐稳定的能力。要扩大党组织和党的工作的覆盖面，加强“两新”组织党的建设。要完善干部德的评价标准和考察办法，建立科学规范的干部选拔任用工作机制，坚持凭实绩使用干部，让能干事者有机会、干成事者有舞台，确保基层党组织正常运转，不断提高党建科学化水平。要以党性党风党纪教育为重点，加强对党员和各级干部理想信念、廉洁从政教育，深入开展岗位廉政、警示教育，增强反腐倡廉教育的针对性和实效性。深入推进党的基层组织党务公开，发展党内民主，加强党内监督，规范权力运行。有针对性地建立健全规章制度，规范部门权责，促进职能转变，提高工作效率和服务质量，进一步落实党风廉政建设责任制，推进惩治和预防腐败体系建设。目前，农村干部存在土地、财务管理混乱，要加强农村资金、资产、资源管理，全面推行村务政务公开和村账镇管制度，促使村务管理走上规范化、制度化。要认真落实党内监督条例，严格执行《廉政准则》，加强对重点领域、关键岗位干部的监督。真正把党风廉政建设融入到实际工作之中，为建设幸福海丰提供坚强的政治保障。

三、敢于担当，狠抓落实，确保各项工作任务全面完成

在刚刚结束的全市三级干部大会上，市委郑雁雄书记郑重强调，全市干部特别是领导干部要“讲担当、敢担当、会担当”，这是各项工作落实的希望所在。新的一年，我们要把“敢担当”作为一切工作的主线，在思想、责任、重点、机制上，敢于担当，狠抓落实，全面完成各项工作任务，确保海丰成为全市转型升级先行区、县域经济发展排头兵。

*一要在思想上抓落实。*作为党的干部特别是领导干部，做工作、干事业必须坚定理想信念，首先做到思想到位、敢于担当，否则，抓落实就

无从谈起。近几年来，我县的经济、社会之所以能得到较快的发展，靠的就是全县各级党政以及广大党员干部队伍强大的凝聚力和战斗力，靠的就是广大党员干部的解放思想、敢于担当，团结一致、敢于拼搏。特别是去年底，市第六次党代会要求海丰要成为全市“转型升级先行区、县域经济发展排头兵”，这体现了市委、市政府对我县各级党政班子执行力的高度信任。同时，县委根据新的发展形势，确立了“推动创新发展，建设幸福海丰”的总体奋斗目标，这也是全县80多万人民群众的共同期望。为此，要实现以上发展目标和任务，广大党员干部尤其是领导干部更应该在思想上敢于担起这一“重任”，进一步提高认识，强化大抓落实的思想观念，把精神和力量高度集中到市委和县委的决策和部署上来，以新一轮的思想大解放，观念大更新，真抓实干，狠抓落实，推动经济社会各项工作取得大突破、大进展。

二要在责任上抓落实。抓好落实，关键是责任人是否真正担负起责任。近两年来，我县通过落实重点项目建设责任制、“倒逼机制”等制度，狠抓责任落实，有力地促进了重点项目建设的进展，取得了很好的成效。新的一年，县委、县政府将根据换届后，县四套班子领导成员的分工，通过实行定分管领导、定责任、定时间、定进度、定要求的“五定”措施，重新落实责任，尤其要对重点项目、招商引资、发展规模工业、财税征收，以及惠民工程、教育科技、计生殡改、扶贫开发等民计民生各项工作，一一建立责任机制，把责任分解落实到每个县党政班子成员，分解到有关各地各部门，分解到各级领导干部。因此，要抓好新一年县确定的经济社会各项工作任务，必须进一步强化抓落实的工作责任，从县到机关、镇（场）到村，各级党政和领导干部必须敢于担当，切实负起责任，进一步落实抓经济社会发展的层级管理责任制，分解、落实好招商引资、项目建设、财税征收以及各项工作的责任、任务，做到事事有人管，人人有专责，级级有领导、有落实，抓进度、抓成效，确保经济和社会发展各项工作的顺利完成。

三要在重点上抓落实。今年是“十二五”规划的关键年，要圆满完成各项目标任务，工作千头万绪。为此，县各分管领导和各地各单位不能胡子眉毛一把抓，要梳理工作思路，明确工作重点，务必做到“会担当”，善于把握全局，分清轻重急缓，抓住核心内容，在重点上狠抓落实，以点带线，以线牵面，促进各项工作的全面落实。要全力以赴抓好重点项目建设和重点工作。重点项目建设是进一步夯实我县经济块头的基础，促进经济快速增长的载体，直接关系到我县经济社会各项工作能否稳步推进。因此，我们必须铆足干劲，狠抓项目建设不放松。同时，要突出抓好重点工作，着力推进经济指标、招商引资、财税征收等重点工作。今年我县主要经济指标都要达到两位数以上的增长，特别是GDP和财政收入分别要争取达到18%和28%，这是我们自加压力。各地、各单位一定要下死决心，确保一季度实现“开门红”，年中实现“双过半”，年底实现“满堂红”。尤其是实现第一季度“开门红”，现在仅有一个月的时间，各地、各单位务必采取有力措施，确保预定的经济发展目标实现。

四要在机制上抓落实。县委、县政府根据重点建设项目、重点工作，制定切实可行的落实机制。要进一步完善《海丰县科级领导班子和领导干部落实科学发展观考核评价体系考评办法》，使其更具操作性、更有可信度。要调整充实县委县政府重点项目、重点工作督查组力量，将采用日常督查和专项检查等方式，加强对各地、各部门经济社会指标、重点项目建设、重点工作完成情况的督查督办。大家要清楚，权利职位与责任是一致的，有多大的权利就有多大的责任，什么职位就要承担什么的责任，希望大家切实负起责任，尽责尽力抓好分管分担的工作落实。对重点项目和重点工作，每半月督查一次、通报一次。要加大激励和惩戒力度，把完成重点项目、重点工作的实绩与各级班子和干部政绩、干部使用相挂钩，达到“以实绩论英雄”和奖勤罚懒的目的，并作为今后使用和提拔干部以及评先选优的主要依据，对完成任务好、工作绩效突出的，予以表彰和奖励；对完成情况差、工作打不开局面的，要按照有关规定严肃追究责任。

同志们，新的一年，新的使命，蓝图已经绘就，发展的号角已经吹响，我们一定要用发展的眼光看待海丰新的发展，振奋精神，团结拼搏，大跨步向前，以求真务实的工作作风，奋发有为的精神状态，全力推动经济社会又好又快发展，为建设全市转型升级先行区、当好县域经济发展排头兵而努力奋斗！

政府工作报告

——2012年3月17日在海丰县第十四届人民代表大会第二次会议上

海丰县人民政府县长　沈木荣

各位代表：

现在，我代表县人民政府，向大会作政府工作报告，请予审议，并请县政协委员和其他列席人员提出意见。

2011年工作回顾

2011年是“十二五”开局之年，是我县加快转型升级，推动科学发展取得新成绩的一年。一年来，县政府在市委、市政府和县委的正确领导下，在县人大、政协的监督、支持下，坚持以邓小平理论和“三个代表”重要思想为指导，以科学发展观统揽全局，坚决贯彻执行中央和省的各项决策部署，认真按照市委、市政府和县委的工作要求，紧紧围绕“推动创新发展、建设幸福海丰”的核心任务，继续落实“树正气、强管理、促发展、惠民生”的工作方针，大力推进经济发展方式转变，高度关注和保障民计民生，有效推动全县经济社会跨越发展、科学发展，实现了“十二五”时期的良好开局。

一、县域经济继续保持较快增长

坚持发展第一要务，灵活运用经济政策，着力拓宽发展空间，全县县域经济加快发展，综合实力有了较大提升。2011年，全县完成地区生产总值182.2亿元，比上年增长15.5%；实现人均GDP23040元，比增16.1%。第一产业增加值完成27.8亿元、第二产业增加值完成79.4亿元、第三产业增加值完成75亿元，分别比增6.1%、22.9%和11.5%，三次产业结构为15：44：41。全县财政一般预算收入完成9.0038亿元，比增30.58%。工商总税收完成9.91亿元，比增19.5%，其中本级税收完成4.2亿元，比增23.5%；四税收入完成2.38亿元，增长28.22%，超出全省平均水平5.3个百分点。财力规模达到24亿元，连续5年获得了省县域财政发展奖。至2011年底，全县银行存款余额117.2亿元，比年初增长17%。城镇居民人均可支配收入达到13940元，比增12.8%；农民人均纯收入7793元，比增17.2%。

二、重点项目建设扎实有效推进

去年我县确定的重点建设项目56个，其中38个新上续建项目顺利实施，全年完成投资26.28亿元，完成年度计划的71.47%；18个预备项目前期工作有效推进。值得一提的是，备受观瞩的深汕特别合作区已挂牌运作，二期1.5平方公里的征地工作已全面完成，产业规划与政策配套等对接工作有效开展；华润海丰电厂项目已全面动工建设；千里海堤建设项目作为全省海堤建设的先行点也已动工；海丰碧桂园完成了首期楼盘建设主体工程，并成功进行了销售；腾讯云计算数据中心、金庄电器、三阳饰品、大湖风电、田园沐歌度假村等项目均进展顺利。同时，总投资4.8亿元的16个新增中央投资项目，已全部开工建设、顺利推进，全县发展后劲进一步增强。重点项目建设的扎实推进，带动全县掀起新一轮发展热潮，投资规模不断扩张，发展后劲进一步增强。2011年，全县完成固定资产投资137.8亿元，比增38%。

三、产业转型升级迈开新步伐

不断推进基础产业优化升级，全县经济发展的持续性和内生动力不断增强。一是工业发展有新的突破。进一步整合优化传统产业，积极鼓励和支持企业增资扩产，开展技术改造，全县工业生产提速提质，产业规模日益壮大。全年完成工业总产值254.1亿元，比增33.6%；工业增加值完成66.4亿元，比增24.3%。规模以上工业发展势头良好，全年完成规模以上工业产值156.2亿元，比增45.5%，规模以上工业比重首次突破50%。二是农业效益进一步提高。全县粮食作物面积53.88万亩、产量19.22万吨，分别完成市下达考评指标的103.9%和115%。有机水稻、无公害蔬菜、时令水果、海水养殖和花卉种植等现代农业基地化建设初具规模，莲苑茗茶、水中鲤牌有机米、飞鹅牌百香果被评为广东省名牌产品，“皇斋虎噉”金针菜还被评为“全国优质农产品”，实现了我县省级以上农业名牌产品零的突破。全县农业生产效益不断提高，农业产值达到45.5亿元，比增6.8%。三是对外经济再创佳绩。积极应对国际金融危机的持续冲击，有效化解全球经济复苏缓慢带来的压力，努力实现了对外经济逆境飘红。2011年，全县进出口总额7.05亿美元，比增30.05%。其中，外贸出口4.75亿美元，比增35.17%；进口3亿美元，比增20.63%。不断配套提升县各工业园区的招商载体功能，积极开展招商工作，成功引进了华成峰抗衰老中心、华南云计算产业基地等一批高新技术项目，利用外资实现了新的突破。去年全县合同吸收外资2.88亿美元，比增70.82%；实际吸收外资1.05亿美元，比增43.5%，首次突破一亿美元大关。去年，我县外经贸工作一气获得四个全市一等奖。即世界500强企业和境外大型企业投资一等奖、加工贸易转型升级一等奖、外贸出口一等奖和吸收外商直接投资一等奖。四是扩内需促消费成效显著。大力实施“万村千乡市场工程”，全县消费市场持续畅旺。2011年，全县新增个体工商户4090户，新增私营企业865户，完成社会商品零售总额175.4亿元，比增21.8%。房地产业持续发展，全年房地产销售总额15.97亿元，增长182.2%。深入实施旅游旺县战略，全县“红、蓝、绿、古”四大特色旅游品牌进一步打响，去年全县完成旅游收入10.8亿元，比增28%。

四、宜居城乡环境日益优化

大力实施市政公共设施配套建设，全县城乡发展环境不断优化。一年来，全县共投入资金2亿多元，完成了龙津河两岸道路改造，完成了县城北环公路主体工程并通车，青年水厂扩建和黄江大堤除险加固等一批市政工程建设扎实推进。投入6000多万元实施县城环境整治，全面改造建设南二环路、西三环路、人民西路和三阳路等县城市政道路，并整治完善相关配套项目，强化市政管理，全县市容市貌和公共交通进一步改观。县城亮点工程建设推进顺利，海丰碧桂园、地王广场、海悦名城、雍悦豪苑、凯旋花园和第一城等一大批高档楼盘加快建设，城市化品位不断提高。进一步加强以村村通为重点的交通工程建设，全县交通网络逐步完善，通车里程1591公里，公里密度达到每平方公里83.8公里，综合发展环境日益优化。着力加强环境保护工作，顺利完成节能减排任务，全县森林覆盖率达到53.41%。进一步强化国土资源管理，全面完成51.4万亩基本农田划定保护工作。深入开展社会主义新农村建设，大力整治村容村貌，积极实施农村饮水安全工程，顺利完成农村特困家庭危房或泥砖房改造任务和廉租房、经适房建设任务，并有8个村成为全县新农村建设示范村、15个村成为合格村，黄羌镇坑联村还被评为“全国文明村”，全县城乡面貌焕然一新。

五、民生与社会事业全面发展

坚持把改善民生民计作为一切工作的出发点和着力点，全力兑现民生承诺，不断提高人民群众的幸福水平。投入近8000多万元，切实落实好家电和汽车摩托车下乡、粮食种植、渔业油价及交通运输油价等各类补贴；累计投入扶贫开发资金2亿多元，有效实施扶贫开发项目，贫困村和有劳动能力的贫困户都100%脱贫，全面实现了三年扶贫任务提前一年完成的目标。黄羌镇还被评为“全省扶贫开发先进集体”。坚持教育优先发展方针。继续加快县职中、陆安中学等校舍配套工程建设，县实验中学一期工程和德成中英文学校新校区竣工落成，教育园区公办高中征地工作基本完成并进入建设阶段，陕西师范大学海丰实验学校已签订了合作协议并进入征地阶段，全县高中学位不足的问题基本解决，教育环境进一步优化，彭湃中学被评为“广东省青少年科学教育特色学校”。“防流控辍”工作成效显著，小学入学率、初中毕业升学率、高中教育毛入学率分别达到100%、97.6%和87.4%。深入实施文化强县战略，建设、修缮了一批文化基础设施和革命旧址，县博物馆和文天祥公园已对外开放，县体育馆续建工程加快实施。传统文化进一步发展提升，西秦戏《留取丹心照汗青》在省第11届艺术节中获得了七个奖项。医药卫生体制改革加快推进，全县门诊次均费用下降14%，住院次均费用下降8%，群众负担逐步减轻。彭湃医院新医技大楼已完工投入使用，创国家三甲医院的工作有序进行。劳动社保工作深入开展，全县企业参加养老保险9万人，征收养老保险金1.72亿元；参加城镇基本医疗保险25.73万人，征收医保费7816万元，均超额完成了市下达的任务，两项保险的覆盖率分别达到71%和95.42%。全年共投入财政资金1.08亿元，有效促进了各项社会保障政策的顺利实施。全县城镇登记失业率2.94%，农村富余劳动力转移就业率74%，城乡就业水平不断提高。人口计生工作较好地完成了省、市下达的计划控制指标，实现了创优争先上水平的工作目标，并获得“全国计划生育优质服务先进单位”和“全省人口和计划生育工作先进单位”荣誉称号；殡改工作不断加强，健康文明的婚丧生育观念不断深入人心。双拥工作深入开展，连续三届被评为省双拥模范县。进一步完善维稳防控体系，重视做好基层信访维稳工作，各类刑事案件立案率均比去年下降，群体性事件得到妥善处置，社会大局日趋稳定。不断加强公共安全建设，安全生产四项控制指标都有不同程度下降，消防安全、食品安全及公共卫生等综合管理水平不断提升，全年没有出现重大的安全事故。

六、民主法制与政府自身建设不断加强

认真执行县委的决策部署，主动接受人大、政协和社会监督，广泛听取民主党派、人民团体和无党派人士意见，确保政府决策的科学化。积极办理人大代表建议、议案和政协委员提案，办复率、满意率均为100%。落实廉政责任，实行个人重大事项报告制度，党风廉政建设深入推进。强化公共服务，规范行政职能，梳理了县政府属下33个部门2311项行政执法职权，并完成了《海丰县行政机关行政执法职权汇编》，法治政府工作深入推进。全面落实政务公开制度，重点工程招投标、征地拆迁补偿、惠农资金发放等重要事项，及时向社会公布，接受群众监督。法制建设扎实推进，“六五”普法全面展开。改革力度不断加大，财政体制、农村综合体制、集体林权制度、水利体制、医药卫生体制等各项改革深入推进。2011年，我县被评为“全省集体林权制度改革先进集体”，城东镇被评为“全国先进基层党组织”，县国土资源局被评为“全国国土资源系统推进依法行政先进单位”。统计、审计、人事、人防、打私、气象、防震、台务、物价、港澳、老龄、残联、民族宗教、科技科协、外事侨务、档案修志、妇女儿童、工会青年等工作得到进一步加强，各条战线都取得了良好的成绩。

各位代表，2011年，我们经受住了种种严峻考验，赢得了“十二五”良好开局。这些成绩的取得，得益于市委、市政府和县委的正确领导，得益于全县人民的齐心协力、奋力拼搏。在此，我代表县人民政府，向辛勤工作在全县各条战线上的广大干部群众，向给予政府工作大力支持与监督的人大代表、政协委员、工商联、各人民团体和其他各界人士，向离退休老干部、老职工，向解放军、武警、民兵预备役指战员、政法干警，向在我县创业的境内外投资者、建设者，向所有关心支持海丰建设与发展的同志们、朋友们，表示崇高的敬意和衷心的感谢！

在肯定成绩的同时，我们也看到在发展过程中存在的一些困难和问题。一是结构性矛盾仍较突出，产业结构层次整体偏低，转型升级难度大；二是全县工业化水平和产业集聚度低，特别是中小企业生产经营困难较大；三是经济发展质量不够理想，GDP与税收收入的比例不协调，财政收支平衡压力较大，资源与环境的保护工作任重道远；四是创新社会管理任务艰巨，改善民生任务依然繁重；五是投资环境还不够优化，社会不稳定因素依然存在。对此，我们必须高度重视，务必在今后工作中，采取有效措施，认真予以解决。

2012年工作安排

2012年，是实施“十二五”规划承上启下的重要一年，是“推动创新发展、建设幸福海丰”打好基础的关键一年，做好今年全县经济社会各项工作，对于进一步夯实我县经济社会快速发展基础，继续当好全市科学发展排头兵，具有非常重要的意义。

新的一年，县政府工作的指导思想是：以邓小平理论和“三个代表”重要思想为指导，深入贯彻落实科学发展观，全面贯彻中央经济工作会议、省委十届十一次全会、市第六次党代会和第六届人大会以及全市领导干部大会精神，牢牢把握“推动创新发展、建设幸福海丰”的核心任务，按照“建设产业转型升级先行区，当好县域经济发展排头兵”的新要求，继续落实“树正

气、强管理、促发展、惠民生”总体工作思路，坚持解放思想，深入扩大内需，加快产业转型升级，加快经济发展方式转变，加快城乡区域协调发展，加快宜居城乡建设，加快改革开放步伐，加快推进以保障和改善民生为重点的社会建设，努力推动全县经济社会又好又快发展，以经济社会发展的优异成绩迎接党的十八大和省第十一次党代会胜利召开。

2012年全县经济社会发展的主要预期目标是：地区生产总值增长16%，力争18%；工业总产值增长25%，其中规模以上工业产值增长42%；农业总产值增长6.5%；全社会固定资产投资增长30%；社会消费品零售总额增长17%；外贸出口总值增长15%；外商直接投资增长20%；地方财政一般预算收入增长26%以上，力争28%；城镇居民人均可支配收入增长12%；农民人均纯收入增长12%；人口自然增长率控制在5.5‰以内；万元GDP能耗下降、二氧化硫和化学需氧量排放总量减排完成上级控制目标。

围绕以上奋斗目标，我们要着力抓好五个方面的工作。

（一）以落实科学发展为主题，做大做强县域经济

牢固树立强烈的发展意识和总量意识，积极探索科学发展的方法方式，突出抓好投资、出口和消费“三驾马车”，拉动县域经济快速发展。

——全力加快重点项目建设。今年全县安排重点建设项目51个，其中新上续建项目30个，计划总投资123.2亿元，年度计划投资18.07亿元；预备项目21个，计划总投资42.13亿元。安排西部四镇重点项目15个，其中新上续建项目12个，计划年度投资17.09亿元。围绕今年项目建设任务，全县上下要进一步完善落实重点项目建设责任制，集中力量、集中资金，优化服务、简化手续，落实倒逼机制，着力破解“瓶颈”，促使各个重点项目如期上马、顺利推进，充分发挥项目建设的引擎作用。同时要积极抢抓上级扩大内需政策机遇，切实做好项目策划、包装、申报和跟踪工作，争取更多项目落户我县，不断增强我县经济发展后劲。

——致力提升对外经济水平。坚持“打特区牌，办海丰事”，加大力度对接深汕特别合作区，做到与合作区同步规划、同步招商、同步发展，主动承接合作区的辐射带动。进一步完善招商引资优惠政策，创新方法方式，全力开展大招商、招大商活动。积极实施乡贤回归“反哺工程”，创办“乡贤产业园”，鼓励和吸引更多外出企业回乡投资创业。加强对去年新批的11个外资项目和“第四届粤东侨博会”、今年元宵节经贸洽谈会上签约的20个外资项目的跟踪服务，提高项目履约率，促其尽早上马投建。积极创新进出口服务管理，营造顺畅的通关环境。努力探索“回流”方法，有效解决我县鲜活产品、金银珠宝饰品等本地特色产品在外地代理出口的“流失“现象，推动对外贸易转型升级。

——努力扩大市场消费。继续扩大和完善“万村千乡”市场网络，加快配套建设镇级客运站场，突出抓好县城物流中心、可塘珠宝市场二期、梅陇首饰市场和公平服装市场等“一中心三市场”建设，着力发展现代物流。加强旅游发展规划，着力推出旅游精品线路，深入做好红宫红场等红色经典景区、莲花山森林公园、国际湿地和鸟类自然保护区以及沿海旅游景观带等旅游资源的宣传包装，加快推进田园沐歌温泉度假村、莲花山索道、华夏国际五星级酒店等旅游配套设施项目建设，着重发展观光、美食、休闲、体育、度假等特色旅游，全力做强“红、蓝、绿、古”四大旅游品牌，加快现代旅游业发展。用活用好省政府扶持发展服务业的政策，加快发展金融保险、信息服务及科技服务等生产性服务业，不断培育新的经济增长点。

——大力拓宽财税增收渠道。全面分解落实财税征管任务和责任，积极创新财税征管办法，突出重点税种、重点税源的税收征管，深入挖掘财税征收潜力。继续实施激励型财政政策，完善出台财税征收分成奖惩办法，充分激发基层和企业活力。强化非税收入征管工作，重点抓好附城丰南三期、公平新区和梅陇新区近40公顷的土地储备；加快花园酒店、农机总站汕尾资产等政府资产处置，不断壮大全县可支配财力。同时要牢固树立过紧日子的思想，加强支出管理，保运转、保重点、保民生，充分发挥财政资金的最大效益。

（二）以加快转型升级为抓手，着力提升产业发展水平

坚持发展现代产业和提升传统产业并重，科学统筹好扩量与转型的矛盾，加快提升产业发展水平，促进产业结构不断优化。

——加快工业提升转型。一要进一步实施“筑巢引凤”战略，抓载体、抓引进、抓创建促转型。着重抓好“两园两区”建设和发展，即是抓好深汕特别合作区，经济开发区以及县城东北

部工业园和天星湖工业园的征地、基础设施建设和招商引资，创建现代产业工业园，力促“两园两区”建设有新的突破。二是提高传统产业产品竞争力，抓改造、抓品牌、抓创新促转型。各专业镇今年要各选择1～2家企业作为转型升级的先行点，落实领导、人员、政策、资金，专门扶持。要全面落实扶持中小企业发展的政策措施，鼓励企业增资扩产、兼并重组或改制上市，千方百计解决企业在发展中碰到的土地、资金、技术、人才等因素制约，不断发展壮大规模工业。坚持把技术创新作为企业转型升级的生命线，完善和落实科技创新扶持政策，支持企业开展技术创新、产品创新、品牌创新、管理创新及企业文化创新，积极争创名牌产品、知名商标和驰名商标，不断增强企业的核心竞争力，促进传统产业优化升级。

——加快农业产业化进程。加强农业基础设施建设，加快推进东关联安围千里海堤，以及青年、赤沙、黄山洞水库和西溪、大液河水闸等“三库二闸”重点水利工程建设，切实抓好列入中央重点小（二）型水库除险加固的5宗工程、全县治洪治涝保安工程及农田水利工程建设，着力夯实现代农业发展基础。大力推进农业科技创新，积极扶持发展农业龙头企业和现代农业生产基地，全力建设10个现代农业示范园区，培育发展10家省、市、县农业龙头企业，创建10个省、市级农业品牌，建设好优质稻、名特水产品、稀有水果、无害化蔬菜和良种禽畜等5大现代农业产业基地，全力加快农业产业化进程，进一步促进农业增产、农民增收。

——加快发展现代新兴产业。立足产业优势，把握发展机遇，用好扶持政策，积极争取省委省政府安排的220亿元战略性新兴产业专项资金，加快推进以华润海丰电厂、大湖风电为主的电力能源项目建设，全力打造电力能源基地；推进中油华城石化基地项目建设，带动发展精细化工及石化中下游产品加工产业；推进金庄电器、中阳光研、华南云计算产业基地和广东拓尚动漫城等项目建设，做大提升电子信息产业；推进海丰抗衰老研发中心、大百汇生物园项目建设，积极发展保健工程和药物工程。充分发挥骨干项目的龙头带动和辐射作用，全面加快先进制造业基地建设步伐，大力构建现代新兴产业体系。

（三）以宜居城乡建设为载体，全面优化城乡发展环境

紧紧围绕建设现代中等城市的目标，按照“科学统筹、协调发展”的原则，高起点规划、大手笔投入、严要求管理，全力深化宜居城乡建设。

——加强城乡建设规划和管理。加快编制县城南部商住物流区、东北部工业集聚区、西北部文化教育旅游区等三大经济功能区，以及县城中心区、行政小区、市民广场和碧桂园的控制性详细规划，进一步完善镇级规划修编，着力加强村级建设规划编制，全面启动农村集体土地确权登记，逐步实现城市和农村同步规划、互为补充的协调发展目标。严格落实规划建设要求，进一步强化国土、建设管理工作，以县城地区和中心镇为重点，组织专门队伍，全面查处违法用地和违章建设行为。加大闲置土地处置工作力度，抓紧做好县城地区“三旧”改造的示范点工作，加快推进海城镇龙津社区、城东镇名园片和附城镇彭厝围村3宗“三旧”改造工程，尽快启动其他6宗已列入计划笼子的“三旧”改造项目。深入开展环境整治工作，大力整顿县城三轮车、出租车营运秩序，积极推进城乡环境卫生整治，不断优化城乡宜居环境。

——完善基础设施及配套建设。进一步加大投入，加快推进县城地区“一场、二河、三区、四化、五路、十亮点工程”的全面建设，重点实施红城大道改造、北三环路配套完善和二环路改造升级工程，全力提升县城形象。积极做好潮莞高速公路的征地拆迁，突出抓好陆丰上英至大湖公路以及S335线海丰至陆河公路等10大公路建设，切实加强村级路道的改造优化，全面解决自然村交通障碍，进一步完善全县交通网络。深入开展名镇名村示范村创建活动，着力加快社会主义新农村建设步伐，重点完善黄羌坑联村、平东谷兜村、公平五联村和赤坑围雅兜村等10个新农村样板村建设，加快推进50个新农村建设合格村。尽快推行农村综合改革，积极实施村级公益事业一事一议财政奖补政策，突出抓好基层社会管理体制改革试点工作，不断优化农村发展环境。

——加大环境保护和治理力度。坚持走可持续发展道路，严格执行环境准入制度，加快县城污水处理管网建设，抓紧启动中心镇污水处理厂的建设规划，大力推进节能减排。科学指导土地开发，着力提高土地利用的投资强度和集约程度。突出加强水资源保护，重点查处红花地水库、青年水库和公平水库的水源污染行为。进一步开展造林绿化工作，加大生态景观林、沿海防护林、湿地保护区及生态功能区的保护和建设力度，努力实现水更清、山更秀、天更蓝、地更

绿，谋求人与自然协调发展。

（四）以保障改善民生为重点，力促各项事业全面发展

把经济建设和社会建设有机结合起来，统筹发展社会各项事业，着力解决“基本民生”，保障“底线民生”，关注“热点民生”，实现发展成果全民共享。

——全力办好十件民生实事。①落实新型农村和城镇居民养老保险制度，确保全县城乡居民60周岁以上人员领取养老金，实现新型农村和城镇居民养老保险制度全覆盖。新增城镇就业14500人，失业人员再就业7000人，新增转移农村劳动力7500人。②开展新农合和城镇居民一体化医保工作，城乡居民医疗保险补助水平由200元提高至240元，政策范围内报销比例达70%左右，年度累计最高支付限额提高至10万元。③完成全县1700户农村低收入住房困难户的住房改造任务和4个整村搬迁工程。建设廉租住房、经济适用房及公共租赁房等保障性住房350套。完成全县5个农村安全饮水工程的收尾工作，解决4.4万人口的安全饮水问题。④巩固提高第一轮扶贫开发成果，启动新一轮扶贫开发工作。⑤投资3000万元，在县城建设1所规范化幼儿园；投资550万元改造建设一所县特殊学校。⑥投资3416万元，建设四级公路70公里，实现通自然村公路硬底化。⑦加快实施龙津河整治工程，端午节前完成河道两岸6公里污水管道和污水泵站的安装建设工作。⑧上马建设县疾控中心和妇幼保健院，加快完成海城、联安、梅陇、赤坑、后门、平东等基层卫生院的改扩建任务。⑨开展红城大道第一期5.1公里路段的改造工程；完成龙津河两岸全长8公里的人行道、绿化、路灯等项目改造建设；完成县城北三环路9.3公里路段的路灯安装及绿化工程。⑩投资1.45亿元，完成省千里海堤东关联安围22.6公里堤段的达标加固及沿途小型涵闸加固。

——大力发展社会各项事业。继续坚持教育优先发展方针，在去年校舍建设迈开大步的基础上，进一步加大投入，着重加快县中等职业技术学校、县实验中学和县教育园区公办高中建设，力促全县办学条件实现大幅度改善。继续做好防流控辍工作，有效调整优化入学率、升学率和辍学率，进一步提升九年义务教育成果。全面启动广东省教育强县创建工作，力争创建2～3个教育强镇。抓紧完成学前三年行动计划，加快建设镇级中心幼儿园。突出抓好教育教学质量，认真吸取经验教训，大力整顿教育风气，科学配置教育资源，全力打好教育质量翻身仗。加大科技和信息化投入，强化科学技术创新，提高科技的推广和应用水平。扎实推进文化强县建设，加快构建公共文化服务体系，强力推进基层文化设施全覆盖。强化文物保护单位及非遗名录项目的保护和开发利用，加强文艺精品创作和对外文化交流，做好文化人才培养和引进工作。积极鼓励发展文化产业，逐步提高文化产业占经济总量的比重。大力发展体育事业，深入开展全民健身活动。扎实推进医疗卫生服务建设，不断加强医疗服务管理，优化卫生人才队伍，提升全县医疗和公共卫生服务水平。深入推进医药卫生体制改革，加快彭湃医院创建三级甲等医院，进一步完善医疗卫生单位配套建设，全面推进基本公共卫生服务均等化。全面落实新的兵役登记制度，推进国防动员创新发展。继续做好机构编制、人事、人防、三防、审计、物价、统计、新闻、侨务、气象、档案、史志、民族、宗教、残联、妇女儿童等各项工作，力促社会各项事业全面进步。

——合力开创社会管理新局面。围绕新形势下加强社会管理的工作要求，积极创新方法方式，不断增强工作合力，努力形成齐抓共管的社会管理新局面。进一步落实社会治安综合治理，全面开展“三打两建”专项行动，依法打击各种违法犯罪，着力营造良好的社会秩序。高度重视信访维稳工作，进一步强化属地管理责任，切实把群众矛盾解决在基层，化解在萌芽状态。认真落实安全生产“一岗双责”责任制，深入抓好食品安全和消防安全，进一步健全防灾减灾应急机制，最大限度预防和减少安全事故发生。深入探索加强社会动态管理的有效途径，扎实抓好县城地区加强流动人口与出租屋管理的试点工作。继续抓好人口计生和殡葬改革工作，积极弘扬健康文明的婚育和治丧新风，努力把“和谐海丰”建设推上更高的层次。

（五）以增强行政效能为目标，不断加强政府自身建设

围绕今年的目标任务，全县各级政府部门必须坚持不懈加强执行力建设，进一步形成“讲理想、敢担当、争先锋”的风气，一心一意谋发展，全力以赴抓落实。

——着力提升加快发展的能力。面对区域竞争加剧的形势，必须进一步增强危机意识，把全部精力放到加快经济社会发展中来，坚决杜绝部门主义和小团体主义，坚决禁止推诿扯皮和中梗阻塞现象；必须进一步增强创新意识，在迎接挑

战中抢抓机遇，在解决矛盾中探索新路，努力破解瓶颈制约，不断拓展发展空间；必须进一步增强争先意识，始终保持蓬勃朝气和昂扬锐气，力促各项工作争先进位，推动全县经济社会加快发展。

——着力提升高效落实的能力。继续推行工作目标责任化管理，对既定的工作任务，层层分解，项项细化，责任到人头，量化到序时，督查到现场，考核到细节。尤其是对重点建设和民生事业等项目，要落实专门领导、组建专门队伍，专门负责推进。要牢固树立“干好是本职、懈怠是失职、干不好是不称职”的工作理念，雷厉风行抓落实、扑下身子抓落实、一丝不苟抓落实、破解难题抓落实、一抓到底抓落实，确保县委、县政府的各项决策部署落到实处，确保各项工作措施执行到位，确保既定目标任务全面和超额完成。

——着力提升依法行政的能力。进一步增强法制意识，严格按照法定权限和程序行使权力，履行职责。积极完善重大决策程序，依法开展行政复议，严格落实行政执法责任制和执法过错追究制，坚决纠正和查处有法不依、执法不严等行为。自觉接受县人大及其常委会的法律监督和县政协的民主监督，认真办理人大代表议案、建议和政协委员提案，促进政府各项工作落到实处。

——着力提升廉洁自律的能力。严格执行廉政建设的各项规定，努力从源头上预防和治理腐败。坚持秉公办事，照章理事，堂堂正正做人，勤勤恳恳干事。坚决遏制奢侈浪费，从严控制和压缩行政经费，切实做到公务接待、公务用车、公款出国（境）“三公”消费零增长。全面推行风险岗位廉能管理，大力推动权力公开透明运行，严肃查处违纪违法案件，树立政府清正廉洁良好形象。

各位代表，做好今年的政府工作，任务繁重，使命光荣。我们在继续在县委的坚强领导下，在县人大、政协的监督支持下，团结一致，群策群力，锐意进取，奋力拼搏，为加快建设美丽富裕和谐幸福的经济强县而努力奋斗，以优异的成绩迎接党的十八大胜利召开！

在传达贯彻全市重点项目建设（海丰）现场会精神会议上的讲话

（2012年7月18日）

市委常委、秘书长、县委书记、县人大主任 郑 佳

同志们：

县委、县政府今天召开的会议，主要是传达贯彻全市推进重点项目建设（海丰）现场会和全市经济工作会议精神，部署下半年特别是推进全县重点项目建设的工作。刚才，县长沈木荣传达了市重点项目建设现场会和市经济工作会议精神，希望会后各地、各单位要高度重视，抓好传达贯彻，把会议精神落到实处。下面，我就如何贯彻落实市这两个会议，特别是市委郑雁雄书记的重要讲话精神，以及下半年我县有关工作，讲两点意见。

一、如何看待市委、市政府对海丰的评价

7月12日，市委、市政府在我县召开全市推进重点项目建设现场会。会上，市委郑雁雄书记高度评价和充分肯定了我县近年来，以重点项目建设为主导推进经济社会发展所取得的成绩，指出这是“敢于担当、精细落实、用心倾情、刻意动脑”海丰精神和“班子敢担当，队伍敢争先，落实敢叫板；碰到问题淡定，确定目标咬定，落实过程坚定”海丰经验的具体体现。近年来，特别是换届以来，市委郑雁雄书记在多个场合一再肯定海丰各方面的工作，表扬我县在推进经济社会发展中，不管遇到多难、多急、多重、多复杂的问题，都能竭尽全力完成，不让上级操心，把这种工作态度总结为“海丰现象”。为开好这次会议，市委、市政府用了一个月的时间来筹备，市委办公室、市委宣传部、市发改局等部门组成联合调研组，深入海丰进行为期一周的实地调研考察；汕尾日报、汕尾电视台、东岸杂志等新闻媒体整整花了近两周的时间专门宣传报道海丰经验；市委宣传部还精心编印《敢担当、敢争先、敢叫板——来自海丰县的报告》和《用心倾情是精神——来自海丰县重点项目建设的报告》。市委、市政府对一个县作出如此之高的评价和肯定，是汕尾市建市以来所未有的。虽然如此，我们切不可骄傲自满，反而应该要在掌声中学会冷静，认真思考存在的不足。其实，我在多个场合包括在市领导面前明确表示，我们海丰的工作还做得不够，市委、市政府对我们如此厚爱，是对我们海丰工作的一种鼓励、激励，也是一种鞭策，更是一种加压。因此，我们海丰的同志尤其是县领导班子成员，要时刻保持清醒的头脑，明确肩负的神圣责任，团结一致，全心全意，把海丰的事情办好。下来，各地各单位要把全面深入学习贯彻落实全市重点项目现场会精神和雁雄书记的重要讲话精神，作为当前全县主要的政治任务，切实抓好“四个一”：一要开好一次学习会。各地、各单位要迅速把现场会精神传达到全县党员干部群众中去，深刻领会现场会的意义和雁雄书记重要讲话的精神实质，深刻领会“三敢三定”精神内涵，激发全县干部群众的斗志和创业热情，迅速掀起新一轮重点项目建设的热潮。二要进行一次讨论。对于如何理解由来已久的海丰精神，我们要进行一次深刻的讨论，通过大讨论，全面理解海丰精神的深刻内涵，把握海丰精神的核心要义，在全县各级党政和广大干部中达成共识，进一步发扬“三敢三定”海丰精神，以敢担当的精神、敢作为的态度、谦虚务实的作风、廉洁吏治的风气，更加努力办好海丰各项事业。三要开展一次教育。县委宣传部要抓紧制定出学习贯彻重点项目现场会精神的意见和措施，在弘扬“厚于德、诚于信、敏于行”的新时期广东精神基础上，以“海丰班子敢担当、队伍敢争先、落实敢叫板，碰到问题淡定、确定目标咬

定、落实过程坚定”的“三敢三定”精神为载体开展一次教育，指导全县各地各单位开展学习活动，推广海丰精神，严肃吏治，严格责任，加快重点项目建设。四要做好一次宣传。县委宣传部门和县广播电视台、《海丰报》、党政信息网等新闻媒体，要紧紧围绕全市重点项目建设（海丰）现场会和雁雄书记的重要讲话精神，以及市电视台播放的8集专题报道，深入、广泛、多形式、全方位开展宣传活动，营造浓烈的宣传氛围，把会议精神转化成为全县各级党政领导干部进一步推进重点项目建设的自觉行动，做到无愧于海丰精神，无愧于市委、市政府的肯定和鼓励，无愧于老区人民的殷殷期盼。

二、以海丰精神为动力，全力推动各项工作

当前，我们贯彻落实市委郑书记在全市重点项目建设现场会上的重要讲话精神，就必须把郑书记提出的海丰精神和海丰经验继续发扬光大，担负起海丰“转型升级先行区、县域经济排头兵”的历史使命，进一步团结广大干部群众，励精图治，奋勇争先，突出重点，狠抓落实，全力推动海丰经济社会科学跨越发展。

1.全力推进重点项目建设。重点项目建设仍然是我县今年乃至今后一个时期的重头戏。我县的重点项目建设虽然取得了一定的成效，得到了市委的肯定，但是我们不能沾沾自喜、小富即安，而应该鼓足干劲、再接再厉、再创佳绩。今年年初，县委、县政府重新筛选了42个重点项目，并分别落实了责任领导和责任单位。从目前各重点建设项目的进展情况看，建设进度参差不齐，快的实现时间过半任务过半，慢的只是动一动，有些项目还没有实质性进展，甚至还未动工建设，在解决“资金难”、“征地难”、“审批难”等瓶颈上，一些项目的责任领导和责任单位束手无策、一拖再拖，导致一些重点项目停滞不前、进展缓慢。全市重点项目建设现场会在海丰召开期间，我们依然存在这种现象，这是我们所不愿看到的。这次会议之后，各责任领导、责任单位要认真分析项目进展快在哪里，慢在哪里，要科学谋划一系列可加快项目进展的良方妙计，力促各项目全面开工建设，早日发挥效益。一要攻重点。华润海丰电厂、千里海堤海丰段、金庄电器、碧桂园二期、县教育园区、华成峰抗衰老研发中心、县行政小区等在建项目是今年我县重中之重的建设项目，希望各责任领导和责任单位，要全心投入、全力以赴、全程跟进，加快推进建设进度，力促按时按质按量完成任务。尤其是华润海丰电厂，这个“月亮型”项目落户海丰不易，我们一定要创造最好的条件、营造最佳的环境、提供最优的便利，争创“海丰速度”，促使项目早日建成投产。二要攻难点。前期立项、征地拆迁和融资建设是制约项目推进的“三大瓶颈”，责任领导和责任单位一定要想方设法予以破解。市委雁雄书记说过：只要我们拿出“不怕磨破嘴、不怕跑断腿、不怕遭挫折”的钉子精神，就没有办不成的事，没有解不了的难，没有推动不了的项目。三要攻热点。要切实抓紧民生工程建设，尤其是龙津河综合整治工程，要在国庆前完成清淤、排污管道埋设等配套项目。县影剧院要加快建设进度，争取年底前完成大楼主体工程。北三环路灯和绿化配套、红城大道一期改造工程要在10月份完成改造任务，营造一道靓丽的县城风景线，为党的十八大胜利召开献礼。青年水厂供水管道埋设工程要加快进度，责任单位要扑下身子投入建设，相关单位要全力配合，切实协助解决管道埋设、拆迁补偿等具体问题，全力为管道建设扫清障碍，争取国庆前顺利供水。可塘垃圾焚烧发电厂、廉租房建设、市民广场等民生项目，要创造条件促上马。四要攻焦点。要着力抓好职能部门之间的协调配合，优化服务环境，提高办事效率。要充分调动相关部门的积极性，明确部门职责，协调部门关系，确保各部门在服务项目建设上顾全大局，密切配合，互不推诿，主动服务，保证项目各个环节逐一按时完成，切实为项目建设的顺利推进创造良好条件。特别是国土、建设、环保、发改等职能部门要树立大局意识，主动为重点项目建设做好服务，坚决杜绝“吃、拿、卡、要”的不良风气，责无旁贷共同推进全县的重点项目建设。五要抓督查。县重点项目建设督查组要切实负起责任，深入各地现场督查，对出现的问题及时提出整改措施和整改期限，对久拖不决、整改不力的实施单位，县委、县政府将启动问责机制。

2.全力推进产业转型升级。转型升级是省第十一次党代会明确提出今后五年的核心任务，也是我们推动创新发展、建设幸福海丰的必然要求。如何抓好转型升级？一要加快改造提升传统优势产业。继续做强做大城东毛织、公平服装、可塘珠宝、梅陇金银首饰等传统优势产业，提高产业集聚度，提升产品质量，增强企业整体竞争力。积极采用高新技术、先进适用技术和现代管

理技术改造提升传统优势产业，推动传统优势产业的转型升级。二是坚持走品牌发展的道路。发挥龙头企业、名牌产品和驰名商标的带动作用，做大做强产业集群。大力实施名牌带动战略，加大名牌产品的培育力度，引导名牌产品做强做大，形成拳头产品。三是大力引进发展高新产业。利用毗邻深汕特别合作区的地缘优势，因地制宜、科学谋划，同步规划建设好梅陇天星湖、银丰一带10平方公里工业园区以及县经济开发高新区等园区，为我县主动接受深汕特合区的辐射带动和产业链条延伸打好基础。以打造粤东地区通向特别合作区第一“桥头堡”为契机，与特别合作区同步规划、同步招商、同步发展，瞄准大型企业，着力引进一批电子信息、家用电器、太阳能产业等低能耗、高科技、高附加值的新兴产业企业到我县园区落户，为我县加快转型升级注入新的发展动力。

3.全力推进中等城市建设。围绕建设一个现代中等城市的要求，高标准完善城乡规划，做好“四规合一”修编工作，突出“一城三区五基地”的建设，特别要抓好“一场、二河、三区、四化、五路、十亮点工程”的建设和配套，使县城规模不断扩大、功能分区逐步完善、城市品位明显提升，形成南接城区、北至公平、东连可塘、西延梅陇的城镇发展新格局。县城地区要扩大城市发展规模，高起点规划，高标准建设，严要求管理，加快高层楼盘开发建设，特别是以碧桂园项目为龙头的县城北部新区，更要花大力气、下大工夫，精心打造成为县城的新亮点、新地标，塑造海丰城市的新形象。公平、可塘、梅陇这三个中心镇、专业镇，要加快总体规划修编和评审，积极申报第三批国家发展改革试点镇。其他各镇也要认真抓好“一镇一样板街”建设，形成各具特色、百花齐放、竞先发展的新格局，带动和辐射周边地区发展，加快城乡一体化进程。

4.全力维护社会稳定和谐。全省开始“三打”专项行动以来，我县按照省委、省政府的工作要求和市委、市政府的决策部署，紧紧围绕突破大要案、打击“保护伞”这个重点，重拳出击，重典治乱，狠狠打击了违法犯罪分子的嚣张气焰，打掉一批欺行霸市团伙，捣毁一批制假售假窝点，查处一批商业贿赂案件。根据当前“三打”的需要，各地各单位要进一步提高思想认识，加大打击力度，保持严打整治的高压态势，誓将违法犯罪分子一网打尽。下一步要加强领导，强化责任，全面排查一批大要案。对群众最关注、危害最严重、影响最恶劣的大要案，要集中力量进行打击，务求做到“抓获一个、捣毁一窝，破获一案、带出一串，扫除一片、平安一方”。要进一步落实责任，按照不同的部门和职责，细化分工，做到定人员、定岗位、定任务、定时间、定要求，确保各项工作落实到位。要进一步完善机制，要通过以打促建，切实建立起政府主导、部门联动、行业规范、企业自律、社会参与的“三打”工作长效机制，在“三打”工作中，边打边总结，建章立制，逐步完善社会诚信体系和市场经济秩序，推动“三打”工作规范化、制度化和常态化。今年，党的十八大将要召开，在这个非常敏感的政治时期，我们务必要切实做好社会稳定工作，解决好维稳信访的问题，避免群体性、突发性事件及安全事故的发生。各地各单位要加强排查，掌握动态，重点解决好老信访户问题，对一些影响到全县大局稳定的信访问题要加大处理力度，对刚出现的隐患和苗头要及时控制、及时化解，立足于“抓早、抓小、抓主动”，切实做到“大事不惧、小事不放、有事不避、没事不松”，把矛盾纠纷解决在基层、解决在萌芽状态，确保党的十八大召开期间全县社会稳定平安。

5.统筹抓好当前主要工作。一是抓好“双过半“工作。各地及相关部门要认真贯彻落实市经济工作会议精神，切实做好经济指标和财税征收“双过半”的工作。县统计局要督促相关部门和各镇抓好统计工作，并及时与上级部门沟通联系，做好统计数字上报工作，确保“双过半”任务的完成。二是抓好计生工作。各地及计生部门要巩固计生工作成果，提高服务质量，做好计生高潮服务活动，严格控制人口出生率，加大清理清查力度，扫清“四术”库存对象。三是抓好殡改工作。各地要严格执行殡葬改革“一刀切”的制度，加强山地林地巡查，开展综合执法，强力打击殡葬违法违纪行为，确保遗体火化率100%。四是抓好防汛抗灾工作。当前雨季时节，各地要做好防汛度汛工作，公平水库、县水利局、县“三防”指挥部要派出专家和技术人员，加强对水库、水闸、护堤的检查维护工作，要做好防汛物资、人员、器械等准备工作，确保安全度汛。五是抓好清理“两违”工作。上个月专门召开了清理违法用地、违规建设工作会议，但这项工作开展近一个月以来，成效不是很大，各地各单位要把它作为一场硬仗来打，敢于动真格，要结合当前开展“三打”活动，把清理“两违”工作有声有色开展起来，切切实实抓出成效。六是抓好文化建设。海丰很多名人是我们的宝贵财富，也是海丰的品牌，我们要精心打造，全方位宣传，提升海丰人文形象。最近，我县新编的西秦戏《留取丹心照汗青》被列入省“五个一”工程。下来县宣传部门和文体旅游局要配合有关方面，切实做好钟敬文故居重修工作，并着手筹办纪念民俗大师钟敬文的文化活动，继续向外界推介海丰的文化名人，提升海丰的文化形象。

总之，全县各级党政干部一定要以这次全市重点项目建设现场会的胜利召开为契机，进一步弘扬海丰精神，振奋精神，团结一致，抓住机遇，攻坚克难，坚决完成今年全县经济社会发展的多项目标任务，实现全年经济社会多项指标“满堂红”，为建设全市转型升级先行区、当好全市县域经济排头兵，推动创新发展、建设幸福海丰而努力奋斗！

适应市场经济需要　打造廉洁高效政府

（2012年10月12日）

县委副书记、代县长　陈德忠

廉洁高效政府指的是政府在保持清正廉洁的基础上，坚持依法依规办事，实现高速实效运转，形成行为规范、运转协调、公正透明的行政管理体制。高效体现政府的执行力，廉洁体现政府的公信力，随着经济社会的转型，加快政府职能转变，打造廉洁高效服务型政府已成为新时期行政体制改革十分重要和紧迫的任务。

一、充分认识打造廉洁高效政府的重要意义

（一）打造廉洁高效政府，是社会主义市场经济的内在要求

我们过去实行的是管制型政府模式，政府在管理上“包揽一切”，过度干预市场，而社会管理和公共服务却跟不上形势发展的需要，造成了政府在诸多方面出现越位、错位、缺位的现象，产生了权力“寻租”，影响了政府的形象和公信力，与市场经济的发展格格不入。在市场经济条件下，政府与社会之间应该是“小政府”与“大社会”的关系，政府要逐步向社会放权，实现政府“自我解放”，通过转变政府职能，将管理与服务有机地结合起来，建立服务型政府。在市场经济条件下,政府的职能范围是有限的，其管理的目的是纠正“市场失灵”，弥补“市场缺陷”，创造公平竞争的市场环境。因此，政府要做好规则制定、规划引导等工作，充分发挥市场配置资源的基础性作用，充分利用市场机制激发企业发展的活力，并辅以必要的宏观调控措施，纠正市场运行过程中出现的偏差，认真解决好政府职能越位、错位、缺位等问题。利用政府的经济调节、市场监管、社会管理和公共服务等功能，努力实现从全能型、权力型、管理型向有限型、责任型、服务型政府转变。

（二）打造廉洁高效政府，是海丰经济社会发展的现实需要

近几年来，我县严格遵循市场经济规律，经济社会发展取得了有目共睹的成效。但是，我们也要正视在经济社会发展中存在的一些困难和问题，特别是经济结构不够优化，经济总量小，新兴产业和新型工业集聚程度不高，招商引资力度不够，新增规模以上工业少，缺乏大型项目的支撑，经济实力仍较为薄弱，重点项目推进不快，区域发展不够平衡；财税收入量少质低，结构不够合理，与我县经济社会可持续发展存在较大差距；社会管理还不够完善，殡改、医疗、社会保障等焦点、难点问题尚未得到较好解决。这一切与“推动创新发展、建设幸福海丰”的要求不符，也与市第六次党代会提出的海丰要争当全市“转型升级先行区、县域经济发展排头兵”的要求不符。为此，在新的发展形势下，要实现经济社会的转型升级，首先是要求政府先转型，要进一步加强机关效能建设，改善政务环境，打造廉洁高效政府，做到“到位”而不“越位”，更不会“缺位”和“错位”，真正履行政府在经济调节、市场监管、社会管理和公共服务中的职责，做到公正、规范、高效、透明，切实为海丰的经济社会转型升级服务。

（三）打造廉洁高效政府，是广大人民群众的迫切愿望

一方面随着改革开放的不断深入，社会主义市场经济的不断完善和发展，民主政治进程的加快，人民群众的民主意识、法制意识、竞争意识和参政意识不断增强，这对我们政府管理工作提出了新的更高的要求。而另一方面，我们的体制机制，我们的政务环境，都存在着或这或那的问题，与人民群众的要求不相适应，如行政审批程序繁琐，关卡过多，办事复杂；一些地方和部门存在衙门作风，官僚主义、形式主义严重，门难进、脸难看、话难听、事难办的现象时有发生，推诿扯皮，效率低下；一些干部对法律政策学习

不深、了解不明，缺乏担当意识，对群众反映的难点热点问题重视不够，没有及时化解，从而使一些矛盾积压激化，增加社会的不稳定因素；一些地方和部门办事缺乏透明度，吃拿卡要，办人情事等不正之风还未从根本上得到解决等等。这些问题解决不好，就会影响政府的信誉和形象，政府的公信力就无从谈起，人民群众就会对政府失去信心，对政府官员就会产生仇视情绪，这样我们的决策就得不到群众的拥护和支持，政令就不能畅通，从而会影响到海丰经济社会发展大局。因此，打造廉洁高效政府，对于新时期做好政府工作，切实维护社会公平正义，促进公共利益、推进公共服务均等化，实现社会服务转型，建设幸福海丰具有积极的作用和深远的意义。

二、强化措施，全力打造廉洁高效政府

打造廉洁高效政府，不是一朝一夕的事，而应是政府自身建设的常态化工作，要制订详细的工作计划，落实周密的工作措施，逐步完善，加以实现。汪洋书记对如何推进行政体制改革提出了“要简政放权、要职责分明、要公开透明、要规则办事”的要求，这为我们转变政府职能，打造廉洁高效政府指明了方向。打造廉洁高效政府，就是要在改善政务环境，提高效能，净化风气上下工夫，打造务实、高效、廉洁、责任、权威政府。重点抓好如下四方面的工作：

（一）进一步深化行政审批制度改革，做到简政放权

要严格遵循社会主义市场经济规律，进一步深化行政审批制度改革，取消不符合政企分开和政事分开要求、妨碍市场开放和公平竞争的行政审批，把政府职能的重点切实转移到经济调节、市场监管、社会管理和公共服务上来，着力营造良好的发展环境，提供优质的公共服务。要紧紧抓住第六轮行政审批制度改革的契机，进一步精简全县的行政审批项目，简化审批程序，规范审批行为，减少对市场的行政干预，实现社会资源最优配置。要更新行政理念，实现行政管理方法和手段的创新，使政府对投资和经营主体的市场行为从“严入宽管”转变为“宽入严管”，从“注重审批”转变为“注重服务”，从习惯于直接和微观管理转变为间接管理和宏观调控，从行政指令式管理转变为以法律、法规为准则的法制化管理。对于100万元以下的项目招投标和10万元以下的政府采购，应在依法依规的前提下，以有利于工作的正常开展为原则，参照市政府或其他兄弟县（市）的做法，可采取一些灵活的措施来运作。

（二）进一步推进依法行政，实行政务公开

当前，有些地方存在政府红头文件与法律、法规、规章和国家方针政策相抵触、超越法定权限、违反制定程序，甚至红头文件互相“打架”；还有政府管理不规范、政府执法不规范等等。一些干部的法制意识不强，行政不作为、乱作为的现象时有发生。一些地方和部门办事不是遵循规则办事，而是办人情事，出现权力“寻租”，滋生腐败。这些都是与我们建设现代政府的要求相违背的。新时期作为一名领导干部，要学习的知识很多，在县一级政府工作的同志，最起码的要学习、掌握较普通的法律法规，这样才能做到依法行政。要遵循法律至上的原则，严格按照《行政许可法》的要求，行使权力，履行职责。法律规定我们必须做的我们一定要做到，法律规定我们不能做的，坚决不要做，我们每一位同志既不能不作为，更不能乱作为，要学会并善于依法处理经济社会事务，要根据《国务院关于加强市县政府依法行政的决定》的要求，切实把政府的职权严格控制在法律规定的范围内，依法行政、依法办事，提高依法行政决策水平。因此，我建议以后每一次政府常务会议，一方面要求党组的每位成员提出的议题应有法律依据，使政府在决策时符合法律规定；另一方面要安排一位政府组成部门的主要负责同志来讲半个小时的课，根据每个时期的工作需要，由局长来主讲部门的法律法规，在全县形成大家都来学法、讲法、用法的良好氛围。

我始终认为，虽然我们在海丰这个小地方，但应该了解一些时代的新潮流、新动向。可以说倾听民意、增加透明度是新时期对政府的新要求。当前各地出现了几个显著的新变化：一是政府了解民意的需求增长比较突出；二是更多从事后的服务满意度评估转向事前的需求了解、政策预评，比如针对城乡规划、交通管理措施事先了解民众的心态，政府在倾听民意方面角度更多，也更前置了，政策的透明度也显著增加；三是增加透明度成为财政审批和审计等管理部门项目管理的重要依据，项目审批机制的引入，也显示了政府在阳光财政、透明财政方面的努力；四是更多服务于政府前瞻性和战略性工作的推进。政务公开已是个老课题了，今日在这里重提，主要是要强调注重政务公开的形式、内容和制度建设，

使到政务公开不流于形式，而成为公众参政议政的窗口，监督政府的手段。在内容上，包括我们的决策、重点工作、民心工程和各项办事指南、行政公告等等，都要按照要求在规定的时间、通过一定的形式向公众公开；要注重政务公开形式的创新，要建立完善网上审批、服务承诺、咨询服务等制度，使到公众能方便快捷的了解政务、参与政务。

（三）进一步改进机关作风，提高办事效率

对于当前的机关作风，汪洋书记生动地概括为：一些干部意志开始消退，拼劲松了、干劲弱了、闯劲没了，有的无所用心、敷衍塞责，陷于文山会海，忙于迎来送往；有的爱做表面文章，不愿真抓实干，满足于当“传声筒”、做“中转站”，习惯以会议落实会议、以文件贯彻文件；有的急功近利、心浮气躁，不是扑下身子干实事，而是眼睛向上谋“位置”。

一个地区政风的好坏，决定行风的好坏，带动民风的好坏。只有作为的政府才能得民心、顺民意。因此，必须加强政风建设，创建政通人和、凝心聚力的干事创业环境。一是确保政令畅通。对于上级和本级党委政府的决策部署，各地各部门必须不折不扣地贯彻执行，绝不允许各行其是、有令不行、有禁不止。要发扬务实高效的作风，勇于担当、敢于担当、善于担当，大力倡导雷厉风行的干事风格，坚决克服不推不动、不催不办的“懒政”状态和“不给好处不作为，给了好处乱作为”的坏现象。要严格执行层级管理的原则，一级抓一级、一级对一级负责，做到在其位谋其政，不越位、不缺位。二是要转变文风会风。严格控制会议次数、规模和时间，提倡开短会、讲短话。这一点请办公室严格控制，首先从政府常务会议改起，一般不超过三个小时。因此，对于要提交政府常务会议研究的事项，事前都要做足准备，有些要开线条协调会的要先开，达成一致意见后再提交常务会议研究，避免在会上争论不休，拖延会议时间；对于发言的同志要言简意赅，用最简洁的话语阐述目的、表达意见。对于其他会议也一样，能够不开的坚决不开，一定要开的要控制好参会的人员、会议的时间，尽量做到开短会、讲短话。另我要在这里强调的是，今后开会或请示报告工作，请大家自觉将手机关掉或调到振动，有事请到会场外处理，不要在会场内铃声四起，这是对人家起码的尊重。这种陋习今后必须改过。三是严格办文程序。对于文件的印发也一样，要严格控制数量，文件写作要用清新简练的文风，少说套话空话，力求意尽文止。在办文上要注意时效性、针对性，分清轻重缓急，分类处理。今后政府常务会议纪要要在会后一周内印发。对于当天必办的急件，一定要当天办理完毕；对于当天要送主要领导阅知的，一定要在当天送达主要领导阅知；对于各镇、各部门的请示件、报告等，应在规定时效内处理完毕。决不能因办文的原因而影响工作，延误时机。四是要建立完善行政服务中心，推进“一站式服务”；要建立完善首问负责制、服务承诺制和奖惩激励机制等规章制度，用制度管人管事，提高机关办事效率，改善机关政务环境。

（四）进一步严肃吏治，加强队伍建设

工作目标确定后，能否实现，干部队伍是关键。当前，我们干部的主流是好的，“三敢三定”的海丰精神反映了我们的队伍是一支敢于担当，善于落实的队伍，是能够交付重任的队伍。但毋庸置疑，我们的队伍中也存在“庸、懒、散、闲、腐”等问题，也有一些害群之马，“一粒老鼠屎搞坏了一锅粥”，破坏了政府的形象，影响事业的发展。因此，严肃吏治，加强干部队伍管理，是进一步发扬海丰精神，推进经济社会发展的组织保障。作为政府的每一位领导同志，要当好表率，带好队伍。

在粤东地区，人情社会是出了名的，人情味很浓，逢年过节都要向领导表示一下“心意”。我的看法是：今天收下你的心意，明天可能就会违我的本意——我就不能正常说话。如果大家形成“为你说话，就不收东西；收下东西，就不敢为你说话”的惯例那多好，谁还愿意送东西？所以，在人情世故上我坚持把握这个度，坚守我的人生准则。我想说的是，我们大家既然坐在这个位置上，就要掂量自己身上责任的轻重，想好自己要走的是一条什么样的路？我认为，作为一名领导干部，对权力、金钱要看得淡一些，要修身养性，抵制各种诱惑；要坚守底线，筑牢防线，建好自己的精神家园，确保仕途平安，政治平安；要养天地之正气，把我们的精气神释放出来。既然组织和人民将权力交给我们，就应该履行好我们的职责，做到守土有责，保一方平安，促一方发展。

在县委常委（扩大）会议上的讲话

（2012年10月24日）

县委副书记、代县长　陈德忠

同志们：

今天召开县委常委（扩大）会议，分析全县1～9月经济运行形势，研究部署下来全县经济工作，很必要，也很及时。刚才，信咏同志传达了全市经济工作会议精神，县财政、经促、农业、统计等部门负责同志也分别作了发言，都讲得很好。等一下，木荣书记还要作重要讲话。这里，我先就全县经济工作讲两点意见。

一、前三季度经济运行情况分析及第四季度经济工作安排

1～9月份全县经济建设和社会各项事业呈现出持续健康发展的局面。各项经济指标平稳增长，重点项目扎实推进，社会局面和谐稳定。特别是固定资产投资增长30.7%，城镇居民人均可支配收入12632元，同比增长17%，农民人均现金收入7780元，比增17.48%，以上几个指标领先全市；财政一般预算收入基本实现时间与任务同步，农业丰收已成定局，以旅游业为主的第三产业增长较快。总之，经济工作可圈可点，应该值得充分肯定，这是县委、县政府正确领导的结果，是大家共同努力的果。

我们在肯定成绩的同时，也要看到经济发展存在的一些困难和问题，特别是一些指标，必须在下来的60多天下大决心，采取超常规措施去努力才能完成。主要是外贸进出口、实际利用外资、规模工业产值、财政预算收入四大指标压力最大。下面分别就四个指标逐一分析：

（一）外贸进出口总额。全年任务8.1亿美元，其中外贸出口5.6亿美元，进口2.5亿美元。至9月份完成出口3.4亿美元，比增3%，缺口2.2亿美元；进口1.43亿美元，同比下降8%。进出口缺口大，预计至12月底，出口缺口约1亿美元左右，进口缺口0.5亿美元左右。主要原因：一是受国际市场疲软的大环境影响，我县外资企业出口整体受阻；二是由于鼓励国内消费的政策调整，企业在国内购买原材料居多，造成全县进口额度锐减；三是一些企业在深圳等其他海关或外省出口，像珍珠饰品转到浙江出口；四是海丰进出口企业逐年减少，从2001年的113家减少到今年只有47家；而基数逐年增加，出口总值从2001年的1.38亿美元增加到今年的5.6亿美元。目前海丰的进出口企业主要是敏兴、梅陇金银首饰等。主要措施三条：一是重点抓好敏兴等毛纺织和金银首饰两大占出口主导地位的产品价格调整，稳住出口基本盘；二是协调外经、税务等部门就我县珍珠加工能否参照浙江诸暨市那样把原材料作为农副产品打票，鼓励珍珠企业在当地出口，这样每年至少能增加3亿美元的出口额，对企业对当地都有好处；三是要协调海城海关，尽量做当地企业工作，在海城关办理出口，此项工作请分管领导予以协调。

（二）实际利用外资。全年任务是1.26亿美元，至9月份实际利用外资0.38亿美元，同比下降3.5%，完成年度任务29.89%，缺口0.88亿美元，缺口很大。主要原因是：1～9月份，我县新引进10个项目都是500万港元左右的小项目，缺乏资金密集型大项目；华润电力进资存在不确定性。采取四条措施：一是华润2.9亿美元增资尚有1.72亿美元，要配合市外经贸共同做华润工作，争取完成全年数额。按照55：45的比例，可完成0.77亿美元；二是努力争取敏兴非股东境外借款的3000万美元进资列入商务部认定；三是再挖潜跟踪一些500万～1000万美元的企业进资，尽量确保任务完成。主要是港威房地产668万美元、金庄电器429万美元、卓运电子650万美元、双全农牧408万美元、双全食品321万美元、喜得佳156万美元、高尔夫球场800万美元。四是做顺盈糖业的工作，成立过渡性公司，进资开展前期工作。在环评审批前，要先引导投资商做好厂房规划建设与发动农

民种植甘蔗同步，这样才能较快发挥效益。此项工作请相关领导和部门协调配合，跟踪落实。

（三）规模以上工业产值。全年任务是230.2亿元，至9月份实现产值138亿元，同比增长30%，占年度任务的62%，缺口93.2亿元。增加值完成30%。规上工业产值缺口大，比全市低了4个百分点。一是今年没有新增企业，广富（混凝土）、泰森（木材）已报省未批；二是原有的90家规上企业，产值增幅难度大；三是市单列下达产业园区，鹅埠欠10亿元，落后全县平均水平，拖了后腿。对于规模以上工业要落实任务到各镇，鹅埠、城东、公平、开发区等目前完成规模工业产值都低于60%，一定要加把狠劲，要靠管理、靠决心、靠协调、靠力度，确保完成全年任务。总之一句话，各镇、各部门完成任务就是硬道理，没完成就是没道理。

（四）财政一般预算收入。全年任务是11.34亿元，至9月份完成8.29亿元，增长26.63%，时间与任务基本同步。但最大的问题是收入质量有数无钱。下来2个多月要解决的不仅仅是保全年任务完成的问题，更重要的是要保工资保经费运转、保项目资金支出、保上划省四税去年基数的完成、保春节资金。3个多亿的任务已具体安排分解到3个月，要逐个月抓好落实，10月份地税要完成本级收入2800万元，国税要完成本级收入900万元，一定要确保完成；11月、12月要做好土地储备和资产处置两篇文章，另外，追收欠款要与解决历史遗留问题相结合，做到边解决问题边追收欠款。这些任务已具体布置到各领导、各单位，一定要狠抓落实，绝不能误事。

四大指标能否完成，决定今年整个经济计划的实现。这是我县第四季度经济工作重点的重点。同时，各地各单位要做好今年几件经济工作：一是加快重点项目的推进。这个时候，是项目建设的黄金期，一定要按照上次会议布置的落实，特别是龙津河的整治工程。二是要谋划好明年的项目：①上级争取的项目，包括农业、水利、旅游、文化、环保、民政、卫生等项目，要安排专人上网查看项目申报指南，及时组织材料上报；②要到省里参与PK的项目；③社会融资的项目，BOT、BT的项目，抓紧做方案，依法依规按程序进行；④县要上马的重点项目，行政小区服务中心大楼、园区建设、商贸物流城、抗衰老中心、高铁效应的公路项目，要抓紧协调，做好前期工作。三是要设计好今年经济收盘的方案。各镇也要抓紧先清清盘、摸摸底，税收、产值等考核指标能完成到什么程度？有何预案？都要预先准备好。确保年度任务要完成，科学发展观考核过关，经济社会发展继续排在全市前列。这是我对今年剩下2个多月经济工作的基本要求。

二、下来政府经济工作思路

这里再和大家交换一下我对政府经济工作的一些意见，主要是根据沈书记在10月8日理论中心组学习会上提出的“三个坚持、四个争当、五个发展”的发展思路如何落实，并结合近期调研的一些思考和大家交流。

（一）一定要发展实体经济

这段时间我查看了一些报表，走访了一些企业，了解了一些部门，认为海丰的实体经济后劲不足，整体不容乐观。几大数字可以说明：一是外贸出口企业从2001年的113家减少到今年的47家，虽有些企业做强做大，但出口任务基数逐年增加。二是工业企业逐年减少，近几年虽有新上企业，但关门倒闭的也多，呈减少趋势，2011年全县工业企业数4074家，比2006年减少144家，规模以上企业到今年仅有90家。三是调研的几家企业当中，除敏兴成为转型升级的示范企业、百斯盾用品牌占领市场做强做大外，其他的多数企业如威文、金盛、雅天妮等几家企业用工已从二三千人下降至900人、300人、600人，珠江啤酒从原有的2条生产线现仅存1条生产线在生产。四是全年财政收入11.34亿元，至9月份完成8.29亿元，其中国税县本级年收入计划仅8000多万元，至9月份仅收入4900万元，而地税已完成本级收入4亿多，国地两税收入比例接近1:10，倒挂严重，国税占整个财税收入的比例少得可怜。由于实体经济尤其是工业税收下滑，华润大项目要真正投产能产生税收还要几年，目前来看发展后劲很是不足。因此，发展实体经济必须摆上近期经济工作的重中之重来抓。

1.大力发展工业

（1）要善待老企业，关心困难企业。重点做好几件事：一是要分析这些企业存在的困难和问题，要求各地、各职能部门要到企业去了解第一手资料，掌握企业发展情况。尤其是银行、金融部门，请你们到海丰的企业去走走看看，放贷一些资金，想想办法解决企业融资难问题。目前全县存款余额128.7亿元，放贷余额37.64亿元，大部分放贷资金流向房地产，虽然银行是企业，追求利益最大化，投入房地产行业产生的效益短平快，但从可持续发展的角度，应该放贷一部分资金扶持企业做强做大。二是拟于近期召开老企业代表座谈会，听取企业生产情况和对政府办事环境的反映和意见。三是下大决心解决一些企业在发展中碰到的问题，尤其是政府职能部门能够解决、应该解决的问题要加大力度，必要时政府召开一个解决企业发展问题的专题会议，要敢于担当，切实把问题解决好。通过善待老企业，关心困难企业，让这些企业再宣传海丰的投资环境，推动全县工业发展。

（2）要加大力度引导传统产业转型升级。可塘珠宝、梅陇首饰、公平服装、城东纺织、珍珠等产业，原来靠低税赋、低成本（廉价土地、廉价劳动力）、低要求（无品牌、松散管理、环保要求低）完成了资本的原始积累，赚了第一桶金，逐步发展壮大起来，形成了海丰的传统支柱产业。而时至今日，这些产业已面临高税赋、高成本（土地价格高、工酬高、劳动法规范用工要求）、高要求（质量、品牌、环保），往前发展举步维艰，面临着诸多问题。要使这五大产业继续能为海丰的经济撑起一片天，必须引导这几大产业进园区、做品牌、注资本、改技术、提质量、强竞争、扩市场，走转型升级之路。一是传统产业必须适应工业形势发展的需要，进入园区，规范管理。尤其是可塘珠宝和梅陇首饰，由于缺乏规划，多是零星分散的家庭作坊式的加工厂，可塘珠宝企业目前共有500多家，规模以上企业仅有7家；梅陇首饰加工企业目前共有865家，规模以上企业仅有4家。两大产业所产生的废水、废气、废渣等相当大部分没有经过处理而直排，对环境造成的污染大。因此，要扶持两大产业做强做大，就必须规划建设两大产业园区，对现有的加工企业逐步引导进入园区生产，做到统一规划、统一标准、统一环评，从根本上解决生产零星分散和污染严重的问题，从而形成规模，提高产品的竞争力。必须为第三次工业革命的到来做些准备。按照汪洋书记对第三次工业革命的阐述是信息、能源、生态，这些企业生产方式不转变，就不可能存在先转变优化抓先机，赢在起跑线。二是要做市场、做品牌，解决市场两头在外的问题。传统产业的原料市场、成品市场都在外地，而我们只不过是加工基地，能耗、污染等都留在当地，利润、税收大部分流到外地。针对公平的服装产业，南方国际商贸物流城的项目理念很好，集产品研发（经营理念、品牌设计、注册商标）、生产、加工、展示、洽谈、交易与电子商务为一体的综合的现代化商贸平台，解决服装市场两头在外的问题，推动服装产业转型升级。商贸物流城是个好项目，这样的项目要跟踪，要引进来，但一定要遵循市场经济规律。总之，对于传统产业，转变发展方式是唯一出路，否则，经济持续稳定高速发展的局面势必难以为继。

（3）要规划建设新的工业园区，发展新兴特色产业。重点建设好城东至公平的北部工业走廊，即在北部新区规划建设5～10平方公里的工业园区，国土部门要抓紧组件上报。资金的问题是采取社会融资、银行借贷，还是BT模式，不管是哪种形式，何种困难，也一定要想办法把园区办好。园区建好后，在招商引资上要注重层次和质量，要提高招商项目的门槛，既要注重项目的税收产值，更要注重环保和土地产出率，对引进的企业应符合第三次工业革命要求，而不是被人淘汰的夕阳产业。要引进一些土地产出率高、GDP贡献率高、税收高的新兴特色产业，如华成峰抗衰老中心等，使其成为我县新的经济增长点。

2.大力发展农业

围绕市第六次党代会提出的实施四大战略，建设六大基地的目标，通过加大投入，加快转型升级，实现从传统农业向现代农业转变，农业大县向农业强县跨越，努力把海丰建设成为汕尾现代农业基地的一面旗帜，“新三农”的示范县。

（1）加大农田基础设施建设投入。计划利用农田建设示范县的项目（从2012年起，连续4年，每年约有8万亩的农田建设任务），用3～5年的时间，对全县现有34.5万亩常用耕地进行全面整治，彻底解决农田基础设施和灌溉用水和问题，全面提高农业综合生产能力。对农田基础设施建设，要进一步整合国土和农业的资源，实行统一规划，整片推进，不撒胡椒面，做到高起点规划、高标准建设，最大限度发挥项目的效益。

（2）发展特色产业，打造农业品牌。我县的农业资源非常丰富，特色农产品也多，如莲花山茶、黄羌金针菜、联安有机米、梅陇莲藕、九龙峒生姜等，虽有品牌，质量也好，但规模小、数量少，难以形成产业。下来，要按照无公害、绿色、有机农产品的标准，大力发展原生态农产品，提高农产品的质量；特别是要围绕这几大特色产品，注重品牌包装，注册商标，做大规模，形成特色支柱产业，扩大产品的知名度和市场占有率。

（3）大力培育产业化经营载体。本届政府任期内，要力争培育“国龙”1～2家，“省龙”和

"市龙"一批，新增农民专业合作社60家以上。品牌龙头企业是衡量一个地方农业实力的一个标志。各农业镇一定要大力培育创建一批有品牌、实力大、辐射强的农业龙头企业，扶持发展一批农民专业合作经济组织，逐步推进全县农业的基地化、集约化、规模化和现代化，提高农民的组织化程度。特别是要培育深加工的农业龙头企业和农民专业合作社，进一步延长产业链，提高农产品的附加值，实现农业增效、农民增收。

（4）推进农业科技创新。要加强与省农科院、华农大等农业科研院校的交流合作，开展产学研、农科教一体化的合作模式，大力扶持一批科技创新型农业龙头企业，加快适用农业新技术、新产品的推广应用步伐，提升农业生产物质装备水平，提高农业发展后劲。

（5）加大农业招商引资力度。海丰农业的发展，除了本级财政的投入和上级政策性投入，更重要的是社会资金的投入。要通过开展农业招商引资，引项目、引资金、引技术、引人才、引理念，激活农业发展活力，做大农业产业堆头，实现农业资源的科学配置，实现农业的转型升级。近期重点要做好联安海纳有机米（生产、加工、仓储、冷库、包装等项目）、黄羌金针菜（引进深圳万众城建设万亩金针菜生产基地，打造中国"龙头"）和顺盈糖业（带动公平、平东等周边地区发展10万～20万亩的甘蔗种植基地）三大产业的招商引资工作，要积极做好跟踪服务，争取项目早日落户上马建设，发挥效益。

3.大力发展第三产业

大力发展房地产、现代物流、市政建设、文化旅游、服务业等第三产业，实施第三产业兴县旺县战略。

（1）在市政建设上，要围绕"十二五"经济社会发展规划，结合"四规合一"的契机，整个县城要打造1～2个新亮点。特别是沿南三环一带，对丰南一、二、三期和行政小区、市民广场的建设，要在规划上标新立异，做到高标准规划，高起点建设。对于行政小区不切豆腐块给各个单位建设，而是整体规划，设主楼和群楼，资源进行统一调配，届时与海丰移动调度中心形成海丰的标志性建筑。对于市民广场，结合人防项目，向地下发展，建地下停车场、地下商场、地下娱乐场所。

（2）在教育上，要拓宽投入渠道，特别是要设立教育基金会，加大对教育的投入，要进一步整合教育资源，改善教育环境，引进名校、名教师，让教师安心教学，优质生源不再外流，逐步提升教育教学质量。

（3）在旅游上，要大打名人牌、生态牌，要加强规划，整合旅游资源，完善旅游区的配套设施，特别是要大力建设莲花山的慢生活旅游区，让游客来得方便、玩得舒心。

海丰一定要大力发展工业，做大实体经济。但近2～3年仍然要做好土地文章，要等华润和其他新引进的企业有新的增长点，减少国地两税倒挂比例，经济才真正进入良性的发展。

（二）一定要营造好的经济发展环境

以前发展经济，招商引资吸引的是土地、廉价劳动力和税收等优惠政策；而现在是靠好的环境来吸引。在市场经济的今天，政府的主要工作是做营造环境的工作。

1.在政务环境上，要在提高办事效率，优化服务水平上下工夫。各级政府、各职能部门既要依法行政，遵循市场经济规律办事，但更重要的是要解放思想、敢于担当，要有强烈的事业心和责任感，切实为企业排忧解难，促进企业健康发展，营造务实高效廉洁的政务环境。

2.在社会环境上，不仅要建设完善好基础设施、配套设施等硬件环境，更重要的是稳定和谐的社会环境。稳定是发展的前提，如果到处乱哄哄，这偷那盗，这抢那劫，这上访那上访，这问题那问题，不要说干部不能腾出精力来抓经济工作，企业老板肯定是望而生畏、闻风丧胆。这一点，我县有稳定的社会环境，是发展的基础和前提。所以，一定要守住这一底线，下定决心解决好土地、社会保障、治安等焦点、难点问题，保持稳定和谐的社会环境。

3.在自然环境上，既要招商引资、发展经济，但更重要的是保护好生态，注重环保。这是科学发展观，以人为本最基本的要求。尤其是在旅游开发上，海丰有丰富的旅游资源。市的旅游总体规划已基本完成，海丰的旅游规划要与市的相链接，高起点规划建设好海丰公平大湖省级自然保护区（由公平水库湿地、大湖海岸湿地以及东关联安围滩涂鱼塘湿地三部分组成）、莲花山森林公园等，一定要把保护生态自然环境摆在第一位，就是现在招不到商，在生态环境上也要保护好。当然，我们也不能以此为理由，而放弃对海丰旅游资源的开发利用，既要保护好，又要抢抓先机。

（三）一定要学好经济工作的本领

这既是对大家的要求，更是对本人的要求。

一个多月的体会，很大的压力、不高的能力、不胜的酒力，所以工作起来很吃力，没办法只能靠卖力，好在县委书记能给力。向同志们请教是学习的办法，但更多还是靠自身的学习。在当今的知识经济时代，人最容易落后的观念，最容易陈旧的是知识。尤其是新时期的经济工作，没学好经济工作的本领就无资格讲经济工作，更无资格从事经济工作。市场经济时代是信息透明的时代，为此，大家都要加强学习，时时掌握好经济发展动态（现在是第三次工业革命已到来）和信息，只有加强学习，才能准确把握形势，抓住时代主流，把好发展脉搏，才能科学作出决策。只有不断加强学习，才能提高招商引资的成功率，才能提高对引资项目的识别率，才能提高对落地项目的服务水准。只有学好经济的常识本领，才能真正按市场经济规律办事，少走弯路乃至不走弯路，才能担当起领导海丰经济发展的一方重任。

在全县学习贯彻党的十八大精神大会上的讲话

（2012年11月23日）

中共海丰县委书记　沈木荣

同志们：

今天，县委在这里召开学习贯彻党的十八大精神大会，部署、动员、组织各级党组织和广大党员干部迅速掀起学习、宣传、贯彻十八大精神的热潮，进一步解放思想，开拓创新，奋力拼搏，把我县现代化建设事业不断推向前进。刚才，德忠同志传达了党的十八大精神，和省、市委关于学习贯彻十八大精神的要求和部署。下面，根据中央和省、市委传达贯彻十八大精神大会的要求和部署，我就当前全县如何深入学习贯彻党的十八大精神，强调三点意见：

一、深刻认识十八大的重大意义，准确把握十八大精神实质

党的第十八次全国代表大会，是我国进入全面建成小康社会决定性阶段召开的一次十分重要的大会，也是党的奋斗历程中又一次承前启后、继往开来的大会，是动员和激励全党全国各族人民奋力夺取全面建成小康社会、开创中国特色社会主义事业新局面的大会。

认真学习宣传贯彻好党的十八大精神，关系到党和国家工作全局、关系到中国特色社会主义事业长远发展，对于动员全党全国各族人民在以习近平同志为总书记的党中央领导下，高举中国特色社会主义伟大旗帜，奋力开创中国特色社会主义事业新局面，具有重大现实意义和深远历史意义。我们要站在政治和全局的高度，深刻认识十八大的重大意义，进一步增强学习贯彻落实十八大精神的自觉性和坚定性。

当前，我们学习宣传贯彻十八大精神，必须深刻领会报告的丰富内涵和精神实质。

一要深刻领会十八大的主题。十八大报告提出了“高举中国特色社会主义伟大旗帜，以邓小平理论、‘三个代表’重要思想、科学发展观为指导，解放思想，改革开放，凝聚力量，攻坚克难，坚定不移沿着中国特色社会主义道路前进，为全面建成小康社会而奋斗”的主题。这一主题，简明而又鲜明地向党内外、国内外宣示了我们党将举什么旗、走什么路、以什么样的精神状态、朝着什么样的目标继续前进这四个关系党和国家工作全局的重大问题。道路关乎党的命脉，关乎国家前途、民族命运、人民幸福。深刻领会、准确把握这个主题，对学习贯彻党的十八大精神至关重要。我们必须坚定不移地走中国特色社会主义道路，求真务实，锐意进取，继续全面建成小康社会、加快推进社会主义现代化，完成时代赋予的崇高使命。

二要深刻领会科学发展观的战略思想。科学发展观是中国特色社会主义理论体系最新成果，把我们对中国特色社会主义规律的认识提高到新的水平，开辟了当代中国马克思主义发展新境界，是中国共产党集体智慧的结晶，是指导党和国家全部工作的强大思想武器。这次大会把科学发展观同马克思列宁主义、毛泽东思想、邓小平理论、“三个代表”重要思想一道，确立为党必须长期坚持的指导思想，这是党的十八大的历史性贡献。我们必须进一步增强贯彻落实科学发展观的自觉性和坚定性，把全社会的发展积极性引导到科学发展上来，把科学发展观贯彻到现代化建设全过程、体现到党的建设各方面。

三要深刻领会实现全面建成小康社会的奋斗目标。报告明确提出“全面建成小康社会”，由过去的“建设”改为现在的“建成”，一字之别，意义大不相同。它向世人宣示了全面建设小康社会的决心和信心。报告提出，根据我国经济社会发展实际，要在十六大、十七大确立的全面建设小康社会目标的基础上，努力实现国内生产总值和城乡居民人均收入比2010年翻一番；人民民主不断扩大；文化软实力显著增强；人民生活

水平全面提高；资源节约型、环境友好型社会建设取得重大进展。全面建成小康社会，必须以更大的政治勇气和智慧，构建系统完备、科学规范、运行有效的制度体系，使各方面制度更加成熟、更加定型。

*四要深刻领会“五位一体”总体布局。*党的十八在经济建设、政治建设、文化建设、社会建设的基础上，纳入生态文明建设，作出了“五位一体”的总布局，在生态文明建设上提出要为人民创造良好生产生活环境，努力建设美丽中国。这个总体布局代表了人民群众的根本利益和共同愿望，其中经济建设是根本，政治建设是保证，文化建设是灵魂，社会建设是条件，生态文明建设是基础。学习贯彻十八大精神，必须牢牢把握“五位一体”总体布局，认真落实相关部署，坚定不移地推动经济建设、政治建设、文化建设、社会建设、生态文明建设协调发展，推动全面建成小康社会目标如期实现，创造中华民族更加美好的未来！

*五要深刻领会全面提高党的建设科学化水平新要求。*十八大报告以“全面提高党的建设科学化水平”为题来统领整个党的建设部分，突出了科学化要求，这是一个前所未有的高度，是党的建设历史经验的深刻总结，是积极应对世情、国情、党情深刻变化的现实需要，也是继续推进党的建设新的伟大工程的必然要求。报告提出党的建设的总体要求，阐明了党的建设的一条主线、两个坚持、五个建设、四自能力和一个目标，并进行了系统部署，这必将有力地推进党的建设，提高党的建设科学化水平。我们必须按照报告的要求，加强党的执政能力建设、先进性和纯洁性建设，全面加强党的思想建设、组织建设、作风建设、反腐倡廉建设、制度建设，建设学习型、服务型、创新型的马克思主义执政党，确保党始终成为中国特色社会主义事业的坚强领导核心。

二、领导带头，深入学习，迅速掀起学习、宣传、贯彻十八大精神的热潮

认真学习、贯彻、落实好党的十八大精神，是全党全国当前和今后一个时期的首要政治任务。全县各级党组织和广大党员干部一定要按照中央和省、市委的要求和部署，组织好、开展好各种学习、宣传、贯彻活动，迅速在全县上下掀起一个十八大精神的大学习、大宣传、大贯彻热潮。

1.领导干部要发挥带头作用，把十八大精神学习好、领会好、掌握好、贯彻好。学习贯彻党的十八大精神，各级领导干部的带头作用是关键。县四套领导班子要带头学习贯彻党的十八大精神，要安排时间，集中进行专题学习，同时将“学习贯彻党的十八大精神”列为近段县委中心组学习的一项重要内容，认真组织学习。各级领导干部要从讲学习、讲政治、讲大局的高度，把学习贯彻十八大精神作为当前的头等大事，坚持先学一步、学深学透十八大精神。通过学习，不断提高科学判断形势的能力、驾驭市场经济的能力、应对复杂局面的能力、依法执政的能力和总揽全局的能力，更好地担负起团结和带领广大人民开创中国特色社会主义事业新局面的历史重任。

2.切实加强领导，组织广大党员干部深入开展学习活动。各级党组织要切实加强对学习贯彻十八大精神的领导，精心组织，认真部署，紧密结合本地、本单位的实际，提出具体要求，制订学习计划，通过召开各类型会议和开展各种学习活动，迅速在本地区、本部门掀起学习贯彻十八大精神的热潮。尤其要突出、集中地学习胡锦涛同志的工作报告，深刻领会报告的精神实质，确保每一名党员干部在每一次学习活动之后，思想认识都能得到进一步深化，用思想认识的不断深化来推动学习活动的不断深入，从而以十八大的精神统一思想，指导自身的工作实践。

3.采取各种学习宣传形式，迅速形成学习、宣传、贯彻十八大精神的浓厚氛围。要通过各种生动活泼、喜闻乐见的形式，把十八大精神宣传贯彻到广大党员、干部和群众中去，使之家喻户晓、深入人心。宣传部门要抓紧制定出学习、贯彻十八大精神的意见、措施和计划，做好有关宣传和学习的辅导，并通过组织学习班、研讨会等各种形式宣传十八大精神，把学习贯彻活动不断引向深入；组织部门和党校要把学习十八大精神作为教育培训的主要内容，与加强各级班子建设和基层党组织建设有机结合；县广播电视台、《海丰报》要充分发挥新闻媒介的作用，开辟专栏，制作专题，大力宣传十八大精神，以及当前我县各地、各单位的学习、贯彻情况和贯彻、实践十八大精神的好典型、好经验；工会、共青团和妇联等群众团体要充分发挥广泛联系各界群众的优势，开展各具特色的学习教育活动，在全社会形成学习、宣传、贯彻十八大精神的浓厚氛围。

4.按照十八大的要求，结合实际，制定本地本单位工作计划和奋斗目标。各地、各部门在开展学习活动中，要大力发扬理论联系实际的学

风，坚持把学习活动与促进改革发展稳定紧密结合起来，与加快经济发展步伐紧密结合起来，与推动当前各项工作紧密结合起来，根据十八大的战略部署，制定、完善符合十八大精神的发展规划、工作计划，进一步明确奋斗目标，理清发展思路，推动经济社会全面协调、可持续发展。特别要与科学谋划明年工作紧密结合，坚持大气魄谋划、大手笔推进、大力度保障，科学谋划和及早布置好明年工作，努力把全县经济社会发展提高到一个新水平。

三、紧密联系实际，全面贯彻落实，开创海丰科学跨越发展新局面

贯彻落实党的十八大精神，重在落实和运用到实际工作中去，进而指导和推动我们各项工作的深入有效开展。在学习贯彻过程中，我们必须坚持科学发展，紧密联系海丰的实际，找准结合点。我县第十次党代会和最近县委常委（扩大）会议所作出的发展目标、思路和举措，与十八大精神基本吻合，完全可以保持连续性，只作进一步完善。因此，我们要贯彻落实十八大精神，继续把科学发展、转变方式作为主题主线，按照“三个坚持”、“四个争当”、“五个发展”的总体发展思路，大力实施“当好六个排头兵”的战略措施，努力开创海丰发展新局面。

一要坚定不移地落实全面建成小康社会目标，当好跨越发展排头兵。要围绕党的十八大报告提出的，到2020年要实现全面建成小康社会的宏伟目标，以科学发展观为指导，紧紧扭住第一要务，坚持发展、发展、再发展，大力推进“四化”，加快经济建设，全面提高我县经济运行质量和发展水平。一要大力推进新型工业化。坚定不移地走新型工业化道路，着力规划、引进一批高科技、高效益的现代化企业，引导企业开展技术改造，做大做强我县的服装、毛织、珠宝加工、金银首饰加工、制鞋等特色产业，优化工业产业结构。二要大力推进新兴产业集约化。充分发挥华润海丰电厂、金庄电器、中阳光研、华南云计算中心等新兴产业龙头项目的带动和辐射作用，加快推进电力能源、信息产业、精细化工、生物工程“四大基地”建设，打造、形成现代产业体系。三要大力推进现代农业化。继续深入开展农业结构调整，积极引导、扶持一批具有市场竞争力、带动性强的农业龙头项目，扶持、创办一批新的农业商品生产基地和集种养、加工、销售于一体的农业龙头企业，提高我县现代农业的发展水平。四要大力推进城乡一体化。进一步加强中心镇的经济社会发展规划、建设和管理，提高中心镇的发展水平；突出公平、可塘、梅陇、城东等专业镇，做大、做强特色产业，打响专业镇的品牌；并根据大湖、赤坑、联安等其他镇场的资源优势，大力打造一批新的专业镇，以中心镇、专业镇的建设，推进城乡一体化进程，使我县成为全市县域经济跨越发展的排头兵。

二要坚定不移地加快转变经济发展方式，当好优化发展、创新发展排头兵。党的十八大报告指出，以科学发展为主题，以加快转变经济发展方式为主线，是关系我国发展全局的战略抉择。加快转型升级，促进转变经济发展方式，是我县发展经济势在必行的重大任务。我们必须大力抓好“三个新”：一要优化发展新载体。科学规划梅陇天星湖10平方公里工业园区，成为我县主动接受深汕特合区的辐射带动和产业链条延伸的就平台；以县城北部工业园区为重点，以经济开发区为载体，整合现有工业区资源，进一步提升县城园区的规模化、集约化水平，为加快转变经济发展方式，优化新的发展载体。二要注入发展新动力。充分发挥转移“桥头堡”作用，进一步加大招商引资力度，着力引进一批电子信息、家用电器、太阳能产业等低能耗、高科技、高附加值的新兴产业企业，为加快转变经济发展方式注入新动力，加快我县产业转型升级。三要打造发展新支撑。要创造条件，吸引省内外高素质的科技人才，建设产业技术创新平台，为我县传统产业企业转型升级提供强大支撑，努力把我县打造成为全市转型升级先行区。

三要坚定不移地推进社会主义文化强县建设，当好文化繁荣发展排头兵。十八大报告强调，全面建成小康社会，实现中华民族伟大复兴，必须推动社会主义文化大发展大繁荣，兴起社会主义文化建设新高潮，提高国家文化软实力，发挥文化引领风尚、教育人民、服务社会、推动发展的作用。我们要以此为契机，大力实施“文化强县”战略，大力弘扬新时期“厚于德、诚于信、敏于行”的广东精神和“三敢三定”的海丰经验，促进广大人民群众树立文明新风，提高社会道德水平；要大力抓好市民文化广场、县城影剧院等一批文化基础设施建设，进一步提升文化公共服务能力；要发展、壮大传统文化、特色文化尤其是红色文化，大力打响海丰文化品牌；要着力发展文化旅游、文化创意等文化产

业，深入开展文化“三下乡”活动，不断满足广大人民群众的精神文化生活需要，全面推动我县文化大繁荣、大发展。

四要坚定不移地改善民生和创新社会管理，当好和谐发展排头兵。十八大报告强调，加强社会建设，是社会和谐稳定的重要保证。这充分体现了党中央对社会建设特别是民生问题的高度重视。我们必须坚持把人民群众的利益放在首位，从群众最关心、最直接、最现实的问题抓起，全力解决好“三大民生”问题。一要抓好“基本民生”。坚持优先发展教育，抓紧抓好县教育园区和重点学校的基础设施建设，强化教育科研，全面提高教育水平和质量；要实施积极的就业政策，加大扶贫工作力度，推进龙津河三期整治、百里海堤达标加固、县城绿道网二期等“十大民心工程”，推进科技、环保等社会各项事业，让发展的成果惠及更多的群众。二要保障“底线民生”。建立和完善农村公共卫生服务体系，进一步提高农村医疗、低保、养老等保障制度，切实解决农村困难群众的生活问题，保证人民群众生活显著改善。三要关注“热点民生”。进一步强化社会治安综合治理，深入开展“三打两建”等专项活动，大力打击各种违法犯罪活动，强化信访维稳工作，妥善化解社会矛盾纠纷；加强公共安全管理，确保群众饮食、用药安全和就医安全，不断提升人民群众幸福指数。

五要坚定不移地推进生态文明建设，当好绿色发展排头兵。党的十八大报告中提出，建设生态文明，是关系人民福祉、关乎民族未来的长远大计。对此，我们要坚持“绿色发展”，大力实施“碧水、蓝天、青山、绿地”的城乡生态工程，构建资源节约型、环境友好型社会，尤其要抓好群众饮水的安全，加强污染整治，完善公益林建设体系，加强自然生态保护。同时，要围绕建设“美丽海丰”，大力加强绿色文明宣传教育，增强生态意识，深入开展绿色城镇、绿色学校、绿色社区、生态示范区等创建活动，为建设美丽海丰营造良好的社会氛围。

六要坚定不移地提高党的建设科学化水平，当好政治建设排头。党的十八大报告指出，我们党担负着团结带领人民全面建成小康社会、推进社会主义现代化、实现中华民族伟大复兴的重任。形势的发展、事业的开拓、人民的期待，都要求我们以改革创新精神全面推进党的建设新的伟大工程，全面提高党的建设科学化水平。我们要始终坚持党要管党、从严治党的方针，以提高党的执政能力为重点，加强和改进“四大建设”，全面提高党的建设科学化水平。一要加强思想政治建设。坚持用科学发展观等马克思主义中国化最新成果武装党员干部的头脑，并继续加强学习型党组织建设，全面提高各级党员干部尤其是领导干部的思想政治素质和执政能力。二要加强领导班子和干部队伍建设。认真贯彻民主集中制原则，大力推进领导班子建设，不断完善班子议事规则和决策制度，进一步加强和改进党员的管理工作，打造一支“讲担当、敢担当、会担当”的干部队伍。三要加强基层党组织建设。要继续深入开展“创先争优”等主题实践活动，巩固、深化“固本强基”活动取得的成果；加强党的作风建设，打造密切联系群众、服务群众的基层服务型党组织，不断增强基层党组织的创造力、凝聚力和战斗力。四要加强党风廉政建设。坚持贯彻标本兼治、综合治理、惩防并举、注重预防的方针，大力推进教育、制度、监督并重的惩治和预防腐败体系建设；严格落实党风廉政建设责任制，加大查办腐败案件的力度，坚决惩治腐败行为。

同志们，十八大绘就的蓝图鼓舞人心，制定的目标催人奋进。让我们在以习近平同志为总书记的党中央领导下，高举中国特色社会主义伟大旗帜，以邓小平理论、“三个代表”重要思想和科学发展观为指导，继续解放思想，坚持改革开放，推动科学发展，促进社会和谐，努力实现海丰的新跨越、新腾飞！

海丰年鉴2013

大事记

大 事 记

1月

5日　市委常委、秘书长、县委书记、县人大常委会主任郑佳主持召开党政联席会，通报2011年全县主要经济指标收盘情况，讨论《2011年度先进单位评选工作方案》。县四套班子领导成员以及财政局、经促局、扶贫办等相关部门主要负责人参加会议。

10日　市委书记郑雁雄一行人在市委常委、秘书长、县委书记、县人大常委会主任郑佳和县委常委、组织部部长陈紫光等陪同下，先后慰问老红军战士张帝恩、革命烈士陈舜仪之子陈鸿川等。

是日　市长吴紫骊一行到黄羌镇坑联村看望慰问困难户，市人大常委会副主任郑少棉、县长沈木荣等陪同慰问。

11日　海丰县开展春节拥军优属慰问活动，市委常委、秘书长、县委书记、县人大常委会主任郑佳，县委副书记、县长沈木荣，先后到汕尾军分区、县武装部、县边防大队等单位慰问。

12日　广东省广播电视网络股份有限公司汕尾海丰分公司正式挂牌成立。全省县（市区）广电网络改革重组工作组副组长、省广播电视网络股份有限公司副总经理谭一艺，县委常委、宣传部部长卢雁慧，副县长卓凛波等出席挂牌仪式。

是日　县委副书记林建隆一行深入鹅埠镇红罗畲族村慰问困难群众。

13日　市政协副主席尚德率领市政协港澳委员到海丰附城、联安等镇慰问单亲家庭和孤儿。县政协主席冯月琴、副县长陈凯婵、县政协副主席施培养陪同慰问。

16日　海丰县委、县政府召开全县2011年度先进单位表彰大会，县委副书记、县长沈木荣主持大会，市委常委、秘书长、县委书记、县人大常委会主任郑佳在会上讲话，县委副书记林建隆宣读表彰决定。会议表彰5个先进镇、19个县直先进单位、28个先进村。

是月　在全省双拥模范城（县）命名暨双拥模范单位和个人表彰大会上，海丰县第三次获“广东省双拥模范县”光荣称号。

是月　由县委党史研究室编写的《海陆丰革命根据地简史》出版，市委常委、秘书长、县委书记、县人大常委会主任郑佳为该书作序。

2月

1～3日　致公党中央副主席、广东省政协副主席王珣章率领致公党中央领导一行20余人到海丰县参观考察，受到市委常委、秘书长、县委书记、县人大常委会主任郑佳，市政协副主席、致公党汕尾主委李秉记，县委副书记、县长沈木荣等市县领导的欢迎。王珣章一行先后参观了红宫红场、陈炯明都督府、文天祥公园等。

2日　县工商联在金鹏国际酒店举办2012年迎春酒会，县四套班子领导郑佳、沈木荣、冯月琴、林建隆、姚英谋等和市统战部、市工商联领导应邀出席。

4日　海丰县举行庆元宵文化巡游暨经贸洽谈活动，全县有39个项目举行剪彩仪式，签约项目30个，合同投资总额62.5亿元。市县领导陈少菲、郑佳、刘小静、沈木荣、冯月琴、林建隆、姚英谋等出席活动。

是日　公平水库除险加固工程竣工典礼隆重举行，该项目设计总投资15473万元，于2010年初正式动工建设。省水利厅副厅长张黎明，市委常委、秘书长、县委书记郑佳，县长沈木荣等出席典礼。

是日　海丰县实验中学教学楼举行落成庆典，市委常委、市纪委书记陈少菲，市委常委、秘书长、县委书记、县人大常委会主任郑佳，副市长刘小静，县委副书记、县长沈木荣等市县领导出席庆典仪式。

是日　海丰县城北三环路竣工通车，该项目总投资1.2亿元。全长12.63公里。市委常委、秘书长、县委书记、县人大常委会主任郑佳，县委副书记、县长沈木荣，县政协主席冯月琴，县委副书记林建隆，县人大常委会常务副主任姚英谋等市县领导及市交通局、公路局等有关部门负责人出席剪彩仪式。

是日 海丰县德成中英文学校（莲花校区）举行落成庆典，县政协主席冯月琴，县委副书记林建隆，县委常委、常务副县长许信咏及市县教育部门负责人等出席庆典仪式。

7日 中共中央组织部召开基层组织建设年视频会议，县领导林建隆、陈紫光、卓凛波、杨师访等在海丰分会场参加会议。

9日 广东省召开“三打两建”电视电话会议，会议由省委书记汪洋主持。县领导沈木荣、林建隆、刘帆、陈紫光、卢雁慧、许信咏、郑汉秋、陈连郑、陈智景、余振光、施流德等在海丰县分会场参加会议。

10日 省农业厅党组书记陈家记一行到海丰调研农业工作。

11日 中央电视台中文国际频道（CCTV—4）《远方的家·沿海行》摄制组到海丰县进行为时5天的采风活动。

13日 县党政联席会议确定全县重点项目31个，项目计划投资124.84亿元。县四套班子领导郑佳、沈木荣、冯月琴、林建隆、姚英谋等参加会议。

是日 海丰县召开县委常委扩大会议，传达贯彻落实省委十届十一次全会、市委第六次党代会和省、市“两会”以及全市领导干部会议精神。市委常委、秘书长、县委书记、县人大常委会主任郑佳强调：要把海丰建设成为全市加快转型升级先行区，当好县域经济发展排头兵。县四套班子领导人沈木荣、冯月琴、林建隆、姚英谋等以及县法院、检察院、县直机关主要负责人、各镇（场、经济开发区）党委书记、镇（场）长等参加会议。

14日 市委常委、秘书长、县委书记、县人大常委会主任郑佳，县委副书记、县长沈木荣深入龙津河排污管道安装工程现场，检查指导工程建设。姚英谋、许信咏、廖汉生、余振光、施流德等陪同检查。

15日 省委政法委副秘书长、省维稳办主任陈文敏，省公安厅副厅长郑东率调研组到海丰县调研综治信访维稳工作。市县领导郑佳、廖汉生、陈连郑、陈智景、王楚雄等陪同调研。

是日 潮州老干部组团到海丰县参观考察。市县领导陈央、郑佳、沈木荣、林建隆、廖汉生、王楚雄等陪同考察。

16日 市委常委、常务副市长魏友庄带队到华润电力海丰电厂建设施工现场调研。县长沈木荣、副县长余振光及市县国土、交通运输、环保等单位负责人陪同调研。

17日 省军区副政委饶新建在市委常委、汕尾军分区政委周海侦陪同下到海丰县检查指导武装工作。受到市委常委、市委秘书长、县委书记、县人武部党委第一书记郑佳，县委常委、人武部部长郑汉秋的热烈欢迎。

是日 市委书记郑雁雄前往深汕特别合作区专题调研该区经济社会发展情况。郑雁雄要求要为深汕两地、全省乃至全国探索出一条科学发展的新路子。市委常委、组织部部长苏茂荣，市委常委、秘书长、县委书记、县人大常委会主任郑佳，副市长邹广，深汕特别合作区党工委书记马智华，管委会主任马裕滨，县委副书记、县长沈木荣等陪同调研。

22日 中国共产党海丰县第十届纪律委员会第二次会议召开。会议贯彻中央和省、市纪委全会精神，总结2011年海丰县党风廉政建设和反腐倡廉任务。市委常委、秘书长、县委书记、县人大常委会主任郑佳出席大会并作重要讲话。县委副书记、县长沈木荣，县政协主席冯月琴、县委副书记林建隆、县人大常委会常务副主任姚英谋等领导出席会议。县委常委、纪委书记刘帆主持会议并代表县纪委常委会作《深入开展党风廉政建设和反腐败斗争，为推动创新发展、建设幸福海丰提供保障》的工作报告。

23日 省委、省政府召开2012全省人口和计划生育工作电视电话会议，会议由省委副书记朱国明主持，省委书记汪洋发表讲话。会议通报表扬2011年工作进步较大从全省计生优质服务先进单位升级为全国计生优质服务先进单位的海丰县等县市。县委副书记、县长沈木荣在省会议现场领取奖牌。市委常委、秘书长、县委书记、县人大常委会主任郑佳在海丰县分会参加会议，

是日 中央纪委、中央组织部联合召开视频会议，对严肃换届纪律深入整治用人不正之风进行再推动、再部署。会议要求要提高选人用人公信度，为中共十八大胜利召开营造良好环境。县领导郑佳、刘帆、陈紫光、廖汉生等在海丰县会场参加会议。

24日 下午，海丰县举行“广东省党管武装工作先进单位”“广东省双拥模范县”揭牌仪

式。市委常委、秘书长、县委书记、县人大常委会主任郑佳，县委副书记、县长沈木荣，县政协主席冯月琴，县委副书记林建隆，县人大常委会常务副主任姚英谋等领导出席仪式。

是日 县委、县政府召开全县领导干部大会，会议总结回顾过去一年海丰县各项工作成绩，全面部署新一年工作。市委常委、秘书长、县委书记、县人大常委会主任郑佳，县委副书记、县长沈木荣，县政协主席冯月琴，县委副书记林建隆，县人大常委会常务副主任姚英谋等领导人出席会议。

是日 市政协主席莫英群、副主席尚德一行到海丰县调研政协工作。县政协主席冯月琴，副主席余立敬、杨师访、施培养、马小玲等出席调研座谈会。

是日 梅陇镇发生银料商携款逃逸案件。市委、市政府和县委、县政府高度重视，市、县主要领导指示要把该案作为维稳头等大事来抓。

28日 市委常委、市纪委书记陈少菲率督导组到海丰县调研领导班子建设和作风建设情况。县领导郑佳、沈木荣、刘帆、陈紫光、廖汉生等陪同调研。

29日 省政府召开2012年全省地方志工作暨《广东年鉴》组稿工作电视电话会议。县委常委、常务副县长许信咏以及县人民政府地方志办公室、县直各单位相关负责人在海丰县分会场参加会议。

3月

5日 市委书记郑雁雄到海丰县联安、黄羌、平东三镇调研镇域经济发展及农业农村经济发展情况。市人大常委会常务副主任杨青，市委常委、秘书长、县委书记、县人大常委会主任郑佳，市人大常委会副主任黄宏伟，县委副书记、县长沈木荣等领导陪同调研。

6日 市长吴紫骊到深汕特别合作区现场办公，协调解决瑞和工业园、赤石镇明热温泉旅游度假村有关问题，切实加快重点项目建设步伐。市政协副主席吕珠龙、副县长施流德等陪同

7日 以省纪委副厅级干部吴泰国为组长的省“三打”专项行动第一检查督导组到海丰指导“三打两建”工作。市县领导郑佳、李贤谋、刘帆、刘剑平、陈连郑、王楚雄等陪同检查。

是日 全县“三打”专项行动誓师大会召开，会议贯彻落实省市“三打两建”工作会议精神，全面动员部署全县“三打两建”工作。县四套班子领导郑佳、沈木荣、冯月琴、林建隆、姚英谋等以及省“三打”专项行动第一检查督导组组长吴泰国等出席会议。

是日 市人大常委会常务副主任杨青，副主任施胜章、郑少棉、吴友深、刘雪真、黄宏伟到海丰县调研人大工作，县人大常委会常务副主任姚英谋，副主任谢荣如、陈木、陈智景、陆德源、马伟飚等出席调研座谈会。

12日 市委副书记、市“三打”专项行动领导小组组长陈央到海丰县调研“三打”工作。县领导郑佳、刘帆、刘剑平、廖汉生、陈连郑、王楚雄、卓凛波等陪同调研。

13日 市政府领导王世顶率市发改、财政、财保等金融系统相关部门到海丰县调研金融工作，县委副书记、县长沈木荣，县委常委、常务副县长许信咏陪同调研。

是日 全市第十次消防安全责任人暨火灾隐患重点地区整治工作动员部署会议在海丰县召开。副市长、市公安局局长马伟灵，县委副书记、县长沈木荣，副县长、县公安局局长王楚雄出席会议。

是日 以省计生委副主任江效东为组长的督查组一行到海丰县调研人口计生工作，副市长骆金堤，县委副书记、县长沈木荣，副县长卓凛波陪同调研。

14日 省卫生厅副厅长廖新波一行到彭湃纪念医院检查指导三级甲等医院创建工作，受到市委常委、秘书长、县委书记、县人大常委会主任郑佳，县委常委、县委办主任廖汉生，副县长卓凛波等领导的欢迎。

是日 市委常委、宣传部部长林涛，副市长刘小静到海丰县调研文化工作。县委常委、宣传部部长卢雁慧，县人大常委会副主任马伟飚陪同调研。

15日 市长吴紫骊率领市政府办公室、市财政局、发改局、统计局等负责人到海丰县海城、附城、城东、梅陇、联安等5个镇调研经济建设和社会管理情况，吴紫骊强调要狠抓产业转型升级，构建现代产业体系。市县领导郑佳、骆金堤、杨双标、沈木荣等陪同调研。

15日 全市农业科技创新促春耕现场展示会在海丰县联安镇召开，会议由骆金堤副市长主持，参加会议人员有全市农业战线相关人员，市

政府吴紫骊市长、中科院南京土壤研究所赵其国院士、华南农业大学罗锡文院士、广东海纳农业有限公司钟振芳董事长、联安镇政府黄信乐书记分别发言。

是日 全市现代农业科技创新促春耕现场会在联安镇优冲村召开。会议贯彻落实2012年中央一号文件精神，加快农业科技推广步伐，促进全市农业转型升级。市长吴紫骊、副市长骆金堤、市政府副秘书长蔡水镜、县长沈木荣及省有关科研单位、高等院校专家学者出席会议。

是日 海丰县召开全县地方志工作暨《海丰年鉴·2012》组稿工作会议，县委常委、常务副县长许信咏，市人民政府地方志办公室主任周滨，县人大常委会副主任马伟飚、县政协副主席施培养和志鉴专家赵辉等出席会议。

16日 海丰县委理论学习中心组学习贯彻市委书记郑雁雄、市长吴紫骊到海丰县调研经济社会发展情况讲话精神，部署全县党政领导和党员干部开展“讲理想、敢担当、争先锋”主题实践活动，协调安排马思聪百年诞辰纪念活动筹备工作。

19日 县委、县政府召开全县重点项目工作会议，传达、贯彻市委书记郑雁雄、市长吴紫骊近期到海丰县调研所作重要讲话精神；总结、回顾2011年重点项目工作开展情况，研究部署新一年相关工作。市委常委、秘书长、县委书记、县人大常委会主任郑佳，县委副书记、县长沈木荣，县政协主席冯月琴，县委副书记林建隆，县人大常委会常务副主任姚英谋等领导参加会议。

是日 海丰县召开全县文化改革发展工作暨宣传文化工作会议。市委常委、秘书长、县委书记、县人大常委会主任郑佳，县政协主席冯月琴，县人大常委会常务副主任姚英谋，县委常委、宣传部部长卢雁慧，副县长卓凛波等领导出席会议。

20日 19时47分，海丰县西秦戏《留取丹心照汗青》在中央电视台11频道播出。

28日 市委常委、秘书长、县委书记、县人大常委会主任郑佳，县委副书记、县长沈木荣等深入民心工程、重点项目建设施工现场，督查各项目建设推进情况。县领导冯月琴、姚英谋、陈紫光、许信咏、刘剑平、廖汉生、余振光、施流德、卓凛波以及县住建局、财政局等单位负责人陪同督查。

29～30日 农业部政策法规司张红宇司长一行到海丰县调研农民增收工作，与相关部门座谈，并参观了勤之富等农民专业合作社、农业生产基地。

是月 海丰县“五福狮舞”被列入广东省省级非物质文化遗产名录。

4月

1日 市委、市政府、县委、县政府在烈士陵园举行祭奠革命先烈活动，向为中国解放事业和在海陆丰农民运动中光荣牺牲的革命先烈致以深切的悼念和崇高的敬意。市委书记郑雁雄、市长吴紫骊等市四套班子领导成员及汕尾军分区和市直有关单位领导，市委常委、秘书长、县委书记、县人大常委会主任郑佳，县委副书记、县长沈木荣等县四套班子领导成员及县武装部领导和海丰县各界代表近万人参加祭奠活动。

8日 市委常委、秘书长、县委书记、县人大常委会主任郑佳到华润电力海丰电厂施工现场调研工程建设情况。县委常委、县委办公室主任廖汉生，副县长余振光，县政协副主席施培养等陪同调研。

11日 由省人大常委会委员赵振华组成的省人大常委会禁毒执法检查组到海丰县检查《禁毒法》贯彻落实情况。市委常委、秘书长、县委书记、县人大常委会主任郑佳，市人大常委会副主任吴友深，县领导廖汉生、陈连郑、陆德源、王楚雄等陪同检查。

是日 省妇联副主席陈杭一行到海丰县开展“下基层，访妇情，办实事”专题调研。市妇联主席李惠文，副县长陈凯婵，县妇联主席黄岱芬及相关部门负责人陪同调研。

是日 市长吴紫骊到大湖镇调研，了解镇域经济发展情况。县长沈木荣等陪同调研。

13日 全县农业农村工作会议在县宾楼召开，副县长施流德发言，县长沈木荣做重要讲话，会议分析当前农业形势，部署2012年农业农村工作。

16日 政协海丰县八届二次会议开幕，会议历时2天。大会审议通过政协海丰县第八届委员会常务委员会工作报告以及政协海丰县第八届委员会常务委员会提案工作报告等事项。

17日 全国集中开展安全生产领域“打非治违”专项行动电视电话会议召开。县委副书记、县长沈木荣，县委常委、常务副县长许信咏，县安委会各成员单位相关负责人在海丰县分会场参加会议。

是日 海丰县第十四届人民代表大会第二次会议开幕，会议历时2天。会议听取和审议县人民政府工作报告等事项。县长沈木荣作政府工作报告；市委常委、秘书长、县委书记、县人大常委会主任郑佳作人大常委会工作报告。

25～27日 央视《生财有道》栏目组一行走进海丰县莲花山，专题采访拍摄茶叶的种植、加工、管理和碳焙茶工艺等。

26日 汕尾青年“讲理想、爱家乡、争上游”主题实践活动启动仪式在海丰县举行。市委常委、组织部长苏茂荣，县委常委、组织部部长陈紫光，县委常委、宣传部部长卢雁慧，团县委书记陈宏等出席仪式。

是日 上午，海丰县委、县政府在县委会议厅召开劳动模范和先进集体代表座谈会，参加座谈会的有全国、省、市、县四级劳模代表和先进集体代表共30余人。会议由县人大常委会副主任、总工会主席谢荣如主持，县委常委、宣传部部长卢雁慧，副县长余振光代表县委、县政府出席座谈会。会上部分劳模代表发言，介绍各自立足本职，积极工作，艰苦创业，无私奉献的动人事迹，表示要进一步发扬成绩，开拓创新，埋头苦干，再立新功。卢雁慧、余振光分别代表县委、县政府作讲话，充分肯定海丰县广大职工和劳动模范在“推动创新发展、建设幸福海丰”中充分发挥主力军作用，作出不可磨灭的贡献，希望广大职工和劳动模范为建设全市转型先行区，当好县域经济发展排头兵再立新功，号召全社会形成尊重劳模、学习劳模、争当劳模和勤奋劳动，诚实劳动，创新劳动的良好氛围。

27日 由省国土资源厅党组书记邬公权率领的省考核组到海丰县考核2011年度耕地保护责任目标履行情况。县长沈木荣、副县长余振光及市县国土、农业等部门主要负责人陪同考核。

是月 中共中央政治局原常委、国务院原副总理李岚清，为马思聪诞辰100周年系列纪念活动作画题字。

是月 “海丰县农业技术推广站”工程正式启动建设。

5月

3日 海丰县经济促进局揭牌暨信息网开通。

7日 由省委宣传部和市委、市政府主办，海丰县委、县政府承办的马思聪百年诞辰纪念大会在海丰县迎宾楼会议厅隆重举行。副省长雷于蓝，中国工程院院士、全国人大常委会原委员彭仕禄，市委书记郑雁雄，省委宣传部副部长顾作义，市长吴紫骊，市委常委、秘书长、县委书记郑佳，县长沈木荣等市县领导以及中央音乐学院教授、马思聪小妹马思芸，著名小提琴演奏家盛中国，著名指挥家卞祖善等嘉宾代表和有关艺术单位专家学者出席纪念大会。

是日 马思聪百年诞辰纪念封首发式暨图片展在海丰县博物馆隆重举行。中央音乐学院教授、马思聪小妹马思芸，著名小提琴演奏家盛中国，著名指挥家卞祖善，中国小提琴教育学会会长李自立，海丰县马思聪研究会会长马之庸等嘉宾以及县四套班子领导和社会各界人士代表，新闻媒体记者等出席会议。市委常委、秘书长、县委书记、县人大常委会主任郑佳，县委副书记、县长沈木荣共同为马思聪百年诞辰纪念封揭幕。

9日 省政协历届委员联谊会考察团100余人在省政协原副主席、省政协历届委员联谊会副会长石安海带领下，到海丰县瞻仰红宫红场、彭湃故居等。受到市、县领导尚德，陈坎，余红，沈木荣，冯月琴，林建隆，施培养，马小玲等热烈欢迎。

是日 海丰县赤坑镇市级基本农田保护示范区项目开工。该项目设计赤坑镇5个村共533.33公顷面积，工程总投资1760万元，项目建成后可新增耕地约20公顷。

14日 县委副书记、县“三打”领导小组组长林建隆和县委常委、政法委书记陈连郑，副县长、县“三打”领导小组副组长王楚雄率县“三打”办工作人员到县“三打”各专项行动小组检查指导“三打”工作。至日前，全县已成功打掉欺行霸市团伙3个，抓获团伙人员12名，涉案金额200万元；立案查处制假售假案件120宗，捣毁制假售假窝点3个，抓获犯罪嫌疑人22人，涉案货值130余万元；立案侦办商业贿赂案件5宗，办结3宗。

15～16日 共青团海丰县第十四次代表大会在县委迎宾楼会议厅召开。201名团代表承载全县48433名共青团员的重托，选举产生共青团海丰县

第十四届委员会委员32名，候补委员13名。选举陈宏为共青团海丰县委书记，胡家驹、王富海为副书记。

16日 市长吴紫骊到海丰检查“三打”工作。

是日晚 海丰县西秦戏剧团应潮州市人民政府邀请，赴潮州参加潮州市升格扩大区域20周年系列文艺演出。

17日 县委、县政府在县委迎宾楼会议厅召开学习贯彻省第十一次党代会精神大会。会议传达贯彻省第十一次党代会和市委常委（扩大）会议精神，全面研究部署贯彻落实工作。市委常委、秘书长、县委书记、县人大常委会主任郑佳作传达讲话，县委副书记、县长沈木荣，县政协主席冯月琴，县委副书记林建隆，县人大常委会常务副主任姚英谋等领导出席会议。会议由沈木荣主持。

22日 省农业厅副巡视员潘雪芬带领督查组到海丰县检查农产品和农资打假专项行动开展情况，肯定海丰县相关工作。市县农业部门领导陪同检查。

省督查组一行先后到中荣农资公司、莲苑茗茶经销点等地开展督查活动，详细了解农资配送运行模式，农产品生产、加工、销售渠道，听取海丰县关于开展“三打”工作农产品和农资打假专项行动情况汇报。

24日 县委、县政府在县迎宾楼会议厅举行全县应急管理工作辅导指导会。

29日 市摄影家协会、市文联、《汕尾日报》社、县摄影协会、《海丰报社》等单位文化工作者一行70多人，应邀到海丰县莲苑种植有限公司、金瑞生态农业有限公司等企业、基地开展采风活动。

6月

1日 市委组织部在海丰县城东镇政府为汕尾市荣获省“五好”党代表工作室的城东镇等举行集中授牌仪式。市委常委、组织部部长苏茂荣向汕尾市获得省“五好”党代表工作室的海丰县城东镇、陆丰市博美镇等党代表工作室授牌。

是日 市委常委、秘书长、县委书记、县人大常委会主任郑佳深入附城镇新南村就土地纠纷问题等开展调研。

4日 全县基层组织建设工作会议在县委迎宾楼会议厅召开，会议深入学习贯彻省第十一次党代会精神，全面总结过去的工作，研究部署当前和今后一个时期全县党的基层组织建设工作任务。郑佳、沈木荣、冯月琴、林建隆、姚英谋等县领导出席会议。

6日 海丰县召开“三打两建”工作推进会，汇报近期“三打两建”工作情况，再次动员部署工作任务。郑佳、林建隆、刘帆、刘剑平、王楚雄及县“三打”行动领导小组成员参加会议。

7日 县委、县政府在县委迎宾楼会议厅召开全县清理整治违法用地和违法违规建设专项行动动员大会，决定从6月起至2013年6月止，在全县范围内大打一场清理整治违法用地和违法违规建设攻坚战。

是日 副省长刘昆到海丰县调研东关联安围达标加固工程，市委书记郑雁雄、市长吴紫骊、市委常委、秘书长、县委书记、县人大常委会主任郑佳等市县领导陪同调研。

10日 《南方日报》2版“走基层—转型升级市县行”栏目刊登《海丰县虎噉村脱贫之路——户户种金针菜　打造品牌商标》的文章，推广海丰的做法。

11日 副省长许瑞生到海丰县调研住建、国土、环保、体育等工作，市长吴紫骊，市委常委、秘书长、县委书记、县人大常委会主任郑佳，副市长刘小静，县长沈木荣等市县领导陪同调研。

12日 市长吴紫骊到平东、可塘调研教育、殡改等工作。刘小静、沈木荣、许信咏、卓凛波等市县领导陪同调研。

13日 市委书记郑雁雄到海丰县大湖、可塘两镇开展调研活动，深入了解海丰县镇、村经济社会发展和农民生活生产情况。

15日 县领导郑佳、沈木荣、冯月琴、林建隆、姚英谋等分别深入华润海丰电厂、百里海堤、红城大道、中等职业技术学校、龙津河整治工程等部分重点项目施工现场进行重点检查。

是日 海丰籍旅外陶艺家陈训成被授予“第二届广东陶瓷艺术大师”称号。

18日 汕尾市殡改工作现场会在海丰县召开。市长吴紫骊，市委常委、秘书长、县委书记、县人大常委会主任郑佳，副市长骆金堤，市政府秘书长杨双标，县长沈木荣等参加会议。

21日 省委第四巡视督导组组长巫颂平、副组长吴泰国率队到海丰县巡视督导“三打两建”工作。

28日 全县城乡居民社会养老保险试点工作动员大会召开，会议决定将于2012年7月1日全面启动城乡居民社会养老保险试点工作。

29日 县委召开庆祝中国共产党成立91周年暨创先争优活动表彰大会，表彰30个先进基层党组织、50名优秀共产党员和20名优秀党务工作者。

是日 海丰县举行“扶贫济困日”捐款仪式。县四套班子领导郑佳、沈木荣、冯月琴、林建隆、姚英谋等率县委、县人大、县政府、县政协机关干部职工为2012年“扶贫济困”活动捐款，共筹得爱心捐款10.3万元。

7月

3日 副市长邹广率市国土、城建、环保、规划等部门主要负责人，到海丰县检查指导环境污染减排以及地质灾害防护、饮用水水源保护、耕地保护、保障性住房、整治非法开采矿产资源、绿道网建设等工作。

10日 省政协副主席唐国忠率领省政协委员视察“三打”工作第二团到海丰县检查指导“三打”工作。

是日 省军区海丰民兵高炮靶场和县海洋与渔业局渔政大队双拥共建单位揭牌仪式隆重举行。省军区方玉平处长，汕尾市海洋与渔业局局长林展海，县委常委、县武装部部长郑秋汉，副县长施流德等领导参加揭牌仪式。

12日 市委、市政府在海丰县召开全市推进重点项目建设现场会，通报全市重点项目进展情况，推广海丰县重点项目工作经验，研究部署全市下半年重点项目建设工作。市委书记郑雁雄要求全市各级各部门要学习海丰 “三敢三定”（即：班子敢担当，队伍敢争先，落实敢叫板；碰到问题淡定，确定目标咬定，落实过程坚定）精神，严肃吏治，敢于担当，切实加快推进全市重点项目建设。

13日 全市经济分析会在海丰县召开，会议分析全市上半年经济工作情况，部署下半年工作任务。市县领导吴紫骊、魏友庄、邹广、陈样新、王世顶、沈木荣、许信咏等参加会议。

20日 全县“三打”领导小组（扩大）会议在县迎宾楼召开。会议听取近段时期全县“三打”工作情况汇报，分析、研究“三打”工作新形势、新动态，部署下一阶段“三打”工作。

23日 市委书记郑雁雄到海丰县专项调研“三打两建”工作，深入、全面了解海丰县“三打两建”工作开展情况。郑雁雄强调要以群众满意为最高标准。

24日 省委常委、常务副省长徐少华率省有关部门负责人到海丰县调研重点项目建设情况，实地察看华润海丰电厂、厦深铁路鲘门站建设工程。市县领导郑雁雄、吴紫骊、郑佳、杨双标、沈木荣等陪同调研。

27日 县政府组织各镇（场）长及县殡改联合执法队员，在城东与可塘镇开展清坟行动现场会。县长沈木荣、副县长施流德到现场指挥，当天现场拆除违规乱建坟67穴。

28日 钟敬文故居复建工程奠基仪式在平东镇山下村举行。钟敬文的孙子钟焱，中国民俗学会副理事长、中山大学教授、博士生导师、省民协顾问叶春生，省民俗学会副理事长、深圳党校教授曾祥委，省民间文艺家协会专职副主席、秘书长李珊娜等省内外专家学者和亲属代表，县委副书记林建隆，县委常委、宣传部长部部卢雁慧，县人大常委会副主任马伟飚，县政府副县长卓凛波等领导出席仪式并共同为钟敬文故居复建工程奠基培土。叶春生、卓凛波分别致辞。

8月

1日 海丰县召开法治文化建设启动大会暨依法治县工作会议，会议部署《海丰县法治文化建设实施方案》。县领导郑佳、冯月琴、姚英谋、卢雁慧、许信咏、陈连郑、陈智景、王楚雄、余振光、马小玲等出席会议。

是日 海丰县十四届人大常委会第六次会议任命：罗展锋为县人大常委会办公室主任、马宇为县人大常委会财政经济工作委员会主任、叶小红为县人大常委会教育科学文化卫生侨务工作委员会主任、张翰文为县教育局局长、曾诗贤为县安全生产监督管理局局长。

2日 省军区副司令员宫波到海丰县检查指导人武部工作。汕尾军分区司令员林坚明，汕尾军分区参谋长张劲松及县委常委、县人武部部长郑秋汉等陪同检查。

4～5日 香港、汕尾市、海陆丰文康总会到海丰县考察。受到市县领导郑佳、刘小静、尚德、沈木荣、卢雁慧等热烈欢迎。

6日 省委常委、省纪委书记黄先耀率队到海丰县调研重点项目建设、“三打两建”等工作，

市县领导郑雁雄、陈少菲、魏友庄、郑佳、沈木荣等陪同。

7日　省人大常委会主任欧广源到海丰县调研，实地察看海崇集团广东喜得佳食品公司生产加工环节和海丰广东恒兴水产科技有限公司项目建设情况。

22日　海丰县委副书记、县长沈木荣和县委常委刘剑平以及县政府副县长陈凯婵到县发改局检查指导“两建”筹备工作。沈县长一行在海丰工商局局长张辉民同志的陪同下，实地检查“两建”办公室、“市场监管体系建设统筹小组”办公室，了解设施配备以及人员情况。

24日　省人口和计划生育委员会副主任江效东到海丰县召开全市人口计生信访维稳工作座谈会。

24日　海丰县2012年名镇名村建设顺利通过市级验收。

30日　全省水库移民安居工程建设现场会在海丰县召开，会议总结全省水库移民安居工作实施情况，学习推广汕尾市水库移民工作经验，研究部署下一步工作。省水利厅副厅长吕英明出席会议并讲话。省移民局局长曾建生对全省水库移民安居工程建设实施情况进行总结，市县各相关领导参加会议。

9月

4日　省政协民族宗教委员会组团到海丰县考察宗教场所管理工作。

4日　县委出台《关于印发海丰县加快推进农村综合改革工作意见的通知》。

6日　县长沈木荣在副县长卓凛波及教育局长张翰文等陪同下慰问离退休老教师和在教学一线的教师代表，向他们致以节日的问候。

6日　省林业厅党组书记、厅长张育文率省厅营林处、计财处、森林公安局等有关处室负责人到海丰县检查指导造林绿化工作。

6日　首届广东（佛山）安全食用农产品博览会在顺德陈村花卉世界举行，海丰县有记益生茶业有限公司、润生现代农业科技有限公司等两家企业参展。

7日下午　市委在海丰召开全县领导干部大会，市委常委、组织部部长苏茂荣宣布：省委批准沈木荣任海丰县委书记，郑佳不再担任海丰县委书记职务。市委副书记陈央，市委常委、政法委书记郑佳出席会议并作讲话。苏茂荣主持会议。

8日　全县2012年庆祝教师节暨表彰大会在迎宾楼隆重召开。县委书记、县长沈木荣出席表彰大会并作重要讲话。大会隆重表彰一批优秀教师。

是日　在伦敦残奥会硬地滚球BC4级个人赛中，海丰县运动员郑远森荣获亚军。

12日　县委书记、县长沈木荣主持召开党政联席（扩大）会议，听取县党政班子领导成员及县直有关单位2012年以来工作情况的汇报，研究部署当前各项重点工作。

12日　2012年海丰县农村综合改革工作顺利通过市级验收。

13日　海丰县召开全县议教会议，专题研究海丰县教育发展情况，商讨教育发展大计。县委书记、县长沈木荣，县委副书记林建隆等县领导及全县各镇场、中小学和县直相关部门、县城三镇各村（社区）负责人及教师代表等共130余人参加会议。

18日　市委在海丰召开全县领导干部大会，市委常委、组织部部长苏茂荣宣布市委决定：任命陈德忠为中共海丰县委委员、常委、副书记，提名为海丰县人民政府县长人选。县委书记沈木荣主持会议。

20日　常务副省长肖志恒率省直有关部门负责同志，到海丰县考察指导蔬菜大棚、冷藏设施和平价商店“三项建设”工作。

21日　海丰县十四届人大常委会第七次会议审议决定人事任免事项，接受郑佳辞去县人大常委会主任职务，接受沈木荣辞去县人民政府县长职务，决定姚英谋为县人大常委会代理主任，任命陈德忠为县人民政府副县长，代理县长职务。

25日　市人大常委会组织全国、省、市人大代表到海丰县和深汕特别合作区进行集中专题考察。

27日　县委书记沈木荣主持召开党政联席会议，强调必须增强做好“三打两建”和“百日防护期”工作的责任感和紧迫感，为党的十八大胜利召开创造良好的社会政治环境。

28日　全县重点项目推进会在县迎宾楼召开，分析总结海丰县重点项目建设情况，再动员部署下一步工作。

27~30日　由农业部主办、国家有关部委协办的第十届中国国际农产品交易会在北京市隆重举行。海丰选送参展的“莲苑茗茶玉壶春”和“皇斋虎噉金针茶”两个农产品首次获得该交易会金奖。

是月　在第十届中国国际农产品交易会上，

海丰县选送的莲苑茗茶玉壶春、皇斋虎瞰金针菜荣获金奖农产品称号。这是海丰县首次在中国国际农产品交易会上获得金奖。

10月

9日 市长吴紫骊到海丰县陶河镇、黄羌镇调研经济社会发展及扶贫开发、新农村建设等工作。

11日 致公党中央副主席、省政协副主席王珣章等一行到海丰县参观考察。

12日 县委书记沈木荣、代县长陈德忠在县委迎宾楼会见深汕特别合作区领导班子，两地党政部门就如何做好海丰西部“四镇一场”交接工作，推进社会服务管理工作，推动项目规划建设等方面进行深入交流和探讨。

15日 县人武部党委第一书记任职大会在县迎宾楼会议厅召开。大会任命沈木荣为县人武部党委第一书记。

16日 省委常委、省委秘书长林木声率省委副秘书长谭一鸣、省直机关工委书记李学同等省领导党代表接访团团员，到海丰县党代表工作室约谈来访党员群众，倾听党员群众呼声，面对面了解和研究解决党员群众反映的实际问题。

16日 上午，县委副书记、代县长、县“两建”工作领导小组组长陈德忠，在副县长、县“两建”工作领导小组副组长陈凯婵，县府办主任黄坚如，县“两建”办主任、县工商局长张辉民等陪同下，深入县“两建”办调研。县“两建”办主任和县市场监管体系建设试点工作领导小组常务副组长张辉民、县社会信用体系建设试点工作领导小组常务副组长谢小平分别汇报工作进展情况和下一步的计划。陈凯婵主持调研汇报会。

20日 海丰县召开全县加快推进农村综合改革工作会议，参加会议人员有各镇（场）长、分管农口工作领导、农办主任，县农村综合改革工作领导小组全体成员。会议对全县2012年农村综合改革工作进行了部署。

23日 省农村综合改革考核组对海丰县农村综合改革工作进行考核验收，经听取汇报、查阅材料并参观镇场综合服务平台建设，一致认为海丰县高度重视农村综合改革工作，措施扎实，成效明显。

24日 县委常委（扩大）会议在县迎宾楼会议厅召开。会议传达全市经济工作会议精神，总结海丰县前三季经济工作，部署第四季经济工作。县委书记沈木荣在会上提出要立足“三个坚持”、勇于“四个争当”、推进“五个发展”，建设宜居宜业现代中等城市。

29日 中央组织部干部教育局局长李小三率中央组织部教育局调研组一行莅临海丰县调研干部教育培训情况，并参观红宫红场和彭湃故居等革命旧址纪念馆。

是日 海丰县西秦戏《留取丹心照汗青》获广东省第八届精神文明建设“五个一工程”奖。

30日 海丰县第四届全民健身运动会暨第六届老年人运动会在县体育场隆重开幕，县四套班子领导及市、县老年人体育协会负责人等出席开幕式。本次运动会共有46个单位3500名运动员参加比赛。

30日至11月29日 海丰县举行第四届全民健身运动会暨第六届老年人运动会，县农业系统组成60人队伍参加开幕式，并选派人员参加乒乓球、田径、蓝球等项目的比赛。

11月

1日 省关工委主任张帼英一行深入海丰县黄羌镇金针菜种植基地、海丰县仁荣中学，通过实地察看、听取汇报，了解海丰县关工委工作开展情况。

8日 中国共产党第十八次全国代表大会在人民大会堂隆重开幕，县四套班子领导成员以及县委大院内各单位干部职工在县委迎宾楼会议厅集中收看会议实况。

16日 县委书记沈木荣主持召开县委理论学习中心组学习会，学习中国共产党第十八次全国代表大会会议精神。

18日 美国洪门致公总堂陈兢石总理率团考察海丰，参观陈炯明故居。

21日 全县镇域经济社会发展现场会在平东镇召开。会议总结2012年以来全县各镇经济社会发展情况及其工作经验，部署下一阶段相关工作。县委书记沈木荣、代县长陈德忠、县委副书记林建隆、县人大常委会代主任姚英谋等县领导及相关部门负责人参加会议。

22日 致公党中央副主席、省政协副主席、省致公党主委王珣章等一行到海丰县调研。

23日 县委书记沈木荣主持召开学习贯彻党的十八大会议精神，部署、动员、组织各级党组织和广大党员干部迅速掀起学习、宣传、贯彻中共十八大精神热潮。

29日 副省长林少春率人口计生委主任骆文智、省政府办公厅巡视员赵松峰一行到海丰县调研人口计生工作。

是日 海丰县召开“两建”工作推进会，总结近期开展“两建”工作和试点工作推进情况，分析存在问题，部署下一步工作。

30日 海丰县召开冬种生产暨冬修水利工作现场会，代县长陈德忠、县委副书记林建隆，副县长施流德、李旭强、符坚参加现场会。会议参观了梅陇、联安、赤坑等地冬种冬修现场，在赤坑镇会议室召开工作会议，副县长施流德主持会议并作发言，代县长陈德忠在会议上做重要讲话，对“两冬”、“三农”工作做了部署。

是月 海丰县首批大学生村官20名，正式到村任职。

12月

4日 海丰县白字戏《领导亲笔信》获省委宣传部、省文化厅主办的省群众戏剧曲艺花会金奖。

6日 省委第四巡视督导组组长周世明一行到海丰县检查指导工作。市县领导郑佳、陈德忠、刘帆、陈连郑等陪同。

12日 县人大常委会组织海丰县部分市、县人大代表80余人进行重点项目建设视察。

15～17日 第四届广东省现代农业博览会在广州琶洲国际会展中心举行，海丰县组织莲苑种植有限公司、海丰县供销果蔬加工厂，有记益生茶业有限公司、润生现代农业科技有限公司等四家企业参展。

19日 市委宣讲团到海丰县宣讲党的十八大精神。县委书记沈木荣、代县长陈德忠、县政协主席冯月琴、县人大常委会代主任姚英媒等县领导及县直副科级以上单位主要负责人等聆听报告。市社科联副主席、市监察学会副会长黄亿丰作《坚定不移走中国特色社会主义道路，为全面建成小康汕尾而努力奋斗》的专题报告。代县长陈德忠主持报告会。

21日 市委常委、常务副市长魏友庄到海丰县调研社会信用体系建设试点工作。

21日 市社会信用体系建设统筹协调小组11个专责小组成员单位负责人在汕尾市常务副市长、市社会信用体系建设统筹协调小组组长魏友庄的带领下，到海丰县开展社会信用体系建设专项调研督导。

28日 海丰县人民政府地方志办公室获“全省地方志工作先进集体”殊荣，得到广东省人力资源社会保障厅和广东省人民政府地方志办公室的表彰。

是月 彭湃纪念医院开通网上医疗学院，网址：www.hf-ppch.com（或在百度搜索“彭湃纪念医院”）点击“网上医疗”版块进入。

是月 海丰县黄羌镇钟能金、唐倩2人荣获省妇联颁发的“爱心父母大联盟”金奖；海丰县烟草专卖局工会委员会和黎美茹、陈如、林建海等10名个人荣获“爱心父母大联盟”银奖。

是月 龙津河截污管道完成铺设工程的80%。

概 况

海丰概况

建置区划

【建置沿革】　早在新石器时代，海丰已有先民在其沿海聚居生息。东晋咸和六年（公元331年）置县（一说汉置县）。以“临海物丰”取名海丰。1949年10月11日，海丰解放，属东江专员公署。1955年后，先后属惠阳、汕头、惠阳专署。1988年设立汕尾市，海丰县隶属汕尾市。至2012年底没变化。海丰物华天宝，人杰地灵。海丰县是广东省历史文化名城，是全国第一个县级苏维埃政权诞生地，全国13块红色革命根据地之一，海丰古八景脍炙人口。

【行政区划】　2012年，海丰县设有海城、城东、附城、联安、可塘、陶河、赤坑、大湖、梅陇、鲘门、小漠、赤石、鹅埠、公平、平东、黄羌等16个镇，以及梅陇农场、黄羌林场和1个经济开发区。全县共设有240个村、42个居民社区、1630个村民小组、383个居民小组。

自然地理

【位置面积】　海丰县位于广东省东南部沿海，汕尾市北部；东邻陆丰市，东北与陆河县接壤，西南与汕尾市城区相连，西、北与惠东县交界；南临南海，北倚莲花山脉。地理坐标在北纬22°37′～23°14′、东经114°55′～115°37′之间。毗邻港澳，西距广州290公里，东距汕头177公里，西南距深圳197公里，水路至香港81公里，广汕公路、深汕高速公路和在建的厦深铁路贯穿其中。海丰县东西距72.2公里，南北距59.8公里，海岸线长124.95公里，总面积1782.70平方公里。

【地形地貌】　海丰县背山面海，海域辽阔。西北山地、丘陵广布，东南沿海海岸线长，海湾、滩涂众多。县境西北部山脉高亢，中部平原宽阔，东南部丘岗异突，濒临大海，地势自西北向东南倾斜。北部和西北部属山地高丘地带，山多且坡陡，海拔500米以上的高峰多集于此。东南部，地势较中部稍高，属台地、丘陵地带，坡度在15°～25°之间。东南濒临南海，海岸线蜿蜒曲折，环抱县境之半，沿岸滩涂广阔，自西北至东南整个地貌状似马鞍形。

全县山地面积11700公顷，占全县总面积的5.46%，集中分布在北部、西北部的黄羌、西坑、莲花山乡、赤石、鹅埠、圆墩等地区，多为砂页岩、火山岩、花岗岩构成，东北—西南走向。土壤以山地草甸土、黄壤、红壤为主。山腰、山脚都有缓坡地，有茅草、灌木等自然植被。海拔500米～1000米的山峰有20座，海拔1000米以上的有9座，即莲花山、禾镰石、卡子崇、水底山、禾镰牙、石人嶂、陈摇肚顶、犁仔耳。

丘陵与山地紧密相连，走向与山脉相同，多集于县境北部、西部、西南部及南部、东南部的黄羌、西坑、公平、莲花山、赤石、鹅埠、平东、赤坑、大湖等地。丘体由砂页岩、火山岩、花岗岩等构成。丘面风化层厚，面积70570公顷，占全县总面积的32.84%，按其高程不同分为高丘和低丘。海拔50米～250米之间的低丘，切割深度在50米以下的山体，面积53000公顷，占全县总面积24.63%，面积较广但较分散，多为砂页岩构成，丘体低平，堆积物厚，坡度10°～15°，各类丘陵表土深度厚30厘米～60厘米，其风化层厚达数米，植物易生长。

台地面积56000公顷，占全县土地总面积的26%，其中耕地面积14831.6公顷。地貌开阔，土地连片。主要分布在东北部的平东、公平、城东、黄羌和东南部的赤坑等地区。土层深厚疏松，属沙质壤土，适宜机耕垦殖，作物适种性广。土壤有自然土、水稻土、旱地土三类。

全县平原属冲积平原和海积平原。成土母质为滨海沉积物、河流冲积物和人工堆积物。面积66030公顷，占全县土地总面积的30.7%，以东北向西南方向展布于县境中部的海城、联安、梅陇、梅陇农场等地，黄江、大液河、丽江等大河小溪成网状分布，形似“猪肚”的长沙湾位于平原南部，汇集黄江河流域河水，注入红海湾，南缘界于后澳港与马宫港之间。

【气候特征】 海丰属南亚热带海洋气候，位于北回归线南缘，有海洋季风调节和北部高山的天然屏障，夏无酷暑，冬无严寒，夏季长，天气湿热且雨天多，多盛行西南风，常有雨涝、台风等气象灾害出现；冬季短，稍冷，雨少且较干燥，无雪少霜；夏前秋末气温适中，利于作物生长。一年四季，绿叶常青。

海丰地处低纬度区，属华南日照偏少区。全年可照时数4420.4小时，实照时数累年平均1872.5小时，仅为可照时数的42.4%。县境西部和西北部地区因受山体遮蔽，日照时数少些，中部、东南部平原、低丘地区，日照时数较多；沿海比内陆要多些，山区比平原再少些。2012年，年日照时数1917.8小时，比常年偏多34.7小时。

常年平均温度22.7℃，常年日平均温度在5℃以上，最热为7月、8月两月，平均温度28.4℃；最冷月为1月，平均温度15.4 ℃。气温年际变化从1月开始，逐月递增，至9月逐月降低。极端最高温度38.1℃，出现在1990年8月23日，其变化在34.9℃~38.1℃之间。极端最低气温1.7℃，出现在1999年12月23日。最低气温北部山区要比平原低些，南部沿海比内陆高1℃~2℃，常在12月或1月出现。2012年海丰气温偏高，年平均气温为22.5℃，比常年偏高0.4℃，最高气温35.5℃，最低气温5.5℃。

常年平均降雨量2378.4毫米，年最大降雨量3727.8毫米（1997年）；年最小降雨量为1424.3毫米（1989年）。年降雨量分布，山区多于平原，平原则多于沿海。2012年海丰降水偏少。年降水量1810.6毫米，比常年偏少3成多，降水分布不均匀，降水主要集中在4~9月。

海丰县属东南亚季风气候带，风的季节性变换明显。主导趋势是冬半年盛行东北风，夏半年多吹西南风。冬季因受西伯利亚和蒙古高原气团南下影响，陆地和海面多北风；夏季受海洋暖流及副热带高压控制，多偏南风。春末夏初和初秋季节由于冷暖气团常交锋沿海一带，造成风向多变。又因县内地形关系及海洋气候影响，日夜风向变化明显，日间吹海风，夜间吹“陆风”，两者于日出和日落前后交替。累年平均风速1.7米/秒。各月分布以11月、12月为最大，平均1.8米/秒；4月最小，平均1.5米/秒。历年中最大平均风速为20米/秒，风向东北。

资源物产

【土地资源】 海丰县地势背山面海，北高南低，由西北向东南倾斜，呈马鞍形。自然、地理条件优越，山地、丘陵、平原、河流、滩涂和海洋等各种地形地类兼备。2012年，全县土地总面积1782.70平方公里。其中：农用地144541.51公顷，占全县土地总面积的81.61%（包括耕地33539.26公顷，占全县土地总面积的18.93%；园地9319.5公顷，占全县土地总面积的5.26%，以果园为主，面积9241.34公顷，占园地的99.16%；林地91216.79公顷，占全县土地总面积的51.5%；牧草地18.21公顷，占全县土地总面积的0.01%；水面20.6公顷，占全县土地总面积的0.01%）；建设用地16891.14公顷，占全县土地总面积的9.53%（包括居民点及独立工矿用地7884.64公顷，占全县土地总面积的4.45%，其中，农村居民点用地5479.5公顷，占居民点及独立工矿用地的69.49%；独立工矿用地2405.14公顷，占居民点及独立工矿用地的30.5%；特殊用地261.01公顷，占建设用地总面积1.54%；交通运输用地828.92公顷，占全县土地总面积的0.46%；水利设施用地5771.69公顷，占全县土地总面积的3.25%）；未利用地15661.69公顷，占全县土地总面积的8.84%（其中荒草地11269.3公顷，占未利用地的71.95%）。

【矿产资源】 境内矿产资源有金属矿产和非金属矿产两类。

金属矿产　已知矿藏有6类17种。其中金属矿产主要有锡矿，已探明的精锡储藏量为42.6万吨，主要分布在县境内的长埔、吉水门、银瓶山、杨柳埔、陈厝陂、大塘角、青塘窿等地；钨矿为0.82万吨，主要分布在莲花山、银瓶山一带；还有铁储量16万吨，以及少量的铋、铜、铝、锌、金等。

非金属矿产　县内非金属矿产主要有硫铁矿，已探明储量为90万吨，主要分布在长埔、平东等地；玻璃沙储量为200万吨，主要分布在县内沿海一带。还有花岗岩、高岭土、黏土等散见各地。其中花岗岩、玻璃沙、高岭土等量多质优。还有温泉热水、优质矿泉水等。

【水资源】 海丰县背山面海，莲花山脉贯串其中，是全省三大暴雨中心之一。全县境内水资源主要有地表水、土壤水和地下水，主体补给来源于大气降雨，全县多年平均降雨量约2400毫米左右。全县河流主要分为黄江、赤石河两大河系，流域面积在20平方公里以上的河流有31条，多年平均河川径流量25.4亿立方米，地下水约4.02亿立方米。由于受历来天气变幻和特殊地理位置等客观因素的长期困扰，形成海丰县水资源特征：一是降雨量年际不均，枯水年与丰水年差距过大；二是降雨量年内分配不均，每年降雨量集中在6～9月，占全年降雨量的80%左右；三是降雨量区域分布不均，西北山区降雨较多，中部平原次之，南部沿海较少。全县已建成的蓄水工程有大型水库1宗，中型水库10宗，小型水库64宗，塘坝539宗，总设计容量为7.4亿立方米，可利用库容4.33亿立方米；引水工程97宗，引水流量35.7立方米/秒，设计年引水量8282万立方米。

【海洋资源】 海丰县地处粤东沿海，海岸线长124.95公里，历史上以“南海物丰”而得名，渔业资源丰富。全县200米等深线内海域面积达6000平方公里，是粤东地区重要的海洋捕捞作业渔场,自然海区盛产鱼、虾、蟹、贝、藻等海鲜产品，海产品资源共有14类104科189种。内陆有黄江、丽江等河流，江河渠道纵横,山塘水库星罗棋布，淡水水产品种类众多，主要有：青鱼、草鱼、鲢鱼、鳙鱼、鲤鱼、鲮鱼、鲫鱼、罗非鱼、梭鱼、鳗鱼、日本鳗鲡、黄鳝、鲶鱼、胡子鲶、罗氏沼虾等品种。 主要海水养殖种类有：鲷科鱼类、鲻鱼、石斑鱼、鲈鱼、对虾、青蟹、生蚝、贻贝、泥蚶、蛤仔、鲍鱼、海胆、东风螺和龙虾等；淡水养殖品种主要以罗非鱼、草鱼、鲢鱼和鳙鱼等为主。

【森林资源】 县境内森林植物约有150多种，350多属，1000多种及其变种。常见的林下草本植物主要有：孢子植物门的石松科石松（抗猫仔），海金沙科海金沙（牛斗絲），里白科芒萁，凤尾蕨科井兰草（凤尾草），乌毛蕨科乌毛蕨（龙船蕨）等。种子植物门的禾本科大芒、蔓生莠竹（竹草）、鹧鸪草、鸭嘴草、白茅（仙茅）、野古草（硬骨草）等。林下草质藤本植物有：蝶形花科野葛腾（青葛），三裂叶野葛藤（黄葛），萝科白叶藤等。林下木质藤植物有：蝶形花科鸡血藤，白花鱼藤（山鱼藤），蜡梅科天香藤，锡叶藤科锡叶藤等。林下灌木植物有：桃金娘科岗稔、岗松、岗茶，茜草科龙船花（山大颜），野牡丹科野牡丹（猪牯稔），梧桐科山芝麻（岗油麻），大戟科算盘子（过合子）、黑面神，冬青科毛冬青，紫金牛科硃砂根（浪伞子）等。林下竹类植物有：竹亚科茶杆竹（赤竹子），红舌唐竹（扫帚竹）等。林下半乔、灌木植物有：大戟科土蜜树，乌桕，香港算盘子（湖洋树），榆科山黄麻（麻布树），交让木科牛耳枫等。同时，县境内还盛产优质乔木用材树种，原始的有：红缘（赤黎）、青刚栎、竹叶桐、白缘（酸缘）、黎蒴（牛包衣）、樟树、楠木（果树）、榕树、枫香、重阳木、马尾松、杉树、鹅掌柴、海南大头茶、荷木、围延豆、白木香、海红豆（鸭公青）、泡桐、竹柏、罗汉松等。引种栽培的有：桉树（约有十多个品种）、湿地松、加勒比松、木麻黄、南洋楹、母生、柚木、香梨、苦楝、川楝、麻楝、桃花心木、银桦、台湾相思、大叶相思、马占相思等。用材竹类有：毛竹、石竹、泥竹、金竹、广宁竹、青皮竹、粉丹竹、撑篙竹、吊絲球、大头典等。油料树种有：千年桐、三年桐、白花油茶、红花油茶、乌桕等。特用经济林树种有：茶、橡胶、岭南黄檀、山苍子、土沉香、棕榈、蒲葵、拐杖藤（黄藤）、香王（香缘）等。经济果树有：荔枝、龙眼、柚、柑、橙、柠檬、桃、李、梅、黄皮、番石榴、杨桃、葡萄、沙梨、芒果、柿、橄榄、油甘、蒲桃、香蕉、菠萝、菠萝蜜、人心果、木瓜等。

【野生动物】 境内野生动物主要有三类：兽类、爬行类和鸟类。

兽类有穿山甲（国家II级保护动物）、水獭（国家II级保护动物）、果子狸、芒花狸、苏门羚（国家II级保护动物）、山羊、野猪、野兔、豪猪、鼹鼠、松鼠、大足鼠、银星竹鼠、花鼠、白腹巨鼠、社鼠等。

爬行类有金钱龟、蛇龟、草龟、伯劳龟、黑颈水龟、鳖、大壁虎、巨蜥（国家I级保护动物）、蟒蛇（国家I级保护动物）、眼镜蛇、银环蛇、金环蛇、泥蛇、三索线蛇、竹叶青、灰鼠蛇、过山乌、渔游蛇、刺胸蛙、沼蛙、虎纹蛙（国家II级保护动物）、泽蛙等。

鸟类物种大约有16目、46科、196种。其中：国家I级保护物种有东方白鹳、黑鹳；国家II级保护物种有海鸬鹚、卷羽鹈鹕、白琵鹭、黑脸琵鹭、岩鹭、鸳鸯、鹗、黑翅鸢黑耳鸢、栗鸢、白头鹞、白尾鹞、白腹鹞、鹊鹞、苍鹰、普通鵟、毛脚鵟、乌鵰、白腹隼鵰、蛇鵰、赤腹鹰、游隼、红隼、灰背隼、白鹇、小青脚鹬、褐翅鸦鹃、小鸦鹃、草鸮、短耳鸮、领鸺鹠、鹰鸮。省级保护物种：凤头鸊鷉、白鹭、苍鹭、草鹭、大白鹭、中白鹭、牛背鹭、池鹭、绿鹭、夜鹭、黄苇鳽、栗苇鳽、黑鳽、大麻鳽、豆雁、灰雁、董鸡、紫水鸡、黑水鸡、中杓鹬、黑翅长脚鹬、反嘴鹬、黑尾鸥、银鸥、红嘴鸥、黑嘴鸥、鸥嘴噪鸥、红嘴巨鸥、小凤头燕鸥、大凤头燕鸥、黑枕燕鸥、白额燕鸥、须浮鸥、白翅浮鸥、粉红燕鸥、普通燕鸥、黄胸鹀。其他鸟类：小鸊鷉、[普通]鸬鹚、白斑军舰鸟、赤膀鸭、罗纹鸭、赤颈鸭、绿头鸭、斑嘴鸭、琵嘴鸭、针尾鸭、白眉鸭、花脸鸭、绿翅鸭、凤头潜鸭、斑背潜鸭、石鸡、中华鹧鸪、鹌鹑、灰胸竹鸡、雉鸡、白喉斑秧鸡、蓝胸秧鸡、普通秧鸡、红脚苦恶鸟、白胸苦恶鸟、骨顶鸡、金斑鸻、灰斑鸻、金眶鸻、环颈鸻、蒙古沙鸻、铁嘴沙鸻、凤头麦鸡、灰头麦鸡、水雉、丘鹬、黑尾塍鹬、扇尾沙锥、白腰杓鹬、大杓鹬、鹤鹬、红脚鹬、泽鹬、青脚鹬、林鹬、矶鹬、白腰草鹬、灰尾[漂]鹬、翻石鹬、小滨鹬、红颈滨鹬、青脚滨鹬、黑腹滨鹬、弯嘴滨鹬、三趾鹬、阔嘴鹬、彩鹬、褐翅燕鸥、斑海雀、山斑鸠、珠颈斑鸠、火斑鸠、鹰鹃、噪鹃、白腰雨燕、小白腰雨燕、普通翠鸟、白胸翡翠、蓝翡翠、斑鱼狗、戴胜、蚁䴕、家燕、金腰燕、[白腹]毛脚燕、白鹡鸰、灰鹡鸰、理氏鹨、树鹨、灰喉山椒鸟、红耳鹎、白头鹎、白喉红臀鹎、棕背伯劳、红尾伯劳、楔尾伯劳、黑枕黄鹂、黑卷尾、丝光椋鸟、灰背椋鸟、灰椋鸟、斑椋鸟、黑领椋鸟、八哥、红嘴蓝鹊、喜鹊、大嘴乌鸦、鹊鸲、乌鸫、红喉歌鸲、红胁蓝尾鸲、鹊鸲、北红尾鸲、黑喉石䳭、棕扇尾莺、黄腹鹪莺、褐头鹪莺、远东树莺、长尾缝叶莺、褐柳莺、黑脸噪鹛、画眉、暗绿绣眼鸟、[树]麻雀、白腰文鸟、斑文鸟、金翅[雀]、小鹀、黑头鹀、灰头鹀、苇鹀、山雀、叉尾太阳鸟等。

【水产资源】 海丰水产资源丰富，品种繁多。20世纪进行两次较为系统、全面的鱼类资源调查。第一次是1972年汕头专署水产处成立“汕头地区海洋鱼类资源调查组”，深入粤东沿海渔区进行为期一年的调查，编制《汕头地区海洋鱼类资源调查》；第二次是1983～1984年，海丰县水产局成立“海丰县渔业资源区划组”，编制《海丰县渔业资源调查和区划报告》。根据上述两次调查及其他有关资料综合，境内各种鱼类主要有：海水鱼类14类107科189种；淡水鱼类7类23科41种，珍稀淡水鱼类35种。海水鱼类品种中，年产200吨以上的有：银牙、带鱼、乌贼、马面鲀、鲅鱼、海鳗、蓝圆鲹、金色小沙丁、鲐鱼、鲳鱼、金线鱼、二长棘鲷、龙头鱼、条尾鲱鲤、蛇鲻、牡蛎和对虾等。淡水鱼类品种中，年产超过100吨的有：鲢鱼、草鱼、丽鲷、鲤鱼、鲫鱼等。

【物产】 海丰县主要农作物土特产有：九龙姜、坑口芋，赤坑荔枝，莲花梅李，平东西瓜、木薯，梅陇莲藕、茨菇，附城、梅陇蔬菜，鹅埠龙眼，赤石西番莲、沙葛，梅陇、联安、附城、赤石、城东、陶河等优质稻，黄羌虎噉金针菜。主要水产品有：小漠、梅农、联安、大湖、附城等地咸淡水鱼虾养殖，梅农、附城、公平、城东、鹅埠、赤石等地禽畜养殖等。

人文风俗

【人口】 改革开放后，海丰县人口总量增长快，同时外出务工人员增多。人口的分布呈两大趋势：一是从乡村向城镇流动，二是向经济活跃地区外流。据公安部门统计，2012年年末，海丰县户籍总户数20.74万户，户籍总人口81.46万人；其中，男性43万人，女性39.16万人，男女性别比为109.81（女性为100）。在总人口中，农业人口41.16万人，非农民人口41万人。2012年年末，全县常住人口为80.32万人，户籍人口81.46万人，人口密度为464人/平方公里。

【民族】 根据2010年第六次全国人口普查汇总资料：海丰县常住人口分属于30个民族。其中：汉族人口79.09万人，占总数99.68%；其他29个少数民族人口2519人，占总数0.32%。全县少数民族除鹅埠镇上北红罗村有畲族192人属聚居外，其余的属散居人口，都是由婚嫁和务工、经商迁入的。在各少数民族中，人口超过100人的依次有壮族、土家族、苗族、畲族和瑶族。2012年，全县畲族、壮族、苗族、回族、蒙古族等27个散居民族，全县少数民族人口3355人、其中海丰县鹅埠镇上北畲族是民族聚居村，全村52户、人口372人。畲族村原是一个老少边穷的民族村，改革开放后，为改变畲族群众的居住条件，发展经济改变民族村的落后面貌，县政府建设了畲族新村，户户有电视、自来水，民族村并建了门楼、公共厕所、铺设水泥路。美化绿化村容村貌，民族村的村民生活逐步改善。

【宗教】 2012年，海丰县有佛教、道教、天主教、基督教、依法登记的宗教活动场所63处，全县教徒人数38810人。其中：佛教场所25处、比丘98名、比丘尼18名、教徒19080人；道教场所3处、教徒1800人；天主教25处、神甫1名、修女2名、教徒10430人；基督教场所10处、长老1名、牧师1名、传道士8名、教徒6500人。县域内设立有海丰县佛教协会、海丰县佛教慈善会、海丰县基督教"三自"爱国会、海丰县基督教协会、海丰县天主教爱国会筹备组、海丰县道教协会筹备组4个宗教团体、2个筹备组，，海丰县公平道教玉虚宫被依法登记为宗教活动场所。

【语言】 海丰是粤东地区方言比较复杂的一个县，处于闽南话（俗称"福佬话"）、客家话、粤语（俗称"白话"）等方言交汇地。全县有18个镇场的75.94万居民使用着福佬话、客家话和尖米话三种汉语方言。此外，还有分属于以上4种方言但来源不同各具特色的几种小方言，即疍家福佬话、白话、潮汕话、龙吟塘军话。汉语方言之外，在海丰西部的鹅埠镇红罗村，还有约300人的畲族保留了原有的民族语言——畲语，是世界濒危语言之一。

福佬话是海丰的第一大方言，主要分布在中部广汕公路两侧及南部沿海地区。包括海城、附城、城东、陶河、可塘、联安、赤坑、大湖、梅陇、梅陇农场、鲘门、莲花山、圆墩、公平、小漠、鹅埠、赤石的大部分村落。福佬话使用人口约66万人，约占总人口的86.9%。

客家话主要分布在县境北部的山区和半山区，包括黄羌镇大部分、公平镇东北部山区、黄羌林场、平东大部分、莲花山、梅陇、鹅埠、赤石、小漠部分。海丰的客家话与陆丰相同，都是7个声调（去声分阴阳）；都有两套塞擦音和擦音声母，与梅县的客话有较大差异。使用人口约9万人，占总人口的12%。

尖米话是一种既像"白话"，又像"客家话"的混合型方言，"白话"的成分多于"客家话"，主要分布在赤石、鹅埠部分村落和梅陇南山等村。使用人口约1万，占总人口的1%左右。

白话只分布在赤石镇大享里、排沙墩、三角坑等自然村，1949年前后从省内信宜县移来，使用人口约500人。

潮汕话分布在赤石四季村、新兴、企岭和可塘铁道营等自然村，1949年前后从省内潮州移来，使用人口约300人。

海丰现代的军话是数百年来官话与当地闽客方言混合的结果。所以军话既有官话特点又有当地方言特色。海丰讲军话的主要分布在平东镇的龙吟塘村，约300人。

全县90%以上居民讲福佬话，成为共同交际语言和中小学校的校园用语。平常人们提到"海丰话"时，即指海丰的福佬话。海丰是著名侨乡，约40万人在香港，出于交流需要，特别是20世纪80年代后，与珠三角城市交流频繁，年轻人基本都能讲白话。海丰渐渐成为福佬话和白话双方言地区，而客家话、尖米话等弱势方言使用人日渐减少。

此外，境内还保留着一种属于中州音韵系统的官话，即"正字"。海陆丰的"正字戏"和"西秦戏"流传几百年，其唱念至今仍使用"正字"音（有越来越多的字已改为方言中的"读册音"）。在民间道坛做法事和祭祀唱礼时，也常常用到"正字"音。

20世纪80年代后，随着改革开放和人口流动，普通话渐渐兴起。2012年，全县通行普通话。

【民风民俗】 海丰县南临大海，北倚莲花山脉，构成一个相对独立的地域格局，是粤闽传统商路必经之地。福佬文化和客家文化在这里交流、融合，并长期受到广府文化的影响，以及继承和掺合先民土著畲、疍、瑶的百越文化遗风。复杂的地理环境，丰富的方言语汇，多元的文化积淀，形成既保守又开放、既神秘又独特的人文风貌。同时，经过长期的融化整合后，又形成大同小异、难分彼此的民俗风情。

糕粿是海丰饮食一大特色。粿料用米粉（糯米、黏米）和面粉，有咸甜两味，可分为岁时节日粿和平时小点粿。公平有一种独特的客家艾茸粿，即是用田艾做成的印粿。正月三十做九舌仔（又名双头尖）；清明节做薄饼，蒸发包仔；四月初八做粉条；端午节蒸糯粽、角粽、凉粉粽；七月半蒸重糕粿（有咸、甜两种）；冬节蒸菜包粿、冬节蛤，做冬节汤圆；除夕日做冬节蛤、汤圆。平时粿点有：猪肠粉、饺子、小米（薯粉饺）等。常见的小吃还有：油麻糊、豆花、狗毛糕、草粿等，还有猪脚粉、牛腩粉、牛肉丸等小吃。

传统小吃另一特色是咸茶，也叫擂茶。吃咸茶之风，由来已久，简易吃法是把茶叶放于内壁有粗纹的牙钵内，用番石榴枝制成的茶槌稍擂几下，放几粒盐，将开水冲下即可。作为日常饮料，消暑解渴。日常待客，即在此基础上加入炒油麻、炒米花、炒花生等，称为"炒米茶""油麻茶"。吃"菜茶"旧时一般在正月才有，尤以元宵节前后为盛，至今犹然。20世纪80年代后，

人们闲时也吃“菜茶”，也有的在乔迁、娶亲之时炒菜茶代酒宴以为时尚。

海丰县村落布局以梳式、围寨式为主，一般是村中心位置为祠堂，前为晒町、明塘，后靠山或种植风水林，左侧为社头神庙，宅基力求坐北朝南。传统民居以土木结构居多，为适应海丰多台风的特点，多数马背式硬山顶，山墙称为“陂头”，并以形状不同分为“金、木、水、火、土”五行，称“五星陂”。改革开放后，民居大多为西方建筑形式，兴建钢筋混凝土框架结构平房或楼房。现代民居建有厕所、厨房，告别了传统的烧柴草的炉灶，用上煤气炉和抽油烟机、热水器等设备。

海丰民间传统节日主要有：春节、元宵节、清明节、端午节、中元节、中秋节、重阳节、冬至。清明节是海丰民间最为隆重的拜祭祖先的节日，有“清明无回（家）无祖”之说。因此，清明拜祖扫墓，男女老少必须到齐，即使远在外地或在港澳，都不远千里回来拜祖，以示孝敬祖宗。

海丰民间极其重视祭祖，祭祀时间多在正月初十开灯节、春分或冬至。族祭由族中长老主持，合族在祠堂前置八仙桌摆放祭品，向着祖宗龛举行祭礼，点燃香烛纸钱行三跪九叩首，祈祷祖灵庇佑。祭后在祠堂前请戏班演戏，燃放炮仗焰火。

海丰民间对传承香火、养儿防老的观念极其深厚。每当年节或神诞日，人们要到神庙极其虔诚地拈香求签祈祷观音娘、金花娘等赐送丁嗣。每年元宵节是民间求嗣“出丁”的开灯节。

海丰民间广泛信奉祖灵和神佛，建置很多寺庙庵观和祠堂等民俗活动场所，拜神祭祖驱鬼成为日常生活中一项重要的内容。妈祖、观音、玄天上帝是海丰民间三大崇拜风俗。海丰民间存在着浓厚的自然物神的崇拜，举凡天地日月风云雷电动植物山川河海等自然物，多数被人格化为神。海丰较常奉祀的自然物神有三山国王、城隍等。

位于海丰县鹅埠镇北部7公里处的红罗村，是海丰县唯一的畲族村庄，也是全县唯一的少数民族村落。2004年有27户179人，以蓝姓为主，还有雷、黎两姓，20世纪50年代末从惠阳山区迁来的。随着现代生产和生活方式的发展，畲族的生活习俗发生了很大变化，居住和服饰等同汉人无异，但仍保留其图腾祭祖、婚娶、狩猎、丧葬、年节等文化习俗。

【历史名人】　海丰人杰地灵，英才辈出，彪炳千古。无产阶级革命家、中国共产党初期领导人、杰出的农民领袖、海陆丰苏维埃政权创建者彭湃，辛亥革命元勋、粤军首领、中国致公党创始人陈炯明，陆丰县苏维埃政府县长、印度尼西亚棉兰惠州会馆会长刘廷波，中国致公党原中央主席陈其尤及其继任者政治活动家黄鼎臣，辛亥革命先驱马育航，中央音乐学院首任院长、世界乐坛大师、小提琴演奏家马思聪，中国战地文学的开拓者、著名革命作家丘东平，一代医学名贤、 地下党员柯麟，中国民间文艺家协会主席、著名民俗学家钟敬文，中国现代民族学、人类学、民俗学的早期开拓者杨成志，中国著名美学家、哲学家、翻译家马采，著名音乐教育家陈洪，中国第一位女飞行员李霞卿，当代著名核动力专家、中国工程院院士、中国核潜艇第一任总设计师彭士禄，中国科学院院士、数学家彭实戈，中国科学院院士、著名船舶专家、核潜艇研究设计专家黄旭华，中国工程院院士、造纸专家陈克复，著名导演徐克……均出生于海丰。

环境保护

【简述】　2012年，海丰县环保局认真贯彻落实市六次党代会和县第十次党代会精神，以科学发展观统揽环保工作，认真探索环境保护新道路，紧紧围绕县委县政府“推动创新发展，建设幸福海丰”的核心要求，按照“十二五”规划的总体思路、指导思想、基本原则、主要目标，落实具体措施，服务海丰，突出“一条主轴”、推动“三大创新”、建设“十大工程”的经济发展大局，明确环保目标指向，注重和加强节能环保，大力促进生态文明建设，坚持以人为本，努力协调，解决关系民生的突出环境问题，加强制度建设，强化执法力度，促进人与自然的和谐，为推进海丰县经济社会协调可持续发展，较好发挥了作用。

【环境质量】　2012年，县区域环境质量保持优良水平。其中，县区域空气质量达到国家规定的二级标准（二氧化硫、二氧化氮达到一级标准）；县城饮用水源地水质达标率达到100%；县城交通干线噪声和区域环境噪声年均值分别为67.4分贝和55.9分贝，同上年相比：区域环境噪声和交通干线噪声基本持平。县区域水环境总体质量较好，但龙津河监测断面污染物超地表水V类标准（下半年因截污工程建设，没有监测数据）。从监测情况看，县城环境空气质量保持优良水平，二氧化硫年日均值为0.009毫克/立方米、二氧化氮年日均值为0.018毫克/立方米、可吸入颗粒物年日均值为0.047毫克/立方米，三项指标年均值达到国家《环境空气质量标准》（GB3095-1996）二级标准，空气质量优良天数365天，优良率达100%。

【生态保护】 加强生态环境保护，开展对全县所有湖库型集中式饮用水源地的全面调查。向全县各镇、县水务局发出《关于开展全县饮用水水源地基本信息调查的函》，摸清全县湖库型集中式饮用水水源的分布、供水能力、服务人口、取水规模、水质状况等基本情况。经调查，摸清全县11个镇场湖库型集中式饮用水水源，日供水能力71万立方米，总服务人口103.39万人（含外来人口和公平水库服务的汕尾城区人口）、日取水规模40.51万立方米。对水源保护区的划定、审批、管理等情况进行详细排查，并建立监管档案。为全面实施《全国城市饮用水水源地环境保护规划（2008～2020）》，深入贯彻省环保厅《关于进一步加强饮用水源保护工作的意见》(粤环发〔2010〕77号)精神,确保饮用水安全,在建制镇开展集中式生活饮用水源保护区划定工作,制定了《关于对我县建制镇开展集中式饮用水源保护区划定的工作方案》。对梅陇、可塘二个建制镇集中式生活饮用水源的黄山洞水库、可北水库进行保护区划定工作,所在镇高度重视下,加强组织领导和人员、经费的投入,保障了划定工作的顺利开展。同时,制定《海丰县湖库型集中式饮用水源专项执法检查工作方案》,开展对城乡饮用水源地违法行为的专项整治,落实水源地保护的整体规划、开展联合综合整治行动,加强监控管理,取得初步成效。服务相关镇做好环境综合整治专项资金申请,2012年向中央和省级环保申请专项资金项目5个,其中小漠镇环境综合整治工程获批到位专项资金150万元,用于县环境综合整治建设。开展生态示范村创建工作,2012年11月,赤坑镇社尾村、大湖镇石牌社区、大湖镇湖仔村、大湖镇山脚村等4个行政村达到“汕尾市生态示范村”考核指标要求,被汕尾市环境保护局授予“汕尾市生态示范村”,大湖镇高螺村被广东省环保厅授予“广东省生态示范村”称号。

【污染控制】 按照海丰县经济发展目标及城市化进程，制发了《海丰县2012年主要污染物总量减排工作实施方案》，并按照汕尾市环保局《关于印发2012年第一批污染减排重点项目的通知》精神，制定海丰县2012年主要污染物总量减排工作计划，分解减排任务，明确工作目标，突出重点，加大减排工作力度，实施工程减排、结构性减排和农业源减排。工程减排方面，加强县城污水处理厂减排措施的落实和监督管理，确保正常运转，推进龙津河截污管网敷设，新敷设截污管网6公里，建设了提水泵站，污水处理厂日均污水处理量由原来的3.69万吨提升到6.42万吨，COD进水平均浓度由原来的137.27毫克/升提升到162.91毫克/升，COD出水平均浓度由原来的20.52毫克/升下降到19.36毫克/升，氨氮进水平均浓度由原来的16.82毫克/升提升到20.40毫克/升，氨氮出水平均浓度由原来的0.67毫克/升下降到0.38毫克/升。2012年共处理污水1393.79万吨，削减COD 1756.54吨，NH3-N 233.89吨。农业源减排方面，着力对被省环保厅列入2012年第一批农业源重点减排项目的五家企业落实减排措施，其中：广东双全农牧有限公司实施清洁生产，积极落实干清粪、粪便产生沼气发电和农田利用，废水进入氧化塘和深度治理等；海丰县广润农业科技有限公司、海丰县旦丰养猪专业合作社、海丰县裕农养猪场、海丰县林茂科技种养场4个减排项目削减COD 2956.8吨，NH3-N 108.76吨。这4家企业分别落实干清粪农田利用、固液分离、厌氧生物处理、废水进入氧化塘、粪便沼气利用等循环经济清洁生产措施。在结构性减排方面，关停了海丰县城东永利毛织有限公司、海丰县宏兴服装防皱洗涤厂、海丰县长发服装防皱洗涤厂等3个工业源减排项目，共削减COD 369.2吨，NH3-N 20.39吨。全县全年削减COD 5082.54吨，NH3-N削减363.04吨。通过核算，完成了当年目标值。超额完成年度减排计划完成率指标。督促危险废物产生单位严格按照危险废物转移的规定转移危险废物。全县7家危险废物产生单位按照危险废物转移的规定办理转移手续，2012年共转移危险废物87.2285吨，其中：制革污泥69.65吨、废机油1.85吨、废抹布0.102吨、电镀污泥8吨、废矿物油2.11吨、废有机溶剂0.57吨、含铜废液4.515吨、含铜污泥0.4315吨。督促全县加油站、储油库油气排放污染治理改造，5个加油站完成了油气排放污染治理改造。开展了核发辐射安全许可证资料收集等的前期工作。做好海丰县中医院等24家射线装置单位申请领取辐射安全许可证的相关资料收集工作，上报市环保局审核办理辐射安全许可证。

【环境监测】 为确保环境质量，服务人民生活，加强环境质量监测，2012年监督监测重点污染源废水32个，废气6个，监测数据约2400个；群众投诉等的环境监察执法监测30个，监测数据约400个；落实县环境保护目标责任考核中的环境监测，完成《汕尾市县处级党政领导班子和领导干部落实科学发展观考核》中空气质量的监测。完成县城城市空气质量3个点位、县城青年水库和红花地水库饮用水源各2个点位、县城龙津河4个监测断面、赤石河1个监测断面的监测工作。2012年完成环境质量监测地表水数据312个、饮用水源数据1344个、环境空气质量监测数据1404个。

【环境监察】 2012年，按照国务院九部委联合召开的开展整治违法排污企业保障群众健康环保专项行动会议精神及吴紫骊市长要求，海丰县加大环境监察执法力度，强化环境监管。组织相关职能部门，抽调人员认真排查。突出对铅蓄电池加工（含电极板）、组装及回收企业，涉重金属污染物排放企业、漂染、化工、造纸、制革等重污染行业的重点检查，严厉查处超标排放，偷排等环境违法行为。全年共出动执法队伍3393人次，督查各类企业1428家次，依法对公平镇高北村委塘尾、粗石坑两处线路板焚烧厂的焚烧高炉进行拆除；取缔梅陇镇蜈蚣嘴10多处大小不等，利用地砂首饰废料非法提取贵金属违规生产行为的提炼点。对违反环保法律法规的企业作出行政处罚55家，其中责成改正违法行为17家，停止生产43家，对38家违规企业作出处罚决定，罚款入库金额43万元，依法申请法院强制执行3宗。年内，落实了省、市交办的梅陇镇非法电镀厂对环境造成污染的“三打”案件查办工作，按照市政府吴紫骊市长5月16日在海丰调研时，对整治梅陇等地电镀厂污染问题的指示精神以及“三打两建”专项行动的要求，局成立领导小组，制定整治方案，开展对全县电镀行业分布情况的调查摸底，摸清了梅陇、附城、城东、可塘、开发区等管辖区域共有电镀配套企业22家，并在“6·5”世界环境日期间，由县政府余振光副县长亲自率领和指挥，牵头县工商、公安、安监、经促、综治办、供电等整治工作领导小组成员单位和梅陇镇政府干部职工共150多人，对梅陇镇排查出来的14家配套电镀工艺企业开展清理和整治行动,实施了查封、断电措施，收缴了电镀工艺工具，以及首饰半成品等一批。对位于梅岭中学附近自配首饰酸处理工艺产生酸气影响学校环境的9家企业全面实施断电措施，切实维护群众的环境权益，有效遏制了污染的蔓延，保障了环境的安全。对可塘镇10家无牌无证砂轮电镀企业作出停产书面通知，依法依规进行处理。认真妥善处理群众环境诉求，切实维护群众的环境权益。全年共受理各类环境信访案件169宗（其中来电100宗、来信10宗、来访4宗、上级交办55宗），对群众投诉，及时认真做好调查取证和现场处理，处理办结165宗，完成处理率达97%。年内，对梅陇南山纸厂等三家违规企业予以立案处理，并申请县人民法院强制执行。强化排污费征收力度，全年共征排污费2788379.6元。

【环保宣教】 2012年，海丰县围绕联合国环境署确定的世界环境日“绿色经济：你参与了吗？”的主题和广东省“树立环保自觉，建设生态文明”的宣传月活动主题，制定开展环境宣传月系列活动方案，加强环境宣传教育工作，推动环境保护事业，提高公众环境保护意识。于5月15日至6月15日在全县范围内开展环境保护宣传月活动，全县各地各单位挂出宣传横幅100多条。向省环保厅宣教中心和珠江环境报社订阅了《环保生活市民手册》《碧水蓝天话环境权益》《珠江环境报特刊》等宣传资料。并通过媒体进行了广泛的宣传，在县电视台播放宣传标语，在《海丰报》出版专刊，刊登了局长《担当环境保护先锋，推进宜居宜业海丰建设》的记者访谈录、《维护环境安全，力促可持续发展》和环保论坛《提高环保自觉，推动绿色发展》等文章，收到明显的效果。一些社会团体自发组织学生和青年志愿者到莲花山和大云岭等公共场所清除白色垃圾，环境保护宣传教育工作取得良好的社会效果。

【建设项目环保管理】 2012年，海丰县共完成项目的环评审批84个，其中环境影响报告书3份（初审意见1份），环境影响报告表51 份，登记表30份。出具立项意见18宗。依法否定了1个选址不当的项目。检查验收海丰县美达化工涂料有限公司、中国移动通信集团广东有限公司汕尾分公司第一本地通信机楼、广州市梦想精细化工有限公司、海丰县鹅埠镇合通纸品厂、名居住宅、海丰县城东东豪苑住宅等6家企业；批准同意海丰县新洲塑料制品有限公司、海丰县梅陇镇小山塑料厂2家企业进行试生产。

附：2012年海丰县环境保护局领导名录

局　长：徐小星

副局长：王尔勇　陈继明

经济社会发展概况

【简述】 海丰县是中国第一个县级苏维埃政权诞生地，是全国十三块红色革命根据之一，彭湃烈士的故乡，为广东省历史文化名城。海丰有独特的海景奇观，风景名胜，是中国“水鸟之乡”，还有众多的文化遗址，文物古迹遍布全县。主要的风景名胜和文化遗址有：大湖省级鸟类自然保护区，公平、联安湿地，纪念文天祥的方饭亭，闻名中外的红场、红宫旧址和彭湃故居、马思聪故居等。民间艺术文化遗产十分丰富，具有浓厚的地方色彩，有西秦戏、白字戏、麒麟舞、正字戏、曲班、奏八音等，其中西秦戏、白字戏被评为首批国家级非物质文化遗产，麒麟舞被评为第二批国家级非物质文化遗产。2012年，海丰县政府在市委、市政府的领导下，深入实践科学发展观，团结带领全县广大干部群众，抢抓机遇，奋力攻坚，着力加快经济发展方式转变，紧紧围绕“推动创新发展、建设幸福海丰”的奋斗目标，突出第一要务，不断开拓进取，全县经济社会呈现持续健康快速发展的态势。全年完成地区生产总值201.6亿元，比2011年增长13.6%；GDP首次突破200亿元。规模以上工业产值首次突破200亿元，达214.5亿元，比增37.1%。县级财政一般预算收入首次突破10亿元，完成11.34亿元，比增26%。总投资300亿元的华润海丰电厂全面开工建设，预计2013年底可投产发电，实现了超大型项目建设“零”的重大突破，其他重点项目也稳步推进。成功举办“马思聪诞辰百年大型纪念”活动，新编历史西秦戏《留取丹心照汗青》入选广东省第八届“五个一工程”，非物质文化遗产保护发展实现历史性突破。有效推进经济社会持续较快发展，如期完成了县十三届人大六次会议确定的各项目标任务和“十一五”规划目标。

【国民经济发展】 2012年，全县GDP和规模以上工业产值同时突破200亿元大关，分别完成201.6亿元和214.5亿元，比增13.6%和37.1%；财政一般预算收入达到11.35亿元，比增26.01%，首次突破10亿元大关；社会商品零售总额177.1亿元，比增12.4%；全社会固定资产投资总额179.1亿元，比增30.0%；外贸出口总值4.92亿美元，比增3.6%；实际利用外资12680万美元，比增20.9%；城镇居民人均可支配收入1.6万元，比增15%；农民人均现金收入9196元，比增18%。全县综合发展力跻身全省67个县（市、区）第10强。

【深汕特别合作区建设】 深汕特别合作区（以下简称合作区）位于广东省东部，2011年5月21日省委、省政府授牌。下辖4个镇一个林场，即：赤石镇、鹅埠镇、小漠镇、后门镇、圆墩林场。行政区域面积468.3平方公里，人口约7.1万人。至2012年年末，合作区实际利用外资2000万美元，合同利用外资3032万美元，入园企业24家，总投资215.22亿元， 已入库待入园项目7家，总投资23.05亿元。项目涉及云计算中心、移动终端、智能电网、新型材料、食品加工等行业。

着力搭建体制框架，提高自主运作能力 坚持以“创新发展，先行先试”为核心，以提高合作区自主运作能力为重点，积极争取省和深圳、汕尾两市的支持，着力破解区域合作的难题，不断理顺区域合作的体制机制。一是强化法制保障。5月，省政府将《广东深汕（尾）特别合作区管理服务规定》（以下简称《规定》）列入2012年立法计划，在省法制办和深圳、汕尾两市政府及有关部门的大力支持下，《规定》通过了两市市政府审议，并由两市联合上报省政府，省政府已批转省法制办征求社会公众及省直各单位意见，将修改完善后提请省政府审议。二是加强制度建设。制定了《开办经费支出管理暂行规定》《招投标管理暂行办法》《公务接待管理办法》《固定资产管理办法》《机关干部职工慰问暂行办法》等一系列内部规章制度。三是健全决策机制。在省级层面，提请省政府成立了省推进深汕（尾）特别合作区建设协调小组，由常务副省长徐少华担任组长。在两市层面，提请成立了两市高层决策领导小组，由深圳市市长许勤和汕尾市市长吴紫骊担任组长，建立起两市管理合作区的决策平台。四是组建履职平台。下设九个局（办）全部成立，各局（办）已围绕履行职能开展相关工作。同时，合作区公安局组建方案已报省编办，公安筹备组正式成立。五是争取落实管理权限。积极协调省和深汕两市发改、财政、经贸、国土、建设、工商等部门，争取尽早落实地级市一级管理权限。

加快规划编制工作，科学谋划长远发展　按照科学规划的理念，以高起点、高标准规划引领开发建设。2012年，组织有关人员会同各编制技术单位赴顺德英德经济合作区、中新（广州）知识城、珠海横琴开发区等地学习、考察，广泛听取深圳、汕尾两市各相关部门、各行业、企业和合作区范围内四镇意见，组织专家对规划进行多次咨询论证。一是从全省区域合作战略出发，提出了合作区未来的发展定位，即全国区域合作创新示范区；全省先进制造业、现代旅游业、生态农业新兴基地；粤东重要的经济增长极；现代综合新城。二是充分发挥市场作用，发挥深圳、汕尾市各自比较优势，加快实现“六个发展”：一是区域合作，创新发展；二是产业优先，跨越发展；三是环境优化，诚信发展；四是产城融合，协调发展；五是绿色低碳，持续发展；六是民生为本，和谐发展。三是综合合作区资源条件和地理特征，科学规划城市结构和功能布局，加快形成功能特色鲜明、布局合理、产城融合的“两轴一心四组团”空间结构。四是科学确定城市发展目标和人口用地规模，系统规划交通市政基础设施，力争到2015年，本地生产总值达到60亿元，规模以上工业增加值达到26亿元以上；地方财政一般预算收入1.5亿元；城镇建设用地面积19.4平方公里；人口规模12万人左右。五是按照“控制中心，发展两翼”策略，科学合理安排开发建设时序。遵循统筹规划、滚动开发，开发一片、成熟一片的原则，以鹅埠产业园区和鲘门高铁站服务片区为重点，统筹基础设施、道路交通设施建设和公共服务设施建设。六是率先发展电子信息、材料、能源、消费品等先进制造业，大力发展现代旅游业，优化发展生态农业，提升物流、金融、专业服务、商贸等行业对产业发展和城市服务的配套支撑能力。

大力开展招商引资，加快承接产业转移　突出产业发展对开发建设的核心作用，以产业转移承接为重点，把产业合作作为长远发展的立足点。9月27日，深圳市委、市政府召开了产业转型升级工作现场会，把合作区列为深圳市产业转型升级的重点区域。一是完善招商机制。制定了2012年度招商引资工作方案，颁布实施了《工业项目建设用地控制标准（试行）》《产业导向目录》《项目引进管理暂行办法》《工业项目评估暂行办法》等一系列招商引资规范性文件，强力推进招商引资工作。二是主动承接深圳产业转移，与深圳市各区（新区）签订了产业转移协议，逐步建立与各区（新区）常态化的产业转移流程。同时，积极联系深圳各区研究细化产业转移协议，同宝安、龙华、龙岗等区就产业转移相关工作进行对接。三是强化招商推介力度，2012年3月以来，会同深圳市经贸信息委、科技创新委组织了20场由21家行业协会、185家企业参加的招商推介会，并组织企业赴合作区考察达100多批次。四是加强重点项目点对点招商。积极对接长荣、维业、科兴、耀德等10多家企业，争取一批重点企业落户、落地。同时，从洽谈项目中梳理出投资意向明确、需求迫切的爱得威建设、耀毅塑胶、丰达电机、格兰宝等项目，建立项目储备。

附：深汕特别合作区领导名录

党工委书记：马智华

副　书　记：马裕滨　吴国华

管委会主任：马裕滨

副　主　任：宋　兵　唐绍杰　李学平　郭经纬

纪工委书记：李世清

【重点项目建设】　2012年，列入县委县、政府计划笼子的新上续建重点项目初定30个，年度计划投资39.6亿元，县委、县政府根据各地各单位续建和已申报立项的建设项目（西部四镇除外），重新调整和确定了32个重点项目，总投资达423.2亿元，年内计划完成40.4亿元投资。重点抓好华润海丰电厂、海丰生态科技城、天星湖科技园、南方国际商贸物流城等龙头项目建设，带动全县其他项目建设全面铺开。项目属性侧重于产能项目和民生项目。这些项目建设作为当年重要工作任务之一，做到层层分解、落实责任，统筹协调、全面推进。进一步强化领导挂钩、业主负责和部门协作机制，实施定期通报，加强进度督查，确保“瓶颈”及时破解、工程依时推进、任务全面完成。抢抓国家和省的扩内需政策，全力争取上级项目资金，积极主动参与竞争性项目资金。

【工业经济】　2012年，规模以上工业产值首次突破200亿元，达到214.5亿元，比增37.1%。出台了《关于加快县直属工业园区建设的工作意见》，完善经济开发区、金园工业区、科技工业园、金岸工业区等县城工业园区的配套设施，并进行整合、联结，使县城地区20平方公里的工业基地建设逐步推进，进一步提升工业园区的载体功能；大力引进电子信息、家用电器、太阳能产业等低能耗、高科技、高附加值的新兴产业企业落户园区、聚集发展，其中金庄电器、中阳光研、三阳饰品等10多家企业已按计划投建；公平服装、城东毛织、可塘珠宝、梅陇金银首饰等传统特色产业加快引进新技术、新设备，着力打造自主品牌，促进了传统产业的转型升级。百斯盾服饰、金桔莱首饰、展鹏珠宝首饰和敏兴毛织等11家企业成为海丰县传统产业转型升级示范企业；全县中小企业投入技改和创新的资金达8000多万元，争创广东省著名商标10个、广东省名牌产品5个；电力能源、电子信息、精细化工和生物药物等新兴产业迅速壮大、加快集聚发展，全县新型工业化水平进一步提升。

【农业生产】 2012年，农业基础设施进一步完善。全县新增省级农业龙头企业1家、市级农业龙头企业2家、农民专业合作社179家，农业产业化水平进一步提高。莲苑茗茶登上央视经济频道，并与皇斋虎噉金针菜同获国际农产品交易会金奖，“益之康”木瓜、绿田花生、公平花生等通过省级无公害农产品和产地认证。粮食生产实现五连增，全年产量达18多万吨。全年累计投入农田水利建设近2亿元，争取上级农田整治项目投资总额7600多万元，

【社会购买力】 2012年，全县新增个体工商户4000多户，新增私营企业800多户，完成社会商品零售总额180亿元，同比增长22.6%。房地产业持续发展，全年房地产销售总额14亿元。岁宝百货引进落户，成为县城又一大型高档购物中心；6家具有竞争力和代表性的企业参与“广东网上行活动”，争锋国内电子商务战场；深入开展“家电下乡”活动，销售金额2800万元。红色旧址、名人故居、国际湿地、海滨休闲美食等旅游项目及相关配套不断完善，全年共接待游客170万人次，同比增长18%；实现旅游总收入10亿元，同比增长14%。

【对外经济贸易】 2012年，实际利用外资12680万美元，比增20.9%；全县进出口总额7.05亿美元，同比增长30.05%。其中：外贸出口4.75亿美元，比增35.17%；进口3亿美元，比增20.63%。积极开展招商工作，成功引进了华成峰抗衰老中心、华南云计算产业基地等一批高新技术项目。全年全县合同吸收外资2.88亿美元，比增70.82%；实际吸收外资1.05亿美元，比增43.5%，首次突破1亿美元大关。外经贸工作获得四个全市一等奖，即：世界500强企业和境外大型企业投资一等奖、加工贸易转型升级一等奖、外贸出口一等奖和吸收外商直接投资一等奖。

【宜居城乡建设】 “三旧”改造有效推进，环境卫生管理不断强化，饮用水源和生态林保护工作扎实开展。社会主义新农村建设步伐加快。深入开展“大清洁、乡村美”活动，全县新涌现60个社会主义新农村建设合格村、示范村。积极组织开展名镇名村示范村创建工作，公平镇、可塘镇和黄羌镇坑联、平东镇新东等一批名镇名村示范村通过市级验收。 碧桂园、第一城、雍悦豪苑、凯旋花园等大型高层房地产项目基本建成；红城大道一期改造工程和龙津河景观改造工程全面竣工；北三环LED路灯建设春节前完成；三阳路及南二环30米大道改造工程全面开工；县影剧院、东关联安围海堤、龙津河整治等市政项目加紧建设。厦深铁路（海丰段）基本完成路基工程；国道324线海丰收费站至省道242线路段及其县城联络线、小漠至惠东黄埠公路、遮浪至大湖公路海丰段等一批公路建设工程相继建成或正在抓紧建设之中。市政管理和环境整治力度加大,全年查处违法用地318宗、违章建筑75宗。

【教科文卫体事业】 2012年，成功举办“马思聪诞辰百年大型纪念”活动，红宫红场纪念馆、革命烈士纪念馆以及镇村文化站室等文化工程先后上马投建，县博物馆被省评定为第二批达标博物馆，县西秦戏剧团成为省级非物质文化遗产传承基地，《留取丹心照汗青》优秀剧目荣获省“五个一工程”奖，白字小戏《领导亲笔信》和圆山麒麟舞获得省级金奖，县第四届全民健身运动会暨第六届老年人运动会成功举办。医疗卫生体制改革有序推进，基层卫生院100%实施基本药物制度；彭湃医院深入创建“三甲”，中医医院引入市场机制，赤坑、后门、联安3家卫生院扩建项目基本完成。大力开展科技创新应用工作，全年申请专利192件，获得授权121件，分别比增200%和267%。坚持教育优先发展，投入资金近1.2亿元，着力加快县教育园区、职业技术学校、公办高中及德成中英文学校等教育基础设施建

设；制订完善《海丰县义务教育布局调整规划方案》，教育创强工作全面启动。

【民生工作】 2012年，海丰县坚持把改善民生民计作为一切工作的出发点和着力点，全力兑现民生承诺，不断提高人民群众的幸福水平。教育基础设施逐步完善，普高工作实现达标验收；扶贫开发“双到”工作提前半年完成，帮扶经验在全省推广；科技、计生、殡改、卫生、社保、医保，以及依法治县等社会各项事业均走在全市前列，并荣获28个国家和省级荣誉称号，其中，县荣获“第六次全国人口普查先进集体”“全省集体林权制度改革工作先进集体”“广东省军区先进人武部”“广东省首批法治文化建设示范点”等称号。进一步完善维稳防控体系，重视做好基层信访维稳工作，各类刑事案件立案率均比2011年下降，群体性事件得到妥善处置，社会大局日趋稳定。不断加强公共安全建设，安全生产四项控制指标都有不同程度下降，消防安全、食品安全及公共卫生等综合管理水平不断提升，全年没有出现重大的安全事故。

【社会保障】 全县增收五项社会保险费3亿多元，增长4.6%，新增城镇就业1.43万人，转移农村劳动力6411人，城镇登记失业率2.72%。社会养老保险、医疗保险和新农合实现全覆盖。社会救助力度加大，2012年全县低保五保对象超4万人，年支出5233多万元，人数和金额均为10年前的10倍以上。扶贫开发投入资金1.9亿元，实施帮扶项目286个，改建农村低收入群众住房1800户，全县83个贫困村和4659户贫困户提前脱贫。

政　治

中共海丰县委员会

刘剑平 郑秋汉 廖汉生 陈连郑

县委领导成员

【2012年中共海丰县委正、副书记及常委名录】
县委书记：郑 佳（任至9月）
沈木荣（9月起任）
县委副书记：沈木荣（任至9月）
陈德忠（9月起任）
林建隆
常 委：郑 佳（任至9月） 沈木荣
陈德忠（9月起任） 林建隆
刘 帆 陈紫光
卢雁慧（女） 许信咏

县委工作机构

【2012年中共海丰县委工作机构设置】 2012年，中共海丰县委工作机构有：中共海丰县纪律检查委员会、中共海丰县委办公室、中共海丰县委组织部、中共海丰县委宣传部、中共海丰县委政法委员会、中共海丰县委统一战线工作部、海丰县机构编制委员会办公室。各工作部门内设机构、正副职名录、办公地址详见表1。

2012中共海丰县委工作部门机构设置一览表

表1

机构名称	内设机构	正副职名录	办公地址
中共海丰县纪律检查委员会	办公室、党风廉政建设室、执法监察室、纪检监察室、案件审理室、信访室（举报中心）、宣传教育调研室、监察综合室（挂县人民政府纠正行业不正之风办公室）	书　记：刘　帆 副书记：叶　森 林锡清	县委办公楼三楼
中共海丰县委办公室	秘书股、会务股、综合股、信息股、调研股、督办股， 直属机构：机要局、保密局	主　任：廖汉生 副主任：林其波（任至7月） 陈建东　李建生 杨翔鹏　吴恒卫 陈若龙（7月起任）	县委办公楼四楼
中共海丰县委组织部	秘书股、调查研究室、组织股、干部一股、干部二股、干部监督股	部　长：陈紫光 副部长：黄小平　姚火坤 罗木群　张文亮 吕　娜（女）	县委办公楼二楼
中共海丰县委宣传部	秘书股、干部股、理论股、宣传股	部　长：卢雁慧（女） 副部长：谢立群 罗晓华（女） 刘永贺	县委办公楼一楼
中共海丰县委政法委员会	政治工作办公室、执法督查室、社会工作股、综合治理股、维稳工作股、综合调研股	书　记：李学平（任至1月） 陈连郑（1月起任） 副书记：郭庆寿　卓少辞 吴奇双	县委办公楼二楼

（续上表）

机构名称	内设机构	正副职名录	办公地址
中共海丰县委统一战线工作部	人秘股（挂港澳社团工作股牌子）、党派党外知识分子股、经济联络股、民族宗教工作股	部　长：杨师访 副部长：冯玉平（女） 张锦程	县委大院西栋三楼
海丰县机构编制委员会办公室	办公室、综合股、行政机构编制股、事业机构编制股	主　任：邓务刚	县委院内

重要会议

【县委常委扩大会议】 2012年，召开县委常委扩大会议2次，分别是：

2月13日，召开县委常委（扩大）会议，传达贯彻落实省委十届十一次全会、市委第六次党代会和省、市“两会”以及全市领导干部会议精神，听取各地、各单位新一年工作计划安排，部署2012年经济工作和重点工作。

10月24日，县委常委（扩大）会议在县迎宾楼会议厅召开。会议的主题是传达市经济工作会议精神。总结海丰县前三季度经济运作情况部署第四季度经济工作。

【县党政联席会议】 2012年，召开县党政联席会议13次，分别是：

1月5日，市委常委、秘书长、县委书记郑佳主持召开党政联席会，通报2011年全县主要经济指标收盘情况，讨论《2011年度先进单位评选工作方案》，部署元宵文化巡游暨经贸洽谈会活动等工作。

2月13日，召开党政联席会议，初步确定2012年全县重点项目31个。

3月2日，市委常委、秘书长、县委书记郑佳主持召开县党政联席会议，听取关于梅陇镇银料商携巨款逃逸案件的处置情况通报，研究部署2012年全县重点项目的责任人落实安排工作，以及县人大、政协“两会”和全县开展“三打两建”专项行动的筹备工作。

4月1日，召开党政联席会议，部署“三打两建”、清明节期间森林防火及综治信访维稳等重点工作。

4月28日，市委常委、秘书长、县委书记郑佳主持召开县党政联席扩大会议，部署“马思聪百年诞辰纪念活动”筹备工作以及“三打两建”专项行动和信访维稳、汛期防汛、项目建设等当前重点工作。

5月23日，市委常委、秘书长、县委书记郑佳主持召开党政联席会议。会议传达贯彻市委“三打两建”两会精神，研究部署海丰县“三打两建”、殡葬管理、综治维稳等当前重点工作。

6月20日，市委常委、秘书长、县委书记郑佳主持召开党政联席会议，听取海丰县“三打两建”、殡改及部署全市重点项目现场会等重点工作的汇报，并对相关工作作进一步部署。

8月31日，县党政联席会议在县委5楼会议室召开，通报信访维稳工作情况，研究部署下一阶段的工作。

9月12日，县委书记、县长沈木荣主持召开县党政联席（扩大）会议，听取县党政班子领导成员及县直有关单位2012年工作情况的汇报，研究部署各项重点工作。

9月27日，县委书记沈木荣主持召开县党政联席会议，强调各地各部门必须从增强做好“三打两建”和“百日防护期”工作的责任感和紧迫感，始终绷紧信访维稳这根弦，以更扎实的作风，更加细致的工作，全神贯注，全力以赴，切实维护海丰县和谐稳定好局面，为党的十八大胜利举行创造良好的社会政治环境。

11月2日，县委书记沈木荣在县委会议室主持召开党政联席会议，讨论加快县直属工业园区建设、县专业化招商工作、行政小区建设等主要事项，并对相关工作做进一步部署。

11月30日，县党政联席会议召开，听取县委确定的十大专题调研工作，冬季计生集中服务工作方案以及落实制定2013年度“五个活动年”工作方案等情况汇报，并就相关推进工作进行部署。

12月13日，县委书记沈木荣主持召开县党政联席会议，听取“十大专题调研”工作情况及2013年开展“五个活动年”专项工作方案的汇报，并部署下一阶段工作。

【全县领导干部会议】 2012年，召开全县领导干部会议3次，分别是：

2月24日，全县领导干部大会，总结回顾过去一年全县各项工作成绩，全面部署新一年工作，号召全县广大干群迅速把目标和行动统一到“争当促进区域协调发展排头兵”和汕尾“转型升级先行区”上来，共同为“推动创新发展，建设幸福海丰”作出更大的贡献。

9月7日，海丰县领导干部大会在迎宾楼召开，会议宣布省委批准沈木荣任海丰县委书记，郑佳不再担任海丰县委书记职务。

9月18日，全县领导干部大会在县迎宾楼召开，宣布市委决定，任命陈德忠为中共海丰县委委员、常委、副书记，提名为海丰县人民政府县长人选。

【县委理论学习中心组学习会】 2012年，召开县委理论学习中心组学习会议7次，分别是：

3月16日，召开县委理论学习中心组学习会，学习贯彻市委书记郑雁雄、市长吴紫骊到海丰县调研经济社会发展情况的讲话精神，部署全县党政领导和党员干部开展“讲理想、敢担当、争先锋”主题实践活动，协调安排马思聪百年诞辰纪念活动筹备工作。

6月12日，市委常委、秘书长、县委书记郑佳在县委会议室主持召开县委理论中心组学习会，讨论、学习市委书记郑雁雄于6月11日在《汕尾日报》头版头条刊出的题为《严肃“吏治”造福人民——学习省第十一次党代会关于从严管党治党精神的一点体会》的文章精神，要求全县党政要深刻领会郑雁雄书记发表的文章精神实质，立足新要求新目标，加强党的建设和干部队伍建设，推动全县各项重点工作的深入开展。

7月25日，市委常委、秘书长、县委书记郑佳在县委5楼会议室主持召开县委理论学习中心组学习会，讨论、学习7月10日人民日报头版刊登任仲平文章《改变中国命运的历史抉择——写在社会主义市场经济体制确立20周年之际》的文章精神，并传达贯彻市委书记郑雁雄在海丰县专项调研“三打两建”工作时的重要讲话精神及全国维护社会稳定电视电话会议精神。

8月8日，市委常委、秘书长、县委书记郑佳在县委5楼会议室主持召开县委理论学习中心组学习会，学习贯彻省委常委、纪委书记黄先耀同志8月6日在海丰调研时的重要讲话精神，部署全县各项重点工作。

8月21日，县委召开理论学习中心组学习会，认真学习贯彻胡锦涛总书记在省部级主要领导干部专题研讨班上的重要讲话精神；学习传达中共中央政治局委员、省委书记汪洋考察汕尾重要讲话精神。

10月8日，县委书记沈木荣主持召开县委理论学习中心组学习扩大会，组织学习中共中央政治局委员、省委书记汪洋发表在2012年8月1日《求是》杂志题为《坚持社会主义市场经济改革方向，扎实推进幸福广东建设》的文章。同时沈木荣结合海丰实际，提出了今后全县的总体发展思路：坚持“三个不变”，致力“四个争当”，实现“五大发展”，进一步推进海丰经济社会科学发展、跨越发展。

11月16日，县委书记沈木荣主持召开县委理论中心学习组学习会，学习中国共产党第十八次全国代表大会会议精神。

重大决策

【加强基层组织建设】 为贯彻落实市第六次党代会、县第十次党代会精神，进一步加强基层党组织建设，使基层党组织成为推动发展、服务群众、凝聚人心、促进和谐的坚强战斗堡垒，为推动创新发展、建设幸福海丰提供坚强的组织保证。结合海丰县实际，中共海丰县委提出进一步加强基层组织建设实施意见。

实施“强基工程”，加强领导班子建设　①切实加强镇级班子建设。按照“德才兼备、以德为先”的用人标准，合理配置，优化结构，配备强有力的镇级领导班子，特别是选优配强党委书记。要贯彻落实市委《关于进一步加强基层组织政权建设的若干规定》要求，加强镇级领导班子思想作风建设，在领导班子中开展“五好五强”创建活动，打造“作风好、核心强，协作好、素质强，机制好、管理强，业绩好、服务强，形象好、能力强”的领导班子，着力提升执行政策的能力、维护团结的能力、总揽全局的能力、加快发展的能力、处理复杂关系的能力。加强后备干部队伍建设，做好从县直单位选派优秀年轻干部到基层任（挂）职锻炼。重视选拔长期在一线工作业绩突出、群众认可的优秀干部，打造扎根在基层、奉献在基层的优秀干部队伍。②切实加强村级班子建设。按照村党支部“五个好”的要求，充分发挥党支部战斗堡垒作用。建立培养一支政治素质好、群众评价好、致富能力强和社会工作能力强的“双好双强”村党支部书记队伍。强化村党支部书记向支部承诺、党支部向党员群众承诺以及支部委员评议书记、党员群众评议支部的“双诺双评”措施。注重从农村致富带头人、返乡学生、复转军人以及乡土人才、企业管理人才中配好村级领导班子。实施“三个一批”计划（5%优秀支部树典型，10%中间支部促升级，5%后进支部抓转化），建立后进村台账，重点整治软弱涣散领导班子，不断提高村（社区）党支部领导班子的凝聚力、战斗力。聘请一批党建工作监督员，加强村级组织党风廉政建设。积极推行选聘“大学生村官”工作，有计划地向社会选聘大学生充实到村级组织，力争达到村村有大学生村官。③强化基层党组织管理。要切实加强基层单位党建工作，集中力量抓支部，努力提高基层党支部“五个一”（一个好的带头人、一个好的发展思路、一个好的工作制度、一个好的活动阵地、一个好的保障机制）建设水平。坚持以增强基层组织活力为着力点，积极推进干部人事制度改革，优化管理，配强组织班子、切实加强党员队伍建设。开展机关“五好”领导班子、企事业单位“四强”党组织创建活动，不断增强党组织的凝聚力、战斗力和创造力。创新非公有制经济组织和社会组织党建工作，推行单独组建、区域联建、行业统建和依托管理、属地管理的“三建两管”组建方式，探索成立专门工作机构，加强对非公有制经济组织和社会组织党的建设工作的组织领导，探索非公有制经济组织和社会组织党的工作示范点创建活动，促进党的工作全覆盖。

实施“素质工程”，加强党员干部队伍建设 ①提高党员干部队伍素质。切实抓好广大党员干部的政治理论学习和业务培训，推进学习型党组织建设。充分发挥党校主阵地作用，加大干部轮训力度，重点加强对镇级领导班子成员和村（社区）党支部书记的教育培训，不断提升政策水平、业务水平及依法行政水平。依托红宫红场等党员教育基地，开展“讲理想、敢担当、争先锋”主题实践活动，不断增强各级领导干部责任意识、担当意识、先锋意识。注重发挥网络资源和远程教育网等现代信息技术，增强培训教育的整体效益。②发展壮大党员干部队伍。按照“坚持标准、保证质量、改善结构、慎重发展”的方针，加大发展党员工作力度，注重在生产工作第一线和高知识群体、青年、妇女、非公有制经济组织和社会组织中发展党员，切实解决基层党员年龄偏大、学历偏低、能力偏弱等问题。建立健全“乡土人才库”，深化“双培双带”活动，加大村（社区）后备干部培养力度，把能人培养成党员、把党员培养成干部，引导党员带头致富、党组织带领群众致富。③增强党员干部队伍活力。整合区域工作资源，构建城乡一体化党建新格局。加强对流动党员的管理，制定流动党员管理办法，健全城乡一体化党员动态管理服务机制，扩大党组织活动开放性，实现党群互动，增强工作活力。建立健全党内关怀激励机制，促进党内和谐，不断完善党组织与党员谈心谈话、党内关怀慰问、党内“一帮一、结对子”帮扶制度等，建立为特殊困难党员服务的长效机制。

实施“活力工程”，创新基层组织生活 ①创新服务形式，深化创先争优活动。以创先争优为动力加强基层组织建设，以基层组织建设年为抓手深化创先争优。围绕加快转型升级、创新社会管理、服务改善民生、夯实基层基础四个重点，培育选树一批整体水平高、特色突出、示范带动作用强的先进基层党组织和优秀共产党员。继续开展“三亮三比三评”和“党员示范岗”活动，深入推进窗口单位和服务行业创先争优。村党支部要在围绕发展现代农业、培养新型农民、带领群众致富、维护农村稳定上创先争优；社区党支部要在围绕服务群众、凝聚人心、优化管理、维护稳定上创先争优；企业党组织要在围绕服务生产经营、凝聚职工群众、构建和谐劳动关系，促进企业健康发展上创先争优；机关、社会组织等单位党组织要在围绕完成中心任务、促进业务工作上创先争优。②创新工作方法，推动基层党内民主。积极创新党的基层组织工作方法，继续推行“四议四公开”、“四民主工作法”，不断完善基层党组织班子议事规则及民主决策管理机制。积极开展“三个一”活动（每个月向党员发一次短信，每季度与党员联系一次，每半年向党员通报一次工作情况），健全党内通报制度，全面推行党务公开，不断增强党组织的影响力和凝聚力。建立健全流动党员信息库。全面加强党代表工作室的建设，做好党代表提案、提议、询问、质询等制度落实，推行党代表定期联系党员群众制度，进一步推进党内民主建设。③创新活动内容，密切党群干群关系。认真研究把握新形势下群众工作的特点和规律，不断提高做好群众工作的能力和水平。以“双融双建”和扶贫“双到”工作为载体，推行“五送三互一构建”党建工作模式，通过送党课、送科技、送文化、送政策、送温暖等形式，继续开展机关党组织联系村（社区）、党员干部联系群众的结对帮扶活动，丰富党的组织生活，促进基层党组织支部互联、工作互帮、干群互动，构建城乡统筹党建新格局。④创新考核体系，健全目标管理机制。深化“双问双责”、“双考双评”活动，建立基层领导班子任期目标和年度目标责任制，分解细化任务，明确工作目标。实施基层党组织每年向党员报告党建工作情况、镇党委每年向县委报告抓党建工作履职情况和党员群众定期评议制度，完善基层党建工作考核办法。建立健全科学发展观考核评价体系，用正确的政绩观考察领导班子和领导干部，确保使干事创业、谋发展有更具体的方向、更明确的标准、更科学的衡量尺度。⑤创新运行机制，强化党组织核心地位。镇党委、政府要切实加强对村（居）委会的领导和指导，建立制度完备、权责一致、运转协调的工作机制。村（社区）党支部要加强对同级自治组织的领导，完善村（社区）“两委”联席会议制度和“一事一议”制度，坚持重大事项由党组织集体研究决策。建立健全基层群团组织，深化“党建带工建”、“党建带团建”、“党建带妇建”等工作，积极支持群团组织围绕党的中心工作开展活动，切实加强对群团组织的领导。

【重点建设项目责任制】 年初，县委、县政府重新筛选了42个重点项目，并分别落实了责任领导和责任单位。各重点建设项目建设进度参差不齐，一些重点项目停滞不前、进展缓慢。因此，县委、县政府决定：要科学谋划一系列可加快项目进展的良方妙计，力促各项目全面开工建设，早日发挥效益。

一要攻重点　华润海丰电厂、千里海堤海丰段、金庄电器、碧桂园二期、县教育园区、华成峰抗衰老研发中心、县行政小区等在建项目是重中之重的建设项目，希望各责任领导和责任单位，要全心投入、全力以赴、全程跟进，加快推进建设进度，力促按时按质按量完成任务。

二要攻难点　前期立项、征地拆迁和融资建设是制约项目推进的“三大瓶颈”，责任领导和责任单位一定要想方设法予以破解。

三要攻热点　要切实抓紧民生工程建设，尤其是龙津河综合整治工程、县影剧院、北三环路灯和绿化配套、红城大道一期改造工程、青年水厂供水管道埋设工程、可塘垃圾焚烧发电厂、廉租房建设、市民广场等民生项目。

四要攻焦点　要着力抓好职能部门之间的协调配合，优化服务环境，提高办事效率。要充分调动相关部门的积极性，明确部门职责，协调部门关系，确保各部门在服务项目建设上顾全大局，密切配合，互不推诿，主动服务，保证项目各个环节逐一按时完成，切实为项目建设的顺利推进创造良好条件。特别是国土、建设、环保、发改等职能部门要树立大局意识，主动为重点项目建设做好服务，坚决杜绝“吃、拿、卡、要”的不良风气，责无旁贷共同推进全县的重点项目建设。

五要抓督查　县重点项目建设督查组要切实负起责任，深入各地现场督查，对出现的问题及时提出整改措施和整改期限，对久拖不决、整改不力的实施单位，县委、县政府将启动问责机制。

【大力推进“扶贫双到”工作】 2011年全省交叉检查中，海丰县被评为全省优秀等次，受到省、市领导的高度评价和充分肯定。这些成绩来之不易，是全县广大党员干部共同努力的成果，但绝对不能掉以轻心，要清醒地认识到相当部分脱贫的贫困村和贫困户还处于临界线的脱贫，面临着新的困难和挑战，扶贫任务更加艰巨。因此，县委、县政府要求要以更加饱满的政治热情，更加良好的精神状态，更加务实的工作作风，扎扎实实做好扶贫开发工作，为新一轮扶贫工作打下坚实的基础。

根据《中国农村扶贫开发纲要（2011~2020）》和《广东省农村扶贫开发实施意见》精神，到2020年，实现相对贫困户农民人均纯收入增幅高于全省水平，实现脱贫奔康，民生保障水平显著提升的扶贫攻坚目标，要抓住扶贫工作重点，狠抓落实，全面推进新一轮扶贫开发工作。

一要着力推进开发式扶贫。要把开发式扶贫作为贫困户脱贫解困的重要渠道，进一步创新帮扶理念、创新帮扶思路、创新帮扶模式。重点要进一步总结推广产业扶贫模式经验，积极组织农民群众因地制宜发展特色农业、养殖业、加工业，大力培育和引进农业龙头企业、农民专业合作社，大力发展各类特色合作社，发展当地优势主导产业，做大优势特色产业，变“输血”为“造血”，走一村一品的特色产业扶贫开发路。同时，要继续大力推进贫困户技能培训和转移就业力度。

二要着力推进基本公共服务均等化。要突出以基础设施建设作为扶贫开发的一项重点工作，着力推进农村危房改造工程，加大农田水利设施和基本农田的建设，加快实施农村通路、通水、通电、通讯“四通工程”，切实改善贫困村的生产生活条件。进一步完善农村社会保障和公共服务体系，扩大农村新型合作医疗、农保、低保和“五保”的覆盖率，并逐步提高农保、低保和“五保”的供养标准。要与全县大办教育结合起来，加大教育投入，改善农村办学条件，提高贫困儿童入学率，切实解决“行路难、住房难、饮水难、读书难、就医难”等问题，努力实现城乡基本公共服务均等化。

三要着力推进三位一体的大扶贫。扶贫开发是一项系统工程，涉及方方面面，各地和有关部门要深入贯彻“政府主导、社会参与、自力更生、开发扶贫”的方针，加强宣传发动，动员全社会积极参与，形成扶贫开发的强大合力，要立足海丰民资丰富的优势，充分发挥人大、政协的纽带、桥梁作用，发动社会团体、企业家、慈善机构、港澳同胞和社会热心人士等社会力量，支持、参与海丰的扶贫开发工作，构建完善专项扶贫、行业扶贫、社会扶贫三位一体的“大扶贫”工作格局。

四要着力推进农村基层组织建设。农村基层党组织是农民群众脱贫致富重要的“火车头”，是全面完成扶贫开发“双到”任务一支重要的力量。为此，要坚持扶贫开发工作与最近全县深入开展的“创先争优”活动结合起来，与加强农村基层组织建设相结合起来，大力加强贫困村的领导班子建设，开展党支部一对一帮扶活动，抓好农村“两委”干部的培训教育，提高“两委”干部的农科知识和工作能力，进一步增强基层党组织的战斗力、凝聚力，充分发挥基层组织和党员干部“带头致富、带领致富”的“火车头”作用，组织、带领群众尤其是贫困户群众发展生产，努力脱贫致富。

五要着力推进长效机制建设。要认真总结扶贫开发“双到”工作经验，继续落实机关单位对口帮扶制度，大力推进对口帮扶长期化；要将扶贫经费纳入财政预算，建立与海丰经济社会发展相适应的扶贫资金投入稳定增长机制，实现财政支持长期化。同时，要推进干部驻村、社会扶贫和贫困村领导班子建设长期化。

【部署开展“三打两建”工作】 海丰县积极响应省、市的工作部署，扎实开展“三打两建”工作。县党政主要领导高度重视，全党全民誓师，层层动员，级级部署，突出重点，铁拳出击，全力推进“三打两建”工作，主要做法：

精准锁定目标，铁拳打击重点 紧紧抓住群众反映强烈、社会危害较大的突出问题，精准锁定目标，突出打击重点对象：一是涉黑恶性质的交通运输、废品收购、河沙开采及采矿、商品批发、工程建设、拍卖等行业中欺行霸市的违法犯罪行为；二是制售假冒伪劣药品、食品、农资产品、卷烟、建材、通讯产品、汽车配件、日化用品等关系民生商品的违法犯罪行为；三是制售假冒国际、国内知名品牌商品的违法犯罪行为；四是侵犯知识产权和假冒危险商品的违法犯罪活动。整治重点是城乡结合部假酒、假饮料问题。治理商业贿赂重点是加强对医疗购销、教育收费、工程招投标、土地转让、产权交易等领域的治理和监管。

坚决落实问责，铁纪贯穿行动 坚持条块结合，形成横到边、纵到底的工作网络，坚决落实问责制，做到“三个凡是、一律追究”：凡是辖区内出现欺行霸市、制假售假、商业贿赂而没有发现的，凡是发现欺行霸市、制假售假、商业贿赂后没有及时打击或未及时上报的，凡是相关部门接到举报后消极懈怠或避重就轻的，一律要严肃追究当地党政、相关单位责任人的责任，视情况给予记过、撤职、法办等，把铁的纪律贯穿到整个“三打两建”专项行动中。

巩固阶段成效，铁腕树立法威 连续开展多种活动，震慑违法行为：举行假冒伪劣商品销毁现场会，集中销毁在“三打”专项行动中查获的博彩机、游戏机、服装、日用品、伪劣饮料、食用油、农药等假冒伪劣商品，标值30多万元;县消委会牵头县工商、质监、食盐、农业、卫生等部门，围绕“消费与安全”开展现场宣传咨询活动，设立展示台，摆放假烟、假酒、假药等假冒伪劣商品，设立法律法规咨询台、投诉台，发放各类宣传资料近3万份，现场咨询群众4000多人次；县打假办牵头质监、卫生、经促等9个部门开展打假专项行动，出动执法人员1172人次，检查生产、加工、销售、仓储、使用单位455家，捣毁窝点1个，立案查处案件23宗，涉案货值近20万元，抓获犯罪嫌疑人5名；县经促局还牵头工商、公安、酒类等相关部门深入各镇开展酒类专项整治行动。

【加强社会管理工作】 根据全国、全省维护社会稳定工作电视电话会议和全市维护稳定工作会议精神以及县委、县政府的决策部署，全力确保海丰县社会和谐稳定，为党的十八大胜利召开，创造安定祥和的社会环境，县委、县政府决定启动全县社会稳定“百日防护期”，时间为8月26日至11月底。全县社会稳定“百日防护期”总的目标是:坚决防止发生危害国家安全和社会稳定的重大政治事件，坚决防止发生暴力恐怖事件，坚决防止发生大规模群体性事件，坚决防止发生进京非正常上访、到省、市大规模集体上访和因信访问题引发重大个人极端事件，坚决防止发生非法聚集事件和媒体网络重大事件，坚决防止发生重大公共安全事件。工作措施：

抓好六项重点排查　一是境内外敌对势力可能危害国家安全和破坏社会政治稳定的活动苗头；二是重大人民内部矛盾纠纷，主要是涉农村基层管理、军队退役人员、外来人口、征地拆迁、劳动关系、社会保障、环境保护、涉法涉诉、企业改制、驾驶行业等重点领域可能引发重大群体性事件或进京非正常上访、到省、市大规模集体上访的矛盾纠纷；三是社会治安混乱地区和治安突出问题；四是公共领域的突出安全隐患，重点是危险爆炸物品管理、安全生产、交通安全、食品药品安全和其他公共领域的安全隐患；五是重点人的煽动破坏搅事活动和可能铤而走险的个人极端行为；六是媒体和网络事件的苗头和隐患。

落实包案制度　对排查出来的可能影响社会稳定问题，要分门别类、深入研判，区分等级，按照“五个一”要求（一名责任领导、一个工作专班、一个处理方案、一个解决期限和一套规范案卷），落实包案到人，制定相应解决方案，逐案研究分析原因和症结，逐案研究化解处置措施，逐案组织专门力量化解处置，并进行跟踪督办。

加强应急处置　认真分析研究各种可能出现的危害社会稳定复杂情况，进一步完善相关应急处置机制和工作预案，加强力量部署、装备配备、培训演练，提高应急处置的能力和水平，一旦发生突发案（事）件，要及时准确判断案（事）件性质，统一指挥，快速反应、科学应对、稳妥处置。在党的十八大召开前后一个月要启动一级应急响应规程。

加强检查督导　要加强防护期工作特别是对重点地区、重点行业、重点部位、重点案（事）件的检查督导，及时督促解决工作中发现的突出问题。9月至11月每月中旬，县督导组对各地和县直有关部门“百日防护期”维稳工作进行检查督导，确保各项措施落实到位。

强化考核奖惩　在“百日防护期”结束后，县要对防护期维稳工作成效进行考核，兑现奖惩。对领导重视、措施到位、完成工作目标要求的单位和个人进行表彰奖励;对领导不重视、工作措施不落实、导致发生影响社会稳定重大案（事）件的，坚决启动领导责任追究程序。县考核组负责组织对各地各部门进行考核评比，表彰奖励。

综合工作

【督查督办】　2012年，督办部门紧紧围绕上级党委和县委的中心工作，创新督办督查方法方式，按照“围绕中心，抓住关键，狠抓落实”的工作思路，认真开展督促检查，狠抓工作落实，有效保障了各项重大决策、重点工作的顺利推进。全年共开展各类督查33次，发出督查通报、通知12期，并向上级和本级党委及主要领导专报相关督查情况60期。主要对全县重点项目和民生工程建设、计生殡改等工作，以及学习贯彻党的十八大精神和各镇（场）及县直有关部门落实县四套班子领导批示的信访案件办理情况进行督查，仅县委主要领导信件办理、批示转办事项就达近百件。同时，协调部门，积极催办，及时向市委办督办科报告督办事项进展情况，在专项督办上收到了较好效果。全年共接到市委督查批转督办通知、领导信件批示16件。每次从办理、跟踪、督查都坚持程序、确保质量、及时办结、按时上报，做到件件有回音、事事有落实。在为上级党委服务上，全年共向市委办督办科专报《海丰县镇级基层建设情况汇报》《关于贯彻落实全市镇级基层建设工作座谈会精神的情况汇报》《关于学习贯彻市委郑雁雄书记〈严肃“吏治”造福人民〉署名文章的情况汇报》《全省抓基层党建创新“书记项目”总结材料》《海丰学习贯彻党的十八大精神情况汇报》和全县经济社会发展、重点项目、重点工作情况等共计10期。年内，在做好督查工作的同时，接待省、市有关领导和部门到海丰县督查调研指导工作，积极协助做好大型活动和各项中心工作。切实加强和完善全县督查网络、机制建设，不断提升督查工作效率和水平。初步完成《中共海丰县委办公室督查工作规则（试行）》初稿，制定了督查工作流程图，向全县下发《关于进一步加督促检查工作的通知》等，有效促进全县党委系统督促检查工作的规范化、制度化。

【信息工作】 2012年，县委办公室共上报广东省委办公厅（海丰县为省信息直报点）信息52条，报送汕尾市委办公室信息101条。编发《海丰信息》52期，比2011年45条增长13%，报送《每周汇报》49期（比2011年34期增长14%）。做好各类紧急重要信息的报送工作。加强信息约稿制度建设。在全市信息工作综合排名上名列前茅。为海丰县在省、市内部信息刊物上宣传海丰取得了一定的成效。

【保密工作】 2012年3月，县委保密委员会召开第一次工作会议，传达贯彻了全省保密工作会议精神和省委保密委主任朱明国同志讲话精神，总结了2011年全县保密工作，部署2012年工作。会议印发《海丰县2012年保密工作要点》。6月，召开全县保密员学习培训班，专题学习《中华人民共和国保密法》和相关规定，提高保密队伍业务水平。10月，召开县委党政会，县委副书记、保密委主任林建隆同志强调保密工作重要性，尤其是网络保密防范，使全县主要领导、各部门主要负责人深感保密工作重要和敏感，时刻警惕。对全县各类统一考试进行监督指导，对涉密计算机进行全面检查、指导全县各部门进行保密工作自查，确保国家秘密安全。年内，县保密局完成涉密载体统计工作。抓好各类涉密考试的保密管理。先后与人事、教育、卫生、公安、财政等部门密切配合，参与高考、中考、公务员、自学考、职业资格、职称等考试保密管理工作，确保各类考试顺利进行。

【调研工作】 2012年，调研工作遵循“大文秘、大信息、大调研”工作要求，积极围绕县委领导关注的重大事项和当前热点问题，注重深入基层、学校和企业，调查研究，全面了解海丰经济社会发展动态，掌握第一手素材，着力提高决策参谋和政策咨询水平。年内，组织开展了全县镇域经济发展情况、首饰产业转型升级、海丰教育落后问题等多次调研活动，撰写出高质量的调研报告，供县委领导决策参考。并对有关部门和乡镇上报的调研材料进行收集整理，将优质的调研成果及时吸纳到县委有关材料中。全年配合县委主要领导下基层、入企业、进社区等各种调研活动20多次，整理县委主要领导调研讲话材料20多篇，多篇高质量、有价值的调研报告在市级以上刊物发表。其中3篇在《汕尾调研》刊发，2篇在《广东调研》刊发，5篇刊登在省委政研室《联系点信息动态》。

（林 望）

附：2012年中共海丰县委办公室领导名录
主 任：廖汉生
副主任：林其波（任至7月） 陈建东 李建生
杨翔鹏 吴恒卫 陈若龙（7月起任）

组织工作

【简述】 2012年，中共海丰县委组织部紧紧围绕提高党的执政能力这条主线，深入开展创先争优活动，加强基层组织建设、全面推进干部人事制度改革和人才队伍建设，切实加强组织部门自身建设，不断开创组织工作新局面，为海丰县经济和社会各项事业又好又快发展提供了坚强的组织保证和人才支撑。年内，海丰县的基层组织建设“末位帮扶”工作法被中国共产党新闻网评为全国基层党建优秀创新案例；县委组织部被评为“全省提高选人用人公信度示范创建活动先进单位”；引进人才“百人计划”工程入选省首批“扬帆计划”项目。

【党组织和党员情况】 2012年年末，海丰县共有基层党组织934个，其中党委21个、工委1个、总支33个、支部866个。全县党员27400名，其中：女党员4848名，占17.7%；35岁以下6307名，占23%；大专以上学历8267名，占30.2%；农民党员10066名，占36.7%。全县共发展新党员500名，新党员的基本结构合理，年龄结构：35岁以下的317名，占发展总数的63.4%；36～59岁的183名，占36.6%。学历结构：大专以上的186名，占37.2%；中专文化的45名，占9%；高中文化的109名，占21.8%；初中及以下文化的160名，占32%。性别结构：男性390名，占78%；女性110名，占22%。新党员的分布情况：生产、工作一线的387名，占77.4%，其中：教育、科技一线的53名，占10.6%；机关一线的39名，占7.8%。经过共青团组织“推优”入党的27名，占5.4%。

【开展“五好五强”领导班子建设】 县委组织部按照选好配强领导班子的要求，对各级领导班子进行调整充实，不断改善和优化领导干部队伍结构，真正把那些政治上靠得住、工作上有本事、作风上过得硬的干部选拔到镇级领导班子中来。同时，围绕开展“基层组织建设年”活动的要求，制定了《关于开展“五好五强”领导班子创建活动的实施意见》，2012年在全县各镇、县直单位领导班子中组织开展“作风好、核心强、协作好、素质强、机制好、管理强、业绩好、服务强、形象好、能力强”的“五好五强”领导班子创建活动，通过“制订方案，组织实施，落实整改，总结评比”，深入推进创建活动。同时，根据全市开展县“五好”领导班子创建活动会议精神，协调有关部门制订了县委19项内部制度。“五好五强”领导班子创建活动开展以来，有效解决各级领导班子存在的问题，进一步提升了党组织的战斗力、凝聚力和号召力。

【开展“讲理想、爱家乡、争上游”主题实践活动】 2012年，县委组织部根据市委“讲理想、爱家乡、争上游”主题实践活动的相关要求，结合“讲理想、敢担当、争先锋”主题实践活动，进一步强化海丰县基层组织建设。加强“两委”班子建设，村级换届选举以来，按照“优班子、强队伍”的思路，坚持“德才兼备”，“以德为先”的用人标准，选强配好“两委”班子，注重配强“一把手”，在420名村（社区）党支部书记、主任中，高中（中专）以上学历261人，占62.1%；“两委”干部平均年龄比上届下降1.7岁，高中以上学历人员比上届增加2.3%。大力推进大学生村干部计划，选聘了20名大学生村干部到村任职。加大对农村基层的帮扶力度。认真开展村级换届后“回头看”活动，坚持实行“末位帮扶”制度，全年共排查了14个后进村和1个问题突出村，对其开展末位帮扶，到年底已全部完成整改转化。同时，在机关开展了以“听民意、察民情、解民忧、暖民心”为着力点，以“送党课、送科技、送文化、送政策、送温暖”为方式，促进机关党组织与村党组织支部互联、工作互帮、干群互动，构建城乡统筹党建新格局的“五送三互一构建”活动。强力推进党代表工作室平台建设，充分发挥党代表知党情、听民意、解民忧、促和谐的作用，全年共接待党员群众968人次，收集的意见建议485件，帮助解决的问题62件，解决了一批党员群众关心热点、难点问题。坚持以“书记项目”为龙头，强力推进基层“党建工作示范点”创建工作，在全县打造的48个示范点。积极推进“两新”组织党建工作，实现了非公有制经济组织党组织覆盖率68.5%、社会组织党组织覆盖率88.4%，党的工作覆盖率100%，排在全市前列。

【干部管理与监督】 2012年，县委组织部加大对干部管理和监督工作力度，认真组织开展了“公选一批、遴选一批、挂职一批、选聘一批”的“四个一批”干部选用计划，面向全省公选5个副科级领导、面向全县或系统内遴选11名副科级职位和县直中学副校长、选派12名干部到镇挂职锻炼、选聘20名大学生村官。制订实施了《关于加强对干部德的考察评价的意见》。在县直机关单位全面开展竞争性选拔股级干部，被评为“全省提高选人用人公信度示范创建活动先进单位”。加强干部双重管理，出台了《关于县直单位派驻镇机构、学校负责人管理工作有关事项的通知》和《关于我县政法部门干部管理工作有关事项的通知》。完成学校领导班子换届考核和聘任工作。建立公务员信息系统库，对全县2300多名公务员相关信息进行全面录入。按照《海丰县2012年干部培训计划》的工作安排，推行“2+4”干部培训模式，建立了以县委党校为主、农村党员干部现代远程教育网络为辅的培训教育平台、采取专题辅导、选送学习、电化教育、典型示范四种方式，加大对镇级基层干部的轮训力度。全年在党校举办了5期主体培训班，培训各级党员干部500多人次，同时选送各级领导干部到国外、境外学习培训有5人次，选送到中央、省参加培训学习有33人次，选送到市参加培训学习有189人次。年内，县委组织部出台实施了《海丰县委常委会报告干部选拔任用工作并接受民主评议制度》《海丰县科级领导干部日常管理试行办法》，进一步加大了对各级领导干部的日常监督管理，全年共办理领导干部经济责任审计25人，落实干部任前公示213人（其中科级45人、股级168人），审核办理因公因私出境的干部共101人次，妥善处理了12件来信来访。

【开展创先争优活动】 2012年，海丰县把创先争优活动和基层组织建设年融为一体，在全县各级领导班子和党员干部中开展为期一年的“讲理想、敢担当、争先锋”实践活动，并制订工作方案，细化标准。着重组织开展“八个一”和“五承诺三服务”活动；围绕创建示范窗口、便民窗口、形象窗口，开展“三亮三比三评”窗口服务活动，进一步提升了服务水平。为使创先争优具体化、实效化，海丰县把开展创先争优活动与中心工作结合起来，把完成市、县重大工作部署作为创先争优的主战场，把重大项目建设、产业发展、环境优化、民生改善、综治维稳等重大事项决策部署和其他急难险重任务作为创先争优的具体实践，创新基层和党员喜闻乐见的活动载体，丰富活动内容，增强了活动实效。创先争优活动取得了实实在在的效果，2012年7月召开创先争优表彰大会，评选表彰了50个先进基层党组织、100名优秀共产党员和30名优秀党务工作者。

【人才队伍建设】　2012年，县委组织部按照党管人才的总体要求，调整充实了县人才工作领导小组，出台实施海丰县引进人才“百人计划”工程，充分发挥在人才工作中的牵头抓总作用，坚持引、育、用、管并重，不断完善人才管理、培育机制，全面推进海丰县人才队伍建设。一是加强领导。充分发挥牵头抓总的作用，县人社局、科技局、教育局、卫生局、建设局等相关职能部门密切配合，在引进人才、培育人才、选拔任用人才和留住人才等方面做了大量工作，并取得一定成效。二是抓引进。通过公开选拔、竞争上岗、招聘等形式，使一大批知识分子走上了领导岗位，为他们施展才华提供了舞台；通过让知识分子参政议政，提高知识分子的政治待遇，使他们感到自身的价值；通过发展知识分子入党，发挥他们在专业技术方面的先锋模范作用。县委组织协调各部门全年共引进各类优秀人才26名，其中引进的业务骨干教师、骨干医师和学科带头人对全县社会各项事业的发展都发挥了重要作用。三是重培训。加大对各类人才的教育培训力度，特别是教育、卫生、民营企业等单位，通过邀请专家讲课、专家传帮带、组织学术讲座、学习考察、举办培训班、选送人才到国内外、省内外进修等形式培养了大批专业技术人员。选派一批人才挂职，鼓励知识分子深入实际，深入基层丰富实践经验，推动理论和实践的结合，推动知识转化。四是促管理。加强对全县六类人才统计工作，强化动态管理，建立人才数据库。在招揽和服务专业人才上，做好“三个协调”，坚持与有关部门的协调沟通、与人才所在单位的协调沟通、与人才本人的协调沟通，为各类人才牵线搭桥、创造平台、解决问题，全力打造人才之家。

（马斯力）

附：2012年中共海丰县委组织部领导名录

部　长：陈紫光

副部长：黄小平（兼职）　吕　娜（女、兼职）
姚火坤　罗木群　张文亮

※　2012年6月29日下午，海丰县庆祝中国共产党成立91周年暨创先争优表彰大会在县迎宾楼隆重举行。县四套班子领导成员；县法院院长、检察院检察长；县纪委副书记，各镇（场、开发区）党委书记、组织委员，县直副科级以上单位主要负责人，受表彰的先进基层党组织代表、优秀共产党员和优秀党务工作者，受市表彰的先进基层党组织代表、优秀共产党员等出席参加大会。

① 6月20日，海城镇新园社区党建工作示范点举行揭牌仪式。
② 10月20日，中央组织部干部教育局局长李小三在省委组织部副部长张辉的陪同下率调研组到海丰县调研干部教育培训工作。
③ 10月16日，省委常委、秘书长林木声组团到海丰县可塘镇党代表工作室约谈党员群众。
④ 11月22日，市委常委、组织部长苏茂荣带领市委组织部调研组深入鲘门镇开展调研活动，了解鲘门镇学习贯彻落实党的十八大精神、“三打两建”和基层组织建设工作情况。
⑤ 11月23日下午，县委组织部召开学习贯彻党的十八大精神会议。

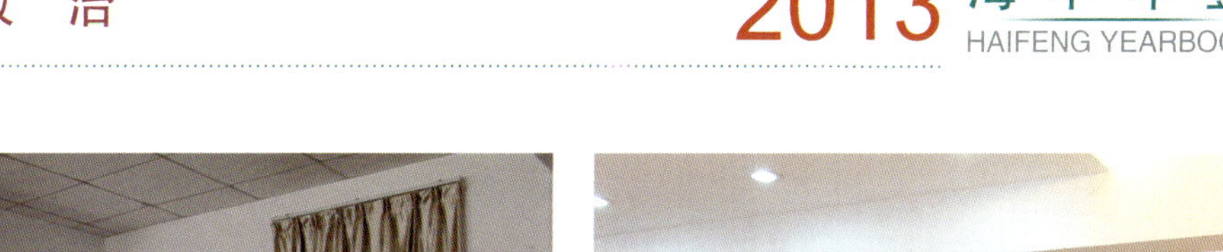

① 大学生村干部面试，县委常委、组织部长陈紫光到现场巡视，了解考点设施及监考情况。

② 至11月，通过笔试、面试等环节选聘，海丰县首批20名大学生村干部与各镇签订聘用合同，并正式到村任职。

③ 市长吴紫骊（中）与参加约谈的党员代表亲切座谈，了解基层党员群众的思想动态和工作生活现状，听取基层党员群众所关心的热点、难点问题的意见和建议。

④ 2012年6月29日，县领导为受表彰的先进党组织、优秀共产党员和优秀党务工作者代表颁奖。

宣传工作

【简述】 2012年，中共海丰县委宣传部深入学习宣传贯彻党的十八大和省、市文化改革发展工作会议精神，全面落实科学发展观，紧紧围绕县委中心工作，以“推动创新发展，建设幸福海丰”为主线，全面推进宣传思想文化工作，开展了一系列宣传思想文化活动，营造了昂扬向上、团结奋进、开拓进取的浓厚氛围，为海丰县立足“三个坚持”、致力“四个争当”、推进“五个发展”，促进经济社会跨越发展，努力建设“幸福海丰、平安海丰、和谐海丰”，把海丰建设成为广东新崛起的宜居宜业现代中等城市和珠三角地区优质旅游休闲度假区提供了强大的思想保证、精神动力、舆论支撑和文化条件。

【理论武装工作】 海丰县理论武装工作紧密围绕中央、省、市、县召开的重要会议，及时印发《中共海丰县委宣传部关于全县科级以上党委（党组）中心组2012年理论学习的意见》，科学制订学习计划，编订了《第三次工业革命》《新论语》《万古江河》《大国崛起》等18本阅读书目，精心举办了9场专题学习会，专门邀请有关专家学者进行了5个专题辅导，内容涵盖省第十次党代会、市委常委（扩大）会议精神、《严肃“吏治”造福人民》、全市干部大会精神、《改变中国命运的历史抉择》、党的十八大等重点内容。同时，制定完善了党委（党组）中心组理论学习制度，加强指导、督促、检查工作，加强专题调研和中心发言制度建设，推行学习登记、通报、考评制度，印发了《关于做好中心组理论学习信息报送工作的通知》和《各季度全县副科以上单位中心组学习情况通报》，加强对各部门各单位中心组学习情况的通报、检查，促使全县理论学习工作日益规范化、制度化。深入开展下基层宣讲活动，推进学习型党组织建设，进一步提高了党员干部队伍的综合素质。

【舆论宣传工作】 2012年，全县宣传文化系统围绕党的十八大、省第十一次党代会、“三打两建”、殡改工作会议、元宵文化巡游活动暨“三个一”经贸洽谈活动、马思聪百年诞辰纪念活动、全市重点项目现场会议、“广东精神”“海丰精神”、县委常委（扩大）会议等重点工作和会议，积极主动做好舆论宣传工作。县广电台、海丰报、海丰宣传网等以服务大局为宗旨，多次通过专题专刊宣传报道，给力幸福海丰建设，特别是在党的十八大召开期间，县委宣传部整合海丰的名人资源，特邀南方卫视摄制组前来海丰，制作了宣传片《海丰星光》，在南方卫视《岭南风情画》栏目播出，概要介绍海丰县近现代以来涌现出来的革命、文化、科技等领域的名人，多角度展示海丰人文地理文化特色，进一步提高海丰知名度。

【文化艺术工作】 2012年，县宣传文化系统紧紧围绕“建设幸福海丰”这一主题，精心组织举办了2012年庆元宵文化巡游暨“三个一批”经贸洽谈活动、全民读书日暨捐书活动、第四届全民健身运动会暨第六届老年人运动会等文体活动。特别是成功协办了马思聪百年诞辰纪念活动，在海内外引起强烈反响，得到上级部门高度认可。年内，海丰县城乡共举办舞龙舞狮、西秦戏、白字戏、猜灯谜、赏花灯等文艺活动1000余场次。非物质文化遗产得到较好的传承和发展，精心打造的白字小戏《领导亲笔信》参加省委宣传部、

※ 马思聪百年诞辰纪念大会会场。

省文化厅主办的省第七届群众戏剧曲艺花会，荣获金奖，取得广东省群众戏剧大赛的最高荣誉；圆山麒麟舞代表队参加全省首届非物质文化遗产麒麟舞大赛获得金奖；特别是县委宣传部组织创作的西秦戏《留取丹心照汗青》取得重大突破，获得省第十一届艺术节七个奖项；列入广东省2011年度文艺精品创作后期生产扶持资金；获得广东鲁迅文学艺术奖；特别是获得广东省第八届精神文明建设“五个一工程”奖，实现汕尾市获此奖项零的突破。该剧还登陆央视，引起国务院参事室和文化部领导的高度关注。

【文化设施建设】　2012年，继续加大文化设施建设力度，各级公共文化基础设施逐步完善，文化遗产保护工程、文化资源信息共享工程、农家书屋工程、农民健身工程以及城乡光纤网络联网和数字电视整转、广播电视村村通工程等文化惠民工程稳步推进；县体育馆续建工程扎实推进，文天祥公园配套不断完善；县西秦戏剧团被评定为第一批广东省非物质文化遗产传承基地，县红宫红场纪念馆、文化馆、图书馆、博物馆以及镇级文化站等一批维修改造工程相继上马投入建设，县博物馆被省评定为第二批达标博物馆；尤其是由县委宣传部作为业主单位全力推进的县重点文化工程——县影剧院建设取得实质性进展，已完成主体结构封顶。

【文化体制改革】　认真贯彻落实全省文化改革发展工作会议精神，文化体制改革迈出坚定步伐。县新华书店成功转制为广东新华发行集团海丰新华书店有限公司，在全市率先完成改制重组任务，受到省新华书店改革重组工作委员会的高度评价。县广电台改革重组工作取得新的突破，已挂牌成立省广播电视网络股份有限公司汕尾海丰分公司，正按照全省“一张网”的目标要求，大力推进城乡光纤网络联网工作。西秦戏、白字戏剧团的转企改制工作基本完成，改制方案已经县文改办审核通过，并在县党政联席会议审议通过。电影院的改制工作逐步推进，初步方案已经制订，并完成了清资核产、核定职工工龄、社保医保等前期工作。各镇（场）文化站、广电站人员的归属、工资福利等问题也有序推进。

①②③　国家级非物质文化建设西秦戏——《留取丹心照汗青》剧照。

【思想道德建设】 2012年，海丰县广泛开展了“讲理想、敢担当、争先锋” “厚于德、诚于信、敏于行”等主题实践活动，“道德讲堂”建设工作以点带面、逐步推进。全县“道德讲堂”建设观摩会在县国税局举行，县委常委、宣传部部长、县文明委主任卢雁慧出席活动并讲话。活动通过“诵一段经典、看一部短片、讲一个故事、做一番点评、唱一首歌曲”的道德讲堂“五个一”基本流程，以大力弘扬“存好心，做好事，当好人，有好报”的价值取向，提升市民思想道德修养和城市文明程度指数，进一步带动全县干部群众形成富有责任感、诚信负责、勇争上游的良好精神状态。未成年人思想道德建设不断强化，学校、家庭、社会“三位一体”的未成年人思想道德建设格局逐步形成。文化市场大清理大整顿行动扎实开展，进一步净化青少年成长的文化环境。群众性精神文明创建活动有效推进，创建文明县城、文明单位、文明行业、文明社区、文明村镇、生态文明村等活动有序开展。县广电台获得全省精神文明先进单位。

【“广东精神”宣传实践活动】 全县宣传思想文化系统按照省、市关于开展“广东精神”宣传实践活动的部署要求，广泛开展“厚于德、诚于信、敏于行”的新时期“广东精神”宣传实践活动，推动“广东精神”家喻户晓、深入人心，充分发挥“广东精神”在推动幸福海丰建设中的思想引领作用，迅速掀起宣传实践活动的热潮。年内，县委宣传部向全县下发《海丰县“广东精神”宣传实践工作方案》，制定工作目标、明确责任要求，对全县的宣传实践工作进行部署。通过开展媒体宣传、社会宣传、宣讲活动和主题实践活动，切实推动“广东精神”的宣传实践工作。县广播电视台持续播出“广东精神”公益广告和公益宣传片；海丰报开设“广东精神”宣传专题和专栏，大力宣传“广东精神”；海丰宣传网开设“广东精神”专题网页，及时发布海丰县宣传践行“广东精神”的进展动态情况。同时，充分发挥互联网、手机短信等新兴媒体的宣传优势，发布有关“广东精神”的宣传内容，大力弘扬“厚于德、诚于信、敏于行”的新时期广东精神，为“推动创新发展，建设幸福海丰”提供了强大的精神动力和舆论支持。海丰县注重发挥宣传阵地优势，加强“广东精神”社会宣传，进一步扩大宣传范围。在县城主要交通出入口、重要区域制作了一批户外广告。各乡镇因地制宜，利用街道（镇）、社区（村）宣传栏张贴宣传海报，在明显位置悬挂横幅，营造宣传新时期“广东精神”的浓厚氛围。红宫红场等景区以张贴海报、悬挂宣传标语等形式，积极向广大游客宣传新时期“广东精神”，进一步丰富主题活动，把宣传实践活动推向高潮。

【“海丰精神”宣传实践活动】 2012年，全县宣传思想文化系统围绕市委、县委开展“海丰精神”宣传实践活动的安排部署，在全县各级深入宣传“刻意用脑、用心倾情、精细落实、敢于担当”的“海丰精神”以及“班子敢担当、队伍敢争先、落实敢叫板；碰到问题淡定、确定目标咬定、落实过程坚定”的海丰经验。县委宣传部制定出学习贯彻全市重点项目现场会精神的意见和措施，在弘扬“厚于德、诚于信、敏于行”的新时期广东精神基础上，以“海丰精神“为载体，分步骤、分阶段开展“海丰精神”宣传实施活动，指导全县各地各单位开展学习活动，推广海丰精神。年内，县委宣传部充分依托汕尾日报、汕尾电视台、东岸杂志等新闻媒体宣传报道海丰经验，在《汕尾日报》刊发8篇学习“海丰精神”专题报道，在汕尾电视台推出10个“海丰精神”专题片，在《东岸杂志》刊发“海丰精神”的长篇文章。积极配合市委宣传部策划编写《敢担当、敢争先、敢叫板——来自海丰县的报告》的媒体报道汇编及《用心倾情是精神——来自海丰县重点项目建设的报告》的宣传画册。县委宣传部在县城主要交通出入口、重要区域制作了一批户外广告。各乡镇利用街道（镇）、社区（村）宣传栏张贴宣传海报，悬挂横幅，营造宣传实践“海丰精神”的浓厚氛围。全县各地各单位相继召开“海丰精神”学习贯彻会议，广泛开展实践活动，把学习贯彻“海丰精神”引向深入。

（刘小明）

附：2012年中共海丰县委宣传部领导名录

部　长：卢雁慧（女）

副部长：谢立群　罗晓华（女）　刘永贺

县直工委工作

【固本强基工程】 6月19日上午，由县委组织部、县直工委、彭湃医院联合主办的“互联、互帮、送温暖”启动仪式，在公平镇政府举行。此次活动为期两天，主要特点：一是精心组织。县直工委书记陈耀平、副书记施坚如，彭湃医院陈淑君、谢克丰、陈随星、陈伯良、林细肯等多次召开会议，对活动的相关工作进行研究、部署，力求万无一失，让群众满意。二是送慰问金。对公平、平东、黄羌镇各10位贫困党员（最年长82岁）、黄羌林场4位贫困党员进行慰问，分别送上400元。三是组织精干医务人员。在上述4镇（场）进行义诊，彭湃医院派出内科、外科（五

①②③④ 海丰县2012年元宵灯会彩车。

官、肿瘤、骨科、普外）、儿科、妇科、B超、心电图10个科室，40名医务人员（其中有蓝涛、吕辉生等专家）、10名志愿者，给北部山区群众送医送药，诊治550人次，送药3.5万元，使之感受到党和政府的温暖。四是当地党政重视。公平镇党委书记卓辅烈，平东镇委书记余正茂、纪委书记吴绍文，黄羌镇委书记陈智钥，黄林书记罗坤照分别到义诊现场指导工作。当地党政的组织、宣教委员、办公室主任也纷纷来到现场，参与打扫卫生、布置场地、疏导患者等工作，群众评价较好。五是群众踊跃参加。由于事先都进行宣传发动，一些患者都早早来到义诊现场等候，接受医生的诊治，其中公平100人次、平东200人次，黄羌、黄林250人次。在“七一”前夕，举行此活动，意义重大，党员干部受到很好教育，群众得到实惠，拉近党群、干群之间的关系。

【机关作风建设】 2012年6月30日，是广东第三个“扶贫济困日”。为贯彻落实省委办公厅、省政府办公厅《关于开展2012年“广东扶贫济困日”活动的通知》精神，根据6月11日市扶贫济困动员会及汕委办传〔2012〕72号文要求，为动员机关党员干部踊跃参与“扶贫济困、奉献爱心”活动，营造心系困难群众的浓厚氛围，进一步密切党群、干群关系，县直机关举行扶贫济困献爱心捐款活动，组织各单位党员、干部职工积极参

与。7月29日，海丰县扶贫济困捐款仪式在县委一楼举行，县委大院内干部职工参加，林建隆副书记主持，24个单位、124人捐款，共募捐104990元

【党务量化考评】 随着国内市场经济的不断深化，部分大学生党员、企业党员、退休党员到民营企业中发展。为充分发挥民营企业党员的能动作用，根据上级有关在民营企业中发展党组织的精神，直工委经过调查研究，做到成熟一个、发展一个的原则。2012年，先后成立了县青年志愿者协会党支部（党群总支）、县城服装行业商会党支部（单列支部）、县农副产品流通协会党支部（供销党总支）。至年末，直工委的“两新”组织党支部已达6个。

【党员的培养与发展】 2012年，县直工委狠抓党层党组织的换届工作。县直机关有33党总支、240个党支部、党员总数6040人。长期以来，少数基层党组织对组织建设不重视，到期或超期未换届。对此，县直工委进行了调查摸底，分类指导，使到期或超期77个基层党组织完成了换届选举工作。发展积极分子84人，发展党员对象91人，预备党员76人，转正党员36人，使相关党支部注入新鲜血液，增强了战斗力。

【党内选举工作】 2012年，县直工委制订了《县直机关基层党组织委员人选公示制度》，于7月1日开始实行。这一做法，既扩大了党内民主、增强党务工作的透明度，又加强了党的班子建设，使更多表现优秀，且群众公认度高的党员选进领导班子，提高了基层党组织的凝聚力和战斗力。

（柯明文）

附：2012年中共海丰县直属机关工作委员会领导名录

书　记：陈耀平

副书记：施坚如

统战工作

【简述】 2012年，中共海丰县委统战部坚持以邓小平理论、“三个代表”重要思想和科学发展观为指导，认真学习贯彻党的十七届六中全会和中共十八大精神，以及全国、全省、全市统战部部长会议精神，坚持以“同心”思想为引领，牢牢把握大团结大联合主题，紧紧围绕县委、县政府的工作中心，发挥优势，创新思路，探索统战工作社会化及社会管理新途径，开创社会领域统战工作新局面，为“推动创新发展，建设幸福海丰”做出新贡献。

【侨务工作】 继续深入开展对全县侨捐项目的查漏补登确认工作，同时做好对新捐项目建设使用过程的监督。2012年，全县已普查上报的侨捐项目分布在12个乡镇，总数98宗，接受捐赠总金额11508.6万元。使用方向：其中教育事业65宗，捐赠金额5071.4万元；福利事业17宗，捐赠金额5041.6万元；建桥修路11宗，捐赠金额1097.6万元；其他298万元。对这些项目的捐赠人颁发了“捐赠证书”，受捐单位签订了“管理责任书”，捐赠建筑物悬挂由省侨办统一制作的“侨捐单位”牌子，制订实施《关于在全县建立华侨港澳同胞捐赠公益事业项目监督管理制度的实施意见》，切实维护捐赠人、受捐单位和受益人的合法权益，促进公益事业的发展。年内，建立了完善的归侨普查数据库，基本完成归侨侨眷的动态调查登记建档以及管理服务。据统计，全县归侨总户数485户，总人数535人，其中男性319人、女性216人，年收入1500元以下349人、年收入1500元以上186人，全县归侨子女3521人，就业总人数870人。认真处理来信、来访工作，及时为华侨、归侨、侨眷侨属排忧解难，维护他们的合法权益。及时掌握全县各镇场贫困归侨基本情况，开展为侨胞送温暖活动。经调查，全县纳入城乡最低生活保障的特困归侨36户43人，困难归侨子女助学1户1人，残疾或疾病归侨侨眷61户67人，共97户111人。同时争取省侨办下拨困难归侨特殊救助款共8.3万元，配合县财政局、民政局及时将款项发放到特困归侨个人。重视涉及落实侨房政策遗留尾巴的信访工作。全县已落实的侨房1298户，面积27810平方米。对于涉及落实侨房政策遗留尾巴问题的信访，积极开展排查工作，努力化解矛盾，防止越级上访和非正常上访，做到底子清、处理快、无隐患、保稳定，及时上报信息，建立维稳工作上下联动机制。规范因公出国（境）签证管理工作。

【港澳事务】 一是发挥港澳统战工作网络和协调机制作用，协助加强港澳社团建设，注重社团领袖及骨干培养，重点做好专业人士、青少年的

教育引导培养工作，不断壮大爱国爱港爱澳新生力量；二是认真开展海外联谊和对外交往，接待县内外考察团、访问团到海丰参观访问考察，特别是开展专项工作，共接待香港民建联、香港潮人联会、香港汕尾市海陆丰陆河文康总会、香港保健海流协进会等组团近4000多人次到海丰参观考察；三是充分发挥统战部门与港澳人士联系密切的优势，积极协助党委、政府组织召开的各地迎春团拜会、元宵灯会、港澳政协委员座谈会等活动，为推动海丰与港澳的合作与发展，促进海丰与港澳的交流合作和实施“外向带动”战略服务；四是在开展重大专项工作中，县统战部按照中央、省、市开展专项工作的部署，在县委的领导下和省、市委统战部、中联办、汕尾市同乡总会的大力支持和帮助下，团结一切可以团结的力量，争取人心，凝聚力量，完成了上级下达的重大专项工作任务。

【台湾事务】　2012年，海丰县加大对台交流交往。主要是引导台办认真做好台资企业的调研工作；热情接待台湾新竹县姜姓宗亲会、台北市惠州同乡会以及台湾新竹教育大学中文学系陈淑娟教授、台湾“国立”联合大学邓盛有教授等共计50多人到海丰开展考察、访问或学术交流，进一步加强政治、文化、教育等方面的交流，对于密切联系、相互了解、增进友谊起到了积极的作用；做好后门台湾渔民事务工作站的各项基础工作，为推进台湾与海丰之间的经济文化交流作出积极的贡献。

【民主党派工作】　县统战部对民主党派开展“同心”思想教育。一是践行“同心”思想，引导县仁荣实业发展有限公司到武警海丰中队开展拥军慰问活动。二是以中央统战部召开纪念中共中央发布“五一口号”总结推动会和致公党中央在北京中国职工之家多功能厅举行纪念陈其尤同志诞辰120周年座谈会为契机，引导全县各民主党派、无党派人士学习践行社会主义核心价值体系，强化“同心”理念，夯实了统一战线广大成员的共同思想政治基础，共同为实现县委确定的奋斗目标做出贡献。三是突出“同心”思想教育，积极引导致公党海丰县委开展《海丰乡音》刊物创作，大力弘扬爱国主义精神；先后接待致公党中央、省委领导和省内外致公党领导到海丰参观陈炯明都督府旧址、陈其尤、黄鼎臣、马思聪故居、“名人公园”等，认真听取有关介绍，并对进一步完善、保护和挖掘海丰历史文化资源，发挥人文历史优势，提出了宝贵意见；接待海外洪门组织负责人一行到海丰县城，就强化洪门人士对洪门历史文化的了解，考察与洪门历史、文化相关的历史遗迹；接待致公党北京市委海联会，组织湖北省委、广东省委、重庆市委等致公组织到海丰参观考察，并在海丰召开“纪念辛亥百年，重走致公路”座谈会。协助中国民主党派历史陈列馆摄制组一行到海丰拍摄《厉华说红岩》——民主人士陈其尤电视短片；在海丰设立中国致公党（汕尾）人文历史陈列馆及统一战线教育基地，对促进社会和谐和联系团结海内外同胞，必将会起到巨大的促进和推动作用。贯彻落实《中共广东省委政治协商规程》。协助抓好相关措施和制度的配套，为各民主党派、工商联和无党派人士履行参政议政、民主监督职能创造必要条件；增强做好政治协商工作的计划性，会同县委办公室向县委提出年度政治协商安排，推动党外人士座谈会、征求意见会、协商会和情况通报会落到实处；不断完善党委、政府党员领导干部与党外代表人士联系交友制度，规范和落实政府有关部门与民主党派对口联系制度，推进多党合作制度化、规范化、程序化建设。贯彻落实中央统战部《关于加强党外代表人士队伍建设的意见》《关于加强无党派代表人士队伍建设的意见》等文件精神，通过培训学习、考察调研、社会实践等形式，加强政治引导；建立和完善无党派代表人士数据库，建立思想动态长效分析机制，提高政治引导的针对性和有效性。做好“三员”的推荐工作，被聘为县纪委监察员2人，政协民主监督员1人，县人民法院人民陪审员1人。加强新形势下党外代表人士队伍建设。党外代表人士是国家人才资源的重要组成部分，党外代表人士队伍建设是统一战线基础性、全局性、战略性的任务，组织认真学习贯彻《中共中央关于加强新形势下党外代表人士队伍建设意见》，把思想和行动统一到中央的要求上来，切实把该意见落到实处。

【指导工商联工作】　至2012年底，全县共有私营企业2130家，注册资金177994.34万元，规模以上企业122家（其中工业86家、商贸32家、建筑4家），个体工商户22646户。全县共有行业协会商会组织6个，个体会员29个，企业会员345个，会员总数380人。指导工商联工作，一是通过召开学习会、座谈会等形式，多场次组织工商联执委认真学习贯彻党的十八大精神、《中共中央、国务院关于加强和改进新形势下工商联工作的意见》等，不断加强非公有制经济人士思想政治工作，助推海丰转型升级，促进了全县非公有制经济的持续稳定发展。二是出台两个文件，机制建设上新台阶。县委出台《中共海丰县委、海丰县人民政府关于加强和改进新形势下工商联工作的意见》和中共海丰县委办公室、海丰县人民政府办公室《贯彻落实<中共海丰县委、海丰县人民政府关于加强和改进新形势下工商联工作的意见>分工方案的通知》两个文件，到全县各镇（场）、县直有关单位进行贯彻落实，使海丰县在加强工商联工作机制建设方面迈上新的台阶。三是开展全县非公经济发展调研。按照中央统战部、全国工商联的部署，县工商联组织开展了一次非公有制经济发展上的调研，达到了预期效果。四是协助做好非公有制经济企业“两新”党建工作。其中：海丰县城服装行业商会党支部于6月21日挂牌成立。据统计，全县有非公有制企业497家，已经建立党组织的有65家。这些非公有制企业建立党组织以后，制定了党员学习、民主生活会等制度，建立了党员示范岗，组织党员志愿参与社会公共服务，在团结凝聚职工群众、维护各方合法权益、促进社会和谐、推进“两新”组织健康发展等方面作出了有益贡献。五是大力发展行业商会。

（陈仁耀）

【民族事务管理】　2012年，县民族宗教局贯彻执行县政府《关于设立海丰县鹅埠红罗畲族村民委员会》文件精神，通过几个月的筹备工作、依法依规完成红罗村民委员会首届选举工作。县民宗局多方集资3万元改建民族村自来水工程，集资10万元从民族村修往老村的路基，加快老村综合项目的经济开发。购买化肥6吨支持民族村村民发展农业生产，做好全县机关团体少数民族人员专项调查，掌握全县少数民族基本情况。协助办理12名少数民族学生升学，维护少数民族合法权益，考察推荐篮容来等5名少数民族人士担任市、县人大代表、政协委员。

【宗教事务管理】　2012年，县民族宗教局加强对县佛教协会、县佛教慈善会换届工作的领导，召开海丰县佛教第四届、海丰县佛教慈善会第二届代表大会，依法选举释超一为县佛教两会会长、郑炎华等14名副会长、陈宏伟为秘书长。根据《全国教职人员资格认定工作的通知》，做好预审上报工作，其中，佛教比丘45名、比丘尼12名，天主教神甫1名、修女2名。开展海丰宗教界第三批创建广东省和谐寺观教堂的活动，全县有佛教6处、天主教5处、基督教2处、道教1处共14处被评选达标单位，通过评选活动，促进宗教场所自身建设。考察推荐县天主教代表参加汕头教区选圣工作，做好选圣和祝圣工作。开展海丰县宗教界“十寺扶百户”活动，全县佛教场所帮扶户60户，每户每月200元～300元的生活补助，海丰县宗教界全年用于各项慈善公益资金80万元以上。重视宗教界上层人士的政治安排，考察推荐释超一、郑炎华等10名宗教人士担任市、县人大代表、政协委员。年内，根据省民宗委、市民宗局的工作部署，贯彻执行国家宗教局《关于在全国宗教界开展宗教政策法规学习活动月的通知》，县民宗局于6月9日在县城仁荣酒店会议厅举行海丰县宗教界开展宗教政策法规动员大会，特邀请省民族宗教研究院马建钊院长授课，全县宗教团体宗教活动场所负责人，教职人员共140人参加大会。为积极响应国家宗教局、省委统战部，省民宗委关于开展“同心”系列活动，汕尾市民族宗教局决定连续3年为贫困高中生捐助阶段的学费，于9月15日在海丰县政府二楼会议厅举行汕尾市宗教界（海丰）2012～2013学年度“同心助学高中生”助学金颁发仪式，对彭湃中学等学校75位贫困高中学生进行资助（每学年每生资助2000元）。另外，1月30日据群众举报，有4名来历不明的僧人在城东龙山公园东侧，未经批准摆设宗教祭品进行宗教活动，根据国家《宗教事务条例》有关规定，县民族宗教局、县公安国保大队、县佛教协会、城东公安派出所派员到现场联合执法，对这一违法的宗教活动进行了治理。

（陈孝光）

【开展“同心”系列行动】　2012年，县委统战部在全县范围开展了“同心”系列行动。

开展“同心·建言献策”行动　积极引导各民主党派、工商联和无党派人士等统一战线成员，围绕主题主线，重点就海丰县经济结构调整、加快转型升级、保障和改善民生、促进社会和谐、建设文化强县、加强社会建设等重大问题开展调查研究，为党委政府科学决策建睿智之言，献务实之策，为“推动创新发展、建设幸福海丰”核心任务贡献智慧和力量。一是引导县工商联（商会）举行2012年迎春酒会，加强了各工商社团的联系与交流，大家共叙情谊，共谈海丰发展大计。二是坚持贯彻“长期共存、互相监督、肝胆相照、荣辱与共”的方针，切实加强与各民主党派的合作共事。引导和组织民主党派的人大代表、政协委员充分利用人大、政协会议的平台，开展民主监督和参政议政活动。同时，紧紧围绕党委、政府的中心任务，引导他们开展调查研究，积极参加人大、政协视察和各项活动，广泛听取民声，反映民意，关心社会的热点难点问题，为党委、政府进行科学决策、民主决策提供依据。一年内，县民盟、致公党、农工党以个人、联名或组织的名义提出提案、议案或会上发言建议共有26条。

开展“同心·助推转型升级”行动 引导全县非公有制企业加快技术改造，推动自主创新，推动转型升级，提高产业核心竞争力。如引导公平镇非公有制企业立足自主创新，增强服装品牌竞争力，从抓龙头企业入手，发挥企业主体作用，鼓励帮助重点企业扩张并购，实现企业向集团、高效、科技型模式转化，使企业不断创造新的竞争优势。至年末，该镇服装及配备企业160家，从业人员3万多人，年产值20多亿元，有25家企业通过ISO 9001 国际质量管理体系认证、5个“广东省服装优势企业”、6个“广东省名牌产品”、1个“国家驰名商标”、7个“广东省著名商标”、2个外观专利获得“国家知识产权局授权专利技术”。

开展“同心·扶贫攻坚”行动 认真贯彻落实省扶贫开发工作会议精神，把思想和行动统一到县委、县政府的决策部署上来，组织引导全县统一战线成员积极参与社会主义新农村建设，热心扶贫开发工作，开展回报社会感恩行动、扶危济困爱心活动、助学兴教活动等公益事业，为民生事业改善，提高群众幸福指数作出贡献。一是开展“同心助学”活动。引导港澳和民营企业的市、县政协委员于8月22日募集资金17.4万元捐助贫困大学生42名。引导县工商业联合会（商会）举行“金秋助学”仪式，为12名贫困学生颁发助学金近5万元，其中县工商业联合会（商会）主席郑海田先后为贫困生捐助善款4万多元。据不完全统计，县工商联部分企业家先后捐出扶贫助学金共计20多万元，充分体现了非公有制企业家们积极响应党与政府的号召，积极回报社会，乐善好施的美德。县统战部、县民族宗教局为贯彻落实省委统战部、省民族宗教委关于开展“同心”系列活动的要求，按照市民宗局的部署，决定连续3年开展同心助学活动，通过积极发动全县各宗教团体、宗教活动场所、宗教界热心人士踊跃认捐，募集资金为贫困高中学生捐助高中阶段的学费，帮助他们完成学业。2012年，是“同心·助学高中生”活动的第一年，举行了汕尾市宗教界（海丰）2012～2013学年“同心·助学高中生”助学金颁发仪式，为2012年被录取的品学兼优的75名贫困高中生颁发助学金，每人每学年获得资助金2000元。二是开展“送温暖、献爱心”的“同心活动”。组织发动了部分执委捐资120多万元深入全县18各镇（场）开展“送温暖、献爱心”的“同心活动”，慰问贫困户、孤儿、单亲家庭960户，救助重大疾病困难群众8人次，充分体现了工商联会员履行社会责任的精神风貌。三是慰问海丰县鹅埠镇红罗少数民族聚居村和散居少数民族，送上慰问金和新春的祝福，体现了党和政府对少数民族的关心，不断巩固和发展平等团结互助和谐的民族关系。

开展“同心·共促和谐”行动 一是积极组织开展“十寺扶百户”的活动，帮扶对象是孤儿、孤寡老人、残疾人员、单亲家庭和特困家庭，对帮扶户60户送上生油、大米，每月200元～300元生活补助，切实帮助群众解决生活上的实际困难，体现社会主义大家庭的温暖，受到了当地党政和群众的好评。二是继续开展创建和谐寺观教堂的工作，在近两年完成对第一、二批48处宗教活动场所进行评选的基础上，继续对第三批14处宗教活动场所进行评选。同时对宗教场所达不到标准的项目提出整改措施，有效地促进了和谐寺观教堂建设。三是积极引导县宗教界服务社会，关注民生，积极开展赈灾济困、捐资助学、修桥筑路等公益活动，树立新时期佛教界服务社会的良好形象，努力为社会主义“三个文明”建设和构建和谐社会服务。据统计，全年宗教界共捐资80多万元投入社会公益事业。同时，宗教界也注重宗教活动场所的建设，共投资3800多万元进行项目建设。四是着力解决宗教领域房产遗留问题，理顺了关系，化解了矛盾，促进社会稳定和谐。主要化解海城、公平、赤坑、后门等地的基督教房产和天主教房产遗留问题。五是认真贯彻国家五部委《关于进一步解决宗教教职人员社会保障问题的通知》精神，动员和组织全县宗教教职人员130人办理了医保，解除他们的后顾之忧。六是引导和协助民主党派发挥自身优势，积极开展社会服务活动。主要是引导民盟县委做好大力发展职业教育，为发展海丰教育事业作出贡献；农工党海丰总支部充分发挥医疗人才优势，组织医务人员到联安镇、赤石镇为群众义诊500多人次，为群众免费提供价值3万多元的药品，做到既看病又开药、送药，赢得群众的一致好评。

【统战部自身建设】 2012年，县统战部加强自身建设。一是以开展"五好五强"领导班子创建活动、纪律教育学习月活动、专题组织生活会、领导干部民主生活会为契机，切实加强领导干部思想、组织和作风建设，不断提高党员领导干部自身素质，增强党员领导干部廉政勤政、遵纪守法和自觉接受监督的意识，坚决抵御各种腐朽思想的侵蚀，不断推进党风廉政建设取得新的成效。二是开展"同心"慰问活动，县政协副主席、县委统战部长杨师访同志带领统战部机关党员，到挂钩扶贫点赤石新城村委过党日，并开展"同心"慰问活动，向村委党支部和3位特困老党员送上慰问金和食品，并带领部机关党员到挂钩帮扶的11户困难户、病残户进行慰问，为他们送上慰问金以及食品。三是加强信息调研宣传工作。及时向省、市委统战部上报调研成果和工作亮点，大力宣传海丰县统一战线先进经验和事迹。四是探索统一战线服务社会管理创新的方式，深入推进民主党派、非公有制经济、民族宗教、基层统战工作的创新发展，以推进统战工作社会化。五是按照县机构编制委员会的文件要求，认真做好统战各部门现有人员的实名制工作。按照县委、县政府有关事业单位分类改革的文件精神，认真制订广东海丰鲘门台湾渔民事务工作站事业单位分类改革方案，并将该站确定为公益二类事业单位，经费按财政二类核拨，改变了过去该站所需经费自筹解决的困难局面。六是协助做好与深汕合作区"四镇一场"移交对接工作。七是组织各镇（场）开展"海丰县外出乡贤"和"海丰县镇、村（社区）统战联谊组织"的调查摸底工作。

（陈仁耀）

附：2012年中共海丰县委统战部领导名录
部　长：杨师访
副部长：冯玉平（女）　张锦程

2012年海丰县民族宗教事务局
局　长：刘炳新

2012年中共海丰县委台湾工作办公室
（海丰县人民政府台湾事务办公室）
副主任：马小兰（女）

老干部工作

【简述】 中共海丰县委老干部局设人秘股、业务股。局下属机构设海丰县老干部活动中心、海丰县县直企业离休干部管理服务中心。2012年，县委老干部局服务管理县直单位副科以上离退休老干部共有707人，分布在全县40个单位。其中：离休干部211人，异地安置离休干部共有8人，省属单位在海丰代管离休干部7人；县级正处级离休退休干部5人，享受县处级以上离休干部50人，副处级退休干部20人。离休干部中年龄最大的98岁，年龄最小的78岁，平均年龄85.6岁。根据中央、省、市出台的有关老干部一系列方针、政策，结合海丰实际，逐步健全和完善老干部服务管理工作机制。做好新形势下的老干部工作，着力解决出现的新情况和新问题，落实老干部政治待遇做到"四个注重"，落实老干部生活待遇做到"五个坚持"，维护了老干部队伍的稳定。

【落实老干部政治待遇】 落实好老干部政治待遇，以创新方法做好老干部思想政治工作，结合开展创先争优活动抓好离退休干部思想政治建设和离退休干部党支部建设。做到"四个注重"全面落实老干部的政治待遇。一是注重政治学习，在政治上尊重老同志。组织离退休干部学习党的十八大报告精神。召开一年一度的通报会，使老干部及时了解海丰经济和社会发展状况。二是注重为老干部订阅报纸杂志。2012年为老干部订阅《秋光》《中国老年报》等报纸杂志2500份，三是注重组织活动，在老年节组织县政府大院内120多名离休干部和副科以上退休干部参观海丰县碧桂园、德成中英文学校、莲花山鸡鸣寺景区等县重点工程建设。四是注重"三访"，对有思想包袱的、身体状况差、行动难的进行回访，身体条件好的做到不定期的回访，事迹突出的离退休干部进行专访。

【落实老干部生活待遇】 2012年，围绕"五个坚持"，落实好老干部生活待遇，让老干部共享海丰改革开放经济社会发展成果，使老干部安享幸福晚年。一是坚持重大节日走访慰问制度。春

节走访慰问离退休干部500多人，共计发放慰问金20多万元、走访慰问贫困老干部党员25人，共计发放慰问金1万多元；“五一”、中秋节、国庆节走访慰问县直企业退出市场由管理服务中心接管离休干部共200多人次，发放慰问金共计5万多元老人保健礼品210份。二是坚持入院探望制度。1~12月，先后到县彭湃纪念医院、县中医院探望慰问离休干部100多人次，折合慰问金5万余元；三是坚持离休干部“三个机制”保障到位制度。根据规定，享受与按现职同等级别的90%（离休干部）和80%（退休干部）调整提高离退休干部生活补贴标准，调整提高24个因瘫痪等原因生活长期不能自理的离休干部护理费标准，在原享受护理费基础上增至800元。四是坚持健康检查制度。每年一次做好全县离休干部和老五套班子退休干部健康检查工作。五是坚持帮扶济困制度，对于遇到特殊问题及变故有困难的老干部采取特事特办的原则，以帮扶形式想方设法帮助解决实际问题和困难。

【老干部工作调研】 3月31日，为贯彻落实《关于对党的十七大以来老干部政策落实情况进行督促检查的通知》，省委老干部局检查组到海丰县开展检查调研，省委老干部局副局长陈海军听取吕娜局长的工作汇报和县委组织部陈紫光部长总结发言后，对海丰县认真落实党老干部政策，确保离休干部“三个保障机制”落实到位，老干部工作勇于创新等方面给予充分肯定。特别是对将124名参加医疗统筹企事业单位离休干部（含23位新中国成立前参队老工人）医疗管理，从2012年起纳入到县保健办统一管理的做法，认为对于一个财政基础薄弱山区县能做到这点不容易，值得赞扬。11月，省关工委主任张帼英到海丰县了解关工委工作开展情况。通过看现场和听汇报、交谈，张帼英认为海丰县关工委工作思想认识到位，组织到位、充分发挥老同志余热。

【老干部发挥作用】 本着自愿参与、量力而行的原则，坚持引导和鼓励广大离退休干部发挥政治智慧和经验优势，发挥老干部余热。老干部通过调查研究、建言献策等形式，为推动海丰经济社会发展、促进社会和谐稳定，特别是在扶贫帮困、关心下一代、革命老区建设、维护社会稳定等方面力所能及地做工作、发挥作用，取得很好的社会效果。2012年，投入到关心下一代工作中的离退休干部达到2100多人。

【老干部活动】 2012年，县老干部局利用活动中心等场所和设施，组织广大离退休干部开展形式多样、有益身心健康的文体活动和庆祝活动，不断丰富老干部的精神文化生活。6月，县委组织部、县委老干部局联合组织县“两纵联谊会”老干部举办书画展览，以书画形式纪念我国干部退休制度建立三十周年，迎接党的十八大。10月，选送海丰地方剧种白字戏《金叶菊·陷驿》节目，参加广东省第四届老年文化艺术节到省参加汇演，并获三等奖。

（施圣悦）

附：2012年中共海丰县委老干部局领导名录

局　长：吕　娜（女）

副局长：周礼光

党史工作

【简述】 县委党史研究室按照上级党史部门的要求，围绕县委的中心工作，不断解放思想，创造性地开展各项工作，充分发挥“存史、资政、育人”的作用，完成了年初工作目标。2012年，在全省《红广角》发行工作中取得优异成绩，受到省委党史研究室通报表扬。党史研究室编撰的《海陆丰革命根据地简史》荣获“2009~2012年度广东省党史部门党史优秀成果”著作类三等奖。年内，为纪念广州起义八十五周年，海丰县党史研究室协助广州市委党史研究室和广州电视台拍摄大型电视专题片《岭南星空下》。该片记载彭湃等共产党人参加广州起义，对广州起义做出重大贡献，起义失败后，部分起义部队撤退到海陆丰，该队伍改编为工农革命军第四师，与先到海陆丰的南昌起义南下部队红二师会师，共同战斗，为巩固海陆丰革命根据地作出重大贡献的英雄事迹。2012年也是中国社会主义青年团成立90周年，党史研究室协助广州市共青团青运史了解有关中国社会主义青年团在海丰的史料史迹情况。1922年中国社会主义青年团第一次全国代表大会在广州召开，标志着中国社会主义青年团（中国共青团的前身）的成立。协助开展“团一大”历史研究的编辑工作，在海丰范围内开展共青团创建史寻档工作，为搜集、整理共青团创建史提供了史料素材。

【党史编研】 2012年，继续把中国共产党海丰地方史编纂工作作为党史工作的重点，认真组织撰写工作，并就卷本涉及的史实资料进一步论证，力求打造成历史脉络清晰、框架结构合理、文字表述准确、经得起历史检验的党史精品力作，已基本完成《中国共产党海丰地方史》（第一卷）修改任务。该书主要记载了1921年中共第一次代表大会召开后，海丰农民运动的创建、发展、壮大，直至1949年中华人民共和国成立的一段历史。中国共产党第一次代表会举行的1921年7月，马克思主义在海丰传播。第二年夏天，杨嗣震和彭湃、李春涛共同建立社会主义青年团海丰地方组织，开展农民运动。1925年2月末，在周恩来指导下，中国共产党海丰支部成立，同年10月下旬，扩大为地方委员会，1926年初发展为中共海陆丰地方委员会。1927年4月起，党组织领导农民举行三次武装起义，建立苏维埃政权，实行土地革命。1928年初，在中共东江特委领导下，苏维埃区域发展至普宁、惠来、五华、惠阳、紫金等地，建立一批县、区苏维埃政府。1981年6月，《中国共产党中央委员会关于建国以来党的若干历史问题决议》，海丰列为土地革命战争时期全国十三块革命根据地之一。抗日战争和解放战争时期，地方党继续高举革命旗帜，执行党中央的路线方针政策，领导人民同日寇和国民党反动派进行斗争，海丰又先后建立了抗日民主县政府和县人民政府。海丰人民在中国共产党领导下，海丰人民不怕牺牲，不屈不挠，和全国人民一道，经过20多年浴血奋斗，终于推翻帝国主义、封建主义和官僚资本主义三座大山，于1949年10月1日，迎来中华人民共和国的诞生。该书计划2013年正式出版。

【革命遗址普查】 根据省、市党史部门的部署，2012年，海丰县重新启动了革命遗址普查工作，并明确了工作计划，组建了普查队伍，提出切实可行的普查工作步骤，确保了普查工作的顺利进行。针对海丰是革命老区，遗址普查点多面广，普查组先是从文件、史料中获取线索，然后按照文件、史料记载，逐处实地核查核实。经核查，全县新发现的革命旧址就有40多处，大部分是在农村和山区。通过再次普查，汇总上报的共66处，属国家级文物保护单位2处：其中，当年彭湃领导海陆丰苏维埃政权活动的中心海丰红宫、红场旧址于1961年3月被国务院公布为全国重点文物保护单位，2005年被中共中央宣传部公布为全国第三批爱国主义教育示范基地。海丰革命烈士陵园被民政部和省委列为爱国主义教育基地。省级文物保护单位3处，市级文物保护单位2处，县级文物保护单位58处。但还有些重要遗址，如东江苏维埃惠州十属特别委员会驻地至今还未查出，还需继续查考。通过普查，全面摸清全县革命遗址和其他遗址的分布、成因、现状及保护利用等基本情况，为进一步做好革命遗址的保护、开发及利用奠定坚实的基础。

（陈卓如）

附：2012年中共海丰县委党史研究室领导名录

主　任：陈建东

副主任：颜维如

党　校

【干部培训】 贯彻县委2012年党员干部教育培训工作部署，联合县委组织部、县人社局、县妇联等部门，认真办好各类干部培训主体班。2012年，共举办党员干部培训主体班6个班次19期，培训党员干部3520人次。其中：全县正科职以上领导干部学习党的十八大精神培训7期910人次；科级干部培训2期120人；青年干部培训1期60人；高中级专业技术干部培训1期50人；女干部培训1期

※　中共海丰县委党校教研楼。

80人；公务员培训7期2300人。

【理论研究】 2012年，组织教员编写了《预防和应对群体性事件的法治思考》《坚持和发展中国特色社会主义，全面建成小康社会》《落实十八大精神，争当汕尾促进区域协调发展排头兵》《牢固树立法治理念，加快建设法治国家》《现代政务礼仪》《职业道德概论》《微博不“薄”》《妇女儿童发展纲要和规划辅导》《婚姻家庭生活中的法律常识》《职业女性的心理调适与家庭教育》《性别关系与男女平等基本国策》11个专题课，为党校和全县党员干部教育提供实用教材，发挥党校理论骨干作用。

【党校教学创新】 2012年，县委党校改进班次设置方式，推广专题研究、短期培训、小班教学。同时，创新干部培训模式，采用理论学习与红色熏陶相结合、讨论与反思相结合，做到理论联系实际，听看结合，提高干部培训实效。从服务县委中心工作和加强党员干部队伍教育出发，认真组织教员送课进单位、下基层活动，把党员干部的思想统一到党的部署上去，更好地服务全县各项工作。2012年，共组织教员深入县直单位、镇和村（社区）宣讲8场，听课人数2000多人次。

（庄焕新）

附：2012年中共海丰县委党校领导名录

校　　长：陈紫光（兼）

常务副校长：吕海如

副 校 长：李孝稔

信访工作

【简述】 海丰县信访工作认真贯彻落实中央信访工作的决策和部署，切实加强领导，进一步落实责任，采取有力措施，深入开展领导干部接访、下访活动，全面开展社会矛盾纠纷和信访突出问题的排查工作，依法依规处置化解信访积案，确保社会的和谐和稳定，为海丰经济社会的发展创造了良好的社会环境。2012年，海丰县群众越级到市集体上访18批313人次，比2011年17批235人次分别上升5%和33%；群众越级到省集体上访18批174人次，比2011年13批157人次分别上升38%和10%；群众越级进京非正常上访2批2人次，比2011年同期6批25人次大幅下降。全年群众来信264件，群众来访647批2737人次，其中集体访122批1699人次。

【县党政领导轮值接访日制度】 2012年，海丰县坚持实施县党政领导每日轮值接访制度。明确县党政领导每日到信访接访大厅轮值接访，切实处理好轮值当日群众来访事项，处置各种突发事项及社会稳定问题。

【带案下访、主动约访】 2012年，县、镇领导干部开展下访恳谈活动，县党政班子领导成员每月15日到所挂驻镇综治信访维稳中心开展下访恳谈活动，各镇（场）党政成员每月30日到所挂驻的村（社区）综治信访维稳工作站开展下访恳谈活动。全县共受理群众信访事项290宗，办结241宗，办结率83%。在清明节前后和党的十八大“百日防护期”期间，分别于5月5日、9月18日、10月15日、10月31日、11月15日共五次开展了全县领导干部大接访活动。共受理群众信访事项290批837人次，参与活动的县镇领导822人次。

【综治信访维稳】 中共十八大于11月5日召开，8月26日起全省进入中共十八大“百日防护期”，为做好期间信访维稳工作，海丰县高度重视，进行全面部署，做到“六大坚持”， 确保了在十八大“百日防护期”期间，没有发生群众越级到京上访，没有发生 30人以上越级到省到市上访，县内也没有发生群众群体性上访，为中共十八大的胜利召开营造了和谐稳定的社会氛围。一是坚持领导重视，形成大信访工作格局。一方面县委、县政府主要领导更是亲自部署和经常过问信访维稳工作，主动参与重大信访案件的调处和化解；另一方面制订《党的十八大期间海丰县信访维稳工作应急预案》，成立十八大“百日防护期”临时领导小组。二是坚持拉网排查，及时掌握信息动态。在“百日防护期”共排查出信访突出问题46宗，并逐宗落实县领导包案。还把群众信访的情况以《信访简报》的形式，每周一期印发给县党政班子领导成员、县直有关部门以及各镇党委、政府，使群众信访动态能够得到及时了解和掌握，共印发了13期《信访简报》。三是坚持提前介入，及时解决信访问题。中共十八大“百日防护”期间，通过多种方式和渠道，积极配合，提前介入，妥善解决了10多宗苗头性、倾向性的信访突出问题。四是坚持直面群众，积极化解历史积案。面对每宗信访积案，县、镇各级领导始终坚持敢于正视矛盾，敢于直面群众，尽职尽责，靠前处访，掌握工作主动权，化干戈为玉帛，有力地促进了信访积案的调处、化解。五是坚持畅通渠道，扎实开展大接访活动。分别于5月5日、9月18日、10月15、10月31日、11月15日共五次开展全县领导干部大接访活动。六是坚持严防死守，大力做好稳控工作。对重点人员越级上访，以及突发性、群体性信访行为，切实做到迅速反应，把矛盾解决在基层。全县共有60宗信访事项落实了专人稳控措施。

【督查督办信访积案】　2012年，县信访局重视信访积案的化解工作。首先是对全县的信访积案进行全面细致的排查，对排查出来的积案进行登记造册；其次是落实包案，认真落实责任人、责任领导、调处班子、调处方案、调处期限；第三是落实一案一策，因案施策。对每宗信访积案的调解、处置，县、镇各级领导都尽职尽责，靠前处访，掌握工作主动权。特别是县主要领导除亲自督导各地各单位的处置工作外，始终坚持敢于正视矛盾，敢于直面群众，亲自参与重难点信访积案的调处工作，有力地促进了信访积案的调处和化解。全县共解决了联安镇下许村村民许丁古16年上访反映该村鱼塭权属问题、附城联河长合村吴智清反映该村违章建筑的问题、城东镇后林移民新村反映该村村务的问题、陶河镇下边村黄木存反映治安纠纷的问题、赤坑镇石望村曾海生反映该村账务及鱼塭问题、梅陇镇银锭案、梅陇镇梅星简祥彬反映村务及殡改问题、海城镇搬运站反映社保问题等8宗积案。（陈智辉）

附：2012年海丰县信访局领导名录

局　长：李廉清

副局长：钟汉明（任至12月）

编制工作

【简述】　2012年，县编办在县委、县政府、县编委的正确领导和上级机构编制部门的指导下，认真执行中央、省和市有关机构编制等文件精神，紧紧围绕县委、县政府工作大局，团结一致，依法依规办事，充分发挥机构编制部门的职能作用，深化行政体制改革，进一步巩固和深化政府机构改革成果，积极稳妥推进事业单位分类改革，切实加强和创新机构编制规范化管理，机构编制工作整体水平和服务质量不断提高，较好地完成了年初确定的各项工作任务。

【巩固政府机构改革成果】　2012年，以转变政府职能为核心，积极参与行政管理体制改革的调查研究、统筹协调和组织实施，适时做好相关机构职能配置、结构调整和编制配备等工作。为确保海丰县政府机构改革后各项任务的全面落实，县编办及时向县委分管领导汇报，通过部门自查和县编办检查，对县政府机构改革进行了认真评估。县政府机构改革按照“转变职能、理顺关系、明确和强化责任、优化结构、严控编制”的要求，建立健全了部门间协调配合机制；各部门主要职责、内设机构、人员编制及领导职数管理规范。通过检查评估，部门对机构编制工作有进一步认识，对加强编制管理、用活用好现有人员更加重视。在加强依法行政和制度建设、健全行政执法体制和程序、推行政府绩效管理等方面积极建言献策，提出新举措。年内，配合“三打两建”工作，制订了《海丰县市场监管行政执法体系改革试点工作方案》和《海丰县事业单位信用体系建设工作实施方案》。

【事业单位分类改革】　根据《中共中央、国务院印发〈关于深化行政管理体制改革的意见〉的通知》和《广东省事业单位分类改革的意见》以及《汕尾市事业单位分类改革实施方案》，结合本县实际，制订了《海丰县事业单位分类改革实施方案》。县编办根据改革实施方案制订了《海丰县事业单位机构编制方案报批注意事项及样式》，并于2011年12月组织县直单位进行事业单位分类改革学习培训，同时事业单位分类改革在全县正式启动。在改革过程中，县编办严格按照上级有关要求执行。一是合理划分类别，实施分类改革。通过分类把不应该在事业单位序列的单位划分出去，再把留在事业单位序列的单位，根据其特点划分为若干具体类别，有针对性地制定并实施相应的改革措施和监管方法。二是创新管理体制和运行机制，激发事业单位生机与活力。按政事分开、管办分离的原则，进一步理顺体制，创新机制，转变事业单位管理方式。三是优化公共资源配置，规范机构编制管理。根据社会事业发展需要，加强宏观调控，实行动态管理，适时调整事业单位机构类别及其编制，不断优化公益事业单位的布局结构。做到既与社会事业发

展相适应，又有效防止机构编制膨胀。海丰县改革前事业单位有593个，至2012年年末，大部分单位已按其类别下达了分类改革方案，其中撤并的有41个（7所学校、16个文化站广播站、资产经营公司、农机学校、16个乡镇财务结算中心）、转企有1个（县新华书店）；其他小部分单位的改革方案正经机构编制部门审核，待上报县编委审定。

【行政审批制度改革】　2012年，参照市转变政府职能决策咨询委员会设置，已组建成立县转移政府职能决策咨询委员会，委员会办公室设在县编办，承担委员会日常工作，该文件已经由县委办以海委办〔2012〕87号文印发。下一步拟按照省委省政府《关于加快转变政府职能深化行政审批制度改革的意见》及市委市政府关于加快转变政府职能深化行政审批制度改革工作的有关要求，结合海丰实际，拟制订《关于加快转变政府职能深化行政审批制度改革工作方案》。

【机构编制核查工作】　2012年，为贯彻落实省、市精神，县编办印发了《关于转发省编办〈印发广东省机构编制核查工作方案的通知〉的通知》，并在市机构编制核查工作动员会后，根据省、市要求，结合海丰实际情况，在广泛听取各方意见之后，制订海丰县的核查工作实施方案，经县编委领导同意后，由县委办、县政府办联合印发《关于印发〈海丰县机关事业单位机构编制核查工作实施方案〉的通知》等文件，并于9月5日召开了全县机构编制核查工作会议。按照上级统一部署，采取各单位自查和县编办核查的方式，一一核对人员编制信息，真正达到核查目的，稳步推进机构编制核查工作。经实名制系统统计，至年末，全县有机关事业单位共753个，均已建立基础档案，并完成了自1982年以来各年度省、市、县编委下发的文件及各机关事业单位“三定”方案纸质文件台账共30册并电子文件存档。核查确认了个人身份的有关证明材料并每人建一份纸质档案，分别装订成册，按县直机关、乡镇机关、政法机关、教育系统、卫生系统及其他事业单位6大类存放在10个档案柜。各单位按核查工作要求对本单位干部职工信息进行公示，并将公示结果、公示图片依据、自查报告上报县编办。12月3日，根据中央、省、市开展机构编制核查工作的有关文件及县机构编制核查工作领导小组的相关要求，县编办印发了《关于开展机构编制实地核查工作的通知》，并会同纪委（监察局）、组织部、人社局、财政局、审计局、法制局等部门，通过与被核查单位座谈（听取自查报告），随机抽查人员出勤情况，查阅人员档案、在职人员工资发放明细表、津补贴发放表、年度考核表、会议签到表等方式对全县机关事业单位机构编制情况进行了实地核查。经过工作实践，海丰县在机构编制核查工作上努力实现“八清”的同时，力求做好：力求人员编制信息真实力求表格数据信息准确、力求编制审批文件完整、力求核查程序严谨规范。通过机构编制核查工作，进一步提高了实名制系统数据的准确性，增强了各单位机构编制纪律的责任意识和法制观念，为严格实行机构编制审核和编制实名制管理提供了强有力的保障。

【机构编制实名制动态管理】　2012年，积极落实机构编制实名制动态管理，确保正常运行广东省机构编制实名制管理系统，实时对机构、人员、编制的变更跟踪记载，动态管理。年内，切实做好机构编制信息系统的数据管理、日常维护等工作，进一步加强信息化建设，进一步健全统计台账，确保数据及时、准确、有效。

【事业单位登记管理】　2012年，海丰县严格落实国家事业单位登记管理局《事业单位登记管理暂行条例实施细则》，加强事业单位登记管理规范化建设，加强档案管理，加快推进事业单位登记电子档案建设，加大对年检或日常登记中发现问题的单位进行实地检查的力度，努力把登记管理工作提高到新水平。积极探索建立健全“事业单位法人治理结构”，实现政事分开、管办分离，赋予事业单位自主权，实现决策权、执行权和监督权科学运行、相互协调，让事业单位真正成为独立的法人主体。年内，从海丰实际出发，及时办理事业单位登记、变更、年检工作。至年末，全县已登记的事业单位有355个，其中2012年设立登记8个，变更登记47个，参加法人证书年检297个，未参加法人年检3个；年参检率达到97.7%；年检合格率达到100%。登记材料及时整理归档，并且对每一个事业单位建立一个档案，按照登记编号排序存放于专门的档案柜。

【加强机构编制法制化和制度化建设】　为贯彻落实国务院颁布的《地方各级人民政府机构设置和编制管理条例》（国务院令第486号）、《中共广东省委办公厅 广东省人民政府办公厅关于进一步加强机构编制管理严格控制机构编制的通知》以及《中共汕尾市委 汕尾市人民政府关于加强机构编制管理严格控制机构编制的若干意见》的文件精神，海丰县严格执行上级规定的机构限额、编制精简比例和领导职数，进一步加强机构编制管理，严格控制机构编制，切实维护机构编制法律法规的严肃性和权威性。进一步严肃机构编制纪律，预防机构编制违纪行为，加大机构编制违纪行为查处力度，加强和规范机构编制管理。一是大力宣传机构编制法律法规，增强了各级领导干部、用编单位的机构编制法规意识。二是严格审批权限和审批程序。严格遵守机构编制审批权限和程序的规定，坚持机构编制“一支笔”审批制度，凡涉及职能调整、机构编制和领导职数增减的事项，统一由机构编制部门审核。该由市级审批的事项，经编委领导审批后上报市编办。该由县级自主审批的事项，根据工作实际，严格履行审批程序。三是逐步建立相互配合、协调的约束机制。主动与纪检监察、人力资源与社会保障、财政等部门协调配合，建立了财政预算和进人约束机制。年内，坚持机构编制“一支笔”审批制度，杜绝了政出多门，多头管理现象。县委、县政府也多次强调，凡涉及机构编制事宜，都要按程序报批，以机构编制部门文件为准，业务部门擅自下发的有关机构编制的文件一律无效。公开招考人员和政策性安置人员严格实行用编事前审核制度。始终坚持“满编单位先出后进、超编单位不准进人、空编单位严格控制”和“凡进必考”的原则，有效控制了人员增长，避免了超编进人和超职数配备领导干部的现象发生。

【调整县机构编制委员会成员】 鉴于县机构编制委员会成员工作变动，2012年，经县委、县政府同意，调整县机构编制委员会成员，加强对机构编制部门工作的领导。

调整后的编委领导成员：

主　任：沈木荣（任至11月）
　　　　陈德忠（11月起任）
副主任：林建隆　陈紫光
　　　　许信咏　廖汉生
成　员：黄坚如（11月起任）
　　　　张翰文（任至11月）
　　　　谢小平　黄小平
　　　　林国义　邓务刚

【加强编办自身建设】 编办单独设置后，结合工作实际强化学习培训，全力打造学习型机关。进一步加强干部作风建设，完善各项规章制度，规范内部管理，增强服务意识，根据工作需要充实了编办的人员编制、内设股室和领导职数，改善了办公条件，保证了编办履行职责的必要条件，树立机构编制部门的良好形象。努力把机构编制部门打造成为和谐友善、奋发有为、勤政廉政、能打硬仗的集体，提高了党员干部拒腐防变的能力，2012年没有收到举报信件，没有违纪违规的人和事。全办人员在县编办主任邓务刚的带领下和谐共事、团结协作，扎实推进各项工作落实到位。

（杜俊刚）

附：2012年海丰县机构编制委员会办公室领导名录

主　任：邓务刚

海丰县人大常委会

县人大常委会领导成员

【2012年第十四届县人大常委会正、副主任和委员名录】

主　　任：郑　佳（任至9月）
代 主 任：姚英谋（9月起任）
常务副主任：姚英谋
副 主 任：谢荣如　陈　木　陈智景
　　　　　陆德源　马伟飚
委　　员：马　宇　马俊鸿　叶　森
　　　　　叶小红（女）　冯玉平（女）
　　　　　刘　跃　许彦夫　吴城金
　　　　　陈　宏　陈耀平　林惠迎
　　　　　罗木群　郑海田　钟静洁（女）
　　　　　黄水群　黄继茂　黎蔓晴（女）
　　　　　戴庚林　魏保裕

县人大常委会工作机构

【县人大常委会办公室和各工作委员会机构设置】 2012年海丰县人大常委会办公室和各工作委员会组成人员如下表

2012年海丰县人大常委会办公室和各工作委员会一览表

表2

届次	机构名称	组成人员
第十四届人大常委会	人大常委会办公室	主　任：魏保裕（任至7月底） 　　　　罗展峰（8月起任） 副主任：戴庚林
	选举联络人事任免工作委员会	主　任：黎蔓晴（女） 委　员：罗木群、陈耀平、戴庚林
	财政经济工作委员会	主　任：马　宇（8月起任） 委　员：叶　森、吴城金、郑海田
	农村农业工作委员会	主　任：刘　跃 委　员：魏保裕、马俊鸿、林惠迎
	法制工作委员会	主　任：黄水群 委　员：冯玉平（女）、陈　宏（任至11月）
	教育科学文化卫生侨务工作委员会	主　任：叶小红（女、8月起任） 委　员：许彦夫 黄继茂 钟静洁（女）

重要会议

【县十四届人大第二次会议】 2012年4月16～18日，海丰县第十四届人民代表大会第二次会议在县迎宾楼召开，会期2天半，参加代表257人，不是代表的县领导、各单位负责人和特邀人员等共380人列席了会议。会议设10个代表团。大会由主席团主持，主席团成员55名，常务主席是：郑佳、姚英谋、陈紫光、谢荣如、陈木、陈智景、马伟飚。

会议议程：①听取和审议海丰县人民政府工作报告；②审议海丰县2011年国民经济和社会发展计划执行情况与2012年计划草案的报告；批准

海丰县2012年国民经济和社会发展计划；③审议海丰县2011年财政结算和2012年财政预算草案的报告；批准海丰县2012年财政预算；④听取和审议海丰县人大常委会工作报告；⑤听取和审议海丰县人民法院工作报告；⑥听取和审议海丰县人民检察院工作报告；⑦其他事项。

工作报告：姚英谋代表人大常委会作《海丰县人民代表大会第二次会议筹备工作报告》；沈木荣代表县人民政府作《海丰县人民政府工作报告》；郑佳代表海丰县第十四届人民代表大会常务委员会作《海丰县人大常委会工作报告》；林建新代表海丰县人民法院作《海丰县人民法院工作报告》；黄友瑜代表海丰县人民检察院作《海丰县人民检察院工作报告》。谢小平受县政府委托作《海丰县2011年国民经济和社会发展计划执行情况与2012年计划草案报告》（书面）。林国义受县政府委托作《海丰县2011年财政决算和2012年财政预算草案报告》（书面）。

通过报告、决定、决议：大会主席团通过了《关于计划预算审查委员会主任委员、委员名单》《关于代表议案处理意见的报告》《关于海丰县2011年国民经济和社会发展计划执行情况与2012年计划草案的审查结果报告》《关于海丰县2011年财政决算和2012年财政预算草案的审查结果报告》《关于代表提出质询或询问的有关事项》《关于第二次会议表决议案办法》《关于代表提出议案截止时间的决定》《关于第二次会议选举办法》。全体会议通过了《关于代表联名提出议案的处理决定》《关于海丰县人民代表大会常务委员会工作报告的决议》《关于海丰县人民政府工作报告的决议》《关于海丰县人民法院工作报告的决议》《关于海丰县人民检察院工作报告的决议》《关于海丰县2011年国民经济和社会发展计划执行情况与2012年计划的决议》《关于海丰县2011年财政决算和2012年财政预算的决议》。

议案、建议：会议收到代表提出议案7件、建议批评和意见3件（其中财政经济方面1件、城建环保方面5件、农业农村方面4件）。

这是一次非常重要的会议，会议总结了2011年的工作成绩和存在问题，提出了2012年的工作安排，发展思路和奋斗目标。

【县人大常委会会议】 2012年，县十四届人大常委会共举行8次会议。会议主要听取和审议“一府两院”工作报告、人事任免事项、决定重大事项、研究常委会重要工作等。

2011年12月31日，县人大常委会举行第一次会议，参加会议委员26人。会议完成6项议程：①人事任免；②宣布县人大常委会领导班子成员分工：（郑佳主任负责县人大常委会全面工作；姚英谋常务副主任，协助县人大常委会主任负责县人大日常工作，兼管县人大办公室；谢荣如副主任分管县人大财政经济工作委员会工作；陈木副主任分管县人大选举联络人事任免工作委员会工作；陈智景副主任分管县人大法制工作委员会工作，兼任县依法治县办主任；陆德源副主任分管县人大农村农业工作委员会工作；马伟飚副主任分管县人大教育科学文化卫生侨务工作委员会工作）；③通过增选1名县十四届人大代表的决定（会议一致通过增选县委副书记林建隆为县十四届人大代表）；④通过县人大常委会组成人员代表资格审查委员会名单；⑤听取和审议县政府关于调整海丰县2011年地区生产总值及人均两项经济指标的议案（会议一致同意这个议案，并批准由县政府实施）；⑥听取和审议县政府向建设银行贷款解决县重点项目建设资金的议案（会议一致同意这个议案，并批准由县政府实施）。这是换届后第一次常委会，会上，常委会主任郑佳对常委会成员提出四点要求：一是必须加强学习，认真学习相关法律法规，打好根基。二是认真履行好职责。为海丰经济发展、民生工程、代表履职出谋献策，提出建议，加强对“一府两院”的监督，以大局为重，公正提出意见。政府部门应向县人大常委会述职，实事求是评价工作。三是重大事项、人事任免等要与县委保持高度一致，多沟通、分析，特别是政府各组成部门，不称职的可提请县委调整，对责任心、事业心强的人员进行推荐和提拔。四是分工不分家，团结协作，做好机关工作。搞好团结才有战斗力，才有人大权威。常委会常务副主任姚英谋提出：人大工作责任重大，使命光荣。郑佳主任提出的四点要求，大家要认真贯彻学习。在县委的领导下，履职做好法律法规备案审查、重大事项决定、发挥代表作用、人事任免、监督等工作。大家在一起工作是缘分，要团结协作，把新一届人大常委会的工作推上新台阶。

2012年1月19日，县人大常委会举行第二次会议，参加会议委员26人。会议完成2项议程：人事任免；审议通过县人大常委会代表资格审查委员会关于增选县十四届人大代表资格审查报告。

4月7日，县人大常委会举行第三次会议，

参加会议委员25人。会议完成八项议程：人事任免；听取县政府关于代表议案、建议办理情况报告；听取县政府关于财政预算工作报告；听取计划发展报告；通过县十四届人民代表大会第二次会议有关文件草案；通过召开县十四届人民代表大会第二次会议时间决定；通过县人大常委会工作报告（草案）；通过县人大常委会2012年工作要点。

5月22日，县人大常委会举行第四次会议，参加会议委员23人。会议完成一项议程：人事任免。

7月10日，县人大常委会举行第五次会议，参加会议委员24人。会议完成一项议程：审议县公安局《关于允许对海丰县人大代表曾向普执行刑事拘留的请示》。会议通过审议表决，并根据《中华人民共和国全国人民代表大会和地方各级人民代表大会代表法》第三十二条规定，决定许可海丰县公安局对海丰县第十四届人民代表大会代表曾向普采取强制措施。

8月1日，县人大常委会举行第六次会议，参加会议委员25人。会议完成一项议程：人事任免。

9月21日，县人大常委会举行第七次会议，参加会议委员23人。会议完成四项议程：人事任免；听取和审议县政府关于“六五”普法工作情况报告；听取和审议审计工作报告；听取和审议2012年关于上半年财政预算执行情况报告。

12月4日，县人大常委会举行第八次会议，参加会议委员24人。会议完成四项议程：听取和审议县政府关于重点项目建设情况汇报；听取和审议县政府关于提高教育质量的情况报告；听取和审议县政府关于社保工作情况报告；人事任免。

【全国十省（市、区）十二县（市、区）人大工作研讨会第26次会议】 5月22～25日，县人大常委会副主任谢荣如等4位同志参加了在汕尾市城区召开的全国十省（市、区）十二县（市、区）人大工作研讨会第26次会议。会议主办单位是汕尾市城区人大常委会。参加单位有：河北省石家庄裕华区、重庆市涪陵区、北京市顺义区、安徽省六安区霍山县、山西省太原市万柏林区、浙江省杭州市余杭区、江苏省太仓市、重庆市渝北区、江西省宜春市袁州区、广西玉洲区人大常委会等11个单位，参加领导70人。汕尾市人大常委会副主任吴友深和市城区政府领导应邀参加了会议，城区政府区委书记陈少荣在会上作了介绍发言。会议研讨主题：《创新监督方式，推进公正司法》，参会单位都作了书面发言。海丰县人大常委会副主任谢荣如在会议作了题为《创新司法工作监督，大力推进公正司法》的发言。发言要点：一是抓住工作重点有新举措，推进法律监督和工作监督。即听取两院报告之前，先在全县开展“民意畅谈”系列活动，组织人大代表、群众代表、与两院相关负责人进行平等对话交流；根据代表和人民群众反映强烈、带共性的问题，如司法腐败的问题，随后组织常委会组成人员和人大代表深入基层、深入群众进行视察或专题调研，增强了监督工作的针对性；还就个案监督的一些重要问题开展调查，对一些典型案件实行全过程跟踪督办，将人大代表提出的有关司法方面的建议、批评和意见作为司法监督的重点，落实专人督办；重视加强对司法机关工作人员的履职监督，通过成立调查组调查，向社会各界和案件当事人征求意见，有效促进司法人员公正执法，依法办案。二是开展执法检查有新做法，大力推进两院公正司法。针对检查的范围，从法院、检察院抽调部分案件，对案件的办理程序、实体处理、法律适用、证据收集情况进行检查；组织常委会组成人员和部分人大代表参与检查工作，旁听法院的庭审；坚持检查前学习制度，准确把握执法检查的重点和难点。三是司法监督原则有新规定，增强监督的权威性和实效性。做到四坚持：即坚持党的领导原则；坚持依法监督的原则；坚持集体行使职权的原则；坚持事后监督为主，事中监督为辅的原则。四是学习培训有新加强，不断提高监督主体的整体素质。常委会定期或不定期组织组成人员、机关干部和人大代表进行法律知识培训，加强对涉及人大相关法律法规的学习，逐步提高政治素质、业务能力。

主要工作

【议案建议办理】 县十四届人大第一次会议期间，共收到人大代表提出的建议25件，继续办理县十三届人大六次会议代表议案1件。4月2日，县人大常委会第三次会议听取了《县政府关于议案建议的办理情况报告》。办理情况如下：县十三届人大六次会议审议通过了《关于整顿县城交通秩序取缔三轮车的议案》。县政府对该议案的办理高度重视，先后组织县公安交警、交通、工商、公用事业局和在城三镇等部门多次召开协调会，并于2011年6月1日起对县城无证客运三轮车和客运蓝牌车进行了整治，已完成原核定客运三轮车的登记、审查、户籍甄别工作，并进行了公告，制订了《海丰县城客运三轮车过渡期整治工作方案》、《关于加强海丰县城过渡期环保型三轮车管理意见》和《海丰县城客运环保型三轮车管理办法》。

县十四届人大一次会议代表建议办理情况：本次会议代表提出建议及批评意见共25件。具备解决条件的建议11件：①黄信乐等代表要求保护大液河流域的建议，已采取四方面措施：一是加大工业污染源的监管力度；二是提高城乡生活污染治理水平；三是全面开展畜禽养殖业污染治理；四是加强重要生态功能保护区建设，水质得到改善。②罗恒等代表要求设立大湖镇农村信用社的建议。③吴景船等代表要求尽快上马续建黄江大堤加固整治工程扫尾工作的建议。④陈智钥等代表要求向公平水库上游集雨地区补偿水资源费的建议（县政府已专门向市呈报请示）。⑤戴汉泉等代表要求整治罗輋河的建议（县水务部门正在做好可行性研究报告、）。⑥曾秋生等代表要求改造国道324线梅陇段的建议。⑦李锦梅等代表要求解决后门镇民新村委及朝面山村委与梅陇镇南山村委林地权属的建议。⑧施流炎等代表要求建设大湖至陆丰上英公路（桥）的建议。⑨李锦梅等代表要求政府采购项目建议简化审批程序的意见。⑩曾向顶等代表要求对赤坑镇沙港分渠清淤改造的建议。⑪罗张智生等代表要求对赤坑镇截山洪渠道除险加固的建议。

因客观条件限制在短时间内解决还有困难的12件：施流炎等代表要求列入计划建设大湖渔港的建议；彭志雄等代表要求整治城东金园工业区至赤山市政排污渠道的建议；黎胜波等代表要求整治无序采砂，保护黄江河床河堤和防洪安全的建议；林庆周等代表要求移交省道241线复线可塘段管养事项的建议；陈鸿锐等代表要求将附城镇村居垃圾处理纳入县城地区统一管理的建议；陈智钥等代表要求改造黄羌镇镇区的建议；谢火宣等代表要求接通自来水管道的建议；施华森等代表要求建设海丰连接汕尾市区长沙湾大桥的建议；陈鸿锐等代表要求扩建海梅公路的建议；黎贞萍等代表要求加快附城海渡、中河、城南三大县城排洪排污渠道进行整治的建议；曾向慈等代表要求全面维修平东水利灌渠的建议。已向代表作出解释说明 2件：陈贤泽等代表要求解决梅陇农场行政村办公经费补贴问题的建议，罗坤照等代表要求完善县属乡村工作岗位人员经费列入财政预算的建议。

委员们就政府的报告进行了认真的审议，认为当前县城交通较乱，既影响市容，又危及群众安全，要求县政府采取有力措施整治。对议案拖了2年未能结案，各位委员发言反映了人大代表和市民的意见和呼声，并提出了要求和建议，希望县政府要高度重视代表议案的办理，落实责任，加强宣传，加大力度，抓紧结案。

【依法进行人事任免】 2012年，县十四届人大常委会依法任免“一府两院”人员共48名。其中，人大常委会第一次会议决定任命：姚英谋为海丰县第十四届人民代表大会常务委员会代表资格审查委员会主任委员；陈木为副主任委员；叶森、罗木群、黄水群、黎蔓晴、魏保裕为委员。决定免去：黎蔓晴县人大常委会财政经济工作委员会主任职务；马宇县人大常委会办公室副主任职务；戴庚林县人大常委会选举联络人事任免工作委员会副主任职务。决定任命：黎蔓晴为县人大常委会选举联络人事任免工作委员会主任；马宇为县人大常委会财政经济工作委员会副主任；戴庚林为县人常委会办公室副主任。县人大常委会第二次会议决定任命：王楚雄为海丰县公安局局长；刘英剑为海丰县水务局局长；黎方极为海丰县林业局局长；林锡清为海丰县监察局局长；谢小平为海丰县发展和改革局局长；何秀山为海丰县经济促进局局长；黄坚如为海丰县教育局局长；陈耀海为海丰县司法局局长；黄小流为海丰县民政局局长；林国义为海丰县财政局局长；黄小平为海丰县人力资源和社会保障局局长；徐小星为海丰县环境保护局局长；刘城芳为海丰县住房和城乡规划建设局局长；许妈银为海丰县交通运输局局长；陈容生为海丰县农业局局长；颜荣林为海丰县卫生局局长；郑永城为海丰县人口和计划生育局局长；余德钦为海丰县审计局局长；李小平为海丰县统计局局长；陈广波为海丰县安全生产监督管理局局长。县人大常委会第三次会议决定任命孙伟忠为海丰县人民检察院副检察长、检察委员会委员。县人大常委会第四次会议决定任命：符坚为海丰县人民政府副县长。县人大常委会第六次会议决定任命：罗展峰为县人大常委会办公室主任；马宇为县人大常委会财政经济工作委员会主任；叶小红为县人大常委会教育科学文化卫生侨务工作委员会主任；张翰文为海丰县教育局局长；曾诗贤为海丰县安全生产监督管理局局长。决定免去：魏保裕县人大常委会办

公室主任职务；黄坚如海丰县教育局局长职务；陈广波海丰县安全生产监督管理局局长职务。县人大常委会第七次会议决定免去：郑佳县人大常委会主任职务、沈木荣海丰县人民政府县长职务。决定任命：姚英谋为县人大常委会代理主任职务；陈德忠为海丰县人民政府副县长、代理县长职务。县人大常委会第八次会议决定免去：叶海帆海丰县人民法院梅陇人民法庭庭长职务。

【人大监督工作】 2012年，常委会对以下重点、热点问题开展监督。

对“六五”普法工作实施情况进行监督 9月21日，县人大常委会举行第七次会议，听取和审议县司法局局长陈耀海受县政府委托所作的《关于海丰县“六五”普法工作实施情况报告》。会议认为，海丰县“六五”普法工作在县委高度重视下，科学制定“六五”普法规划，建立健全工作机制，积极实施普法工作，取得了较好的成效：一是领导干部及广大群众的法律意识和素质不断增强；二是依法行政、公正司法的水平和能力逐步提高；三是依法治县创建活动、法治文化建设取得良好成效。会议原则上同意这个报告。存在问题：普法工作发展不平衡，流动人口的普法工作存在漏洞，法律进农村、企业、学校、社区、家庭有待进一步落实。要求建议：一要加强对普法工作的组织领导，营造良好法制氛围。要认真落实普法规划，统筹抓好“六五”普法各项工作。二要抓好部门协调配合，构建法制宣传教育资源整合机制。充分发挥各职能部门的优势，共同推进全县法制宣传教育工作。三要创新普法方式方法，在普法方法上求突破。进一步探索法律进家庭、进企业、进学校、进社区、进农村的新方式方法，力求在普法的形式和载体上搞创新、求突破，增强普法工作的针对性、有效性。四要加强研究探索，把普法工作纳入规范化轨道。要针对普法工作中出现的新形势、新情况、新问题，加强研究和探索解决方式方法。要总结法制宣传教育的成功经验，进一步健全完善普法工作责任制度、考试考核制度、监督检查制度、评比奖励制度等，用制度推动普法工作。

对2011年度县本级预算执行和其他财政收支情况审计工作进行监督 9月21日，县人大常委会举行第七次会议，听取和审议县审计局局长余德钦受县政府委托所作的《关于海丰县2011年度本级预算执行和其他财政收支情况审计工作报告》。会议认为，2011年度县审计工作依照《中华人民共和国审计法》的规定，坚持“依法审计、服务大局、围绕中心、突出重点、求真务实”的工作方针，认真履行审计的监督职责，对2011年度本级预算执行和其他财政收支情况实事求是地进行审计、评价，肯定成效，指出存在主要问题，客观提出审计建议。会议原则上同意这个报告。存在问题：①财政征管难度大，收入质量差，资金调度困难，财政预算收入仍存在硬缺口；②预算不符合科目使用范围；③预算管理方面存在一些大额项目资金先暂付或临时批拨和追加，规避了预算监管；④占用、调剂使用专项资金；⑤税收征管中个别纳税户少申报缴税当期税费；⑥税源管理情况不够健全完善。要求建议：一要坚持严格依法审计，增强本级财政预算执行的严肃性，进一步加大审计执法力度。二要加强专项资金管理，提高资金使用效益，建立健全财政专项资金跟踪问效机制和责任追究制度。三要强化审计监督，严肃财政纪律。对审计发现的存在问题和违规行为，及时拟定整改方案，落实整改措施。四要抓好金融化险清算小组管理工作，节省金融化险处置支出。五要不断深化预算改革，推进财政管理规范化建设，进一步规范细化预算编制，提高财政资金收入和支出透明度。

对2012年上半年财政预算执行情况进行监督 9月21日，县人大常委会举行第七次会议，听取和审议县财政局局长林国义受县政府委托所作的《海丰县2012年上半年财政预算执行情况报告》。会议认为，海丰县财税工作在县委、县政府的正确领导下，围绕“推动创新发展，建设幸福海丰”这一核心，狠抓增收节支，实现了时间过半，任务过半的目标，保证了工资发放、财政正常运转和重点建设项目的需要，较好地执行了既定的财政预算收支方案，会议原则上同意这个报告。存在问题：一是税源少，税收增幅小，征收难度大，收入质量差，财政增长后劲不足；二是支出需求不断增长，资金调度难，实际可支配财政资金有限，财政缺口较大。要求建议：一要在完善财政管理机制、挖掘财源、增收节支上做文章。二要在财税制度改革上做文章。要深化预算编制和财政支出绩效评价改革，强化财政内部制衡管理。三要在培育税源上做文章。要把重点项目建设作为培育税源的重点，加大重点项目投入，促进全县重点项目建设顺利开展，为财政收入增加税源。四要在土地储备、国有资产处置上做文章。妥善处理好土地储备，作出规划，依法征用，合理出让，使土地储备产生效益。五要在落实责任制上做文章。层层落实责任制，加大征收力度，确保税收应收尽收，避免偷税漏税。六要在细化预算上做文章。特别在支出上要牢固树立过紧日子的思想，厉行节约，防止铺张浪费，严格控制一般性支出和临时支出。七要在审计借力上做文章。针对审计出来的存在问题，抓紧查漏补缺，落实整改。八要在向上级争取财政资金上做文章。利用政策和人大代表的议案、建议，争取国家和省市的财政资金。

对全县重点项目建设进展情况进行监督　12月27日，县十四届人大常委会召开第八次会议，听取和审议县政府常务副县长许信咏受县政府委托所作的《关于2012年1月至11月份全县重点项目建设进展情况报告》。会议认为，县委、县政府高度重视重点项目建设，坚持以人为本，注重民生，做到科学谋划，和谐征地，积极推动重点项目建设的顺利开展，取得了较好的成效。存在问题：项目资金短缺、土地供需矛盾突出、重大项目偏少、有的建设项目前期工作尚未完善，存在随意性，责任领导重视不够，项目推进缓慢，进展不平衡。要求建议：一要抓好资金投入。要想尽千方百计筹措资金，确保项目建设有效推进；二要抓好项目前期工作，采取有力措施，抓紧抓好项目的规划、征地、立项、环评、报建及基础设施建设；三要抓好项目建设进度；四要抓好安全和质量管理，把好安全和工程质量关；五要抓好督查推进，县重点项目督查组要加强督查推进工作。

对全县社会保险工作进行监督　12月27日，县十四届人大常委会召开第八次会议，听取和审议县政府副县长陈凯婵受县政府委托所作的《关于海丰县社会保险工作情况报告》。会议认为，县政府高度重视社会保险工作，社保部门认真贯彻落实《中华人民共和国社会保险法》，把“落实新型农村和城镇居民养老保险制度”与“开展新型农合和城镇居民一体化医保工作”放在全力办好十件民生实事的首要位置。进一步扩大社会保险覆盖面，全力推进扩面征缴工作，维护了社会稳定。存在问题：一是参保覆盖率仍偏低，扩面征缴难度较大；二是开展新型农村和城镇居民养老保险工作进度不平衡；三是没有设立专职稽核机构，稽查工作不到位，对一些医保定点机构的违规行为的执法不够严格；四是欠账清理工作依然缓慢。要求建议：一要进一步做好社会保险扩面征缴和清欠工作。加强社保扩面政策宣传，注重政策法规宣传的针对性。二要加大督促检查力度，保证社保指标完成。三要发挥部门联动，加大对违法、违规行为的查处。四要提高社会保险工作水平。五要加强社会保险基金的管理工作，确保基金安全运行。六要进一步强化对社会保险基金的审计监督，规范社会保险基金审计工作。

对全县教育教学质量进行监督　12月27日，县十四届人大常委会召开第八次会议，听取和审议了县政府副县长卓凛波同志受县政府委托所作的《关于提高我县教育教学质量的情况报告》。会议认为，近年来海丰县教育工作在县委、县政府的正确领导和高度重视下，有效地推动了全县教育事业健康持续发展。一是教育投入不断增加，办学条件日益改善；二是教育体制改革初见成效；三是师资队伍素质有所提高；四是学校管理逐步走上规范化轨道。存在问题：①存在重抓高中教育，轻初中、小学学前教育的思想观念；②教育投入历史欠账大，教育经费较为困难；③全县中小学校基础设施建设虽有改善，但配套严重不足；④教师对职称评聘和绩效工资的发放等认识不足，影响了教师的工作积极性；⑤外地籍教师因住房等问题难以解决而导致外流，使教师队伍不够稳定；⑥教师队伍存在结构性缺编现象；⑦大班额问题没有得到彻底解决；⑧网吧严重影响中小学生的身心健康和正常的学习活动；⑨一些学校存在交通安全隐患。要求建议：一要着力破解制约教育质量的难题，创新办学理念，提升教育质量。二要明确基础教育各个阶段的培养目标，树立办好基础教育的整体意识。三要进一步抓好学风、教风、校风建设。四要强化管理，加大教师培训力度，多渠道加强师资队伍建设，提升教师业务素质，建设一流的校长队伍。要建立完善科学的激励机制，提高教师工作积极性。五要整治学校周边环境，营造良好的办学氛围。

【人大工作调研】　海丰是一个农业大县。近年来，许多代表和基层干部群众反映，县、镇农田水利基本建设重视不够，因而问题较多。针对这一情况，县人大常委会指派农业农村工作委员会组成调研组，由陆德源副主任带队，从6月中旬开始，先后深入农业局、水利局、梅陇镇、赤坑镇、黄羌镇等单位，以现场视察、召开座谈会、听取汇报的形式，对全县农田水利基本建设情况进行专题调研，取得了一些真实情况和数据，听取和采纳了一些批评意见及工作建议。主要成绩：一是水利建设投入增加，维护范围逐年扩大。“十一五”期间全县累计投入水利建设资金

达6亿多元，平均每年超1亿元，加固水库78宗，维修加固水闸80多宗、涵闸200多宗，修复水陂200多处。二是惠民工程建设顺利，议案项目进一步落实，建设省人大议案项目共24宗。三是农田整治规模化建设成效显著，超1000万元标准化农田建设项目竞标成功，建设规模635.3公顷，省级投资1677万元。2007年以来农业局、国土局建设基本农田整治整理项目10宗，总投资11200万元。存在问题：一是认识不到位。各级政府对农田水利基本建设重要性认识不足，重视不够，存在重建轻管的问题。特别是部分镇、村两级修建、管护水利的积极性较低，致使修好的水利设施没有管理好。二是依赖思想严重。农民在农田水利建设的主体作用没有充分发挥，"一事一议"政策难以落实，农民投工投劳投资难以发动。三是水利设施年久失修，功能退化。导致排灌系统失效，灌溉面积下降，易旱易涝耕地面积加大，有的地方河道长期无清理，排灌沟高过田，如果出现大水灾，隐患不小。四是规划滞后。政府注重大中型水利工程设施的规划和建设，对农田水利基础设施的规划建设相对少，忽视小渠道、小水闸（陂头）建设。五是投入不足。制订的资金补助数额偏低，难以调动农民的积极性，投入农田水利基本建设资金与建设所需资金差距太大。六是管理不到位。出现漏管失管、责任没落实现象。工作建议：①要加大思想解放，强化服务意识。希望县政府要学习借鉴外地经验，制订有效的措施办法，为向上争取项目开绿灯。②要加大重视力度，强化忧患意识。海丰是农业大县，农田水利基本建设搞得不好，必然制约农业的发展和农民的收入，以及影响农村稳定和谐。如黄羌等地方因缺水，两造改一造，甚至出现丢荒；有的地方因争水，前些年发生打死人的事件。政府要重视这些情况，出台关于加强农田水利建设文件，把抓好农田水利基本建设各项工作落到实处。③要加大重点整治，强化规划意识。要着手制订和完善县、镇农田水利建设整体规划，注重解决好以下问题：一要重视涉及面广又问题严重的大河道；二要重视年久失修大中涵闸；三要重视协调公平水库灌渠项目贷款50%配套费；四要重视山区镇陂头建设；五要重视水浮莲问题，多个地方农民群众反映强烈，建议主管部门成立专门队伍，落实经费，县镇联动，切实解决。④四要加大财政支持，强化投入意识。要大幅度提高农田水利基本建设预算，而且逐年有较大比例递增；要继续积极向上争取项目资金，力争有更多的水利项目在海丰投建。⑤要加大管护力度，强化责任意识。要解决好水利所在编人员工资待遇偏低的问题，完善管理体制，落实岗位责任制，修订完善水利设施管护制度，提高管护能力和管理水平。2012年7月27日，调研组在人大会议室召开有县政府农口线主要领导和部分镇

※　海丰县（市、县）人大代表视察全县重点项目建设。

领导、代表参加的会议，通报了调研情况。

【组织人大代表视察】 12月12日上午，人大常委会组织工作、居住在海丰的市五届人大代表、县直机关十四届人大代表在本县进行视察。代表们先在县政府迎宾楼会议厅听取许信咏常务副县长代表县政府关于2012年全县经济社会发展情况、重点建设项目进展情况、社会管理工作等情况汇报，然后，实地视察海丰影剧院、汕尾市海堤达标加固工程（海丰东关联安围海堤）、龙津河整治工程、海丰县三阳饰品有限公司、保障性住房建设等重点项目建设情况。县人大常委会主持了这次视察活动，视察通知要求，12月底前各位代表安排两天时间持证自行视察。除少数代表有特殊情况请假外，绝大多数代表都参加了视察活动。代表们通过听取汇报和视察现场，加深了对全县一年来工作的了解，认为2012年度全县的成绩是显著的，对县委、县政府重视项目建设和民生工程及取得的成效表示满意。

【依法治县】 2012年，县人大常委会及依法治县办公室根据《法治广东建设五年规划（2011～2015年）》、《法治汕尾建设实施意见（2011～2015年）》的要求，结合海丰实际，着重抓了以下几方面工作：一是进一步建立健全各党委学法用法制度，将学法用法列入各级党委理论中心学习组的学习内容，每季度组织中心学习组成员学法1～2次，切实提高各级领导干部依法执政的能力；二是深入贯彻国务院《关于加强市县政府依法行政的决定》、《关于加强法治政府建设的意见》的精神，逐步完善往年建立的各项制度，为全面构建法治政府、推进依法行政做了大量基础性工作；三是围绕推进公平公正执法，加快创新社会管理步伐，使经济秩序和社会管理逐步纳入法治轨道；四是深入贯彻落实省县域法治文化建设云安现场会精神，推动县食品企业集团公司成功申报全省首批法治文化建设示范点，同时，坚持突出重点、注重实效， 全面铺开“六五”普法规划。

（黄庆锦）

海丰县人民政府

县人民政府领导成员

【2012年海丰县人民政府县长、副县长名录】

县　长：沈木荣（任至9月）
　　　　陈德忠（9月代职）
副县长：许信咏（常务）
　　　　余振光
　　　　王楚雄
　　　　施流德
　　　　卓凛波
　　　　陈凯婵（女）
　　　　李旭强
　　　　符　坚（5月挂职）

※　2012年10月23日，县委副书记、代县长陈德忠（左二）由县委常委刘剑平（右一）陪同深入梅陇金桔莱首饰厂调研。

县人民政府工作机构

【2012年海丰县人民政府工作机构设置】 2012年，海丰县人民政府设有21个工作部门：海丰县人民政府办公室、海丰县发展和改革局、海丰县教育局、海丰县公安局、海丰县民政局、海丰县司法局、海丰县财政局、海丰县国土资源局、海丰县环境保护局、海丰县农业局、海丰县人口和计划生育局、海丰县审计局、海丰县统计局、海丰县林业局、海丰县安全生产监督管理局、海丰县经济促进局、海丰县人力资源和社会保障局、海丰县住房和城乡规划建设局、海丰县交通运输局、海丰县水务局、海丰县卫生局，其内设机构、正副职名录及办公地址详见表3。

2012年海丰县人民政府工作部门机构设置一览表

表3

机构名称	内设机构	正副职名录	办公地址
县政府办公室	秘书股、督办股、经研股、政务信息股、财税股、文教股、经促股、农业股、交通运输股、住建股、打私办、防空办、应急管理办、公积金管理中心、县采购中心、法制局、无委办、信访局	主　任：张翰文（任至8月） 黄坚如（8月起任） 副主任：刘安基（兼）　谢　光 古友新　吴智传 王荣贞（兼） 黄汉标（兼） 李廉清（兼）　魏汉锡 吴清瑜　吴智良　林友捷	县政府大院东栋二楼
县发展和改革局	办公室、农村经济与综合规划股、投资股、交通科技股、社会发展与财贸股、重点项目、产业协调与区域经济股	局　长：谢小平 副局长：陈丁睦　陈文佳	县城中山南路24号
县教育局	办公室、人事股、计财股、教育股、体育卫生股、监察保卫股、成人教育股、招生办公室、督导室、教育研究室、勤工俭学办公室、电化教育仪器站	局　长：黄坚如（任至8月） 张翰文（8月起任） 副局长：吴焕新　蔡旭彪　邓务力	县城红城大道西
县公安局	指挥中心、国内安全保卫大队、刑事侦查大队、交通警察大队、治安管理大队、经济犯罪侦查大队、出入境管理大队、巡逻警察大队、政治工作办公室、监督室、法制室、警备保障室、看守所、拘留所、强制隔离戒毒所、派出所	局　长：王楚雄 政　委：吴堂泽 副局长：郑海陆（任至12月） 罗　震　钟伟雄 陈克平（挂职） 施胜军 刘勋浦（8月挂职）	县城红城大道西
县民政局	办公室、计划财务股、优抚股、救灾救济和社会福利事务股、基层政权和社区建设股、区划地名股、海丰县民间组织管理办公室、县老龄工作委员办公室为县民政局直属正股级行政单位、海丰县复退军人安置办公室挂靠县民政局；海丰县殡葬管理办公室、海丰县拥军优属拥政爱民工作领导小组办公室为依参照公务员法管理的单位	局　长：黄小流 副局长：余经佩（任至1月） 黎祥流（任至11月） 彭小辉（2月起任） 郑木宣（7月起任）	县城G324国道县城西段648号
县司法局	政工办、秘书股、法制宣传教育股、基层股、公证律师管理股、县法律援助处、县公证处、县公职律师事务所	局　长：陈耀海 副局长：刘火木 黄辉谋　彭军梅（女）	县城人民南路商业城三楼

（续上表）

机构名称	内设机构	正副职名录	办公地址
县财政局	人秘股、法规股、国库股、预算股、综合股、文教行政股是、工贸发展股、农业股、经济建设股、社会保障股、外经金融股、会计股、绩效评价股、监督检查办	局　长：林国义 副局长：林建秀　刘　宁 　　　　林瑞清	县城海银路县财政楼
县国土资源局	人秘股、土地规划与耕地保护股、土地利用管理股、地籍管理股、测绘管理股、矿产资源地质勘查与环境股、计财股、政策法规股、纪检监察室	局　长：吴克城（任至4月） 　　　　林建军（4月起任） 副局长：林建军（任至4月） 　　　　曾诗贤（任至7月） 　　　　戴国钦（4月起任） 　　　　郭　槎（5月起任） 　　　　黄　明（9月起任）	县城红城大道西
县环境保护局	人秘股、环境影响评价管理股、生态保护与监测科技股、污染物排放总量控制股（加挂核应急与辐射环境管理股牌子）、县环保局环境监察分局。下属事业单位：县环境监测站	局　长：徐小星 副局长：王尔勇　陈继明	县城二环北路牛黄山行政小区
县农业局	人秘股、政策法规信息股、计划财务股、农村经济体制与经营管理股、科技教育股、种植业管理股、植保股、农村经济组织管理办公室	局　长：陈容生 副局长：叶永波（任至7月） 许宝城（12月起挂职公平副书记） 　　　　赵丽娟（女）	县城农林路48号
县人口和计划生育局	人秘股、发展规划与信息股、政策法规股、宣传教育股、科学技术服务股	局　长：郑永城 副局长：吴志胜　黎义坤 　　　　黄岱芬（女、任至2月） 　　　　黄少文（女、2月起任）	县城牛黄山行政小区计生楼
县审计局	人秘股、财税金融审计股、商贸农林审计股、工交基建审计股、行政事业审计股、局直属行政单位——经济责任审计办公室	局　长：余德钦 副局长：骆科俊　叶宽存 总审计师：林伟雄（4月起任）	海城红城大道西988号
县统计局	办公室、综合核算股、工交基建股、农业贸易股、统计普查中心、社会经济调查队	局　长：李小平 副局长：黄洪霞（女）　陈银友	县政府大院东栋四楼
县林业局	人秘股、营林股、林政股、财会股、县营林造纸工程领导小组办公室（副科级事业单位）；县森林防火办公室（正股级事业单位）、县森林病虫害防治检疫站、县生态公益林经营建设管理站、县林业种苗站、县园林管理所、莲花山林业站、赤石林业站、鹅埠林业站、梅陇林业站、平东林业站、黄羌林业站、公平林业站、可塘林业站、陶河林业站、赤坑林业站、鲘门林业站、小漠林业站、大云岭林业站、公平木材检查站；县公安局森林分局（副科级行政单位）	局　长：黎方极 副局长：刘世革　庄伟斌 　　　　邱诗光	县城云岭路1号

（续上表）

机构名称	内设机构	正副职名录	办公地址
县安全生产监督管理局	综合协调股、监督管理股、职业安全健康监督管理股	局　长：陈广波（任至7月） 曾诗贤（7月起任） 副局长：刘启泰　吴玉武	县城农林路39号
县经济促进局	秘书股、人事与法规股、财会股、工业发展股、市场商贸管理股、能源发展股、行业管理股（加挂海丰县酒类专卖局牌子）、信息产业股（加挂海丰县信息产业局牌子）、外商投资审批股、加工贸易管理股、商贸发展股（加挂海丰县机电产品进出口办公室牌子）、口岸工作股	局　长：何秀山 副局长：郭龙水　高宗森 郑木宣（任至7月） 刘克钳（兼） 李小武　叶　隆	县城广富路1118号
县人力资源和社会保障局	人秘股、公务员管理股、专业技术人员管理股、事业单位人事管理股、工资福利股、就业促进股、劳动关系股、县劳动人事争议仲裁委员会办公室、财务与基金监督股、医疗工伤生育保险股、养老失业保险股	局　长：黄小平 副局长：罗锡金（任至7月） 吴敬耀　黎光辉　刘小武 陈长征（兼县社保局局长）	县政府大院东栋1楼
县住房和城乡规划建设局	秘书股、人事股、财会股、建工股、房管股、管理股、城监股	局　长：刘城芳 副局长：陈俊如　李德新 陈汉排　姚宇忠	县城红城大道西
县交通运输局	人事秘书股、政策法规股、规划基建股、财务审计股、综合运输股、安全监督股；加设：海丰县交通运输局综合行政执法局、海丰县交通战备办公室；局直属事业编制运输管理机构11个	局　长：许妈银 副局长：卓学锡　林建城 周宇航	县城红城大道西交通综合大楼
县水务局	人秘股、计划财务股、建设管理股、农村水利与水土保持股、水政水资源股、质量安全监督股、农电股设有县三防办、移民办2个直属行政机构	局　长：刘英剑 副局长：简健全　魏　锑 郑吉祥	县城红城大道西
县卫生局	办公室、人事股、监察股、医政股、规划财务股、防保股、药品管理及器械业务股、爱卫股、干部保健办公室、农村合作医疗办公室、稽查分局	局　长：颜荣林 副局长：洪献就 吴仁声（1月起任） 林秀兰（女）	县城海云路1号

重要会议

【县政府常务会议】 2012年，县政府共召开18次常务会议，讨论研究137个议题。其中，涉及重大行政决策和民生实事的主要有：关于县十三届人大六次会议代表议案和县十四届人大一次会议代表建议的办理报告，关于海丰县2012年国民经济和社会发展计划执行情况与2012年计划草案，关于《政府工作报告（征求意见稿）》，海丰县2012年财政预算方案，关于海丰县落实2012年度保障性住房目标责任工作实施方案，海丰县社会保障费滞纳金处置，2012年度廉租住房配租和经济适用房配售方案的问题，“三旧”改造项目标图入库工作，海丰县城乡规划管理规定，海丰县2012年度第一、第二批次城镇建设用地公开挂牌，海丰县2012年度农村低收入住房困难户住房建设配套资金，《海丰县气象灾害防御规划》，青年水厂供水工程建设项目增加工程造价的问题，安全生产工作情况，《适应市场经济需要，打造廉洁高效政府》的报告，关于财政收支和土地储备情况，2012年度保障性住房建设计划调整，《海丰县妇女发展规划（2012～2020）》

和《海丰县儿童发展规划（2012～2020）》，县商贸物流产业园建设，龙津河排污管道和泵站建设，民生水利五项建设，2012年高标准基本农田建设前期工作及经费，立项申报大湖省级二类渔港等工作。

【县政府安全生产专题常务会议】 2012年9月10日，县长沈木荣主持召开县政府常务会议，会议听取县安全生产委员会办公室关于海丰县安全生产工作情况报告。2012年1～8月，全县发生生产安全事故290起，受伤500人，直接经济损失59.07万元，分别上升57.61%、90.84%、149.16%。事故起数、受伤人数、经济损失呈上升态势，但是安全生产死亡指标得到有效控制，死亡26人，同比下降10.34%。会议强调：各地各部门必须高度重视当前安全生产工作，认真落实安全措施。一要加大安全生产宣传力度，提高安全生产意识。二要加强安全生产管理，全面推进安全生产“一岗双责”落实。三要深入开展安全生产大检查，排查各类安全隐患。四要整顿危险化学品和烟花爆竹市场秩序。五要抓好安全社区建设试点工作。确保年终安全生产工作考核顺利过关。

【重点项目工作会议】 3月19日，县委、县政府召开全县重点项目工作会议，传达、贯彻市委书记郑雁雄、市长吴紫丽近期到海丰县调研所作的重要讲话；总结回顾2011年海丰县重点项目工作开展情况，研究部署新一年的相关工作。为海丰县“当好全市转型升级先行区，县域经济发展排头兵”做出更大的贡献。会上县长沈木荣通报了2011年海丰县重点项目工作开展情况，就如何推进2012年项目建设工作的落实沈木荣要求全县各地各部门要进一步明确目标任务狠抓工作落实，尤其是要推进各项目前期的征地工作，破解项目建设中的资金瓶颈等难题。

9月28日，全县重点项目建设推进会议召开，会议分析总结海丰县重点项目建设情况，再动员部署接下来相关工作。为海丰县当好全市转型升级先行区，大力发扬“三敢三定”的海丰经验，认清形势，提高认识，进一步增强责任感和紧迫感，再鼓斗志、再加干劲，全力推进项目建设，推动全县经济的持续快速发展，促进2012年经济发展目标任务的全面实现。小漠镇、附城镇、城东镇、县教育局、县水务局、县公路局、梅陇镇、县公用事业局、县委宣传部、县住建局就有关项目的建设情况进行汇报。

【消防安全工作会议】 1月11日，全县春节元宵消防安全保卫工作会议召开，副县长、县公安局局长王楚雄出席会议并作讲话。会议分析当全县消防安全形势，进一步部署“清剿火患”战役工作，确保节日期间安全稳定。结合冬季防火、深化消防安全“五大活动”，制定周密的消防安全保卫方案，采取有力的措施遏制重特大火灾事故的发生。

3月27日，全县第十次消防责任人暨火灾隐患重点地区工作动员部署会议在公平镇召开，会议明确2012年消防工作任务，部署火灾隐患重点地区整治工作。副县长、县公安局局长王楚雄出席会议并作讲话。与会人员观看了全省火灾重点地区整治工作纪录片；县消防大队负责人传达了使市第十次消防安全责任人会议精神，分析2012年全县火灾情况和当前消防安全形势； 县公安部门负责人宣读了《海丰县重点地区火灾隐患整治工作方案》，公平镇被省政府列为今年全省21个火灾隐患整治重点地区之一。

【防范重特大安全事故会议】 2012年，县政府每季度召开一次防范重特大安全事故会议，全年共召开3次。

3月7日，县政府在政府三楼会议室召开全县安全生产暨防范重特大安全事故会议。会议总结海丰县2012年安全生产情况，部署2012年安全生产工作。县长沈木荣出席会议并作讲话，会议由县委常委、常务副县长许信咏主持，县人大常委会副主任谢荣如，县政协副主席施培养及各镇（场）抓线领导，县安委会全体成员参加会议。会上，沈木荣代表县政府与海城、附城、城东等单位签订安全生产责任书。沈木荣强调，各相关部门要采取更加有力的措施，坚决遏制重特大事故发生，切实维护人民群众生命财产的安全。要突出抓好安全生产责任制落实。

5月31日，县政府在政府三楼会议室召开全县集中开展安全生产领域“打非治违”专项行动暨防范重特大安全事故工作会议。会议通报县安全生产工作情况，分析当前安全生产形势，部署防范重特大安全事故的工作措施。参会人员有县安委会全体成员，各镇（场）、经济开发区抓线领导。县委常委、常务副县长许信咏出席会议并就如何抓好“打非治违” 的工作作了讲话。

8月27日，县政府在县政府三楼会议室召开全县安全生产工作会议。会议主要传达省、市安全生产会议精神，研究部署防范重特大安全事故工作尤其是安全生产大检查以及安全生产领域“打非治违”工作，会上，县安监主要负责人通报2012年以来全县安全生产工作情况，分析了存在问题，部署下一步全县安全生产大检查有关工作；县委常委、常务副县长许信咏出席会议并就如何抓好“打非治违”的工作作了讲话。

【县“三打两建”工作会议】 2012年9月19日，县委、县政府召开全县“三打两建”工作会议，贯彻落实全市“三打两建”工作会议精神，对全县“三打”工作进行阶段性总结，对“两建”工作进行全面动员部署。县委书记沈木荣，县委副书记、县长人选陈德忠，县政协主席冯月琴，县人大常委会常务副主任姚英谋等县领导出席会议。陈德忠主持会议。会上，县委常委、政法委书记陈连郑传达贯彻全市“三打两建”工作会议精神，对“三打”工作进行了阶段性总结，动员部署下一阶段“两建”工作。县发改局、县工商局负责人分别就《海丰县社会信用体系建设方案》、《海丰县市场监管体系建设方案》作说明。沈木荣指出，今年以来，各地、各部门按照县委、县政府的统一部署，狠抓“三打”专项行动，迅速发起严打快打真打攻势，着力挖伞斩链，打掉了一批欺行霸市团伙，端掉了一批制假售假窝点，查破了一批商业贿赂犯罪案件，为“两建”工作创造了有利条件、奠定了良好基础。同时，坚持打建结合、以建促打，精心谋划“两建”工作，针对“三打”中暴露出来的制度漏洞和监管薄弱环节，通过研究论证，制定了《海丰县社会信用体系建设工作方案》和《海丰县市场监管体系建设工作方案》。就如何开展好此次“两建”工作，沈木荣要求，全县各地、各有关部门要强化认识，切实把思想和行动统一到县委、县政府关于开展“两建”的决策部署上来，进一步增强抓好建设社会信用体系和市场监管体系的责任感、使命感和紧迫感，扎实有效推进海丰县“两建”工作。要突出重点，大力推进“两建”工作，主要是突出抓好“两建”规划制定和制度建设、突出抓好社会信用管理体系建设、突出抓好多元化市场监管体系建设、突出抓好信息平台建设以及突出抓好“两建”试点工作。沈木荣强调，各地、各部门务必高度重视、精心组织、真抓实干，确保各项决策部署落到实处、取得实效。要加强组织领导、加强协调联动、加强宣传引导、加强督促考核。同时，他强调做好“两建”工作，责任重大、使命光荣，希望各地、各

① 2012年9月19日海丰县“三打两建”工作会议现场。
② 县委书记沈木荣作重要讲话。
③ 县委副书记、代县长陈德忠主持会议。

部门认真贯彻落实县委、县政府的决策部署，以更大的改革勇气、更强的创新意识、更实的工作作风，全力以赴做好“两建”工作，为推进创新发展、建设幸福海丰作出新的更大贡献，以优异成绩迎接党的十八大胜利召开!

重要决策

【“四抓四促”助力转型升级】　为当好县域经济排头兵，围绕“转型升级，加快发展，平衡发展”的经济工作主题，结合“建设全市加快转型升级先行区，当好县域经济排头兵”工作思路。海丰县推出“四抓四促”新举措，助力产业转型升级，加快经济发展方式转变。海丰县将在2012年以”抓提升促转型”为手段，灵活运用产业扶持政策，支持和鼓励传统产业、中小企业开展增资扩产和技术创新。

【“五个工作年”】　海丰县政府决定把2013年定为“五个工作年”即大办工业年、旅游发展年、政务环境年、环境卫生年、基层组织年。12月28日，2013年度“五个工作年”活动动员大会召开。会议全面部署“五个工作年”活动工作，分管县领导分别就“五个工作年”专项工作方案作了部署。代县长陈德忠指出，“五个工作年”活动是海丰实现“推动创新发展，建设幸福海丰”的重要抓手，是加快海丰经济社会科学发展的重要保障。各级单位要及时领会，统一思想，科学安排，统筹落实，迅速掀起“五个工作年”活动高潮，要加快发展经济做大做强工业。要提升旅游服务，创建旅游强县。要加强作风建设，优化政务环境。要整治环境卫生，提升县城品位。要加强基层建设，夯实村级组织。

【遗体火化“一刀切”】　5月28日，全县殡葬管理工作会议召开，会议传达了全市殡葬工作会议精神，通报海丰县殡改工作情况。会议决定从6月1日开始，实行遗体火葬“一刀切”政策。县长沈木荣要求全县各级党政要增强当前全县殡改工作的责任感和紧迫感。坚决推行“一刀切”火化制度。在全县开展一场殡改攻坚战。明确目标，强化责任，切实加强殡葬管理工作，重点做到“四个确保”，即确保火化率100%、确保不出现新建坟墓、确保“三道两区”乱葬坟清理得到有效治理、确保丧事大操大办得到有效遏制；要紧紧围绕“四个100%”的管理目标，按照“属地管理”的原则，层层签订殡葬改革工作目标责任书，实行目标考核、落实责任。会后，县长和各乡镇负责人签订“殡葬改革工作目标责任书”。

【建设广东省教育强县】　7月30日，全县创建教育强县工作会议召开，会议决定，海丰县将用三年的时间，初步建立起人民满意、特色鲜明、和谐发展、充满生机与活力的现代国民教育体系和终身学习体系，确保在2014年7月底前，全县70%以上的镇建设成为广东省教育强镇；到2014年12月，全县基本建成广东省教育强县；到2015年年底，全县100%的镇建成广东省教育强镇。

综合政务

【办文办会】　2012年，县政府办公室做好办文、会务工作。一是从严要求，认真做好收发文及文件管理工作。全年共收办上级各类文件998件，上级明传电报207件，制发县政府、县政府办文件299件和其他文件204件，收受各部门请示、报告589件。二是完成会务和接待工作。全年完成442次会议通知及会议筹备组织工作，接待来访50多人次，承办全县性大型会议会务工作30多次，会议圆满无误，受到领导的肯定。三是认真做好值班安排，落实岗位责任。制定值班值勤工作规范，实行领导带班与值班表轮流值班相结合，工作人员24小时值班制度。

【信息调研】　2012年，县政府办公室出版《海丰县政府政务信息》23期，上报市《政务信息》16篇，被市纳为《汕尾市政府政务信息》12篇，累计总分排在全市各县（区）第一名。

【民心工程】　海丰县坚持把经济发展成果转化为民生实惠，着力解决群众关注的难点热点问题，不断提高人民群众的幸福感。2012年重点抓好扶贫开发、新农合和城镇居民一体化医保、落实新型农村和城镇居民养老保险制、建设一所规范幼儿园和一所特殊学校、建设四级公路，实现通自然村公路硬底化、龙津河整治工程及污水泵安装建设、东关联安围达标加固工程、红城大道改造工程、建设县疾控中心和妇幼保健院及基层卫生院的改扩建任务、住房保障体系工程等10项惠民工程。积极实施廉租房、经适房、公租房及农村危房改造等百姓安居工程建设，全面推进社会主义新农村建设，着力推动教育均衡发展，全力完成扶贫“双到”、社保扩面征缴、劳动力转移、医药卫生体制改革等工作任务。

【政务督办】　县政府办公室围绕县政府中心工作，紧扣县委、县政府的重大决策和重要工作部署，加大督办检查落实力度，开展督查活动，促进上级政府和县委、县政府各项决策部署，以及领导批交办事项的落实。全县共办理督办件30件。2012年共开展政务公开工作检查19次。

【政府自身建设】　2012年，海丰县政府机关认真执行县委的决策部署，主动接受人大、政协和社会监督，广泛听取民主党派、人民团体和无党派人士意见，确保政府决策的科学化。积极办理县人大代表建议、议案和政协委员提案，办复率、满意率均为100%。落实廉政责任，实行个人重大事项报告制度，党风廉政建设深入推进。强化公共服务，规范行政职能，梳理了县政府属下33个部门2311项行政执法职权，并完成了《海丰县行政机关行政执法职权汇编》，法治政府工作深入推进。全面落实政务公开制度，重点工程招投标、征地拆迁补偿、惠农资金发放等重要事项，及时向社会公布，接受群众监督。法制建设扎实推进，“六五”普法全面展开。改革力度不断加大，财政体制、农村综合体制、集体林权制度、水利体制、医药卫生体制等各项改革深入推进。2012年，海丰县被评为“广东省双拥模范县”、广东省“金融稳定奖”、“广东省2011年度人口与计划生育先进单位”、汕尾市吸收外商直接投资一等奖、汕尾市加工贸易转型升级一等奖等。

（余晓亮）

附：2012年海丰县政府办公室领导名录

主　任：张翰文（任至8月）
　　　　黄坚如（8月起任）

副主任：刘安基　谢　光　古友新
　　　　吴智传　王荣贞　黄汉标
　　　　李廉清　魏汉锡　吴清瑜
　　　　吴智良　林友捷

政府法制

【推进依法行政工作】　2012年，县法制局报请县政府印发《广东省2012年法治政府建设工作重点》，明确2012年法治政府建设的六大任务：一是全面贯彻实施《法治广东建设五年规划》和《广东省法治政府建设“十二五”规划》，细化推进依法行政的重点措施、任务分工和进度安排；二是继续推进依法行政体制机制创新；三是着力完善行政体制、社会体制、文化体制等重点领域改革的制度保障；四是建立健全依法行政配套制度，重点推进依法科学民主决策、行政调解、依法行政考核、政府法律顾问等制度建设；五是加强和改进行政执法；六是加强领导干部的法制培训。积极做好各单位依法行政报告工作，渲染依法行政、建设法治政府的意识，促使海丰县依法行政工作及其各项配套制度建设得到巩固、发展和持续发挥作用。

【行政复议和行政应诉】　继续贯彻实施《中华人民共和国行政复议法》和《行政复议法实施条例》，及时、合法、公正地审理行政复议案件，依法维护公民、法人和其他组织的合法权益，保障和监督行政机关依法行使职权，充分发挥行政复议在解决行政争议、化解社会矛盾、维护社会稳定和谐中的重要作用。2012年受理行政复议案件3宗，都严格按法律的程序和规定办理结案。及时联系有关部门，积极做好开庭准备，充分掌握案件事实证据，加强同人民法院的协调和沟通，做好政府行政案件的应诉工作，代表政府出庭应诉行政案件5宗，切实依法有效地维护政府的合法权益和各项行政行为。

【规范性文件审核】　全年审查政府及部门的各类文件30多件。注重把好法律关、政策关，严谨对照法律、法规和政策条文，做到发文合法、有依据与可操作性。特别注重加强规范性文件的审查备案工作，对不合法和与上位法相抵触的、相违背以及违规作出的规范性文件，按照法定程序依法提出处理意见，并及时予以纠正。做到有件必备，有备必审，有错必纠。抓好规范性文件在《海丰报》、党政信息网等媒体公开发布和向市政府、县人大的备案工作，做到审核、发布、备案“三统一”。

【当好政府参谋助手和法律顾问】 2012年，县法制局每月2次定期随县领导到挂驻乡镇开展大接访工作，代表政府与群众近距离交流和解答相关法律问题，针对群众的诉求提出合法合情的处理意见。全年共协助办理上访案件30多宗次，积极参与赤坑镇沙大鱼塭纠纷争议协调，附城镇新二村土地上访案件等群众上访问题。列席每一次县政府常务会议，对政府各项行政决策认真审核后提出法律意见和建议，提供法律咨询及决策依据。共为县政府及各机关单位审核出示各项审核及修改意见60多件。

【行政执法监督和培训】 2012年，开展行政执法案卷的抽查，检查部分行政执法单位的职权履行情况，对出现不规范、程序不合法等问题及时与抽查和检查单位一把手或者分管领导进行沟通，予以纠正。严格规范行政执法行为，强调持证上岗制，加强行政执法证管理，全县持“广东省行政执法证”上岗、取得执法资格的行政执法人员达648人，居全市前列。积极加强行政执法人员培训工作，宣传《中华人民共和国行政强制法》《广东省行政执法责任制条例》等，全年共组织5次行政执法人员培训班，邀请市法制局领导和惠州市惠城区领导来授课，组织执法知识考试，参与培训人数共计687人，不断提高海丰县行政执法人员的行政执法能力和行政执法职业道德。

【提案议案交办工作】 县政府高度重视人大议案、政协提案的交办工作，由常务县长专门召开各办理单位领导参加的议案、提案交办会，并邀请县人大、政协领导参加。加强与承办单位的联系、跟踪和督促，强调专人专项办理，落实办理联系人，确保议案、提案的办理情况能够及时回复代表和政协委员。全年交办完成县人大建议11件、县政协提案22件，都取得较好的办理结果，得到县人大、政协肯定。

【参与“三打两建”工作】 根据上级、县三打两建办的要求和海丰县“三打两建”工作部署，县法制局列为“三打两建”工作的成员单位。确定专人统筹兼顾，做好社会信用体系建设和市场监管体系建设试点工作。在社会信用体系建设方面，制定《海丰县政府法制局社会信用体系建设工作方案》，总体目标到2016年年底完成出台规范征信活动和信用服务市场等规范性文件，初步建立起较为完善的社会信用体系制度机制，为全县社会信用体系建设和运行提供制度保障。2012年着手出台《海丰县信用信息管理试行办法》和《海丰县社会法人守信激励与失信惩戒试行办法》；在市场监管体系建设方面，制定《海丰县市场监管法制体系建设试点工作方案》，围绕建立完善规范性文件制定与审查机制、认真落实行政执法责任制、规范行政执法自由裁量权等重点工作，积极探索推进海丰县市场监管法制体系建设的有效途径和方法，充分发挥试点优势，带动非试点地区、为全省推进市场监管法制体系建设提供经验。

【协助县领导抓好政法线条工作】 2012年，按照县委、县政府的安排，法制局局长兼任政府办副主任后，法制局协助王楚雄副县长抓好公安、司法行政、打私、维稳、公安消防、公安边防等，做好各方面协调和颁文、会议部署工作。特别是公平镇被省政府列为第四批重点火灾隐患整治地区，在火灾隐患重点整治期间，多次召开相关职能部门会议，部署有关整治工作的方案、措施以及其他工作。通过“前所未有的重视程度，前所未有的执法规模，前所未有的强硬措施，前所未有的经费投入，前所未有的全民参与”，全面改变公平镇的消防安全环境，整治工作得到省政府验收组的高度肯定，完成被省政府挂牌督办的任务，为海丰今后的火灾隐患整治工作树立榜样。

（林坤国）

附：2012年海丰县法制局领导名录

局　长：吴智良

外事　侨务

【简述】 2012年，海丰县按照中央、省、市有关文件精神，加强侨务工作与海外侨胞、港澳同胞及社团的联系。加强华侨港澳同胞捐赠兴办的公益事业，项目的监管工作。重视涉及政策遗留尾巴的信访，做好维稳工作。积极排查，全面掌握侨务信访最新动态，努力化解矛盾，防止越级上访和非正常上访，做到底子清、处理快、无隐患、保稳定，及时上报信息，建立维稳工作上下联动机制。

【海外联谊】 2012年，按照“请进来，走出去”的原则，积极开展对外联谊活动，重点联络一批有实力、有影响、讲团结、做实事的对海丰县友好华侨华人社团，加强与新华侨、华人、华裔新生代和社团新力量的联谊工作。加强沟通、密切关系，扩大影响；搞好组团接待工作，充分调动侨胞们的积极性，鼓动他们为家乡建设添砖加瓦，动员广大海外成功人士积极投资到海丰的经济社会建设上来。至年末，与海丰保持经常性友好交流的海外社团有马来西亚海陆会馆、新加坡海陆丰会馆、马六甲惠州会馆，港澳社团有香港汕尾市海陆丰同乡会、香港海丰同乡会、香港海丰商会、香港汕尾市海陆丰陆河文康总会、香港保健海流促进会。

【加强因公出国（境）签证管理】 随着对外开放的不断深入和外向型经济的迅速发展，海丰县在规范外事签证管理上下工夫，在完善制度、科学管理、加强服务等方面取得了一些新的进步。一是完善制度，做好因公出国（境）管理审核报批工作。在办理因公出国（境）审核手续的工作中，坚持管理与服务并举，不断完善各项制度，切实提高审核报批的工作效率。2012年，结合机关效能建设，先后制定了出国（境）审核手续报批制、文书备案制。这些制度的实施确保了海丰县因公出国（境）管理工作的顺利开展。县外事侨务局审核呈报因公临时出国（境）的人员中，没有发生一例滞留不归和违反外事纪律的个案。二是出台文件，加强对领导干部因公出国（境）证件的管理。随着海丰经济、社会的不断发展，对外交往日益频繁，特别是近年来公民因私出国（境）政策不断放宽，领导干部出国（境）不断增多。为进一步加强领导干部出国（境）的管理和监督，中共海丰县纪委、组织部和海丰县外事侨务局联合发文《转发〈关于清理领导干部持有因公因私护照及前往港澳通行证的通知〉的通知》，加强因公出访证件的管理。

【侨捐项目监管】 至2012年年末，全县已普查上报的侨捐项目分布在12个乡镇，总数97宗，接受捐赠总金额11498.6万元。使用方向：教育事业65宗，捐赠金额5071.4万元（其中林伟华中学1900万元）；福利事业17宗，捐赠金额5041.6万元（其中文天祥公园1200万元）；建桥修路11宗，捐赠金额1097.6万元；其他288万元。对这些项目，县委、县政府为捐赠人颁发了“捐赠证书”，并与受捐单位签订了“管理责任书”，捐赠建筑物悬挂由省侨办统一制作的“侨捐单位”牌子。为切实维护捐赠人、受捐单位和受益人的合法权益，促进公益事业的发展，县政府制订实施了《关于在全县建立华侨港澳同胞捐赠公益事业项目监督管理制度的实施意见》。为褒扬热心侨胞的善绩，促进侨力资源的持续发展，县外事侨务局将全县捐赠项目编印成一本图文并茂，既有项目建设概貌，又有文字说明的《拳拳赤子心，浓浓故乡情》画册，彰显华侨港澳同胞的赤子乡情，成为首次系统介绍、记载海丰侨捐项目的文本。

【建立完善归侨普查数据库】 2012年，县外事侨务局已基本完成归侨侨眷的动态调查登记建档以及管理服务。全县归侨及侨眷总人数4059人，其中归侨总户数488户，总人数538人（其中亚洲归侨537人：印尼归侨33人，泰国归侨4人，老挝归侨1人，新加坡归侨27人，印度归侨2人，马来西亚归侨451人，柬埔寨归侨7人，越南归侨12人；欧洲归侨1人：英国归侨1人），男性342人，女性216人，年收入1500元以下352人，年收入1500元以上186人；全县归侨子女3521人，就业总人数870人。归侨情况是动态变化的，归侨普查只是归侨工作的开始，除了认真做好普查资料的登记、收集、录入、汇总、分析等工作，并在此基础上建立全县归侨档案库，还保持对相关情况的跟踪，及时更新资料，完善档案。

【为侨服务工作】 2012年，海丰县积极开展为侨送温暖活动。通过举行归侨及侨眷茶话会等节庆活动，认真听取他们的意见建议，丰富大家的精神文化生活。以省侨办《关于做好扶持贫困归侨专项资金发放工作的通知》为契机，及时掌握全县各镇场贫困归侨基本情况，其中纳入城乡最低生活保障的特困归侨36户、43人，困难归侨子女助学1户、1人，残疾或疾病归侨及侨眷61户、67人，全县贫困归侨共97户、111人。县外事侨务局会同财政、民政等有关部门公平、公正严格审核有关证明材料，确定特困归侨名单。2010年、2011年两年度省侨办根据全县归侨普查的情况报告，下拨了困难归侨特殊救助款共8.3万元，县外事侨务局配合县财政局、民政局及时将款项发放到个人。2012年，困难归侨特殊救助款项5.2万元也已到位。

【加强自身建设】 为全面提高外事侨务干部的业务素质和工作能力，2012年，县外事侨务局加强理论、业务知识学习，提高工作水平，努力实践科学发展观，结合县外事侨务工作实际，深刻领会和全面落实省市外事工作会议精神，增强全局工作人员做好外事、侨务工作的主动性和积极性。加强了侨务工作的统筹协调，充分发挥侨务部门的职能和力量，建立了全县外事侨务工作信息平台。同时把反腐倡廉教育同坚持抓好机关的制度建设作为自身建设的基础来抓，加强侨务部门领导班子的建设，做到知侨、亲侨、为侨，熟悉侨务政策，有较强的执政意识和依法行政的能力，以新的观念，新的举措提升了外事侨务部门的服务水平。

（曾向祥）

附：2012年海丰县外事侨务局领导名录

局　长：吴华生

副局长：林晓群（任至1月）

机关事务接待

【机关事务管理】　按照围绕服务中心创新建设服务型后勤机关的要求，充分发挥职能职责作用，为大院提供优质高效的服务。在2012年的会议会场服务工作中又没有出现任何差错，保障了各项工作优质、有效运转。水电管理方面，加强对水电线路和值班的管理，对大院周边的和大院内的水电表、柴油机等进行全面的检测、检修，杜绝漏水跑电现象。重视大院环境卫生，聘请的清洁工对大院所有卫生责任区坚持每天打扫两次，保持全天候保洁。花草定时施肥、修剪、杀虫，使大院花草整齐，有条不紊，为干部职工创造干净、整洁、舒适的办公环境。认真做好公务用车管理，经常教育司机要遵守交通规则，注意行车安全，确保全年度公务用车行车安全。

【机关大院安保工作】　2012年，不断加强对保卫人员的思想教育工作，提高保卫人员的防范意识，不断加强防控力度，加强夜间巡查，确保大院安全。努力维持好机关大院群众上访秩序，经常协助处理群众上访缠访事件，完善来访人员登记及车辆进入验证制度，为保障县大院的安全，缓解机关办公大院车辆通行和停放的紧张状况，营造良好的办公环境和秩序，及时出台《关于进一步加强和完善县委、县政府办公大院安全保卫工作的通知》，制发“海丰县委、县政府大院车辆通行证”，印发温馨提示，重新规划泊车黄色框格，使大院内车辆进出通畅，停放有序。改变过去乱停乱放，杂乱无章的局面，呈现出良好的机关形象。

【办公经费管理】　严格执行会计制度，强化单位内部财务管理，力求财务管理科学化，日常核算规范化，费用控制合理化。认真细致处理各项日常经济业务，报销现金及银行结算业务，严格按照财务制度的规定对一切报销单据认真审核，强化经费管理监督，做到收支平衡。积极组织资金来源，对各项费用开支及时向财政提出拨款申请报告，配合财政做好核拨工作，对临时性业务如大型接待、会议活动等所需工作经费，事前向政府提出用款申请，紧密跟踪，确保资金及时到位，为县委、县政府及本办各项工作的开展提供了有力的保障。对专项资金严格把关，做到“先审后支，不审不支，支出必有源，不挤占，不挪用”，保证专款专用。人员及公用经费实行“先批后支，计划先行”的报账程序，全过程监督预算执行，严格财务管理，保证了财政资金的收支平衡。

【接待工作】　2012年，海丰县机关事务接待办公室共接待中央部、省级领导以及兄弟省市考察团和港澳台外宾等客人2600多批次，共2万余人次，大型活动有马思聪诞辰100周年纪念活动、元宵经贸洽谈会、钟敬文旧址修缮启动仪式等，接待工作得到了各级领导的肯定，也受到同行来宾的高度评价。

【迎宾楼管理】　迎宾楼是县委、县政府的公务接待基地，管理和服务工作好坏直接影响海丰的声誉。为此，县接待办加强对迎宾楼的经营管理和服务工作，牢牢抓住“安全、卫生、优质、高效”的经营宗旨，树立管理、服务、效益一起上的理念。从管理人员到服务员，设立岗位，明确职责，使之事事有人管、人人有责任。大力倡导节约，节约用电，节约用水，减少浪费，在不影响服务质量的前提下，降低经营成本。经过迎宾楼全体员工的努力，迎宾楼经营利润逐年显著增加。服务质量、经济效益、社会效益再上一个新的台阶。

【采购工作管理】　2012年，县接待办严格按照政府采购规定，达到采购规定金额的公务消费资金主动纳入政府采购，从公务用车和办公设施购置等均按要求进入政府采购程序，委托县采购办和政府采购中心实施。县接待办积极配合，有效地堵塞了采购过程中出现的漏洞，降低行政成本。基建维修工程中，完成了县四套班子换届部分领导的办公室以及迎宾楼的修缮工程，在施工过程中严把质量关和造价关，从预算、施工、验收、审核层层把关，始终坚持低价、高质原则，工程完工后送县财政局工程预结算审核所进行全面审核，杜绝不合理预算混入结算之中，有效避免工程中的不正之风和低质高价现象的发生。使政府采购工作更加规范。提高了公务经费的效益，确保机关后勤公务活动健康开展。

（吕锦佳）

附：2012年海丰县机关事务接待办公室领导名录

主　任：李振城

副主任：陈志明

地方志工作

【简述】 海丰县人民政府地方志办公室（简称县志办）是主管全县地方志工作的正科级公益一类事业单位，隶属县政府办公室。2012年，全办干部职工认真学习贯彻党的十八大精神和省委书记汪洋对地方志工作的重要论述；认真贯彻落实2012年全省地方志工作暨《广东年鉴》组稿工作电视电话会议精神；认真学习贯彻陈强主任在2012年全省地方志工作暨《广东年鉴》组稿工作电视电话会议上的报告。紧紧围绕县委、县政府的工作部署，联系县志办的工作实际，敢于担当，勇于作为，务实求真，乘势而上，迎难而进，有力有序有效地推进全县地方志工作，确保《海丰县志（1988～2004）》和《海丰年鉴·2012》（创刊号）顺利出版，取得明显成效，被评为“全省地方志工作先进集体”，成为汕尾市地方志事业科学发展的排头兵。

【《海丰县志（1988～2004）》出版】 《海丰县志（1988～2004）》由海丰县地方志编纂委员会编纂，海丰县人民政府地方志办公室主任蔡忠主编，方志出版社2012年11月出版，深圳中华商务安全印务股份有限公司承印。全面系统记述1988～2004年海丰县自然、政治、经济、文化、社会等各方面的发展变化，展现勤劳勇敢、厚德诚信、开拓进取的老区人民建设幸福海丰的崭新精神面貌和坚持改革开放的时代特色，融史地风物于一体，汇图表传记于一书。全书观点正确、特点鲜明、体例完备、结构严谨、内容全面、资料翔实，是一部集思想性、科学性、资料性和权威性于一体的“资治、存史、教化”的海丰“历史通鉴”和“百科全书”。全志设35篇160章653节和附录，为16开本，彩色图片76幅，图表286个，共181.9万字，全书分上下册，精印精装，定价396元。

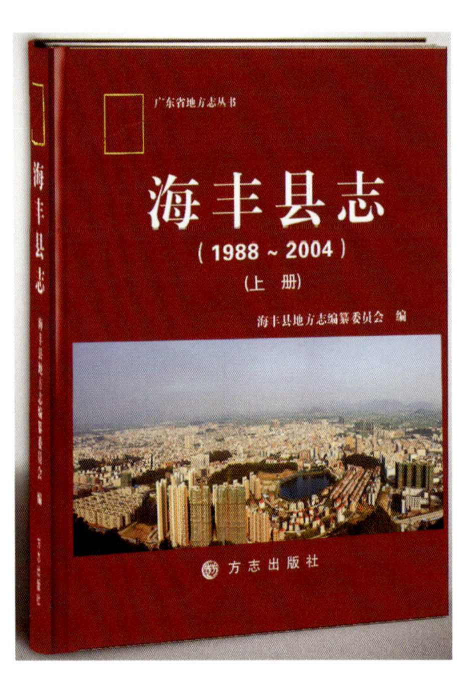

【《海丰年鉴·2012》出版】　《海丰年鉴·2012》由中共海丰县委、海丰县人民政府主办，海丰县人民政府地方志办公室编纂，方志出版社2012年11月出版，深圳市精典印务有限公司承印。系统记述海丰县2011年自然、政治、经济、文化、社会等各方面的发展，展现勤劳勇敢、厚德诚信、开拓进取的老区人民在建设幸福海丰的崭新面貌和坚持改革开放的时代特色。全书观点正确、特点鲜明、体例完备、结构严谨、内容全面、资料翔实，是一部集思想性、科学性、知识性和权威性于一体的年度资料性文献。设964条目和附录，为大16开本，共90.2万字，全书铜版纸彩色、精印精装，定价196元。

【《海丰史志》总第17、18期出版发行】　《海丰史志》自2006年11月复刊以来，始终以“信史、资政、实学”为宗旨，秉承“真诚、严谨、创新”的办刊理念，为海丰新方志的学术研究和信息交流提供一方平台，为展示海丰历史文化名域而发挥窗口作用。《海丰史志》对《海丰县志》续其所有、补其所无、正其所误、存其所异的“资政、存史、教化”功能是其他刊物所无法替代的。2012出版总第17期与总第18期。得到全省方志系统和全县广大读者的高度赞赏和各级党政领导的充分肯定。

海丰县人民政府地方志办公室主办

海丰县人民政府地方志办公室主办

【海丰县地方志编纂委员会成员调整】　2月28日，为切实加强对全县地方志工作的领导，县委、县政府决定调整充实县地方志编纂委员会成员，由县委书记郑佳任名誉主任，县长沈木荣任主任，县委常委、常务副县长许信咏，县委常委、县委办公室主任廖汉生，县政府办公室主任张翰文，县政府地方志办公室主任蔡忠任副主任。编委会下设县志编辑部，由蔡忠任主编。由于县地方志编纂委员会部分成员工作变动，11月16日，县委、县政府调整充实县地方志编纂委员会成员。县委书记沈木荣任名誉主任；代县长陈德忠任主任；县委常委、常务副县长许信咏，县委常委、县委办公室主任廖汉生，县政府办公室主任黄坚如，县志办主任蔡忠任副主任。编委会下设县志编辑部，由蔡忠任主编，负责《海丰县志》编修工作。

【《海丰年鉴》编纂委员会成员调整】　2月28日，为切实加强对《海丰年鉴》编纂工作的领导，县委、县政府决定调整充实县地方志编纂委员会成员，由县委书记郑佳任名誉主任，县长沈木荣任主任，县委常委、常务副县长许信咏，县委常委、县委办公室主任廖汉生，县政府办公室主任张翰文，县政府地方志办公室主任蔡忠任副主任，21个单位为成员单位，编委会下设海丰年鉴编辑部，由许信咏任主编，蔡忠任执行主编，负责海丰年鉴编纂工作。

【地情信息化工作】　至2012年底，海丰地情网站上传综合志书1部，《海丰史志》期刊累计至总第18期。简讯57篇，上传数据加快，方便全社会查阅。

【制定《海丰县地方志事业“十二五”发展规划》】　2月2日，县政府地方志办公室制定《海丰县地方志事业“十二五”发展规划》，明确指导思想、发展思路、总体目标、发展任务和保障措施，3月12日，县政府同意将《海丰县地方志事业“十二五”发展规划》印发全县实施。

【贯彻汪洋书记对地方志工作的重要论述】　在2011年12月组织县志办全体干部职工认真学习汪洋书记对地方志工作重要论述的基础上，2012年采取印发文件和召开会议等多种形式开展广泛深入的学习贯彻活动。一是市委常委、市委秘书长、县委书记、县人大常委会主任郑佳和县委副书记、县长、县地方志编纂委员会主任沈木荣与县委常委、常务副县长、县地方志编纂委员会副主任许信咏分别对学习贯彻汪洋书记对地方志工作重要论述作出批示，由县人民政府地方志办公室向全县各镇（场、经济开发区）党委、镇人民政府和县直各单位转发广东省人民政府地方志办公室《关于认真学习贯彻汪洋书记对地方志工作的重要论述的通知》，组织全县19个镇场和150多个县直机关单位进行宣传学习。二是在《海丰史志·总第16期》刊载汪洋书记对地方志工作的重要论述要点。三是由县人民政府地方志办公室组织全县各单位修志工作机构修志人员学习汪洋书记对地方志工作的重要论述。四是在《海丰》报和海丰电视台、海丰广播电台分别刊发和播放汪洋书记对地方志工作的重要论述。五是3月份在全县地方志工作暨《海丰年鉴》组稿工作会议上组织学习。经过学习贯彻，使广大干部特别是地方志工作者深刻领会和理解汪洋书记对地方志工作重要论述的精神实质和科学内涵，从而认真读地方志，重视地方志工作，有力有序有效地推进全县二轮修志工作和《海丰年鉴》编纂工作。通过学习贯彻汪洋书记对地方志工作的重要论述，海丰县把修志编鉴工作列入议事日程，摆上重要位置。一是调整充实海丰县地方志编纂委员会成员和《海丰年鉴》编纂委员会成员；二是落实《海丰县志（1988～2004）》出版经费和《海丰年鉴》编纂工作经费；三是于3月15日召开全县修志工作暨《海丰年鉴》组稿工作会议；四是制定《海丰县地方志事业“十二五”发展规划》；五是继续办好《海丰史志》期刊。至3月22日，海丰县19个镇场和150多个县直机关单位组织学习汪洋书记对地方志工作重要论述共达2012人次，取得初步成效。

【组织收看收听全省2012年地方志工作电视电话会议】　2月29日下午，省政府在广州召开2012年全省地方志工作暨《广东年鉴》组稿工作电视电话会议。海丰县委、县政府对此次会议高度重视，组织全县修志单位主管领导参加，县委常委、常务副县长许信咏率领县政府地方志办公室等全县修志单位128人在海丰分会场参加收看收听副省长许瑞生的重要讲话和省政府地方志办公室陈强主任的工作报告，以及全市地方志工作电视电话会议精神。会后，决定召开全县地方志工作暨《海丰年鉴·2012》组稿工作会议进行贯彻落实。

【给省志办和市县党政领导赠送《陈炯明》系列史料】 海丰县人民政府地方志办公室结合修志编鉴工作实际，在给各级领导送新编《海丰县志》的同时，于6月中下旬，将由于幼军、卢钟鹤、叶选平、朱小丹、杨应彬、黄浩、黄华华、雷于蓝、蔡东士等为顾问，省委常委林雄主编的《岭南文库——陈炯明》和省委常委庹震主编的《岭南文库——孙文与陈炯明史事编年》（增订本）等系列史料先后赠送给广东省人民政府地方志办公室陈强主任、汕尾市委郑雁雄书记、市政府吴紫骊市长和海丰、陆丰、陆河等县和汕尾市城区党政主要领导，以及宣传、史志等单位和史志爱好者。得到中山大学教授段云章、省社科院研究员赵立人等专家学者和全县干部群众的高度赞赏。学习研究《陈炯明》与《孙文与陈炯明史事编年》等史料，对于客观、公正认识和研究海丰县历史文化名人——中国军事家，辛亥革命元勋，黄花岗起义领导人之一，两广都督，广东省省长，粤军总司令，定威将军，中国致公党第一、二届总理陈炯明，推进海丰文化强县建设具有十分积极的意义。

【认真贯彻全省地方志工作总结表彰大会精神】 12月28日，省政府召开全省地方志工作总结表彰大会。会上，省人民政府地方志办公室主任陈强作《贯彻落实党的十八大精神，推进地方志事业科学发展上新台阶》的工作报告，陈强主任对近五年全省地方志工作进行总结，并就贯彻落实党的十八大精神，做好明年和“十二五”时期后三年全省地方志工作提出具体意见。省人力资源和社会保障厅党组副书记、巡视员、副厅长，省公务员局副局长陈康团宣读《关于表彰全省地方志工作先进集体和先进个人的决定》，表彰海丰县人民政府地方志办公室等“全省地方志工作先进集体”和胡巧利等“全省地方志工作先进个人”。中国地方志指导小组成员、办公室

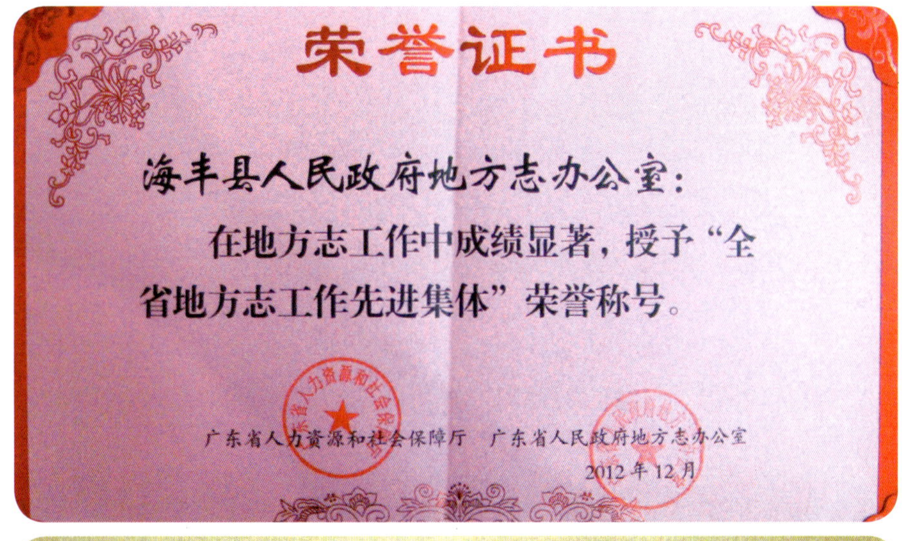
荣誉证书

海丰县人民政府地方志办公室：

在地方志工作中成绩显著，授予“全省地方志工作先进集体”荣誉称号。

广东省人力资源和社会保障厅　广东省人民政府地方志办公室

2012年12月

海丰县人民政府地方志办公室：

在地方志工作中成绩显著，被评为全省地方志工作先进集体

广东省人力资源和社会保障厅　广东省人民政府地方志办公室

二〇一二年十二月

党组书记田嘉作《以改革创新精神引领地方志工作迈上新台阶》的讲话，省政府常务副省长肖志恒在会上作重要讲话，会前接见与会先进集体代表和先进个人，并合影留念。12月29日上午，县志办主任蔡忠主持召开全办干部职工会议，传达贯彻全省地方志工作总结表彰大会和广东省地方志理论研讨会精神，组织学习陈强主任的工作报告，中国地方志指导小组成员、办公室党组书记田嘉和省政府常务副省长肖志恒的重要讲话，以及先进单位的优秀论文。联系海丰修志编鉴的工作实际，部署县志办当前和今后的志鉴工作。蔡忠主任强调：一要认真贯彻落实党的十八大精神和全省地方志工作总结表彰大会精神，推动地方志事业科学发展再上新台阶；二要抓紧《海丰县志（1988～2004）》和《海丰年鉴·2012》的发行工作；三要着手做好《海丰年鉴·2013》的组稿工作；四要抓好地方志资料年报实施意见与编写大纲的编制工作；五要着手启动地方志资源的开发利用工作；一手筹备《海丰百家姓考略》编纂的前期工作，一手抓好地方志信息化建设。2013年，务必将新编《海丰县志》和《海丰县志（1988～2004）》、《海丰年鉴·2012》上传入网，方便公众查阅志鉴资料；六要抓好地方志队伍建设，打造一支敢担当、有作为、懂业务、讲奉献、争一流的地方志工作队伍。

（蔡　忠）

附：2012年海丰县人民政府地方志办公室领导名录

主　任：蔡　忠

副主任：叶玉坤

档案工作

【简述】　2012年，海丰县档案局（馆）坚持以邓小平理论、“三个代表”重要思想为指导，深入贯彻落实科学发展观，学习贯彻党的十八大精神，执行《中华人民共和国档案法》、《广东省档案条例》，扎实做好档案工作，提高档案管理水平，更好地为经济建设和社会各项事业发展服务。围绕县委、县政府的工作部署，做好各项中心工作。2012年，县档案馆在年度评估中，被省档案局确定为合格等次；海丰县档案局被海丰县委、县政府授予“2012年度扶贫开发‘双到’工作县直先进单位”称号。全年共接收文书档案5840件、滩涂水域使用权证（存根）档案146件，县政府实物档案（各种奖牌）60件，征集各种资料152册，本县家谱族谱3册。整理馆藏档案58卷，抢救档案135卷。做好档案目录数字化工作和档案利用工作。共接待档案资料利用者182人次，提供各种档案资料571卷（册），88件。

【档案工作目标管理与指导】　配合县林业部门做好集体林权制度改革档案的归档工作，共整理档案四类1736件，并顺利通过省林改办检查验收。指导县水利普查办公室做好全国第一次水利普查档案的整理、归档工作，水利普查档案被市档案局、市水务局评为“优秀”等次。印发《关于加强镇、村（社区）档案工作的通知》。指导各镇各机关单位整理档案。继续推广应用自行开发的档案目录管理软件，软件及《使用说明》无偿提供给各镇各机关单位使用。先后指导、协助县委办、县政府办、县委老干部局、县人社局、县编制办、县国土资源局、县妇联、县畜牧局等单位做好文书档案的整理、归档工作。配合市档案局指导深汕特别合作区做好档案工作。

【档案业务培训】　举办各种短期档案人员培训班。培训内容有：文件材料归档与不归档范围、文书档案保管期限规定、归档要点和归档流程，档案目录管理软件操作等。同时，采用“三集中”建档做法，由一些单位档案人员带一年或几个年度的档案材料到县档案馆进行整理、目录输入电脑，打印目录、装订档案目录册、档案装盒等。既使这些单位的档案员较好完成归档任务，

※　2012年2月6日，县委常委、常务副县长许信咏（右）在县政府办公室副主任吴清瑜陪同下检查指导县档案局（馆）工作。

又很快掌握档案整理归档的业务技能。

【健全档案目录数据库】 2012年，继续开展档案目录电脑输入工作，加快档案目录数字化步伐。新增文件级档案目录8万多条。县档案馆档案目录数据库文件级目录总数41.7万多条。完成馆藏文书档案及大部分专门档案目录输入电脑工作。档案目录数据库的建立，为各镇各机关单位建立档案目录数据库创造条件。同时，帮助各镇各机关单位做好档案目录备份工作。

【档案信息化建设】 加强海丰档案信息网站建设，向社会各界介绍海丰的历史与现状，使外界进一步认识了解海丰。同时，将档案目录管理软件、软件使用说明、档案保管期限表（蓝本）等放在网站《业务指导》栏目，供各镇各机关单位参照、复制、下载。2012年10月，海丰档案信息网进行改版升级，以确保网站运行正常和信息安全。开展网上查询工作，为公众提供远程服务。

【国家重点建设项目档案】 指导S242线公平至城东段改建工作Ⅰ标工程档案的整理、归档，并初步通过验收。会同县住房和城乡规划建设局，指导、协助海丰县城污水处理厂做好建设项目档案的分类、整理、目录输入电脑工作。

【声像档案】 做好当地重要新闻——海丰新闻视频采集工作，配备电脑和专用移动硬盘，落实专人，定期采集海丰新闻视频及整理视频内容摘要。全年采集海丰新闻视频3125条、海丰专题视频2个。

【政府信息公开】 2012年，贯彻落实《中华人民共和国信息公开条例》《广东省政务公开条例》，做好政府信息公开工作。

（洪海洋）

① 2012年6月26日，陆丰市档案局副局长林小娟一行前来海丰县档案局交流档案工作。
② 2012年6月26日，海丰县档案局与陆丰市档案局同行交流档案工作。
③ 2012年7月14日，龙门县档案局局长李继红（左）在汕尾市档案局局长周滨（右）陪同下，前来海丰县档案局交流档案工作。

附：2012年海丰县档案局（馆）领导名录：

局（馆）长：黄大毅

副局（馆）长：叶建钦

① 2012年7月14日，海丰县档案局与龙门县档案局同行交流档案工作。
② 2012年9月6日，县档案局、县公安局经侦大队扶贫工作组到黄羌林场十字岗村开展扶贫工作。

政协海丰县委员会

县政协领导成员

【2012年第八届政协海丰县委员会正、副主席名录】
主　席：冯月琴（女，中共）
副主席：余立敬（农工党）
　　　　杨师访（中共）
　　　　张健雄（女，无党派）
　　　　施培养（中共）
　　　　马小玲（女，中共）

县政协工作机构

【2012年县政协工作机构及专委会设置】　2012年，第八届县政协委员会设提案委员会、经济委员会、人口资源环境委员会、科教文医卫体委员会、社会和法制委员会、学习和文史资料委员会、港澳台侨外事委员会7个专门委员会。

县政协机关设办公室、组织联络室、综合室3个正科级内设机构，办公室下设秘书股、提案股、行政股3个职能股。

2012年政协海丰县委员会工作机构及专委会设置一览表

表4

届次	工作机构	主要负责人
县政协机关	办公室	主　任：吴远峰
	组织联络室	主　任：黄海平 副主任：罗晓文（女）　周洪流
	综合室	主　任：陈淑亮 副主任：黄雄飞
第八届县政协专委会	提案委员会	主　任：罗小雄 副主任：叶胜勇　张文亮　周洪流
	经济委员会	主　任：陈孝求 副主任：方小游　吕　锋　许妈银　陈伟建　陈淑亮　黄鸿成　黄雄飞
	人口资源环境委员会	主　任：林梓业 副主任：陈　维　罗晓文（女）　郑永城
	科教文医卫体委员会	主　任：李继群 副主任：卢小娟（女）　吴焕新　洪献就
	社会和法制委员会	主　任：黄海平 副主任：吴克城　余海明　黄小流　黄汉标
	学习和文史资料委员会	主　任：吴远峰 副主任：吴荣坤　谢立群　蔡　忠
	港澳台侨外事委员会	主　任：谢　明 副主任：李振城　吴华生　张锦程　陈勋光

重要会议

【县政协八届二次会议】 2012年4月15～17日，政协海丰县第八届委员会第二次会议在县城举行。会议审议通过了冯月琴代表八届县政协常务委员会所作的工作报告和施培养代表八届县政协常务委员会所作的提案工作报告。列席县十四届人大二次会议，听取并协商讨论了县政府工作报告及其他报告。与会委员高度关注“建设全市转型升级先行区，争当区域协调发展排头兵”的新定位和“推动创新发展，建设幸福海丰”的核心任务，就做大做强县域经济、提升产业发展水平、优化城乡发展环境、大力发展社会各项事业、加强政府自身建设等方面提出了意见建议。会议还审议通过了政协海丰县第八届委员会第二次会议提案情况审查报告和政协海丰县第八届委员会第二次会议决议。

【县政协主席会议】 全年召开5次主席会议。主要内容有：学习贯彻《中国共产党员领导干部廉洁从政若干准则》；听取各专委员会年度工作计划，研究部署2012年主要工作、委派民主监督员事项、机关扶贫双到工作；确定县政协八届一次、二次会议重点提案及督办领导；审议有关人事事项等。

【县政协常委会议】 全年召开5次常委会议。主要内容有：学习贯彻中共十八大精神、省第十一次党代会精神、市第六次党代会精神、全国及省市“两会”精神，胡锦涛在中央党校省部级干部培训班上的重要讲话精神，汪洋在汕尾调研时的重要讲话精神，省、市政协工作会议精神，审议通过八届县政协常委会工作规则、专门委员会通则、2012年工作要点、常委会关于农田水利建设的专题调研报告；协商通过有关人事事项等。

主要工作

【政协调研考察】 2012年，县政协常委会切实引导专委开展“四个一”活动，各专委会在切实加强理论学习、提出高质量提案和做好惠民好事实事的同时，积极开展调查研究，形成了积极献智献策的良好氛围。经济委针对海丰商贸流通业的发展现状、存在问题，提出了实施大市场战略，促进海丰县商贸流通业发展的建议；文史委、提案委和社会法制委，分别就全县城乡环境卫生管理和整治的情况，提出了齐抓共管、强化执法管理和逐步推行市场化运作模式等建议；人口资源环境委针对海丰县海洋产业发展的实际和存在问题，提出了推动海洋产业转型升级、加快捕捞业结构调整等建议；港澳台侨外事委通过深入海丰县经贸部门及部分企业厂家，实地视察、了解外经贸发展状况，提出了强化招商引资后续管理、加大扶持企业发展等建议。这些意见和建议都形成了内容翔实的调研报告并报送县委、县政府，得到了领导的重视和采纳。

【提案办理】 县政协八届一次会议以来，县政协委员、政协各参加单位和各专门委员会，深入实际调查研究，共提交提案45件。经审查，立案40件。其中，民主党派、专委会集体提案2件。至2012年12月底止，已全部办复。《关于规范我县县城垃圾中转站的建议》等6件提案被评为优秀提案，县公用事业局等2个单位被评为承办提案先进单位，将在县政协八届三次会议上进行表彰。

【协商议政】 2012年，县政协常委会围绕海丰县统筹城乡发展、生态环境保护、水资源保护、教育均衡协调发展、文教卫体事业发展布局等问题，召开专题协商议政会议，让委员与县政府领导面对面协商议政，形成的意见建议被采纳或吸收进相关政策和规划中，为促进县委、县政府科学民主决策，发挥了协商民主的重要作用。此外，常委会根据省、市政协工作会议精神的要求，积极加强与县委的联系、沟通，得到重视和支持，县委及时出台了《中共海丰县委政治协商规程》《中共海丰县委关于贯彻落实〈中共广东省委关于加强新形势下人民政协工作的决定〉的实施意见》两个文件，使协商议政进一步科学化、规范化和制度化，初步形成“党委主导、政府支持、政协主动、部门配合、社会认同”的协商议政格局。

【政协民主监督】 县政协常委会注重增强民主监督的针对性、实效性，加强和改进委派民主监督员工作。2012年，在对食品安全、城乡环境整治、安全生产等方面开展民主监督的同时，切实加强对有关职能部门的监督。年内，常委会选派部分委员组成民主监督小组，到县工商局和彭湃医院等部门，通过参加派驻单位的通报会、座谈会、明察暗访、专题调研和征询民意等活动，对被派驻部门执行法律法规、贯彻方针政策、依法行政、党风廉政建设、作风效能建设等方面情况和群众普遍关注的问题进行监督，并及时提出意见和建议。一些应邀担任民主监督员的政协委员，也认真履行工作职责，充分发挥了民主监督职能，有力地促进了有关部门工作效能的提升和作风的转变。

【文史工作】　2012年，县政协立足总结和借鉴历史经验，切实做好文史资料的编辑出版工作，全年征集文史资料10万余字，编辑出版了《海丰文史》第29辑，为巩固和发展爱国统一战线、团结各界人士发挥了积极作用。

【政协联谊活动】　2012年，县政协不断扩大与全国各地政协的沟通交流，适时组织委员外出学习考察，宣传海丰的发展成就，扩大海丰的对外影响。先后接待省政协联谊会考察团、青海省政协考察团、江门市政协考察团等，配合省市政协先后开展了文化、宗教、区域经济、食品安全等方面的视察调研活动；加强与中联办、港澳各界社团组织的沟通交流，积极配合县接待香港汕尾市海陆丰陆河文康总会访问团、香港民建联访亲团、香港海流保健协会访问团到海丰县进行参观考察；联合市政协、市公益促进会等单位开展政协委员情系学子奖学助学活动和献爱心、送温暖活动，奖励资助大学新生46名，发放奖学金、助学金18.6万元，资助孤儿和单亲家庭260户15.6万元。此外，还协助市县做好马思聪诞辰100周年纪念活动、2012年庆元宵文化巡游活动、全市民主党派负责人及无党派代表人士暑期座谈会的组织接待工作，充分发挥了政协凝心聚力的作用。

（吴远峰）

① 2012年4月16～17日，海丰县政协八届二次会议在海城召开。
② 2012年7月19日，海丰县政协主席冯月琴、副主席施培养、马小玲陪同陆河县政协考察团参观海丰县教育建设项目。
③ 2012年7月21日，海丰县政协常委会到黄羌镇开展农田水利建设专题调研。
④ 2012年8月23日，海丰县政协联合汕尾市政协、市公益事业促进会等在海丰县开展“政协委员情系学子”资学助学活动。

中共海丰县纪律检查委员会

县纪委（监察局）领导成员

【2012年第十届中共海丰县纪律检查委员会领导名录】
书　记：刘　帆
副书记：叶　森　林锡清
常　委：刘　帆　叶　森　林锡清　陈伟平
　　　　叶宜泽　傅容金　黎素贞（女）

【2012年海丰县监察局领导名录】
局　长：林锡清
副局长：黄胜国（12月起挂职海城镇委副书记）
　　　　陈雪静（女）

县纪委（监察局）工作机构

【2012年县纪委（监察局）工作机构】
办公室主任：林国强
党风廉政建设室（党廉办公室）主任：余志兴
执法监察室主任：张汉梅
案件审理室主任：刘小镇
信访室（举报中心）主任：刘嘉能
宣传教育调研室主任：陈立宏
监察综合室主任：陈振宁（7月起任）
纪检监察室主任：蔡生绵

【2012年县纪委（监察局）派驻纪检监察组】
第一纪检监察组
组　长：陈春晖（女）
副组长：李孝义
第二纪检监察组
组　长：钟清水
副组长：陈振宁（任至7月）
　　　　戴冬生（7月起任）
第三纪检监察组
组　长：郑世锦
副组长：陈辉明
第四纪检监察组
组　长：张彭豪
副组长：王燕如（女）
第五纪检监察组
组　长：唐本高
副组长：黄东荣
第六纪检监察组
组　长：吴家宾
副组长：张宇清

重要会议

【中共海丰县第十届纪律检查委员会第二次全体会议】　2012年2月22日，中共海丰县第十届纪律检查委员会召开第二次全体会议。会议传达贯彻胡锦涛在十七届中央纪委七次全会上的重要讲话、中共十七届中央纪委七次全会、汪洋在省纪委十届六次全会上的重要讲话、省纪委十届六次全会和郑雁雄同志在市纪委六届二次全会上的重要讲话、市纪委六届二次全会精神及市第六次党代会、县第十次党代会精神，总结2011年全县党风廉政建设和反腐败工作情况，分析当前反腐倡廉形势，具体部署2012年工作任务。县委书记、县人大常委会主任郑佳出席会议并作重要讲话，县委常委、纪委书记刘帆同志代表县纪委常委会作题为《深入开展党风廉政建设和反腐败斗争，为推动创新发展、建设幸福海丰提供保障》的工作报告。县四套班子领导成员，县法院院长、县检察院检察长，县纪委常委、委员，各镇（场、经济开发区）党委书记、纪委书记，县直工委书记、纪工委负责人，县公安局纪委书记，县直（含垂直）正科级以上单位正职领导、分管纪检监察工作的副职领导，副科级单位主要领导，县监察局特邀监察员，县纪委监察局机关副主任以上干部，县纪委监察局派驻纪检监察组正副组长，共约300人参加会议。

主要工作

【开展专项治理】　根据《广东省民主评议政风行风工作暂行规定》和市纠风办的工作部署、要求，按照《海丰县2012年民主评议政风行风工作实施方案》，对银行、电信、供电、供水、供气、殡葬、城市公共交通、有线电视等8个公共服务行业进行行风评议，并确定16个窗口服务单位进行行风测评，同时对去年已评议的县医疗机构和镇计生服务所的“回头查”工作进行督查。做好“行风热线”节目，组织县卫生局18个单位及其一把手作为嘉宾“上线”。聘请17名社会各界人士为县纪委监察局新一届特邀监察员，并举行了颁证仪式。开展教育系统“吃空饷”专项清理工作，抽调人员组成督查组，对全县50所学校进行了清查，其中30所学校清查出存在“吃空饷”的问题，共查得擅自离岗、长期旷工、长期请病事假等各种离岗人员159人，追缴多领或冒领的财政工资828216元。加强对社保基金、住房公积金、扶贫和救灾资金以及政府专项资金管理使用情况的监督检查。全县工程公开积极开展专项整治活动。进入县建设工程交易中心招标投标的工程有26个，工程总造价11530.88万元，中标造价约11025.58万元，节约资金约505.3万元。政府采购109宗，采购预算4434万元，实际采购金额4191万元，节约资金243万元。

【完善惩防体系】　2012年，海丰县进一步完善惩防体系。一是加大对反腐倡廉工作的宣传力度。特别是纪律教育学习月期间，全县各单位组织学习500多场次，设立学习宣传栏90多个，撰写学习心得体会1800多篇；县纪委与海丰报联合开辟“纪律教育学习月学习专栏”，与县广播电视台联合举办以“以人为本、执政为民”为主题的访谈活动，组织城东镇、住建局等10个单位一把手进行访谈。二是加大培训力度。对全县具执法职能的单位近400名股级干部和各村党支部书记进行预防职务犯罪培训。三是做好创建红宫红场廉政教育基地筹备工作。成立了领导机构，并初步制订了《“海丰县红色廉政教育基地”工作实施方案》，已完成可行性报告、选址和相关文字材料的初步搜集等前期工作。四是做好反腐倡廉理论调研和信息撰写工作。全县共选送反腐倡廉理论文章9篇，在《汕尾纪检监察调研》发表6篇；撰写信息84期，其中中纪委采用1条、省纪委采用5条、市纪委采用14条。

【查办违纪违法案件】　2012年，全县纪检监察机关共受理群众来信来访来电和领导交办函334件（次），其中来信255件、来访23件（不包括重复访）、来电20次、其他方式36件（次）。开通了手机短信举报平台，拓宽了举报渠道。初核案件线索230件，立案检查违纪违法案件61件，结案68件，给予党政纪处分51人，其中科级干部3人。镇纪委立案31件，连续14年实现消灭乡镇办案“空白点”的目标。打击商业贿赂方面，全年共收到案件线索186起，年末正在核查和查办案件71起，已查结121 件（含初查了结61件）；给予党纪政纪处分46人，移送司法机关追究刑事责任8人，并且审结的案件连续五年零申诉，完成市、县下达的各项工作任务。

【加强纪检队伍建设】　2012年，继续深入开展“做党的忠诚卫士、当群众的贴心人”主题实践活动，进一步加强纪检监察队伍建设。举办全县纪检监察干部业务培训班，参加培训130多人次，组织委局机关干部参加上级纪委培训14人次。本着“干什么，学什么，缺什么，补什么”原则，执行“一季一培训”　“一室一课”的学习教育制度，各室主任进行了认真授课，对全县纪检监察干部特别是镇纪委换届后新进纪检监察人员进行业务培训，并作了知识测试，努力提高纪检监察干部政治思想觉悟和履职能力。加强机关规范化建设，完善内部管理制度，严格要求、严格教育、严格管理、严格监督，落实工作责任制，提高工作效率和水平。县纪委监察局信访室受到省纪委监察厅表彰。

（许宇航）

民主党派与工商联

中国民主同盟海丰县委员会

【组织发展】 2012年，中国民主同盟海丰县委员会根据海丰实际，按照“注重发展质量，优化组织结构”的要求，贯彻“以巩固为主，巩固和发展相结合”的方针，在发展盟员时注重政治质量和代表性，盟县委加强对新盟员入盟前的考察调研工作，到基层支部和所属党组织进行多方面的调查了解，严格手续，掌握标准，始终坚持德才兼备的原则，稳妥处理好巩固与发展的关系。全年发展新盟员3人，全县现有盟员128人。其中：女盟员41人，占盟员总数的39%；大专以上学历的有115人，占90%；中上层知识分子有112人，占88.8%；高级职称的有36人，占28%。海丰县盟员担任省人大代表1名，市人大代表1名，市政协委员2名；县人大常委会副主任1名，代表1名，县政协常委1名，委员3名。

【思想建设】 2012年，盟县委认真组织全体盟员认真学习贯彻中共十八大精神，把学习贯彻中共十八大精神与民盟自身建设相结合，与进一步履行参政党职能相结合，充分发挥自身优势，密切联系实际，针对改革开放、经济建设和社会反映的重大问题，结合盟县委工作实际，开展调查研究，反映社情民意，积极建言献策；继承和发扬民盟长期与中共团结合作的政治信念和优良传统，围绕中共十八大确定的宏伟目标和各项任务，扎实工作，开拓进取，履行参政党的职责，与执政党同心同德，做和谐社会建设的推动者，做多党合作制度建设的积极参与者和维护者。

【参政议政】 民盟海丰县委认真组织县委成员及各支部负责人加强学习中共十八大精神，提高了县委成员及基层支部领导人的理论水平和参政议政能力。盟县委注意发挥盟的群体作用，发动广大盟员为提案工作贡献力量，并组织盟员中的人大代表和政协委员，做好人大、政协“两会”的发言和提案的调研工作，就海丰经济建设、市政建设、教育、卫生等方面提出了比较中肯的意见和建议，盟县委办公室积极参与省、市、县人大、政协的各项调研活动，为海丰县的三个文明建设建言献策。在政协汕尾市六届一次会议上提案共2件：林时伟《关于提高市民交通意识，加强交通安全管制的建议》、辛炳流《关于规范我市各县区集贸市场管理的建议》。在政协海丰县第八届一次会议上提案共3件：戴南兴《关于加大党外干部培养力度的建议》、郭义群《关于提高我县教育教学质量的建议》、谷希云《加强我县中小学德育工作，促进教育发展》等提案，对社会的热点问题提出了中肯的意见和建议，得到有关部门的重视。年内，为提高盟员的参政议政能力，增进盟员间的团结和凝聚力，2月8日举行历届老领导座谈会；3月6日举办“三八”妇女节座谈会；10月举办“老年节”座谈会，座谈会气氛热烈，大家畅所欲言，为盟务工作和组织建设提出宝贵意见。

【社会服务】 光明职业技术学校是民盟海丰县委创办的。2012年，发挥盟县委集体力量，在教育形势对光明职业技术学校极为不利的情况下，盟县委多次到学校听取汇报，召集多种形式的教育会议，针对学校存在的问题，集思广益，为学校的发展出谋献策，广大盟员为学校的发展提出相当宝贵的建议。2012年5月该校被评为广东省成人与职业教育先进单位，职高学生参加高考录取率连续两年100%；各专业毕业生就业率达100%。是省级计算机证书考场，是全县中小学教师计算机培训基地。

（林时伟）

附：2012年中国民主同盟海丰县委员会负责人名录

主　委：马伟飚

副主委：林时伟　戴南兴

中国农工民主党海丰县总支部委员会

【组织建设】 2012年，农工党海丰县总支部委员会下设4个支部，有党员52人。党员中：有市、县人大代表2人；市、县政协委员5人；担任政府机关处级以上职务1人。总支部委员会组织各支部进行形式多样的组织生活，6月组织部分党员前往毛主席和刘少奇同志故居参观学习，进行传统的爱国教育，通过参观学习，使广大党员认识到中国革命的胜利是来之不易的，是无数革命先烈用生命和鲜血换来的。使广大党员坚定了走中国特色社会主义道路的信心。

【思想建设】 2012年，农工党海丰县总支把深入学习中共十八大会议精神作为思想建设的重要内容。带领全体党员深入学习中共十八大精神、邓小平理论、“三个代表”重要思想和科学发展观，学习《中共中央关于进一步加强中国共产党领导的多党合作和政治协商制度建设的意见》精神，学习农工党中央党刊《前进论坛》《农工党章程》。开展“讲政治、顾大局”的学习教育活动。

【参政议政】 2012年，农工党海丰县总支围绕群众普遍关心的热点难点问题，深入开展调查研究，认真履行参政议政职能。

【社会服务】 农工党海丰县总支充分发挥医疗卫生界方面的优势，积极开展医疗咨询和义诊活动，做好社会服务工作。引导彭湃医院和中医院的党员积极参加其单位组织的下乡义诊活动。其中：7月28日组织医务人员20多名前往联安镇联川管区开展义诊活动，服务群众200多人次，赠送药品3000多元。10月2日前往赤石镇大安管区义诊，服务群众300多人次，赠送药品5000多元，并上门为卧病在床的老人进行诊疗。

（黄群英）

附：2012年中国农工民主党海丰县总支部委员会负责人名录

主　委：余立敬

副主委：黄继茂　陈忠荣

中国致公党海丰县委员会

【组织建设】 2012年，致公党海丰县委按照《中共中央关于进一步加强中国共产党领导的多党合作和政治协商制度的意见》的要求，不断加强自身建设，提高党员的整体素质。5月，致公党县委顺利完成各支部的换届工作，把一些年富力强、热心党派工作的党员提拔上来，进一步优化各支部的班子结构。年内，根据新形势发展的要求，为了进一步提升基层组织领导自身的综合素质，提高参政议政能力，吴城金主委参加了2012年度省委统战部组织的新任民主党派地级市以上的正副主委学习培训班；选派第三支部主委郭芳荣、钟伊伊到社会主义学院学习。2012年，吸纳新党员4名。至年末，致公党海丰县委员会下设5个支部，有党员101人。专业技术职称结构：高级职称24人、中级职称35人。性别结构：男性79名、女性22名。

【主要活动】 2012年，致公党海丰县委采取分散和集中相结合的形式，组织党员学习。各支部组织生活会开展正常，形式多样。县委通过各种纪念活动和座谈会，渗透本党党史和统战知识教育。5月24日，致公党海丰县委会召开县委扩大会议，会议由吴城金同志主持。会上，吴城金传达了中共广东省第十一次代表大会精神，以及中共海丰县委统战部召开的各民主党派、工商联、无党派代表人士学习座谈会精神。6月20～21日，中国致公党广东省第十一次代表大会在广州召开。致公党海丰县委陈岱、吴城金、钟伊伊等3人出席。会后，吴城金主委传达贯彻了中国致公党广东省第十一次代表大会的会议精神，并把相关的会议材料印发传阅。8月11日，致公党海丰县委召开《海丰乡音》编委和作者座谈会。与会同志有20多位，会议由吴城金主委主持。主编黄佛寿对编辑工作作了重要发言和布置。大家就如何把《海丰乡音》办得更有特色，更丰富多彩畅所欲言。同志们就《海丰乡音》题材的选择、特色彰显、栏目设计、插图安排、期刊次数等方面，提出了宝贵意见。12月3日，主委吴城金代表致公党海丰县委参加致公党第十四次全国代表大会，与会代表受到中共中央政治局常委、国务院副总理张德江等领导的亲切接见。大会全面总结了致公党十三大以来的工作成果和经验，科学谋划了未来五年致公党事业的发展目标和任务，要求始终践行“致力为公、参政兴国”的宗旨，努力开创“侨海报国、人才兴党”的生动局面，意义深远。12月16日，致公党海丰县委会在海丰县统战部会议室举行“致公党海丰县委会学习贯彻中国共产党第十八次全国代表大会暨中国致公党第十四次全国代表大会精神”的座谈会。致公党海丰县委委员、各支部领导成员、办公室人员等20多人参加会议。会议围绕对十八大报告中提出的“五位一体总体布局”“美丽中国”“全面建成小康社会”等新思想、新观点、新论断，进行了交流讨论。同时，结合致公党中央十四大会议精神，纷纷发表看法，谈了体会。

【参政议政】　2012年，致公党海丰县委担任市人大代表1名、市政协委员1名、县人大代表和政协委员8名，其中人大常委1名、政协常委3名、县政协委员4名、纪委监察员2名、政协民主监督员1名。在市、县两会期间提出的提案、议案有10项，其中提案有吴城金的《关于加强食品卫生安全管理的建议》《关于加强汕尾重点路段红绿灯监管力度的建议》；周洪流的《加大党外干部培养选拔力度的建议》《关于规范我县县城垃圾中转站的建议》和《关于加强食品卫生安全监督管理的建议》；黄永泰、吕小辉、黄荣光等的《关于整顿规范我县门牌号的建议》《关于治理整顿我县占道经营的建议》等。此外，致公党负责人还有参加中共党委、政府召开的民主生活会、座谈会、情况通报会等10多次。其中吴城金、李红莲两位同志参加汕尾市各民主党派负责人和无党派代表人士暑假座谈会；吴城金又参加了省政协举行的“三打两建”座谈会、全县“义教”工作座谈会及县重点项目建设通报会等，他们在会上作重点发言，受到与会者的一致好评，充分发挥民主党派职能作用。

【社会服务】　致公党海丰县委积极组织党员参与社会建设、医疗下乡、科技咨询等活动，充分发挥党员们的优势，配合政府有关部门为扶贫支边做了大量实际工作。通过组织开展助教、义诊、咨询、技术创新等多种服务活动，为社会献爱心，作贡献。吴城金被县政协任命为县“三打两建”北片巡查工作组的组长，他带领巡查组成员深入公平、平东、黄羌、黄羌林场等地区考察调研，把群众反映的热点、难点问题及时进行疏理，并提出整改意见和建议，为群众办实事、好事。黄荣光在农村蔬菜生产基地设立采购中心，与县城各重点社区的小型超市、个体工商户合作的模式创建了平价商店20余间，惠民利民，受到民众的好评，荣获致公党广东省委在脱贫致富工程“带动当地农民增收”项目中被评为社会服务工作优秀成果奖。陈岱、郭芳荣2人于2012年被县委任命为海丰县纪委监察员，及时反馈群众对廉政建设、行政监察的意见，及时传递人民群众对监察对象违法违纪行为的检举、控告等，在“三打两建”工作中做了大量的工作。黄永泰被县政协任命为政协民主监督员，派驻县工商局开展民主监督工作，积极与工商局加强沟通和联系，针对工商局在开展“三打两建”工作上提出了大量的意见和建议，充分发挥了民主监督员的职责，荣获致公党广东省委宣传思想工作先进个人称号。郭芳荣认真推行农资产品，服务“三农”，在特约《走进三农》栏目中多次专题报道，他的公司先后赢得“广东省‘万村千乡市场工程’海丰生产资料配送中心”、“广东省农村信息直通车工程，信息服务站”、“中国农资流通协会理事单位”等荣誉称号，并荣获致公党省委社会服务工作先进个人称号。马戎衣为海丰中学多媒体教学捐1000元，于7月参加中国人寿广东省分公司与广东省妇女儿童基金会组织的“红苹果、青苹果”关爱妇女儿童慈善行动，获得捐赠证书。颜昭荣于10月20日积极参加“两纵联谊会”，并亲自带慰问金慰问了其他老干部；还在重阳节密切配合致公党县委组织老干部到海丰碧桂园观光。蔡佩瑜退休后返聘到县体协工作，多次组织乐队赴省、市、县汇演，并获得嘉奖。黄佛寿、刘世倩、林友浩等不计报酬，利用业余休息时间，认真组织校对《海丰乡音》的出版工作，真正为致公倾情奉献。卓尧、李东海等多次参加台联会联谊活动，协助台商、台属工作，为他们排忧解难，在医疗工作中，为患者送医送药，得到了患者的称赞。李镜汉、鲁雅琴、吴锦钗、黄彩屏、温锦云、王时朝、马良苗、陈海华、陈克洪、黄奕用等在教育岗位上倾注了心血，不辞辛劳，取得了丰硕的成果。黄素华工作一丝不苟，保证孕妇及新生儿的生命安全，多次为城东卫生院取得荣誉。陈细岱、吕小辉、洪绥棠、黄伟强、何秀仰等在社会服务工作中做到忠于职守、兢兢业业，在宋锦、黄真如老同志生病期间，关心慰问。12月中旬，为响应致公党积极开展社会服务活动的号召，周洪流代表致公党海丰县委参加中国致公党广东省委员会社会服务工作、宣传思想工作会议及地方组织党务工作座谈会。

【宣传与海外联谊】 致公党海丰县委结合自身的特点和优势，积极做好思想宣传和海外联谊工作，荣获致公党广东省委宣传思想工作先进集体称号。致公党海丰县委全年出版《海丰乡音》第21期，印发3000册，发行国内外和港澳台地区，深受各地侨属、侨眷的好评。年内，先后接待致公党中央、省、市和其他地方组织10多个团体，人数约300人次。其中，较为重要的有：2月2日，接待了致公党广东省主委王珣章，陪同参观了爱国主义教育基地红宫、红场、陈炯明都督府、文天祥海丰名人公园等景点。2月3日，接待了致公党北京市委员会秘书长沈小红，广东省政协常委、致公党广东省委专职副主委吴毅携致公党北京、广东著名书画家等一行30人。5月11日，接待了致公党中央宣传部部长王翔、致公党广东省委专职副主委吴毅、致公党中央宣传部新闻期刊处处长张刃等。10月10日，致公党广东省委会主委王珣章率领致公党中央、省领导及专家学者一行16人就省重点课题“共建产业园区，深化区域合作”到海丰考察指导。11月18日，接待了美国洪门致公总堂陈兢石总理率领海外洪门负责人一行30人，受到市、县党政领导的热烈欢迎。11月22日，致公党广东省委会在海丰县莲花山度假村阳山会展中心举行“中国致公党广东省2012年度咨询会”。

（黄永泰）

附：2012年中国致公党海丰县委员会负责人名录
主　委：吴城全
副主委：黄荣光　周洪流

县工商联

【工商联建设】 2012年，海丰县工商联深入贯彻落实《中共中央、国务院关于加强和改进新形势下工商联工作的意见》和《中共广东省委、广东省政府关于加强和改进新形势下工商联工作的意见》精神，紧紧围绕县委、县政府的工作中心，把握科学发展主题和加快经济发展方式转变主线，紧扣“推动创新发展，建设幸福海丰”这一核心，围绕经济建设中心，服务科学发展大局，不断加强和改进新形势下工商联工作。一是加强组织建设。切实加强领导班子建设、机关建设和工商联队伍建设，通过开展业务培训、外出学习考察等方式，不断提升工商联干部综合素质。坚持做到“四个一”，即每月一次领导班子座谈交流，每季度一次走访会员企业，半年一次常委、执委见面交流，春节一次座谈联谊。任务到人，年底作为干部工作绩效考核的重要内容，努力把工商联机关建成务实、高效的人民团体和商会组织。二是大力发展行业商会。至年末，全县共有私营企业2130家，注册资金177994.34万元，规模以上企业122家（其中工业86家、商贸32家、建筑4家），个体工商户22646户。全县共有行业协会商会组织8个，个体会员29个，企业会员345个，会员总数380人。三是不断创新工作方法。在增强工商联的凝聚力上创新。围绕充分发挥工商联常委会、执委会工作效率和作用这一目标，把新理念、新知识、新方法融入工作之中，增强工作实效。换届以来，县工商联决定开展每月一次领导班子座谈交流，每次活动都有明确的主题，互通商机，增进友谊，更增强了对工商联的认识。在加强会员管理上创新。县工商联对会员加强管理，通过收取会员费，确保工商联进入正常发展轨道。在提高非公有制经济人士的社会影响力上创新。年初，县工商联对新当选的工商联主席、副主席、常委、执委进行了授牌。通过这些活动的开展，不断树立了海丰县非公有制经济人士在社会上的良好形象，也提高了非公有制经济人士的社会影响力。在全县非公有制经济发展上开展调研。年初，县工商联开展了一次非公有制经济发展上的调研，这次调研活动内容丰富，涉及面广，社会反响良好，达到了预期效果。四是结合工商联自身工作特点，为会员企业及会员提供优质、快捷、高效的服务。年内，结合海丰实际，县委出台《中共海丰县委、海丰县人民政府关于加强和改进新形势下工商联工作的意见》和中共海丰县委办公室、海丰县人民政府办公室《贯彻落实〈中共海丰县委、海丰县人民政府关于加强和改进新形势下工商联工作的意见〉分工方案的通知》两个文件，分发到全县各镇（场）、县直有关单位进行贯彻落实，加强了工商联工作机制建设。

【参政议政】 在市、县两会期间，认真组织工商联届别的人大代表、政协委员紧紧围绕经济建设、科教文卫、城建旅游等社会热点难点问题，共写出提案、议案12件，为优化非公有制经济发展环境和党委、政府的科学正确决策提供了依据。

【培训教育】 2012年，通过召开学习会、座谈会等形式，多场次组织工商联执委和工商联机关干部职工认真学习贯彻中共十八大精神、《中共中央、国务院关于加强和改进新形势下工商联工作的意见》、省第十一次党代会精神和县委常委（扩大）会议精神，不断加强非公有制经济人士思想政治工作，紧紧围绕县委的核心任务，切实发挥工商联的职能作用，助推海丰转型升级，促进了全县非公有制经济的持续稳定发展。

【工商联党建工作】 2012年，为深入贯彻落实全省、全市、全县“两新”组织党建工作会议精神和工作部署，县工商联按照县委的工作部署，认真开展“两新”组织党建工作。一是成立了县工商联开展非公有制经济组织党建工作领导小组，制定工作规则和工作要点，进一步整合成员单位的工作力量，为推动工作健康开展提供了坚强的组织保证。二是认真开展调查摸底工作，通过电话调查、发放调查表等方式，全面掌握该领域党建工作现状，做到单位数量、经营情况、职工状况、组织设置、隶属关系、党员底数、业主情况等“七个清楚”。三是集中抓好党组织组建工作，探索灵活多样的党组织设置形式。其中：海丰县服装行业商会党支部于6月21日挂牌成立。据初步统计，在全县非公有制企业中，已建立党组织的有67个，覆盖率达80%。这些非公有制企业建立党组织后，制定了党员学习、民主生活会等制度，建立了党员示范岗，组织党员志愿参与社会公共服务，在团结凝聚职工群众、维护各方合法权益、促进社会和谐、推进“两新”组织健康发展等方面作出了有益贡献。

【公益事业】 一是举行“金秋助学”，积极回报社会。8月24日，县工商业联合会（商会）举行“金秋助学”仪式，为12名贫困学生颁发助学金近5万元。县工商业联合会（商会）主席郑海田先后为贫困生捐助善款4万多元。据不完全统计，县工商联部分企业家先后捐出扶贫助学金共计60多万元，充分体现了非公有制企业家们积极响应党和政府的号召，积极回报社会，乐善好施的美德。二是开展“送温暖、献爱心”活动。在春节前，在全体执委的努力下，组织发动了120多万元深入全县各镇（场）开展“送温暖、献爱心”的“同心活动”，慰问贫困户、孤儿、单亲家庭960户，救助重大疾病困难群众8人次。据不完全统计，全县工商联会员捐资社会公益事业达800多万元，充分体现了广大会员履行社会责任的精神风貌。

（陈仁耀）

附：2012年海丰县工商业联合会（商会）负责人名录

主　席： 郑海田

副主席： 冯玉平（女）　施胜逛

群众团体

县总工会

【工会建设】 2012年，海丰县各级工会认真贯彻落实十八大精神，按照“组织起来、切实维权”的工作方针，树立和落实“以职工为本，主动依法科学维权”的工会维权观，实施建功立业、固本强基、依法维权、帮扶困难、素质提升五项工程，有力地推动全县工会事业的全面发展。按照“哪里有企业，哪里有职工，哪里就要建立工会组织”的建会原则，创新思路，强化措施，着力构建“横向到边，纵向到底”的工会组织网络，把壮大组织队伍和加快标准化建设步伐作为工作的重要内容，以非公有制企业工会组建为重点，广泛深入开展宣传发动工作，采取多种方式方法，建立劳资协商平台，正确引导劳资双方达成共识，使业主能够同意成立工会组织，职工自愿加入工会组织。在规模较大的行业中，首次采用了工会联合会的形式，先后在公平镇、梅陇镇、可塘镇成立了工会联合会，同时还成立汕尾市金银、珠宝、玉石、首饰行业工会联合会。新组建的工联会，涵盖749家企业、会员人数37268人。

【法制建设】 2012年，县总工会认真组织机关干部职工加强政治理论和业务知识学习，努力做到用科学的理论武装工会干部的头脑，使机关干部职工在行为实践上有明显的改观，工作作风有明显的转变，宗旨意识、服务意识明显增强，将加强工会干部队伍建设纳入全县“六五”普法规划，列入工会干部职工和务工人员考试内容，以此推进依法治会进程。

【劳动竞赛】 海丰县各级工会组织在“推动创新发展，建设幸福海丰”中积极发挥作用，广泛深入开展劳动竞赛。2012年，县供电局在着力抓好基层班组建设和基本技能提升的“双基工程”，按照准军事化管理要求，举办了2期班组长军事化培训，共64人参加培训，提升班组长综合素质，做到“会干、会说、会写、会指挥”。年内，全县各企事业单位结合工作实际，开展了不同形式的岗位比武、技术创新、节能减耗等竞赛活动，充分调动广大职工的生产和工作积极性，在职工群众性经济技术创新活动中，县邮政局、电信和移动、县国税、卫生系统等都开展了各类劳动竞赛。单位工会组织积极组织职工开展群众技术创新活动，据不完全统计，全县参加岗位练兵和技术比武的职工达2000多人次。

【劳模工作】 “五一”前夕，在县委宣传部召开海丰县获全国、省级部分劳模座谈会，劳模代表和先进集体代表共30多人参加了座谈会。根据上级工会要求积极开展推荐评选全国五一劳动奖章和广东省个人先锋号活动，坚持公开、公平、公正的原则，经推荐评选，海丰县龙津派出所马汉强同志、彭湃中学陈聪同志荣获“广东省劳动模范”的荣誉。

【维权宣传】 2012年，切实维护职工合法权益，积极构建和谐劳动关系。为了有效地调整劳动关系，加大源头参与监督的检查力度，建立健全了以县人事劳动和社会保障局、县总工会和县经贸委为成员单位的劳动关系三方协调会议制度。充分利用三方协商机制这一平台，将涉及职工劳动权益的一些切身问题递交三方协商联席会议讨论，使问题能够得到及时处理和解决。通过印发节能减排宣传文件，形成了一支全县节能减排的工作队伍，为进行下一步工作打下了坚实的基础。

【送温暖工程】 2012年，为树立党和政府的新形象，维护社会和谐稳定，帮助职工解决困难，使他们过上一个温暖、祥和、欢乐的节日，在春节来临之际，县总工会陪同县四套班子领导，分别对全县特困职工开展送温暖慰问活动，先后共走访慰问和救助困难职工和困难劳动模范450多户，发放生活、医疗帮扶救助金、慰问金及慰问物品近25万元，把党和政府的温暖和工会的关怀送到他们的心坎上。同时，积极解决困难职工、农民工子女上学难的问题，认真开展“金秋助学”、“心系教育情，温暖送教师”等活动，帮扶人数共计229人，金额20万余元。

【职工教育】 工会组织一贯注重职工教育，深化职工素质工程，促进职工队伍全面发展。一是以基层、一线为重点，以学习贯彻落实中共十八大精神为主题，加强职工的宣传教育和思想引导。二是不断深化“创建学习型组织，争当知识型职工”活动。举办职工职业技能大赛，广泛开展技术比武。认真组织参加全市范围内的职工演讲比赛等活动。三是深入开展“抓典型、树正气”活动，加大对劳模的宣传、关心、支持和帮助力度，充分发挥劳模典型的榜样标兵作用，营造全社会学习劳模、爱护劳模的良好氛围。四是加强职工文化生活建设，精心筹备，广泛开展“三八”“五一”“十一”等职工文化体育健身系列活动。

（李　申）

附：2012年海丰县总工会领导名录

主　席：刘诗兴（任至2月）

谢荣如（2月起任）

副主席：程剑章　罗银英

共青团县委

【共青团海丰县第十四次代表大会】 2012年5月15～16日，在县委迎宾楼召开共青团海丰县第十四次代表大会，全县200名优秀团员代表共聚一堂，全面回顾近5年来海丰县共青团工作的主要成绩和基本经验，提出了今后五年全县共青团工作的奋斗目标和具体措施，选举产生了共青团海丰县第十四届委员会委员32名、候补委员13名。选举常务委员7名、书记1名、副书记2名。

【维护青少年合法权益】 2012年，以“6·26”国际禁毒日为契机，联合县委政法委，组织公安、司法、消防等部门志愿者服务队深入全县各中小学校开展校园毒品安全宣传志愿服务活动。同时结合“三打两建”工作大局，组织开展交通安全、消防安全、食品安全等集中宣传志愿服务活动，在儿童及家长密集的地方开展了“预防青少年犯罪，保护青少年权益”及“加强防灾减灾，建设和谐校园”为主题的系列宣传活动。各学校利用团队阵地以上团队课和法制教育课等形式给广大学生上法制教育课，进一步增强广大学生的安全和法制意识，懂得学法、知法、用法。通过这些活动，进一步增强青少年的法律意识，树立起正确的人生观、世界观和价值观，为青少年健康成长营造了良好的环境。

【“牢记使命，寻找星火之源”汕尾青年“讲理想、爱家乡、争上游”主题实践活动】 在纪念中国共产主义青年团建团90周年之际，汕尾市委创先争优办、团市委联合在海丰红场举行“牢记使命，寻找星火之源”汕尾青年“讲理想、爱家乡、争上游”主题实践活动启动仪式，来自全市各条战线优秀青年代表共800多人参加了活动。通过“温党史、强党性、明责任、促工作、推发展”教育实践，激励全市广大青年党员、团员明确自身使命，激发爱乡情怀，以饱满的政治热情、昂扬的精神状态和过硬的素质能力，在汕尾市经济社会发展征程上讲担当、敢担当、会担当。

【“志愿服务集中行动月”活动】 2012年，在海丰县开展“志愿服务集中行动月”活动，健康直通车、亲子义工、环境保护、关爱孤寡老人、关爱留守儿童等各具特色、主题鲜明、形象突出、形式多样的志愿服务活动，在全县蓬勃开展。从而在全社会营造处处有服务、处处可感微笑，人人争做、人人乐做志愿者的浓厚氛围，使志愿服务成为“幸福海丰”一道独特亮丽的风景线。

【开展“青春流行色、使你更快乐”系列志愿服务实践活动】 2012年，在“12·5”国际志愿者日到来之际，面对全县团员青年，以喜闻乐见、积极时尚的方式，开展以“青春流行色、使你更快乐”为主题的系列志愿服务实践活动，进一步引导广大团员青年积极践行“广东精神”，弘扬志愿服务精神，用行动擦亮青春，发挥建设幸福海丰的生力军作用。

【“大流杯”汕尾青年乒乓球邀请赛】 为进一步增强全市青年乒乓球爱好者的交流和友谊，展现全市广大青年团结进取、蓬勃向上的精神风貌，2012年在仁荣大酒店成功举办第二届“大流杯”汕尾青年乒乓球邀请赛，以团委搭台，青年竞技的形式，带动广大团员青年投身到全民健身运动的热潮中，积极参与体育锻炼，陶冶情操，愉悦身心，以健康的体魄、良好的状态努力开展工作，为促进全县文体事业的深入发展做出新的更大的贡献。

【“幸福海丰·2012年圆贫困学生大学梦”爱心助学活动】 2012年，团县委继续加大宣传力度，致力开展“圆梦”爱心助学活动，切实为贫困学生办好事，办实事。8月19日，在县迎宾楼举行2012年“幸福海丰·2012年圆贫困学生大学梦”助学金颁发仪式，共筹集助学金57多万元，资助贫困大学新生137名，奖励优秀学生4名。

【“相约青春、缘聚莲花”交友节】 10月27日，以团委搭台，青年共享的形式，在莲花山度假村举行“相约青春·缘聚莲花”主题交友活动，来自教育、卫生、科技以及县直机关单位等200名单身青年参加。该活动以团结、引导、服务青年为工作立足点，为广大单身青年创造了一个沟通交流和展示自我的平台与机会，让青年朋友们在温馨，和谐的氛围中感受团组织的活动氛围。

【“两进三同”活动】 根据团县委关于开展春季“两进三同”活动的部署和要求，围绕“走进春天，走进田野，走进社会组织，融入普通青年”这一主题，3月7～9日，团县委全体干部深入可塘镇中荣农资公司开展“送诚信到田间地头，让放心回百姓饭碗”“两进三同”活动。通过与中荣农资有限公司团员青年的交流沟通及深入田间帮助农户收割农作物，让广大团干部切身体会农户耕种的劳动实况，从帮助农户生产的过程中亲身感受收获农业生产劳动成果的快乐。

【“南粤幸福周”健康直通车活动】 10月1日，“南粤幸福周”健康直通车启动仪式在海丰县红场举行。启动仪式后，由各镇组织当地青年医疗卫生工作者，在全县14个乡镇31个贫困村开展“健康直通车活动”，为当地区的贫困群众和因病致贫的生活困难党员送医、送药、送健康。本次活动为全县1103个贫困户派送内装肠胃、风湿、抗感冒、止血等常用和应急药物的“爱心药箱”各一份，参加义诊群众达到7000多人次，发放医疗卫生知识宣传资料超过2000份。

【“幸福海丰·健康同行”活动】 2012年，在“12·5”国际志愿者日到来之际，海丰青年积极响应省“健康直通车行动”的号召，开展“幸福海丰·健康同行”——海丰县医疗卫生志愿者扶贫济困“健康直通车”统一行动，为全县4930个贫困户派送内装肠胃、风湿、抗感冒、止血等常用和应急药物的“爱心药箱”各一份，参加义诊群众达到7000多人次，发放医疗卫生知识宣传资料超过2000份。

【出版县级团刊《海丰·青年·志愿者》杂志（第二期）】 2012年，在县青年志愿者协会成立三周年之际，该协会高举志愿旗帜，发扬志愿精神，坚持与时俱进，努力适应发展趋势，主打志愿服务这一品牌，印制《海丰·青年·志愿者》杂志第二期，更好地展现了海丰青年团员和青年志愿者先进风采，加强家乡文学交流，活跃地方青年文化，树立起海丰县青年志愿者协会这一重要品牌。

（王富海　章为华）

附：2012年共青团海丰县委领导名录

书　记： 陈　宏（任至11月）

副书记： 胡家驹（12月起负责全面工作）

王富海

县妇联

【实施妇女儿童发展规划】 2012年是全面实施新一轮妇女儿童发展规划的开局之年，县妇联履行县妇儿工委办公室的职责，及早布置落实新规

※　2012年5月30日，县妇儿工委召开全县妇女儿童工作会议。

划编制工作，认真协同各成员单位起草新规划初稿，经征求意见、反复修改，于10月9日形成送审稿，呈县政府审定。11月19日，县政府正式颁布《海丰县妇女发展规划（2011～2020年）》《海丰县儿童发展规划（2011～2020年）》，进一步推动了海丰县妇女儿童工作发展。

【维护妇女儿童合法权益】 2012年，县妇联联合县禁毒委在“三八”维权周期间，组织20多名妇女志愿者在海城镇新园社区海虹商场门口开展“不让毒品进我家”面对面宣传教育活动，并进村入户向群众发放禁毒宣传资料。“6·26”期间，围绕“履行禁毒义务，参与禁毒斗争”的主题，先后在海城、城东、公平、赤坑、陶河、梅陇等镇开展“不让毒品进我家”签名活动，共发放禁毒宣传资料1.8万份。年内，县妇联接待来信来访31宗，各镇妇联接待来信来访267宗，尽力帮助来信来访群众寻求解决问题的办法，为她们提供法律咨询服务，积极协同有关部门调处侵权案件，维护妇女儿童合法权益。

【妇女儿童节日庆祝活动】 “三八”节期间，组织举行纪念“三八”国际劳动妇女节102周年暨“幸福花开、和谐共进”广场舞表演活动，各镇派妇女健身舞队参加表演，县四套班子有关领导、广大妇女干部、群众欢聚一堂共庆节日。全县各地也组织庆祝大会、文艺表演、表彰活动等形式多样的纪念活动。“六一”节期间，牵头组织县妇幼保健院到小漠镇中心小学开展关爱儿童健康义诊活动，免费为100多名渔民子女、留守儿童及贫困学生体检，并送去体育器材及慰问金。县四套班子领导成员走访慰问了县城地区部分小学和幼儿园的小朋友。全县18个镇场也都开展了节日庆祝、慰问和表彰活动。

① 2012年3月5日，县妇联组织举办纪念“三八”国际劳动妇女节102周年暨“幸福花开、和谐共进”广场舞表演活动。
② 2012年5月29日，县委副书记、县长沈木荣（中）等县四套班子领导与小朋友共庆“六一”节。
③ 2012年“6·26”禁毒月期间，县妇联围绕“履行禁毒义务，参与禁毒斗争”的主题，先后在海城、城东、公平、赤坑、陶河、梅陇等镇开展“不让毒品进我家”签名活动。

【深化三大主体活动】 一是开展“双学双比”活动。为促进妇女创业就业、增收致富，主动协调县财政、人社、银行等相关部门，切实做好妇女小额担保贴息贷款工作。11月，经县政府出台《海丰县妇女小额担保贷款实施细则》，将贷款的期限由原来的1年延长到2年，减轻妇女还贷压力。至年底，已向邮政银行提交6户小额担保贷款对象申请资料。同时，指导、协助省巾帼创业示范基地——皇斋虎噉金针菜生产基地扶持项目的开展，取得较好的示范带动作用。在“双学双比”活动中涌现出一批先进个人，其中黄羌镇虎噉村金针菜种植基地负责人张凤英、赤坑镇岗头村荔枝种植基地负责人李光兰荣获“全国城乡妇女岗位建功先进个人”称号。二是开展“巾帼建功”活动。以创建“巾帼文明岗”为载体，促进行业树立文明新风，提高服务水平。建设银行海丰支行营业厅、公平英豪学校和海城镇计划生育服务所被树为广东省“巾帼文明岗”，汕头海关驻海城办事处妇女小组和彭湃纪念医院女工委被树为汕尾市“巾帼文明岗”。三是开展家庭文化建设活动。在全县开展“家庭读书”活动，积极发动征订《家庭》《中国妇女报》等报纸杂志，并配合省开展“广东百名好婆婆好媳妇”评选活动，陈碧娇、钟玉凤荣获“广东百名好婆婆”称号，许珠容荣获“广东百名好媳妇”称号，切实推动家庭文明建设，提高家庭成员素质，弘扬了家庭美德。2012年，县妇联荣获广东省妇联“家庭文化建设工作”先进集体称号。

【未成年人思想道德教育】 2012年清明节期间，牵头各镇场妇联在未成年人中开展“网上祭英烈”缅怀感恩活动，并协助组织中小学生到烈士陵园、烈士纪念碑前扫墓，激发了青少年的爱国热情和历史使命感。中共十八大召开期间，组织开展“向国旗敬礼、做一个有道德的人”网上签名寄语活动，提升青少年的思想觉悟。家庭教育实践月期间，组织形式多样、生动活泼的主题活动，其中在海城镇新园社区开展“环保小卫士”实践活动，组织60多名小学生参与街道卫生清洁和环保知识宣传。

【帮扶困境妇女儿童】 继续开展“爱心父母”结对困境儿童大联盟行动，宣传发动40名“爱心父母”结对困境儿童119名，发放助学金1.7万元。发动社会企业、单位加入“广东关爱妇女儿童大联盟”，其中海丰烟草公司热心支持社会公益事业，捐资8000元用于援助贫困妇女儿童疾病救治。依托首届海丰“南粤幸福活动周”平台，为县儿童福利院、陶河镇敬老院残疾儿童和孤寡老人送去慰问金和慰问品，号召大家参与到关注弱势群体的公益行动中去。做好“粉红春天关怀基金”援助工作，10名患病妇女得到援助金共3.7万元。做好贫困妇女风湿性心脏病、孤贫儿童先天性心脏病摸查和手术救助申请工作，其中2名风湿性心脏病贫困妇女接受了免费手术治疗，5名先天性心脏病孤贫儿童得到手术救助。做好省妇联“母亲安居房”援建工作，6户特困单亲母亲家庭得到配套资金扶持建成安居房。落实推广“母亲邮包”项目，共上报771名贫困母亲名址信息，为贫困母亲得实惠、普受惠打下基础。

【妇联基层组织建设】 加强社会创新管理工作，促进妇联基层组织建设。一是开展“妇女之家”创建活动。重点推进“新园社区妇女之家”省级示范点建设项目，确保人员、制度、经费、硬件、活动到位，更好为基层妇女儿童提供服务。4月11日下午，省妇联副主席陈杭一行深入新园社区实地考察，对示范点所取得的成绩予以肯定。通过省级示范点带动作用，创建县级示范点17个，使全县“妇女之家”建设全面铺开。二是开展“儿童友好社区”创建活动。为推进社区关爱儿童、帮扶儿童工作，在全县开展“儿童友好

※　2012年8月27日，县妇联领导与“爱心父母”来到陶河镇杨东村，走访慰问结对的困境儿童，送去助学金。

① 2012年4月19日，省妇联副主席陈杭（中）到第一批省级“妇女之家”示范点—海城镇新园社区“妇女之家”考察。
② 2012年5月26日，县妇联牵头县妇幼保健院到小漠镇开展关爱儿童健康义诊活动。

社区”创建活动，重点培育了海城镇新园社区、黄羌镇坑联村委为县“儿童友好社区”先行点。三是加强机关、企事业单位及“两新”组织妇女组织建设，至12月底，全县在非公有制企业建立妇女组织12个，在社会组织建立妇女组织6个，开创了海丰县妇联组织建设工作的新局面。同时，进一步提高女干部素质。联合县委组织部、县委党校于12月中旬举办全县女干部培训班，培训45岁以下女干部69人。

（郭丽生）

附：2012年海丰县妇女联合会领导名录

主　席： 陈凯婵（女、任至2月）
黄岱芬（女、2月起任）

副主席： 黎赛琼（女）
周素云（女、任至7月）
陈惠燕（女、7月起任）

科学技术协会

【开展科普宣传】 2012年，县科协积极开展多种形式的科普宣传活动。一是利用已有的10座科普画廊共168米及全县48个基层党支部科普宣传栏为阵地，以《低碳生活》《科学健身，减少疾病》《节能减排，从我做起》《预防疾病，保障安全健康》等为主要内容，定期张贴、更换新内容进行宣传。全年更换内容六期共80套约600多幅科普挂图，及时为基层、社区居民送去各类科普知识手册。二是编印《海丰县农村实用技术培训读本》、《海丰科普》，发送《广东农村实用技术》等科普小册子共1.4万多册（份）；不定期向群众免费发送科普宣传资料，努力提高全县人民科学素质。三是开展科普进社区活动。县科协向城北、新桥、龙津、北门、新城等社区赠送科普宣传挂图约300多套、科普宣传资料3000多份。四是组织大型科普集市活动，在开展“科技进步活动月”、“科技周”及“全国科普日”活动期间，开展了形式多样的科普活动，下发科普村村通挂图150套，赠送科技图书6000册。组织科技人员30名深入到赤坑、平东、公平等乡镇开展“送科技下乡”活动，发放宣传资料3万份，接受群众科技咨询360人次，义诊400人次，帮助群众解决难题150多个，2万多名群众受益。五是与县电视台合作，播出“科普大篷车”专题节目，全年共播出“安全、种养、疾病预防”等内容的节目1200分钟。各项活动月期间，会同县宣传、科技、教育部门开展全县科普知识大赛，全县干部群众、学生近万人参与，通过抽奖，有100多人获得一、二、三等奖。海丰县电视台对整个活动进行了宣传报道，通过强化舆论宣传，营造了良好的社会氛围，在全县上下形成了爱科学、学科学、用科学的良好局面。

①②③④ 县科学技术协会制作的科普宣传栏。

【农村实用技术培训】　县科协联合县委组织部、县关工委、县老促会根据海丰县各乡镇生产特点，因地制宜，邀请有关专家先后到平东、联安、小漠、海城莲花山等地，为农村党员干部、技术业务骨干、种植户等开展优化种茶、病虫害防治、生姜高产栽培、水产养殖等农村实用技术培训。全年举办科普讲座14场次、科技咨询28场次，技术培训10场次，推广新技术3项，接受培训人数2000人次、接受指导人数2万多人次。通过实用技术培训，提高了农民劳动技能和致富本领，加速科技成果向现代生产力转化，增加了农业生产科技含量。年内，在全县建立县级科普示范基地10个，其中多媒体平台3间，科普服务站5个，推广新产品6个。涌现了黄羌虎噉、城东大嶂公平笏雅、平东九龙洞等村靠科技种养致富的典型，促进了农业增产农民增收。

【青少年科技教育】　县科协发挥中小学教育优势，加强校园科普宣传阵地，有效地推进未成年人的科学素质。在公平镇中心小学、公平中学、梅陇镇梅峰中学、海城镇城西小学、海城镇新城小学等8所中小学建立了科普长廊，共约500延米，为青少年学习科普知识提供了支撑平台。以科普长廊、宣传栏、科普挂图展示入手，在学校全方位开展科技教育，引导学生开展各类竞赛活动，取得了明显的效果。同时在公平中学、公平中心小学、城西、新园等中小学分别举行不同形式的科普读书活动，举办科普知识竞赛活动，参与学生1万多人次，以“珍爱生命之水”为内容的学生优秀作文、绘画等800多篇（幅），同时各学校积极开展科技创新、科技实践活动参加全县科技创新大赛选送作品500多件，其中获省、市奖项45件。

【科普大篷车服务“三农”】　2012年，充分利用科普大篷车车载功能，结合“科技进步活动月”“科技活动周”“全国科普日”活动，联合各相关部门在全县开展农村实用技术培训、科技咨询、讲座等活动，取得较明显的成效，深受广

①　县科协组织农业科技人员深入农业生产基地调研。
②③④　县科学技术协会举办科普知识图片展。

大人民群众的欢迎。科普大篷车运行一年内，走乡村进学校，行程8000公里，为全县各乡镇200多条自然村及所属学校送去科技信息、科普挂图，发放各类科普资料6万多份；为群众放映科技影片10多场，开展专项宣传38场次，给群众送去了科普知识大餐，受益群众达到5万人次。年内，以建设科普示范基地为抓手，把农村科普工作抓实，增建了农村科普活动站4个、科普示范基地10个，向农户常年开展科普讲座、展览、培训、示范、咨询、电视专题栏目等传播服务活动，每年惠及群众在10万人次以上。

（陈广真）

附：2012年海丰县科学技术协会领导名录

主　席：施志坚

副主席：吕爱伦

①②③④　县科学技术协会举办农村青年创业培训班。

个体劳动者协会

【组织机构】 县个体劳动者协会的组织原则是民主集中制，最高权力机构是会员代表大会。代表大会的代表由会员民主协商选举产生，政府有关部门和群众团体的负责人可以被选派为代表。会长为法定代表人。理事会是代表大会的执行机构，在会员代表大会闭会期间领导本会开展日常工作，对代表大会负责。理事会设立秘书处为协会的日常办事机构，配备专职工作人员，在秘书长主持下处理日常事务。秘书处设在县工商行政管理局内。

【主要活动】 2012年，海丰县个私协会积极履行自我教育、自我管理、自我服务的基本职能，以抓队伍建设服务会员为重点，努力发挥桥梁纽带、监管助手作用。一是充分发挥桥梁纽带作用。在积极服务个体工商户转型升级、为地方经济发展服务营造公平公正经济发展环境、组织引导会员在促进区域经济协调发展和新农村建设、发动会员积极参与“三打两建”行动中充分发挥作用。注重发挥先进典型的示范和带头作用，努力营造争先创优氛围，注重培养、宣扬会员中的先进模范人物，每两年组织一次文明经商评比活动。8月22日与县工商局联合命名表彰了550家文明经营企业、个体工商户。二是引导会员回馈和服务社会。一方面积极引导会员参与慈善公益活动，展示会员风采。在春节、中秋节和光彩服务日期间，县个私协会组织会员对贫困户、孤寡老人、残疾儿童开展节日“送温暖、献爱心”慰问活动，慰问物资有大米、食油、棉被、衣服、糖果、奶粉等及慰问金，累计捐赠财物达10万元，帮扶贫困会员、贫困户、敬老爱幼等约300多人次。另一方面把握协会优势，搞好引导服务。运用协会接触面广、信息渠道多的优势，经常深入商户、企业实施信息指导、经营指导，引导企业转变经营理念，实施名牌战略。通过搭建广阔的舞台，让广大个体私营企业以优质、优惠和义务服务的形式，为人民群众提供放心、满意的服务，展现个体私营业主的精神风貌。

附：2012年海丰县个体劳动者协会、私营企业协会负责人名录

会　长：陈海青（任至3月）
林文财（3～8月任）
彭成悦（8月起任）
私协副会长：屈金城　陈金长　林友丰
曾昭潘　庄展文　郭芳荣
个协副会长：邱洪武　陈镇伟　许玉莲（女）

县侨联

【简述】 2012年，海丰县侨联发挥群众性、涉外性、民间性的优势，在内外联谊、参政议政、为侨服务、统战工作、经济社会建设等方面做了大量工作，成为党和政府联系广大归侨侨眷和海外华侨的桥梁和纽带。

【参政议政】 1月，侨眷张丽华、戴金龙出席汕尾市第六届人民代表大会第二次会议；并向大会提交反映侨界心声提案，得到政府及有关部门的重视。4月，县侨联主席马俊鸿出席海丰县第十四届人民代表大会第二次会议；侨眷周秋芬出席海丰县政协八届二次会议。

【联谊活动】 4月，分别接待马来西亚、印尼、泰国回乡祭祖、参观访问华侨5宗48人。8月，县侨联主席马俊俊鸿参加汕尾市侨联组织的参观团，前往与汕尾侨联缔结友好侨联的四川省达川市参观学习。10月，接待马来西亚马六甲戴姓回乡探亲参观华侨6人。12月，分别接待越南、新加坡回乡访问华侨5人。

（周国贤）

附：2012年海丰县侨联主要负责人名录

主　席：马俊鸿

县残联

【残疾人“两项”调查】 2012年，根据中残联和省残联的文件精神，县残联开展农村贫困残疾人调查和残疾人基本情况摸底调查，成立工作领导小组并设立专门机构，安排残疾人协会的专职委员进行为期两个月的入户摸底调查，全面了解和掌握全县各类残疾人数、类别、级别、地区分布、家庭状况、社会保障、康复、教育、就业、社区服务等方面的现状及需求，并逐一登记造册，采取下乡办证和到办证厅办证相结合，加快办证进度，为下一步开展重度残疾人护理补贴和贫困残疾人生活津贴的发放奠定基础。

【残疾人就业培训】　2012年，县残联高度重视残疾人就业工作。一方面拓展残疾人的就业门路。全县有104名残疾人被各家制衣、珠宝、首饰等企业招收。另一方面通过鼓励、扶持等方法，年内，县残联共扶持110名残疾人从事种养、个体经营、盲人按摩等岗位，使许多残疾人走上自食其力的道路。依法开展分散比例安排残疾人就业年审工作，在全县的机关企事业单位征收残疾人就业保障金232万元。

【残疾人康复服务】　2012年4月，县残联依托县老区人民医院建立“海丰县残疾人康复训练中心”，为0～6岁的残疾儿童提供抢救性康复、治疗为一体的综合服务，开设有脑瘫患儿康复训练活动室、聋儿培训班、智力残疾儿童康复训练班。全年有63名残疾儿童接受了免费康复服务，取得较好的社会效益。开展残疾人辅具适配工作，为全县19名残疾人免费装配假肢，其中大腿4例、小腿11例、手4例。11月18日，县残联在省残疾人辅助中心的支持下，发放坐姿轮椅14张、助行器17件、儿童轮椅6张、手摇轮椅20张、矫正鞋等一批残疾人辅助器具，折款50万元。同时，县残联继续巩固“全国白内障无障碍县”工作，全年完成白内障复明手术650例，其中免费160例，完成上级下达的任务。

【残疾人文体工作】　2012年3月，在广东省爱心论坛上，县残联工作人员吕珠满撰写的论文《幸福始于关爱》获全省一等奖。5月，县残联初选84名年青的残疾人，到县城烈士陵园广场接受省残联专家的选拔，有13人被省选拔为自行车、田径、射击、轮椅网球等项目的残疾人运动员。9月7日，海丰籍残疾人运动员郑远森在伦敦残奥会硬地滚球半决赛中，夺得硬地滚球BC4级个人赛银牌。10月，吕伟涛被评为广东省残疾人“十佳”创新人物。

（林仁涛）

附：2012年海丰县残联主要负责人名录

理 事 长：林水溪

副理事长：余仲稳

县红十字会

【关爱弱势群体】　2012年，海丰县红十字会深入开展“红十字博爱送万家活动”，把社会主义大家庭的温暖及时送到弱势群体当中。春节前，通过向省、市红会和仁荣实业有限公司、海深汽车运输公司等热心企业筹集价值4万多元的棉被、棉衣、大米、食用油等生活必需品，及时地送到黄羌等乡镇的孤寡老人和特困群众手中，使他们过一个祥和温暖的春节。

【开展救助活动】　2012年，县红十字会帮助公平镇严均腾等16名先天性心脏病患儿和黄羌镇朱文静等4名白血病患儿通过省、市红会向中国红十字基金会等基金组织申请救助项目，共获得救助资金60多万元，大大减轻了贫困患儿家庭的经济负担，受到患儿家长的一致好评。11月底还帮助20多名贫困白内障患者到彭湃纪念医院接受筛查，符合条件的可以得到免费的手术治疗。各团体会员单位在为民办实事、办好事、解难事中实践崇高的红十字精神。6月21日，县妇幼保健院赴可塘风山村送医送药，开展妇女儿童健康体检和卫生知识宣传，提高群众保健意识，缓解边远山区群众“看病难、看病贵”问题，使广大农民群众真正感受到党和政府的关怀。同时，组织党员和业务骨干进村入户慰问贫困户和困难党员。据统计，县妇幼保健院全年累计下乡义诊6次，送医送药价值8.5万元。赤坑镇红十字会在世界红十字日组织医疗队伍对本镇敬老院30多位孤寡老人进行体检，送医送药送温暖，并对该镇3所幼儿园132名儿童进行全面免费体检，切实关心下一代的健康成长。

【普及救护知识】　普及卫生救护和防病知识，进行初级卫生救护培训，组织群众参加现场救护是《中华人民共和国红十字会法》赋予各级红十字会的职责。2012年，县红会委托汕尾市红十字会培训师为县供电局的65名一线施工人员进行了初级卫生救护培训，提高了受训者遇到突发事件时的自救互救能力和应急避险能力。可塘镇中心卫生院全年多次组织全院医护人员进行相关专业知识、紧急应急、实践技能的培训，并组建了红十字医疗救护应急队伍，定期组织实践演练，增强受训人员在应对突发事件和灾害时的救护救援能力。

【海丰首例自愿人体器官捐献】 海丰县赤坑镇石望村贫困农民曾向追，自2009年患癌症以来，与病魔进行了艰苦的抗争。因病情急剧恶化，自知不久于人世，2012年6月底曾向追委托妹妹曾碧芬与县红十字会联系，表达了自己死后无偿捐出全身器官的愿望。负责接待的县红十字会副秘书长李立文深表同情，告诉她人体器官捐献的有关事宜及办理程序，给了她相关资料。随后，县红十字会按照甘赛梅会长指示联系省、市红十字会，开始启动了汕尾市首例自愿捐献人体器官的个案程序。7月3日，受甘会长重托，李立文代表县红十字会到赤坑镇石望村，和该镇干部一起看望慰问了肺癌晚期患者曾向追。7月5日，组织红十字志愿者再次来到曾向追家慰问，指导其在《中国人体器官捐献自愿书》上签字，指导家属在登记表上填写了相关信息。县红十字会同时委托汕尾市中心血站对曾向追进行了必要的采血化验，决定是否适合器官捐献。化验之后，确认只有眼角膜才适合捐献。这一情况上报到省红十字会器官捐献办公室，他们联系了深圳狮子会眼库，并确定由深圳市眼科医院主任医师、爱心光明大使姚晓明，对海丰这一人体器官自愿捐献者进行密切关注。10月10日晚7时许，曾向追离开人世，年仅36岁。获此消息后，李立文立即带领彭湃医院两名眼科医师第一时间赶到曾家，及时从逝者遗体取下眼角膜，并妥善保存。当晚9时左右，姚晓明医师从深圳风尘仆仆赶来，进行简单的角膜交接仪式后，十分珍重地把眼角膜带了回去。当彭湃烈士的孙女、广东政协委员彭伊娜第一时间从李副秘书长处获悉后，十分感动，在新浪网上发了一条“海丰首例自愿人体器官捐献”的微博，同时深圳潮青会副主席、企业家黄金城先生受深圳市政协常委、潮青会主席赵利生委托，代表潮青会前往其家向曾向追的亲属送去了3000元慰问金。赤坑镇政府干部和村委会也组织前去慰问，对其自愿捐献眼角膜的义举表示敬佩。两天后，据姚晓明医师介绍，曾向追捐献的眼角膜，已成功移植给2例角膜盲患者。这次捐献是2012年广东省眼角膜捐献的第63例，也成为汕尾市人体器官自愿捐献的首例。深圳特区报、新快报、汕尾日报、海丰报、农村医药报等省内外媒体都对此次眼角膜捐献作了专题报道。

【志愿者服务工作】 2012年的国际志愿者日，海丰县红十字会志愿者蔡剑锋被广东省红十字会评为优秀红十字志愿者，这是继2008年获省抗震救灾优秀志愿者后县红十字会志愿者获得的又一荣誉。

（李立文）

附：2012年海丰县红十字会领导名录

会 长：甘赛梅（女）

政　法

综　述

中共海丰县委政法委与县社工委、县委维稳办、县综治办、县委610办、县禁毒办六个正科级部门合署办公，其中社工委、维稳办是2011年定编。内设政工办、执法督查室、维稳及综治股、综合调研股、社工工作股5个股室，干部职工编制19人。

2012年，海丰县政法工作认真贯彻落实中央和省、市政法工作会议精神，围绕坚持"推进创新发展、建设幸福海丰"的核心任务，以中共十八大维稳安保工作为中心，以创新社会管理、维护社会稳定、执法监督和队伍建设四项工作为抓手，全面推进以打击欺行霸市、制假售假和商业贿赂为主的"三打"专项行动，全面落实社会治安综合治理各项措施，推动政法综治工作取得了新的进步，提升了"平安海丰"水平，确保了全县社会治安大局持续稳定。

社会治安综合治理

【维护社会和谐稳定】　2012年8～12月中共十八大召开期间，县委、县政府高度重视维稳安保工作，举全县之力，建立了"层级管理机制""包案调处机制""工作奖惩机制"三项机制。以社会稳定为第一责任，做到上下联动、纵横拓展，深入开展大排查、大接访、大包案、大化解活动，抓早、抓小、抓苗头，加强信息研判，及时化解矛盾，取得了"三无发生、四项可控"的显著成效。"三无发生"：一是无发生重大群体性和突发性事件；二是无发生采用极端方式表达个人意见和诉求，造成恶劣社会影响的事件；三是无发生被新闻媒体和网络炒作的负面问题。"四项可控"：一是社会面可防控；二是重点目标可监控；三是重点人员可管控；四是人民内部矛盾可调控。年内，海丰县加强了反邪教工作，对重点人员的防控和对重点地区、重点地段的监控，将重点和不放心的人员"看死盯牢"，实施稳控。继续开展"家庭拒绝邪教"承诺活动，印制22万份的承诺卡发至各家各户，以签订"家庭拒绝邪教承诺卡"为载体，将反邪教警示教育落实到每个家庭，全县实现参与率98%、签卡率达94%的工作目标。是年，海丰处理涉法涉诉信访问题主要采取三条措施：一是完善了公检法三长接待日制度和领导包案制，由领导带头接访，亲自解决涉法涉诉信访中的实际问题；二是落实了信访首办责任制，规定如因首办责任人不负责造成越级上访的，要追究相应责任；三是建立了涉法涉诉案件办案制度，加强了政法部门与国土、城建、镇政府等之间的协调沟通，畅通了上访渠道，大大促进了办案效率。全年，县委政法委及县直政法部门督办案件43宗，协调案件23宗，排查涉法涉诉矛盾纠纷34宗，已化解息诉24宗。

【深入开展"三打"专项行动】　2012年2～12月，海丰县按照省、市的决策部署，开展了近一年的"三打"专项行动。在县委、县政府的高度重视下，各地各部门齐心协力，全县人民群众热情参与，展开了一场声势浩大的以"打击欺行霸市、制假售假和商业贿赂"的"三打"人民战争，取得显著战果：全县收集"三打"案件线索4475起（其中群众举报676起），查处线索4353起。查处欺行霸市案件1926宗，查处涉案人员1929人，打掉团伙26个106人；查处制假售假案件1125宗（其中大要案61宗），涉案货值841万元，捣毁窝点201个；查处商业贿赂案件84宗，涉案人员68人，其中：在查3宗3人，查结81宗65人（纪律处分62宗、行政处分15宗、刑事处分13宗），涉贿国家工作人员26人；查处保护伞87人。

【开展严打整治斗争】　2012年，围绕为党的十八大召开创造良好社会治安环境这一中心任务，借力"三打"专项行动，海丰县政法部门先后组织"粤安12""南粤亮剑012战役""缉枪治暴”“破案会战”等专项行动，以打击多发性侵财犯罪为突破口，全力推进破案攻坚，强力打击各类刑事犯罪，推进治安大整治，取得明显成效：①公安机关实行全警捆绑作战，全方位优化社会治安环境。全县共立各类刑事案件879宗破458宗，破案率52.1%，比上年多破135宗，破案率提高7个百分点。其中：立命案7宗破7宗；立“两抢一盗”案510宗破181宗，破案率35.5%，同比多破54宗，破案率提高6.5个百分点。打掉各类犯罪团伙54个255人，抓获各类犯罪嫌疑人612名，抓获逃犯84名。经审核，逮捕524名，起诉482名。一是开展破案攻坚。先后破获“4·10”抢劫（致死）系列案、“4·16”强奸幼女案、“5·30”轮奸抢劫少女案、“6·4”麻醉抢劫系列案和“7·16”伤害致死案等社会关注高度、影响面广的案件，彰显了政法机关公信力。特别是在侦破可塘镇“10·10”抢劫致死案件中，抓获犯罪团伙成员18名，带破公平镇“4·15”抢劫致死案及发生在海丰、陆丰、城区等地的抢劫摩托车案件近30宗，使全县“两抢一盗”发案急速下降，社会治安环境明显好转。二是开展缉毒戒毒。共破获涉毒案件109宗，抓获毒贩121名；查获吸毒人员1381名（强制隔离戒毒635名、行政拘留503名、刑事拘留109名、社区戒毒121名），查获毒品海洛因37.95克、冰毒2200克、麻古3粒，毒资20多万元。三是开展治安整治。全县共查处各类治安案件1724宗，抓获各类违法人员3256人，处治安拘留485人。5月底，在城东捣毁一赌博窝点，现场抓获涉赌人员28人。四是开展缉枪治爆、打击制假售假和非法传销。共立涉枪案件4宗破4宗，收缴非法枪支17支、子弹19发；捣毁制售假窝点3个，抓获犯罪嫌疑人6名，缴获假证明、假证件、假印章及制假工具一批；捣毁传销窝点4个，抓获犯罪嫌疑人13名，解救被拘禁人质11人。五是开展交通整治。共查扣无牌汽车62部和无牌两轮、三轮摩托车2300多部，查处交通违法行为近6万宗，销毁无牌汽车75辆、无牌摩托车1163辆。②检察机关积极履行法律监督和公诉职能，及时打击各类刑事犯罪，维护社会稳定。全年共受理呈送批捕案件383件623人，经审查，决定批捕338件541人；受理起诉案件500件714人，决定起诉435件613人，其中向县法院提起公诉364件492人、报送市检察院审查起诉33件74人，决定不起诉19件22人，追诉漏罪4件10人。依法提出抗诉1件1人。③审判机关充分发挥审判职能，坚持宽严相济的刑事审判原则，有力地维护社会治安稳定。全年共受理各类刑事案件426件，比2011年的308件增加118件，增长38.1%。审结412件，同比增加126件，增长44.05%，判处罪犯562名（生效执行的545名），其中：“两抢一盗”案件119件164人、贩毒案件85件95人、故意伤害案件51件68人。在判决生效的545名罪犯中，判处缓刑等非监禁刑的200名，非监禁刑适用率为36.8%。在加强刑事审判的同时，加大对刑事附带民事诉讼案件的调解力度，共受理刑事附带民事诉讼案件41件，审结31件，其中调解结案19件，调结率61.3%，调解赔偿金额84.9万元，大大减轻被害人的经济财产损失。④司法机关善用法治思维和法律手段，切实做好人民调解、社区矫正、安置帮教、法律服务和法律援助等工作，维护社会稳定。一是开展普法教育工作。组织由法律援助中心、法律服务所等法律服务机构的法律工作者，组成普法宣传队，深入全县各镇（场）开展“法律六进”活动，印发宣传资料4.1万份，受教育群众达26万人次。二是开展人民调解工作。全县基层调解组织调解民间纠纷893件，调解成功880件，成功率98%。三是开展刑释解教人员的帮教和社区矫正工作。全县接收刑释解教人员143人，帮教率100%；全县接收社区矫正人员125人，严格按照《社区矫正实施办法》的规定，开展对社区矫正人员的接收衔接、日常管理、考核评议、社会调查评估等工作，确保刑罚的规范执行。四是开展法律援助工作。无偿提供法律援助4宗、法律咨询328人次。五是开展法律服务工作。完成了3个律师事务所、13名律师的年度检查考核工作；律师事务所担任法律顾问6家，办理民事案件2件、办理刑事案件2件、提供法律咨询305人次。公证处办理各类民事公证2121件，其中国内公证758件、涉外公证1363件。

【综治信访维稳三级平台建设】 全县综治信访维稳三级平台300个，工作人员857人。县、镇二级中心工作经费纳入财政预算，其中，县中心每年10万元；二类镇、三类镇、四类镇中心办公经费每月分别为5000元、4000元和3000元。2012年，继续推进综治信访维稳三级平台建设，重点在抓责任落实、队伍配备、制度规范、资源整合、机制构建、考核奖惩、常态监督等七个方面下工夫，加大人员、经费、物资的保障力度，实现了三级平台“上下结合、互联互动、整体作战”的运作效果，充分发挥三级平台在加强基层社会稳定工作中的作用。2012，全县“三级

平台”共受理案件1822宗，调处1784宗，调处率97.9%。其中：县级中心受理27宗，调处26宗，调处成功率96.3%；镇级中心受理352宗，调处341宗，调处成功率96.8%；村（社区）受理1443宗，调处1417宗，调处成功率98.2%。

【构筑社会治安防控体系】 2012年，海丰县不断推进社会治安视频监控系统建设，逐步形成了警务力量为主体，社会力量互联、互补、互动的大防控长效机制，布建点线面结合、纵横交错的大防控网络，在社会面主要交通要道、治安复杂路段和重点部位建起一批摄像头和治安卡口。继续以信息化建设为载体，通过规范特行、网吧等场所日常管理、检查，以及强力推行安装信息采集终端机，加强信息采集工作。加大对“大情报、网上作战、大网安、工作执法一网考、服务措施一网办、流动人口服务管理”等系统应用，全县重点人员预警信息总签收率、反馈率均达100%，发现率96%。通过信息比对，“大情报”红色预警抓获在逃人员6名；通过SIS系统“网上作战”平台，抓获在逃人员10人，带破一个5人的抢劫团伙，为其他县市提供有效线索12条。“大网监”设置网上虚拟警务室24个、网上报警岗亭6个；治安卡口2个；旅馆业、特种行业信息采录终端机安装920多台；办理居住证16470张，超额完成8000张目标任务数的205.8%。

【政法队伍建设】 2012年，全县政法机关开展了社会主义法治理念和政法干警核心价值观等一系列教育实践活动，加强了执法能力建设，特别是通过维稳安保和“三打”专项行动，进一步锤炼了队伍，提升了执法能力，树立起政法队伍的良好形象。年内，县委政法委十分重视政法各部门的班子建设，围绕“政治坚定、开拓创新、团结协作、廉政勤政”的班子建设目标，切实加强了领导班子的思想建设、作风建设和廉政建设，提升了各部门领导班子的凝聚力和战斗力。同时做到“三个注重”：一是注重抓好队伍的思想政治教育，强化政法干警的政治意识和大局意识。特别是通过各种理论培训班、研讨会、座谈会等形式，向全体干警传播“忠诚、为民、公正、廉洁”的政法干警核心价值观精髓，组织干警对照查摆，认真剖析和整改，使全体政法干警将核心价值观内化于心、外化于行。二是注重各项规章制度的落实。完善各部门内部管理制度，用制度管人、用人，并不定期组织明察暗访，发现有违规、违纪苗头，及时责令改正，促进了队伍风貌的提升。三是注重学习培训，提高干警的业务素质和执法水平。以党组织牵头开展创建学习型政法队伍活动，鼓励干警坚持在岗位学、业余学、进修学，以学习培训为载体，提高政法干警的业务素质和执法水平。年内，政法各部门结合工作实际，以端正党风为目标，认真开展学习教育活动，落实党风廉政建设责任制，以改进机关作风为重点，查找存在问题。县公安局全面落实“五进五建”促“三访三评”活动。深入各地、各企业单位、各学校、各家庭访问民情、访查民意、访排民忧，进学校、进社区、进网络、进微博。为群众办好事解难事760件，开展评议活动293项，排查矛盾纠纷128宗，化解120宗，排查出社会治安突出问题69项、火灾隐患7项，都相应进行了整治。通过“三访三评”活动，收集对公安工作建议324条。该局以提升队伍执行力，增强队伍公信力和激活队伍活力为主线，着力解决队伍一定程度上存在的“疲、软、弱”以及“冷、硬、横、推”问题，着力解决民警的实际困难，着力提高队伍整体素质，着力提升人民群众的满意度和安全感。涌现了一批工作表现突出的先进集体和先进个人：3个单位被评为全省优秀公安所队；1名民警荣立个人一等功，3名民警荣立个人二等功，16名民警荣立个人三等功。

（李碧良）

附：2012年中共海丰县委政法委员会领导名录

书　记：李学平（任至1月）
　　　　陈连郑（1月起任）
副书记：吴奇双　郭庆寿　卓少辞

公 安

【简述】 2012年，海丰县公安机关把“服务转型升级，建设幸福海丰”主题贯穿各项公安工作，以中共十八大维稳安保工作为中心，以“抓一化促八率”为抓手，以“五进五建”促“三访三评”大走访活动为载体，以破大要案、安民生为硬道理，全面推进打击“欺行霸市、“粤安12”、“治爆缉枪”、“破案会战”、“南粤亮剑012战役”、打击电信诈骗等专项行动，实现“六个坚决防止发生”和“发案少、秩序好、社会稳定、群众满意”的工作目标，进一步推动了社会管理创新，提升了“平安海丰”水平，确保了全县社会治安大局持续稳定；先后受到《南方日报》、《羊城晚报》、《南方都市报》、《南方法治报》、《汕尾日报》“汕尾市民网”等省、市、县多家新闻媒体和网站的宣传报道，赢得全县广大干部群众的肯定。

【打击刑事犯罪】　2012年，全县共立刑事案件909宗破504宗，破案率55.4%；其中立命案7宗破7宗，立“两抢一盗”案件515宗破192宗，破案率分别为100%和37.3%；抓获犯罪嫌疑人612名，追捕逃犯84名。4月26日侦破“4·10”系列抢劫案，抓获犯罪嫌疑人许××；5月17日侦破“4·16”强奸幼女案，抓获犯罪嫌疑人王××；10月12日，侦破省厅“7·18”特大贩卖婴儿专案，抓获犯罪嫌疑人骆××、蔡××、林××3人，安全解救男婴3名，女婴1名；10月14日侦破“10·10”抢劫致死案件，抓获犯罪嫌疑人方××、谷×、黄××、易××、黄××、蔡××、余××、范××、许××、蒋××、李××、刘××等12人。

【打击欺行霸市】　2012年2月9日开始，按照省委、省政府“三打两建”的战略部署，根据市委、市政府和县委、县政府的总体安排，立即成立由县政府副县长、公安局长王楚雄为组长，县

※　2012年7月23日，市委书记郑雁雄（左一）在市委常委、秘书长、县委书记郑佳（左二），县委副书记、县长沈木荣（右二），县委常委、县政法委书记陈连郑（右一），副县长、县公安局长王楚雄（左三）的陪同下莅临海丰县检查督导“打欺”工作。

公安局、工商、事业、交通、水务、文体、海洋、建设、国土、经促等单位领导为成员组成打击欺行霸市专项行动领导小组，下设办公室，办公室设在县公安局。在全年的“打欺”专项行动中，各成员单位紧密配合，服从命令、听从指挥，上下同心、目标一致，取得全市排名第一的好成绩，并被广东省打击欺行霸市专项行动领导小组评为全省打击欺行霸市专项行动先进单位。专项行动领导小组在县委、县政府和县“三打”领导小组的领导下，始终坚持以关系人民群众的切身利益为中心、以打击欺行霸市团伙为核心、以“打虎、砍链、挖伞”为重点，全力推进“打欺”工作的深入开展，取得了显著成绩。全年“打欺”工作，全县共获取“打欺”线索1621条，办结1575条，办结率为97.2%；查处欺行霸市案件1656宗1706人次；侦破刑事案件138宗188人、查处行政案件1518宗1518人次；打掉欺行霸市团伙27个104人；查处“保护伞”54人次；缴获各类枪支12支、子弹14发、雷管66枚，管制刀具等作案工具一大批。给当地党政和人民群众交出一份满意的答卷，还海丰一片安定祥和有序的市场经济环境。

【打击经济犯罪】　2012年，县公安局以“三打两建”和严厉打击经济犯罪“破案会战”专项行动工作作为全年的中心工作。全县立各类经济犯罪案件45宗，破31宗，抓获犯罪嫌疑人46人，涉案总值2.964亿元，为稳定全县市场经济秩序作出贡献。6月11日晚，联合县税务局在海丰县城东镇上园小区嘉祥巷西14栋2号捣毁一制贩假发票窝点，抓获犯罪嫌疑人张××、张××、陈××、许××等4人，现场缴获制假发票用的工具切割机、打孔机及深圳市国家税务局通用机打发票（仟元版和佰元版）、深圳市地方税务局通用机打发票、深圳市国家税务局通用发票（手写）半成品、成品假发票约62.5万多份。

【禁毒工作】　2012年，海丰公安机关充分发挥禁毒主力军的作用，以“扫毒害，保平安”为目标，多警种捆绑作战，用铁的决心、行铁的纪律、下铁的任务，竭尽全力推进禁毒工作，取得历年最好成绩。保质保量超额完成市局下达的任务指标，特别是取得全县全年零制毒案件的可喜成绩，多次受到市局领导表扬。全年全县共侦破贩毒案件108宗，抓获贩毒犯罪嫌疑人120名；查获吸毒人员1380名，其中强制隔离戒毒635名；缴

获毒品海洛因37.95克，冰毒2547.7克及其他可疑毒品共40小包；缴获毒资20多万元。4月6日，附城派出所接到举报，在嘉年华酒店×房抓获贩毒人员姜×、陈××，当场缴获毒资20万元；经审讯扩线，同日又在嘉年华酒店×号房间抓获贩毒人员林××、钟××，并在林××住处缴获冰毒804.5克。

【警卫与安全保卫】　2012年海丰公安机关主要执行三项安全保卫任务：2月4日晚，海丰县开展庆元宵文化巡游活动；根据《海丰县2012年元宵节文化巡游活动方案》的要求，县公安机关制订《海丰县2012年庆元宵文化巡游活动安保方案》；方案中成立以副县长、县公安局长王楚雄为总指挥的县元宵彩游活动安全保卫组，指挥部设在县公安局指挥中心，负责协调检查督促；县公安机关出动警力550人，确保了元宵庆典活动的顺利进行。5月7日，由省委宣传部主办，汕尾市委、市政府和海丰县委、县政府承办，在海丰、市城区举行马思聪百年诞辰系统纪念活动。县公安局成立纪念活动安全保卫工作指挥部，出动警力258人，顺利完成安保任务。7月12日，汕尾市委、市政府组织市直等36个有关单位参观海丰县华润电力公司、联安围海堤、县中等职业技术学校等重点项目建设，并召开现场会议，通报全市重点项目建设进展情况，推广海丰工作经验，部署全市下半年重点项目建设工作；县公安局为此成立全市推进重点项目建设海丰现场会安保指挥部，抽调警力178人参与安保工作，确保了此次活动的顺利进行。

【公安监管】　2012年，县看守监管部门以依法、严格、科学、文明、规范化管理为核心，全体民警发扬艰苦奋斗和爱岗敬业的拼搏精神，积极开展全省公安监管系统“五进五建”促“三访三评”活动，坚决打击牢头狱霸，继续深入开展集中整治执法过程中涉案人员非正常死亡问题、贯彻落实全国公安机关涉案财物管理问题专项治理工作；继续开展全省公安机关社会管理创新工作等活动。同时，落实等级化管理，坚持高标准、严要求，以深化等级化管理为主线，以严格执法、文明管理为核心，以安全工作为基础，继续以“抓管理、保安全、上等级”为工作思路，对监所实施规范化管理，不断深化各项监管措施，确保了监所的绝对安全。至年末，共收押、接收各类在押人员1277人，处理出所832人，现在押人数536人。年内，县拘留、戒毒所共收押拘留、戒毒人员1528名，处理出所人员1623名，在押人员372名。在生理、心理康复，行为矫治、劳动技能培训等方面对入所被拘留、戒毒人员进行了综合训练提高。管理上实行分区和一人一床位制管理模式，依照《广东省强制戒毒人员诊断评估办法》要求做好戒毒人员评估出所工作。在推行管理教育新模式工作中，对收治被戒毒人员实行分区、过渡、专人负责的管理办法；对戒毒人员建立一人一档，医务工作实行病历制，与县彭湃医院建立治疗绿色通道，规范了管理教育、医疗服务工作。积极开展日常管理教育工作，加强

① 2012年9月26日晚，副县长、县公安局长王楚雄（右一）、县公安局政委吴堂泽（右二）、副局长钟伟雄（左一）等领导深入一线检查督导统一清查行动。
② 2012年9月26日，海丰县公安民警整装待发。

对被拘留、戒毒人员的警示和引导。2012年县拘留所、戒毒所接受省公安厅的考核评估，继续分别被评为三级所。

【治安管理】 2012年，全县共查处各类治安案件1776宗，抓获各类违法分子3350人；经审查，办理治安刑事案件5宗10人。收缴管制刀具32把，老虎机62部、鲨鱼机23部、赌博机20部。年内，加强维稳工作，全力排查、稳控和化解不稳定因素和不稳定苗头15宗，在县委、县政府的领导下和职能部门的配合下，妥善解决了多次无法调解的赤石镇田坑村部分村民不满现任村干部将鱼塭承包给私人而发生的纠纷，稳控了影响较大的梅陇镇白银交易引发的经济问题，合理处置附城新南社区和平村因征地款分配不公和新二村非法转让土地引发群体纠纷；确保中共十八大期间社会面治安秩序良好，为中共十八大召开创造了良好的社会环境，得到省市县领导充分肯定，大运会、侨博会期间实现零上诉。同时，根据《广东省旅馆业治安管理规定》和《娱乐场所管理办法》，联合文化、工商等职能部门开展专项整治，对全县86间旅馆业、16间歌舞服务业进行检查整治；消除治安隐患8处，发出整改通知书8份、停业整改通知书4份。

【边防管理】 公安边防坚持以爱民固边战略为中心，以边防辖区执法执勤为重点，大力加强部队正规化建设，确保了辖区和部队内部安全稳定，圆满完成2012年的各项工作指标，各项工作取得新突破。全年共化解各类矛盾纠纷85起，破获7宗刑事案件，抓获犯罪嫌疑人15人，查处27宗治安案件，处理违法嫌疑人58人，抓获吸毒人员8人。6月27日，鲘门边防派出所仅用4小时成功破获一宗绑架勒索案，安全解救被绑架人质，抓获犯罪嫌疑人3名。在“清网行动”中，各边防派出所在10月18日将6名在逃人员全部归案，提前完成“清网行动”任务。在反走私工作中，破获4宗走私红油案件共（94.76吨），案值57万元，创县边防历年来破获数量最大，金额最高的走私红油案件，有力地打击了走私分子的嚣张气焰。

【户政管理】 2012年，县公安机关切实加强户政管理，进一步优化窗口服务质量与环境，充分落实惠民措施，做到爱民便民利民，全面完善户政管理、身份证管理、流动人口和出租屋管理、重点人口和监外罪犯管理工作。积极发动、办理流动人口居住证，贯彻落实“一证通”制度，积极落实做好省厅下发的持一代证人员未换发二代证人员名单复核，进一步健全户政业务管理，为经济社会发展和谐提供更为准确翔实的户籍资料，为保障公民权益和维护社会稳定发挥更大的作用。全年办理第二代居民身份证78191张，临时身份证1万张；办理各类户口迁移手续1535人次（其中外省市婚迁1450人次）；办理儿童报生入户及其他补办入户2600人，办理入伍、入学、出境、劳教、判刑、死亡注销8115人，办理变更户口项目455起，为其他单位提供查询资料705人次。

【消防管理】 2012年，消防大队在上级党委的正确领导和各业务部门的大力支持下，按照年度工作部署，创建了海丰消防铁军中队，同时，公平镇火灾隐患重点地区整治工作也顺利通过省政府验收并摘牌，完成了中共十八大消防安全保卫任务。全年边防大队共接处警221起，出动车辆432辆次，出动警力2626人次，抢救被困人员31人，疏散被困人员176人，抢救财产价1078万元，灭火救援成功率100%；联合公安、安监、工商、文广新等部门开展联合执法13次，出动执法人员2572人次，检查单位2050家，下发责令改正通知书1731份，整改火灾隐患5894处，临时查封41家，“三停”单位24家，行政处罚62家，罚款69.5万元，全力确保了海丰县全年未发生重特大火灾事故。

【道路交通安全管理】 2012年，交警部门以“安全、畅通、文明、和谐”为目标，不断创新交通管理模式，合理安排勤务，通过强化国道及县城重点路段的巡逻监控及交通指挥疏导，积极开展交通安全宣传教育，全面排查治理交通安全隐患。大力开展道路交通秩序综合整治，机动车涉牌涉证、酒后驾驶、机动车超速交通违法行为整治，营运客车、校车、摩托车、泥头车等交通秩序整治专项行动，确保全县道路交通顺畅和安全形势平稳。全年共排查道路交通安全隐患4处，完成整治3处；制作播出“交警视窗”12期；查处各类交通违法行为近5.8万起，查扣无牌无证汽车62辆，无牌无证摩托车2300辆，销毁无牌证汽车75辆，销毁无牌证摩托车1163辆；办理摩托车入户310辆，摩托车年检审350辆，驾驶人年检审2484人，补换证件3576本。全县发生道路交通事故388宗，死亡49人，受伤657人，直接经济损失64.64万元，与2011年同期相比，事故宗数上升

33.33%；死亡人数持平；受伤人数上升60.24%；直接经济损失上升69.14%；发生一次死亡3人以上特大道路交通事故2宗，死亡6人。

【公共信息网络安全监察】 2012年，海丰县公安局公共信息网络安全监察（网安）以理论创新、制度创新、科技创新的工作方针，树立立党为公、执法为民的思想观念，重点做好南海诸岛主权周边问题、反日保钓、社会治安环境、农民土地纠纷等社会舆论热点和中共十八大安保工作。采取教育和处罚相结合的工作方式，引导网络信息舆情信息317条，教育网民9人，查获有害信息59条，查处涉案人员6人；查处网上传播淫秽信息案件1宗，处罚违法人员1名，查处违规经营的互联网上网场所2间，处罚互联网上网场所2间。深入开展“五进五建”“三访三评”活动，首创公安机关“走进网络”网友座谈会。在海丰县副县长、公安局局长王楚雄的高度重视下，3月8日下午，县公安局举行了海丰县公安机关“走进网络”网友座谈会，开创了开门纳谏，主动面对面零距离接受网民议评的先河。“汕尾市民网”“海丰人社区”“海丰贴吧”等网站15名网民代表及羊城报社、汕尾日报、县电视台等新闻媒体记者参加了座谈会。

【110接处警】 2012年，县公安局指挥中心110报警指挥室在“牵手110，平安伴你行”的接处警工作中，受理有效报警案件19330宗，其中，刑事报警（立案）523宗，治安报警2193宗，交通报警3602宗，火灾报警189宗，警务投诉4宗，求助报警119宗，走失寻人报警118宗，其他案由报警12582宗。2012年有效报警同比2011年的18276宗多1054宗，其中刑事报警比2011年的526宗少3宗，治安报警比2011年的4196宗少2003宗，交通报警比2011年的3780宗少178宗。2012年上报市局指挥中心重大情况报告、案情材料82份，挂局网转发粤闽赣三省十市公安局110联动协作函128份，请求市局发联动协作函26份，刊发《每周警情》47份，协查失踪人口6宗。通过“大情报”应用信息平台，每月预警信息的签收率、反馈率、发现率、在控率均能达到省厅、市局标准要求，通过大情报信息应用系统红色预警抓获网上在逃人员11名。

【巡警工作】 2012年，巡警大队在局党委的领导下，以邓小平理论和“三个代表”重要思想为指导，贯彻落实科学发展观，紧紧围绕建设“提升平安海丰水平，服务幸福海丰建设”的工作目标，攻坚克难，全力以赴，大力开展“粤安12”“南粤亮剑012战役”、“三打两建”等各项专项行动，出色完成中共十八大“百日防护期”等各项安保任务，进一步提升人民群众的安全感和满意度，有效地维护了全县政治安定和社会治安稳定，为建设海丰和谐社会作出了应有的贡献。全年巡警大队共查获各类违法犯罪案件45宗96人，其中抢劫6宗19人、盗窃12宗15人、抢夺6宗9人、贩毒2宗2人、吸毒9宗9人、销赃1宗2人、故意伤害1宗1人、阻碍执行职务1宗2人、非法经营1宗1人、生产销售伪劣产品1宗2人、赌博5宗34人。缴获摩托车、毒品、各类刀具等涉案物品一大批。2012年大队被县局评为集体嘉奖单位。海丰电视台、汕尾电视台、汕尾日报社、市局、县局的公安信息网站先后多次对巡警的先进事迹跟踪报道。

【警务督察】 警务督察大队同监察室、审计室牌子加挂于监督室，与纪委合署办公。2012年，大队在上级督察部门的指导和局党委的正确领导下，依据《公安机关督察条例》和《公安机关督察工作规定》，紧紧围绕警务中心工作开展现场督察，深入开展对违法违纪现象的查处，充分发挥了督察职能作用。年内，警务督察主要开展五个方面行动：一是开展部署“五条禁令”问题集中整治活动”；二是组织对“破案会战”、“公务用枪大检查”、“三访三评”、“三打两建”、“抓一促八率”、“粤安12专项行动”、“缉枪治爆专项行动”、“南粤亮剑012战伐”、“深化打击整治网络违法犯罪专项行动”以及中共十八大安保专项工作等开展现场巡查、抽查、暗访滚动式的督察；三是组织查处民警违法违纪案件；四是加大组织维护民警权益的工作；五是开展网上督察工作等，为全县公安工作的落实和创新发展提供了坚强的纪律保障。经过上述专项工作取得明显成效：一是提高全局民警遵守公安部“五条禁令”和省厅8号令的自觉性，焕发为工作积极性；二是建立健全了各类台账；三是规范公务用枪的管理规定，全局共有枪库14间，经“两轮”专项检查，尚没有发现超编配发情况；四是完成对所有讯（候）问室的检查，全局共建立讯（候）问室28间，都设置了视音频设施，并与网上督察室实行联网；五是促使“确案会战”、“三访三评”、“三打两建”、“抓一化促八率”、“粤安12专项行动”、“缉枪治爆专项行动”、“南粤亮剑012战伐”、“深化打击整治网络违法犯罪专项行动”以及中共十八大安保等工作的落实，使各项工作在全市各县区中排名靠前。

【出租屋管理服务】 2012年，全面加强出租屋管理，规范完善出租屋租赁市场，深化“以房管人”、“以点控人”工作机制，通过签订“责任书”，落实“谁主管，谁负责”责任制，通过对出租屋展开“网格化，地毯式”清查，从而有效遏制利用出租屋作案的违法犯罪。全年清理登记流动寄住人员2522人，录入出租屋信息3177条，为流动人口办理居住证4980张，发现利用出租屋作案5起。

【提高公安执法质量】 2012年，为进一步加强公安机关人民警察执法能力建设，促使广大民警自觉学法、真正懂法、严格用法，提高公安队伍法律素质和执法水平，保障公安机关严格、公正、规范执法和理性、平和、文明执法，于12月2日组织全县民警分两批376人（中级361人，基本级15人）在海丰中学参加全省2012年人民警察执法资格考试。年内，法制室审核了刑事案件810人，行政案件2121人，均没出现冤假错案。同时，为提高执法质量，采取每月考核、季度小结、全年总评的方式对全局47个执法单位和283名执法民警全年所办理的71宗刑事案件和1819宗行政案件逐宗进行阅案考评，并将考评结果与年度评优评先挂钩。

【县公安机关机构设置】 海丰县公安局属政府序列行政单位，办公地址在海丰县城红城大道。政法专项编制653名，设局长1人、政委1人、副局长4人。内设综合管理机构4个：政工室、监督室、法制室、警务保障室。执法勤务机构8个：指挥中心、国内安全保卫大队、刑事侦查大队、交通警察大队、治安管理大队、巡逻警察大队、经济犯罪侦查大队、出入境管理大队。公安派出机构21个：云岭、龙津、新园、莲花山、附城、城东、公平、平东、黄羌、西坑、红岭、赤岸、梅陇、东关、赤石、圆墩、鹅埠、联安、可塘、陶河、赤坑派出所。监管机构3个：看守所、拘留所、强制隔离戒毒所。

【公安队伍建设】 2012年，海丰县公安系统加强队伍建设。一是加强思想政治建设。开展了“政法干警核心价值观教育实践活动”等主题教育活动，把主题教育活动与革命传统教育相结合，与创先争优活动相结合，与立足本职岗位，努力营造争做先进民警、争创一流业绩的浓厚氛围相结合，使全警形成统一的指导思想、共同的理想追求、基本的道德规范，从而大大提高队伍的整体水平和素质。二是干部提拔使用和民警交流轮岗。全年共提拔使用干部22名，其中1名民警得到越级提拔，轮岗交流干部，副科级10名，股级14名；轮岗交流民警13名。与此同时，按照2012年度招收公务员计划，共招收新警19名，基本上都是紧缺的专门人才。三是机构编制实名制登记和公务员信息系统录入。根据海丰县机构编制委员会和海丰县委组织部的要求，组成专门人员，认真查阅干部档案，对每一名民警的录入数据进行重新校对和核实，共为691人（其中公务员651人、职工40人）民警进行了机构编制实名制登记录入，为651名民警进行了公务员信息系统录入，按时按质完成了工作任务。四是奖励工作：按照《人民警察奖励条令》规定和奖励标准，抓好奖励工作。年内，刑侦大队荣立集体二等功和全省“清网行动”突出基层所队称号；附城派出所荣立“全省优秀基层单位”称号；城东派出所荣立“全省清剿火患战役先进单位”；2名民警荣立个人一等功，3名民警荣立个人二等功，17名民警荣立个人三等功；1名民警被评为“全省五好所队长”，1名民警被评为“全国优秀人民警察”，2名民警被评为“全省优秀人民警察”。在抓好奖励的同时，树立典型。年初，根据省厅《为民公安的足印》的推选要求，经调查研究，确定马汉强为候选人推荐上报。其事迹得到市局和省厅的肯定，先后获得个人二等功一次、全省政法系统先进个人、广东省劳动模范和全国优秀人民警察等荣誉称号，被确定为《为民公安的足印》报告会现场讲述人预备人选。5月18日，马汉强作为全省6名优秀民警代表之一，出席了在北京人民大会堂举行的全国公安系统英雄模范立功集体表彰大会，并受到胡锦涛、温家宝等党和国家领导人的亲切接见。11月，马汉强被越级提任为龙津派出所副所长。

（陈仕明　叶克好）

附：2012年海丰县公安局领导名录

局　长：王楚雄

政　委：吴堂泽

副局长：郑海陆（任至12月）　罗　震
　　　　钟伟雄　陈克平（挂职）
　　　　施胜军　刘勋浦（8月起挂职）
纪委书记：曾小彪

检　察

【简述】　海丰县人民检察院（以下简称“县检察院”）是国家法律监督机关，依法独立行使检察权。县检察院按照法律规定和业务分工分别承办侦查、审查批捕、审查起诉等检察业务，并对诉讼活动依法履行监督职责。县检察院按照“公正执法、加强监督、依法办案、从严治检、服务大局”的工作方针，打击刑事犯罪，维护社会稳定，预防和查处职务犯罪，强化诉讼监督，加强队伍建设，全面推进检察工作，服务海丰工作大局。2002年县检察院内设机构改革，设置政工科、办公室、公诉科、侦查监督科、监所检察科、渎职侵权科、侦查科、预防科、民行检察科、控申检察科、举报中心、监察室、法警大队，均为副科级单位。保留反贪污贿赂局，仍为副科级单位。2012年，在全体干警的共同努力下克服人员不足、经费缺乏的困难，圆满完成了上级院和县委部署的各项任务。2012年，县检察院被省院评为“全省先进基层检察院”“全省检察机关计划财务装备工作先进集体”；被县委、县政府评为“先进单位”和“三打两建”工作先进集体、被县推荐为全省“扶贫双到”先进单位，有19人次分别被省、市、县院记功、嘉奖；黄友瑜检察长被评为全省优秀检察长和先进工作者。

【刑事检察】　2012年，县检察院全力配合“三打两建”专项行动，严厉打击欺行霸市、制假售假，商业贿赂等危害社会信用体系和市场监管体系的犯罪；严厉打击各种重大暴力犯罪、黄赌毒犯罪；严格把好审查批捕质量关；切实开展立案监督和侦查监督，履行检察机关法律监督职能，及时打击刑事犯罪，参加社会治安综合治理。全年共受理呈送批准逮捕案件413件673人，比2011年同期增加46%。经审查作出决定：批准逮捕的案件373件597人，其中改变定性8件22人；不批准逮捕案件40件76人，其中通知补查28件54人。对公安机关该立不立、不该立而立的案件坚决纠漏纠错：向公安机关发出“应当逮捕犯罪嫌疑人意见书”1份，追捕公安机关未移送审查逮捕的犯罪嫌疑人1名；发出“侦查意向书”28份；口头纠正违法18次。年内，认真履行公诉职能，严把案件质量关，贯彻宽严相济刑事政策，稳步推进量刑改革，加强审判监督。特别在“三打两建”专项行动中，以高度的政治觉悟和饱满的工作热情，全力以赴投入公诉工作。保证了“三打”案件在公诉环节的畅通无阻，出色完成全年工作任务。全年共受理移送审查起诉案件538件768人，比2011年增加30.3%，审结案件488件691人，比2011年增加33.3%。其中向海丰县人民法院提起公诉409件557人，决定不起诉22件25人，报送市院审查起诉36件79人；追诉漏罪5件11人；改变案件定性14件20人；提出量刑建议314件406人，量刑建议率76.8%，发出量刑建议书406份，量刑建议采纳率80%。依法提出抗诉，促使法院改变错误判决一件，抗诉率和抗诉成功率达100%。年内，监所检察工作从规范管理、规范执法入手，以实现监管场所零事故为目标，认真做好在押人员因病死亡事故和非正常死亡事故两大预防，严厉打击牢头狱霸，保障在押人员的合法权益，积极参与监外执行的社区矫正工作。全年共驻所检察234天，巡查监仓150次，与在押人员谈话了解情况298人次，制作谈话笔录96份，发现安全隐患20起，口头纠正违法23次，监督处罚牢头狱霸32宗80人次；与看守所民警上法制课2场次；与看守所召开联席会议2次；与市监所科联合进行节日安全检查2次；敦促看守所依法调劳11批245人。监督看守所对在押人员报病诊治3800人次，其中送医院检查14人次，住院治疗3人次。驻所检察工作实现了全年监所零事故。

【职务犯罪侦查与预防】　反贪污贿赂检察工作充分利用侦查一体化模式，深入查办各类贪污贿赂等职务犯罪，参与“三打两建”专项活动。2012年共受理举报线索19件，开展初查15件15人，其中立案2件2人、侦查终结8件12人（积案6件）、移送审查起诉12人，其中挽回经济损失57万元。办理县交警大队办案民警谢某某等涉嫌受贿一案，追回赃款11.89万元，归还被害人冉×，被告人谢××被判处有期徒刑2年2个月。在市侦查指挥中心统一部署和大力协助下，查办了陆丰市公安局森林分局原政委陈××贪污、受贿、徇私舞弊不移交刑事案件案，被告人陈××被法院数罪并罚，一审判处有期徒刑16年，并处没收个人财产人民币16万元。反渎职侵权检察工作结合

“三打两建”，加大办案力度，加强行政执法监督，开展职务犯罪预防，努力维护社会稳定。全年受理并初查案件线索14件，立案3件，调查终结回复来访信件9件，发出检察建议5份，移交县纪委案件线索3件，侦查终结并移送审查起诉1件1人，挽回国家经济损失174.95万元。年内，职务犯罪预防检察工作做好重点工程项目专项预防，积极开展行贿犯罪档案查询，履行预防职责。共参与工程项目监督17宗，开展行贿犯罪档案查询89次，警示教育人数近500人；对海丰500万元以上1000万元以下的5宗工程建设项目的招投标工作进行专项预防；对1000万元以上的12宗重点建设项目，由市、县两级院互相配合，共同承办，形成预防合力；审查有关招标材料20多份，与业主单位、建设行政主管部门和建设工程交易中心等部门研究预防工作10次；落实投资市场的廉洁准入制度，防控贿赂犯罪，对于县内政府采购30万元以上的、工程建设500万元以上的项目，要求招标人或其委托代理人对已报名的潜在投标人申请行贿犯罪档案查询，全年共受理查询申请89份，在收件后的3天内出具查询结果告知函。

【民事行政检察】　2012年，以维护司法公正，维护司法权威为目标，加大对民事行政申诉案件和民事执行活动的监督，积极探索实践民行检察监督工作创新机制。共受理民事申诉案件8件，其中立案审查7件（审查终结7件），不立案1件；受理执行申诉案件6宗，敦促法院执行部门积极采取相应措施，让申诉人顺利收到执行款30多万元。多次到乡镇检察联络室进行走访，开展法律宣传活动，发放民行工作宣传小册子3000多份。

【控告申诉检察】　妥善处理群众来信来访，全力维护社会和谐稳定。2012年通过认真落实首办责任制、信案案件领导包案制，坚持检察长接待日制度和检察长预约接访、带案下访制度，为十八大顺利召开创造和谐稳定的社会环境。接待群众来访和提供法律咨询约120场次，受理群众来信来访120件（县委、上级检察机关交办6件），其中举报41件，控告申诉79件，配合检察长接待群众来访6件14人次。开展涉检信访问题专项治理活动和职务犯罪举报线索清理工作，杜绝和减少重信重访，维护了社会和谐稳定。

【检察工作联络室】　2012年，积极参与社会管理创新，发挥在全县16各镇设立的检察工作联络室的一线平台作用，检察长和党组其他成员每月至少2天到各个镇的检察联络室走访、巡访，及时了解社情民意。先后2次召集检察工作联络员工作会议，加强业务培训，加强交流，使检察工作在办案数量不断上升的背景下，涉检信访案件整体呈下降趋势。

【检察队伍建设】　2012年，突出开展“政法干警核心价值观主题实践教育活动”，注重检察队伍建设，狠抓教育培训，突出岗位练兵特色，规范干部队伍日常管理工作，推动落实机关党建和争先创优工作。全年组织干警参加各级各类培训330余人次；完成机关事业单位机构编制职位设置及实名制信息工作；完成8名干警任命助理检察员的审批备案；5名干警见习期满的转正定级；62人正常晋升工资；157人调整津贴补贴；67名干警年度考核；招录新公务员7名；成立了中国共产党海丰县人民检察院总支部委员会，下设四个支部，其中成立退休老干部党支部，新发展党员3名，入党积极分子一批，完善党组决策机制，注重检察队伍政治建设和人文关怀相结合，加强在职队伍的政治理论学习，更关心干警的福利和生活；重视退休老干部的组织生活，更重视对退休同志的人文关怀。春节前，检察长亲自对每位退休同志进行慰问，送上组织的温暖和祝福。年内，纪检监察室认真执行上级检察院关于廉政建设的有关规定，落实党风廉政建设；落实风险防控机制，做好案件评查工作。从实际出发，制订了《海丰县人民检察院领导班子成员党风廉政建设岗位职责》，明确领导责任，推动廉政建设深入有序开展；根据省院《关于对各市、分院及部分基层检察院开展专项督察活动的通知》指示精神，认真排查检察人员日常工作中的廉政风险，从“事前预防、事中监控、事后管理”三道防线入手，建立起反腐倡廉建设与检察业务之间的关联机制；组织业务科室做好案件评查工作，从案件事实、证据收集与论证、办案程序、法律适用、法律文书、笔录制作及卷宗装订等方面进行评查。

【基层基础建设】　2012年，县检察院集中有限财力先后对办公楼门窗及墙壁进行翻新装修，采购了速印机、复印机、相机、办公电脑台等办公硬件设备。分别对打字室和驻所检察室的办公设施进行配置和更新，达到了上级检察机关对办案设备规范化的要求。联合办案区升级了同步录音录像系统，并加装了后备电源。新采购的两部办公办案用车已投入使用。位于“鹿境行政小区”的办案用房和专业技术用房建设项目已完成了征地和新一轮“两房”项目立项的初步工作，并已上报省、市相关部门审批。以上各项工作的开展为规范执法行为，提高办案质量和工作效率，提高科技含量，促进检察事业的长远发展提供了坚实的保障。

（马泽民）

附：2012年海丰县检察院领导名录

检 察 长：黄友瑜

副检察长：李庆文　罗小雄
蔡亿民　孙伟忠（2月起任）

①②　检察院老干部活动中心。

①②③　2012年6月28日，海丰县人民检察院检察官宣誓仪式。
④　2012年10月15日省院纪检组卢文辉组长前来县检察院调研检查工作。

① 2012年11月15日省市县纪委领导到海丰县人民检察院办案中心参观。
② 海丰县人民检察院召开2012年度表彰大会。

审　判

【简述】　2012年，海丰县人民法院紧紧围绕“为大局服务、为人民司法”工作主题，深入推进“社会矛盾化解、社会管理创新、公正廉洁司法”三项重点工作，积极开展“忠诚、公正、廉洁、为民”政法干警核心价值观等主题学习教育活动和“三打两建”专项活动，较好地完成了各项工作任务。全年共受理各类案件1823件，比2011年增长32%；结案1680件，比增35.92%；结案率92.15%，比增3%，整体工作再上新台阶，队伍中涌现出一批先进集体和先进个人。其中：县法院、刑事审判庭、法警队3个集体，罗好平、高炯峰、张文姣、陈小娟、郭利通5名个人，分别受到省、市级的表彰。

【刑事审判】　全年共受理各类刑事案件426件，比增38.1%；结案412件，比增44.05%。判处罪犯562名。一是针对治安形势，突出打击重点。对于“两抢一盗”、贩毒以及故意伤害等严重侵害人民群众生命财产安全、妨害社会治安的犯罪分子，尤其是惯犯、累犯，坚决依法从重予以判处。全年审结上述各类型案件255件327人，案犯中被判处五年以上徒刑的占21.4%。对“三打”案件坚持快立快审快判。全年共受理“三打”案件154件，审结152件，所结案件均在1个月内审结，其中有14件在13天内结案，结案率98.70%。此外，还召开了2场宣判大会，有力地震慑犯罪分子的嚣张气焰。二是正确落实宽严相济政策，惩罚与教育相结合。对于犯罪情节轻微、社会危害性较小的初犯、偶犯，依法予以从轻、减轻处罚，尤其是对未成年犯罪嫌疑人，寓教于审，并加大非监禁刑适用力度，促成未成年犯及时得到教育矫治。三是加大刑事附带民事诉讼案件调解力度，减轻被害人损失。对因故意伤害、交通肇事等遭受伤害而提起的刑事附带民事诉讼案件，加强对被告人及其亲属的法制教育工作，促使履行赔偿义务。全年共受理刑事附带民事诉讼案件41件，审结31件，其中调解结案19件，调结率达到61.29%，调解赔偿金额84.9万元，已全部履行完毕。

【民事审判】　全年共受理各类民商事案件950件，比增16%；结案853件，比增20.14%；结案率89.78%，比增3%；解决诉讼标的金额2503.58万元。其中：审结婚姻家庭纠纷案件456件、权属及其他纠纷案件185件，依法保护了当事人的合法权益；审结合同纠纷案件212件，促进了资金的正常流转和经济的有序发展。在办案过程中，县法院继续把调解作为民商事审判的首要工作，贯穿于诉前、庭前、庭审、庭后的全过程，在全年审结的853宗案件中，调解结案312件、撤诉75件，调解撤诉率为45.37%，使许多本来矛盾十分尖锐的纠纷得到及时妥善解决。

【行政审判】　全年共办结行政案件6件。按照上级法院关于能动司法的要求，行政审判坚持维护与监督并举。依法履行司法监督权，既维护公民、法人和其他组织的合法权益，对行政行为实施有效监督，又维护正常行政管理秩序，支持行政机关依法行政。为了妥善化解行政争议，县法院在行政诉讼协调和解上下足功夫，针对行政纠纷产生的原因，主动到一些案件比较多的行政机关进行指导和沟通，力求通过和解方式化解矛盾纠纷，促进政群关系和谐。

【审理执行】　全年共受理执行案件430件，比增83.76%；执结408件，比增81.33%；执结率94.83%，执结标的金额699.54万元。院党组把执行工作列为重中之重的工作来抓，采取了一系列措施：一是转变观念，实施主动执行。在立案、审判阶段征求债权人同意后，由审判庭对未按判决履行的案件，主动移送执行部门执行，力保债权人的合法权益得到及时兑现。二是在政府的支持下建立了救助基金。对客观上实在难以执行，且申请人老弱病残确需救助的，及时适当给予司法救助，全年共救助30人次计28万元。三是加大对长期未结尤其是申请执行人多次上访案件的执行力度。成功执结了21宗长年未结的骨头案，使执行难的局面得到初步缓解。

【司法为民】　全年共办理立案登记1694件，给予21名困难群众缓、减、免交诉讼费、执行费139098元。信访窗口共处理群众来信169件、接待来访200多人次。立案信访窗口以热情礼貌的服务态度赢得人民群众的好评。为了及时解决民间矛盾纠纷，促进社会和谐稳定，立案窗口还积极开展立案调解和诉前调解，全年共办理立案调解案件50件；受理诉前调解案件32件，全部调解成功，成功率100%，把许多矛盾纠纷解决在诉前、化解在诉外，由于成效显著，受到市依法治市办的表扬。

【法院规范化建设】 一是强化审判管理。制定《海丰县人民法院审判委员会工作职责》，促进审判委员会工作的规范化。制定《海丰县人民法院“两评查”工作方案》，开展庭审观摩评查和裁判文书评查工作，提高办案质量。每月召开一次工作汇报会，对每个月各部门的工作进行了解并部署下月份工作，每季度对全院审判执行工作动态进行一次分析，此举被上级法院作为全市法院审判精细化管理的典型。二是强化纪律管理。制定《海丰县人民法院考勤工作制度》和《海丰县人民法院会议工作制度》，实行上下班打卡、会议签到，增强干警组织纪律性，改进工作作风。三是强化信息化管理。在原建有的入口安检门、数字法庭、内部网络、案件信息录入系统、网上审批文书等一系列设施的基础上，增加了视频监控点，进一步保障参与诉讼的人民群众人身安全；公文的收发传阅通过网络进行，实现无纸化办公，提高了公文的运转速度。实行了电子签章。开设海丰法院网，进一步宣传法院工作、彰显司法公正，接受社会监督。

【法院队伍建设】 一是加强班子建设。把集体领导和个人分工有机结合起来，促进领导班子团结协作。强化领导的表率作用，要求班子成员努力做规范司法行为的表率、做团结实干的表率、做精通业务的表率、做修身养性的表率。二是加强政治思想教育。认真组织广大干警深入开展“忠诚、公正、廉洁、为民”政法干警核心价值

① 2012年10月9日，海丰县人民法院干警参加汕尾市法院“岭南工程挂牌仪式”。
② 2012年12月2日，省法院对县法院法警队进行考核。
③ 2012年12月21日，特困申请执行人向海丰县人民法院赠送锦旗致谢。

观学习教育活动，强化干警群众观念、宗旨意识和责任意识。三是加强业务培训。组织干警参加上级法院的视频培训，安排干警到外地参加最高院和省高院主办的审判业务和信息报道等工作的培训，提高干警的司法能力。四是加强反腐倡廉建设。严格执行有关党风廉政建设规章制度，加强廉政提醒和廉政风险防范工作，提倡廉洁司法，进一步增强干警防腐拒变的能力。

（刘诗章）

※　2012年12月25日，县法院召开院党组民主生活会。

附：2012年海丰县人民法院领导名录

院　长：林建新

副院长：林　民　余海明　林城彬　高炯峰

司法行政

【简述】　海丰县司法局内设政工办、秘书股、基层股、公律股、宣教股、法援处、公职所、公证处共8个股室，下辖16个基层司法所。县司法局机关编制42人，其中政法专项编制26人、工勤人员数4人、事业编制12人，实有45人。全县16个司法所政法专项编制25名，有公务员20名。2012年，县司法局认真履行职能，贯彻执行国家、省和市有关司法行政工作的方针政策和法律法规，拟订全县司法行政工作中的长期规划和年度工作计划并组织实施；法制宣传、普及法律常识和司法行政对外交流工作；管理、监督、指导律师工作，综合管理社会法律服务机构，以及公证机构和公证业务活动；指导、监督、管理全县法律援助工作；指导基层司法所建设、人民调解、社区矫正、基层法律服务和帮教安置工作，参与社会治安综合治理工作；协调组织全县国家司法考试工作；协调管理、监督、指导面向社会服务的司法鉴定；指导全县司法行政系统的队伍建设和思想政治工作，协调组织、指导司法行政系统的警务管理和警务督察工作，管理各基层司法所的领导班子。2012年，全县基层司法行政工作坚持服务中心，着力深化司法行政工作改革和发展，继续深入推进社会矛盾化解、社会管理创新、公正廉洁执法三项重点工作，大力开展矛盾纠纷排查调处、加强法制宣传教育、规范社区矫正和刑释解教人员的管理，强化法律服务，全力维护全县社会和谐稳定，各项工作任务顺利推进。

【“六五”普法工作】　2012年，县司法局联合县普法办深入各乡镇和县直相关单位进行了专题调研，启动“六五”普法规划，组织开展全县在职人员法律培训和年度学法考试。以增强民众法制观念为重点，深入开展法律进乡村、进社区活动。据统计，全年全县设立提供法律咨询点50个，上法制课70场次，印发普法宣传资料8.1万份，出动宣传车280辆次，张贴宣传标语2万幅，受教育人数36万人次。

【法律服务】　全县共有3个律师事务所（包括公职律师事务所1个、合伙律师事务所2个），律师共13人。2012年，着力创新法律服务项目建设的新机制，找准工作切入点和结合点，积极主动介入县委、县政府各项中心工作、难点工作。一是引导律师、公证员等法律工作者积极参与公益性法律服务，提供普法宣传、法律咨询、矛盾调处、法律援助等综合性服务。二是认真履行法律援助职能，切实维护弱势群体的合法权益。县司法局坚持维稳和维权工作相结合，加强律师管理工作，确立维稳工作优先原则。全县律师共承办各类案件46宗，其中刑事辩护案件12宗，民事诉讼代理案件27宗，行政诉讼代理案件4宗，非诉讼代理案件3宗；担任常年法律顾问24家；代书353件；解答法律服务咨询1263人次。公职律师积极参与党政领导接访，协助政府依法处理涉法信访问题，为来访群众解答有关法律方面的咨询和疑问，引导群众依法表达利益诉求，以法律的途径解决矛盾纠纷。

【法律援助与咨询】 2012年，县法律援助处认真贯彻执行《法律援助条例》，落实便民利民措施，加大业务规范化建设，加大法律援助力度，为弱势群体提供无偿法律援助，想方设法为群众排忧解难。无偿提供法律援助47宗（其中外来民工案件12宗、未成年犯罪嫌疑人案件4宗），提供法律咨询328人次，代写法律文书20份。

【公证工作】 2012年，县司法局强化工作措施，认真指导公证工作，积极为社会各层次提供有效的法律保障和优质的法律服务。县公证处全年共办理各类公证2121件，其中国内民事公证758件、涉外民事公证1363件，取得较好的社会效益和经济效益。

【人民调解工作】 2012年，强化人民调解工作，提高排查化解社会矛盾能力。认真做好敏感时期的社会维稳工作。按照上级的工作部署，为确保重大节假日前后的社会稳定，每逢重大节假日前，县司法局均召开专门会议，制定具体工作方案，布置节日期间的社会维稳工作。要求各司法所要把防范化解坟墓、山林纠纷等热点问题作为维护社会稳定的一项重要工作来抓，做到早排查、早发现，把矛盾纠纷解决在基层，消灭在萌芽状态。全县基层人民调解案件总数893件，调解成功880件，调解成功率98%，其中案件排查268宗，民事案件115件，基层解答法律咨询2500人次。2012年5月，海丰县交警大队人民调解工作室揭牌成立。该调解室的建立，扩大了人民调解覆盖面，为有效化解行业、专业领域的矛盾纠纷起到了积极作用，为道路交通事故纠纷人民调解工作的开展创造了良好条件。

【社区矫正工作】 2012年，海丰县全面开展社区矫正工作。加强工作机构和队伍建设，不断探索社区矫正工作方法，完善接收、管理、考核、奖惩、解除矫正等制度。加强对社区服刑人员的思想教育、法制教育、社会公德教育，组织开展公益劳动，提高教育矫正效果。年内，海丰县及时启动网上刑释解教人员信息管理系统，建立健全安置帮教组织与有关部门的信息沟通机制，开展服刑在教人员基本信息核查工作。首先是做好管理软件的安装升级。为确保该系统在海丰顺利启用，县司法局基层股及时对各司法所进行安装督导，详细讲解刑释解教人员信息查看、修改、核实、反馈、查询等操作流程，确保了该项工作的顺利开展。其次是认真做好服刑在教人员基本信息核查、反馈工作。各司法所定期查看和获取本辖区的服刑在教人员基本信息，并与各辖区的派出所、各村（社区）和相关家庭联系，做好服刑在教人员基本信息核查工作，并在规定时间内向监所反馈。第三是有效落实各项帮教措施。对于预释放人员，各司法所做好情况通报工作，提前落实帮教责任单位和责任人，制定针对帮教方案，确保帮教措施的有效落实。通过该系统实现了刑释解教人员信息的实时传递、无缝流转，强化了刑释解教人员的衔接管理。至年末，全县接收刑释解教人员143人，已衔接安置帮教对象共143人，其中劳改人员141人、劳教人员2人，帮教率100%。县司法局基层股和辖下各司法所对上述人员都建立了台账档案，并定期对这些特殊人员进行帮教，注意调动其内在积极因素，减少外界对他们的消极影响，无一人重新犯罪。

（罗争鸣）

附：2012年海丰县司法局领导名录

局　长： 陈耀海

副局长： 刘火木　黄辉谋　彭军梅（女）

军　事

地方武装

【简述】　2012年，海丰县人民武装部认真落实党管武装各项制度，不断强化军地双重领导意识，确保党对国防后备力量的绝对领导，保证民兵预备役队伍政治合格，确保民兵预备役建设健康发展。落实党委议军和建立人民武装委员会制度，专门研究民兵组织调整、民兵训练演习、兵役征兵等重要工作。落实战备训练和演习中的政治工作。按照实战化要求，调整布局、精选编组、配强班子、提高素质的原则，抓好党委班子建设，提高党委抓民兵预备役工作建设水平。通过县委、县政府和海丰县国防动员委员会成员单位领导过军事日活动，增强党政领导干部的国防意识和军事素质。年内，海丰县人武部党委被省军区党委评为创先争优先进党委，海丰县人武部被省军区评为先进人武部、“粤防·12”演习组织保障先进单位和民兵工作先进单位。

【民兵预备役】　2012年，民兵政治教育工作贯彻上级党委政治工作指示要求和部署，以做好应急作战准备的要求，加强民兵预备役人员的政治教育工作。开展了革命传统和国防历史教育，进一步提升民兵预备役官兵思想素质和全民国防观念。积极探索和改进教育方法，搞好属地教育、动态教育和民营企业民兵教育，借助地方丰富教育资源，开辟民兵政治教育新途径。年内，县人武部着眼拓展深化军事斗争准备需要，抓好基础建设，抓好基层建设。根据市议军会会议精神，着眼武装工作要求，优化年龄结构，强化能力素质，选准配强基层武装干部，按照“三落实”的要求，坚持“编为用、建为战”的原则搞好年度民兵组织整顿，健全各级组织，配齐各种队伍；同时，按照省军区、军分区部署规划，继续完善了民兵营基本设施建设。

【国防动员】　2012年3～5月，根据“编为用、建为战”的原则，按照筹划准备、组织实施、总结验收三个阶段和调查摸底、宣传教育、出入转队、编组配干、健全制度、清点装备、集结点验、整理资料八个步骤落实了国防后备力量组织整顿工作，重点抓好了应急分队和对口专业分队的建设工作。6月，军分区参谋长张劲松大校在县武装部部长郑秋汉上校的陪同下到鹅埠镇畲族村参加了海丰县少数民族应急分队组建的揭幕仪式。年内，会同相关单位全面开展了国防动员潜力调查和作战数据采集工作，更新了数据库，基本掌握了全县国防动员潜力数量、质量以及分布情况。

【征兵工作】　2012年，海丰县征兵工作按组织准备、宣传发动、组织体检政审、审批定兵、交接运输、工作总结六个阶段进行。11月1日，市征兵办在红宫红场组织了报名“第一天”活动。围绕确保兵员质量，抓好平时征兵准备，坚持标准条件，严格质量把关，全县按时完成新兵征集任务。

【军事训练】　2012年，海丰县扎实落实基干民兵分队军事训练。3～4月份调整落实基干民兵采取分散自训的方式，由各镇对新入队的民兵进行训练，共训练45小时。5月初，对民兵营长进行了一期为期4天的专业集训，固强补弱。5月下旬，结合汛期将至的时机，在军分区已经组织了一期集训的基础上又组织了一期为期4天的冲锋舟骨干集训，参训68人，训练效果明显。6～7月，组织部分民兵应急分队点验拉动，对重要目标守护进行训练。7月，组织民兵连（排）骨干训练，共参训182人，训练时间落实，成绩突出，在分区组织的考核中名列第一，受到军分区首长的表扬和军分区机关的充分肯定。8月底至9月初，组织了学生军训，共训学生3456名。9月，对民兵专业对口分队卫生防疫分队和防化救援分队进行了重点训练，共训132人。年内，人武部机关采取自训、集中训练和参加上级集训的方式进行军事训练，组织现役军官落实每月至少5天的训练，全年落实

350小时的训练。6月和12月，结合半年和年终军事考核筹划准备，分别利用一周的时间组织了军事强化训练。

【军事管理】 2012年，按照关于做好军事斗争准备的要求，严格方案内容和完成时限，在原有方案的基础上，逐项进行研究细化，完善了各种预案。在军分区的统一组织下主要进行了形势战备与任务教育，建立严格的战备秩序，军、政、后勤科进一步完善各种应急防卫作战方案、计划、指示共35个，做好了应急维稳的准备。年内，进一步抓好了民兵武器装备仓库的管理。

【安全管理】 为了加强民兵武器仓库的安全管理，县人武部进一步升级了可视监控设备，并增补购置了各类消防器材，加强对仓库管理人员的教育，科领导坚持每天、部领导坚持每周对仓库检查一次，随时掌握仓库动态，确保安全稳定。年内，县人武部以防范重大安全问题为抓手，以确保重大活动顺利实施为重点，牢固树立安全发展理念，狠抓安全管理工作落实，确保部队高度集中统一和安全稳定。突出抓主管人员、抓制度落实、抓责任追究，通过经常性教育、经常性检查讲评，切实增强各级安全工作责任感。依法从严治军，分阶段、有重点地开展落实条令法规活动，狠抓机关作风纪律整顿，开展以人、车、枪、弹、密为主要内容的安全整治活动，全年无安全责任事故，无违规违纪事件发生。

【后勤装备建设】 2012年，县人武部坚持党委集体理财制度，严格审批程序，做到大项开支先预算，并实行双主官签审制度，确保各项开支透明。部党委坚持以预算管理为龙头，积极协调县委、县政府落实好各项民兵训练费、征兵工作经费和基础设施建设经费，列入县政府年度财政预算统筹解决，确保了基础设施建设的圆满完成。根据上级规划，年内完成了作战值班室的升级改造工程和饭堂的修缮工作。年内，县人武部按照“科学化、制度化、经常化”标准和要求抓好武器装备的使用和管理，定期组织仓管人员进行擦拭保养，真正做到无丢失、无损坏、无锈蚀、无霉烂变质，使武器装备始终处于良好的技术状态。为改善工作生活环境，完善了各类生活配套设施，为民兵训练购置了各类器材用具等1000多件（套）。5月份，完成了符合2011年报废的民兵报废危险品共23.37吨的调运任务。

【双拥共建】 2012年，县镇两级武装部积极组织和发动民兵预备役人员投入抢险救灾和应急维稳，带头参加三个文明建设。县人武部还协调驻军单位召开驻军联席会和座谈会，就战备、军事设施保护、抢险救灾、双拥共建、防止军警民纠纷等方面进行协调，统一思想，开展拥政爱民活动，倡议驻军积极参加驻地经济社会建设工作，深入驻军单位了解情况，协调军地双方解决实际问题。6月，由于连日暴雨的袭击，黄羌镇遭遇洪水围困，县人武部接到县委县政府指示后，立即组织人员，多方努力，协调橡皮艇和民兵应急分队，在一个半小时内到达救灾地点，迅速投入抢险救灾工作，得到群众赞扬，并被县委县政府高度评价。7～8月，台风频繁，严重影响驻地人民的安全和生产，县人武部均能按照县领导的指示协调各种物资器材，组织民兵应急分队随时准备进行救援。县镇两级武装部围绕中心工作，积极发挥民兵骨干和生力军作用，把指导维护社会治安，抓好综合治理为己任，组织民兵应急分队和民兵分队开展经常性活动，在维护社会稳定中当先锋、打头阵，发挥应有作用。

（陈耀华）

附：2012年中国人民解放军海丰县人民武装部领

导名录
部　　长：郑秋汉
政治委员：陈文俊
副 部 长：周宏森（任至4月）　刘建新（4月起任）
政工科长：王海波
后勤科长：马海云

武　警

【简述】　武警海丰县中队（正连级建制）于1988年7月由武警惠阳地区支队划归武警汕尾市支队建制领导，主要担负武装看守、城市武装巡逻、处置突发事件和抢险救灾等各项任务。2012年，武警海丰县中队按照“接力打基础、连续搞建设、规范抓落实、平稳求发展”的抓建思路和“争创先进中队”的目标，以支队“正规化建设”试点为牵引，不断完善各项基础设施建设，落实好各项规章制度，使中队的正规化建设水平得到大幅的提升圆满完成以执勤、处突为中心的各项任务；同时，按照“争创先进中队”的目标，着力在建强班子、夯实基础、提升内涵、凝神聚力上下真功、使长劲，进一步深化正规化试点成果，努力打造粤东“硬件”“软件”一流中队，中队全体官兵按照上级要求，在处置突发事件和抢险救灾等各项任务中，不辱职责使命，克服困难，高标准完成了上级赋予的各项任务。

【武警思想政治教育】　2012年，武警海丰县中队着力增强思想政治工作的针对性、时效性，扎实展开“坚定信念、铸牢军魂，永远做党和人民的忠诚卫士”主题教育活动，引导官兵进一步增强忠诚使命、献身使命、不辱使命的自觉性。紧贴“两个前沿”特殊环境和十八大开局之年敏感时期，扎实抓好形势政策和“四反”教育。在履行任务中大力开展武警历史使命教育、战斗精神教育，激发官兵爱党爱国、忠诚使命的政治热情，提升官兵扎根警营、建设驻地的自豪感和使命感。中队党支部着重抓好民主集中制学习教育和“读书思廉”活动，注重抓“风气”带“士气”，充分发挥党支部战斗堡垒作用。

【军事训练】　2012年，武警海丰县中队坚持抓好官兵基础技能、体能、执勤能力训练，加强对执勤中常见情况及特殊情况的研究。抓好动中实训，力求在执勤中提升能力，突出基本法规、基本队形、分队战术等内容训练和与目标单位联防组织的协同配合演练。开展单兵执勤动作、班组战术、临时武装押解等勤务的专勤专训，抓好擒敌术、防暴器材使用等技术科目训练；认真组织条令条例、执勤规定、战备规定、处置突发事件规定等法规学习和专勤专训；重点抓好班（组）战斗、班（组）勤务和中队（排）训练，加强执勤处突、反恐、防卫作战、抢险救灾的研究和训练；健全完善军事训练奖惩机制，激发官兵训练热情，坚持每天观摩、每周会操、每月考核，帮助官兵克服中队离市区较远难有施展空间的错误认识，形成干部骨干会组训、战士乐意训的浓厚氛围，帮助官兵树立“当兵不习武，不算尽义务；武艺练不精，不算合格兵”、“有红旗就抗，有第一就争”的爱警习武精神，促进中队军事训练水平的提升。全年出动兵力69人次，出色地完成了陆丰乌坎群体性突发事件、“三打两建”、首长驻地警卫等临时性勤务12起。中队官兵有2人荣立三等功，8位同志被海丰县公安局嘉奖。

【武警基层建设】　2012年，中队抓好新《中国共产党军队支部工作条例基层建设纲要》、《落实〈纲要〉实施办法》的学习，通过领导授课、个人自学的形式，较好地解决了党支部“三个能力”（指：增强解决自身问题的能力、领导单位全面建设的能力和带领官兵遂行任何作战的能力）偏弱、党员模范作用不强等问题。以抓学习强素质为突破口，大练“六项基本功”活动，开展“军地两用人才培训，开饭前一分钟小演讲”等岗位学习活动。

【部队管理与后勤保障】　2012年，按照“严管理、促正规、抓经常、保安全”思路，贯彻从严治警方针，不断创新管理方法手段，突出加强精细化管理，努力实现部队安全稳定的目标。积极开展“条令学习月”和“学法规、用法规、守法规”活动，始终把“人车枪弹酒、水火电毒密”作为安全防事故工作重点，加强安全工作特点规律研究，完善人防、物防措施，严格落实安全工作制度。加大安全常识、紧急避险基本方法的教育训练，大力开展安全常识训练和紧急避险演练；根据季节性安全防事故重点，及时组织官兵观看《防范常见事故安全录像系列片》，使每名官兵对防范安全事故的基本常识能做到熟记

于心，切实提高及时发现、准确判断、成功避险和自救互救的能力。重大节日、敏感时期、季节变换等时期，组织安全隐患排查，及时消除安全隐患。扎实开展“集体创安”活动，引导官兵积极建言献策，推动安全工作群众化。抓好安全工作预防。健全分析预测、风险评估、应急处置、责任追究等安全机制，保持高压抓安全的态势，突出抓好雷击、触电等重大安全事故的预防和遂行任务中枪弹、武器装备的管理，牢牢守住安全发展底线。结合驻地环境和担负任务实际科学制定执勤、处突和反恐后勤保障方案，适时组织演练，打有准备之仗。加大伙食管理检查督导力度，广泛开展“六节”（节油、节电、节水、节气、节煤、节粮）活动，坚决遏制“跑、冒、滴、漏”现象。立足现有条件大力提升种养水平，不断增强生活自补能力，达到改善生活、培养作风、美化环境、陶冶情操的目的。

【双拥工作】　中队充分利用驻地的红色资源积极开展形式多样、内容丰富的双拥共建活动，密切警政警民关系，赢得地方党委、政府和人民群众的信赖。主动请示汇报工作，中队两名主管经常向县委、县政府和公安局主要领导汇报工作情况和反映困难，理顺关系，增进感情，赢得支持。县委、县政府在了解到中对特定季节无法进行室外训练时主动为中队筹建300平方米的室内训练馆。每逢重大节日，县委、县政府和公安局主要领导都能主动到中队慰问和看望官兵，进一步增强警政警民关系。

（招秉纬）

附：2012年武警海丰中队领导名录

中队长：刘桂才

指导员：招秉纬

人民防空

【人防“结建”工作】　2012年，海丰人防办克服重重阻力，严格依法办事、依法管理，做到应建尽建、应缴尽缴、以缴促建。经常与有关职能部门加强沟通，促使其履行各自职责。通过加强配合协调，特别是县人防办和县建设局对人防工程严格把关，开展联合执法检查，严肃查处漏报、少报等违规现象。全年共落实办理人防报建170宗，其中清理少报多建40宗，收取易地建设费约650万元，已经受理7宗结建防空地下室的项目，防空地下室面积约29823万平方米。同时，根据省、市人防办《关于开展人防工程挂牌管理工作的通知》精神，积极做好相关工作，对已竣工验收的人防地下室落实挂牌，对在建的工程做出落实挂牌的计划和采取相应措施，进一步加强人防工程的管理工作。

【防空警报试鸣】　防空警报设施是战时发放防空警报信号，组织指挥城市人民防空的基本手段。根据中共中央、国务院、中央军委《关于加强人民防空工作的决定》、广州军区、省、市人防办关于组织防空警报试鸣的指示精神，县城于2012年12月6日举行警报试鸣。海丰县城规划区内规划防空警报设置点27个，装备完善中心统控系统，具有广播、电视插播防空警报信号的自动统控网络，使县城中心区警报音响覆盖率和报知率均达到100 %。通过试鸣，使广大市民了解、熟悉防空警报信号规定，增强国防观念和忧患意识，促进人防战备工作的落实。

【人防专业队伍训练】　根据县人防工作会议的部署，本着专业对口、平战结合、保障重点、便于执行任务的要求，县人防办着手组建县级平时人防专业队伍，战时按有关规定扩充。根据国家关于组建人防专业队伍有关文件，海丰县组建7种人防专业队伍，一是由县住建局、供电局组建抢险抢修专业大队共60人；二是由县卫生局组建医疗救护专业大队共56人；三是由县消防大队组建消防专业大队共20人；四是由县公安局组建治安专业大队共18人；五是由卫生局、环保局组建防化防疫专业大队共39人；六是由电信局组建通信专业大队共35人；七是由交通局、汽运总公司组建交通运输专业大队，落实客车100辆。

（施美华）

附：2012年海丰县人民防空办公室领导名录

主　任：刘安基

副主任：施美华（女）

经济

农　业

综　述

【农业发展概况】　2012年，海丰县认真贯彻落实中央1号文件精神和中央、省、市、县农业农村工作的重大决策，围绕“大力推进农业强县建设，提升现代农业发展水平”的总体要求，稳步推进农村综合改革，大力推广应用农业科学技术，着力打造现代农业产业基地，推进农业产业化经营进程，农业农村经济持续稳定发展。全年累计完成农业总产值50.5亿元，比2011年增长6.3%，完成年计划任务99%。其中：种植业产值25.3亿元，比增6.2%；林业产值1.1亿元，比增14.8%；牧业产值6.3亿元，比增2.4%；渔业产值14.3亿元，比增7.4%；农林牧渔服务业产值3.5亿元，增长7.6%。农民人均现金收入9196元，比增18%。

【农村体制改革】　按照山区县农村综合改革的工作要求，制订并落实《海丰县主体功能区规划》，强化财政保障，推进各项重点改革：一是农村综合服务中心建设基本完成，效果明显，全县16个镇已经建立综合服务平台，农村金融工作和征信体系建设也在不断深入开展，服务“三农”的水平不断提升。二是农村集体土地确权登记发证工作全面铺开，全年完成58个经济联合社、179个经济合作社，面积235.8平方千米的农村集体土地地籍权属调查，至年底，农村集体土地确权登记发证工作正在开展中。三是农村集体资产管理体制改革全面完成，全县1851个农村集体经济组织的审核登记和发证全面完成，并启用了新印章。同时，还在规范村账镇管体制的基础上，建立农村党风廉政信息平台，扩大财务公开面，加大监督力度,对村级账务实施网上公开，至2012年12月30日止，各地应录入的村财务公开信息数量47827条，已录入数据21624条，经县农业局审核通过已发布的数据19012条，待发布174条，通过审核不合格退回的数据2438条。四是加快农村土地承包经营权流转，在2010年试点的基础上，逐步铺开，并取得初步成效。至年底，家庭承包耕地流转面积达2600公顷，占全县家庭承包总面积的12.2%。五是加大村级公益事业建设“一事一议”财政奖补项目工作力度，年内，各地大力开展农村公益事业建设，经验收通过，实行财政奖补的建设项目110个，涉及73个村，项目总投资1567.5万元，获省级以上财政奖补资金418万元。

【农业产业化经营】　2012年，海丰县大力培育和发展农业经营主体，加快产业化经营步伐。至年底，全县共有省级农业龙头企业3家、市级农业龙头企业8家，其中当年新增省级农业龙头企业1家，市级农业龙头企业2家。年内，农民专业合作社迅速发展扩大，成为农业农村经济发展的“新支柱”。至年底，已注册登记的农民专业合作社共有267家，占全市60%以上，其中新增170家，比上年增长175%，有13家专业合作社获得省级以上示范社认定称号，其中省级示范社9家、国家级示范社4家。全县农民专业合作社成员数5230个，资本总额23064万元，产地直供销售额1620万元，年度盈余总额62616万元。

【农业对外交流】　2012年9月，海丰县组织参加了首届广东（佛山）安全食用农产品博览会，海丰县有记益生茶业有限公司、润生现代农业科技有限公司等两家企业参展。9月底，组织参加在北京市举行的第十届中国国际农产品交易会，海丰选送参展的“莲苑茗茶玉壶春”和“皇斋虎噉金针茶”两个农产品首次获得该交易会金奖。12月，组织参加在广州琶洲国际会展中心举行的第四届广东省现代农业博览会，海丰县由农业局局长陈容生带队，有莲苑种植有限公司、海丰县供销果蔬加工厂，有记益生茶业有限公司、润生现代农业科技有限公司等四家企业共20多个品种参展。

【新农村建设】　2012年，海丰县围绕建设“新三农”示范县，全面开展“大清洁,乡村美”活动,各地通过财政补助、村民自筹、乡贤捐助等方式，多方筹资，并以“三清”、“五改”为重点，进一步整治村容村貌，农村生活环境明显改善。全县新涌现60个社会主义新农村建设合格村、示范村，有14个村被县评为社会主义新农村建设示范村、合格村。同时，根据全省关于开展名镇名村示范村建设的工作部署，制订完成了《海丰县名镇名村示范村建设实施方案（2011～2015）》，并在上年取得成效的基础上，当年新创建了公平镇和黄羌镇坑联、平东镇新东等一批名镇名村示范村，通过了市级验收。同时，完成2013年度梅陇镇梅联村、海城镇莲花村等名村示范村规划上报工作。

【农业管理机构改革】 2012年，根据上级机构改革工作精神，县农业局属下农业综合开发办公室和农村财务管理办公室职能划归县财政局。当年已顺利完成农业综合开发办公室移交工作，农村财务管理办公室移交工作也在办理中。职能划转后，县农业局重新调整机构设置，新设农村集体经济组织管理办公室，人员由原农综办、农财办人员组成。 （黄保欣）

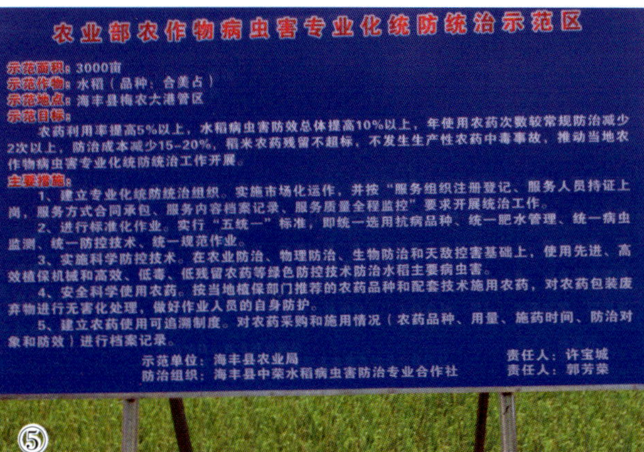

① 海丰县梅陇农场病虫害防治试验区。
② 海丰县附城镇测土配方活动。
③ 海丰县附城镇测土配方示范基地。
④ 海丰县附城镇测土配方实验田。
⑤ 农业部统防统治示范基地——海丰县梅陇农场水稻种植基地。

① 莲花山无公害茶叶生产基地。
② 莲花茶农采摘清前茶。
③ 茶叶产品。
④ 2012年3月，县农业局局长陈容生深入田间地头考察农业生产。
⑤ 市、县文化工作者在海丰县农业基地采风。

①

②

③

④

① 2012年5月29日，海丰县农业局召开干部职工大会。
② 2012年7月，海丰县农业局组织的执法活动。
③ 2012年11月30日，海丰县委、县政府召开冬种冬修现场会。
④ 2012年11月30日，县政府代县长陈德忠（前左二）、县委副书记林建隆（前右二）参观冬种冬修现场。

种植业

【简述】 2012年，全县全面落实强农惠农政策，努力调整种植业结构，加强农业基础设施建设，积极推广农业科技，提高农业综合生产能力，有力保障粮食等主要农产品有效供给，全县农作物播种面积达到5740公顷，农业生产再获丰收。

【粮食生产】 2012年，全县粮食作物面积35016.4公顷、总产183285吨，面积、总产分别比2011年增加126.07公顷和6852吨，实现自2008年以来，连续5年保持增长，粮食安全得到有效保障，超额完成市下达粮食考评任务。在粮食作物中，水稻面积30926公顷，总产162548吨，面积、总产分别比上年增加128.67公顷、7048吨。2012年，县农业部门采取积极措施，千方百计稳定保障粮食安全供给。一是调整优化粮食种植结构，加强种子管理，引导和鼓励农民种植高产、优质、高效粮食品种，发挥良种增产增效作用。二是贯彻落实种粮补贴政策，2012年全县申报种粮补贴面积29847.6公顷，涉及农户约5万多户，补贴资金申报总额达36712523.4元。三是继续开展创高产活动，大力推进梅陇镇部级“整乡整建制推进粮食高产创建示范”、省级“整建制推进粮食高产创建示范”项目建设，2012年早稻经省、市专家组根据整建制推进验收方法进行实地实割验收，亩产达到562.4公斤/亩，亩产比2011年增加11公斤。当年，通过现场会议、技术培训、发放资料等多种方式、宣传推广粮食创建高产活动的技术成果，辐射和带动了全县粮食产量的提高。

【蔬菜生产】 2012年，全县蔬菜等园艺作物继续保持稳定增长，全县种植面积16628公顷，产量387511吨，分别比2011年增加164.07公顷和27863吨。

【水果生产】 2012年，全县水果累计种植面积8354.4公顷，总产量7.65万吨，面积和总产都比2011年有所增加。其中，荔枝、龙眼面积4199.7公顷，桃、李、梅面积760公顷，芒果面积200公顷，菠萝面积106公顷，番石榴面积73公顷，西瓜面积733公顷，柑橘面积726公顷，柚面积273公顷，香蕉面积576.3公顷，杂果面积420公顷。当年，赤坑镇新引进嫁接荔枝新品种“凤山红灯笼”500多株，长势良好。

【茶叶生产】 2012年，全县茶叶累计种植面积435公顷，总产量345吨，总产值6900万元，面积、总产量、总产值都比2011年有所增加。海城莲花山近几年掀起种茶热潮，成为海丰县茶叶主要生产基地，种植面积达330多公顷，品种以梅尖、凤凰、铁观音、黄旦为主。新引进和培育品种有金观音（黄旦和铁观音培育而成）、美人茶两个。莲花山茶销售量极大，销售日益畅通，为农民增收拓展了新的渠道。

【农田基本建设】 围绕提高农田抗灾能力，充分发挥农田水利设施的综合效益的目标，大力开展农田水利基本建设。2012年争取到上级项目投资总额7600多万元，整治农田面积4000公顷，比上年增加1倍。一是2010年度省级农田水利建设项目全面完成，黄羌双新等4个基本农田建设项目总投资157万元，受益农田面积近200公顷，年初全部通过竣工验收。二是2011年度省级农田水利建设项目顺利推进，2011年度省级农田水利基本建设项目投资165万元，基本完成项目工程施工的有赤坑镇仁家村、平东镇平东村官田、海城镇新望村顾莲屿、赤石镇碗窑村等4宗项目，附城镇道山村和大湖镇湖仔村等2宗项目施工当年底正处收尾阶段；2012年度省级农田水利基本建设项目投资64万元，平东镇新东村和梅陇镇永红村等2宗项目工程正在加紧施工中。三是农业综合开发项目全面推进，2009年度海丰县可塘镇农业综合开发土地治理项目建设总投资396万元，治理面积220公顷，已投入资金210万元，完成总工程量的60%；2010年度海丰县城东镇省级农业综合开发土地治理项目建设投资432万元，治理面积240公顷，已投入资金229.92万元，完成总工程量的50%。完成2012年度海丰县公平镇国家农业综合开发土地治理项目规划申报，项目计划投资660万元，治理面积373.3公顷，该项目资金已批复。完成2012年度海丰县梅陇镇国家农业综合开发土地治理高标准农田建设项目规划及上报工作，项目批复投资1320万元，计划改造农田面积666.7公顷。上述农业综合开发项目随着职能划转，已于11月份移交县财政局。四是2012年高标准基本农田建设全面启动，完成全县4806.7公顷高标准基本农田建设实施方案并进入勘测和设计阶段，该项目总投资1.08亿元，其中国土部门承担2800公顷建设任务，农业部门承担2000公顷建设任务。2012年度省级基本农田整治项目投资75万元，项目落户梅陇镇水踏村，年底前已进入采购程序阶段。

【农业科技推广】 2012年，海丰县积极推进农业科技创新推广，一是大力推广良种良法，新引进天优998、天优368、天优2168、湛优226、特优998、博优9611、天优55、合美占、金农丝苗、五山丝苗、黄华占、博优9611等10多个水稻良种，使全县水稻良种覆盖率和优质率均达98%以上。二是推广应用先进的育、插秧技术，采用小拱棚育秧3666.7公顷、水稻塑料软盘育苗抛秧栽培1666.7公顷，直播栽培3333.3公顷，机械插秧760公顷。三是大力推广“三控” 施肥技术，全年推广面积4000公顷。四是建立品种表证基地，在全县设立品种试验示范点5个，对比试验Y两优2号、Y两优143号等品种14个，示范品种平均亩产量达到500公斤以上，为全县科学引种、用种提供科学依据。五是广泛推广应用测土配方施肥技术，完成300个土壤样品、54个植株样品的采集和2100个土壤化验项目指标、162个农作物植株化验项目指标的分析，创建万亩测土配方施肥示范片2个，宣传基点18个，村级示范片84个，水稻肥料利用率田间验证及指标体系验证试验点6个，在18个村建立固定的测土配方施肥信息公告专栏，实现全县84个村、1个镇整建制推进测土配方施肥工作，带动全县推广测土配方施肥技术3533.3公顷，亩均节本增效30元以上。六是全面积极推广病虫害综合防治技术，全年水稻病虫害发生面积1020.6公顷，综合防治面积1509.5公顷，挽回粮食损失58915.66吨。创建水稻病虫害专业化统防统治示范区766.7公顷，集成推广农业防治、生物防治等多种技术，示范区农药利用率提高5.2%，病虫害防治效果总体提高10.5%，年使用农药次数较常规防治减少2次，防治成本下降23.5%。

【农业品牌建设】　2012年，海丰县做好农业文化包装，着力打造特色农业文化品牌。积极组织农业企业、农民专业合作社参与会展和市局组织举办的农业文化包装座谈会、文人墨客采风活动和有奖征文等活动，莲花山茶叶、海纳有机米、有记益生茶、虎噉金针菜、陆港生产基地、中荣农资等一批农业品牌、农产品基地登陆汕尾市视台《走进三农》栏目。莲苑炭焙茶专题节目首次在央视经济频道播出，莲苑茗茶玉壶香、皇斋虎噉金针菜首次获评第十届国际农产品交易会金奖。年内，全县还有丰盈水稻、平岗杨桃等6个产品和6个产地顺利通过省级无公害农产品和产地认证。全县农产品品牌影响力日趋扩大，至12月底，全县拥有绿色食品认证农产品3个、有机认证农产品4个、无公害认证农产品14个、无公害产地认证14个、国家地理标志产品1个、国家第十届农产品交易会金奖产品2个、省名牌农产品（农业类）4个、市级金牌农产品5个、市级名优农产品6个，取得工商注册商标农产品10个。

【农资和农产品质量安全监管】　2012年，县农业局按照县“三打”工作“八个一”的总体目标，以加强源头治理、市场整顿和着力构建农产品和农资监管长效机制为重点，开展农产品和农资打假专项行动，取得了较好的成效。至年底，共摸查各类案件线索61宗，其中群众举报8条，经核实的线索53宗，其中来自工作排查52宗。在农资打假专项行动中，共出动车辆120台次，执法人员830人次，检查农资门店140家次、“三品”生产基地8个，农产品批发市场、超级市场4家，“三品”销售门店3家，抽取农药质量样品182个、肥料质量样品35个、蔬菜产品样品1800个。立案查处各类农资违法违规案件36宗，结案36宗，其中适用简易处罚17宗，当场执行17宗，查获各类假冒伪劣农资产品12.35吨，涉案农资产品货值8.52万元，处以罚款13.36万元，为农民群众挽回经济损失65.6万元。特别是在立案案件中，查处销售假冒伪劣农资大案要案1宗，抓获犯罪嫌疑人2人，刑事拘留1人，逮捕1人，案值7.442万元，根据相关法律法规已移送公安机关处理。全年追回一批涉案假冒伪劣农资产品，防止了假劣农资产品流入农业生产领域，避免了因假劣农资导致的重大农业生产损失。

（黄保欣）

附：2012年海丰县农业局领导名录

局　长：陈容生

副局长：赵丽娟（女）

叶永波（7月起任主任科员）

许宝城（12月起挂任公平镇党委副书记）

林　业

【简述】　2012年，海丰县林业部门在县委、县政府的正确领导下，紧紧围绕发展现代林业、推进生态文明、建设美丽幸福海丰的目标，团结拼搏，艰苦奋斗，扎实工作，推动全县林业发展事业上新阶。至年底，全县林业用地面积99025公顷，森林覆盖率55.15%，林地绿化率91%，森林蓄积量216.77万立方米。年内，海丰县林业局分别被中共海丰县委、海丰县人民政府评为“海丰县2012年度县直先进单位”和“2012年度扶贫开发‘双到’工作县直先进单位”。

【绿化工程】　2012年，海丰县绿化工作主要有三个方面：一是深入开展生态文明“万村绿”大行动。投入60万元，建设“生态文明万村绿”县级示范点20个，分别是公平高北村、公平庵前村、公平洪厝围村、陶河雅卿村、陶河杨北村、陶河交湖村、后门港尾村、小漠田坑村、鹅埠西湖村、赤坑屿岭村、赤石金石寨村、可塘联金村、可塘尚仁家村、可塘上达村、平东双坐塘村、平东龙吟塘村、平东官二村、梅陇上墩村、大湖埔羌箖村、城东关后村。通过实施“万村绿”示范点建设，有效带动了全县村庄绿化工作，促进了社会主义新农村建设。二是大力支持非公有制林业发展，完成荒山绿化和迹地更新造林2000公顷，主要分布在海城镇、公平镇、平东镇、黄羌镇和赤石镇。三是大力加快大云岭森林公园绿化美化建设。编制了《海丰县大云岭森林公园绿化美化工程实施方案》，计划投入660万元，从2013年起用3年的时间全面完成大云岭森林公园美化绿化任务。

【生态工程】　海丰县实施生态景观林带建设。2012年，3号林带深汕高速公路海丰路段，建设长度20公里，面积146.66公顷生态林（其中20～50米范围内绿化景观带80公顷，1公里可视范围内补植套种66.66公顷），总投资285.85万元（省投资240万元、县配套45.85万元），建设地点分布在陶河镇、赤坑镇、赤石镇、小漠镇、鹅埠镇、鲘门镇和圆墩林场。18号沿海基干林带，建设长度15公里，面积300公顷，投资315万元。建设地点在大湖镇。年内，实施海丰县防护林工程2011年中央预算内投资项目，建设任务4640公顷，其中造林166.66公顷、封山育林2973.33公顷，总投资1987.68万元（中央投资1062万元、省财政投资119万元、地方配套806.68万元），建设地点分布在海城镇、附城镇、黄羌镇、大湖镇、赤坑镇、陶河镇、梅陇镇、鲘门镇、小漠镇和赤石镇。实施海丰县2011年森林抚育补贴试点工程建设项目。建设规模：森林抚育666.66公顷，总投资109.7万元（其中中央投资97万元、植被恢复费配套12.7万元），建设地点分布在后门镇、小漠镇、赤石镇、梅陇镇、附城镇和青年水库。

【义务植树】　海丰县认真贯彻实施《广东省全民义务植树条例》，2012年共计4.5万人通过各种形式参加义务植树，植树25万株。

【自然保护区】　加强自然保护区建设管理和湿地保护工作。加快海丰莲花山和海丰县黄羌学堂坑两个县级自然保护区建设步伐，依法保护野生动植物和湿地资源。实施海丰莲花山自然保护区工程项目建设，其中办公楼主体工程已完成，预计2013年4月可投入使用。

【林业改革】　2012年，全县集体林地面积95333.33公顷，占林地总面积的96.2%。集体林权制度改革涉及17个镇（场）、195个村委会、956个村民小组，2012年1月，海丰县林改工作顺利通过省林改办的检查验收，并被省林改领导小组评为优秀等次，县政府被省林改领导小组评为全省林改工作先进集体。年内，为不断巩固林改成果，海丰县进一步狠抓了林地承包经营合同的规范完善和林地所有权证、使用权证、股权证的规范发放及山林纠纷调处等工作，初步实现了林农得实惠、生态得保护、林业得发展的改革目标。

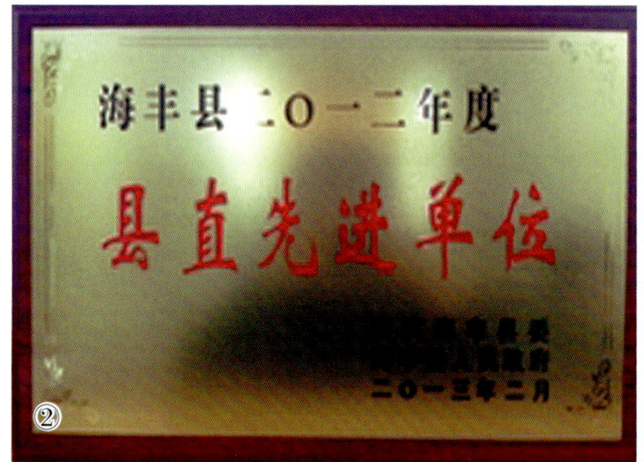

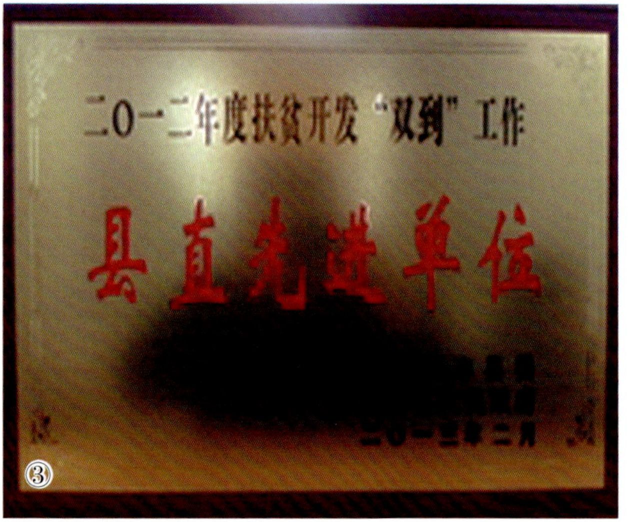

① 海丰县人民政府被授予2012全省集体林权制度改革先进集体。
② 海丰县林业局被评为2012年度县先进单位。
③ 海丰县林业局被评为2012扶贫开发双到县直先进单位。

【森林防火】 2012年，县林业局认真贯彻执行《森林防火条例》，坚持“预防为主，积极消灭”的方针，着重从组织领导、责任落实、宣传教育、队伍建设和资金投入等五方面抓落实，促进全县森林防火工作形势持续稳步好转。年内，全县发生森林火灾（火警）1宗，过火面积1公顷，受害森林面积为0，实现了全年“无重大森林火灾、无人员伤亡”的工作目标。

【林政管理】 2012年，海丰县加强林政管理。主要做法：一是强化林地保护管理。主动服务全县经济社会发展大局，积极配合做好重点项目建设用地上报工作，全年办理征占用林地3宗，面积69.8公顷，分别为海丰县鹅埠镇深圳汕尾产业转移工业园（2011）项目、粤东电力外送通道改造工程（海丰段）和海丰县城东镇批次建设用地，审核率100%，没有出现非法征用林地现象；积极参与县政府占地毁林建坟专项整治行动，拆除违建坟墓200多穴，保护林地资源安全；完成《海丰县林地保护利用规划（2010～2020年）初稿》编制工作，并送回省林业调查规划院总体分院重新修改完善。二是加强森林采伐管理。严格执行森林限额采伐管理制度，2012年全县审批森林采伐申请41宗，采伐面积703.95公顷，蓄积量47847.4立方米，出材34660.2立方米，征收育林基金65万元，没有发生违规审批和超标审批的现象。三是加强林权争议调处工作。草拟了《海丰县森林林木林地权属争议调解处理实施意见》，并报县政府审批。同时积极配合各镇（场）调处各类林权争议，避免了群众越级上访和集体械斗事件发生，促进林区社会和谐稳定。四是加强木材行业管理。认真执行《海丰县木材经营加工运输管理实施方案》，组织专项清理整顿活动，4月10～12日举办了全县木材检验员培训班，促进木材行业健康有序发展。五是加强野生动植物保护管理。组织开展了“2012候鸟保护专项行动”和“2012冬季行动”，出动执法人员200人次，车辆40台次，拆除捕鸟网具500多张，查处非法收购野生动物行政案件3宗，处理违法人员1人，解救放生野生动物一批，保护野生动物资源的安全，促进生态平衡。

【行政执法】 海丰县坚持依法治林，依法行政，加强林业行政执法和林业案件查处工作。2012年先后开展了多场次的专项整治行动，严厉打击各类破坏森林资源的违法犯罪活动，全年共依法查处各类林业案件55宗，其中：刑事立案5宗，破案4宗，刑事拘留4人，治安拘留3人，判刑5人；林业行政案件50宗，处理违法犯罪人员50人，收缴木材1批，罚款95万元。

【重点林场】 2012年，海丰县重点林场有两个：圆墩林场和西坑林场。

圆墩林场 下辖3个工区和水电站、自来水站两个集体企业，年末有干部职工134人，其中离退休人员51人，人员经费由县财政差额拨款，经济实行独立核算，自负盈亏。2012年，投入资金120万元实施水电站技术改造工程，更换电站机组和输水方涵，减少了水资源的浪费，提高了发电效益；会同县公安局森林分局和圆墩派出所查处盗伐林木案件5宗，维护了林区稳定；投入4万元对6公顷荒山和残次林进行绿化改造，并投入资金对4公里林区道路进行维修改造，进一步改善了林区生态环境和生产条件；协助大百汇实业有限公司和瑞和公司开展征地和补偿工作，保证了工程项目顺利动工建设。

西坑林场 总面积30.5平方公里，下辖1个居委会和5个村委会，年末总人口5650人，共有干部职工151人，其中在职人员53人、退休人员98人。生态林总面积454.13公顷，其中，国有生态公益林面积352公顷，集体所有和个体所有生态公益林面积102.13公顷，林木总蓄积约35万立方米，林场固定资产约79万元。2012年，投入资金130万元对林场办公楼进行了修缮，改善了林场办公环境，提高了办事和服务效率。

（李海明）

附：2012年海丰县林业局领导名录
局　长：黎方极
副局长：刘世革　庄伟斌　邱诗光

畜牧业

【简述】 2012年，海丰县畜牧兽医系统认真贯彻落实中央、省、市、县农业农村工作会议精神，以科学发展观为指导，加快转变生产发展方式，继续推进现代畜牧业发展，突出抓好重大动物疫病防控和畜产品质量安全监管，海丰县畜牧业继续保持健康稳定发展态势。年末，全县生猪存栏22.8万头，同比增长1%；生猪出栏43.7万头，同比增长3%；牛存栏1.44万头，同比减少5%，牛出栏0.92万头，同比增加7%；家禽饲养存栏量达到168.8万羽，同比增长6%，家禽出栏467.4万羽，同比增长3%；肉类总产量4.6万吨，同比增长4%；畜牧业总产值约9.9亿元，同比增1%。

【畜禽饲养】 海丰县生猪生产坚持"政府引导、龙头带动、共谋发展"的机制，通过市场引导、项目带动，逐步提升养殖产业化水平。全县畜牧业的集约化、规模化、标准化程度越来越高。至2012年，全县已建成一批基础设施好，生产管理水平高的示范基地。全县有年出栏万头以上的猪场近10家，年出栏500头以上的养猪场150多家。为确保国家用于支持畜牧产业发展的各项扶持政策顺利落实到位，使国家的惠民政策，规范、及时地落实到基层。畜牧兽医局积极抓好能繁母猪补贴、标准化养殖建设等项目的申报、实施工作，积极争取上级部门专项资金项目。2012年全县建成生猪规模养殖场标准化养殖场项目建设有3个，总投资300万元；在建生猪标准项目有3个，总投资244.7万元；已建成沼气工程项目建设有2个，总投资256.3万元；在建沼气工程项目有2个，总投资178.5万元。

【良种良法】 科学技术是推动畜牧业发展的首要力量，因而针对不同时期畜牧兽医工作的具体要求，县畜牧兽医局专门组织开展或派员参加省、市开展的畜禽养殖技术、重大动物疫病防控技术以及畜禽产品安全生产技术、法律等培训班；邀请畜牧养殖、动物营养、饲料科学等领域专家教授到海丰县指导工作，举办畜牧兽医专题讲座、现场咨询会等，为海丰县养户和技术从业人员深入讲解、传授有关畜牧养殖技术。以促进畜牧兽医业转型升级为目标，广泛开展送政策进场、送良法到户等各种形式的送畜牧兽医科技到生产一线活动，宣传党的惠农政策，推广良种良法，普及畜牧兽医科技。根据国家"十二五"期间原种场建设规划，大力支持生猪原良种场建设，提高和普及良种猪供种能力，积极推广良种猪人工授精技术，促进品种改良。县畜牧兽医局根据实际工作，要求全县畜牧兽医系统要积极创新服务方式，拓宽服务内容，改进服务手段，不断提高海丰县畜牧业的科技水平，促进畜牧科技与畜牧生产的紧密结合，不断推进海丰县畜牧业科学发展。

【重大动物疫病防控】 2012年，海丰县紧抓动物防疫工作，在坚持常年免疫的基础上，认真推进春季、秋季集中免疫、狂犬病集中免疫月等行动。县委、县政府高度重视，把重大动物疫病和畜产品安全列入政府工作目标综合管理内容，施流德副县长代表县政府与各镇签订"海丰县防控重大动物疫病工作责任书"，明确落实责任。全县对防疫工作进行统一部署，把防疫责任落实到各镇场负责人、各镇畜牧兽医站负责人身上，做到一级抓一级、层层抓落实；通过扎实做好免疫、监测、消毒、检疫、监督和应急管理等综合性防控措施的落实，确保春、秋防疫行动按期完成。年内，全县共防疫注射各种畜禽疫（菌）苗1200多万头份，其中强制免疫高致病性禽流感620多万羽次，猪瘟70.5万头次，蓝耳病65.1万头次，口蹄疫65.5万头次，鸡新城疫200多万羽次，应免动物的免疫密度均达100%。全县屠宰检疫猪22.16万头，其中产地检疫15.76万头，检出病畜839头，检出率0.38%，其中，传染病30头，普通病551头，经无害化处理38头，检疫菜牛3947头，检疫菜狗1738头,检疫菜羊826头。

※ 龙泽种养实验基地，沼气池（拍摄人：郑碧山，海丰县畜牧兽医局，2012年12月26日拍摄）。

① 裕丰养猪场（拍摄人：张桂金，城东镇畜牧兽医站，2012年11月20日）。
② 保育栏（拍摄人：张桂金，海丰县畜牧兽医站，2012年7月18日）。
③ 生猪饲养（拍摄人：曾庆诗，海丰县畜牧兽医局，2012年7月18日）。

【肉品卫生安全】 2012年，省委、省政府部署开展了声势浩大的“三打两建”行动，海丰县畜牧兽医系统扎实推进农资打假专项行动，严厉打击生产经营假冒伪劣兽药、饲料及饲料添加剂，以及查处畜禽养殖环节使用“瘦肉精”等非法添加剂行为；落实动物卫生巡查制度，强化全程监管，加强抽检力度，规范抽检行为，发现违法企业及个人，严厉追查；规范屠宰检疫，严格按规程检疫、按程序出证；打击经营未经检疫、病害动物及动物产品等行为，对检出的病害动物及其产品，严格进行无害化处理；进一步加强动物疫病可追溯体系工作，建立畜禽及其产品可追溯制度。至年末，全县共出动执法检查人员900人次，重点检查饲料、兽药等投入品，规模养殖场、屠宰场、农贸市场，共检查饲料生产经营企业16家，饲料抽查检测14个批次，检查兽药生产、经营企业24家，畜禽养殖场139个。动监所检测“瘦肉精”等违禁药物样品450份，检测结果全部阴性。基层兽医站的检疫人员对进场的生猪采用进场猪只抽检方式，共抽检8000多头份。

【贯彻“以法治牧”】 2012年，县畜牧兽医局坚持“以法治牧、以法护牧、以法兴牧”的原则，深入贯彻落实《畜牧法》，使畜牧工作在规范化、制度化、法制化轨道上有序发展。力求畜牧发展与环境保持相协调，严格按照上级有关文件精神以及《海丰县生猪生产发展规划和区域布局（2008～2020年）》，科学布局、合理饲养，实行对大中小型养殖户排污进行分类指导，鼓励开展畜禽清洁生产和健康养殖。加强源头管理，开展投入品整治，进行定期和不定期的动物卫生执法检查。依法加大监管力度，深入贯彻落实《饲料和饲料添加剂管理条例》《兽药管理条例》等法律法规，加强饲料，兽药监管和动物疫病可追溯体系建设。深入推进兽药GSP认证的实施，根据辖区内兽药经营主体的数量和分布情况等因素，进行分类指导，对现有的兽药经营主体进行清理，对达不到兽药GSP条件的限期进行整改，给达标的发放证件。至年末，已有27家兽药经营户通过了兽药GSP认证。全县共对60多家单位（个人）屠宰及养殖场的动物防疫条件进行了审核，办理“动物防疫合格证”32份，“兽药经营许可证”18份，“种畜禽生产经营许可证”1份。

（郑碧山、曾庆诗）

附：2012年海丰县畜牧兽医局领导名录

局　长：邱义情

副局长：陈妈海（任至11月）　戴群芳

余东林（11月起任）

农机管理

【简述】 2012年，海丰县农业机械化工作紧紧围绕“推动创新发展，建设幸福海丰”的核心总体发展思路，认真贯彻落实中央精神，积极实施农机购置补贴等强农惠农政策，推进基层农机推广体系改革与建设，以水稻生产全程机械化示范项目为基础，努力创建农业机械化示范县，加大农机安全监督管理，加强农机技术培训，全县农机化事业稳定步快速发展，取得一定成效。至年末，全县农机总动力35.7万千瓦，农机装备数量稳步增长，拖拉机拥有量5072台，其中大中型拖拉机178台，联合收割机662台，水稻插秧机85台。全县农作物机耕面积5.364万公顷，占农作物种植面积的93.6%，其中：水稻机耕面积2.994万公顷，占水稻种植面积的95.3%；水稻机插面积0.223万公顷，水稻机收面积3.003万公顷，占水稻种植面积的95.6%。机械化水平明显提高，全县水稻耕种收机械化综合水平达68.9%，其中，耕整地机械化水平达95.3%，育插秧机械化水平7.1%，收获机械化水平达95.6%，农机社会化服务能力逐步提高，农业机械化技术广泛应用。

【落实强农惠农政策】 2012年，海丰县经多方协调，争取中央财政农机购置补贴资金430万元。按照购机补贴公平、公正、公开、透明的实施原则，一是明确补贴对象，把握优先条件，保证农机手和农民得到实惠；二是明确机具品种，突出补贴重点，保下先进适用机具得到应用；三是明确补贴标准，保证补贴资金的最大效用；四是明确工作程序，提高工作效率，保证补贴工作顺利进行。全县申请补贴的农民274余户，累计补贴机具1708台（套）和育秧盘2万多个，其中：补贴拖拉机121台，联合收割机66台，各种配套机具、植保、排灌和养殖机械1000余台（套），耕整地机械202台，水稻插秧机40台，稻谷烘干机械3台套，水产养殖机械1227台套。申请使用中央财政和省级财政补贴资金430余万元，直接带动农民投入资金达800万元，使全县农机装备结构得到有效改善。

【推广先进农机技术】 2012年，县农机总站以水稻生产机械化示范项目为建设平台，重点突破水稻生产全程机械化薄弱生产环节，进一步加大机械化育插秧技术的宣传示范推广力度，对农民申请购置水稻插秧机和育秧盘实行优先补贴，同时加强农机与农艺的结合，强化技术培训，积极探索适合海丰县推广育插秧机械化的经营模式，不断高全县水稻生产全程机械化水平。积极推进基层农机推广体素改革与建设工作，使基层农机推广工作步入正轨，实行规范化管理，更好的发挥农机化新技术的示范推广。至年末，全县拥有插秧机85台，全年完成机插秧面积2230公顷。

【加强农机安全监管】 2012年，县农机总站认真贯彻落实《中华人民共和国道路交通安全法》、国务院《农业机械安全监督管理条例》和《广东省农业机械管理条例》等法律法规，进一步加大农机安全监管力度，筑牢源头管理、监督执法、安全宣传三大防线，层层落实责任制，与机手签订农机安全生产责任书，强化安全生产宣传教育，加强了农机安全检查，消除安全隐患。为确保农机安全生产，坚持实行定期检查和长期检查相结合，组织监理人员深入到乡村场院、田间地头，有效地、针对性地开展安全检查，及时纠正无证驾驶、违章作业等作为，积极配合全县安全生产大检查行动，通过检查有效地消除安全隐患。全年累计完成入户办证121户，检查各类农业机械105台次，农机操作手150人，出动执法检查人员110人次，与农机驾驶员签订农机安全生产责任书102份，参加县安全生产检查5次，出动人员16人次，100%通过县安全生产检查。

【农机培训和农机服务】 2012年，县农机总站切实加强农机培训，组织开展技术培训服务，以水稻育插秧技术和农机维修、操作人员培训为重点，采取理论讲座、现场演示等多种示范培训形式，不断提高农机手的操作技能和经营水平，积极引导农民应用农机化新技术，突出培训内容的针对性、适用性、时效性，突出农机农艺技术融合，分层次、分阶段、多渠道开展同化教育培训。全年共举办水稻育插秧技术培训和农机维修、操作人员培训2期，参加人员166余人次。发放大中拖拉机驾驶证70份，收割机77份，手扶拖拉机3份。年内，积极扶持农机专业合作社创建和成长，大力培育农机大户、农机专业服务组织等新型服务组织，农机化服务农业生产的能力和服务农民增收的水平进一步提高，发挥龙头带动作用，规范和引导农杨社会化服务组织健康发展，加快了农机服务市场化、产业化、专业化进程。

（吴小川）

附：2012年海丰县农机管理总站领导名录

站　长：洪照荣

副站长：吴小川　陈小龙

海洋与渔业

【简述】　海丰县地处粤东沿海，海岸线长124.95公里，历史上以“南海物丰”而得名，渔业资源丰富。全县200米等深线内海域面积达6000平方公里，是粤东地区重要的海洋捕捞作业渔场,自然海区盛产鱼、虾、蟹、贝、藻等海鲜产品，海产品资源共有14类104科189种。内陆有黄江、丽江等河流，江河渠道纵横,山塘水库星罗棋布，淡水水产品种类众多，主要有：青鱼、草鱼、鲢鱼、鳙鱼、鲤鱼、鲮鱼、鲫鱼、罗非鱼、梭鱼、鳗鱼、日本鳗鲡、黄鳝、鲶鱼、胡子鲶、罗氏沼虾等品种。 主要海水养殖种类有：鲷科鱼类、鲻鱼、石斑鱼、鲈鱼、对虾、青蟹、生蚝、贻贝、泥蚶、蛤仔、鲍鱼、海胆、东风螺和龙虾等；淡水养殖品种主要以罗非鱼、草鱼、鲢鱼和鳙鱼等为主。

2012年，海丰县海洋与渔业工作深入贯彻落实党的十八大精神，紧紧围绕省、市海洋与渔业工作部署，以“发展海岸经济”为主线，以建设“海洋强县”为主题，加强队伍建设，强化管理，促进了海洋与渔业经济又好又快发展。渔业生产和水产品质量实现全年“两个安全生产”零事故，被中共海丰县委海丰县人民政府评为海丰县安全生产先进单位, 被农业部渔业局评为2012年度全国养殖渔情信息采集先进单位。至年末，全县水产品总产量14.2万吨，比2011年增长3.9%；总产值14.1 亿元，比2011年增长11.1%。其中：海洋捕捞产量2.5万吨，与2011年持平；海水养殖产量8.8万吨，比2011年增长2.6%；淡水捕捞产量0.24万吨，比2011年增长0.54%；淡水养殖产量2.6万吨，比2011年增长7.4%。全县海淡水养殖面积10578.73公顷，其中海水养殖面积6662公顷、淡水养殖面积3916.73公顷。

【海洋捕捞】　2012年，全县认真开展渔船船名修改工作，并做好渔船的档案管理，逐步规范海丰县渔船捕捞管理工作。渔业管理部门积极引导渔民减船转产转业，举办转产转业渔民职业技能培训班，不断提高转产渔民的技能；动员渔民自愿申请减船，年内上级下达海丰县减船渔船1艘，127千瓦，补助资金31.75万元，已严格按照减船操作规程办理了各项减船手续。同时，逐步规范海洋捕捞渔船基础管理，稳定海洋捕捞生产。由于海洋渔业资源逐年减少，渔汛差，除刺网作业渔船生产效益较好外，拖网作业渔船生产效益普遍较差，提前进入休渔直到休渔期结束，才重新出海生产。至年末，全县共有海洋捕捞渔船1104艘，17404吨，38672千瓦；海洋捕捞产量2.5万吨，与2011年基本持平，产值2.05亿元，比2011年增长4.5%。

【海水、淡水养殖】　海丰县水产养殖业不断创新养殖模式、加大新品种的引进及科技服务力度，保证了全县水产养殖又好又快地发展。2012年全县水产养殖面积10578.73公顷，全年水产品产量14.2万吨，同比增长3.9%，产值14.1亿元，同比增长11.1%。其中：淡水养殖面积3916.73公顷，产量2.6万吨；海水养殖面积6662公顷，产量 8.8万吨。

【加强水产品质量安全管理】　2012年，为贯彻落实广东省水产品质量安全监管工作暨“三打两建”行动的有关文件精神，加强海丰县水产品质量安全监管，保障水产品质量安全，县海洋与渔业局制定了《海丰县水产品质量安全监管应急预案》，同时，成立海丰县水产品质量安全事故监管应急队伍，由局长任组长，副局长任副组长。重点监管对象主要包括规模化养殖场、无公害生产基地、水产养殖专业合作社等生产单位。多次深入大湖、赤坑、后门等重点整治区域开展专项整治执法行动。全年共出动执法车辆64辆次，出动检查人员360多人次，检查生产单位84场次，选取了38个监控抽查单位。

【实施科技兴渔战略】　为实施科技兴渔战略，海丰县近年大力开展南海区半封闭型海水规模化养殖试验项目、微生物制剂在对虾养殖环境的应用项目、科技入户项目、鱼虾混养养殖环境研究项目、池塘底部综合增氧技术项目等科研推广项目。这些科研项目的开展以及应用推广，进一步创新全县水产养殖新模式，提高养殖技术水平，增强水产品的市场竞争力，推进渔业经济增长方式转变，促进水产养殖业又好又快的发展。

【推进依法治渔（海）】 海丰县地处广东东南沿海，海域面积6000平方公里，有鲘门、小漠、大湖3个渔港和梅陇、联安2个渔业镇，以及1012艘渔业船舶，渔业从业人员约1.2万人。2012年产值达 14.1亿元，海洋与渔业经济已成为海丰县重要产业支柱之一。为切实推进依法治渔（海），县海洋与渔业局结合“三打两建”活动，严厉打击非法捕捞和违法违规用海行为，共出动执勤艇95艇（次），执法车57辆（次），执法人员747人次，其中检查渔船312（艘）、查处违规渔船53（宗），其中违反许可证制度10（宗）、其他43（宗），对违法违规行为起到震慑作用，较好地维护了正常的渔业生产秩序。年内，县海洋与渔业局还积极开展渔业安全生产领域“打非治违”专项行动和渔业安全生产百日大整治行动，共出动执法人员235人次、执勤艇29艘（次）、执勤车21辆（次）、检查渔船276艘、查处“三无渔船”5宗、职务船员配备不齐8宗、普通船员持证不齐10宗、救生设备不齐5宗、船员标示不规范15宗、未办理进出港签证5宗、船舶人员保险过期3宗、处理情况是责令当场整改18宗、限期整改14宗和发整改通知书25宗。由于加大安全生产大检查和监管力度，措施到位，效果良好，实现了全县渔业安全生产零事故。通过制作政务公开栏和有关行政审批事项办事指南工作流程等，同时在服务窗口公开效能投诉电话，自觉接受群众监督，切实做到行政管理不缺位，行政审批不越位，便民利民应到位。

【伏季休渔管理】 2012年，南海伏季休渔从5月16日中午12时开始至8月1日中午12时结束，全县休渔船舶148艘，总功率44506.2千瓦，休渔劳力1030人，受休渔影响人数11486人，其中特困户数1522户、特困人数7498人，所有休渔船舶都在规定时间内有序分别停泊在后门、小漠、西闸、三江妈、马宫，汕尾等港口和停泊区，全部进入休渔状态。为切实有效做好伏季休渔管理，县海洋与渔业局组织渔政大队加强巡查监管，打击违规行为,确保休渔船舶安全。同时发动民营企业筹集15吨大米派发给贫困渔民。

（温海波）

附：2012年海丰县海洋与渔业局领导名录
局　长：陈　维
副局长：谢远来　朱伟洲

广东海丰鸟类省级自然保护区

【简述】 广东海丰鸟类省级自然保护区于1998年经广东省人民政府批准建立，主要保护对象为鸟类及其栖息地。保护区位于广东省海丰县境内，由同属黄江河流域的公平区、大湖区和东关联安围区组成，总面积11590.5公顷，其中公平区位于黄江河上游，而大湖和东关联安围位于中国南海的北部滨海地带，是黄江河仅有的两个入海口所在地，三块湿地在湿地类型上和水鸟资源的分布上具有互补性，共同构成了同一流域内复杂多样的滨海湿地，是亚太地区南中国海鸟类和湿地类型自然保护区网络的重要组成部分。

保护区丰富的自然资源和卓有成效的工作受到海内外的广泛关注和认可。2000年被省人大、省政府列入《2000～2009年拟建国家级自然保护区发展规划》；2005年被国家林业局列入《全国湿地保护工程实施规划（2005～2010）》优先建设项目；2005年8月被省林业厅授予“自然保护区建设管理工作先进集体”称号；2006年被列入全国林业系统自然保护区优先晋升国家级自然保护区名录；2006年汇丰/世界自然基金会与保护区合作启动湿地保护和恢复工程；2006年华南濒危动物研究所与保护区合作成立“野外台站”；2007年广东省人民政府批准更名为“广东海丰鸟类省级自然保护区”并申报国家级自然保护区；2007年通过全国林业系统国家级自然保护区评审会专家评审，同意申报晋升为国家级自然保护区；2008年2月经国家林业局确认，被湿地公约秘书处列入国际重要湿地名录；2008年10月被省林业厅授予“全省林业宣传先进单位”称号；2012年6月被省林业厅授予“全省林业系统自然保护区建设管理工作先进集体”称号。

保护区广阔的沿海湿地和丰富的淡水湿地，成为亚太地区南中国海迁徙水鸟的重要通道和国际濒危水禽重要的庇护栖息场所。每年冬季至少有4万只以上的候鸟在此越冬，2012年记录种类达

到246种。其中：国家Ⅰ级重点保护鸟类1种，国家Ⅱ级重点保护鸟类36种，CITES附录Ⅰ保护鸟类4种，CITES附录Ⅱ保护鸟类29种；IUCN的8种，列入《中日候鸟保护协定》107种、《中澳候鸟保护协定》47种、《中美候鸟保护协定》49种。有水鸟110种：黑脸琵鹭数量达98只，约占全球数量的3%；卷羽鹈鹕24只，约占全球数量的3%；凤头鸊鷉300多羽，约占全球数量的1.5%。由于海丰鸟类保护区水鸟种类多、数量大，当地群众保护鸟类蔚然成风。2005年海丰县被中国野生动物保护协会授予“中国水鸟之乡”称号。

【保护区功能区调整】 2012年，积极有效开展保护区功能区调整工作。为确保保护区的建设和管理步入科学、规范、全面系统的可持续发展轨道，保护鸟类生态系统，特别是为珍稀濒危物种提供更好的生存环境，并协调好保护区与周边社区经济发展的关系，更好地促进人与自然和谐相处，保护区管理处委托华南农业大学林业规划设计院承担《广东海丰鸟类省级自然保护区总体规划》的修编任务，在实地勘察、调研和与有关领导、专家现场访谈的基础上开展保护区功能区划调整的相关工作。同时，为加强领导，经县政府同意，成立了以县政府领导为组长的海丰鸟类省级自然保护区功能区调整工作领导小组，有效推进调整工作顺利进行。

【实施中央湿地保护补助资金项目】 根据广东省林业厅《关于转下达2011年中央湿地保护补助资金的通知》（粤林财〔2011〕48号）和《广东海丰国际重要湿地补助项目实施方案》的文件要求，安排广东海丰鸟类省级自然保护区管理处2011年中央湿地保护补助资金550万元，主要用于湿地监控、监测设备购置和湿地生态恢复以及聘用管护人员劳务费。管理处领导高度重视，多次召开专门会议，研究具体事宜。2012年，该项目支出336.49万元，有关工作正在有序有效的开展。

① 国家Ⅱ级保护动物——白琵鹭（左）与黑脸琵鹭（摄影者：曾向武）。
② 省级重点保护动物——白鹭（摄影者：曾向武）。
③ 国家Ⅱ级保护动物——卷羽鹈鹕（摄影者：曾向武）。

① 国家Ⅱ级保护动物——褐翅鸦鹃（摄影者：曾向武）。
② 机动鹭舞，和谐共处（摄影者：曾向武）。
③ 海岸湿地，群鸟竞飞（摄影者：曾向武）。
④ “讨小海”——抓小鱼、小虾（摄影者：曾向武）。
⑤ 我与白鹭一同耕作（摄影者：曾向武）。
⑥ 鱼塭一景（摄影者：谢首冕）。
⑦ 公平水库（摄影者：谢首冕）。

① 省级重点保护动物——紫水鸡（摄影者：曾向武）。
② 国家Ⅱ级保护动物——小天鹅（摄影者：谢首冕）。
③ 国家Ⅱ级保护动物——黑脸琵鹭（摄影者：谢首冕）。
④ 大湖鸟岛——鸟儿的天堂（摄影者：曾向武）。
⑤ 展翅高飞，千姿百态（摄影者：曾向武）。
⑥ 国家Ⅰ级保护动物——黑鹳（摄影者：曾向武）。

【保护区项目申报工作】 广东省湿地保护补助资金海丰项目。项目内容：湿地恢复建设，监测、监控设施修建和设备购置工程，湿地管护及其他项目；投资情况：该项目总投资130万元，其中省级资金补助100万元、地方配套30万元。至2012年年末，该项目已申报成功。

【保护区多种形式的宣传活动】 2012年，结合"世界湿地日"、"爱鸟周"和"野生动物宣传月"等活动，加大宣传力度，出动宣传车，深入保护区周边乡镇进行广播宣传，并采取悬挂宣传横幅标语、发放宣传资料等方式广泛宣传；邀请有关乡镇及林业站、社区村委会、村民代表等同志召开座谈会，共同探讨社区共管模式，学习湿地和鸟类保护的方针、政策、法律法规；建立网站（网址：http://www.forestry.gov.cn/zrbhq/GDZHF.html），介绍保护区概况、工作动态、自然环境、自然保护、公众教育、生态旅游、保护区风光等方面情况及资源，让公众全面了解保护区，提高公众保护生态环境的认识；与周边社区中小学校合作，开设环境保护常识和法律法规知识教育讲座，宣传保护湿地保护野生鸟类的知识，使青少年从小掌握环保知识，并通过学生反馈家庭，形成浓厚的宣传氛围。

【发挥保护区行政执法职能】 2012年，保护区在大力宣传湿地保护的基础上，充分发挥行政执法的职能，与海丰县森林公安分局联合行动，加强执法，严厉打击破坏湿地资源和非法猎捕、贩运、购销鸟类活动，特别是在大批迁徙候鸟到达保护区时，集中组织执法人员到保护区巡查，对违法行为，依法严惩。

【强化保护区监测】 国家级野生动物疫源疫病监测：制定野外巡护监测制度，制定预防候鸟感染传播高致病性禽流感工作方案，同时落实专人负责，加强日常巡护，实行网络监测系统日报制度，建立档案，确保有序地开展监测防控工作。黑脸琵鹭监测：落实专职人员对其栖息地进行严格保护，随着保护措施的不断加强，黑脸琵鹭来保护区越冬的数量明显增加。据黑脸琵鹭全球同步调查统计，2013年黑脸琵鹭72只，占世界现存总数的3%。国际重要湿地监测：制定了监测方案，落实了监测技术人员，明确各个环节的工作重点，开展系统的监测和调查，在调查中及时填写野外调查记录表，输入计算机，建立数据库，进行数据统计和分析，依据监测所得数据分析，更新国际重要湿地信息表。根据2012年监测情况，湿地生态系统保持自然性与完整性，珍稀物种种群数量趋于稳定，鸟类物种数量为246种。

（谢钊毅）

附：2012年广东海丰鸟类省级自然保护区领导名录

主　任：（暂缺）

副主任：林文鑫（负责全面工作）　庄伟民

水利与水务

【简述】 2012年是深入贯彻落实中央及省委加强水利改革发展决定的重要一年，也是实施海丰水利发展"十二五"规划承上启下重要一年，更是海丰水利事业继续保持大投入、大建设、大发展的关键时期。县水务局努力开创海丰水务发展新局面，为构建幸福海丰、推动海丰经济社会发展提供强有力的水利防洪安全支撑。2012年，全县共投入水利建设资金11451万元，其中中央补助5722万元、省补助3709万元、市财政配套20万元、县财政配套1000万元、群众自筹1000万元。

【水行政执法】 2012年，海丰县继续实施取水许可、水土保持制度，严格行政执法。依法规范取水许可登记、批准、发证程序，严格把紧取水许可和水土保持方案审查关，全年已通过年审核定为有效证的取水单位44家，年取水量达1.3亿立方米，使全县取水许可办证、装表计量收费工作走上规范化管理范畴；通过对全县开发建设项目进行检查监督，有效制止违法开垦行为，有效预防水土流失。年内，结合"三打两建"专项活动，针对全县范围内非法河道采砂、乱填乱占、饮用水源头违规开发养殖等方面的突出问题；加大排查力度，以严打高压姿态重拳出击，严厉打击了非法河道采砂行，有效维护河道采砂秩序。全年共查处违法行为43宗，其中涉及河道采砂的有14宗，查办率达100%，有效维护了海丰县水资源管理正常秩序。

【"三防"工作】 2012年，海丰县汛期气象特点是开汛偏早，降雨分布时空不均，前汛期偏多，后汛期偏少，龙舟水属偏多年景。初台偏早，但无热带气旋正面登陆或严重影响海丰县，后汛期高温天气突出。全年降雨量2157毫米，比常年平均值2400毫米偏少一成左右。6月下旬受热带风暴“泰利”及季风槽的影响，全县出现大暴雨，局部地区特大暴雨降水过程。县水务局认真贯彻“安全第一、常备不懈、以防为主、全力抢险”的防汛抗灾工作方针，树立防大汛、抗大灾、抢大险的思想，扎实做好“三防”工作，确保了人民生命财产安全。主要措施：一是全面开展防汛检查，及早部署防御工作，县“三防”指挥部在汛前、汛中、汛后组织财政、水利等单位及相关技术人员对全县水利工程进行细致、周密的安全大检查，全面掌握海丰县水利工程运行状况。根据检查的情况，及时研究应对措施，严谨部署防汛度汛工作。二是健全三防指挥机构，落实防汛抗灾责任，及时调整和充实海丰县大中型防洪工程的防汛机构，落实防汛责任人和技术负责人，县“三防”指挥部分别与各镇（场）长、大中型水利工程防汛首长和技术负责人签订防汛责任书，把防汛责任、防汛任务、负责地段分解落实到县直有关单位和镇（场）和相关责任人。三是抓紧实施山洪灾害防治非工程措施，加强“三防”设施建设，海丰县被省列为第二批山洪灾害防治非工程措施实施县，在致力抓好水利工程建设的同时，扎实推进山洪灾害非工程措施项目的建设，进一步完善各级防汛指挥通讯基础设施，提高了海丰县“三防”防治山洪灾害综合能力。四是力做好抢险救灾工作，确保人民生命财产安全，由于采取有效的抢险救灾措施，战胜了历次灾害性的暴雨和台风的外围影响，最大限度地减轻了灾害损失，确保了全县人民生命财产安全。特别是在抗击海丰县黄羌“6·22”特大暴雨过程中，县委、县政府和县“三防”指挥部领导深入防汛抢险抗灾第一线亲临指挥，周密部署，科学调度，有关部门积极配合，通力协作，与受灾地区党政领导深入第一线，组织群众团结一致、奋起抗灾，将灾害损失降到最低程度。

【防洪救灾工作】　6月22日上午8时至23日上午8时，黄羌镇东北部地区突降特大暴雨，降雨量达到323毫米。造成山洪暴发，山体滑坡，供电设施受损，部分公路、水陂、河堤被冲毁，村庄受浸，一些房屋倒塌，部分村民受围困，农作物受损，经济损失严重，受灾涉及8个村委、32个自然村。据统计，黄羌镇遭受“6·22”特大暴雨袭击的坑联、东坑、东升、东岭、东陇、黄羌、合门、河东等村委农作物受灾面积约333.3多公顷，冲毁农田200多公顷，河堤冲垮5处，约400多米，山体滑坡10处，受浸房屋800多间，受损房屋120间，其中全倒户25间，受灾人口1.3万余人，转移群众3000多人。直接经济损失约5000万元，其中水利设施直接经济损失达1800万元。灾情发生后，汕尾市委书记郑雁雄，市委副书记、市长吴紫骊指示海丰县委、县政府要全力以赴组织抗灾抢险，确保人民群众生命财产安全，把损失降到最低程度。县委、县政府高度重视，市委常委、秘书长、县委书记郑佳，县长沈木荣立即带领县党政班子成员和县直单位赶赴灾区抗灾抢险，落实灾民安置预案，并组成8个工作小组，分别由1名县领导带领民兵应急分队等抢险队伍，开展救灾抢险。23日上午，市政府骆金堤副市长亲自带领市民政局等有关部门深入灾区，了解灾情，指导灾后复产及灾民安置工作。

【实施水库移民后期扶持政策】　海丰县自2006年下半年实施中央水库移民后期扶持政策，至2012年年末，先后进行了41个移民村危房改造安居工程和公共基础设施建设，共完成建房面积37.97万平方米，解决3306户18019人的房屋居住问题，投入资金44157万元，其中争取中央后扶资金13734万元、自筹30423万元。正在实施建房的移民户3417户18625人，力争在2014年底前基本完成全县水库移民危房改造任务，20个自然村1136户6262人，从2006年下半年开始按后期扶持政策每人每年600元标准直补到户到人。海丰县水库移民后期扶持政策实施工作取得显著成效，一直走在全省前列，推进了海丰县社会主义文明新村建设，为全省、全市水库移民后期扶持工作树立了示范点，8月30日，省水利厅全省水库移民安居工程现场会议在海丰县顺利召开，多次受到省、市水库移民部门的肯定和表扬。12月，海丰县水库移民办公室被省水利厅评为“2006～2012年广东省实施水库移民后期扶持工作先进集体”。

【千里海堤东关联安围达标加固工程】　工程自2011年10月28日动工建设，整体进展顺利，至2012年年末，已完成投资约7800万元。基本完成全堤线用地拆迁和作物赔偿工作，先后完成的工程项目有：18.6公里清除杂草和清理表土的堤段、18.6公里堤身填筑与草皮铺设、12公里堤段宾格石笼护脚砌筑、干砌石护坡9公里、3.5公里迎海面护坡和砼路面浇筑、2.6公里堤段砼防浪墙铺设、0.65公里防汛路铺筑、砼栅栏板预制约17000平方

① 202年8月30日全省移民安居工程建设现场会。
② 平东镇兜村新东移民村新貌。
③ 东关联安围施工现场1。
④ 东关联安围新貌。

米。共完成工程量土方39万立方米、石方4.7万立方米、砼1.1万立方米。

【小型农田水利建设】 2012年，海丰县积极探索新时期群众性与项目业主开发相结合的农田水利基本建设新模式，充分利用冬秋季节有利时机，广泛调动广大群众积极性，协调相关部门，以"兴水利、强基础、保增长、促发展"为主题，切实抓好灌区、水闸、水库、堤围、渠道等基础农田水利工程的加固和配套，加大农田整治力度，大打农田水利建设大会战，全面构建"田成方、路成网、渠相连、水相通、旱能灌、涝能排"的农田水利运行格局。全年累计投入面上农田水利建设资金4536万元，其中省级以上资金1226万元、市县配套510万元、群众自筹2800元。修复水毁工程50处，新增防渗渠道115公里，新建塘坝、水陂等蓄水工程55处。完成土方110万立方米、石方4.5万立方米、砼1.72万立方米。

【小型水库除险加固工程】 2012年，海丰县全面完成2011年通过省水利厅审核的5宗重点病险小（二）型水库加固工程，分别是赤石洋坑、沈坑、陶河虎陷、赤坑虎陷、海城坝仔，完成总投资666万元，完成工程量：土石方17.1万立方米、砼4584立方米、钢筋及金属结构制作安装9.11吨。全年上报省水利厅审核的小型除险加固工程21宗，分别是赤石4宗、黄羌4宗、梅陇2宗、陶河3宗、海城2宗、赤坑4宗、公平1宗、小漠1宗，总投资4270.75万元。21宗小型水库除险加固工程已通过省水利厅审核，正争取纳入建设计划，早日开工建设。

（陈寿浩　彭成托）

附：2012年海丰县水务局领导名录

局　长：刘英剑

副局长：简健全　魏　锑

　　　　郑吉祥（兼三防办主任）

① 县城龙津河整治工程——龙津河畔。
② 公平镇十三坑村委水寨二村建设现场。

【大中型水库概况】

公平水库　地处广东省海丰县北部主要河流黄江河上游，是在黄江河中部台地构筑而成，是一座集防洪、灌溉、发电、供水、产业开发等综合利用水资源的国家大型水库枢纽工程。始建于1959年10月，素有“人工平湖”之美称，属省级鸟类自然保护区，汕尾市区主要饮用水源水库。水库：集雨面积317平方公里，设计总库容3.48亿立方米，正常库容1. 63亿立方米，蓄水面积36. 1平方公里，年产水量4亿立方米～7亿立方米；捍卫下游近50万人口、20000多公顷耕地防洪安全，担负汕尾市区、公平、城东、可塘、赤坑等城镇工业和30多万城镇居民生活供水、汕尾发电厂供水 ,以及16.8万亩农田灌溉重任 ；南距海丰县城13公里，广汕公路10公里，汕尾市区40公里。水库工程主、副大坝总长6147米，大型泄洪闸一座3孔最大泄洪量1825立方米／秒，灌溉、发电输水涵闸4座；坝后式水电站2座，装机容量2900千瓦；总干渠道60公里，跨一县二区十一乡镇，至红海湾的遮浪长沟，设计灌溉面积21.7万亩；城市供水近期日供水量15 万立方米，中远期日供水量25万立方米以上。水库经过了多次加固建设，达到100年一遇洪水频率设计，2000年一遇洪水校核的新标准。2010年1月开工进行公平水库除险加固建设，至2012年2月基本完成，设计总投资15473万元，省级拨款12378万元。公平水库管理局以创建优质水服务环境为立足点，致力于安全建设管理，加强“一大一中三小”5座大中小型水库的安全建设管理，致力于水利经济发展，2012年经济创值1450多万元，实现水利经济可持续稳步发展；加强水资源生态环境环境保护，为汕尾市区等城镇发展提供优质水源保障。

（李智荣）

朝面山水库　位于海丰县东北部的黄羌林场境内，离县城约35公里，属黄江河上游的一级支流的朝面山水，也是公平水库库区上游的一座中型水库。集雨面积13.05平方公里。1976年9月动工兴建，1978年12月基本完工蓄水。库区枢纽工程由朝面山水库、南方背引水工程两大部分组成，包括：主坝1座，潜孔式溢洪道1座，混凝土输水隧洞1条；另外，南方背引水工程设有截洪坝一座、引水涵一座以及坝后电站和引水电站（上楼电站）各1座。朝面山水库设计正常水位为218米，相应库容1732.3万立方米，是一宗以防洪、发电为主，结合灌溉等综合利用的中型水库，对公平水库滞洪有一定作用（控制公平水库集雨面积的4.12%）。建库以来对稳定和发展边、远、老、贫困山区的经济与社会发展起了巨大的作用，同时捍卫着黄羌镇、黄羌林场、公平镇等1万多人民的生命财产安全。该水库于2009年至2011年进行除险加固。

朝阳水库　位于海丰县北部山区，属黄江河松林支流上游，控制集雨面积12.85平方公里，坝址地处黄羌林场麻竹管区麻竹村属公平水库范围内，工程原由黄羌镇人民政府管理，1999年划归县属工管单位。库区地势属高丘，植被良好。工程1970年12月动工，1973年冬完成主坝1条206米、副坝2条共198米，3孔泄洪闸1座和输水压力管2条，泄洪闸设在主坝与副坝中间的小山地，基础较好。1988年兴建1座坝后电站，2台机组320千瓦，设计年发电量70万千瓦小时。朝阳水库原设计标准低，1000年一遇的洪水位已漫坝达2.12米，100年一遇的洪水位距主坝顶仅存0.61米，是一宗较危险的工程，为了确保工程的安全，所以长期以来均采取防限措施。该水库于2009年至2011年进行除险加固。

赤沙水库　位于广东省海丰县南部赤坑镇内，距海丰县城25公里，距汕尾市区15公里。工程于1958年12月23日动工兴建，1960年春竣工蓄水。水库集雨面积23平方公里，水库建成后，是一宗以农田灌溉为主，结合防洪、治涝的中型水利骨干项目。1975年纳入公平水库灌区系统,是公平水库灌区总干渠“瓜串”水库。1989年以向汕尾市供水为主，结合防洪治涝、农田灌溉。捍卫着下游赤坑、大湖两镇人口6万人口（不含流动人口）生命财产安全，保护耕地1.4万公顷，肩负着下游赤坑镇0.99万公顷农田灌溉重任,保护汕尾至可塘的公路交通安全。在省、市、县主管部门的高度重视下，工程经过了三次的加固。最后一次加固是于1992年12月至1995年8月。水库经过逐年加固，水库的社会效益和经济效益得到不断提高。但水库经多年的运行，仍存在病险隐患，2012年正在争取新一轮的除险加固。

红花地水库　位于海丰县北部莲花山境内，距县城约12公里，系拦截吊贡支流莲花山镇与公平镇交界处狭谷筑坝而成。该库于1965年8月兴建，1967年4月竣工；集雨面积36.5平方公里，总库容6464万立方米，河流长度9.45公里，河床比降0.0088，多年平均降雨量2200毫米～2400毫米，库区属高丘山地，植被良好；该工程枢纽除主坝外，有高沙、莲湖和主坝右侧坝仔3条付坝，溢洪道1座设在莲湖付坝左坝肩，2条输水涵管分别建在主坝左侧、高沙付坝右侧。其中高沙原输水涵管因基础不均匀沉塌，中段裂缝多处漏水严重，虽经多次灌浆和处理，还不能确保安全，故在1986年冬在坝右侧山地采用顶管方法重新建涵管，对老涵管进行堵塞封死。为确保水库工程安全，1998年12月至2002年进行除险加固及环境整治，整个除险加固工程质量基本达到要求。坝后有电站1座,总装机容量3台×400千瓦，年均发电量350万千瓦时。在电站下游约2公里处设1座拦河闸（陶陂水闸）引水灌溉附城、城东、公平3镇800公顷农田和县城工业居民供水以及龙津河冲污任务；同时捍卫着海紫公路、国道324线，324线赤岸河交通桥及中、西闸，黄江流域中下游两岸公平、城东、附城、陶河、县城5个镇7333公顷农田和220个村庄23万人民的生命财产安全，并对黄江河的滞洪削峰，减轻洪涝灾害发挥了一定作用。

红阳水库　位于梅陇镇西部7公里的红阳村委会的孔子门村后。踞梅联河上游，集雨面积9.2平方公里库区植被差，有水土流失现象，主坝址为板状砂岩。工程于1974年8月动工，至1976年8月竣工，完成1条主坝和2条副坝，以及1条引水拦坑坝；泄洪闸1座（2－2*2.5米），砼压力输水管1条，设双铸铁孔Φ＝0.6米，设计灌溉面积1333.33公顷；灌区1975～1976年建成并与黄山洞、平安洞、鱼仔潭和水口陂等四库一陂联成梅陇灌区，工程建成后对梅陇镇及梅陇农场的灌溉和防洪治涝起到一定的作用。1992年建成坝后电站1座，装机1台200千瓦。2003～2006年进行了除险加固。

黄山洞水库　位于海丰县西部，距县城约20公里左右，坝址处在大液河支流的黄山洞水库的上游，集雨面积17.0平方公里，植被良好，土壤透水性强，库内北面有黎仔耳大山，高程1033米。工程于1955年5月动工兴建，由省水利厅设计和施工至1956年4月基本完成了土坝，输水管和溢洪道。但土坝未按设计高度完成，故在1962年进行被坡和加高，使坝顶标高达51.7米，为进一步使工程发挥更大的效益，于1967～1968年对工程又进行扩建，该工程是以灌溉为主，故在建库的同时，在下游约8公里处建成水口陂（拦河）引水入梅陇灌区，该水陂既拦水库放入原河的水库水，又是截拦埔仔洞水的一宗作用较大的拦河水陂。1971～1973年建坝后电站1座，装机2台400千瓦，1986～1987年在径仔门建二级电站1座，装机2台410千瓦。2012年正在开展除险加固工程建设。

南门水库　位于海丰县东北部，距平东镇

约3公里，距公平镇26公里，海丰县城35公里，属于黄江支流南门水系，库区内山清水秀，风景怡人，主坝下游内2公里，有跌差60多米的瀑布1处，自古有“吊景”之称，为海丰八大景点之一。南门水库分上下两库，上库为中型水库，始建于1959年冬，1970年完成水库主体工程。水库原设计集雨面积12.0平方公里，正常水位125.6米（珠基，下同）相应库容1246.0万立方米，设计（p=2%）洪水位126.64米，相应库容1355.0万立方米，校核（p=0.2%）洪水位127.6米，相应库容1466.0万立方米，死水位107.4米，相应库容79.0万立方米。上库工程枢纽主要由主、付坝（土坝）各一条输水发电涵管，泄洪闸和电站组成。南门水库是一座具有灌溉、防洪、发电等综合效益的中型水库，同时对公平水库起调洪作用（控制公平水库集雨面积的3.8%），设计灌溉面积933.33公顷，防洪捍卫人口0.5万，耕地266.66公顷。2004～2006年进行了除险加固。

平安洞水库　位于梅陇镇西南面11公里的浅沙河（属沿海小河流）上游，集雨面积16.4平方公里，正常蓄水位25米，死水位10米，总库容0.1755亿立方米。库区属高丘地带，植被良好，主坝两侧山地均属风化土，原河东河床属冲积层，土壤结构差，工程于1958年11月动工，至1960年2月竣工，完成主坝1条，副坝2条（其中1条是杨柳埔副坝，未建泄洪闸时临时溢洪道设在该副坝），1条砼压力管涵洞或输水管。1984年新建1座坝后电站，装机2台250千瓦，在建电站的同时，对原砼输水管加套100米钢管，出口明渠段改为砼管长80米，并加设蝴蝶阀控制发电、灌溉的用水。由于平安洞水库工程标准低，泄洪能力小，土坝土质差，无防浪墙，因此1995～1999年对该库进行了除险加固。

平龙水库　位于海丰县东北部黄江河九龙支河上游的九龙管区径仔背村（已移民）。控制集雨面积10.6平方公里。库区属高丘地带，植被良好，坝址原河床坚实岩层，表层透水性不大，附近土地多为轻沙壤土，适应于土坝土建工程。平龙水库于1974年冬动工兴建至1977年春基本完成。1983年增建坝后电站1座，装机2台250千瓦。平龙水库灌区与南门、公平水库灌区接壤，原受益平东镇、公平镇设计灌溉面积800公顷，其中水田面积533.33公顷。2009～2011年进行了除险加固。

青年水库　位于海丰县城西面，距离县城5公里,坝址处于小液河中游,集雨面积共58.84平方公里（其中小液河20平方公里、引龙津河水38.84平方公里）,库区内有海丰县最高山峰2座,即银瓶山和莲花山,高程均在千米以上,又是海丰县瀑雨地带,植被良好。工程于1958年8月开始动工，1960年冬基本完成主体工程。是以灌溉为主，结合防洪，发电综合利用的工程，受益面积计划4066.66公顷（现达2840公顷），防洪面积6266.66公顷，保护人口12.1万多人。1959年开始先后建成坝后电站2座，总装机5台925千瓦，1986年起供应城镇居民食用水。1970年进行扩建，全面扩大库容量，土坝加高4米，坝坡按比加厚和接长，导流工程，施工时采用水中倒土，土方工程完成后再进行全面灌浆，泄洪闸、输水管工作台亦相应加高，工程总投资1759多万元。1990年加固，对工程进行全面加固、增设弧形闸2孔，每孔10米×5.5米，主坝堵口副坝按坡比再加厚，续建防浪墙改造电站由原五台改为3台装机960千瓦，总投资1200多万元。2012年正争取新一轮的除险加固工程建设尽早上马建设。

气　象

【简述】　海丰县气象局承担全县气象行政管理、气象观测、天气预报、气象服务、防雷减灾等工作。2012年以科学发展观为统领，扎实推进业务体制改革，以建设“四个一流”台站、“继

※　海丰气象地面观测场。

续提高预报水平，努力造福社会”为目标，抓住“省部合作推动率先实现气象现代化建设”契机，做好新一轮气象现代化建设发展规划。海丰气象局现有国家一般气象观测站1个，17个中尺度区域自动站，承担着云、能见度、天气现象、气温、湿度、风、降水等各种气象要素观测任务。常规24小时天气预报准确率达到88%，高温预报准确率达88%，低温预报准确率达100%，热带气象登陆点预报准确率达100%，各项预报质量指标均达标，观测、发报错情率为0.0%。

【天气预报服务】 2012年，县气象局各股室紧密合作，抽调精干力量按照气象服务“一年四季不放松，每个过程不放过”的要求，认真做好气象服务工作。海丰地区天气复杂多变，灾害性天气频发。气象局把转折性、灾害性等重大天气过程，以及重要节假日向政府和不同群体及时提供决策气象服务产品作为气象服务的重头戏，在春耕春播期间提供春播专项预报，在汛期前提供汛期气象趋势分析，在每个节假日前提供节日天气展望等，做到提前、准确、高效、有针对性。全年重点做好7次较明显降水过程和3次热带风暴的气象服务工作。其中以“6·22”大暴雨到特大暴雨过程服务工作尤为突出，在“6·22”大暴雨到到特大暴雨强降雨过程，在6月18日热带风暴“泰利”形成后的三防工作会议上，就特别提醒要注意“泰利”过后的季风槽的影响，对其后发生的大范围强降水的防范起到了很大的决定性作用。此次服务获得政府领导和广大群众的一致好评，取得明显的社会效益。年内，海丰县气象局向县委、县政府、县三防办等有关单位共发布各类天气报告39份，其中《重大气象信息快报》24期、《重大气象信息专报》7期、《天气报告》8期，发布决策短信近5.2万多条次。全年共发布各类预警信号82次，其中森林火险预警信号6次、寒冷预警信号9次、暴雨预警信号26次、雷雨大风预警信号20次、高温预警信号9次、台风预警信号10次、大雾预警信号2次。在多次灾害过程中，公众对气象局预警信息发布的时间、内容及准确性均给予较高评价。

【气象现代化建设】 2012年，海丰气象现代化建设得到进一步发展。一是以“工作政府化”为指导，全面推进气象现代化建设。2012年县政府相继出台《海丰县气象灾害应急预案》《海丰县气象灾害防御规划（2010～2020）》《海丰县气象灾害应急准备工作认证实施办法（试行）》。8月23日，县政府批复同意海丰县气象局起草《关于加快我县率先基本实现气象现代化的实施方案》。二是大力推进海丰县气象探测基地建设。气象探测基地建设工作顺利进展，12月底已完成人防、消防等部门的报建手续，申领“建设工程规划许可证”，确定工程施工监理和招标代理单位，工程招投标正在进行中。三是充分利用现代科技手段，提供优质气象服务。气象局现已建立并开通与省、市气象局天气视频会商系统，建成气象卫星综合应用业务系统、覆盖全县各乡镇的17个中尺度自动观测站，多渠道获得第一手气象实时资料，从而进一步提高天气预报准确率；大力推广天气短信、扩大服务对象，提高了灾害性天气信息服务能力和覆盖面；建立自动站雨量自动统计工具和预警信号发布平台发布等多个现代化业务平台（系统），极大地提高了业务工作效率和服务质量。

【防雷减灾管理】 海丰县是全省雷暴多发区，2012年雷暴日数多达47天，雷电灾害事故时有发生，为了加强海丰县雷电灾害防御工作，保护海丰人民的生命财产安全，维护公共秩序，促进海丰经济建设和社会发展，海丰县气象局始终遵循《防雷减灾管理办法》相关规定，坚持防雷减灾工作，实行安全第一、预防为主、防治结合的原则，加大力度投入雷电和雷电灾害的研究、监测、预警、防护以及雷电灾害的调查、鉴定和评估等防雷减灾工作，做到科学预防雷电灾害，从而提高雷电灾害防御水平，促进雷电灾害预警服务能力建设。9月，由市安监局、气象局、建委、消防局人员联合组成的督查组，对全县开展了防雷工程和建筑主体“三同时”的督查行动，收到显著效果。2012年实现易燃易爆场所定期检测率为100%，未出现雷击火灾爆炸事故。

（蔡素芬）

附：2012年广东省海丰县气象局领导名录

副局长：陈　敏（主持全面工作）

副局长：李世光

① 气象局业务人员在安装遥测自动站仪器。
② “3.23”世界气象日，气象局工作人员为学生讲解气象知识。

工业

综述

【概况】　2012年，全县规模以上工业企业共90家，累计完成规模以上工业总产值214亿元，同比增长37.1%；社会商品零售总额177.1亿元，同比增长12.4%，凸显了全县工业经济稳步发展，经济运行质量得到了进一步提高。广东电网汕尾海丰供电局、海丰县华城能源有限公司、敏兴毛织（海丰）有限公司、纬兴毛织（海丰）有限公司、海丰联岭针织有限公司、超群（海丰）首饰厂有限公司、海丰珠江啤酒分装有限公司、维多利亚（海丰）轻工实业有限公司、广东百斯盾服饰有限公司、广东文时特制衣实业有限公司、广东威文服装有限公司、广东金鸟来服饰有限公司、海丰县海崇畜牧发展有限公司、海丰县广信鞋业有限公司、海丰县新洲塑料制品有限公司、海丰县协祥盛染织有限公司、海丰县顺盈纸品有限公司、海丰县金桔莱黄金珠宝首饰有限公司、汕尾市展鹏珠宝首饰有限公司等重点工业企业产值占全县工业总产值的半壁江山，成为全县工业企业的“龙头”，带动全县工业经济的快速向前发展。

【企业转型升级】　2012年，全县以服装、毛织、珠宝首饰加工、制鞋等作为产业转型升级重点行业，通过加强业务指导，帮助企业吃深吃透、用好用足扶持政策，并打造成示范企业。据统计，广东百斯盾服饰有限公司、敏兴毛织（海丰）有限公司、海丰县金桔莱首饰有限公司、汕尾市展鹏珠宝首饰有限公司、海丰县永达珠宝有限公司、金盛宝石首饰有限公司、海丰县力鑫鞋材有限公司、海丰县金瑞丰生态农业有限公司、海丰县精勤皮具有限公司、汕尾可喜可乐有限公司、海丰县运达时皮具有限公司等11家企业被县定为转型升级示范企业，中小企业投入技改和创新的资金达8000多万元，广东省著名商标10个，广东省名牌产品5个。

【节能降耗工作】　2012年，海丰县组织编制了2011年节能目标责任考核自查报告，并通过采取加强重点耗能企业节能监测和加大淘汰落后产能等一系列有效措施，推动全县节能减排工作扎实展开，2011年度海丰县节能目标责任考核结果和汕尾城区并列第一名。同时，在节能工作中表现优秀的3个先进镇、4个先进集体和20名先进个人受到市委、市政府的奖励和表彰。

【参加经贸洽谈会】　2012年，海丰县组团参加了省政府7月份在香港举办的“2012年粤港经济技术贸易合作交流会”、9月份在新疆乌鲁木齐举办的“第二届中国—亚欧博览会”和在广州举行的“第九届中国国际中小企业博览会”以及10月份举办的“广东省区域发展经济技术合作洽谈会暨全省乡贤反哺工作会议”等大型经贸活动，帮助企业寻找商机，努力开拓国内外市场。

（李伯仪）

工业行业

【珠宝首饰加工业】　2012年，海丰县珠宝首饰产业企业规模进一步增大。主要珠宝首饰生产企业集中在可塘、梅陇、县城和陶河。海丰珠宝首饰业规模较大的企业都设立有技术和工艺自主研发专职部门，拥有专门人才，拥有具备世界先进水平的自动织链机、融金机、倒模机、电子激光测试机等生产线和技术设备，产品从初始阶段单一的K金首饰，通过自主开发研制，发展到镶钻石、蓝宝石、红宝石、晶石、纹银、铜镶杂石等系列首饰146个品种，并以其工艺精湛、款式新颖深受国内外客户青睐，在东南亚、欧美等国际市场及中国香港地区享有盛誉。海丰的珠宝首饰产品不仅销往广州、深圳、东莞、北京、上海等地，还销往欧美、中东等国家和中国香港地区。

【服装业】　海丰县服装业经过多年发展，逐步培育了一批发展较快质量较高的重点骨干企业、优质企业和特色产业明星企业。服装生产企业主要集中在公平、城东、附城3个镇，主要服装生产企业有广东文时特制衣实业有限公司、广东百斯盾服饰有限公司、广东威文服装有限公司等，主要知名品牌有“文时特”“百斯盾”“玛莲露”“威粤”等。

【毛织业】 2012年，海丰县有规模以上毛织企业11家，主要集中在城东和县二园，其中敏兴毛织（海丰）有限公司是香港敏兴（集团）公司在内地投资的一家企业，该公司厂区位于城东镇金岸工业区内，是海丰县的重点外资企业之一。

【制鞋业】 2012年，海丰县制鞋业向企业化、集团式方向发展，有的已拥有自己的品牌，依靠科技壮大企业已成为广大企业主的共识。如广信鞋业有限公司，已拥有珊德兰、信德兰、法德菲等3个知名品牌，产品远销俄罗斯和欧美各国。通过引导和帮助企业引进新设备、新技术和技术人才，加强人才教育培训，全面地提高了企业核心竞争力。鹅埠镇以深汕特别合作区的稳步发展为契机，使制鞋工业企业从数量竞争转到质量、品牌提升。在发展方式上，更加重视环保和资源节约、对产品本身、生产过程的管理将更加严格与世界先进国家接轨，产业集群向更高层次发展，广信鞋业、美盛鞋业等一批规模较大的制鞋公司成为行业发展的龙头企业。

工业园区与专业城镇

【广东可塘珠宝产业园】 位于广汕公路圆山岭路段北侧长桥工业区内，规划总面积21万平方米，珠宝市场的第一期工程于2003建成开业，占地面积3万平方米，建筑面积2万平方米，投资3000多万元，已有珠宝商铺和原材料行400多家，水晶产品1万多种，年销售额3亿多元，是国内较为大型的珠宝交易市场。珠宝市场主要经营珍珠宝石首饰、仿真及宝石工艺品、地球仪等，产品畅销欧美、东南亚、日本、韩国及中国台湾地区等市场。可塘水晶产品占世界加工总量的70%以上，广州荔湾广场、深圳、上海、浙江义乌等地均有大量的商铺经营可塘的珠宝饰品。珠宝行业的兴起，带动了各类行业和劳动就业。可塘珠宝市场二期工程是县的重点项目之一，占地面积18万平方米，总投资人民币5亿元，项目主要是建设珠宝原材料供应、珠宝会展中心、标准化厂房和环保处理厂等。2012年，该项目已建成2万平方米的加工作坊32套和建筑面积1万平方米的原材料供应场地。可塘珠宝产业园将逐步完善可塘镇工业生产的研发、环保、营销等环节。

【梅陇珠宝首饰城】 为加快金银珠宝首饰加工业的发展，梅陇镇委、镇政府在多方调研和论证的基础上，确立了“打造金银珠宝首饰行业知名品牌，形成行业规模”的经济发展战略，并从20世纪90年代末开始，致力于珠宝首饰城的构想设计，积极组织社会力量开展珠宝首饰加工服务、展示、交易平台的建设。2006年10月，由东莞市东怡数码科技有限公司投资兴建的珠宝首饰交易场所动工建设。2007年9月，东怡珠宝首饰交易广场建成交付使用，并正式营运。东怡珠宝首饰交易广场为大型综合性首饰专业投资项目，集展销、洽谈、交流、交易以及生产加工等商贸和生产综合性功能于一体。主要分为3个功能区：第一个功能区为首饰交易展览大厅，设立146个展位，招引梅陇首饰企业进厅设展并进行日常性经营，构建梅陇首饰业界对外商贸活动的窗口和平台；第二个功能区是首饰加工企业群，共建设16幢厂房，其功能为承接镇墟区首饰企业的迁移；第三个功能区是员工生活区，建设6层楼房1幢，为员工提供住宿和生活场所。2008年达到鼎盛时期，在交易广场上设立展销摊位的国内各地珠宝首饰企业超过100家，其中30多家来自福建、浙江、广州、深圳等省市。2010年后，由于经营不景气，在交易广场上设立展销摊位仅存10家左右，其大部分摊位是首饰原料的供应商。至2012年，首饰产品在广场销售交易的厂家已为数不多。

【梅北工业园区】 位于梅陇镇梅北居委，2001年投入使用，占地约3万平方米，内有金银首饰企业70多家，共建成厂房80多栋，从业人员2700多人。梅北大道贯穿其中，为工厂来料、成品的运输带来了较大的便利。梅北工业园区以梅陇镇传统特色产业——金银首饰产业为依托，以市场需求为导向，形成了集群效应，从原来单独的来料加工发展到上规模、上档次生产，由初期的小规模家庭式生产，发展到个体、私营、集体经营，在全镇工业中占有举足轻重的地位，打出“梅陇制造”招牌，在市场上拥有较大竞争力。2012

年，该园区拥有中、高级以上技术人才和管理人才360多人，其中大专以上技术和管理人才200多人，总产值6亿多元。园区内规模较大的重点企业有2家：汕尾市展鹏珠宝首饰有限公司、金桔莱首饰有限公司。

【可塘珠宝专业镇】　珠宝业是可塘镇的支柱产业。10余年来，可塘镇积极引导企业依靠自主创新，实施科教名牌战略，促进产业集群升级。2012年，可塘镇珠宝首饰加工产业化建设水平已初具规模，共有珠宝企业489家，从业人员4万多人，涌现了超群、金盛、高艺、联兴、铭源等一批骨干企业，尤其是珠宝交易市场的投入使用，形成了可塘镇珠宝行业“产、供、销”一条龙的发展格局，提升珠宝加工的专业化、产业化水平。

【梅陇金银首饰专业镇】　首饰产业是梅陇镇传统的特色产业，始于20世纪80年代。随着改革开放的不断深入，首饰产业从原来单独的来料加工发展到现在的上规模、上档次生产，由原来的家庭式生产，发展至现在的个体、私营、集体经营，在全镇工业中占有举足轻重的地位。2012年，全镇各类金银首饰加工企业（车间）634家，占全镇企业总数的76%；其中规模以上的4家，实现年销售收入1亿元以上2家，从业人员2.5万人。

【公平服装生产专业镇】　随着改革开放浪潮的掀起，公平镇早在20世纪80年代中期兴起了个体服装加工的发展潮，经过20多年的发展壮大，服装业使公平镇从山区农业经济弱镇一跃成为海丰县的民营经济强镇，形成了以服装为主导，资源、技术、信息相对较强的产业优势，产生了“簇群经济”效应，成为颇具特色的服装生产专业镇。同时，以工补农，拉动了第三产业的发展，一、二、三产业齐驱并进，推进了城镇化进程，托起了一座新城，集镇面积从0.24平方公里扩大至建成区5.76平方公里的现代城镇。2012年，公平镇围绕“建设一个新公平”和“粤东服装城”，打造“中国公平服装”、“中国裤业之乡”区域品牌和汕尾市“综合实力第一镇”的奋斗目标，规划到2020年城区面积扩至20.47平方公里，建设成布局合理，功能齐全，设施完善，环境优美，经济发达的海丰县东北部山区以服装业为主的加工工业中心，物流中心，镇区政治、商业、科教文卫体中心，成为海丰东北部地区名副其实的“中心城镇”和粤东地区乃至全省著名的服装城。

【鹅埠制鞋专业镇】　鹅埠镇地处粤东地区与珠三角相连的边缘地带，毗邻中国著名女装鞋生产基地惠东县吉隆镇，是粤东地区通往珠三角的桥头堡，也是深汕特别合作区首期开发建设所在地。全镇区域面积约100平方公里，辖10个村、1个社区，交通便利，区位优越。20世纪80年代起，鹅埠镇就进行工业化道路的探索。21世纪初，鹅埠鞋业主要以家庭作坊式为主，生产设备简陋，经营方式粗放，市场效益低下。面对日趋激烈的国内外市场竞争，鹅埠制鞋业开始通过嫁接外资，引进国内外先进生产装备，走增资扩营、规模扩张之路，着力打造制鞋业的“超级航母”。2012年，鹅埠镇全力构筑制鞋专业镇，开展鞋业链招商，发展制鞋、鞋料产业，形成新的产业集群，优化产业结构。同时，坚持从转型、升级、接轨入手，不断创新思路，促进鞋类产业做大。全镇鞋业产品生产已形成了品种繁多、规格齐全的生产格局，专业生产各种PU、TPR、PVC大、中底和各式女装皮鞋、成品鞋。制鞋业的发展，带动了相关配套工业发展。鹅埠从皮革、鞋材、制鞋用化工原料都由区域内的专业厂家为成品鞋企业从事配套生产，并涌现出如顺天（海丰）皮业有限公司、海丰县金鸿鞋材制品有限公司、康得丽化工有限公司、海丰县标士皮业有限公司、海丰县宝骏包装制品有限公司、海丰县天恒纸品有限公司等一批规模化鞋材生产企业，形成了社会化分工、自主配套的一条龙生产协作群体。更引人注目的是鹅埠鞋业已形成制鞋及制鞋配套企业近100家，吸引了美国、欧洲、东南亚等多个国家和地区的鞋材客商关注，并到此交易，成为海丰县规模最大的鞋材市场。

附：2012年海丰县经济促进局领导名录

局　长：何秀山

副局长：郭龙水　高宗森　郑木宣（任至7月）
刘克钳　李小武　叶　隆

供　电

【简述】　2012年，海丰供电局认真贯彻落实南方电网中长期发展战略，持续推进创先工作，以谦虚务实的作风推动企业可持续、协调、和谐发展，进一步发扬“三敢三定”的海丰精神，较好地完成全年各项工作目标任务。总购电量11.44亿千瓦小时，同比增长8.55%；售电量10.41亿千瓦时，同比增长9.16%；累计综合线损率8.98%，同比下降0.52个百分点，首次降到9%以下；当年电费回收率综合电压合格率91.57%，同比提高6.08个百分点。

【电网建设】 围绕电力领域“十二五”期间发展的政策走向，完善政企合作机制，将电网规划纳入海丰城乡总体规划，依据地方电力需求滚动修编2012年配电网规划，有力保障了地方经济发展的电力需求。在被誉为“南方电网公司天字号工程”的500千伏惠茅甲线单改双工程线路工程建设中，不畏艰难，克服工期短、施工难度大、建设任务重、作物赔偿复杂等困难，充分发挥属地化管理优势，认真细致地做好征地、青赔协调工作，超前完成了该线路海丰段118基铁塔的建设任务，促使工程提前65天投产；110千伏虎金线顺利投产，提高了220千伏虎地变电站的供电能力；扎实开展工程建设规范管理“登高”和样板工程创建工作，WHS（基建工程质量控制作业标准）合格率达100%。

【供电服务】 海丰供电局坚持科学调度，合理编制运行方式，规范综合停电管理，积极开展“小而亮”服务品牌创建工作，改进客户服务；推行“一站妥”服务理念，缩短业务办理时限；广泛开展“为民服务创先争优”、“六走进”等上门服务行动。推广银行代扣、电子账单、单联发票等便民服务，确保及时为客户提供优质、高效、便捷的服务。2012年，海丰地区电网最高统调负荷达到最高负荷23.1万千瓦，同比上升6.7%。用户年平均停电时间13.08小时，同比下降2.3小时。用户年平均停电次数4.953次，同比减少0.387次。供电可靠率为99.85%，同比提高0.026个百分点。

【安全生产管理】 2012年，贯彻落实“安全第一，以人为本；风险管控，规范管理；全员参与，持续改进”的工作方针，深入巩固和优化安全风险管理体系建设，结合安全年、安全月活动主题，开展“安全生产大讨论”，做好事故超前控制，实现了全年零事故。开展春季、秋季、节前和专项等安全大检查，完成1个

① 2012年4月11日，广东电网公司廖建华总经理、金基民书记调研惠茅甲线单改双工程汕尾段施工现场。
② 2012年6月22日，黄羌遭遇特大洪水，海丰供电局连夜开展紧急抢修。
③ 2012年9月27日，海丰县供电局组织技工开展电网检修。

总体预案和14个专项应急预案的修编工作，全年共开展7项应急演练。完成中共十八大、县元宵灯会、中高考等一系列重大活动及节日保供电任务和迎峰度夏、防汛等工作；开展“线行清理大会战”，共清理线行下违规种植树木83.9公顷，停运了近两年的110千伏桂尖线也恢复了送电，确保了海丰电网的安全稳定运行。

【党建与企业文化】　海丰供电局围绕企业中心，不断加强党的建设，充分发挥党组织在企业中的政治核心和战斗堡垒作用，建立党建思想政治工作例会制度，加强基层党组织建设，推行“支部建在所上”模式，在海城供电所设置营销第一党支部。开展庆祝建党91周年系列活动，以表彰先进、慰问离退休老党员、参观革命教育基地、党委书记上党课等形式为党的生日献礼。响应“牵手行动”，立足供电企业本职，积极与政府、学校、医院等社会各界牵手，促进供电服务水平提升。输变电管理所被评为全国“安康杯”广东省优胜班组，局女工委获评“广东省巾帼文明岗”，局工会获评“海丰县工会工作先进单位”。

（陈力维）

附：2012年广东电网汕尾海丰供电局领导名录

局长、党委书记：黄鸿成

党委副书记：余　茂

副　局　长：吕育昕　刘世雄　吴　奋

① 2012年6月29日，海丰县供电局防范与打击涉电力违法犯罪行为执法办公室挂牌成立。
② 2012年7月30日，海丰县供电局输变电管理所获得全国“安康杯”竞赛广东省优胜班组称号。
③ 2012年5月15日，海丰县供电局联合县经促局、县公安局开展夜间打击偷窃电行动。

商贸流通业

综　述

【商业经济发展概况】　2012年，海丰县落实措施加快物流基地的建设步伐，完善市场流通网络建设，搞活商品流通，促进城乡经济发展，活跃农村市场，商贸繁荣，实现购销两旺。全县社会消费品零售总额达177.1亿元，比2011年同期增长12.4%，高出全省增长幅度0.4个百分点。

【农村市场与城市市场】　海丰县各个镇场（县城三镇除外）最少有1家农村集市，公平、梅陇镇在2个以上的农贸市场，梅陇、可塘镇分别形成首饰交易市场、广东可塘珠宝交易市场等专业市场。农村市场的淡旺季比较明显，节庆性消费比较突出。受制于消费水平和渠道便利性，农村消费者大量的消费都集中在某一个特定的时间段，比如节假日。与城市相比，海丰农村的基础设施相对落后，限制了零售渠道的向下延伸，消费的网点并不是太多。随着城镇化发展水平越来越快，部分农村居民迁入县城地区，部分农村购买力顺其自然转到城市市场，县城地区的消费量水涨船高，日渐增加。

【居民消费结构】　2012年，全县城乡居民生活水平稳步提高，人均收入有较大增长，居民各项生活支出主要有食品、居住、文教娱乐用品及服务、家用设备、交通通信、医疗保健、衣着等，消费支出占比重前三位的分别是食品、居住、文教娱乐用品及服务。

【批发业和零售业】　海丰农产品批发市场、海丰威豪服装城、木材市场、城东水产品批发市场、龙津水果批发市场、可塘珠宝交易市场、梅陇首饰交易市场经营规模逐步增大，渐具特色，市场建设逐步规模化，流通活跃，交易额稳步上升。零售业异军突起，商业繁荣，购销两旺。一批大中型连锁企业纷纷进驻海丰设立连锁店，抢占市场先机。主要有汕尾岁宝百货、苏宁电器、中域电讯、美宜佳等在县城设立或增设经营网点，这些连锁企业为海丰县带来现代零售业的经营方式和经营理念，提升海丰零售业的经营档次和整体水平，为传统零售业向现代化水平发展创造条件。2012年，限额以上批发业实现总额3.4亿元，比增7.3%；限额以上零售业实现总额150.9亿元，比增12.5%。

（李伯仪）

粮食储备供应

【粮食工作政府负责制】　2012年，海丰县粮食局继续认真贯彻落实省、市政府有关深化完善粮食流通体制改革的部署和《粮食安全责任书》的要求，认真落实米袋子各级政府负责制，发挥粮食工作职能部门作用，按照全县粮食生产和市场消费者需求状况，根据2012年度粮食收支盘子下达的相关指标，切实做好2012年度全县粮食总量平衡计划，为政府领导部署粮食工作提供决策依据。县、镇二级政府按照粮食工作政府负责制的考核内容，切实落实粮食播种面积、粮食总产量、粮油储备规模、粮食风险基金管理等方面的责任，实现了市下达的粮食工作四项考评指标。年内，县粮食局还认真贯彻《粮食流通管理条

例》和《广东省粮食安全保障条例》，按照粮食总量平衡计划，广泛开展粮食市场调查，要求所属粮食收购企业及时收购本地农民的余粮，并发展和完善与县内外粮食主产区建立长期的粮食购销关系，确保全县粮食供求平衡和粮食市场的稳定。

※　海丰县发放4200个科学储粮仓。

【粮食宏观调控】　2012年，县粮食部门切实抓好粮食宏观调控，确保了广大消费者的需求，保证军需民食。一是加强对粮食市场监测和分析，认真做好市场粮油价格日报、旬报和月报工作，定期向省、市、县报送有关数据，及时反馈粮食流通领域的信息和价格行情。二是加强对粮食批发商等市场主体的实地调查，掌握粮食来源以及品种、数量、价格等资料，及时掌握分析粮油市场动态和价格变化情况，加大价格监测工作力度，适当调整信息监测频率，防止市场粮油价格出现较大波动，保持市场稳定。三是针对粮食购销工作中出现的新情况、新问题，开展稻谷收获质量调查和品种分布测报工作，建立粮食加工企业与农户粮情调查点，开展粮食供需平衡调查和2012年原粮卫生达标情况专项调查以及社会粮食储存情况等调研工作，建立和掌握全县粮食购销工作的基础性材料。据调查统计全县早造原粮市场收购均价每公斤2.96元、晚造3.06元、普通大米零售价每公斤4.40元，优质大米4.85元。四是落实国家粮食收购政策，规范购销行为，坚持常年敞开收购农民余粮，认真执行省有关部门制定的2012年早籼稻、晚籼稻最低收购价政策，根据市场粮食价格变化，合理定价，按质论价，创新收购方式，继续推进省际粮食产销合作，积极抓好粮源，调剂县内余缺。五是严格遵守国家军粮供应政策，切实加强军粮质量管理，认真做好军粮供应工作，高质量、高要求，确保军粮质量、等级和食品卫生安全标准，样品合格率达100%。六是按照《海丰县粮食风险基金管理办法》，部门协作，建立县粮食风险基金专户报告制度，保证粮食风险基金按时足额到位，使粮食风险基金在保护粮食生产、平抑粮食市场价格，维护粮食流通秩序等方面发挥宏观调控作用。

【储备粮油管理】　海丰县国有粮食企业根据

《海丰县储备粮管理（暂行）办法》和《海丰县县级储备食用植物油管理实施细则（试用）》，合理调整储备粮油结构和布局，按照《国家粮油储藏技术规范》的要求，不断创新储备粮油管理机制，提高储备粮油轮换水平和效率。2012年，经县政府批准，依法依规，以公平、公开、公正的原则，轮换2009年度县级储备原粮1913吨，竞价拍卖销售货款416.89万元，比成本价高出33万元，并按时足额完成储备粮收购入库任务和食用储备油收储任务。在科学保粮中，一是按照"一符三专四落实"的要求，实施有效管理，认真开展创建"四无粮仓"活动，贯彻"以防为主，综合防治"的保粮方针，推广"双低"储藏和机械通风等科学保粮技术，努力提升仓储管理水平。二是建立和完善储备粮油质量保证体系和粮情检查制度，抓好安全生产，依规操作，杜绝安全隐患，抓好常规检查，季节性检查和突击抽查，使储备粮油管理真正走上正规化、制度化、规范化轨道。三是根据省粮食局的工作部署，在县政府的重视下切实做好农户科学储粮专项建设工作，与各镇场签订科学储粮示范仓专项责任书，为海丰县共2810户农户配置了科学储粮示范仓，顺利通过省局有关部门的组织验收。

【粮食市场监管】 2012年，县粮食局按照《粮食流通管理条例》和国家有关部门规定，认真开展粮食流通有关法律法规的学习、宣传、贯彻工作，积极开展《粮食流通管理条例》和《广东省粮食安全保障条例》宣传活动，依法实施粮食流通行政许可制度。一是部门配合，加强联合监督检查工作力度，推进依法行政工作，紧密配合县工商、物价部门，在全县范围内开展4次粮食收购市场监督检查工作，依法依规监督检查在粮食流通经营环节中的粮油食品安全和卫生标准，县粮食局还根据粮食季节组织力量对粮食市场进行跟踪检查和随机抽查，有力地维护了正常的粮食流通秩序，确保了全县粮油食品卫生安全。二是根据省政府颁发的《广东省粮食收购资格审核及监督管理暂行办法》，执行粮食收购市场准入制度，规范粮食收购主体，依法开展粮食收购许可证的办理工作，把好市场准入关，严格办证程序，简化办证手续，特别制作了《工作规范》《申办指南》等大型广告宣传栏，将办理粮食收购许可证、行政许可证和审批程序对外公示，让广大群众明确办事程序和必要条件，至年末全县应办的粮食企业32家，已办25家。三是加强对轮换陈粮销售处理的全过程监管和县外粮源监管，防止和杜绝劣质粮源流入本县粮食市场危及广大人民群众的身心健康。四是全县完成了2012年粮食库存检查、地方储备粮质量抽查，原粮收购质量和卫生安全标准调查，粮食质量安全专项整治行动等专项监督检查。

【粮食企业改革】 县粮食局在基本完成人员分流工作任务的基础上，继续做好企业资产的确权和处置工作，抓好局内部股室的配置，按照县编委〔2012〕55号文件精神，县粮食局内设机构：保留秘书股、人事股、监审股、储运股，将原购销股更改为监督检查股、财会股更改调控财会股。年内，海丰县粮食企业紧密联系自身实际与特点，以改革为契机，建立新的企业经营运行机制，大胆创新、破解制约企业发展的难题，强化企业内部管理，加强企业经济核算，开展增收节支活动，努力降低经营管理费用，不断推进企业管理信息化，全面推进企业可持续发展。2012年全县粮食系统继续扭转了近1年内亏损局面，实现利润1519.16元。

【粮食应急体系】 2012年，县粮食局根据省、市粮食应急工作部署，切实抓好粮食应急体系建设，加大力度抓紧修订和完善海丰县粮食应急预案，重点抓好应急加工、运输、供应网点的落实工作，提升应急保障和救助能力。一是根据各地粮食应急的需求量，针对本县粮食经营企业分布情况，开展调查研究，综合分析，在县域内有针对性地选择具有良好经营信誉的企业承担粮食应急任务。二是加强行业管理，规范行为准则，积极做好筹建全县粮食行业协会的前期准备工作，并经批准成立海丰县粮食行业协会筹备组，夯实粮食应急体系的基础性工作。全县计有承担粮食应急任务的粮食加工企业9家，日加工稻谷能力530吨，粮食应急运输企业4家，粮食应急供应企业7家，并着手加强对这些企业的扶持管理和业务指导，确保全县粮食应急工作需要。

（陈秋荣）

附：2012年海丰县粮食局领导名录

局　长：李修波

副局长：黎少銮（任至1月）

罗善铁（任至11月）

王伟民（2月起任）

商品供销

【简述】 海丰县供销合作联社下属有16个基层供销社、7个直属公司、3个留守小组、1个农副产品流通协会和1家果蔬加工厂。2012年全系统在册干部职工1439人。2012年，县供销社围绕“推动创新发展、建设幸福海丰”的核心目标，确定了“抓实业、求转型、保稳定、促发展”的总体工作思路，始终坚持科学发展不动摇，坚持改革创新不动摇，坚持为农服务不动摇，不断加强领导班子建设，广开社门，加快推进“农超对接”平价商店建设，提高供销社服务能力，大力发展农村合作经济组织，提高群众进入市场组织化程度，进一步深化企业改革，盘活社有资产，实现富民兴社，有力地推动了海丰县特色产业和农村合作经济的快速发展。至年底，全系统实现商品总购进18452万元，商品总销售24359万元，分别比2011年同期增长14%和15%。

【农资供应和监管】 2012年，利用以县农资公司为龙头的农资现代经营服务网络体系，全方位做好化肥、农药的供应储备和监管工作，以确保农业生产需要，维护广大农民利益。春耕、夏耕开始后，组织各农资经营部门积极做好农资商品调运和预约销售、送货上门等为农服务活动。2012年全系统销售化肥30502吨，农药1462吨，农膜71吨。

【专业合作社建设】 加强供销社与农民合作，加强和促进专业合作社建设，拓宽农民增收致富门路。2012年新组建了6家专业合作社，供销社系统领办专业合作社30家，其中：海丰县公平青湖种养专业合作社被评为省农业厅示范专业合作社，其农产品荣获“无公害产品”称号。

【提升农业品牌经营水平】 2012年，为进一步发挥供销社的流通优势，促进农民专业合作社提升品牌化经营水平和供销社绿色品牌的持续发展壮大，县供销社主动派员上省为金针菜和生姜绿色品牌申办年审手续，并通过产品、土壤、水质检验，资料送国家绿色办审核。还根据省农业厅《关于做好第十届中国国际农产品交易会广东省参展农产品参评工作的通知》，于2012年8月10日积极组织“皇斋虎噉金针菜”参评，并获本届农交会金奖，进一步扩大该产品市场销售量和提高了知名度，扩大了品牌效应。

【农超对接建设平价商店】 海丰县供销社认真贯彻省供销社关于推进农超对接建设平价商店的工作部署，积极探索农超对接建设平价商店的新模式。2012年，积极推进专业合作社农副产品直接进入超市，实现“农超对接”专业合作社新增加了10家；在2011年建设4家平价商店的基础上，2012年又新建了县综合贸易公司梅陇农副产品、城东粮油、公平农副产品、梅陇粮油、龙津粮油5家平价商店和1家农副产品平价商店配送中心，为

① 2012年3月6日，市委书记郑雁雄（前右一），由市委常委、秘书长、县委书记郑佳（前左一），县委副书记、县长沈木荣（前左二）陪同深入海丰县供销果蔬加工厂调研。
② 2012年3月6日，海丰县供销社主任林惠迎（前右一）向市委书记郑雁雄（前左一），市委常委、秘书长、县委书记郑佳（前左二），县委常委、县委办公室主任廖汉生（右二）介绍县供销果蔬加工厂的生产情况。

维护海丰农副产品价格基本稳定，平抑物价、保障群众基本生活发挥了重要作用。

【申报项目扶持农业企业发展】　切实发挥供销社服务“三农”的抓手作用，2012年积极向省供销社申报1个竞争性项目；申报5家平价商店建设项目；申报12家农民专业合作社“农超对接”项目。以上项目根据省供销社、省财政厅粤供财联〔2012〕64号文下达，专业合作社项目共获得35万元专项资金补助，其中：丰盈种养、公平青湖种养、赤石鸡蛋果、公平平二蔬菜种养、公平兴民种植、陶河辣椒、新和金针菜种植等专业合作社分别得到上级5万元补助资金。平价商店项目共获得85万元专项资金补助，其中：综合贸易公司广富联河粮油平价商店25万元；城东平价商店、公平农副产品平价商店、梅陇农副产品平价商店、梅陇粮油平价商店分别15万元。

【供销安全生产】　2012年，为保障全系统生产经营安全，经常性开展安全生产工作大检查。每逢节假日或不定期到基层单位、门市店进行安全检查20人次，及时发现安全隐患并督促整改，做到隐患整改率100%，有效地遏制安全事故发生，为创建平安供销提供保障。

（陈晓彬）

附：2012年海丰县供销合作联社领导名录

主　任：林惠迎（任至7月）　林其波（7月起任）

副主任：张家平　吴永平　王　火

① 海丰县供销社梅陇农副产品平价商店内粮油商品一角。

② 海丰县供销社梅陇农副产品平价商店。

③ 海丰县供销果蔬加工厂外貌。

① 黄羌镇虎嗷村委金针菜种植基地。
② 虎嗷金针菜种植基地。
③ 海丰县供销社扶贫双到金针菜基地。
④ 金灿灿的金针菜。
⑤ 农民在采摘金针菜。
⑥ 金针菜加工一角（天然晒干）。
⑦ 海丰县供销果蔬加工厂员工在包装产品。

烟草专卖

【简述】 2012年，海丰县烟草专卖局（分公司）认真贯彻落实上级局（公司）和县委、县政府工作部署，以深入推进“卷烟上水平”为中心，严规范，夯基础，抓稳定，强素质，促和谐，把工作重心放在专卖管理、卷烟销售、精神文明、基层创优等工作上，增强执行能力，抓好各项工作落实。一年来，业务发展保持稳健，员工队伍充满活力，各项任务完成良好。

【卷烟经营】 2012年，业务发展从量的增长向质的提高转化，卷烟销售坚持以市场为导向，从基础工作入手，做好品牌培育、客户服务、市场调研、网络建设、规范经营等系列工作，保持质量与效益的不断提高。加强工商协同，强化品牌培育，促进卷烟销售结构持续优化。加强零售终端建设，优化网点布局，完善业务流程，推进“和风”服务品牌建设，提升客户服务能力，积极推广网上订货，为客户提供便利、快捷的服务。把握货源投放节奏，满足市场需求，稳定市场价格，切实维护零售客户利益。全年卷烟：销售162159.29万支，比增0.61%；销售毛利16842.47万元，比增5.76%；实现税利总额14057万元，比增4.15%；实现利润总额7378万元。卷烟销售稳中有升，表现良好，经营效益持续提高。

【专卖管理和依法打假】 专卖管理持续强化，多管齐下加强市场管理，全面提高市场监管水平。把握“三打两建”有利时机，组织专题宣传活动，广泛、深入宣传专卖法律法规。规范专卖管理执法行为，明确行政执法责任，严格错案追究，提升行政执法水平，做到严格执法、公正执法、文明执法。健全联合执法工作机制，与县打假办、工商、公安机关联合开展行动，精心组织实施综合治理，保持卷烟打假高压态势和市场严管态势，有力打击涉烟违法行为。2012年共查处各类违反烟草专卖法律法规案件206宗，其中一般程序案件71宗、简易案件135宗。查处非法生产案件1宗，查获切丝机1台、烘干机1台、锅炉1个，烟梗17950公斤。查处非法生产销售烟丝案件2宗，查获切丝机3台、烟叶790公斤、烟丝142.75公斤。查处无证运输真品卷烟案件1宗。全年查获涉案卷烟52.33万支，其中非烟39.74万支、私烟4.83万支、假烟7.76万支，案值83.69万元。

① 海丰县烟草专卖局（分公司）办公楼。
② 2012年5月15日打击和防范经济犯罪宣传日活动 图为海丰县烟草专卖局宣传车。

【烟草行业内部建设】 2012年，县烟草专卖局（分公司）进一步提升基础管理水平。一是党建工作思路清晰、重点突出、措施得力。严格要求，加强领导班子和党员队伍建设，认真贯彻落实“一岗双责”党风廉政建设责任制，正本清源，大力弘扬正气，在强化治本上下工夫，党风行风建设效果明显。深入开展创先争优活动，创新活动方式，丰富实践载体，使党员深受教育，在推动业务发展上展示先进性、彰显凝聚力。二是加强员工队伍建设。加快向学习型、创新型企业转化，加快人才培养与创新体系建设，加大学习培训力度，突出专业性和实用性，有效提高干部职工思想品质与专业技能。三是在巩固的基础上抓提高，持续推进企业文化宣贯和深植工作，“两个至上”行业共同价值观及企业文化理念树立在员工心目中，践行于日常工作之中，员工遵纪守法，专卖执法与客户服务深受好评，客户满意率不断上升，为业务发展提供强劲的动力支持。四是加强内部管理，着力推进ISO 9000质量管理体系建设，按照阶段目标和实施要点，建立健全职责明晰、分工合理、流程明确、操作规范的工作机制，促进基础管理水平进一步提升。五是抓好安全、信访维稳、计划生育等工作。立足预防，深入开展“安全生产年”活动，认真排查危险源与风险点，从源头上控制风险，实现四个零的安全管理目标；关心群众利益，统筹兼顾，想方设法为员工办实事，企业民主管理、信访维稳等各项工作有效推进。六是热心支持公益事业，积极参与扶贫济困，开展爱心捐赠活动，树立企业良好形象。公益活动获得表彰，局工会荣获省妇联颁发的“爱心父母”奖章，被授予“广东省爱心父母大联盟银奖”荣誉。

（蔡华杰）

附：2012年海丰县烟草专卖局（分公司）领导名录

局长（经理）： 陈俊锐

副经理： 林展伦

副局长： 杨健永　戴本民

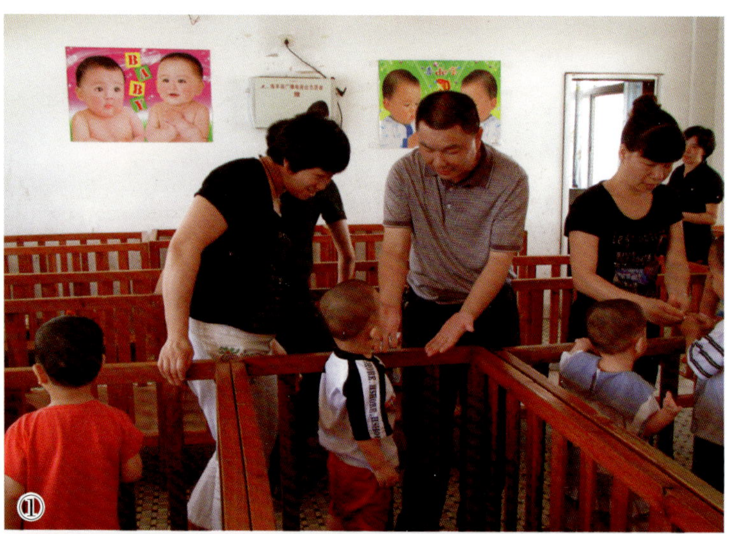

① 2012年05月30日，县烟草专卖局副局长戴本民带队前往福利院探望孤儿。
② 2012年8月24日，县烟草专卖局牵手妇联“爱心父母”活动，前往淘河乡村探望贫困学生，情暖困境儿童。
③ 2012年8月，爱心父母获奖奖状奖章。

① 2012年元宵佳节，海丰县烟草专卖局“扬帆”彩车。
② 2012年1月11日，县烟草专卖局副局长戴本民慰问退伍功臣。
③ 2012年2月24日，县烟草专卖局局长陈俊锐参加行风热线。
④ 2012年3月20日，县烟草专卖局营销部人员指导零售客户经营。
⑤ 2012年6月14日，县烟草专卖局稽查员检查市场。

① 2012年6月15日，县烟草专卖局干部职工参与食品安全宣传周活动。
② 2012年6月15日，县烟草专卖局干部职工接受消费者咨询。
③ 2012年6月15日，县烟草专卖局干部职工向消费者讲解香烟防伪包装知识。
④ 2012年9月21日，县烟草专卖局干部职工组织员工前往彭湃医院献血。
⑤ 2012年11月20日，县烟草专卖局干部职工调查市场。

食盐专卖

【简述】　2012年，广东汕尾市海丰县盐务分局坚持以科学发展观为统领，以食盐专营为主线，紧紧围绕年初制定的工作目标和工作思路，积极采取措施，着力解决各种困难和问题，全面完成了依法治盐、盐政执法、食盐加碘防治碘缺乏病等各项盐业管理工作任务。全年完成盐的总销售3308.145吨，比2011年同期4196.95吨减销888.805吨，同比下降21.17%。其中：年销售小包装加碘盐1401.39吨，比2011年同期1385.005吨增销16.38吨，同比增长1.18%；省内盐943.55吨，比2011年同期638.75吨增销304.8吨，同比增长47.77%；年销售小工业盐963.205吨，比2011年同期2173.2减销1209.995吨，同比下降55.67%。

【依法治盐】　2012年，结合全省“三打两建”打击制假售假专项行动，一是切实加强市场宣传和监管力度，严厉打击盐业违法行为。活动开展以来，结合年初制定海丰县赤坑、梅陇两地为工作重点，在该乡镇广泛开展宣传教育活动，悬挂以落实“三打两建严惩涉盐犯罪，保护公民健康”为主题的宣传横幅标语18条，制作食用合格碘盐知识和设立以“关注健康预防碘缺乏病”为主题的宣传栏300多个，张贴于各乡村集市市场，通过宣传提高群众对普及食用碘盐的意识，预防涉盐犯罪。共计出动执法人员1185人次，检查市场店档7286个次，查办各类案件83宗，其中简易程序54宗，立案29宗（其中联合公安等相关职能部门办案3宗），查处各类违法盐产品50多吨，罚没款3万多元。二是以打促建，4月下旬全面开展散装粗海盐退出零售市场，替换1公斤装食品加工用盐工作，改变了海丰辖区内散装盐管理滞后和不规范的局面，初步建立比较规范化的日晒盐市场监管体系。另外全县所有批发零售网点及主要的厂矿、机关饭堂等均签订了“食盐安全责任书”及《购销合同》，食盐零售网点落实“一书两证”，全面落实依法治盐、盐政执法等各项管理工作。

【营造食盐专营社会氛围】　3月15～16日，县盐务分局联合县卫生、疾控、工商、质监、食品安全办等部门在海丰县县城红宫红场设立咨询点，开展现场咨询活动，通过发放宣传资料、现场解说等方式，向群众宣传食用碘盐的必要性和重要性，让群众正确认识碘缺乏病的危害，进一步提高群众食用碘盐的意识。5月15日，县盐务分局联合疾控中心、技术监督局、电视台对食品生产企业进行食盐安全大检查以及到县城多家中心小学和幼儿园宣传普及碘盐活动，发放各种宣传资料4000多份，县电视台对这次宣传做了全程跟踪报道，并在海丰县电视台晚间新闻联播连续2天播放，取得明显的宣传效果。

【盐业企业改革】　2012年下半年，为进一步贯彻落实《省盐业集团召开深化企业改革暨2012年上半年经济工作分析会》精神，积极响应省司及市局号召，10月开始试行分区销售改革试点工作，把原有海丰区域16个乡镇，按地缘特点、配送线路实际情况划分为3个区域，并陆续开展了区域经理竞争上岗竞聘考试，出台了《海丰盐务局（海丰分公司）分区管理试行方案》，具体的《分区管理考核方案细则》也在制订之中。

【强化盐业内部管理】　2012年，海丰县盐业强化内部管理。一是严格执行省局“十大禁令”相关规定，着实加强领导班子和党员干部的思想作风、工作作风和生活作风的建设，加强理论学习和业务学习，强加强沟通，大力发扬民主集中制，营造了一个团结、融洽、和谐的领导班子。二是通过学习培训，使干部职工在知识、技术、技能、道德等方面有所提高或改进，三是通过思想教育统一了全体干部职工的思想，增强了干部职工的凝聚力和向心力。四是下半年陆续出台《车辆管理办法》、《员工考勤制度》等多项制度，进一步完善内部管理制度。

（彭军科）

附：2012年广东省汕尾市盐务局海丰分局领导名录
局　长：蔡　浩
副局长：彭军科

商业企业选介

【海丰县商业企业（集团）公司】　海丰县商业企业（集团）公司辖下有县酒类专卖管理局、县饮服公司、县信托公司、县化五交公司、县百货公司、县糖专公司、县华侨公司、县纺织品公司等单位、有县商业综合公司等代管企业、有县商业食品厂等关停企业、有县商业总公司、县商业联合公司等破产企业。干部职工总人数1669人，其中女性925人。在干部职工总人数中，有干部（包括聘用）44人、合同制工人709人、退休人员916人。干部职工在岗人员123人、停薪保职人员626人。2012年，海丰县商业企业（集团）公司在新旧矛盾交织、面临困难和问题增大的情况下，提出建设"幸福商业"的工作目标，确定"商业是我家，稳定发展幸福靠大家"的工作思路，干部、职工立足本职、有所作为，保证了集团公司及所有单位正常运作、积极进取。组织酒类执法人员对全县酒类市场进行专项整治，开展打击制假售假、查处违规违法生产经营商户的活动，在"三打两建"行动中，出动了酒类执法人员400多人次、车辆55辆次、查处销售假冒伪劣酒类产品和无证生产酒类、无证经营商户等案件40多宗。有效开展商业系统党廉工作，查找了在集团公司领导岗位及各部室负责人、岗位工作人员中可能存在的62种廉政风险和监管风险，制定了76条具有针对性和可操作性的防控措施。集团全年：实现商品总购进10663万元，完成年度任务102%，比2011年增长8%；实现商品总销售11297万元，完成年度任务101%，比2011年增长18.6%。

（林小明）

附：2012年海丰县商业企业（集团）公司领导名录
总 经 理：黄小坚
副总经理：郑汉杰

① 2012年春节前，县委常委、县委办公室主任廖汉生，县人大副主任谢荣如，县政协副主席施培养，县总工会主席刘诗兴等领导在商业集团公司总经理黄小坚、饮服公司负责同志陪同下，到饮服公司退休职工魏玉彝家中慰问。

② 2012年期间，商业集团公司黄小坚总经理率领扶贫工作组到公平镇十三坑村慰问贫困户。

① 2012年3月13日，海丰县酒类专卖局深入农村开展消费者权益日宣传咨询服务活动。

② 2012年10月20日，海丰县商业企业（集团）公司组队参加县第四届全民健身暨第六届老年人运动会开幕式。

③ 海丰县酒类专卖局执法人员加强对县内酒类市场监管和检查。

④ 海丰服装城正门。

【海丰县食品企业集团公司】 2012年，海丰县食品企业集团深入学习贯彻党的十七届六中、七中全会精神，贯彻落实科学发展观，与时俱进，开拓创新，有效推进各项工作，取得显著成效。海丰县肉食市场持续稳定，企业保持健康发展，为构建和谐社会、建设幸福海丰作出积极贡献。全系统有经汕尾市人民政府批准、省颁发定点代码的生猪定点屠宰厂（场）14家。全年收购本地生猪15.2万头，屠宰销售生猪17万头，全系统商品销售总额达到4.2亿元，上缴税费1072万元。年内，集团工作获得“连续20年广东省守合同重信用企业”“广东省名优企业质量领先品牌”“消费者最信赖省十大食品行业质量放心品牌”“2012年度广东省最佳诚信企业”“2010～2012年连续3年广东省肉类协会诚信企业”“2012年广东省肉类协会先进单位”“广东省首批法治文化建设示范点”等荣誉称号。

（邱佳文）

附：2012年海丰县食品企业集团公司领导名录

总经理、党总支书记： 彭希伦（任至7月）
林惠迎（7月起任）

副总经理： 黄政石　黎千洪　黄锦秋　彭俊瑜

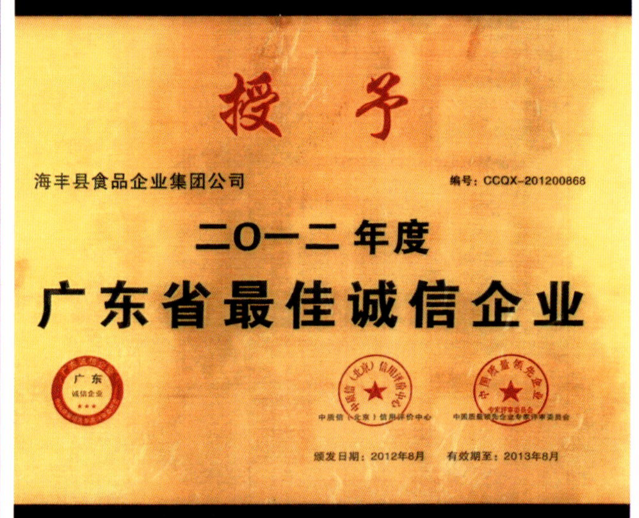

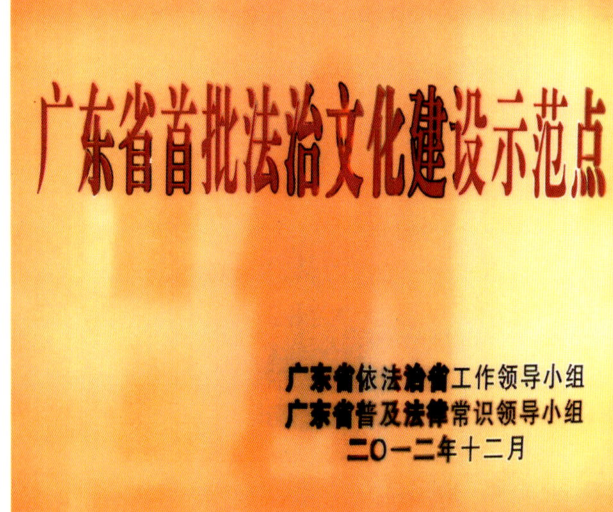

海丰县食品企业集团公司获奖证书与奖牌。

对外经贸与口岸监管

对外经济合作

【利用外资】 2012年，全县新签外资合同12宗，合同吸收外资38552万美元，同比增长33.57%，完成全年任务3.752亿美元的102.75%，超出任务1032万美元；实际吸收外资12680万美元，同比增长20.92%，完成全年任务1.259亿美元的100.71%，超出任务90万美元。

【招商经贸洽谈会】 2012年2月4日，县经促局协助县委、县政府举办“海丰县2012年庆元宵文化巡游暨经贸洽谈会”，承办了“三个一批”活动的签约仪式。该次经贸洽谈会共签约项目30个，计划投资总额62.4417亿元（外资项目4个，计划投资总额5.7亿元；内资项目26个，计划投资总额56.7417亿元。其中：合同项目9个，计划投资总额20.92亿元；协议项目12个，计划投资总额28.3717亿元；意向项目9个，计划投资总额13.15亿元）；奠基（动工）项目19个，投资总额42.9086亿元；竣工剪彩项目20个，投资总额13.9268亿元。7月4～6日，县组团参加了“2012年粤港经济贸易合作技术交流会”，共有签约项目12个，计划总投资47.22亿元。

（李伯仪）

对外贸易

【贸易出口】 2012年，全县进出口总额70655万美元，同比增长0.19%，其中：外贸出口49233万美元，同比增长3.6%；进口21422美元，同比下降6.84%，实现贸易顺差27811万美元。 在出口中：进料加工贸易出口1.85亿美元，同比下降6.6%；进料加工装配贸易2.017亿美元，同比增长18.73%。进口712.12万美元，同比下降16.16%；一般贸易出口1.05亿美元，同比下降1.51%。

【加工贸易】 2012年，全县来料加工装配贸易2.017亿美元，同比增长18.73%；进口712.12万美元，同比下降16.16%，其中梅陇丽恒首饰厂出口量最大，达1.94亿美元、占全县出口总额39.4%。

（李伯仪）

海关监管

【简述】 中华人民共和国汕头海关驻海城办事处（以下简称海城办）是1984年10月经国务院批准设立的正处级海关机构，隶属于汕头海关，于1986年3月20日正式开关，主要负责监管海城办辖区内进出口货物和运输工具、征收关税和其他税费、查缉走私、编制海关统计和办理其他海关业务，管辖范围为海丰县和深汕特别合作区。至2012年年末，辖区有效注册登记企业112家（其中AA类1家、A类22家、B类89家）。2012年，海城办坚决贯彻汕头海关党组的决策部署，认真践行“把好国门，做好服务，防好风险，带好队伍”的海关工作总体要求，全年共监管进出口货物5.3万吨，总值7.8亿美元；办理加工贸易合同备案进口额2.6亿美元；征收税款388.29万元；查发各类违法案件23宗，其中移交海关缉私部门5宗，案值113.08万元。

【优化海关监管服务】 2012年，海城办紧贴地方党政发展思路，以改进海关监管和服务为着力点，积极促进地方经济社会发展。一是坚持建言献策。在依法行政的前提下，以“主人翁”“建设者”“参与者”的姿态融入地方经济社会发展大局，深入调研地方外向型经济发展状况，及时向地方政府建言献策；加强与检验检疫、口岸、银行等部门的沟通，积极参与“大通关”建设；关注和跟进深汕特别合作区建设，及时了解和掌握合作区建设进展情况及对海关工作的需求。二是推进法治型海关建设。坚持政务公开，增强执法透明度，保持“零复议”“零诉讼”和“零赔偿”记录；建立特邀监督员例会制度，定期开展关企“面对面”活动，通过走访地方党政、媒体宣传和推行“12360”海关热线等方式，开展海关法制宣传活动，营造辖区内企业守法经营的良好氛围。三是建设服务型海关。贯彻“守法便利”原则，落实海关总署促进外贸发展16条措施，积极促进辖区加贸企业转型升级，大力支持地方重点项目建设和支柱产业发展；推动进出口分类和通关作业无纸化改革，落实通关便捷优惠政策规定，推行特事特办、24小时预约通关等“量体裁衣”式服务，保持较高通关速度。

【海关队伍建设】 海城办按照“政治坚强，业务过硬，值得信赖”的队伍建设要求，坚持“内强素质”与“外树形象”的统一，努力建设准军事化海关纪律部队。主要开展了三个方面的工作：一是勤政建关。加强领导班子自身建设，处（科）级领导干部率先垂范，做勤政实干的表率；严格执行处领导班子议事规则，班子成员带头执行有关政策规定，认真接受监督；加强和改进领导作风，坚持群众路线，坚决贯彻执行中央“八项规定”。二是从严治关。加强反腐倡廉建设，落实党风廉政责任制；严明纪律，做到纪律面前人人平等、遵守纪律没有特权、执行纪律没有例外，杜绝“上有政策，下有对策”；加大对关员职业操守教育教育，严格执行海关工作人员六项禁令；开展行风建设，畅通外部监督渠道。三是文化兴关。从提供组织保障、优化实践窗口、营造人文环境等方面大力推进精神文明建设，不断提高提升海关文化“软实力”；坚持中心组学习制度和“三会一课”制度，把学习好、宣传好、贯彻好党的十八大精神作为首要政治任务；发挥“优秀党员示范岗”的示范作用，着力以党建促团建，积极倡导健康向上工作生活理念和方式，增强团队精神和凝聚力，切实提升队伍精气神。

（郑凯旋）

附：2012年汕头海关驻海城办事处领导名录

主　任：姚加明

副主任：吴健文

打击走私

【简述】 2012年，县打私办认真贯彻落实省、市打私工作会议精神，履行工作职责，积极组织力量加大打击走私的力度，按照“打防结合、综合治理、突出重点、坚持不懈”的工作方针，切实落实反走私责任制，深入开展反走私综合治理工作，坚持高效的严打态势，有效遏制走私苗头，有力地确保了海丰反走私平稳的局面。同时还在省、市打私办和海防办的高度重视下，较好完成了梅陇镇反走私电子监控站、大湖镇海防视频监控站和反走私巡防督查大队建设的相关工作，较好的完成上级赋予各项工作任务，取得显著成绩，在全市反走私综合治理工作考核中获得全市第一名，得到省、市打私办、海防办的高度评价和表彰。

【贯彻落实《广东省反走私综合治理工作规定》】 海丰县高度重视2010年5月出台的《广东省反走私综合治理工作规定》（以下简称《工作规定》），用《工作规定》指导全县反走私的工作。县打私办根据领导的指示精神和上级打私主管部门的要求，认真的组织好各项实施工作。一是通过召开各类型会议，深入传达贯彻《工作规定》。县召开全县打击走私工作会议，在传达贯彻全省、全市打击走私工作会议精神的同时，组织学习《工作规定》。二是各沿海镇（场）和有关打私职能部门加强组织学习、宣传教育工作。组织正、副主任、调研督查股长参加全市专家主讲的培训课，并召开全体人员加强学习、理解。打私有关职能部门组织全系统人员和各沿海镇场分管反走私工作的领导、综治办的同志全面系统学习、培训。引导全体同志，认清形势，坚定立场，明确方向，增强反走私的责任和义务。三是在全县沿海镇（场）都建上反走私宣传栏和大幅宣传画，同时通过电视、报刊、反走私公众网站等宣传媒体，对广大群众进行广泛深入的宣传教育工作，使他们明确《工作规定》可运用的权利，一致的抵制和反对走私贩私违法犯罪活动，为反走私工作营造了良好的社会氛围。至2012年年末，《工作规定》实施一年多中，由于县打私办认真抓好反走私责任制的落实，坚决执行责任追究制度，全县没有出现被上级追究责任的单位和个人，也没有发现违纪违法行为。

① 县打击走私办公室加强反走私宣传教育。
② 县打击走私办公室加强海防宣传教育。

【打击成品油走私活动】2012年，按照上级和省、市海防与打私办工作部署，组织配合海关开展“国门之盾”打击走私行动、元旦、春节、中秋、国庆节期间等一系列打私联合行动和打击成品油走私专项行动。在开展联合行动和专项行动中，县委、县政府高度重视，成立联合行动领导小组，拨出专门经费，制订联合行动方案，下发给各有关职能部门和各沿海镇（场）人民政府，并由县打私办组织、指导、协调、监督、检查工作，使有关职能部门和各沿海镇（场）做到齐抓共管，密切配合，形成“海上抓、陆上查、市场管”的工作局面，全县全年共出动执法人员3560人次，出动车辆680辆次，出动船艇33艘次，查获过境走私贩私案件11宗，案值0.624万元（其中查获走私“安儿宝”奶粉1宗，3罐，案值0.048万元；凤爪、鸡翅7宗，共 200公斤，案值0.5万，红酒1宗2瓶，案值0.015万元；葡萄酒1宗3瓶；糖果1宗12包；案值0.061万元）。有效地震慑走私分子的气焰，确保海丰县反走私平稳的工作局面。

【海防基础设施建设】　2012年，海防设施方面的建设主要是做好小漠镇、大湖镇海防视频监控站和反走私巡防督查大队建设的相关工作。根据省、市海防与打击走私办公室的工作部署和指示精神，海丰县在小漠镇反走私电子监控站和后门镇海防视频监控站建成的基础上，为扩大范围，加强对沿海地区的反走私和海防的监控，将在小漠镇、大湖镇建立海防视频监控站。预计两个项目工程可向省、市争取投入资金200万元。年内，省、市海防与打私办的领导组织专家对两个项目进行了选址定点工作，县打私办继续跟踪项目的落实，力争2013年年底完成工程建设，开通网道，实现全县重点海域地区电子、雷达操作的全控局势，进一步提高海防监控能力和防范能力水平，确保海丰海防的平稳局面。

（吴家海）

附：2012年海丰县打击走私办公室领导名录

主　任：王荣贞

副主任：蔡智勇（任至11月）

　　　　徐松水（11月起任）

出入境检验检疫

【简述】　汕尾出入境检验检疫局海城办事处

（副处级）是汕尾出入境检验检疫局的下设分支机构。坚持以邓小平理论和“三个代表“重要思想为指导，深入贯彻落实科学发展观，按照“抓质量、保安全、促发展、强质检”的要求，贯彻“家和万事兴”治局理念，以实现“五个一流”为目标，积极开展“厚德笃行，公正廉明，勤思善行，保国安民”机关文化建设，认真履行把关服务职责，被评为“海丰县精神文明单位”，业务能力实现重大转变，检出率大幅提高，各项工作协调稳步快速发展，为促进海丰经济社会又好又快发展作出了积极贡献。2012年，注册备案企业27家，进出口业务主要涉及工业产品和动植物产品，纺织服装、鞋、仿真饰品、生牛皮、蓝湿牛皮等。全年共检验检疫进出口商品3227批，货值6736万美元，同比分别增长7%和减少20%。

【“双打”活动取得成效】 2012年，汕尾检验检疫局海城办事处将开展打击侵犯知识产权和制售假冒伪劣商品专项（简称“双打”）行动与日常的检验监管工作有机结合起来，在日常检管工作中融入“双打”，加大稽查力度，提高打击的有效性，取得了显著成效。一是与当地海关签订“双打”备忘录，检关联合对出口六类商品进行口岸查验，未发现有违法违规行为；通过“打击与预防相结合”的方式，进一步规范了企业的生产经营行为，形成自觉抵制假冒伪劣商品的社会氛围，维护辖区进出口贸易的正常秩序。二是进一步加强检验检疫与当地政府相关部门的沟通联系，形成执法合力，接充分发挥检验检疫和工商部门的职能优势，在“三打两建”、打击商品非法入境、加强流通领域进口商品质量监管、加强技术检测合作、加强企业诚信体系建设、组织开展联合执法检查等方面进一步强化合作力度，共同维护市场正常经济秩序，为促进海丰县经济社会科学跨越发展作出新贡献。为创造良好的进出口贸易市场经济环境，维护正常的市场秩序，促进地方经济发展起到积极的作用。

【检验检疫“质量月”活动】 2012年，检验检疫工作围绕“建设质量强国，共创美好生活”这一主题，确定了12项重点活动内容。完成了法检目录外重点商品监督抽查30批次；组织了对出口仿真饰品质量情况的调查摸底并形成质量分析报告；加强了对生产企业的日常监管和产品抽样检测，确保进出口产品的质量安全；参与汕尾局本部举办“12365服务走进千万家”现场咨询活动和出口食品质量安全提升宣贯会，着力增强企业自控能力和诚信经营，积极营造关注质量、创造质量、享受质量的良好社会氛围；对13项业务规程和22项内部管理制度以及绩效管理考核方案进行了一次全面评估和完善。

【服务外贸发展】 一是围绕服务经济大局，结合实际认真贯彻落实了汕尾出入境检验检疫局《支持汕尾市外经贸发展十项工作措施》和《促进招商引资加快外经贸转型升级工作措施》，进一步提升服务地方经济建设水平，促进外经贸经济的发展，受到当地党政领导及外贸企业的一致好评。二是主动跟踪服务地方重点项目建设，对企业转型升级和重点项目进口成套设备制定个性化的全过程检验监管服务方案，不断提高对重点项目进口成套设备的把关服务质量。三是帮助企业应对国外技术壁垒，规避因技术壁垒造成的直接经济损失。及时做好应对工作，配合局本部成立了由轻工检验、植物检疫等部门人员组成的调查和帮扶小组，尽早收集国外检验检疫法规和技术标准，尽早邀请有关技术专家对企业进行培训，尽早协调本系统相关实验室安排出口产品的检测等。此外，海城办按照汕尾检验检疫局要求，认真完成了2012年国外技术性贸易壁垒调查工作。四是加强与地方党政部门和口岸部门的沟通联系，营造良好执法环境，主动走访当地党委、人大、政府、政协及相关职能部门，汇报相关工作，争取地方支持，同时加强与口岸部门的合作，进一步提升口岸监管水平，改善口岸通关环境，推动海丰外经贸健康发展。

【检验检疫监管模式改革】 2012年，检验检疫工作严格按照合格评定程序要求把日常监管、抽批检验、型式试验、符合性验证以及企业诚信管理等工作落实到位，建立完善辖区企业档案和产品档案，对企业监管实施差异性管理，全面启用《分类管理合格评定结果单》作为出口放行的技术依据，稳步推进分类管理合格评定体系电子化，规范运用分类管理合格评定电子系统，建立电子化文档，按规定及时采集和录入检验监管数据。至年末，共完成辖区内出口工业产品企业评定21家，其中二类企业12家、三类企业9家。

【保障进出口食品安全】 一是参与汕尾局本部组织的开展进出口环节打击非法添加和滥用食品添加剂的专项行动，制订了专项行动实施方案，确保出口食品安全卫生质量。二是通过加强出口企业的源头管理和检验检疫政策法规培训指导，增强企业质量主体责任意识，有效防范产品质量安全事件发生，确保出口产品质量安全。2012年，辖区没有发生食品安全责任事故。

【检验检疫队伍建设】　一是创先争优活动扎实推进。紧紧围绕推动科学发展、促进社会和谐、服务人民群众、加强基层组织建设的总体要求，以创建先进基层党组织、争当优秀共产党员为主要内容，突出在队伍建设、基础建设和业务建设上创先争优。二是目标管理绩效考核广泛深入开展。制定了基础职责和重点工作目标任务，将职责及目标任务层层分解到各科室和每一位工作人员，确保各项工作有效运作。三是机关文化建设有序进行。不断塑造全体干部职工健康向上的文化价值观念，为机关文化建设增强感染力和渗透力。四是突出抓好精神文明创建工作，严格执行《汕尾局2011年度创建广东省文明单位工作实施方案》，使精神文明创建工作有目标、有计划、有措施、有责任人，做到务实有效，获得“海丰县2012年度精神文明单位”称号。五是党风廉政建设常抓不懈。全年未发现违纪违法情况，未收到企业投诉，未发生工作质量事故，保证了各项工作的顺利开展。

（吕以实）

附：2012年汕尾出入境检验检疫局海城办事处领导名录

主　任：张泽平

副主任：黎明义　陈道堂

旅游服务业

旅游业

【简述】 2012年，海丰县旅游业以大力推动项目建设为主，不断完善旅游功能和设施的配套，继续向着做大做强海丰县旅游产业这一目标，稳健地向前发展。至年末，县旅游服务机构有：海丰县旅游发展总公司、海丰县丰收之旅旅行社有限公司、海丰红之旅旅行社；服务网点4家：阳光旅行社海丰服务网点、汕之旅国际旅行社海丰服务网点、汕之旅国际旅行社鮜门服务网点、汕尾市新青年旅行社海丰服务网点。

【旅游市场监管】 2012年，县旅游主管部门在行业管理和安全监管方面增加力度。一是为规范旅游市场秩序，保障游客和企业的合法权益，营造一个健康、规范、有序的旅游环境；二是配合省旅游局对辖区内旅游星级饭店展开四年期评定性星级复核工作；三是春节、“五一”及“十一”期间，联合相关单位组织开展了旅游安全大检查，对全县主要旅游景区、星级饭店、旅行社和旅游车队进行安全检查，发现问题及时整改，使海丰县旅游市场安全有序，杜绝旅游事故的发生。

【旅游宣传促销】 一是借助“5·19”中国旅游日，县旅游主管部门组织相关旅游企业举办旅游宣传促销的活动，普及旅游知识，宣传海丰丰富多彩的旅游资源，营造创建“广东省旅游强县”的良好氛围与环境；二是组织县旅游相关企业前往广州参加2012年中国旅游产业博览会，向外推介海丰、宣传海丰，达到了提升海丰知名度的预期效果；三是与广东华成峰投资有限公司联合举办“海丰县旅游美食文化推广月”活动，向旅客派发海丰旅游地图和活动合作商家提供的消费券，介绍海丰的旅游和特色美食文化，让游客体验“游海丰·品美食”的乐趣；四是协助省旅游局与亚洲电视联合制作《广东黄金海岸游·汕尾》专题节目，利用这一宣传平台，更好地展示海丰独具魅力的滨海旅游资源。

【旅游设施建设】 2012年，文天祥公园、绿道网一期和莲花山度假村阳山会议中心已投入使用。其中，莲花山度假村莲峰索道项目已进入安全评价及环境影响评价阶段；投资3000多万元的海丰田园沐歌温泉度假村行政中心和员工宿舍均已投入使用，主体建筑按规划正全面施工。另外，小漠游艇会项目所使用土地已获省国土资源厅批准，正进入招、挂、拍程序。

【旅游景点建设】 红宫红场旧址纪念馆全面修缮，加快打造国家AAA级景区。2012年旅游在建项目有3个：海丽国际高尔夫球场海燕半岛酒店正进行室内装修，三期工程81栋临海别墅已封顶；海丰田园沐歌温泉度假村一期工程（行政中心和员工宿舍）已封顶，开始进入室内装修阶段，二期工程（主体建设）正在筹备中，该项目列入2012年重点建设项目计划；另外，前期项目小漠游艇会项目处于征地阶段。根据《广东省旅游扶贫专项资金管理办法》规定，海丰县文体旅游局申报旅游扶贫一般项目海丰县金瑞丰生态乐活农庄，已被省政府列入第十批旅游扶贫项目，拨款20万元，至年末正在建设中。

服务业

【住宿业与餐饮业】　2012年，全县有各类旅游住宿设施93家，其中：相当于三星级以上标准的旅游饭店10家，客房数3967间，床位5739张；旅行社3家，旅行社分社1家，旅行社服务网点3个，景区（点）17个，旅游定点购物商场及土特产商店7家，乡村游农（渔）家乐5家。全县旅游相关从业人员1.6万人。据统计，全年接待游客218.24万人次，与2011年同比增长13.8%，过夜人数130.52万人次，同比增长12.8 %；全县旅游总收入11.74亿元，同比增长13.3%。

（陈海明、陈伊拉、程传穆）

附：2012年海丰县文体旅游局领导名录

局　长：卢小娟（女）

副局长：罗金泉　陈飞腾　林永隆　杨爱妮（女）

金 融

综 述

2012年，海丰县金融机构按照中央“稳中求进”的工作总基调，认真贯彻落实国家稳健货币政策，紧紧围绕“创新金融服务，支持经济发展”的工作思路，大力拓展金融业务，不断提升金融服务质量，继续优化信贷结构和产业结构，积极支持“三农”经济发展，有效支持和服务县域经济建设。2012年，海丰县金融稳定，运行形势良好，存款继续增长,贷款投放幅度加大，贷款结构进一步优化，银行业金融机构盈利能力不断增强,现金需求平稳，市场消费潜力稳步提升，有效地促进海丰经济平稳较快发展。

2012年全县共有17家金融机构，其中：银行类金融机构7家，银行业金融机构网点77个；保险类金融机构9家；证券类金融机构1家；小额贷款公司1家。全县金融从业人员1050余人，其中银行业从业人员810余人。

至年末，海丰县金融机构本外币各项存款余额133.74亿元，比年初增加14.67亿元，增幅12.32%。其中：单位存款23.06亿元，比年初增加0.8亿元, 增幅3.6%；个人存款109.46亿元，比年初增加14.11亿元，增幅14.79%。本外币各项贷款余额40.67亿元，比年初增加11.21亿元，增幅38.05%。其中:短期贷款余额6.1亿元，比年初增加1.4亿元，增长31.43%；中长期贷款余额34.31亿元,比年初增加9.6亿元，增长39.05%；2012年全县银行业金融机构赢利20624万元，比2011年同期增加4362万元，增长26.8%。

（柯从捷）

2012年海丰县金融存贷款及结售汇对照表

表5

单位:万元、万美元、%

项 目		2011年	2012年	增减	增减幅度（%）	备注
各项存款:		1190670	1337400	146730	12%	
1.单位存款		222522	230608	8085	4%	
2.储蓄存款		951276	1086522	135246	14%	
各项贷款:		294592	406780	112187	38%	
1.短期贷款		46769	61474	111071	38%	
2.中长期贷款		246753	343120	342120	39%	
结售汇情况	结汇收入	35402	29507	-5895	-16.65%	2012年结汇顺差17450万美元
	售汇支出	10510	12057	1547	14.72%	

注:1.本表所用存贷款数据为本外币。2.信贷收支数据的增减幅计算均以2011年年初数据为基期数据。

银 行

【中国人民银行海丰县支行】 2012年，中国人民银行海丰县支行（简称海丰支行）全面践行科学发展观，认真贯彻落实上级行金融工作会议精神，紧紧围绕中心支行工作任务，结合海丰县的经济金融工作实际，以加强县支行职能建设、服务地方经济发展为工作核心；以制度落实为重点，强化内部管理和提高队伍素质，继续解放思想，坚持改革创新，同时，认真贯彻执行和反馈货币政策，维护辖区金融稳定，加强外汇管理，提升金融服务质量，促进海丰县经济和金融稳定发展。

银行结算账户管理　加强对现金和人民币银行结算账户管理。认真执行现金管理的各项规定，按照《现金管理暂行条例》《银行账户管理办法》《支付结算办法》等有关规定开展现金管理工作，全面实施非现场监管，及时上报现金收付分析及统计报表；办理人民币结算账户管理，至12月31日办理开、销户及变更人民币银行结算账户数1438户。

金融统计分析工作　2012年，海丰支行加强对辖区金融数据统计管理和数据分析工作，保证及时、准确、完整向中心支行和县政府及有关部门上报全县金融统计报表及统计分析材料。

征信管理工作　2012年，积极开展征信管理工作，加强社会信用体系建设,打造良好金融生态环境。6月,海丰支行组织辖区各家金融机构开展“信用关爱日”户外宣传活动，参与活动的工作人员达22人，现场咨询解答次数150人次，共发放宣传资料500多张,达到了预期的宣传效果。继续做好贷款卡的发卡和年审工作。至年末，已参加年审贷款卡150户，已审核发新卡60张，办理个信用查询154人次。充分发挥了“银行信贷登记咨询系统”在金融部门运行质量、防范信贷风险方面的信息服务作用。积极参与地方党政举办的“三打两建”工作。派出专人参加地方组织的“三打两建”工作，大力支持地方政府开展工作。同时加强社会信用体系和市场监管体系建设，结合体系建设特点，细化工作方案，制订具体的实施办法，印发了《海丰县金融市场监管体系建设试点工作实施方案》和《海丰县信用服务市场建设工作方案》，进一步推动了地方社会信用建设工作的发展。

反洗钱和人民币反假防假工作　为了做好海丰县金融系统反假币和反洗钱宣传工作，组织领导辖区反洗钱及人民币反假防假宣传工作，提高海丰人民群众对反假货币和反洗钱的认识，10月28日至11月27日在辖内开展“爱护人民币”和“反假货币”宣传月活动。在宣传点上悬挂宣传标语、发放宣传资料，现场共发放宣传资料1000多份，为群众解答辨别真假币知识。

跨境人民币结算　积极开展跨境人民币结算宣传和推广工作，采取各种措施和方法，动员和鼓励企业参与跨境人民币结算业务。同时，加强与国税部门的联系，确保跨境人民币结算业务及时办理出口退税。至12月底止，全县办理跨境人民币结算金额共7.04亿元，其中出口收入118笔3.65亿元，进口付出39笔3.39亿元。首次办理了全市资本项目跨境人民币结算业

※ 海丰支行召开2012年年中工作会议，分析总结上半年工作执行情况，布置落实下半年工作任务。

务。海丰县支局积极与县外经贸局进行沟通和联系，加强与有关部门和企业的业务指导，鼓励企业在资本项目上采用跨境人民币结算业务。

国库资金服务工作 加强基层国库建设、改善和规范国库业务操作流程，加速财政资金到账速度。至年末，国库业务通过广东省金融结算服务系统（FMBT）办理到账 7066笔,金额17.02亿元；往账7917笔，金额29.25亿元；办理中央预算收入2亿元，其中出口退税0.89亿元；办理省级预算收入3.07亿元；办理市级收入2.89亿元；办理县级预算收入15.85亿元；办理县级预算支出28.57亿元；办理县级调拨收入12.4亿元。做到安全无差错，无事故，业务零差错，资金零风险，为本辖区地方经济的发展作出贡献。

外汇管理 一是做好货物贸易外汇管理制度改革工作。外汇局海丰支局根据国家外汇管理局总局的工作部署和要求，为积极做好货物贸易外汇管理制度改革工作，促进进出口企业贸易便利化，有效支持海丰外贸稳定增长，按照上级局要求认真做好有关工作。积极对全县进出口企业人员及外汇人员进行了培训，及时与县外经贸局、国税局和海关等职能部门进行沟通协调，充分做好部门之间职能和信息衔接工作，做好企业名录登记，确保改革顺利实施。二是做好资本项目改革工作。逐步简化现有管理制度，进一步简政放权，放松直接投资项下资金运用的限制，促进贸易投资便利化。鼓励国内企业开展境外投资，2012年成功办理全市第一笔企业购汇投资境外业务。三是做好外商投资企业外汇年检工作。2012年办理外资企业年检114家，年检率达93%。四是做好监测核查，规范企业经营行为。根据相关法规对企业认真开展动态监测、非现场和现场核查、分类管理等工作。五是加强国际收支统计和外汇宣传工作。认真统计采集辖区涉外企业的进出口和收付汇数据，并及时向上级报送统计数据信息。开展“诚信兴商”宣传月活动，组织了辖区各外汇指定银行开展2012年外汇市场“诚信兴商”户外宣传活动，培养公众依法守规经营外汇业务，推动外汇信用建设。

推广机构信用代码推广应用工作 根据汕尾中支《关于开展汕尾市机构信用代码推广应用工作的通知》,海丰县对机构信用代码推广应用工作进行研究和部署，并制订了海丰县机构信用代码推广应用工作实施方案，保证了工作任务顺利完成。至12月底，辖区发放信用代码证2695户，其中：发放新增信用代码证254户；发放存量信用代码证2468户，各金融机构已完成存量机构100%代码发放任务，取得较好成绩。

调查研究工作 海丰支行将信息调研工作作为2012年的重点工作，对辖区经济金融热点、难

① 2012年8月31日，海丰支行马泽群行长作客海丰县人民广播电台“行风热线”节目。通过电台热线向全县广大人民群众宣传人民银行的方针政策，接受群众的咨询，倾听群众对人民银行工作的意见、建议，解答群众提出的有关问题。

② 海丰县支行召开2012年第三季度经济金融运行情况座谈会。

点问题和突发事件等进行重点关注，加强对县域经济和县域金融的调研。全年完成、配合市中支开展调研5次：一是开展对地区经济金融发展情况进行调查，二是开展对深汕特别合作区基本情况进行调查，三是开展对海丰县梅陇镇银料商人携带巨款逃逸事件进行调查，四是开展对黄金首饰加工有关情况进行调查，五是配合市中支对海丰县农村信用联社开展稳健性专题调查。

中小企业融资平台建设 为解决中小企业融资难问题，进一步拓宽中小企业、微小企业融资渠道和提高金融服务质量，6月26日海丰支行联合海丰县中小企业局召开辖内各家金融机构做好海丰县中小企业融资在线平台座谈会，推介支行与海丰县中小企业局共同搭建的融资在线平台。经过精心建设，中小企业融资服务平台在9月中旬正式启用。自9月中旬开通以来，得到海丰县各家企业的关注和支持。至12月底，海丰县中小企业融资服务平台已有9家企业在网上申请融资，金额6600万元；已办理3笔，金额1950万元。实现了快速高效、银企双赢的目的，活跃了区域经济发展。

金融消费者权益保护工作建设 加强金融消费者权益保护工作建设，切实维护金融消费者权益。一是做好金融消费者权益保护工作方案。海丰支行在市中心支行支持指导下，制订了《海丰县支行关于推进金融消费者权益保护工作的初步方案》，落实了专人负责，加强信息沟通。二是做好成立机构启动运行准备工作。为尽快开展消费者权益保护工作，支行已将要求成立该工作机构专项报告上报海丰县政府审批。海丰行组织有关人员到县工商局消委会进行参观学习，了解该局对消费者权益保护投诉案件的处理程序及方法，吸收先进管理经验。

政务公开 2012年，为进一步提高金融服务质量，提高工作效率，海丰支行落实政务公开，接受全社会的监督制度。将外汇管理、贷款卡审批、开户许可证审批、国库、支付结算业务等进行上墙公开，使服务对象办理业务时一目了然。同时，公开了办公室和纪检办公电话，方便服务对象咨询和投诉，使支行的服务质量、办事效率、管理水平等处于有效的监督和管理之中。8月31日，支行行长马泽群同志率员参加海丰县纪委组织举办的"行风热线"电视节目，通过电台热线向全县广大人民群众宣传人民银行的方针政策，接受群众的咨询，倾听群众对人民银行工作的意见、建议，解答群众提出的有关问题。

开展"创先争优"活动 制定"文明单位"创建规划，全面开展创建活动，把文明单位和模范职工之家建设成为总行级单位作为统一的奋斗目标。2012年，海丰支行凭借被评为广州分行2009～2011年"文明单位"、综合业务股被广州分行评为2010～2011年"女职工文明示范岗"之风，继续积极开展创建2012～2014年总行级文明单位和模范职工之家的活动，在海丰支行开展了全方位的整顿机关工作作风专项活动，争取创建总行级"文明单位"。（柯从捷）

附:2012年中国人民银行海丰县支行领导名录
行　长：马泽群
副行长：李锦泉

【中国农业银行海丰县支行】 2012年，中国农业银行股份有限公司海丰县支行（以下简称农行海丰支行）全面落实科学发展观，认真贯彻落实上级行的战略部署，以"扩户提质、升级增效"为工作目标，努力提升市场份额，加快扭转经营管理不利局面，继续突出对公业务转型、零售业务转型、县域"三农"业务转型等三大转型升级，利润、存款、贷款、中间业务指标实现前所未有的发展，案件防范得到进一步落实，各项业务实现健康快速发展。到2012年末，全行人民币各项存款余额为16.71亿元，各项贷款余额为3.64亿元，全年实现中间业务收入828万元，实现拨备前利润2624万元。

存款业务 2012年，农行海丰支行认真开展提高金融服务水平工作，以民主评议政风行风活动为契机，坚持以客户为中心，多策并举，大力夯实客户基础，充分发挥现有网点服务能力，开展"不规范经营"专项治理活动，提升农行海丰支行规范化经营水平加强网点金融服务。推进网点软、硬件转型，不断提升服务质量。积极开展惠农"村村通"转账电话、个人网银等群众喜爱的农行特式产品的营销活动。通过各种措施的落实，全行各项存款继续保持快速增长，增量和增幅均创历史新高。到2012年末，全行人民币各项存款余额为16.71亿元，比年初增加1.83亿元，增长12.33%。

贷款业务 2012年，以海丰县城为中心，东联可塘、公平、西接梅陇、后门、小漠、鹅埠等重点乡镇，明确产业定位、客户定位，充分发挥县域"三农"业务发展主流银行的作用。一是加大对县域中小企业营销力度。有的放矢地支持县重点项目建设，支持地方经济发展。二是积极开拓县域房地产业务领域。重点营销县城地区新开发的优质大型的一手楼盘。大力发展一手楼按揭业务。三是以海城、可塘、梅陇三大专业镇为重点，全力打造三大专业镇资产业务。四是加大“三农”业务工作力度，“三农”业务得到稳步发展。年内，农行海丰支行积极探索以“公司+基地+农户”模式，带动惠农卡的批量发卡；推广“项目带动、批量发卡”的营销模式，提高惠农卡发行量和覆盖面；创新担保方式，在风险可控前提下，积极开展农户生产经营贷款和农户小额贷款业务。2012年，成功营销了海丰碧桂园等7个海丰标志性楼盘，带动中高端客户的快速发展，至12月末，支行个人客户总量167964户，比年初增加12695户，新增对公法人客户3户，农户生产经营贷款24户。至年末，各项贷款余额3.64亿元，比年初增加1.91亿元，增长110.4%；全年累计发放贷款3.23亿元，累计收回1.32亿元，到期贷款现金收回率99.5%。不良贷款占比0.07%，比年初下降0.36%。

中间业务 2012年，海丰支行大力发展国际业务、基金业务、电子银行等新兴中间业务，中间业务收入大幅度增加。全年实现中间业务收入828万元，比2011年增加11万元。

① 2012年5月6日，海丰支行举办个人贷款业务培训。

② 海丰支行在支行大门口开展了金穗借记卡安全用卡宣传活动。

内控管理　一是明确案防责任，认真落实一把手责任制和逐级案防职责要求，加强风险点研究，各项业务工作的开展以风险防控先行，组织制订工作计划，确保案防工作落实到位。二是加强基础建设和检查，强化合规纪律教育与监管，开展员工异常行为排查和自律监管。

（许竟跃）

附：2012中国农业银行海丰县支行领导名录

行　长：叶远华

副行长：叶友粒　范少展

①②　2012年11月18日，农行海丰县支行组织员工进行了消防防火等知识培训，并在支行大院内进行了现场灭火演练。

③　2012年10月22日，农行海丰支行精心组织、细心安排了一场和谐、融洽的老干部共庆重阳节座谈会。

【中国工商银行海丰支行】 2012年，中国工商银行股份有限公司海丰支行（以下简称“工行海丰支行”）认真贯彻落实省、分行行长会议精神，坚持以科学发展观为指导，紧紧围绕“四大标杆”和“四大理念”，以信心与智慧、团结与拼搏，砥砺奋进，积极践行“共创共健共享”的家园文化，紧紧围绕效益中心，以转型发展为主线，加强经营管理，狠抓业务创新，不断拓展新业务，完善客户服务，强化内部管理，各项指标取得突破性进展。工行海丰支行坚持以“诚实、公正、稳健、创造”核心价值观，不断创新，追求卓越。海丰区域内设海丰支行、东门头支行、华夏支行、城北支行、龙津支行、公平支行、梅陇支行7个营业网点。主要业务办理存款、贷款、结算、信用卡、理财、外汇结算业务及各种代收代付、代发工资、保险代理、代销基金等金融服务。年内,支行积极认真贯彻落实分行关于大力发展电子银行业务的工作要求，上下联动，内外配合，大力发展电子银行业务。积极对客户进行网上银行、手机银行、电子密码器等的营销。至年末，新开个人网银18993户,完成任务的263.84%。新开的WAP手机银行21402户，完成任务的178.35%。这不仅进一步提升个人金融市场竞争力，同时缓解柜面压力，减少客户等待时间，加大柜面宣传力度。

存贷款业务 2012年，资产业务品种丰富，实现了资产业务的蓬勃发展。至年末，支行贷款余额迈过13亿大关，达13.4亿元，比年初新增3.08亿元，增幅达到29.92%。为支行实现3年资产业务翻一番的计划打下了夯实基础。信用证业务、信用证项下卖方融资、预付款融资业务等新品种的开办，为支行发展创造了良好基础。支行负债业务持续增长,保持10%以上的增速。支行积极开拓存款市场，通过研究制订存款营销方案，开展形式多样的存款营销活动,营造“你追我赶、奋勇争先”的工作氛围,全体员工共同营销。至年末，人民币各项存款余额27.5亿元，比年初净增2.6亿元，增幅为10.58%。

中间业务 2012年，工行海丰支行利润与中间业务持续发展。中间业务收入余额1,286万元，税前利润达到9086万元，比同期增加1172万元，人均利润达到113万元。支行代发工资业务发展迅速,发卡量大幅增长。支行积极走访存量优质企业客户和代发工资客户，并根据各企业的特点有针对性地推介借记芯片卡服务，切实做到“走出支行、深入企业，服务上门，产品到家”，最终赢得多家优质企业的一致认可，推动了发卡量的快速提升,大力拓展了借记芯片卡市场，扩大了借记芯片卡市场渗透率。

国际业务 2012年，累计结售汇567笔，累计办理结售汇业8003万美元,国际结算量614笔，累计12181万美元。新增外汇业务账户29户,其中一般待核查账户7户、一般结算户7户。

金融服务 根据县政府纠风办《关于做好2012年民主评议政风行风工作的通知》和县行评办《海丰县2012年民主评议政风行风工作实施方案》要求，工行海丰支行结合实际积极开展民主评议政风行风工作，制定了《中国工商银行海丰支行2012年民主评议政风行风工作实施方案》，严格按照行评方案中各阶段的工作重点，扎实推进，以“树立行业新风，服务经济社会发展”为主题，以规范经营行为、提高服务质量为重点，推进全行进一步增强服务意识。通过行风评议，接受了县行评团五个建议，所涉及问题已及时落实整改，得到了县行评团的充分肯定。

内控管理 工行海丰支行用“树立三种意识”“筑牢三道防线”来武装全员，强化内控管理，采取各项有效手段，确保各项业务的顺利开展。一是开展以各单网点、部室为单位，以学习各项规章制度，做到“以学规、严操作、防风险，促发展”的目的。二是做好各项轮岗换岗工作制度，确保工作有序进行，更好的预防案件的发生。三是加强偏远网点的管理，采取定时与不定时的检查抽查的方式，预防不确定性的事情发生。四是加强员工走访制度，加强与员工沟通，了解员工八小时以外的生活，及时掌握员工的各种情况。全年没有发生案件和重大差错事故。

（廖建锋）

附：2012中国工商银行海丰支行领导名录

行　长：陈耿孝

副行长：王占光　陈剑波

【中国建设银行海丰支行】 2012年，中国建设银行股份有限公司海丰支行（简称“建行海丰支行”）围绕上级行 “安全年”及 “客户拓展年”的工作要求，以“一个中心两个确保三个提升”为工作重心，坚持以市场为导向，转变发展方式，调整业务结构，以客户、渠道、产品、服务、机制为抓手，夯实基础，强化内控，开拓创新，不断增强发展能力，实现安全运行及业务稳健、快速、持续地发展，全年各项业务得到明显

提升。建行海丰县支行坚持以“诚实、公正、稳健、创造”核心价值观，不断创新，追求卓越，是一家服务功能齐全、服务手段先进、公众信任度高的国有股份制银行。海丰区域设海丰支行、城西支行、广富支行、附城支行、红城支行、龙津支行六个营业网点，并配置6个附行式自助银行，在可塘镇、公平镇设立离行式自助银行，主要业务办理本外币存款、贷款、结算、信用卡及各种代收代付、统发工资、保险代理、代销基金等金融服务。全年实现营业净收入4585万元，本外币存款余额累计折合人民币24.61亿元。

存贷款业务　不断探讨客户服务和业务发展之路，确立“市场份额和发展增速实现“双确保，双提升”的工作思路，保持存款和贷款业务稳步快速发展。在负债业务方面，除了发展传统存款业务外，坚持以客户资金增值考虑，根据不同客户需求、客户的风险承受能力和客户偏好为客户提供“利得盈”、“汇得盈”和“乐当家”等投资理财业务，涵盖了保本型和非保本型等理财产品，在期限、收益、风险等给客户宽广的选择空间，使客户在银行得到投资增值；在资产业务方面，建行竭力为地方政府、企业和个人提供信贷支持。为企业客户度身打造了中小企业“速贷通”和“成长之路”信贷业务，更根据客户结算业务量推出200万元以内免抵押信用贷款“善融贷”；并且为涉外企业提供信用证、海外代付、托收、国外保函、即（远）期结售汇和即（远）期外汇买卖等融资渠道。为了方便个人客户在“衣、食、住、行”方面的资金需求，建行从小额的信用卡个人消费、购物分期付款，到住房贷款、消费贷款以及个人助业贷款，都更多地为客户考虑便捷性和实用性。2012年，全口径存款额同比新增3.7亿元，贷款额同比新增1.7亿元。

中间业务　努力创新产品，拓展新的业务增长，如代客理财，代收代付，代理保险，代售基金、黄金、股票，代理国债销售，以及投资银行业务，跨境人民币结算，国际外汇结算，贸易融资，信用卡分期，电子银行，百易安等业务，使中间业务得到稳步发展。

金融服务　建行一贯践行“以市场为导向，以客户为中心”的服务理念，注重细节管理，精心打造“优质服务、客户满意”的服务品牌。通过推行网点转型工作，在营业网点的择址和装修上加大资源投入，不断改善营业场所的环境建设，完善服务设施，为客户创造优美舒适的服务环境。在传统的柜台金融服务基础上推出24小时自助银行设备和网上银行、手机银行、电话银行，为客户提供优质方便的网络服务。组织开展“送金融服务下乡”活动宣传反假、识假，为公平、可塘、海城等逾百个企业和商户提供代发工资、电子银行产品配送、结算E办理等金融服务，得到广大客户的好评，为发展地方经济，普及金融知识和提升企业经营作出应有的贡献。

外汇管理　支行严格按照外汇业务监管部门的要求，稳步发展外汇业务。经过近几年的业务拓展，除了发展传统个人、企业外汇结售汇、跨境人民币结算业务外，不断加强贸易融资产品的创新与拓展，目前贸易融资有信用证、海外代付、托收、国外保函、即（远）期结售汇、外汇买卖等业务。外汇业务在海丰区域已占据较大市场，国际结算业务量逐年上升。

内控管理　支行以“内强素质，外树形象”的要求实施内部管理，一是通过聘请专业的调查公司，委派“神秘人”对网点的营业环境及设施、网点设施及设备、员工行为规范、工作着装、仪容举止、大堂经理、高柜柜员、个人业务顾问、员工主动推荐促销、驻点人员服务等进行检测评分，并将结果全行通报，对评分少于全省平均分的网点给予批评和处罚，由此形成一个完整的服务监督网络，使员工主动自觉提高服务质量和工作效率。二是通过每天班前会、每月案件防查例会和每季主题教育等活动宣读案例进行警示教育，教育员工从中吸取教训，引以为戒，时刻提醒员工端正经营思想，正确处理好业务发展和风险防范的关系。三是通过每月应急预案演练，不断提高员工的紧急应变和事件处理能力。支行在发展业务的同时不放松内控管理工作，切实加强风险防范，严格落实“三不三严”制度，确保实现“安全年”和全年安全运行工作目标。

（叶凯东）

附：2012中国建设银行海丰支行领导名录

行　长：余晓红（女）

副行长：吴庭声（任至4月）　朱建辉（4月起任）

叶凯东（4月起任）

【中国银行海丰支行】　2012年，在市场经济复杂多变的环境下，中国银行海丰支行紧紧围绕上级行“强基础，提能力，创优势，促转型，保发展”的工作部署和要求，始终坚持以效益为中心，以市场为导向，增强大局意识、发展意识、服务意识、竞争意识、危机意识，敢于扬新弃旧、善于审时度势，勇于担当、拓宽思路、扎实工作，推动各项业务经营与管理持续发展，取得了良好成效。全年实现营业净收入7326万元，本外币存款余额累计折合人民币27.33亿元，通过主动调整优化产品结构，把握机遇加快投放，有效地推动楼盘按揭、个人投资经营类、小微企业等零售贷款业务快速发展，全年累计实现投放3.65亿元，零售贷款余额8.22亿元。

加快中间业务发展转型 年内，针对整顿“不规范经营”带来的取消个人经营类贷款收费，取消或减免部分个人金融业务收费等影响，大力创新中间业务收益增长点，多措并举拓宽发展制约瓶颈，强化市场营销拓展，实现中间业务收益1190万元。

开展内控防案工作 始终强化内控建设的有效传导，强化廉洁从业职业道德教育，开展平安中行创建活动，开展防诈骗、抢劫、投毒、爆炸、消防应急预案演练，开展系列防范案件发生和维稳排查工作，提高内控风险控制力达成共识，确保了安全稳定运行。

依法合规经营，提升精细管理能力 全面贯彻落实“不规范经营”整治工作精神，按照贷款业务“七不准”规定及服务收费“四公开”要求规范经营行为，实现诚信经营提升服务实体经济、服务社会民生的质量和水平，提高市场核心竞争力与可持续发展能力。为促进经营与管理更上台阶，坚持加强全员业余时间、班前班后时间的学习与教育，坚持把精细的管理贯穿于日常工作全过程，业务理论知识水平与应对、处置问题能力和执行力明显提高，牢固树立为客服务理念已形成共识。

深入开展政风行风评议活动 根据2012年民主评议政风行风工作实施方案的统一部署，开展了政风行风评议工作，队伍的大局意识、责任意识和服务意识得到进一步提升，利民惠民便民政策与措施得到有效贯彻落实，客户满意度得到进一步提交，和谐发展氛围得到提升，民主评议政风行风工作取得预期成效，被县政府评为满意单位，海丰中行的企业形象得到充分展现。

（刘少予）

附：2012中国银行海丰支行领导名录

行　长：缪昆仑

副行长：余小津　何秋生　徐小勇

【中国农业发展银行海丰县支行】 中国农业发展银行海丰县支行（简称海丰县农发行）是海丰县唯一一家国家农业政策性金融机构，以服务“三农”为根本宗旨。农发行业务范围持续拓展、金融产品不断丰富，已向“三农”的各个领域延伸，除继续承担粮棉油收储信贷业务外，业务范围已拓展到农村路网水网建设、农田水利建设和改造、农业生产基地开发、农业生态环境和技术服务体系建设以及农村文化教育卫生设施的建设与升级、农村土地整治和农民集中住房建设等方面的资金需求，形成全方位、宽领域、深介入的支农格局。

※　省行人力资源处领导到县农发行开展党建调研。

积极发挥支农职能作用 海丰县农发行认真落实国家宏观调控和“三农”工作的政策措施，认真做好收购资金的供应管理工作，稳妥推进新业务发展，大力支持新农村建设。全年业务规模实现了稳步增长。一是认真履行职责，全力做好收购资金供应和管理工作。大力支持粮油储备、调控业务，积极配合县级储备粮油增储、轮换计划，缩短储备粮轮空期。2012年县级储备粮轮换销售收回贷款417万元，发放县级储备粮贷款581万元，有力地支持了海丰县储备计划和轮换任务的完成，取得了较好的经济效益和社会效益。二是加强客户营销工作，稳妥推进业务发展。该行确立以大力发展政府引导投入的农业基础设施贷款项目作为主要突破口，乘势而上，展开主动营销。重点支持政府关注，承贷主体规范可持续、支农效果显著的农业基础设施贷款项目。至2012年底，海丰县农发行支持海丰土地储备项目贷款1.1亿元，仓储设施项目贷款900万元，粮油储备及政策性财务挂账贷款4186万元，服务“三农”成效进一步显现。

加强风险防控管理 一是加强信贷基础管

理，不断提高管理水平。认真抓好信贷制度的学习和贯彻落实，强力推进信贷基础信息真实性核查系统应用，进一步强化信贷关键环节管理，认真开展粮食库存、银企账实核查工作，切实防范信贷资产风险。二是强化财务基础管理，提高风险防范能力。强化柜面监督管理，发挥把关守口和防范会计操作风险的作用和加强反洗钱工作管理。三是扎实推进精细化管理，不断提高管理水平。该行把精细化管理工作作为工作重点，结合实际制订了一系列精细化管理文件，基本实现了“明确职责、落实制度、岗位管理、分工到人”的精细化管理要求，有效地增强员工工作责任心和管理意识，推动了基础管理工作的制度化、规范化。四是切实加强案件防范，确保“平安农发行”目标的实现。加强职业道德教育和党风廉政建设，增强新形势下员工队伍的拒腐防变能力；加强安全保卫工作，确保支行安全营运。

努力构建和谐银行　以纪律教育学习月活动为契机，全面推进基层党建工作，坚持不懈地抓好队伍建设。同时，加大企业文化建设视觉形象建设各项措施的力度,使和谐银行构建取得明显成效。一是继续深入开展“四好”班子创建活动，完善领导干部民主测评，加强考核管理,全面加强领导干部的作风建设,着力解决存在的突出问题，实现领导干部作风的进一步转变。二是进一步优化人力资源配置，充分调动工作积极性。三是进一步完善岗位工作量化考核办法和绩效考核办法，做到职责明确，考核到位。四是采取多种形式，加强员工培训，提高员工业务素质。五是全面推进企业文化建设，引导员工牢固树立以服务拓展客户，以服务留住客户，以服务赢得效益的观念。进一步丰富支付结算手段，转变经营服务理念，提升服务水平，进一步树立“建设新农村银行”的品牌形象。9月，支行获中国农业发展银行广东省分行授予的“文明单位”荣誉称号。

（颜俊富）

① 县农发行领导察看公平农村土地整治项目情况。
② 县农发行举办安全消防知识学习。
③ 县农发行召开纪律教育学习月活动动员会。

附：2012年中国农发行海丰县支行领导名录

行　长：宋竞良

副行长：陈海波

【中国邮政储蓄银行海丰县支行】 2012年，中国邮政储蓄银行海丰县支行（简称“邮储银行海丰县支行”）一手抓服务质量、一手抓业务发展，紧抓业务风险管理；积极推进企业转型，强化金融服务能力，扶持农村小经济体发展壮大。至年末，支行个人储蓄存款余额 18.83 亿元（其中自营3.86亿元）、公司存款余额 14707万元，全年累计发放各类贷款1836 笔共24094亿元。全年完成收入2400 万元。在全县已累计投放ATM机41台、POS机50台、商易通76 台；在县城中心地带设立5个标准24小时自助银行。

提高农村网点服务能力 邮储银行海丰县支行坚持面向“三农”、服务大众、服务中小企业的战略定位，以服务民生事业为基础，以“支持百姓创富”为主线，形成独具特色的“普惠金融”、“大众金融”发展道路。加大营业网点改造投入，改善金融服务配套。各网点年内普遍完成基建改造，在严格遵循金融机构安全防范规定和上级有关设施标准的前提下，大力改善服务环境，提高客户使用柜面服务的舒适性，促进农村金融服务水平的提升. 拓展银行卡业务，普及自助服务。年内，在前台业务办理环节着重宣传影响下，信用卡、借记卡的发行量大幅提升，配合支行POS机、ATM的大规模投放，农村地区的自助交易明显提高，降低了窗口服务压力，间接改善了服务质量。

信贷服务地方经济 积极发挥网点优势，大力发展小额贷款业务，以及城镇零售信贷服务。一是把小额贷款作为长期战略性核心产品，在全县创造了“连锁店+信贷作坊”的小微融资服务模式。二是深入开发行业线条，从行业源头入手，开发珠宝加工行业、首饰加工行业、文具行业、五金行业、养猪行业、鞋类加工等行业，并在资金需求旺盛时期抓住源头进行有效营销。 三是与本地中小企业局和行业协会合作，主动引导各商户或企业深入了解支行的信贷服务，拓宽其融资渠道，提高邮政银行贷款对“三农”经济的扶持力度。通过政府担保资金建立和完善对中小企业、农户等信贷弱势群体的担保机制，解决农户、中小企业融资难的现状；创新抵押形式，形成“林权抵押贷款”“渔船抵押贷款”“石材贷款”“商铺经营权贷款”等特色产品。在做好业务发展的同时，积极做好资产风险管控，较好地控制了信贷风险.

开展规范化服务 2012年，贯彻落实服务质量提升工作，每月、每季、半年等周期性突击检查制度，抓好优质文明服务。支行的窗口规范化服务工作取得较大进步，硬件设施得到完善，软件实现较大改善，服务水平得到客户认可，在上级行规范化检查中多次达到良好水平。此外，完善对公业务平台，专注资金归集服务，积累对公存款规模。支行积极响应上级行开发的烟草、供电、电信资金归集项目，通过切实做好营业网点柜台基础服务、虚心学习公司业务，真诚对待客户，将金融服务工作落到实处。

促进中间业务发展 推广理财业务，扩充农村个人金融投资渠道。支行充分发挥前台人员营销作用，在维持良好服务秩序的同时，满足客户多种金融服务需求，大大促进中间业务的销售，2012年国债、基金、保险、理财等中间业务销售累计3750万元。

规范经营管理 2012年，充分调配人力、物力支撑信贷业务规范化良性发展。积极配合上级行开展每季定期信贷资产风险排查工作，及时堵塞管理上的漏洞。严格资金安全检查制度，切实履行监控、抽查、巡检职能，确保资金零风险。与相关业务单位定期召开资金风险控制管理会议，交流一线网点管理情况，制定防抢、消防应急方案，定期开展安全检查，发现问题及时整改；坚持安全教育，定期进行防抢及消防演练，切实提高员工的防范和应变能力。全年没有发生安全事故，保证了各项业务的顺利发展。

加强内部建设 2012年，邮储银行海丰县支行加强党风廉政建设，从源头上抓好反腐败工作。实行党风廉政建设责任制度，对领导班子党风廉政建设进行年度测评和考核，定期开展民主评议党员活动，促使其不断提高自身素质。建立健全领导干部廉政档案，通过主动填报相关情况，提高领导干部廉政自觉性和腐败抵抗力。开展晨会活动，通过定期思想交流，加强业务人员思想政治及职业道德教育，提高风险防范意识；进行制度学习、案例剖析、实务讲解、文化传达及职业道德教育，增强员工责任感和道德观念，保持队伍的纯洁。加强员工的业务培训和考核，提高整体的业务素质。组织员工参加大堂经理、营销管理等一系列业务培训，在柜员中开展岗位大练兵，提高员工业务技能。 （郑晓峰）

附:2012年中国邮政储蓄银行海丰县支行领导名单

行　长：叶力行

副行长：黄雪明

【海丰县农村信用合作社联合社】 海丰县农村信用合作联社（简称“海丰农信社”）有基层金融服务网点27个，农村金融服务网点覆盖率100%，是海丰县金融服务网点分布最广、涉农信贷投放最多、农村普惠金融服务贡献最大的金融服务机构。2012年，海丰农信社各项存款余额154439万元,各项贷款余额70891万元，其中，涉农贷款余额62408万元，中小企业贷款余额11794万元。海丰农信社始终秉持"以农为本,为农服务"的宗旨，坚持“立足社区，面向三农，面向中小企业，面向县域经济”的市场定位，支持地方农村经济和中小企业发展。

加快推进网点形象建设及农村支付服务环境优化工程　一是统一装修美化全辖营业网点，对全辖布局不合理、外部形象落后的网点进行统一标准装修美化，全面推进服务形象美化升级工程，进一步提升服务形象美誉度和客户群体的认同度。二是全面推广落实助农取款服务工作。为进一步改善农村地区支付服务环境，提升农村金融服务水平，在深入调研、落实服务点选址、加强沟通协调、前期试运行的基础上，助农取款服务工作稳步推进，年末，全县完成支农取款服务点建设目标点 99个，超额完成助农取款服务点建设目标工作。

开展贷款特色营销　海丰农信社小企业专营中心创建于2011年12月，立足县域经济、服务各类中小企业、个体工商户，支持县域经济发展的市场定位和服务宗旨，成立初始在广东省农村信用社联合社“金摇篮”统一品牌下推出“商贷通”、“致富通”、“守信通”三大系列特色信贷产品，6个信贷品种。由于施行差异化经营服务、规范化信贷管理、服务高效便利、流程透明简便的经营模式，得到了广大客户青睐，至2012年末，累计投放各类贷款金额5472万元。在加大信贷品种创新力度的同时，该专营中心积极拓展平台营销、网点营销，2012年新开办居民消费贷款、个体工商户联保贷款、个人按揭（住房）贷款等新信贷品种。至年末，新发放个人消费贷款1897万元。

加快发展中间业务　海丰农信社坚持“加快中间业务发展，加大收入结构调整”的方针，积极迎合创新消费市场各层次消费群体的金融产品，大力推进开办各类代理业务

① 2012年3月20日，海丰联社组织业务骨干27人赴汕尾市体育馆参加汕尾金融业保护金融消费者权益公益宣传月启动会议，并在现场设立服务点为群众提供金融宣传咨询服务。

②③ 2012年5月31日，海丰联社在城东镇圆墩村委附近举行助农取款工作启动仪式。图为联社业务人员细心向广大群众宣传助农取款工作推广的目的意义，耐心解答群众的各种业务问题。

及新型金融服务产品，2012年，已开办第三方存款、银行卡、网上银行、电话银行、手机银行、支付宝、卡贷宝和资金费用代收代扣等各类代理业务，进一步提升了农信特色服务品牌形象。至年末，全县农信社累计发行珠江平安卡7.9万张，拓展POS机存量259户，网银签约户989户。

加快深化改革步伐　为进一步深化农信社改革，加快推进组建农村商业银行步伐，进一步提高资本充足率，加快升级达标步伐，海丰农信社加大力度推进各项产权改革工作，一是制定2012年股权改造及增资扩股实施方案，加快推进股权改造工作，进一步优化股权结构及规范股权管理；在坚持依法合规、股份制主导、市场化运作的原则下，加快推进增资扩股工作步伐。二是根据中国银行业监督管理委员会有关要求，立足实际，严格测算三年风险指标达标规划缺口，研究制定各阶段达标规划，逐步落实各项指标缺口达标任务。

（倪素瑜）

附：2012年海丰县农村信用合作社联合社领导名录

理事长：叶心怀

主　任：罗烈长

保　险

【中国人民财产保险股份有限公司海丰支公司】　2012年，支公司深入贯彻落实党的十八大精神及上级公司会议精神，按照“激活点、强化线、提升面”的工作思路，紧紧围绕“促发展、保效益、防风险”的工作基调，公司上下团结一致、同心同德、全力以赴、奋力拼搏谋发展、促发展，使各项业务持续稳定增长。年内，支公司主要开办的险种有：企业财产保险综合险、基本险，普通家庭财产综合保险，个人贷款抵押房屋综合保险，政策性农村住房保险，机动车辆保险，火灾公众责任保险，短期

※　2012年7月30日，海丰联社业务营销人员深入可塘珠宝交易市场开展现场宣传营销活动，以现场交流、沟通答疑形式营销海丰农信社新推广上市的POS机、网上银行、卡贷宝、网上支付等业务。

※　中国人保财险海丰支公司办公楼。

人身意外险、团体意外险、学生意外险，雇主责任险，基本社保医疗补充保险等。全年海丰支公司实收保费收入2000万元，同比增长20%，其中车险保费收入1700万元、非车险保费收入300万元，实现利润310万元，全年赔款支出约660万元，简单赔付率40%。人保财险海丰支公司坚持保险业服务农业的职责，按照县政府关于《海丰县政策性农房保险实施方案》的内容，大力发展政策性农村住房保险业务。2012年的政策性农房保险业务在县委、县政府的重视和大力支持下、在各乡镇（场）配合下，基本实现全面覆盖。2012年全县受灾农户报损153宗，赔款27万元。为受灾农户雪中送炭，保障了农户生活和农事的开展，减轻了政府负担，为创造和谐社会尽了自己的力量。

（吴贤圳）

附：2012年人民财产保险公司海丰支公司领导名录

经理（党支部书记）：邱仕荣

副经理：曾向仲　李小荣

【中国人寿保险股份有限公司海丰县支公司】

中国人寿保险股份有限公司海丰县支公司（简称“中国人寿海丰支公司”）根据全保会议和省保会议精神，紧紧围绕省公司“服务广东、激发活力、统筹协调、科学发展”的工作主题，团结拼搏，开拓进取，坚持以效益为中心，以提高公司核心竞争力为目标，狠抓基础建设，着力提升服务水平，切实防范经营风险，进一步巩固和扩大结构调整的成果，加快推动发展方式转变，促进了公司业务的持续、健康、快速发展。2012年，中国人寿海丰支公司秉承社会责任，发挥保险功能，积极服务于地方经济建设和社会发展，至年末，支公司总保费累计收入1.006亿元，市场份额占比70.02%。全年支付满期及生存金领取等1708.9万元，全年支付理赔款640.7万元。累计缴纳营业税等183.50万元，为促进改革、稳定社会、保障经济发挥了积极的作用。

业务稳健发展　2012年，公司总保费收入达1.006亿元，同比增长1.1%，其中新单保费收入3418万元。其中：个险渠道完成1278万元，同比增长45.5%；银保渠道完成总保费2247万元，同比增长-29.6%；团险渠道完成短期险9.81万元，同比增长-69.2%。海丰支公司与各大商业银行、邮政储蓄等建立代理关系，成立保险代理销售网点，银行保险业务的市场占有率达83.5%以上；通过大力发展意外险业务，使团险渠道得到长足的进步，打开了业务发展的局面，并为海丰县多家大型企业承保意外保障服务。

依法依规经营　学习贯彻《员工行为守则》《员工违规违纪处理暂行规定》和《反舞弊程序》、治本抓源头责任制等一系列工作，纪检监察部门加大监控力度和对违法违规案件的查处力度。在狠抓业务发展的同时，进一步强化经营管理，规范运作流程，加强内控制度建设、风险管理。全方位、多角度分析公司的经营风险，全面梳理公司经营管理过程中的控制点，通过内部控制体系的建设，发现控制弱项，促进公司建立健全内部控制制度,加强内部控制建设，规范公司业务流程，提高经营管理的规范化水平。另外，按照上级公司和人民银行的要求，做好反洗钱工作，认真学习反洗钱法律法规、监管规定、公司规章制度和文件，切实加强自查自纠工作，确保人员、时间、内容的落实，高质量地完成工作任务。为维护地方金融秩序贡献自己的力量，确保了金融安全。

优化服务质量　海丰支公司积极响应上级公司号召，强化服务质量。把满足客户需求作为一切展开的目标和中心,体现公司“成己为人、成人达己”的宗旨,更好地秉承“客户至上”的服务理念，切实解决客户的疑难问题。大力加强宣传力度，真正做到服务到家的保证。每位员工都能够从自身做起，提高服务形象，树立了公司的良好形象，扩大了公司品牌的知名度。

营造良好氛围　2012年，做好党建、工建和团建工作，加强党组织建设，发挥共产党员的先锋模范作用，加强先进性教育，以党建促发展，以先进促发展。加强工会建设，做好职工书屋和职工活动室建设，为广大干部员工提供学习、活动的平台。举办各种活动，丰富员工业余文化生活，增强公司凝聚力和向心力。面对公司新人较多，员工队伍年轻化的局面，公司十分注重团委建设工作，对团委成员进行重新选举，增加团委人数，充实团干部队伍。

（方武会）

附：2012年中国人寿保险海丰支公司领导名录

总经理：张汉民

副总经理：谢再跃

交通运输

综述

2012年，海丰县交通运输工作在县委、县政府和上级交通运输主管部门的正确领导下，在中共十八大精神指引下，坚持以邓小平理论、“三个代表”重要思想和科学发展观为指导，紧紧围绕县经济发展战略目标和交通发展目标，切实加快交通建设步伐，不断提高行政执法水平，进一步加强行业管理，圆满完成全年各项工作任务。

全年交通基础设施建设完成总投资1.2亿元，完成公路建设里程120公里及完成华润电厂5万吨级煤专用码头部分工程。至年末，全县公路通车里程1615公里，公路密度91.2公里/百平方公里。至2012年末，省道242线公平至高潭岭段路面大修、国道324线赤岸大桥在抓紧施工中，工程建设进展顺利。

2012年，全县交通运输生产持续、稳定发展，全年完成旅客运输量2460万人次，比2011年增长2.1%。完成旅客周转量292122万人公里，比增5.8%；完成货物运输量1176万吨，比增6.1%；完成货物周转量176810万吨公里，比增4.5%；完成货物装卸量114万吨，比增5.6%。

交通设施建设

【厦深铁路建设】 厦深铁路海丰段全长48.3公里，经过大湖、赤坑、梅农、梅陇、鲘门、小漠、赤石、鹅埠8个镇（场），海丰县境内设鲘门客运中间站1个。2008年9月25日开工建设，至2012年末已完成全线征地拆迁、路基桥涵工程，正在建设站房和站后“四电”（即：通信、信号、电力、电化工程），准备铺设轨道。征地拆迁和施工建设是全线进度最快的路段。

【高速公路建设】 2012年，潮州至惠州高速公路（海丰段）已列入省高速公路网规划，属省规划“十二五”期间县县通高速公路的项目之一。该路段起于海陆两县交界的平东镇小坑村附近，经公平镇、城东镇、海城镇，止于赤石镇与惠东县交界处，主线长约54公里。拟设平东互通（预留）、海丰互通、海丰（西）互通、赤石互通（预留）共4座互通立交，并从海丰（西）互通至G324线建设一条约6.5公里的一级路连接线。至年末，项目前期工作已基本完成，项目征地手续组件省已上报国土资源部，批复后就可开展征地、拆迁工作，争取2013年下半年开工建设。兴宁至汕尾、龙川至汕尾2条高速公路前期工作加快推进。

【一级公路建设】 2012年，珠（三角）（粤）东沿海快速通道、梅陇镇西环路、海城至莲花山旅游区公路3条一级公路前期工作加快推进。珠东沿海快速通道已完成项目选址意见书和预工可，线路走向县已论证后报市；梅陇镇西环路工可、初步设计已批，施工图设计已报，年末抓紧工程施工招投标工作，争取2013年6月份开工建设；海城至莲花山旅游区公路在选线及编制工程可行性研究，加紧推进前期工作，争取2013年下半年动工建设。

【县乡公路建设】 2012年末，X121线小漠至惠东黄埠公路及小漠港支线扩建工程已完工，并经过交工验收；X130线赤岸至跃进桥公路、联田至柴隔陂公路2个新开工项目工程进展顺利；县城北环公路、遮浪至大湖公路海丰段、城东至平东公路、赤石经鹅埠至惠东吉隆公路等续建项目收尾工程建设步伐加快推进。大湖至陆丰上英公路海丰段及大湖大桥、S335线海丰段路面大修、S335线（双墩）至陆丰西南公路海丰段、X126线黄羌至平东公路及支线、小漠东旺至鹅埠深汕产业园区公路、赤石明热桥、新里桥以及小漠南方澳桥等项目已完成立项，争取2013年开工建设。另外，还有一批项目已完成工程可行性研究，作为储备项目。

【通村公路建设】 海丰县于2008年底实现全县所有行政村公路硬底化。2012年，列入市十件民生实事的通村公路完成95公里水泥路面，受到上级表扬。

【港口码头建设】 2012年，海丰县港口码头建设主要有3个项目：① 汕尾运通达石化发展有限公司鲘门油库码头，于1994年7月建成1座1000吨位码头，码头靠泊吨位1000吨，共投入资金1760万元。② 海丰小漠华城石化基地码头配套工程，已完成3000吨级石化码头1座，单项投资3500万元，2011年8月已批准试运行；2011年年底又着手拟建设5万吨级码头1座、3000吨级泊位码头3座，估算工程总投资33396万元。③ 海丰华润电厂5万吨级码头，配3000吨级码头泊位，计划总投资5亿元，2012年底工程按计划在进行中。

客货运输

【城镇客运】 2012年，海丰县有旅客运输企业12家，其中班车旅客运输公司9家（二级企业1家、三级企业2家、四级以下企业5家、旅游运输企业1家）、小汽车出租运输企业3家、公共交通运输公司2家。拥有客运车辆566辆，其中年度更新客运车辆98辆、新增客运车辆19辆，总座位13919个。其中班线客车343辆、出租小客车150辆、公交车63辆、旅游车10辆。开通客运班线33条，其中市际10条、县际10条、县内13条。

【市际、县际班车客运】 海丰县有班车旅客运输企业9家。2012年，开通广州、深圳、珠海、佛山、惠州、梅州、河源、东莞、汕头、揭阳等市际客运班线10条，投放车辆244辆，8052座位，日平均308班次，年客运量434.35万人次。开通海城至陆丰、陆河、碣石、马宫、遮浪、红海湾、捷胜、汕尾，可塘至汕尾、陶河至汕尾、大湖至汕尾等市内跨县客运班线11条，投放车辆55辆，1472座位，日平均224班次，年客运量525.6万人次。旅游包车10辆，420座位，年游客运量24.64万人次。

【农村客运】 2012年，全县农村客运投入86辆，2225个座位，开通11条客运线路。投放各客运线路车辆：海城至公平14辆，海城至平东2辆，海城至黄羌（含黄羌林场）2辆，海城至赤坑14辆，海城至大湖2辆，海城至可塘6辆，海城至陶河8辆，海城至梅陇12辆，海城至鲘门6辆，海城至赤石3辆，海城至小漠2辆，海城至鹅埠14辆，海城至梅陇农场7辆。日平均总发班量648班次，年客运量657万人次。

【公交运输】 全县有公共汽车运输公司2家，原有公交车45辆。为适应县城区域扩大和群众出行方便的需要，2012年新增莲花山旅游区等7条公交线路，新投放公交车18辆。至年末，合计公交车数达63辆，1260座位，运行里程140公里，年客运量576.7万人次。

【出租车运输】 海丰县润达、骏通、安达3家小汽车出租运输公司成立于2002年，汕尾市交通局批准出租车投放额度为：润达公司50辆、骏通公司50辆、安达公司50辆，共150辆。主要服务海丰县城城乡出租客运。2008年3月开始，各公司相继更新了车辆。2012年，客运量达191.72万人次。

【客运站】 到2012年末，全县有客运站19个，其中一级客运站1个、二级客运站1个、三级客运站1个、简易客运站8个、客运招呼站8个、客运候车亭347个。日平均发班次1308班，年旅客发送量2218万人次。

【货物运输】 2012年，全县各类普通货物运输车辆1960辆，总吨位6208吨。其中：大型货车478辆，4389吨位；中型货车1118辆，396吨位；小型货车1364辆，1423吨位。年货运量1176万吨，货物周转量176810万吨公里。全县物流业持续发展，至年末，全县有货物运输代理站点29个，自用货车61辆，356吨位，主要从事货物零担货运、货运代理等业务，年货物托运量31万吨。

【机动车维修】 2012年，全县有机动车维修企业283家，其中：汽车修理厂一类厂2家、二类厂24家、三类厂152家；摩托车维修业户105家。主要服务全县机动车辆修理、保养，年汽车维修、保养量2.95万辆次。

【渡口渡运】 海丰县原由县政府批准设立联田、甲下、新东、埔陇、马宫5个渡口。2011年，联田渡口撤渡改桥，保留其他4个渡口。2012年年末有机动钢质10客位渡船4艘，总动力36匹，承载吨位5.6吨。主要服务渡口周边群众生产、生活运输，全年渡运量9.8万人次。

交通管理

【运输市场管理】 2012年，海丰县交通运输局针对运输市场发展形势，以促进运输行业稳定发展为目标，大力推进全县交通运输市场持续有序发展。一是全面落实行业管理责任制，把监管任务按行业、按辖区落实到职能股、站、所和责任人；二是落实常态管理工作措施，实施对运输市场的有效监管；三是深化运输行业整顿，持续开展以客运、出租车、公交车企业为重点的经营行为专项整治行动，特别是针对出租车行业出现经营矛盾，存在不安定因素的实际，组织开展专项整治，加强守法经营教育，落实维稳措施，进一步规范经营秩序；四是健全运输市场准入制度，规范行政许可电子审批程序，把好运输市场准入关，全年共审批交通运输项目行政许可372件，无出现行政复议、诉讼个案；五是实施质量信誉考核制度，全面提高企业经营资质和信誉度；六是加大技术改革力度，鼓励和支持发展节能型、高端型运输车辆，实现行业节能减排目标；七是大力拓展运输市场，开展企业优化组合、联营，壮大经营规模，进一步增强运输市场竞争能力；八是落实农村客运服务均等化的要求，完善公共服务设施配套，延伸客运线路，提高农村客运覆盖率，优化服务质量，为城乡经济建设提供强有力的交通运输保障。

【交通运输综合行政执法】 2012年，交通运输综合行政执法工作以“三打两建”为契机，按照“预防为主、事前防范、事后查处相结合”的方针，结合全县重要领域综合执法工作目标和要求，深入开展运输市场专项整治，取得明显成效。一是加大交通法律法规宣传力度，提高广大群众和司乘人员的遵章守法意识，全年张挂宣传标语21条，派发宣传资料3000多份，开办宣传栏6个；二是严厉打击交通运输市场欺行霸市、非法营运及违法经营行为，上报县打欺办已结案件352宗，摸底商业贿赂2宗，配合公安机关查处敲诈勒索出租车司机进场费案件1宗，查处违法、违章车辆506车次，清理整顿维修业户21家，调查办理公路部门移交案件17宗，有力地保护了经营者的合法权益，维护了良好的交通运输市场秩序，有效保障了公路的完好、安全、畅通。

【交通工程质量管理】 2012年，为抓好交通工程质量管理，县交通运输局做到：一是应招投标的项目坚决按工程建设招投标规定执行，不需招投标的项目严格选择有资质的专业队伍，并要求其按所承包的工程量配备工程技术人员和一定数量的熟练工人，按《公路施工规范》施工；二是由交通、公路部门派出工程质监人员亲临各工地指导和跟班作业，定地段包任务，定人员包质量，发现工程质量问题立即责令返工纠正；三是县、镇、村三级层层建立质量责任制，采取定期与经常性监督检查相结合的办法，形成建设、施工、监理互相制约、互相监督、互相协调的质量监督机制，从而保证了公路建设工程质量。

【地方公路管养】 海丰县地方公路管理站是负责全县地方公路建设、养护、管理的单位，副科级事业建制，2012年年底，干部职工总人数139人，其中在职75人、离退休64人。全县地方公路养护里程1408.86公里，其中省道地养（S335线海丰段）15公里、县道111.1公里、乡（镇）道1063.22公里、村道219.61公里。养护人员87人，其中专业人员52人、临时人员35人。2012年，海丰县地方公路管理站坚持做到落实责任到位、养护措施到位、整治改造到位、监督检查到位，改造地方公路危桥4座，改造危险路段85公里，整治水毁路段45公里，改造县道标志牌53座，更换、补充示警桩637支，划标线6320米，全年累计投入养护、改造资金294万元。全县地方公路养护质量良好，年末好路率达95%以上。

【交通行业安全生产管理】 2012年，全县交通行业发生3宗死亡1人的道路交通责任事故和1宗死亡3人的无责任交通事故。交通行业安全生产管理主要开展了四个方面的工作：一是全面实施安全生产“一岗双责”（行政管理和安全管理同一岗位）制度，建立以企业为责任主体、职能部门认真履行监管职责的安全生产责任机制，逐级签订安全生产责任书240份。二是切实把好车辆安全技术关、驾驶员从业资格关和客运站场安全监管关。落实车辆安检和GPS监控措施，客车卫星监控率达97%。强化营运驾驶员安全教育和聘用报备制度，开展驾驶员16小时脱产安全培训，培训人员852人，培训率98%以上。落实客运站（场）安全监管制度，切实把好源头管理关。三是持续开展行业安全隐患排查治理专项行动，全局共出动检查人员2330人次，受检企业323个，累计打击非法违法、治理纠正违规规章行为496起，排查客货运企业、维修企业、驾培机构共73家，站场6个，乡镇渡口4个，港口码头2个，公路危桥险段3处，排查出安全隐患39起，对发现的各类隐患，明确责任，落实专人，采取切实有效的措施，限期逐一进行整改。四是落实常态管理和安全生产预测、预警制度，加大安全资金投入，夯实行业安全基础。五是实施安全生产管理年度考核制度，健全运输市场“准入”和“退出”机制，促进全行业安全有序发展。

【驾驶员培训】 2012年，全县有驾驶员培训学校10家、教练车290辆、教职人员350人。培训场地75000平方米。全年开办培训40期，培训驾驶员2510人。（陈　川）

附：2012年海丰县交通运输局领导名录

局　长：许妈银

副局长：卓学锡　林建城　周宇航

2012年海丰县地方公路管理站领导名录

站　长：庄成家

① 2012年2月4日，县城北环公路通车典礼现场。
② 县城北环公路一角。
③ X129南大线路面修补工程现场。
④ 交通执法现场。

国道、省道建设与管养

【简述】 海丰县公路局为汕尾市公路局属下正科级事业单位，2012年末在职干部职工共147名，负责对县境内G324线、S241线、S242线、X143线共134.407公里公路的规划、建设、养护和管理工作。海丰县公路局在汕尾市公路局党组、海丰县委县政府的正确领导和相关部门的大力支持下，坚持以邓小平理论和“三个代表”重要思想为指导，以科学发展观为统领，紧紧围绕市公路局党组、县委县政府的战略决策和部署，采取切实有效措施，强化管理，狠抓落实，扎扎实实做好公路的建、养、管和精神文明建设，为海丰经济社会发展作出积极的贡献。

【国道、省道建设】 2012年，完成了建安费2532.6万元的省道242线公平至城东段第Ⅰ标段4公里一级公路改造工程和建安费5102.89万元的县城北环公路9.2公里一级公路建设工程。年内，投资1608.94万元的县城北环公路排洪沟建设工程于2012年9月17日签订了施工合同并进场施工，年末已完成总工作量的60%；建安费2397.41万元的联络线路3.4公里一级公路建设工程已完成了3公里的路基和水泥砼路面铺筑任务；投资约1.06亿元的梅陇镇西环路6.8公里一级公路建设工程项目，已获市发改局批准立项，年末正进行开工前准备工作。

【国道、省道养护】 海丰县省养公路总里程134.407公里，2012年公路年平均好路率89.8%，年末好路率90.2%；国省道年平均好路率89.6%，年末好路率90.2%；年末优等路里程60公里，国省道年末优等路里程58公里。年内，县公路局为做好公路养护工作。一是抓好公路预防性养护和水毁抢修复工作；二是加大公路巡查和排障力度；三是搞好公路绿化管理工作；四是做好公路养护的规范化管理工作。

【路政管理】 2012年，县公路局路政管理主要开展了五个方面的工作：一是加大巡查力度。坚持每月上路巡查20天以上，累计巡查人数2001人次，累计巡查里程达18530公里。二是加大宣传力度。出版了《公路安全保护条例》和《治理超限超载，建设平安海丰》的宣传专栏，在国、省道管养路段竖立路政宣传牌10座，树立示警桩250支，发放宣传单1800多份，出动路政宣传车上路巡回宣传40车次，累计宣传里程4200公里，宣传时间总和达140小时。三是加大执法力度。依法制止、处理各种违法案件81宗，发出“整改通知书”48份，纠正违法行为48宗，告知交通综合行政执法局处理重大案件11宗，联合交通综合行政执法局依法拆除违法广告标牌54座、违章横幅24条、整治违法道口8处，依法制止、处理运载砂、土、石车辆污染公路30宗，依法办理路政许可事项7宗、办理公路两侧非公路标志许可延期手续74宗、共收取占用利用公路路产补偿费138932元，依法收取损坏公路路产赔偿费289760元，索赔率100%。四是加大整治力度。清理各类障碍物41处、清理乱摆卖65处，想方设法争取地方政府、

① 海丰县公路局办公大楼。
② 海丰县公路局局务会议。

沿线村委的支持和筹集垃圾池建设资金，至2012年10月底，S242线公平路段、城东路段又建成7个垃圾池并投入使用，较好地解决了公路两侧的卫生问题。五是积极协助市局做好赤雁大桥施工路段的车辆疏导工作和管线设施迁移工作及桥梁的安全观测和守护工作。

（陈小明）

附：2012年海丰县公路局领导名录

局　长：黄春到

书　记：杨汉良

副局长：黄汉常　成如武　陈楚敏

副书记：邓　军

①

②

③

④

⑤

①②　路政宣传。
③　清理路肩杂草。
④　海丽大道。
⑤　海丰穿城路路容路貌。

邮政　电信

邮政业

【简述】　2012年是海丰邮政以“突出转型发展、提高经营效益”为主题，以“转型促发展、超越每一天”的发展理念转变经营思路，认真贯彻落实省、市邮政工作会议的部署和要求，发扬求真务实、干事创业、锐意进取的工作作风，集中力量谋发展，将每一项工作抓紧抓好落实到位，着力推进企业增收、节支和管理等工作进一步转型，取得了“三个创新高”的好成绩。一是业务收入创新高。2012年，全县邮政三大板块实现业务收入5942.8万元，其中，企业收入3392.8万元，完成年度计划3639万元的93.2%，比2011年业务收入3019.8万元增加373万元，同比增长12.3%，增幅居全市、省前茅；银行自营收入2400.1万元，同比增长81.7%，完成年度计划的114.3%；速递物流分公司收入150万元。二是邮储余额创新高。至上年末，全县邮政余额达18.83亿元，其中，企业代理网点余额达14.97亿元，比年初净增2.92亿元，增幅24.3%，是邮储开办以来余额净增最多的一年；余额连续突破13亿元、14亿元、15亿元大关；创下余额新增实现“三级跳”和邮储余额创新高的两项新纪录；银行余额达3.85亿元，比年初净增6035万元。三是网点突破1000万元大关次数创新高。至年底，企业19个网点邮储余额突破1000万元大关次数达37次，是历年来网点余额突破1000万元大关次数最多的一年。

【邮政网点整治与转型】　2012年，海丰县邮政网点整治和转型成效显著。整治后的网点已成为余额持续快速发展的生力军，吸储能力、服务能力和竞争能力大大增强，社会效益和经济效益不断攀升。全局已整治并投入使用的10个网点，2011年就新增余额2.1亿元，贡献率高达74.5%。城东支局整治后不到两年的时间余额就突破1亿元大关；余额净增4354万元，连续突破6000万元至1亿元大关，是历年来首次实现“五级跳”的网点，增幅高达75.9%。鹅埠支局新增余额3036万元，连续突破6000万元至8000万元大关，实现“三级跳”，增幅高达61.8%。梅陇支局新增余额3342万元，连续突破7000万元至9000万元大关，实现“三级跳”，增幅高达51.9%。城东、鹅埠、梅陇一年净增余额3000万元以上，达历年来最高。城东和鹅埠支局分别完成业务收入209万元和174万元，分别提前两个月超额完成县局下达全年业务收入指标任务的130.7%和122.3%，增幅分别高达75.7%和46.7%。值得一提的是，2010～2012年，3年整治10个网点，成效显著，带动全县邮储余额3年分别净增2.31亿元、2.3亿元、2.92亿元，共计净增余额7.52亿元，仅用3年时间就在2007年邮银成立时全县代理网点余额规模5.7亿元的基础上增长了131.9%，将2009年底全县代理网点余额规模7.4亿元翻了一番。

【邮政业务】　2012年，海丰县邮政业务得到快速发展。一是全力推进代理金融类业务转型发展。以“转型、管控、余额、保险”四位一体为指导，大力推进代理金融网点销售化转型。通过分季度开展营销活动，促进余额、保险的快速发展。①认真组织各网点先后开展了代理金融业务“开门红”“夏季攻势”“赢在中秋”和“跨年度营销”等竞赛活动，力促邮储余额快速增长。②大力发展代理保险业务。加强与人寿、泰康和人保寿险等保险公司合作拓展市场，切实推动代理保险业务发展。至年底，共完成保费2333.3万元,占全市新增保费的50.7%，新增保费总量全市第一。③服务民生，积极发展中间业务。全年共发展银信通24902户，完成年计划19800户的125.8%，比增11%，实现了新的突破；发展新农保6.3万户；为代发社保和教师工资4000多万元。至年底，代理储蓄收入完成2557.5万元，完成年计划的95.6%，同比增长17.1%。二是积极开拓，大力推进战略业务转型发展。①整合资源，自邮一族、代理机票、保险等充分融合，使电子邮政业务再上新台阶。全年实现电子邮政业务收入205.3万元，占年计划的115.3%，同比增长43.5 %。②

积极发展商函集邮业务。抓好新邮预订工作；大力开发邮资封片卡业务及DM广告业务；全年完成集邮收入152.5万元，同比增长8.2%；完成函件收入58.2万元。③大力发展报刊发行业务。至年底，全县2013年度报刊大收订实现流转额344万元，完成计划的92.5%，与上年基本持平。年内，海丰邮政速递物流分公司充分发挥邮政EMS品牌优势，拓宽速递业务市场空间，同城单证照及礼仪配送业务初见成效。由市公司集中营销，各相关单位分散接入，加强与当地有关部门联系沟通，积极配合市公司同城业务的开发，先后接入人行、农行、邮政银行、平安保险各项对账单以及中国移动VIP项目等业务，同时协助县邮政局配送礼仪蛋糕，逐渐提高同城速递收入占比。

【邮政管理】 2012年，海丰县邮政加强规范管理。一是推进财务规范管理。紧紧围绕市局财务转型要求，将开源与节流并举理念贯彻到整个工作中。在资金管理上，认真执行《汕尾市邮政局营收资金管理办法》，着重加强对营业资金的管理，特别是报刊收订款、代收货款、出售邮品款等现金量大、流动性强的资金管理，并且进一步加大内部及用户的清欠力度，提高“资金回笼率”，尽力避免新的拖欠。在集邮业务、报刊业务、储蓄业务上加强与业务部门对账，确保业财数据相符，做好收入和资金划拨稽核工作，杜绝了人为调节收入，挤占业务资金的情况，切实加强了资金的监控和管理。在支出控制上，重点在维修费以及办公费、通信费等方面，对办公用品、会议费、业务招待费等实行严格审批；进一步规范通信生产车辆的维修，按照车辆行驶里程和油耗定额核定每月车辆油料，健全车辆油耗的审核程序，通过加强成本费用管理，节支成效显著。如其中业务招待费、修理费和低值品支出比2011年分别大幅下降47.1%、30.8%和44.2%。二是推进经营规范管理。为转变支局长工作方式，强化营业厅现场管理，提升网点服务质量和经营成效，首次推行了支局长“坐班制”，并制发《海丰县邮政支局长“坐班制”管理办法（试行）》。三是推进人力资源规范管理。加强劳动力计划管理，严格控制用工总量增长，按“双定”标准配员，努力降低运行成本，确保企业规范生产和经营。四是推进安全规范管理。进一步加强安全保卫工作，确保“两节”“两会”、中共十八大期间邮政各项安全管理工作万无一失。加强合规押钞,确保邮银员工和资金的安全。9月14日晚上，海丰邮银双方联合召开安全生产教育会议，观看海丰邮银押钞从业人员日常不规范运钞行为的录像片和押钞操作规程和规范学习教育片。加强枪支安全管理工作，全面落实枪库安全管理制度，实现了平安年。四是推进服务质量管理。大力推进业务质量监控体系建设，加强双岗履职检查，规范经营秩序、提高服务水平，维护邮政企业信誉。五是推进网点整治建设。配合市局完成了鲘门、名园2个代理金融网点、县局中心金库和生产办公场地的整治工作。

【邮政队伍建设】 海丰县加强邮政队伍建设。一是加强党员干部职工队伍建设。在员工中深入开展“为民服务，创先争优”、“讲理想、爱企业、争上游”等主题实践活动，进一步提升了全县邮政员工的服务意识，改善了机关工作作风。局党总支被评为“广东邮政系统创先争优活动先进基层党组织”。二是继续加强企业的民主管理、局务公开和“三重一大”的执行力度。三是提升员工福利待遇，让员工共享企业发展成果。全年两次调整工资，还有其他发放给员工的奖励也有所提升，保险奖励总额为51.2万元，银信通奖励总额为24.9万元，余额奖励总额为99.5万元。同时，还通过体检、发放各种福利等措施和渠道来提高员工收益和生活待遇。四是开展关爱员工活动，为员工排忧解难。全年共慰问困难员工63人次，发放困难补助金4.37万元；帮助2名员工申请了重病补助，补助金1.6万元；发放“三八”节、母亲节女职工节日补贴2.98万元；积极组织员工为重病困难的徐小燕捐款30710元。五是以创建“工人先锋号”、女职工双项工程等为主线，大力推进群众性建功立业活动。城东邮政支局被省公司评为“广东省邮政巾帼文明岗”。六是充分发挥邮政服务功能，履行普遍服务责任，支持地方精神文明建设，得到了县委县政府的高度肯定，2012年初海丰邮政局被县委、县政府授予“2011年度社会主义精神文明建设先进单位”荣誉称号。七是大力推进企业文化建设。积极组织员工参加市局开展的“齐心协力、勇攀高峰”庆“五一”“五四”联欢晚会，参演的节目分别荣获第一、二名，活跃了员工的文化生活，提升了企业文化。组织员工学习《没有任何借口》《用心去工作》读书活动等，推进企业文化建设，提升了企业凝聚力和向心力。2012年度，县邮政局被省公司评为“广东邮政安全工作先进集体”，林朝辉同志被省公司评为“广东邮政安全工作先

进个人”。（杜少明）

附：2012年海丰县邮政局负责人名录
局　长：陈小刚
副局长：黄松林　陈炳霖

电信与信息化

【简述】 2012年，中国电信海丰分公司坚持以科学发展观统领企业经营，在县委、县政府和省市公司的正确领导下，奋力开拓市场，全力服务地方信息化，顺利开拓移动业务运营，超额完成年度收入指标，按年增长5.2%，增长率全市排名第一；企业各项工作迈上新台阶，实现了国有资产的保值增值。年内，海丰分公司获得中国电信广东公司“先进绩效单位”光荣称号，分公司党总支被授予中国电信广东公司党组“先进基层党组织”；黄小海被授予中国电信广东公司党组“优秀共产党员”称号。

【加速信息化建设】 2012年，中国电信海丰分公司投放大量资源，与地方党政精诚协作，为海丰信息化建设付出不懈努力。一是大力推广行业应用，ICT增值业务取得重大突破。通过集中资源攻关并取得县政府和相关部门的大力支持，海丰中等职业技术学校多媒体教室系统项目顺利推进和县教育局（四所中学）考试监控系统项目；成功获取党政OA系统项目和教育OA系统项目，校园光纤专线市场占有率达100%。二是重点行业应用拓展提速。针对公用事业局、计生局、教育局等单位开展政企移动3G业务团购及名单制整体转网“定点引爆”，拉动智能3G发展。强化与县烟草局攻关联系，由烟草客户经理主导联合上门营销，大力发展“烟草e通”用户。加强家校通、移动办公、旺铺助手等重点行业应用推广，实现蓝天大地数字影院上线“院线通”。加强3G翼起玩等增值业务的推广营销，有效拉动增值信息业务收入。满足社会对新型通信服务的需求。

【移动3G业务规模发展】 2012年，海丰分公司紧紧围绕移动3G规模发展的中心工作任务和营销策略，强化营销组织和挂钩考核，集中力量打响业务发展攻坚战。一是劳动竞赛有效促进规模发展。通过市、县两级组织一系列劳动竞赛活动，各级经理人员靠前指挥，广大员工齐心协力、突击冲刺，掀起声势浩大的业务发展高潮，形成了你追我赶、勇于争先的竞赛热潮，县分公司在全市一季度“春雷行动”劳动竞赛中，实现开门红，县分公司获得全市第二名；二季度开展“夏日倾情，翼路领先”竞赛竞赛活动，推进了3G发展，县分公司获得全市第二名；三季度开展“光彩盛夏，智领3G”劳动竞赛活动，进一步实现智能3G规模发展，县分公司获得全市第一名；在“光彩盛夏，智领3G”营销服务中心“夺旗”竞赛成绩良好：海城中心获得全市第一小组二等奖。二是扫场促销突击行动有效拉动业务上量。以大范围、多频次的扫场促销活动作为业务上量的主要手段，通过精心计划、组建多支流动促销队伍、灵活调整扫场目标、落实支撑督导，紧抓黄金时间窗口开展“5·17”世界电信日、“6·16”天翼3G交易会、“7·15”入门智能促销、“8·14”特惠行动和天翼3G手机节等一系列专项营销活动，大力实施终端引领的集约化营销模式，智能3G占比稳步提升。组建流动营销队、驻场网营销队、海城营销队、社会渠道班等多支扫场团队开展无边界促销活动，全年组织自有渠道开展自主融合套餐、固话包月套餐扫场促销活动近100场次，借力云卡促销竞赛，联合社会渠道代理商开展天翼礼包扫场促销活动近150场次。三是积极应对其他运营商宽带竞争，力推光网城市建设，适时启动“争市场保份额”宽带规模发展攻坚战，集全司之力引爆宽带资源需求，前后端协同加快FTTH平移，推进宽带特别是光纤宽带迅速上量，净增宽带用户，全市第一。

【电信企业管理和改革】 中国电信海丰分公司持续强化网络运营，2012年投入大量资金用于通信网络升级改造，通信网络质量全面提升。严密部署，完善应急预案，狠抓网络和信息安全，全力以赴圆满完成大运会通信保障任务。加强制度、绩效和内控管理，落实节能减排措施，加强员工教育培训，使营销能力和技术业务水平不断提高。组织动员员工参加电大（或网络学院）在职本专科再继续教育，提高员工学历教育层次。加强护线工作，盗窃破坏通信设施发案数和经济损失均大幅下降，企业全年安全生产保持平稳态势。积极开展扶贫济困爱心捐款活动，组织干部到鹅埠下北村挂钩点慰问和帮助脱贫。认真落实员工“三关”措施，全面执行员工年休假制度，深入开展送温暖、员工生日慰问、关怀困难员工等活动。强化思想政治工作，高度重视企业维稳，采取多种措施将不稳定因素解决在萌芽状态，全年实现零上访。实施岗位等级晋升，鼓舞和激励员工士气，经过笔试、演讲答辩、民主测评等环节，以注重实绩、择优选拔为原则，符合条件员工通过公平公正的竞争获得岗位等级晋升，有效激励优秀员工再接再厉，为企业跨越发展作出更大的贡献。

【营销机制创新】 2012年，中国电信海丰分公司坚持以持续创新推动企业的运营管理工作，既立足当前，又着眼长远，不断将改革创新引向深入。持续优化营销渠道，采取“全体起立”的方式，组织开展政企客户渠道营销岗位公开竞聘，择优选聘政企客户经理，充实了政企客户渠道力量，为广大政企客户提供更为贴心周到的服务。按照全业务运营的新要求，坚持以聚焦客户为导向，结合实际，圆满完成全业务运营组织机构调整，有效提升企业运营效率。深入推进学习型企业创建，以“读书·思考·进步”为支撑点，组织开展读书和心得交流活动，提升员工素质。

【电信内部建设】 2012年，海丰分公司以先进性为要求，学习贯彻党的十八大精神，扎实推进企业党建工作，认真落实经理人员述职述廉、效能监察和惩防体系建设，强化源头监督，坚持依法运营，制定《中国电信海丰分公司实行党务公开实施方案》和《中国电信海丰分公司贯彻落实“三重一大”决策制度实施细则》，开展纪律教育学习月和“创先争优”活动，强化了党风廉政建设。坚决贯彻“三重一大”集体决策制度和采购廉洁承诺。针对关键环节和高风险事项实施专项审计，持续开展内控评估，加强风险管控。扎实开展“三创建三促进”以及“树立好作风、提升执行力、万众评公务”活动，成效显著。广泛开展群众性岗位练兵和技术创新活动，深入开展企业文化宣贯，得到省市公司评估组好评。

（陈楚文）

附：2012年中国电信海丰分公司负责人名录

总 经 理：陈胜贤

副总经理：孙泽明 林小群
郑海潮（挂职）

移动通信

【简述】 2012年，中国移动通信集团广东有限公司海丰分公司（简称“中国移动海丰分公司”）围绕省公司“打造创新型增长的移动服务运营商”运营总纲，深入落实市公司“六场战役”工作举措，强化企业健康度管理，推进全业务运营，巩固和提升企业领先地位。公司结合县委县政府“争当促进区域协调发展排头兵”的定位，积极承办“赢在广东，希望工程”第五届南粤会亲活动；组织全体员工参加无偿捐血活动，开展“扶贫济困日”捐款活动及落实扶贫“双到”帮扶工作，履行企业社会责任，树立企业优秀形象。至年末，公司累计完成运营收入约3.13亿元，为地方创税约1072万元。主动用户数达51.1万户，市场占有率达73.8%。开通GSM基站52个，第一通信机楼在海丰顺利投产，为大幅增强网络储备打下基础。分公司自有渠道自营厅10间、自建他营厅3间、全县社会渠道520间。员工总人数131人。

【移动业务发展】 2012年，深入推进市场健康度管理，强化精确营销，保持市场稳定快速发展。落实客户优惠举措，大力发展主动用户；强化集群营销，推进乡村网、家庭网、政企网发展；强化流量经营，发展家庭宽带业务，推进全业务运营；社会渠道转型发展，提升社会渠道的服务能力；建立一体化投诉处理机制，提升客户满意度。

【移动网络运营】 中国移动海丰分公司围绕网络属地协同发展和一体化运营思路，推进网络结构优化，加强基础维护。重点开展网络干扰和整治工作，解决网络热点、黑点问题，不断提升通话质量；克服社会“辐射”不良舆论，多渠道解决基站维稳、协调、续租问题，积极解决客户投诉，推进网络建设安全进行。贯彻执行应急通信预案，完善应急通信制度，开展春节、清明节、中秋节等节日和活动应急通信保障，提高应对突发事件的能力。

【企业综合管理】 2012年，深入推进综合管理提升工作，增强企业基础管理能力。强化风险管理，提升风险防控能力，重视安全生产检查工作，严格执行领导值班制度和信息报送制度；夯实基础管理，深化低成本高效运营，开展“勤俭持家，我爱家园”节支增效活动，提高全员的节支意识；推进班组建设，提升企业管理效率，继续开展创先评优活动，深入推进班组“微管理、微创新、微服务”建设；员工关怀体系化，开展员工关怀活动，提升员工的满意度与幸福感。

【汕尾移动第一通信机楼在海丰投产】 2012年11月7日，汕尾移动第一本地网通信机楼顺利通过竣工验收并投入使用。该项目的建设完成标志着公司即将进入一个新的历史篇章，为公司通信网络业务和海丰县人民通信服务提供有力保障。该机楼位于海丰县农科所西侧，项目投资总额6947万元，建筑总面积6282平方米，包括一栋6层通信机房和设备用房。虽然该项目子项目多，建设难度大，工期紧张，但在省市公司和各级政府机关的大力支持下，各合作单位全力以赴，加大各项投入，科学组织，克服了一系列建设难题，确保了各重要节点工程均按时完工，并最终迎来了竣工验收的顺利通过和投入使用，完成了工程建设目标。该机楼投入使用后，将进一步推动海丰区域信息通信技术与产业的深度融合，助力海丰县无线城市建设，将更好地为广大人民群众提供更优质的移动信息服务。

（苏少楠）

附：2012年中国移动海丰分公司负责人名录

总 经 理： 吴荣坤

副总经理： 刘俊豪

① 2012年5月17日，热烈庆祝第44届世界电信和信息社会日大型促销活动。
② 2012年10月26日，海丰分公司召开2012年民主评议政风行风助评会议。
③ 2012年5月17日，第五届希望工程南粤会亲活动—海丰会亲。

联通通信

【简述】 中国联合网络通信有限公司海丰县分公司（简称中国联通海丰分公司）是中国联通设在海丰的分支机构，海丰分公司在汕尾市公司的统一部署下，2012年加快建设完善现有移动通信网络及3G网络的步伐，进一步加大固网宽带建设力度，积极推进固定和移动网络的宽带化，为广大用户提供全方位宽带通信和综合信息服务。中国联通海分公司丰坚持以用户为中心，积极推动技术、业务、应用和产品创新，以满足广大用户日趋多元化、个性化的通信需求。面向未来，海丰联通将坚持以发展为第一要务，紧紧依靠用户的支持和厚爱，以宽带移动互联网业务为重点，进一步拓宽发展领域，进一步加快发展步伐，进一步提升服务水平，全面提升公司的综合竞争力和可持续发展能力，力争建设成为国际领先的宽带通信和信息服务提供商。

【联通业务发展】 2012年，中国联通海丰分公司以3G为引领，实现全业务的高整速发展，主营业务收入同比增长22%，用户规模同比增长30%。

【通信设施建设】 2012年，中国联通海丰分公司以建设精品网络为目标，投资2896.57万元（基站工程1369.72万元,传输网工程1526.85万元），加大网络建设及优化力度，新建GSM基站30个、3G基站58个，新建WLAM热点1个；在传输网工程方面新建管道18.1公里、杆路4.6公里、光缆82公里、新增传输设备25端，新增FTTH ODN数2500端口。提升了网络质量。充分利用3G技术优势，实施无线政务办公、无线公共管理、无线执法服务、无线信息农村，无线电子商务和无线平安校园等应用项目，提高了海丰城市信息化建设。

（黄俊敏）

附：2012年中国联通海丰分公司负责人名录

总 经 理：谢海雄

副总经理：曾俊欣　余木义　陈圣标

财政　税务

财　政

【财政预算】　2012年，海丰县财政预算工作科学稳妥、实事求是。一是完善部门预算编制工作。严格按照政策规定的供给范围和开支标准，细化预算要求，摸清单位底数，将各项资金全部纳入部门预算编制体系，并率先在全市采用太极华青公司部门预算管理系统，完成县级92个单位的部门预算编制工作。二是强化预算约束。坚持量入为出、有保有压、收支平衡的管理原则，科学合理编制年度预算，并主动与县编办理顺全县行政事业单位人员编制数及经费供养渠道，控制财政供养人数，逐步定员定额定标准。三是严格执行《海丰县财政预算接受人大监督操作办法》，坚持重大事项及时向县人大报告，自觉接受人大监督。四是坚决贯彻《海丰县财政资金拨付管理暂行办法》，严格把关，按计划、按制度安排各项支出，不办理无预算的拨款，确保财政稳健运行。

【财政收支】　2012年是海丰县全面“推动创新发展，建设幸福海丰”的重要一年，县财政局紧紧抓住“重业务、严监督、强管理、促发展”的财政工作主线，以“生财抓发展、聚财抓征管、用财抓节俭”的理财模式加快创新转型，推动海丰财政工作再上新台阶，实现2012年全县财政的各项目标任务。2012年，全县一般预算收入累计完成113459万元，为调整后预算113448万元的100.01%，同比增收23421万元，增长26.01%；一般预算支出累计完成197107万元，为调整后预算270321万元的72.92%，同比增支17662万元，增长9.84%，实现了财政收支平衡的目标。

【财政征管】　2012年，全县财政征管工作坚持狠抓收入，挖掘增收。主要作法：一是抓好主体收入。调整完善原有的协税激励机制，及时做好纳税公示、进度通报、税收宣传等工作，挖掘外资企业、建筑材料市场、运输市场、私立学校的潜力，加大对供电行业、烟草行业、房地产业、规模工业等重点税源税种的征管力度。同时，强化对农业两税征管，大力清缴历年耕地占用税欠税,加大土地拍卖、资产处置等一次性税源的征管力度，全年实现税收收入70611万元，比增29.43%，其中财政协税收入28762万元。二是强化非税收入管理。全面推行非税收入管理系统的升级上线，扎实开展清理非税收入项目、银行账户、财政票据的“三项清理”活动，以及开展年度稽查工作，全年非税收入完成42848万元，行政事业性收费9469万元、罚没收入2241万元、国有资产收入完成50525元，专项及其他收入完成260865元。三是加强对金融资产处置的管理。积极配合县金融化险办对地方中小金融机构、农金会的资产处置及贷款追收工作，全年资产处置及追收贷款47万元。

【国有资产管理】　坚持整合资源、盘活国资、监管统一，确保国有资产保值增值：一是加强国有资产处置收入，盘活国有资产，加大对国有优质资产的处置力度，全年实现资产处置收入6149万元，其中：花园酒店收入5000万元、小漠镇府资产收入265万元、县水产供销公司（小漠站）收入295万元等。二是强化国有资产的监管力度。加快资产的变现步伐，注重行政、企事业单位资产的拍卖工作，重点处置单位可处置资产，积极探索公务车辆及其他一般性办公设备的报废办法，并探索国有公司监管体制，严把资产处置审批关，提高资产处置效率。三是抓好国有资本收益。严格执行企业国有资本收益收缴管理规定，定期对县金叶发展公司进行检查监督，全年收缴该公司税后利润分红1200万元。四是加强国有资产产权登记，通过合理配置、有效使用、规范处置防止国有资产的流失。

【政府采购】　加强政府采购的监管力度，推进政府诚信采购。2012年累计完成采购任务135宗，采购预算资金9956万元，实际采购资金9397万

元，节约资金558万元，节约率达5.61%；加强政府采购执法检查，处理好县教育局179万元教育设备采购项目的违规投诉，责令县政府采购中心退回应退未退的投标保证金94万元。

【镇级财政】　2012年，海丰县规范镇级财政管理，积极、稳妥地推进各项财政改革，提高镇级财政理财水平。一是加强乡镇财政建设。贯彻落实广东省财政厅《关于进一步加强和规范乡镇财政管理的实施意见》，继续开展乡镇财政管理方式的改革工作，合理分配各镇财政所的补助资金，加强乡镇财政建设，确保乡财工作符合标准化要求。二是加强乡镇财政所财务管理。针对财政所财务管理存在的问题，先后两次开展财政所财务会计会审工作，推行乡镇财政财务管理与“责任追究”、“评先评优”相结合的管理办法，重点检查财政所涉农补贴资金发放手续、财政资金支出凭据和固定资产入账等，取得良好的审核效果，规范了基层财政管理。三是注重镇级财政干部职工的教育培训。2012年先后组织9场乡镇财政财务账务处理、票据规范管理等内容的业务培训，提高财政队伍的业务水平。四是优化财政队伍人员结构。积极开展乡镇财政所股级干部竞争性选拔，出台《海丰县财政局竞争性选拔股级干部实施方案（财政所）》，以采取公布职位、公开报名、资格审查、述评演讲、组织考察等规范程序选拔出乡镇财政所3位股级干部。

【重点工程投资】　在县级财力有限的情况下，确保各项重点项目的顺利建设。一是做好融资工作，保障重点项目建设资金需要。积极联系融资银行，争取贷款额度，并把融资贷款工作落实到具体责任人，大力推进华润海丰电厂、百里海堤达标加固工程、县中等职业技术学校3个重点建设项目，以及金庄电器、中阳光研、三阳饰品、县影剧院、龙津河三期整治工程等重点项目建设的资金需要。二是积极争取上级重点项目资金支持。抓住政策支持导向，积极向省、市申报重点项目资金，争取项目补助资金，特别是百里海堤加固达标工程、联安现代有机农业园区等建设资金短缺项目，突破“资金瓶颈”，大力推进了全县重点项目建设进程。三是继续密切关注华润电厂、县行政小区和北部新区的建设情况，并以此引导和规划，加大项目的招商引资，带动北部新区土地增值税、城建税、耕地占用税和契税等税收收入。

【财政监督】　海丰县注重财政监管，完善财政监督机制，把监督检查与建章立制、堵塞漏洞相结合，切实提高精细化理财水平。一是推进监督检查工作。积极开展中央政府公共投资预算执行情况的专项资金和10项省级财政专项资金的检查工作，检查资金14468万元，查出县职校和县光明技术学校违规发放中职助学金11.85万元，同时，对县粮食储备总公司等三个单位开展会计信息质量执行情况检查，查出违规资金32.4万元，补缴税款3.69万元。二是开展建筑工程审核。本着“节约成本、规范管理、科学审核”的原则，全年受理审核工程预算项目223宗，预算造价46869万元，核实造价42127万元，核减预算4742万元；送审工程结算项目163宗，结算造价12004万元，核定造价11265万元，核减造价739万元。三是组织开展财政支出绩效评价工作。积极与资金使用单位联合对农村饮水安全、扶贫、基层医疗机构改造、沿海防护林、民办教育等5类财政专项资金支出项目进行绩效评价，经检查的财政专项资金的绩效评价通过了上一级检查组的验收。

（刘思捷）

附：2012年海丰县财政局领导名录

局　长：林国义

副局长：林建秀　刘　宁　林瑞清

国家税务

【简述】　2012年是“十二五”规划承上启下的重要的一年，也是党的十八大召开的重要一年。海丰国税局紧扣县委、县政府和市局工作部署，坚持科学发展观，全面贯彻落实党的十八大精神，围绕“三个坚持”“四个争当”“五个发展”的工作主线，以服从服务地方经济发展为中心，以推进能力建设为抓手，抓好“八个导向”协同推进八项工作任务，有力打造优化服务促进和谐、规范管理创造佳绩工作新局面，为建设幸福和谐、文明富裕的新海丰作出积极贡献，被县委、县政府评为2012年度“文明单位”。

【贯彻税收政策】　全面落实免抵退税等税收政策，推选企业所得税网上申报：实现企业所得税收入5504万元，同比增长44.2%；实现免抵调库收入8606万元，同比增长12.81%，为收入总量有效

① 2012年，海丰县国税局“道德讲堂”观摩会现场。
② 县国税局党组书记吕君琼与可塘分局负责人签订《廉政责任书》。
③ 省局党组书记、局长胡金木深入海丰国税调研税收工作。

增长作出积极贡献。同时积极落实税收优惠政策，确保购进固定资产抵扣、微利企业所得税优惠、“营改增”等政策依法兑现到位。2012年全县3623户个体户依法享受免缴1200万增值税的税收优惠，纳税人购进固定资产设备增加进项抵扣税额1487万元，实行“免、抵、退”税60户企业实现出口退税额收入8382万元，执行落实营业税改征增值税政策，有效发挥税收调结构、促转型的职能作用。

【规范两税管理】 2012年，增值税，重点抓好政策落实、纳税评估、一般纳税人的审核审批和超标小规模纳税人监控管理工作，办理审核审批102户次，实现增值税纳税评估查补收入100.38万元，进项税额转出20.71万元，全年实现增值税收入16918万元，同比实现有效增长消费税着力抓好烟草、首饰行业的监控管理，以征管风险预警带动风险管理，出台《实施方案》，对梅陇镇200多户首饰行业纳税人进行清理分类、列表造册，进一步推进金银首饰行业专业化管理，全年实现消费税税收收入3441万元，同比增长12.2%。

【坚持组织收入原则】 海丰县国税局贯彻落实“依法征税，应收尽收，坚决不收过头税，坚决防止和制止越权减免税，坚决落实各项税收优惠政策”的组织收入原则。2012年，深入开展税源调研，全面掌握根源情况，集中攻势狠抓重点税源监控、纳税评估、免抵调库、税负调整、清理欠税等8项收入工作措施，有力缓解欧债危机、结构性减税政策调整等带来的收入压力，全年组织县政府考核收入34476万元，同比增收3011万元，增长9.57%，为海丰经济社会发展提供财力保障。

【税源分析监控】 县国税局全面启用汕尾市国税系统税收征管互动工作平台，围绕“税收分析、税源监控、纳税评估和税务稽查”四个重点环节，加强信息共享和数据分析，提升征管合力。

强化纳税人户籍跟踪管理，借助信息平台的比对清分功能，实行三级联动机制，圆满完成数据清理工作，提升注销、转非正常户监控清理力度，堵塞征管漏洞；强化税源动态管理，统筹开展税负调整和欠税清理工作，全年调整个体工商户税负304户，月调增税款15.3万元；清理欠税47户，入库税款近3万元。

【依法开展税收稽查】 2012年，县国税局以“三打两建”为契机，开展医药、医疗器械生产经营单位和医疗机构发票使用情况专项整治工作，协同公安、地税部门破获一起非法印造发票案，缴获假发票60多万份（含国地税发票）及切割机、打孔机、发票晒版等制假工具，严厉打击发票制假售假违法犯罪行为，优化税收秩序。贯彻落实《关于加强行政执法与刑事司法衔接工作的意见》，加强行政执法与司法衔接工作，规范稽查程序，强化执法刚性。全年共检查各类型企业11户，实现稽查收入250万元（含滞纳金、补税、罚款），充分发挥以查促管、以查促收的职能作用。

【优化纳税服务】 2012年，县国税局积极推行办税“八公开”，科学调整窗口职能，全面应用窗口标识、功能区标识和服务设施标识，优化办税环境。推广应用12366服务热线，深化“深汕合作区绿色通道”服务，推行税务登记事项“即到即办”和纳税人网上打印缴（退）税款凭证服务措施，进一步简并表证单书，提高服务效率。加大纳税人培训力度，共举办11期807人次的纳税人培训班，帮助纳税人掌握最新税收政策。抓好纳税信用等级评定工作，推进税收信用体系建设，倡导诚信纳税，增强纳税人的税法遵从度和纳税荣誉感。关注涉税舆情，设立应急管理办公室，建立应急处理机制，及时有效地处理突发事件，维护和稳定和谐征纳局面。

（梁泽文）

附：2012年海丰县国家税务局领导名录

党组书记：吕君琼
局　　长：方小游
副 局 长：黄陆汕（挂职）　黄智幼
　　　　　王伟业　张运坤　施群章

地方税务

【简述】 2012年，海丰县地税系统围绕服务科学发展、共建和谐税收的工作主题，保增收、抓征管、严执法、促服务、强队伍，各项工作取得新发展、新进步。面对政策性减收因素较多、现实税源不足、新增税源不明显、税收任务较重的严峻形势，按照年初部署的工作思路，全县地税系统始终狠抓组织收入中心工作不放松。全年共组织税收收入98701万元，同比增长17.76%。圆满完成各项税收收入任务，为海丰经济发展和社会稳定提供了坚实财力。

※ 方小游局长做客县行风热线直播节目。

【依法治税】 一是充分发挥稽查职能作用。加强对建筑安装业、房地产业、汽车驾校行业、资本交易涉税检查，发挥“以查促收、以查促管”的职能作用。积极开展“三打两建”工作，成功捣毁了一处制售假发票窝点。2012年，县局稽查局促收检查16户，立案2户，全年累计查补税、费、滞纳金和罚款1834.25万元。二是推进内控机制建设。坚持“全面覆盖、全员参与”的原则，积极开展廉政风险排查，全面梳理现行制度，大力优化岗责体系，科学融入绩效管理，有效强化了廉政风险防范，规范了税收执法行为。

【税收征管】 2012年，海丰县地税局强化

① 海丰县地方税务局办公大楼。
② 海丰县地方税务局办税服务厅。

税收征管工作。一是加强重点税源、重点行业的监控管理。把全县年纳税额10万元以上的纳税户列为重点税源户，全县371户重点税源户全年共入库56877万元，同比增长32.62%，占总收入57.63%。同时把建筑安装业、房地产业、娱乐和饮食行业等作为管理重点，加强监控，及时跟踪掌握工程进度。二是加大税费清欠力度。成立3个促收工作小组，负责土地增值税清算、开展纳税评估、清理欠税、加强稽查管理等工作，重点检查房地产业、建筑业、药品经销业、交通运输业、中介机构和评估机构纳税情况。通过清理检查，共清查应纳税额1644.16万元，年底入库税额1284.16万元。三是规范土地交易税收管理。推行土地交易最低计税价格，有效减少了“阴阳合同”导致的税款流失，进一步规范地税干部的征税行为，有效防范执法风险。从2012年5月1日实施至该年底，共受理295户，征收土地交易税款1085万元。

【纳税服务】 主要作法：一是健全纳税服务体系。推行“一窗式”“一站式”服务，进一步简化办税流程。加大自助办税服务终端的推广应用，全年通过自助办税服务终端为纳税人办理各项涉税业务757笔。二是健全纳税培训机制。将纳税服务纳入教育培训的重点内容，先后举办4期形式多样的税企座谈会，及时解决企业的问题和困难，不断提高纳税人的税法知识水平和办税能力。三是健全税宣长效机制。召开税宣月启动仪式暨“局长约谈日”活动座谈会，在“税费宣传示范街”建立“社区税收文化宣传廊”，开展“税收漫画进社区”、“送税法进企业”及“短信传递税法”活动，在县城中心路段创建“诚信纳税街”，在深汕高速公路（后门段）竖立T型广告牌等。

【社保费征管】 2012年，海丰县社保费征管工作根据征收任务及时分解下达到各征收单位，确保任务落实到位。坚持税费并重的原则，做到同征同管同查同服务同考核，进一步做好全责征收工作，积极研究解决社保费征管工作中存在的问题。进一步加强征收管理，加大清欠力度，做到应收尽收。加强与相关部门之间的协调、配合，特别是做好与社保部门的信息互通工作。2012年社保费累计收入30023万元，同比增长13.34%。

【税收调研】 海丰县地税局开展税收调研，一是充分发挥职能作用，紧扣税收工作中的“重点”、“难点”和“热点”开展调研，充分发挥为税收改革服务、为税收实践服务、为领导决策服务、为海丰地方经济发展服务的作用。二是突出成果转化运用，坚持“源于实践，又指导实践”，不断拓宽调研成果的转化途径，把有价值的思路、建议和经验作为重要参考资料，不断提高调研工作质量和效率。三是加强学习交流活动，采取“走出去、请进来”的方式加强与兄弟单位和调研工作先进地区的交流，组织赴汶川地税交流学习，促进调研骨干的成长和调研能力的加强。

【地税队伍建设】 县地税局加强队伍建设。一是开展绩效管理试点工作。优化机关内设机构、基层分局的岗责体系，制订岗位责任制256个。绩效管理试点工作现已进入正式考核阶段，重点选定13条考核指标，并制定试行办法，形成制度文件。二是开展干群“连心桥”行动。开展“局长谈心日”，召开“三八”妇女座谈会，慰问退休老干部，做好股级干部选拔和轮岗工作，充分调动工作积极性。深入开展扶贫开发“双到”工作，用好管好“救急济难互助基金”，共发放6万元。三是实施岗位练兵行动。举行多次学习研讨会和测试考核，组织办税大厅及基层征收人员赴珠海地税学习考察，全员赴广东税务干部学院参加知识更新培训。在省局岗位大比武活动中取得优异成绩，2人进入全省排名前100名，荣获市局颁发“岗位练兵比武团体优胜奖”，10名同志获“岗位能手标兵”称号。四是开展文化建设活动。联合国税局制作彩车参加县2012年元宵文化巡游活动，组织合唱团成员举办地税文化建设晚会活动，参加第一届“名园杯”篮球邀请赛、县全民运动会等文体活动，进一步增强了队伍凝聚力和战斗力。同时不断深化精神文明建设，叶碧珠被省局评为“十大感动地税人物”，67人获得“从事税收工作30年”荣誉纪念章和证书。

【税收信息化建设】 2012年，县地税局提升数据管税水平，不断完善网上申报和在线开票工作，开通网络申报户数534户，在线开票户数311户；推进“两业”税源控管系统上线工作，实现上线项目355个，其中房地产开发项目17个、建筑安装项目338个。年内，加强税务约谈评估工作，以建安、房地产、饮食、娱乐和旅店业为重点约谈评估对象，同时将纳税评估工作与税收宣传、纳税服务等相结合，督促其自查自纠，进一步提升纳税评估的层次和效果。全年通过约谈评估入库税款4950万元，圆满完成目标任务。

（孙云山）

附：2012年海丰县地方税务局领导名录

局　长：宋相当

副局长：洪锦发　陈业雄　蓝　盼（女）

① 县地税局组织全员赴广东税务干部学院开展知识更新培训。
② 海丰县代县长陈德忠（左二），县委常委、常务副县长许信永（左一）深入县地税局调研指导工作。
③ 县地税局创建“诚信纳税街”活动启动仪式。

① 海丰县地方税务局召开2013年全县地方税务工作会议。

② 县地税局建立“社区税收文化宣传廊”。

③ 县地税局召开2012年税收宣传月启动仪式暨“局长约谈日”活动座谈会。

④ 省地方税务局杨荣华副局长深入海丰县地方税务局开展促收督导工作。

综合经济管理

发展与改革

【简述】 2012年，是实施“十二五”规划的关键之年。海丰县宏观经济管理紧紧围绕“推动创新发展、建设幸福海丰”的核心任务，按照“建设产业转型升级先行区，当好县域经济发展排头兵”的新要求，继续落实“树正气、强管理、促发展、惠民生”总体工作思路，狠抓工作落实，突出发展重点，攻坚克难，开拓进取，全县经济社会保持又好又快发展。人均GTP比增13%，财政一般预算收入比增26.01%，城镇居民人均可支配收入比增15%，农民人均纯收入比增18%，万元GDP能耗下降3.05%。为实现“十二五”规划各项目标任务奠定了坚实基础。

【年度计划编制与经济运行监测】 2012年，海丰县国民经济和社会发展计划，在全面总结海丰县2011年经济和社会发展计划执行情况的基础上，着重分析宏观经济环境和全县经济社会发展存在问题，按照“积极进取、留有余地”的做法，已经修改和征询意见，科学提出2012年发展目标，报海丰县委、县政府审定通过，提交海丰县十四届人大二次全会审议。国民经济和社会发展计划，经人大会议审议通过后，下达各地各有关部门参照执行。为保障年度计划的有效实施，加强对政策措施落实和计划执行情况的跟踪监控，建立经济定期分析联系制度。经过深入细致的调查和综合分析，总结经济发展特点，分析发展新动向，查找问题，提出解决办法对策措施和建议，加强经济运行宏观调控力度，形成经济运行分析报告，提供海丰县委、县政府领导决策。

2012年海丰县经济社会发展计划执行情况表

表6

类别	指标	单位	2011年实际完成数	2012年	
				全年预计完成数	预计比2011年增长%
经济发展	1.地区生产总值（当年价，增速按可比价，下同）	亿元	182.2	201.6	13.6
	第一产业	亿元	27.6	31.09	6.3
	第二产业	亿元	79.4	89.4	21
	#工业增加值	亿元	58.98	75.6	24.5
	第三产业	亿元	75.2	81.11	7.7
	2.人均GDP（常住人口）	元	22874	25184	13
	3.农业总产值	亿元	44.98	50.5	6.3
	4.规模以上工业增加值	亿元	35.79	49.6	36
	5.公共财政预算收入	亿元	9.0038	11.3459	26.01
	6.固定资产投资	亿元	137.8	179.1	30
	7.社会消费品零售总额	亿元	157.6	177.1	12.4
	8.出口总额	万美元	47523	49233	3.6
	9.实际利用外商直接投资	万美元	10486	12680	20.9
	10.城镇化率	%	67	69	

（续上表）

类别	指标	单位	2011年实际完成数	2012年	
				全年预计完成数	预计比2011年增长%
社会发展	11.年末总人口（常住人口）	人	769906	792894	
	12.人口自然增长率	‰	5.14	5.31	
	13.初中毕业生升学率	%	90.7	95	
	14.高中阶段教育毛入学率	%	86	86.6	
	15.城镇居民人均可支配收入	元	13940	16031	15
	16.农民人均纯收入	元	7793	9196	18
	17.城镇新增就业人数	人	14767	14800	0.22
	18.新增转移农村劳动力就业人数	人	12478	6500	-47.9
	19.城镇登记失业率	%	2.94	2.65	
	20.城镇职工参加基本养老保险人数	人	90052	91000	1.05
	21.城镇职工参加基本医疗保险人数	人	754490	779042	3.25
	22.新型农村合作医疗参合率	%	100	100	
	23.新型农村社会养老保险参保人数	万人	0	9.86	
	24.每千人口医院和卫生院病床数	张	2.9	2.92	
	25.城镇保障性住房开工量	套	890	350	
	26.城乡居民最低生活保障人数	人	34139	36000	5.5
	27.为残疾人服务设施数	个	2	1	
生态环境	28.万元GDP能耗	吨标煤	0.492	0.477	-3.05
	29.森林覆盖率	%	53.41	53.8	
	30.耕地保有量	万亩	58.0338	58.2338	0.34
	31.主要污染物排放总量控制				
	SO_2排放量	万吨	0.17	0.18	5.88
	COD排放量	万吨	1.6	1.57	-1.875
	氨氮排放量	万吨	0.19	0.157	-17.368
	氮氧化物排放量	万吨	0.03	0.03	0
	32.单位工业增加值用水量	立方米/万元	41	38	
	33.工业固体废物综合利用率	%	100	100	
	33.城市人均公共绿地面积	平方米	10.23	12	
	34.城市生活污水集中处理率	%	54	58.22	
	35.城镇生活垃圾无害化处理率	%	75.5	78.1	

【发展现代服务业】 2012年，海丰县服务业发展健康有序。全年实现第三产业增加植81.11亿元，增长7.7%；完成社会商品零售总额177.1亿元，增长12.4%；完成旅游总收入13.74亿元，增长5%，全年接待游客218.24万人次，增长13.8%。金融机构对地方经济发挥积极的支撑作用，存贷业务继续扩大，海丰县金融机构本外币各项存款余额133.74亿元，本外币贷款余额40.68亿元，分别比年初增长12%和38%。房地产市场健康有序发展，海丰碧桂园、雍悦豪苑、海丰第一城等高档高层楼盘如期推进。交通运输、物流、仓储、邮政、中介咨询服务发展加快。

【投融资管理】 2012年，依照投融资管理规定，严格把好投融资市场准入关，全年海丰县上报市以上审批的项目7个，总投资4.6亿元。海丰县发展改革局审批的（核准、备案）78个，总投资17.45亿元。年内，及时公开项目审批（含核准、备案）信息，项目审批后在海丰监察局“双信平台网”公开审批内容，每月海丰县发展改革局将立项信息汇总报海丰县监察局备查。依法进行招标投标管理，严格把好政府投资项目招标核准关，加强对招标投标活动的协调管理。对必须依法进行招标投标的工程项目，海丰县发展改革局依照法律规定的权限和国务院关于招标投标管理的职责分工，对项目单位拟定的勘探、设计、建筑工程、安装工程、监理、主要设备、重要材料的招标范围、招标组织形式、招标方式等内容进行审核，提出核准或不予核准的意见。工程招标投标核准意见在广东省发展改革委“招标投标监管网”公开项目审批部门有关项目建设招标投标核准信息。项目的审批（含核准备案）招标投标接受社会和相关部门的监督。

【重大项目建设】　2012年，海丰县列入汕尾市的重点建设项目3个，总投资85.83亿元，年度计划投资9.2亿元，实际完成投资13.26亿元，完成年度投资计划的144%。其中：汕尾市海堤达标加固工程（海丰东关联安围海堤）年度投资计划0.7亿元，完成年度投资0.71亿元，完成年度计划101%；华润海丰电厂年度投资计划7.8亿元，年度完成投资12.09亿元，完成年度计划155%；海丰县中等职业技术学校年度投资计划0.7亿元，完成投资0.47亿元，完成年度计划67%。海丰县2012年重点项目51个，总投资165.32亿元。其中：重点项目30个，总投资123.2亿元，2012年计划投资18.07亿元；预备项目21个，总投资42.13亿元；全年完成投资20.4亿元，完成年度计划113%。30个县重点项目中，汕尾市海堤达标加固工程（海丰东关联安围海堤）、海丰县黄山洞水库除险加固工程、华润海丰电厂、海丰县教育园区公办高中、海丰县碧桂园商住楼项目、海丰县雍悦豪苑商住楼项目超额完成年度投资计划；海丰县三阳饰品、海丰县城东自来水公司尖山岭厂改扩建工程、海丰县2011年度保障性住房项目、海丰县可塘珠宝产业园（二期）100%完成年度投资计划；海丰县娜菲纸品厂、海丰县金庄电器、海丰县影剧院、海丰第一城项目（一期）等基本完成年度投资计划任务；海丰县黄江下游堤围达标加固工程 陆丰上英至大湖公路海丰段及跨海大桥、陕西师大海丰实验学校海丰县华厦（东方）国际大酒店等工程项目尚未开工建设。　（程招焕）

2012年海丰县重点建设项目计划执行情况表

表7　　单位：万元

序号	项　目　名　称	计划投资总额	2011年底前完成投资	2012年计划新投入	完成投资	完成年度计划（%）
	一、农业、水利项目					
1	汕尾市海堤达标加固（海丰东关联安围海堤）	15475	500	7000	7100	101.4
2	海丰县黄江下游堤围达标加固工程	11980	5800	4180		
3	海丰县黄山洞水库除险加固工程	2158		300	500	166.7
4	联安现代有机农业园区	8000	4000	2000	840	42
	二、工业、能源项目					
5	海丰县中阳光研科技有限公司	7000	1800	3000	1150	38.3
6	汕尾市顺盈糖业日榨甘蔗5500吨糖厂项目	44544		5000	2500	50
7	海丰县娜菲纸品厂	5000		2000	1800	90
8	华润海丰电厂	830000	80044	78000	120880	155
9	海丰县金庄电器	16000	3800	2000	1700	85
10	海丰县三阳饰品有限公司	20000	2200	2000	2000	100
	三、交通项目					
11	陆丰上英至大湖公路海丰段及跨海大桥	3394		500		
12	海丰县城北三环公路	12069	10100	1969	710	36.1

（续上表）

序号	项　目　名　称	计划投资总额	2011年底前完成投资	2012年计划新投入	完成投资	完成年度计划（%）
13	国道324线梅陇西环路	9838		4000	100	2.5
	四、市政、民生项目					
14	海丰县青年水厂日供水能力6万立方米建设项目	4158	2300	1958	241	12.3
15	海丰县行政小区	40000	6000	5000	2600	52
16	海丰县红城大道等市政道路改造工程	8745	2500	6245	2000	32
17	海丰县龙津河治污管网建设项目	2800		2800	2100	75
18	海丰县市民广场	10000		2000		
19	海丰县城东自来水公司尖山岭厂改扩建工程	1836		500	500	100
20	海丰县2011年度保障性住房项目	2671	560	2111	2111	100
	五、社会事业项目					
21	海丰县中等职业技术学校	12800	5760	7040	4675	66.4
22	海丰县彭湃中学新校区（实验中学）	10000	4750	3700	1525	41.2
23	海丰县影剧院	3000		2000	1708.1	85.4
24	陕西师大海丰实验学校	25000		2000		
25	海丰县教育园区公办高中	9000		1500	2000	133.3
	六、服务业					
26	海丰县华厦（东方）国际大酒店	25000		5000		
27	海丰县可塘珠宝产业园（二期）	50000		8000	8000	
	续上表					
	七、房地产项目					
28	海丰县碧桂园商住楼（一期）项目	15000	9390	5610	43600	
29	海丰县雍悦豪苑商住楼项目（一期）	11230	5000	6230	8052	
30	海丰第一城项目（一期）	20000	10000	10000	8000	
	合　计	1231953	152704	180698	204392	

说明：1.全县2012年重点项目51个，总投资165.32亿元，其中重点项目30个，总投资123.2亿元，2012年计划投资18.07亿元；预备项目21个，总投资：42.13亿元；全年完成投资20.4亿元，完成年度计划113%。

2.此表不包含21个预备项目。

（程招焕）

附：2012年海丰县发展与改革局领导名录

局　长：谢小平

副局长：陈丁睦　陈文佳

① 2012年9月5日，海丰县社会信用体系建设统筹协调小组副组长、县发改局局长谢小平（右一）介绍全县社会信用体系建设情况。

② 2012年9月5日，海丰县召开全县社会信用体系建设工作会议。

③ 2012年9月5日，海丰县社会信用体系建设工作统筹协调小组组长、县政府副县长陈凯婵出席会议并作讲话。

④ 2012年10月16日，海丰县代县长陈德忠（中）深入海丰县“两建”办公室调研。

① 2012年12月21日，汕尾市常务副市长魏友庄在会议室现场认真检查海丰县社会信用体系建设档案资料。
② 汕尾市常务副市长魏友庄认真听取汇报并对重点问题进行指导。
③ 县委副书记、代县长陈德忠向市督导组汇报海丰县社会信用体系建设情况。
④ 汕尾市常务副市长魏友庄在督导会上作重要讲话。
⑤ 会议现场。
⑥ 副县长陈凯婵向市督导组汇报海丰县社会信用体系建设情况。

国土资源管理

【简述】　2012年,海丰县国土资源局围绕县委、县政府和市国土资源局的奋斗目标及工作部署,克服各种不利因素,做到保护与保障并举,管理和服务并行,扎实有力地推进国土资源管理各项工作,较好地完成了全年各项工作目标任务。2012年为县财政增创收入4.42亿元。其中:各项规费收入上缴县财政专户8586万元;协征增值税471.42万元,协征契税796万元。公开挂牌出让储备土地5宗,面积45.8公顷,出让收入3.33亿元。上报新增建设用地26宗,总面积757.08公顷。其中经省政府批准13个批次,面积579公顷。非煤矿山连续11年零事故。被广东省人民政府评为建设节约集约用地试点示范县先进单位。被县委、县政府评为全县先进单位。

① 2012年4月27日省国土资源厅党组书记邬公权(右四)在市、县领导陪同下到海丰县城东镇检查指导“三旧”改　造工作。
② 2012年4月27日省国土资源厅党组书记邬公权(中)在市、县领导陪同下到海丰县联安镇检查指导耕地保护工作。

【土地利用】　2012年,海丰县在国家加大宏观调控力度,紧缩地根、严格控制建设用地总量的形势下,为保障项目供地,缓解土地供需矛盾,保障全县经济发展有足够用地,加大工作协调力度,通过各种途径解决用地指标,切实解决全县经济社会发展的用地压力。同时,加强与林业、人社、环保等部门的联系,加快推进用地报批工作进度,保障了全县经济社会建设的用地需要。全年上报建设用地26批次,面积757.08公顷。其中经省批准的有13批次,总面积为579公顷,分别是小漠南香旅游、鲘门百安商服、可塘双桂山垃圾处理场、鹅埠西湖工业、附城联西海城城西商住、赤石圆墩工业、鹅埠蛟湖工业、小漠元新旅游、附城湾路赤坑茅湖商住工业、城东汀州赤石新城工业、附城城南商住、鹅埠东寨工业、潮惠高速公路等项目用地。已报送省、市审核的用地13个批次,总面积244.91公顷。

【土地储备】　2012年,为保障全县建设用地需求,服务经济社会发展,县国土资源局根据县委、县政府的部署和要求,精心做好土地储备工作。全年列入土地储备8宗,面积约59公顷。其中成功挂牌出让储备土地5块,面积45.8公顷,为县财政增创收入3.33亿元。

【耕地保护】　2012年,根据国土资源部和省国土资源厅的要求,切实做好基本农田保护工作。一是推进高标准基本农田建设。通过积极向上级争取,2012年海丰县被国土资源部和省国土资源厅确定为高标准基本农田建设示范县,并下达7.21万亩(4806.7公顷)高标准基本农田建设任务,工程投资1.08亿元,由国家财政补贴。经结合土地利用总体规划、地类图斑、土地利用状况等及各地实际情况,把建设任务分解到公平、城东、可塘、陶河、附城、联安、梅陇、黄羌、大湖、梅农等10个镇(场)。二是认真做好土地开发整理项目验收。在各相关部门的共同努力和积极配合下,完成2011年第二、三批共31个园地山坡地开发补充耕地项目的验收工作，新增耕地面积368.8公顷，保障了海丰县耕地总量占补平衡，为建设用地报件储备了耕地指标，并为县财政增创1106万元的奖励收入。三是加大基本农田保护力度。在完善基本农田保护设施的基础上，加强基本农田保护措施落实情况的监管。对上年度的耕地保护责任目标履行情况的检查结果进行了通报。把2012年度耕地保护责任目标分解下达到各镇，并与各镇签订耕地保护责任书，保证全县36753.3公顷耕地不减少，顺利通过上级的耕地保护工作年度考核。

【地籍管理】 2012年，在各相关部门的共同努力和积极配合下，按时完成了农村集体土地确权登记发证工作。全县16个乡镇，249个村（社区），1596个经济合作社，集体土地确权登记4601宗，面积136851.67公顷。全年办理土地登记1318宗，其中：办理土地抵押登记232宗，面积75.81万平方米，抵押金额7.73亿元；办理土地转让变更登记545宗，面积33.83万平方米，收取出让金和登记费共约172万元；办理完善用地手续、继承、赠与、面积变更等宗件541宗，面积141.85万平方米，收取出让金及登记费约238万元。办理国有土地确权10宗，面积2.85万平方米。

【土地规划微调】 根据海丰县发展战略，充分利用省、市给予的规划微调政策，将暂未利用的建设用地指标调整出来，重点用于急需建设的工业园区，以保障全县发展战略的顺利实施。2012年，计划调整建设用地指标300公顷，重点服务于县直属工业园、北部新区物流园、梅陇天星湖工业园等重点项目。

【卫片执法检查】 根据卫星监测，2012年度海丰县变化的图斑点为34个，总面积74.81公顷，其中农用地70.12公顷，其他用地4.69公顷。经核查，涉及违法用地20宗，总面积7.98公顷，其中耕地2.04公顷。立案处理20宗，其中移送司法机关处理的16宗。通过对违法用地实施立案、查处、整改等措施，顺利通过了市、省及部三级的验收。

【土地执法监察】 2012年，按照县清理整治违法用地违法建设专项行动、“三打”专项行动和卫片执法检查工作总体要求，积极开展动态巡查，狠抓违法案件的查处，有效遏制土地违法势头。全年开展动态巡查近2010次，发现各类违法用地318宗，收到电话举报168个，及时制止在萌芽状态185宗，立案103宗。清查违法违规用地73宗，涉及土地面积2.62公顷，罚款160多万元。年内，在“三打”专项行动中查处各类违法违规用地119宗，制止萌芽状态15宗，立案104宗，涉及土地面积8.75公顷，其中耕地0.92公顷，结案100宗，正在查处4宗。在100宗已结案的案件中，移送纪检监察机关建议处分1宗，移送公安机关立案侦查4宗，移送法院5宗。年内，县国土资源局开展了领导干部开门接访、带案下访活动。全年共收到信件174件（属重复信件38件），其中上级交办51件，个人来访9起，集体来访43起，约299人次。信访件共办结112件，结案率82.35%。通过做艰苦细致的调查协调处理和政策疏通，大部分信访问题得到妥善解决，有效维护了社会稳定。

【测绘管理】 2012年，对全县地图市场和地球仪生产厂家进行指导监督，加强对国家、省测量标志和县城、梅陇、可塘、公平I级控制点保护及海丰县GPS E级、D级控制点成果的保护。加强国家秘密测绘成果和测绘资料档案的管理。年内，完成了深汕特别合作区、教育园区、梅陇324国道改道工程等县重点项目测绘工作，面积约3平方公里。完成土地登记、变更、确权宗地图件的制作160宗，测量面积达110公顷。同时，做好储备土地的测绘工作，全年完成储备土地测量任务192公顷。

【矿产管理】 2012年，县国土资源局把安全生产列入重要议事日程，落实矿山企业安全生产职责，加大安全隐患排查治理力度，杜绝安全事故发生，取得实效。一是加强持证矿山企业安全生产监督管理。重点对圆墩三角山石场、可塘金钱埔石场等矿山企业安全生产进行监督检查，并落实责任制，发现存在安全隐患立即责令限期整改。二是在县政府的牵头下，联合公安、林业、安监、环保、水利、供电及当地镇政府对黄羌镇、联安镇等非法采矿点依法进行取缔，拆除生产设施，没收生产工具，抑制了非法开采行为，杜绝安全事故发生。三是推进矿山地质环境治理和矿山企业监管。督促工程承担单位加快推进联安长埔矿区矿山地质环境治理工作，促使工程全面竣工，上报验收。加强对持证矿山企业勘查、开采监督管理，落实安全生产责任制，认真开展了探矿、采矿企业年检工作。协调有关单位开展了黄羌石场择址、储量勘测及评审等工作，取得了阶段性成效。

【地质灾害防治】　根据《海丰县地质灾害防治规划》，结合海丰县实际，县国土资源局编制《2012年度地质灾害防治方案》及《海丰县突发性地质灾害防治应急预案》，落实责任，签订防治工作责任书。按照“十有县”建设的要求，开展全县地质灾害防治工作，落实了地质灾害隐患点监测责任人、监测人。为保证监测工作的落实到位，争取县政府的重视，落实经费，对全县62名地质灾害监测员在汛期每人月给予100元的补贴。同时，加大地质灾害防治宣传力度,提高广大人民群众对地质灾害防治工作的认识。在汛期期间，加强地质灾害巡查工作，落实领导带班24小时值班制度。通过一系列的防治措施，2012年全县地质灾害没有人员伤亡及财产损失。

【领导班子和队伍建设】　2012年，海丰县国土资源局加强领导班子建设和干部队伍建设。市国土资源局党组和县委、县政府根据县国土资源局领导班子的现实情况，按照“任人唯贤、德才兼备、群众公认、注重实绩”的原则，对县国土资源局领导班子作了调整充实，配齐党组领导班子成员7名。2012年，新领导班子承上启下做好工作衔接，自觉把思想行动统一到县委、县政府和市局党组的决策部署上来，统一到国土资源管理的中心工作上来，统一到狠抓各项工作任务的落实上来；自觉坚持集体领导和个人分工负责的制度，讲政治、讲正气、讲团结。敢于坚持原则，勇于承担责任，不断增强班子的执政履职能力，体现在2012年完满完成县委、县政府和市局党组布置的各项任务上。2012年，县国土资源局配备任命副科级干部1名。根据中层领导职位配置的情况，完成7个国土资源所所长的公开竞岗选拔工作，报县委组织部审批，任命了矿产资源地质勘查与环境股股长、纪检监察室主任，调整充实了土地利用管理股、测绘管理股、土地交易所、土地整理中心，以及海城、附城、城东等3个国土资源所负责人。并根据工作需要，补充了9名工作人员，其中考录公务员5名，充实了干部队伍力量。年内，还加强队伍素质教育，进一步提高了队伍的整体战斗力。

【基层建设】　根据省国土资源厅《关于加强基层国土资源所规范化建设的意见》的要求，在县委、县政府和市局的高度重视和支持下，加大投入切实加强了基层国土资源所规范化建设工作。向县政府争取资金400万元，推进国土资源管理所办公楼建设工作，至年末已向可塘、赤坑、梅陇3镇承让了可塘、赤坑、梅陇等3个国土资源管理所办公楼用房，并完成3个国土资源所整改装修工程的招标工作，进入整改装修阶段。

（陈汉武）

附：2012年度海丰县国土资源局领导名录

党组书记、局长：吴克城（任至4月）
　　　　　　　　林建军（4月起任）

副局长：林建军（任至4月）
　　　　曾诗贤（任至7月）
　　　　戴国钦（4月起任）
　　　　郭　槎（5月起任）
　　　　黄　明（9月起任）

工商行政管理

【简述】　2012年，海丰县工商系统紧密结合工作实际，按照省市工商局和县委、县政府工作部署，以“推动转型升级、建设幸福海丰”作为工商工作主线，继续推进建设“法治工商、信用工商、信息工商”，加快推进企业登记注册制度和监管方式改革；深入开展“三打两建”工作，着力营造良好的市场环境，全力服务幸福海丰建设，被省“三打”办评为“三打”专项行动先进集体，2人被评为市“三打”专项行动先进个人，1人被评为县“三打”专项行动先进个人。

【工商企业登记管理】　2012年，在建设“市场监管体系”中，推进市场准入制度建设，出台“二十条措施”进一步放宽准入门槛，优化政务环境，减少行政审批；以工商许可“一站式”服务，着力推进和引导鼓励企业转型升级，市场经营主体稳步发展。全年新增各类市场主体3303户，注册资本（金）4.8亿元。其中：新登记各类企业405户，注册资本1.95亿元；个体户2898户，注册资金7550万元；农民专业合作社166户，注册资本2.1亿元。

【商标管理】　县工商局积极引导企业、商户注册商标，鼓励支持企业申报驰名、著名商标，提高自主创新能力，提升核心竞争力，商标工作逐步实现由量的增长转向质的提高。2012年，共服务企业申请商标注册和咨询活动96人次，行政指导经营者正确使用商标、协助企业申请商标注册 31件，办理商标续展、转让14件。至年末，全县有注册商标7000多件，其中百斯盾、玛莲露、AAK、古斯旗、卓球王、文时特等10件商标分别被评为国家驰名商标和广东省著名商标。驰名、著名商标总数继续居全市第一，商标带动战略取得新的进展。借助“三打”专项行动的东风，查获商标侵权、冒充注册商标违法案件96宗。其中查处侵犯“护舒宝”“苏菲”注册商标专用权的卫生巾产品，查扣侵权产品470件；查处侵犯假冒“阿妈妮”服装1354 件、“波士” 服装1646件；查处非法加工经销商标标识1家，查扣非法商标标识包33350个，均移送公安机关追究刑事责任。

【广告管理】 2012年，全面加强行政指导，创新广告监管模式，促进产业发展，加快文化强县建设，努力营造文明诚信的广告经营环境，维护广告行业的健康发展；继续加大市场巡查监管和媒体广告监测工作力度，查处违法广告3宗，核准登记发布户外广告136宗，制作广告金额738万元。

【市场监管】 2012年，县工商局以服务民生为导向，加强市场监管。一是开展猪肉市场专项执法行动，立案查处私屠滥宰、经销不合格肉类案件175宗。查缴：无检疫检验猪肉3956.55公斤、牛肉344公斤；病死猪肉1668公斤、牛肉404.5公斤；无合法来源手续冻肉315公斤。取缔无照经营猪（牛）肉经营户101户，较好地维护了食品市场安全和人民群众的消费安全。二是积极开展“红盾护农”，全县共立案查处各类农资案件5宗。三是以规范经营秩序为目标，扎实开展亮照经营工作。牵头召开查无联席会议，开展查处取缔黑网吧专项整治行动，坚决打击无照经营行为。全年查处无照经营行为案件551件，引导办照523户，取缔无照经营51户。四是以维护消费者权益为抓手，推进消费维权工作。深入开展格式条款、霸王条款侵害消费者合法权益专项行动，立案查处利用合同格式条款、霸王条款侵害消费者合法权益案件42宗。积极推进“12315”“五进”和基层消费维权网络建设，全县已挂牌运作的消费维权服务站共37个。“12315”热线共受理消费者投诉举报375宗，为消费者挽回经济损失近8万元。五是以群防群治为着力点，大力服务地方软环境建设。充分发挥工商职能，深入开展食品安全监管、农贸市场整治、打假打私、扫黄打非、禁毒防艾、打传维稳等综合整治工作，净化市场环境，营造文明和谐市场氛围。

【合同管理】 2012年，积极引导企业参与“守合同，重信用”评选活动。一是帮助企业完善合同管理，对企业实行合同信用公示制和信用备案制，积极推行合同示范文本制，检查合同564份，合同金额6300余万元。二是认真做好动产抵押登记及商品展销会管理工作。办理动产抵押登记3户，登记金额2050万元，主债权金额1180万元。三是加强拍卖企业监管，拍卖市场秩序得到有效改善。共办理拍卖备案36份，备案金额2101.24万元，拍卖确认书23份，金额282.4万元。

【工商行政执法】 2012年，县工商局将“三打两建”作为一项中心工作和政治任务来抓，以强烈的政治责任感和超常规的工作措施推动专项行动，“三打”成效得到省市县各级领导肯定。全年共立案查处制假售假案件1125宗，案值近600万元。全系统查办大要案件40宗，捣毁制假售假窝点99个，查处商业贿赂案件12宗。省政协副主席唐国忠、市委书记郑雁雄、市委常委、政法委书记郑佳以及县委书记沈木荣等对县工商局的“三打”工作取得的成果给予充分肯定。市、县“三打”办多次刊发海丰工作简报，肯定工作做法；省“三打”办专门刊发简报，向全省推介海丰三打交叉执法举措。年内，“两建”工作启动后，县工商局按照上级的部署和要求，认真履行好协调承办和组织协调等职责，扎实推进“两建”工作。一是认真扮演好工商部门在“两建”工作中的三重角色。即履行统筹协调职责，负责组织“两建”办日常工作；牵头负责组织全县市场监管体系建设的组织协调工作；具体承担与“两建”有关的市场监管体系和社会信用建设体系一系列任务。二是认真搭建“两建”工作平台。在前期统筹的基础上，组建了“两建”办公室，落实办公场地，及时抽调人员到位，明确办公室各组职责、任务和分工，建立“两建”办与各部门的工作协调机制，从人力、物力、财力等方面，全力保障县“两建”办的工作。三是认真抓好“两建”工作方案起草，着力夯实“两建”工作基础。根据市有关要求和“两建”工作方案精神，由两个统筹协调小组分别牵头起草社会信用

体系和市场监管体系建设工作方案，着力把改革的精神，把增创改革发展新优势的目标，融入到方案之中。四是认真履行“两建”具体工作的承建职责。认真制定市场准入体系、市场竞争秩序监管体系、消费维权网络体系和企业信用体系等四个子体系的建设工作。五是认真抓好“两建”试点工作。通过制订试点方案，落实试点任务，为全面推进“两建”工作奠定了坚实基础。

（姚汉斌）

附：2011年海丰县工商行政管理局领导名录

局　长： 张辉民

副局长： 陈海青（任至3月）

彭成悦　罗宗好　林文财

郑海玲（女、8月起任）

① 2012年7月10日，省政协副主席唐国忠（左二）率团到海丰县工商局督导“三打”工作。在市委副书记陈央、市委常委、秘书长、海丰县委书记郑佳（右二）、海丰县长沈木荣（中）等市县领导的陪同下，唐国忠副主席会见了“三打两建”办工作人员，检阅了海丰县工商局“三打”工作资料，观看了“三打”工作专题片，对海丰县工商局“三打”的工作给予充分肯定。

② 2012年7月23日，市委书记郑雁雄（中）率市“三打”检查组，在市委常委、秘书长、海丰县委书记郑佳（右一）、县长沈木荣（左二）的陪同下，到海丰县工商局查看“三打”查获物资。听取了县工商局局长张辉民（右二）的介绍。

③ 2012年7月9日，汕尾市委常委、秘书长、海丰县委书记郑佳（左一）到县工商局检查指导工作，深入了解“三打”工作开展情况，对县工商局取得的工作成绩表示肯定。

④ 2012年5月16日上午，市政府李贤谋副市长（右二）率市、县政府相关人员在市局长陈建生（左二）、海丰局长张辉民（右一）等陪同下，到海丰县工商局查看“三打”行动成果。

① 2012年9月25日，市人大常务副主任杨青（左二）率居住与工作在汕尾市的全国、省、市人大代表第二巡视组检查团，在县人大常务副主任姚英谋、副县长陈凯婵等同志陪同下，到县工商局视察“三打”物资仓库。

② 2013年3月13日，县工商局在宫地山经检大队举行“三打”行动阶段性、消费者权益日销毁假冒伪劣商品现场会，集中销毁“三打”行动以来及近期查获的假冒“红牛”饮料、“海飞丝”洗发水、“金龙鱼”食用油和伪劣农药以及电子游戏机、黑网吧电脑等一大批物品。

③ 9月27日，全县廉政风险工作学习培训会在县工商局八楼会议厅召开。全县各单位纪检负责人计120人参加了会议，杨晓凝代表县工商局对廉政风险防控建设工作做专题示范演示。

①② 县工商行政执法人员在“三打”专项行动中。图①为查处组拼装摩托车，图②为查处假冒伪劣商品。

③ 工商登记人员下乡移动办照、年检。

④为县局企管股为残疾人提供上门年检服务。

【市场物业管理】 海丰县市场物业管理局主要负责全县国有市场物业的规划管理、经营服务、开发建设等工作。2012年内设人秘股、财会股、保卫股、市场管理规划股、市场建设规划股5个股室，下设海城、西门、北门、可塘、梅陇、公平、鹅埠共7个市场物业管理所，管辖国有农贸市场14个，市场经营面积3万多平方米。共有干部职工 173人，其中公务员7名，机关是依照公务员法管理单位。2012年，物业领导班子以强化局内部管理为抓手，以改善市场经营环境为突破口，以提升国有资产竞争力为目标，在县财政资金紧缺的情况下，深入挖掘市场潜力，重点开展招商引资工作，开启了由政府主导招投标工作，引进具有资质的企业承包市场物业，开展专业物业管理服务的新模式，充分发挥了市场资源的基础配置作用，通过与承包商协商引进资金对市场开展前期投资的方式，重点解决了市场维修资金短缺的问题，确保了国有资产的保值和增值，全年共引进资金900多万元。年内，由于部分市场已出现房屋及设施破旧不全等严重安全生产隐患，已直接威胁到经营者、消费者及周边地区人民群众的生命财产安全。县物业局通过向政府请示划拨维修款和向具经营资质的企业引进资金等多种方式，全力开展市场物业维修的专项工作，如对市场主体进行水泥主柱加固、屋顶维修，更换雨棚、卷闸门和消防安全设备，重修市场排污系统等，其中对西门市场投入150万元、可塘市场180万元、梅陇永水市场（大南亚酒店）600万元，共投入维修市场的资金达900多万元。通过开展整修工作，市场面貌焕然一新，农贸市场活跃，广大人民群众满意。 （黄翰瑜、曾慧）

附：2012年海丰县市场物业管理局领导名录

局　长：陈晓辉

副局长：黄首诚

刘明杰（12月起挂职附城镇委副书记）

质量技术监督

【简述】 海丰县质量技术监督局（简称“县质监局”）是汕尾市质量技术监督局直属的正科级行政机构，具有管理全县标准化、计量、质量、生产加工环节食品安全、特种设备安全监察综合管理和行政执法的职能。2012年，全局在职人员37人（编内人员22人、聘用人员15人）。下设直属事业单位海丰县质量技术监督检测所，负责全县量值统一，负责研究和建立县最高计量标准、社会公用计量标准，进行量值传递，执行强制检定、测试任务，为县质监局实施计量监督提供技术保证，并承办有关的计量监督工作。

【标准化与代码管理】 2012年，全县共办理组织机构代码（包括新办、变更、换证、年检、迁址）单位3298家。企业标准备案2家，标准登记19家；全县采标企业累计达12家。制订了《地理标志产品·虎噉金针菜》广东省地方标准；围绕市委、市政府提出的中心任务，积极推进梅陇和可塘专业镇转型升级，起草制订了《金属饰品》和《珠宝玉石饰品经营服务规范》两个联盟标准；加强验收合格后的金针菜种植和生蚝养殖两个农业标准化示范区的后续管理，稳步做好省级生姜种植农业标准化示范区的有关日常建设及考核验收材料工作；大力推进标准化良好行为企业的发动申报工作，积极帮扶广东百斯盾服饰有限公司和海丰县雅丽时装有限公司两家服装企业申请评定为标准化良好企业的申报工作。

【计量检测】 2012年，县质检所已建立压力表、天平、衡器、加油机、水表、砝码、钢卷尺、可燃气体报警器等8个计量标准，并开展上述项目检测。加大计量器具检测力度，实现节能预期目标，共检定和校准调试计量器具11006台（套）。加强用水单位水量计量管理，2012年共检测水表2066块，维护广大用户的利益提供了准确数据，为节约用水起到了保障的作用，确保水表强制检定工作有序稳步推进。完善工业企业节能评价体系，贯彻执行锅炉节能评价，企业能源消耗的量化管理和节能评价等方面的标准。继续开展全县使用锅炉情况普查工作，加大对企业使用锅炉的监管，共出动280人员、车辆46辆次，检查企业116家。

【民生计量工作】 2012年，县质监局开展5项民生计量工作：一是开展海丰县农贸市场基本情况调查工作，全县有农贸市场41家（其中有工商登记35家、非工商登记6家）并收录上报，全县“计量惠民—计量器具免费检定”工作，共检定农贸市场38家,免费检定计量器具5012台（件），免费检定费用达41万元，受到了社会各界的一致好评。二是以“两建”为契机，多措施积极推进计

※ 县质监局民主评议政风行风转入自评自查阶段。（莉 莎）

量诚信体系建设，开展“诚信计量、自我承诺示范单位创建”活动，切实推动市场诚信经营，帮助1家集贸市场建立了衡器统配统管的工作制度，并建立市场宣传栏。三是帮扶6家企业开展三级计量管理体系认证制度,2家二级计量认证制度申报工作，加强对获得计量认证的技术机构日常巡查监管。四是对全县大米加工厂进行定量包装检查，经现场抽样承重，其大米包装定量符合要求，并与其签订诚信计量承诺书。五是对8家气库进行监督检查，主要检查气库（站）使用计量器具是否经检测合格。充气瓶充气量是否符合标准。

【市场监督巡查】 2012年，县质监局继续加大对市场监督巡查力度。一是对41家加油站进行监督巡查，共巡查次数112次，主要检查加油机的铅封是否完整，油机是否有在检测合格期限使用。二是采取与国税部门合作和根据本股职能单独监督相结合方式。对全县各加油站使用的加油机实行定期和不定期方法，从安装、使用修理、停用等环节实行全方位的监督。年内与国税部门联合对10家加油站，55台加油机的更换工作，受理31家加油站88台加油机申请维修、更换铅封工作。三是对13家眼镜店进行监督巡查，主要检查计量器具使用检测情况，从各企业检查情况来看较好，均未发现有违规现象，使用计量器具均受市、县质检所检测合格。

【“5·20”世界计量日活动】 2012年5月20日是第12个“世界计量日”，围绕“计量与安全”的宣传主题，制订了《海丰县质监局开展2012年“5·20世界计量日”宣传活动实施方案》，成立了协调领导小组，在政务宣传栏、大型农贸市场、社区、企业、商场超市、眼镜店张贴了计量工作宣传画，标语56张，派发了《广东省实施中华人民共和国计量法办法》等计量宣传资料533份。并邀请新闻媒体进行跟踪报道。开展计量执法检查行动。对县城各加油站、肉菜市场、眼镜店及各大中型商场等10多家企业进行监督检查。检查内容包括：加油站油机的铅封是否完好，电子秤计量是否达标，计量器是否经过检定合格，食品定量包装是否足称等。同时，重点还对部分商场超市、粮油市场的大米、面、油及副食品等定量包装商品的净含量进行抽查。检查结果显示，各企业基本上能自觉执行国家规定的计量标准。

【工业产品质量管理】 2011年，县质监局共出动巡查人员400多人次，出动车辆150辆次，巡查工业产品生产企业共160家次，巡查发出限期整改通知书20份，对3家拒不整改的企业移送局稽查队立案处理。采取“一帮二管三监督四查处”的监管模式：一帮是指在对巡查中发现企业存在质量管理不规范时，做到“帮”字先行，及时帮助查找原因，改进不足之处。二管是在帮的基础上，对企业提出严格要求，落实企业主体责任，规范企业质量行为；三监督是对一些质量观念较差的企业，通过帮、管后，仍不规范或存在质量问题的要求限期整改；四查处是对一些拒不接受整改或整改不符合要求的，违反生产许可及违法违规行为的企业，移送稽查部门立案处理。按照省市局的要求，根据市质计所提交的定期检验结果汇总情况，每月对定检产品检验结果的情况进行分析，并定期向县政府及市局报送产品质量分析报告。2012年抽检工业产品（非食品类）200批次，18批次不合格，整年产品合格率为91%；组织召开每季度产品质量分析约谈会，针对各企业不合格产品的不合格项目逐一帮助企业分析问题，查找原因，落实整改。

【“质量强县”工作】 “质量强县”是推进海

丰县企业转型升级的必由之路，是保持产业优势的长久之计，县质监局积极履行“质量强县”办公室职责，全面推进“质量强县”工作，更好地发挥了参谋助手、牵头组织、综合协调和主力军作用，根据《海丰县质量强县活动的实施意见》，印发了《海丰县质监局质量强县活动相关工作任务分解表》，按照分解表的要求，做好质量监督工作。加强了巡查监管、服务指导，规范管理、质量分析以及后处理等工作。推动名牌带动战略，协助金鸟来、百斯盾两家企业争取政府质量奖，其中百斯盾获得汕尾市政府首届政府质量奖；充分发挥质监部门在质量强县工作中的重要作用，促进海丰县产品质量的不断提高。

【管理体系认证与食品农产品认证监管】 根据省局《关于开展2012年管理体系认证与食品农产品认证监管工作的通知》的文件要求，为确保上述工作的落实，县质监局迅速制定了认证认可监管制度和年度监督计划，分阶段开展对辖区内获证企业的监管工作，并有效安排时间，实现认证监管工作与日常巡查工作相互结合，重点对食品及服装、塑料制品等生产企业进行监督检查。海丰县辖区内认证企业31家59张证书，其中，管理体系认证39张，食品农产品认证11家，产品认证5家，环境认证3家，职业健康认证1家。至年末，县质监局已完成5家获认证企业8张认证证书的检查工作，其中包括3家企业的3张食品农产品认证证书，涉及认证机构5家。在检查中，证书在有效期限范围内的企业基本能按照取证要求开展工作，管理体系运转正常，尚未发现有证书过期或注销的企业继续使用认证标志违法违规行为。通过这次对取得认证认可企业的监管，建立了全县认证认可企业档案，逐一进行了登记造册，并将监管工作列入日常检查计划。

【工业锅炉专项及节能降耗整治】 2012年，县质监局对全县的工业锅炉进行了全方位的排查，突出检查检验机构报送的存在安全隐患的锅炉。检查现场，主要从锅炉安全管理情况、锅炉检验情况和人员持证上岗情况三个方面的内容入手，督促锅炉使用单位建立完善锅炉使用安全管理制度，加强锅炉及其安全附件的日常检查工作，做好锅炉运行和维护保养等各项记录，及时通过定期检验消除锅炉潜在的缺陷和管理中的问题，进一步落实企业“三落实、两有证、一检验”的安全主体责任。加强施工环节和在用锅炉的节能监管，加大对施工现场作业人员资格和施工单位质保体系运转情况的监督检查力度，继续深化安全与节能管理标杆锅炉房建设活动，严厉打击非法节能改造和未经监督检验而实施锅炉化学清洗的行为，共出动执法人员225人次，检查使用单位68家，检查锅炉73台，发现存在隐患的使用单位32家，消除安全隐患39处。

【特种设备管理及宣传】 2012年，特种设备安全监察工作共检查使用单位132家、设备205台，检查重点监控设备使用单位24家，检查安装现场20处，发现场检查记录89份，发出监察指令书70份。通过“3·15”“安全月”和特种设备安全知识进企业、进社区活动，进行广泛深入开展特种设备安全知识宣传，向广大群众、企业派发宣传材料800多份，有效提高了社会公众的安全意识；加强对经检验不合格电梯和“飘红设备”的排查治理工作，对电子监管系统的“飘红设备”逐台进行清理，按规定发出安全监察指令要求企业单位在限期内落实整改措施。对不积极落实整改和

※ 县质监局走进县电台“行风热线——面对面”直播室，就海丰县生产企业、特种设备检验等解答群众问题。

长时间未整改的企业，移交稽查进行立案查处；加强重点监控设备管理，深入各重点监控设备使用单位进行专项检查，对监控设备实施分类管理；积极开展"两会"期间和重大节假日的承压类特种设备安全大检查行动，采取有效措施，督促特种设备使用单位切实落实其安全主体责任，对存在安装未告知、设备未办理注册登记和操作人员未持证上岗等违规行为，依法发出监察指令书，明确期限，严格要求企业进行整改。

【开展安全生产"打非治违"专项行动】 按照市局和县政府的部署，强化联合行动，严格执法，加大打击整治力度，组织开展专项检查工作，及时发现并协调解决专项行动中存在的突出问题，努力实现专项行动各阶段工作目标。联合安监、公安和公平镇政府等有关部门，在公平镇进一步开展"打非治违"特种设备专项整治行动，重点检查了前一阶段存在严重安全隐患的特种设备使用单位，通过全面排查与重点整治相结合，监督检查与联合执法相结合，做到始终保持"打非治违"的高压态势。切实加强"打非治违"专项行动信息和数据统计、报送工作，认真统计汇总各项数据和工作进展情况，做到按时报送有关信息。在"百日防护期"活动期间，特种设备安全监察工作共检查使用单位95家、设备126台，检查重点监控设备使用单位8家，检查安装现场8处，发现场检查记录78份，发出监察指令书61份。

【重特大事故隐患监控】 2012年，海丰县列入重特大事故隐患监控的单位有17家，县质监局加强重点监控设备管理，深入各重点监控设备使用单位进行专项检查，对监控设备实施分类管理，重点检查。主要检查各项安全管理制度及落实情况、管理人员和作业人员持证上岗情况、设备和安全防护装置是否在检验有效期内及定期检查维护、是否按规定逐台设备落实安全责任人等，对发现存在问题及时指出并责令改正。

【生产加工环节食品监管】 海丰县有食品生产加工获证企业80家、小作坊45家。2012年，出动巡查人员1100多人次，车辆280多台次，对全县乳制品、大米、纯净水、糖果、凉果、肉制品、茶叶等获证食品生产加工企业及列入名单小作坊进行日常食品巡查工作，现场检查企业进出货的台帐、索票索证、添加剂使用和实验室落实情况，以及产品质量检验报告、工艺流程等，并对企业负责人及质量负责人加强食品安全法律法规及相关知识宣贯，要求企业按规定落实主体责任。对存在问题，县质监局向企业发出整改告知书，责令企业限期进行改正并提交整改报告；逾期未整改的，将作为企业信用档案分类依据并移交稽查查处。年内，县质监局加大食品监督抽查力度，全面开展全县食品抽检工作，共抽查了凉果、肉制品、豆制品等3类4种食品，共抽样17批次，经检验合格100批次，合格率为100%。同时，以每月15日"食品安全接待日"为契机，积极参与"3·15国际消费者权益日"和"食品安全宣传周"活动，大力宣传质监部门监管职责和食品安全知识，计发放食品安全知识宣传资料1800多份；4月27日及9月21日两次举办海丰县食品生产企业建立社会信用体系培训班，邀请了质检专家进行授课，并对培训人员进行了考试，共有77家企业的150名质量负责人及管理人员参加，对考试合格的参训人员颁发了培训证书，共颁发培训证书150份；6月16日，开展"质检邀您看企业·食品安全大家行"活动。邀请人大代表、政协委员、纪检部门、消费者代表、媒体记者等实地观摩检查食品生产加工企业，为企业和消费者之间架起了沟通和交流的平台，有效地建立食品生产企业主体责任意识，加深社会各界对食品安全监管的了解；7月，开展"食品安全示范点"评选活动，经过宣传，申报、初评、考评四个阶段，最后共有7家食品企业通过评选，成为"食品安全示范点"；构筑企业与企业、企业与质监的沟通桥梁，多场次召集行业负责人进行约谈，加强企业之间相互交流生产经验，并督促食品生产加工企业落实主体责任，切实制订履行各项制度及措施，严格按工艺流程、管理制度和产品标准组织生产，严把出厂关，对添加剂管理要做到"六个专"（即一专人采购；二专人管理；三专账登记；四专区（柜）存放；五专器计量；六专人领用），努力保障海丰食品质量安全。

【"三打两建"打击制假售假专项行动】 按照县委、县政府开展"三打两建"工作部署，3月5日，县质监局牵头组建了由18个县有关部门为成员单位的海丰县打击制假售假专项行动小组，县质监局积极承担专项行动办公室职责，安排办公场地，配齐办公设备，同时从9个牵头部门中抽调9名业务骨干集中办公。迅速制订《全县打击制假售假专项行动方案》，逐步完善制定行动小组六个工作制度和三个分设小组工作职责，建立文件、会议、数据汇总等台账资料。定时召开打假工作协调推进会，并切实担当打假主力军，有计划、有步骤、有针对性地对制假售假进行突击检查，查办一批大要案，全局共出动执法人员3560人次，排查线索550条，查办案件117宗，与2011年同期同比增加41%，结案112宗，其中食品案件56宗，占比例47%，捣毁窝点37个，大要案11宗，移交公安机关1宗，涉案货值165.06万元。具体做法：一是突出重点，查办大案要案，紧紧围绕行动方案确定的“五个一批”主要目标和“十大专项行动”的重点产品、重点单位和重点区域，突出人民群众最关心、反映最强烈的食品质量问题，查办案件时做到“五不放过”，即做到原料来源、产品流向未查清的不放过，问题产品未召回、未处理的不放过，不法分子未受到惩处的不放过，管理和监督措施不到位的不放过，案件警示教育没有做的不放过。二是部门联动，形成打假工作合力，各业务股室提高联动效率，加大对企业监管频次，依法依规发出整改通知书，责令企业在限期内进行改正并提交整改报告，逾期未整改的均移交稽查立案予以查处；充分发挥专项行动小组办公室的组织协调作用，加强公安、工商、质监、卫生与烟草等部门的联系，形成打击合力，严打制假售假，建立联合办案机制，形成了职责分明，密切配合的工作机制，不断筛选案源信息，拓展经营思路，案件经营从单点监控到跨区侦查，案件破获从简单收网到多方围捕，5月份两个大案要案的查获就是合力联动的给力表现。三是广泛宣传，营造打假浓烈氛围。县打击制假售假专项行动小组办公室按照上级的要求，建立每天、每周一报的工作制度，向县委、县政府、市打假专项办报送“海丰县打击制假售假专项行动工作简讯”和动态信息，及时报道专项行动开展情况，刊发工作简讯35期；在全县各食品生产加工企业周围张贴《广东省质量技术监督局关于举报食品生产加工违法行为的奖励办法》，扩大专项行动辐射范围；3月12日，联合县团委、青年志愿者协会在公平镇举行打击制假售假专项行动志愿服务宣传活动，以“弘扬雷锋精神，争做安全护航志愿者——海丰县‘三打两建’打击制假售假志愿服务行动”为主题，以宣传车、街市发放宣传单、设置咨询平台和电视台报道等多形式，发动20多名青年志愿者在公平镇走街串巷，深入基层群众250多户，发动宣传，为打击制假售假造势。

（叶　娜）

附：2012年海丰县质量技术监督局领导名录

局　长：柯梁恭

副局长：周木明　陈如源

食品药品监督管理

【简述】 2012 年，县卫生局作为“三打两建”专项行动的主要职能部门，大力打击食品、药品、保健品、化妆品、医疗器械、日用化工等产品的制售假冒伪劣行为，重点打击社会关注的食品非法使用添加剂、使用不合格食用油、违法销售含可待因复方溶液药品等行为；注重宣传发动，引导社会对食品药品领域的监督；县食安办（县卫生局）加强对食品安全监管的组织协调，在各节假日及重大活动期间，均组织食安委成员单位开展食品安全检查整治行动，出台、落实相关制度，规范企业经营行为。年内，开展评选10家“诚信药店”及药品经营企业信用等级评比制度，探索推行餐饮服务食品安全公开监督栏制度，均取得了明显效果，进一步构建市场监管体系和社会信用体系。县卫生局坚持边打边建、以打促建的工作思路和做法得到市委、县委领导的充分肯定，市委专门派出调研组到卫生局听取汇报，了解该做法。全年共出动执法人员6579人次，检查单位1997间次，共立案处理227宗，结案226宗，罚没款20多万元。

（钟秀业　陈永强）

【食品安全综合监管】 县政府重新调整了食品安全委员会成员单位，进一步完善食品安全监管体制机制。县卫生局（加挂“海丰县食品安全委员会”牌子）作为全县食品安全综合监督部门，组织协调食品安全工作，下设县食安办，负责日常工作。并牵头组织成员单位开展多次专项整治行动。2012年，全县食品安全稳定，未出现重大食品安全事故。主要做法：①开展打击食品非法添加和滥用食品添加剂专项整治工作。制定出台《海丰县农产品质量安全检测计划》，落实企业食品安全主体责任，并要求企业制定食品添加剂使用制度，严格按“GB2760”要求使用食品添加剂。同时，组织对各类各环节食品经营企业进行食品添加剂专项检查。②开展“瘦肉精”等违禁药品检查。对全县屠宰场、养殖场的生猪进行“瘦肉精”和莱克多巴胺的检测，共检测样品

430份，检测结果全部呈阴性。③加强“地沟油”整治、餐厨废弃物管理和食用油综合治理工作。县质监部门与15家食用油生产企业签订了“坚决杜绝食用‘地沟油’保障食品质量诚信承诺”。加强对流通、使用环节食用油的抽检力度，抽检食用油23批次，检查门店2223户，检查酒楼、小餐馆、大排档400多间次，检查学校、幼儿园等集体食堂80多间次。未发现使用不明来源食用油情况。④建立健全乳及乳制品质量安全监管责任制，明确政府及有关部门的职责，认真落实流通环节食品抽检工作制度，做好有关食品品种的常规抽检以及乳制品专项抽检。⑤组织对全县保健食品经营企业开展日常监管和专项整治工作，检查了保健食品经营企业105家次，未发现违规情况。⑥查处酒类制售假违法违规案件40宗，共处予罚款约10万元。⑦开展重点场所食品安全专项整治工作。共取缔流通环节黑窝点25个。⑧加强农药兽药残留专项整治和加强蔬菜农药残留的监测，共抽样检测18批次，检测蔬菜2200个，合格率达到100％。检查市场43家次、门店123家次、基地19次、产品33个、专业合作社18个。所有农药门市店均签订了“安全生产承诺书”，纠正不规范经营6家。办理“兽药经营许可证”的企业24家，办证率达到100%。⑨加强对生猪私屠滥宰违法行为的监管，查处私宰生猪、菜牛和制售病害牛肉品等各类违法案件185宗，没收肉品1882.1公斤，销毁不合格肉品232.3公斤，罚款15万元。⑩加强诚信体系建设，对辖区内77家换、发“食品生产许可证”的企业都建立了食品安全信用档案；7家食品经营企业通过评选，定为“食品安全示范点”；共与3686户经营者签订了“食品流通安全承诺书”。（陈俊超）

【“三品一械”监管】　2012年，海丰县积极开展“三打两建”专项行动，加强对药品、保健食品、化妆品和医疗器械的监管。强化企业责任，全县近400家药品经营企业签订了《海丰县药械安全责任书》；加强日常检查力度；规范药品从业人员管理，清理整顿多点执业违规行为；开展医疗机构药房规范化管理；进一步加强药品、医疗器械不良反应（事件）监测工作。积极做好铬超标药用胶囊的应急处置工作，对9家涉嫌的药品生产企业的胶囊剂药品共348盒进行下架、登记、封存，并对不合格产品进行了召回处理。年内，强化打假力度，加强与公安、工商等部门联合执法力度，大力推进药品安全专项整治，开展了非药品冒充药品、药品零售企业从非法渠道购进药品、药品生产流通领域集中整治、广告药品、含特殊药品的复方制剂、含可待因复方口服溶液等专项整治行动。共检查药品经营使用单位855家次，立案51宗，结案50宗，移送公安机关处理2宗，罚没款7.6万多元。强化“监检结合模式”，全年完成药品监督性抽检157批次，药品评价性抽检97批次，化妆品监督性和评价性抽检24批次，药品快筛快查100批次。加强与公安、工商部门的联合执法，开展含可待因复方口服溶液的专项行动，严厉打击违法销售“联邦止咳露”的行为。（钟秀业）

【药品经营审批认证】　2012年，全县新办药品经营企业18家，完成GSP认证17家（其中6家以原海丰县食品药品监督管理局名义发证），药品经营许可证变更35家，补证1家，注销药品经营许可证12家，药品GSP跟踪检查26家。当年新办保健食品经营企业许可证6家，共181家。没新增医疗器械经营企业。（黎智文）

安全生产监督管理

【简述】　2012年，海丰县安全生产工作坚持“安全第一，预防为主，综合治理”的方针，继续扎实深入开展“安全生产年”活动，认真落实推进安全生产“一岗双责”制度，采取有力措施，开展安全生产“打非治违”专项行动和“百日行动”，取得成效。全县安全生产形势总体保持稳定，但四项指数呈现“三升一降”，全县发生各类安全事故387起，受伤656人，直接经济损失64.60万元，安全事故起数、受伤人数、经济损失三项指数同比呈不同程度上升态势,分别上升32.53%、60.00%、69.02%。但死亡指标得到有效控制，事故死亡人数49人（占全年安全生产控制指标53人的92.45%），同比下降3.92%，其中：县境内发生交通事故386起，死亡48人（占道路交通安全控制指标48人的100%），“5·26”和“12·14”两起较大交通事故共造成6人死亡；工矿商贸事故1起死亡1人。

【“安全生产年”活动】　2012年，海丰县继续扎实深入开展“安全生产年”活动，突出“三深化”、“三推进”，狠抓安全生产“一岗双责”

制度落实，强化安全生产监管，加大排查治理力度，全县安全生产形势总体稳定。

【安全生产监督检查】 2012年，为深入贯彻《关于加强危险化学品生产企业日常安全督查工作的指导意见》（粤安监〔2009〕400号）文件，进一步加强和规范危险化学品生产企业安全监管工作，构建危险化学品安全生产长效机制，推动企业安全生产主体责任的落实，依照有关规定，海丰县安监局组织聘请专家20多人次对危险化学品生产企业进行现场督查，针对督查出的安全隐患发出限期整改并按时限进行复查。检查全县危险化学品、烟花爆竹、非煤矿山、工商贸等企业144家生产经营单位，共排查出251处事故隐患并记录在安全大检查记录本，查出的事故隐患100%完成整改。

【安全生产行政许可】 海丰县安监局根据《危险化学品经营许可证管理办法》《烟花爆竹安全管理条例》和《中华人民共和国行政许可法》等有关法律法规，强化依法行政，严把安全生产行政许可审批关。2012年，依法办理危险化学品经营企业许可证20家、烟花爆竹经营商户许可证27家。依据《易制毒化学品管理条例》规定办理了海丰县新金梅化工经销行等2家经营易制毒化学品企业的备案。

【安全生产行政执法检查】 2012年度全县认真组织开展安全生产大检查，排查事故隐患，加大了安全生产检查力度。各地各单位出动检查人员5600人次，进行检查1420场次，排查安全隐患3258处，当场责令纠正1185处，发出整改通知书623份，整治隐患623处，落实安全防范措施1450处，消除了一大批事故隐患。同时开展联合执法，严厉打击各类非法违法生产经营建设活动，坚决治理纠正违规违章行为。各地各相关部门按照《关于印发海丰县集中开展安全生产领域“打非治违”专项行动方案的通知》（海安〔2012〕2号）要求，通过强化联合执法,加大“打非治违”力度，严厉打击各类非法违法生产经营建设活动，坚决治理纠正违规违章行为,进一步规范了海丰安全生产法治秩序,有效防范和遏制重特大安全事故的发生,促进全县安全生产形势的持续稳定。

【安全生产宣传教育】 2012年，进一步加大安全生产宣传教育培训力度，采取灵活多样方式，切实抓好安全生产法律法规、方针政策的宣传贯彻，特别加强对特种作业人员的企业安全管理人员、生产经营单位从业人员的职业卫生知识等培训，推进职业安全教育，提高从业人员和广大群众安全意识。特别在6月份“安全生产月”中，突出“科学发展、安全发展”活动主题，精心组织，认真策划好活动月的各项宣传活动，取得较好效果。县安委办牵头组织安监、公安交警、教育、消防、供电等部门深入中小学校开展“安全知识进校园”活动，加强交通安全知识、用电和消防安全常识专题宣传，进一步提高广大师生预防道路交通和消防安全事故的能力。7月份起，共举办成品油加油站安全生产主要负责人和安全管理人员再继续教育、烟花爆竹经营单位从业人

① 2012年全县教育系统安全工作会议。
② 2012年县教育局安全生产“一岗双责”履职情况汇报会。

员、职业卫生安全管理人员、特种作业人员的培训班、安全管理人员继续教育等培训班共7次。全年开展安全生产宣传教育活动12场次，接受教育人员达到6.5万人，发放宣传资料48万份。

（余海洋）

附：2012年海丰县安全生产监督管理局领导名录

局　长：陈广波（任至8月）

曾诗贤（8月起任）

副局长：刘启泰　吴玉武

物价管理

【简述】　2012年，海丰县物价工作围绕县委“建设幸福海丰”的战略任务，积极发挥职能部门作用，坚持与时俱进，锐意创新，突出重点，解难题，办实事，加强价费调控监管，宏观管理和微观管理相结合，确保全县价格总水平和价格秩序的基本稳定，实现物价管理工作新突破。

【价格监测】　加强市场价格监测和预警作为现阶段基层价格管理工作的首要任务，突出加强对粮油菜肉禽蛋等与人民群众日常消费关系密切的农副产品价格的监测。根据市物价局《转发省物价局关于开展平价商店价格监测工作的通知》文件精神，县物价部门负责县内平价商店价格监测，做好非平价商店市场价格监测数据的采集、整理、分析和报送工作，做好市场价格巡查、调查、分析和预警等监测工作。为使调查数据更具合理化，2012年新增1家农产品品种较为齐全的农贸市场（即新兴市场）和之前的云岭市场、人民市场共3家农贸市场作为非平价商店价格监测点，把监测数据发布到各农副产品平价商店作为平价商品降幅前的价格依据。为使群众及时了解主要商品价格行情，县物价部门联合海丰电视台制作了《海丰县猪肉、瓶装液化气价格行情》，逢周三、周五晚在《海丰新闻》栏目之后播出。

【成本调查与成本监审】　2012年，成本调查工作根据省、市制定的成本调查目录，结合海丰县实际，采取定点、定户、定品种逐项调查登记，核算汇总上报，为上级领导决策提供依据。年内，建立了成本监审制度，凡需要出台或调（定）价费的项目事前必须进行成本监审。

【规范收费管理】　一是规范行政事业性收费管理。2012年对全县已发收费许可证进行一次全面清理，及时注销涉及取消和停止征收的收费项目，全面换发“收费许可证”。从5月15日至6月30日开展收费年审工作。年审采用单位自审和联合会审，一般和重点相结合的综合审查方法。在年审中坚持做到四方面审查：一审收费许可证中填列的收费项目，标准范围及收费依据与实际执行是否一致；二审上级取消和调整的收费政策是否落实；三审收费许可证是否核发无误，有无收费依据与现行政策不符而发证的，收费项目有无一年以上未收费的，收费单位有无一年以上未收费需注销收费证的情况；四审以前年度收费许可证是否审验或审验中发现的问题是否已改正。通过年审进一步落实国家和省关于取消和降低收费项目的通知精神，圆满完成了年审任务，全年共审验收费单位44个，收费总额4906.3万元。其中行政事业性收费单位23个，收费额3253.6万元；经营服务性收费单位21个，收费额1652.7万元。通过年审，规范了行政事业性收费管理。二是规范民办中小学校教育收费管理，根据教育培养成本测算合理制定全县民办中小学校收费标准，进一步规范民办学校的收费行为。三是规范物业收费管理，随着建筑市场不断发展扩大、住宅区越来越多，为使物业管理单位合理收费，对海城地区的名门、地王广场、碧桂园等8个较大型的物业，分别给予核定收费项目和收费标准进行收费。遏制物业单位多收乱收的行为。

【物价监督检查】　一是认真组织开展各项检查。重点对春运客运票价、教育收费、医药卫生服务价格、成品油价格、液化气价格、商品房销售标价、明码标价等进行专项检查。2012年，重点进驻检查单位68个，查处违价案件10宗，罚没金额39030元；责成自纠退款2宗，落实退款金额85800元。二是认真做好群众价格投诉举报的调查处理。2012年收到群众来信来访以及上级物价部门交办的投诉举报案件共6宗。投诉内容主要涉及教育收费、自来水、医药价格、物业管理服务收费等。县物价局均在第一时间派员进行调查处理，并将检查结果及时回复投诉者或报告上级物价部门。其中对药品价格的投诉案件，主要是由于投诉者对药品价格政策的理解上没有到位，认为医院的药品价格远高于在市场上的零售药店，对此，在政策上给予解释，使其消除误解。三是配合市物价局开展对学校、民政、殡葬服务、环保收费和医疗卫生服务价格等检查工作。

【价格认证工作】 2012年，海丰县价格鉴证认证工作遵循“依法、公正、准确、及时”的服务宗旨，积极开展价格认证工作，增强服务意识，转变工作作风，为政府、企业和消费者服务。在服务县重点项目建设和“双转移”工作中，积极把做好鹅埠深汕合作区、厦深铁路（海丰段）以及碧桂园、华润电厂、潮惠高速（海丰段）等重点项目建设的征地和农作物价格评估工作，与落实科学发展观结合起来，充分发挥价格职能作用，为海丰经济建设服务。年内，价格认证中心共完成公检法委托的涉及财产价格鉴证业务217宗，标的2100多万元；车损业务75宗，标的139多万元；社会资产评估业务20宗，标的800多万元；“三打”案件评估业务24宗，标的约426万元；重点项目建设土地评估200公顷，农作物评估266.67公顷，房屋评估50多间，为海丰重点项目的开工建设奠定了良好基础。

【价格调节基金】 2012年，继续征收价格调节基金，运用价格调节基金补贴平价商店，对加快推进平价商店建设、促进平价商店健康可持续发展具有重要意义。通过与县地方税务局的积极沟通和配合，海丰县价格调节基金从2012年1月1日开始由地税部门代征收，至年底，已征收的价格调节基金累计约500多万元。根据省物价局《关于印发广东省价格调节基金台账管理暂行办法的通知》，为进一步规范全省价格调节基金的管理工作，提高价格调节基金征集、使用的公开性和透明度，确保价格调节基金的安全、规范、高效使用，按照省、市物价部门的部署，县物价部门指派专人负责，主动与地税部门联系，定期核实价格调节基金明细数据，做好价格调节基金台账管理工作。

【规范农村道路客运票价管理】 2012年，根据省物价局、省交通运输厅《关于农村道路旅客运价管理的暂行办法的通知》和《关于我省农村道路旅客运输车型运价方案的通知》文件规定，核定全县农村道路客运票价标准，维护旅客和经营者的合法权益。

【价格管理】 2012年，价格管理工作重点与人民群众日常消费关系密切的价格加强监控管理。对液化石油气实行进销差率管理。据监测显示，上半年波动较大，每吨进货成本6200元/吨至8200元/吨之间，下半年则比较平稳，每吨进货成本在6300元/吨～7500元/吨之间运行，每瓶14.5公斤批发价在96元～128元之间，均未突破规定的进销差率，维护消费者利益。

【重新核定廉租房租金】 根据2012年12月11日县政府十四届十八次常务会议“关于重新核定我县廉租住房租金标准的问题”的有关精神及要求，海丰县廉租住房租金标准由原定1.80元/月·平方米，重新核定为每月每平方米1.00元，新标准从2013年1月1日起执行。

【药品价格“三控”管理】 药品价格关系民生，为切实降低医药费用，减轻群众负担，认真贯彻落实《广东省物价局关于对药品价格实行“三控”管理的通知》文件精神，积极调整管理策略，把实施“三控”管理的着力点放在医保定点药店上。2012年，海丰县督促和指导医疗机构和药品经营企业严格执行对药品价格实行“三控”管理的规定，采取动态管理和常态化管理相结合模式进行管理。为合理调整医疗服务价格，进一步深化市医疗机构收入体制改革，根据省物价局卫生厅《关于做好医疗服务价格测算工作的通知》，县物价部门联合县卫生局，研究决定在全县挑选几家符合各项测算条件的医疗服务机构作为本次医疗服务价格测算对象（分别是彭湃医院、县妇幼保健院、县中医院、水电医院、老区人民医院和粤东医院），落实专人负责，按时完成了本次医疗服务价格测算工作。

【平价商店等三项建设】 海丰县作为全省平价商店建设示范县，2012年坚持立足实际，解放思想，锐意创新，积极探索，在市局的科学指导下，以“农村采购中心+县城配送中心+社区个体商店”的新思路、新模式，全力推进平价商店进社区、进乡镇工作。全县先后在县城地区建成3个超市平价农副产品专营区，在县城主要社区成功创建了22家网点式、连锁型的小型农副产品平价商店，以及7家进乡镇的平价商店，初步形成覆盖县城地区和梅陇、公平、可塘、陶河等重点城镇的进社区、进乡镇格局。年内，县内各农副产品平价商店经营正常，运作良好，稳价惠民作用初显成效。加强农副产品平价商店建设和规范管理，根据省物价局关于印发《广东省农副产品平价商店考核暂行办法》通知精神，县物价部门

联合县供销社贸易总公司组成考核小组，于5月15日，对县城地区3个超市平价农副产品专营区、主要社区24家网点式连锁型的小型农副产品平价商店，以及1家粮油专营店，共28个平价商店逐个进行考核。从考核情况看，全县的平价商店均评为合格以上等次，合格率为100%。全年全县各大小平价商店累计销售大米874.86吨，营业额442.79万元；猪肉816.75吨，营业额2422.01万元；蔬菜886.05吨，营业额641.66万元，分别比非平价农副产品监测的农贸市场平均价降幅达7.5%、15%、17.25%以上，累计让利消费者628.65万元。尤其是20家进社区平价商店，以其“小而全、简而实”的特点和平价惠民的作用，受到了广大群众的欢迎和赞誉。年内，海丰县物价部门从县内农业生产发展实际情况出发，稳步推进平价商店、蔬菜大棚、冷藏设施建设。2012年平价商店建设增加9家，蔬菜大棚3个、冷库2个。通过联合县财政、供销、农业等部门深入调查、严格把关、积极上报，向省申报了6个扶持蔬菜大棚和冷藏设施建设项目，实现了较大的突破，有效地发挥了促生产、保供应的价格调控作用。

（黄秩才）

附：2012年海丰县物价局领导名录

局　长：叶胜勇

副局长：林伟明　刘火云

审　计

【简述】　2012年，海丰县审计局根据审计法律法规和全国、全省、全市审计工作会议精神，紧紧围绕全面建设和谐社会的奋斗目标，继续坚持“依法审计、服务大局、围绕中心、突出重点、求真务实”的工作方针，认真履行审计监督职责，当好公共财政“卫士”，更加注重从体制、机制、制度层面揭示、分析和反映问题，充分发挥审计保障国家经济社会健康运行的“免疫系统”功能，为实现海丰的跨越发展，建设幸福海丰作出积极贡献。全县全年完成审计项目33个，其中：财政预算执行审计1个，地税征管审计1个，专项资金审计项目2个，专项资金审计调查项目1个，党政领导干部和企业领导人员经济责任审计25个，财政财务收支审计1个、资产负债及损益审计1个，固定资产投资审计1个。经审计，出具审计决定书16份，审计查出违规金额661万元，管理不规范金额6764万元；应缴财政和税金金额485万元（其中罚款5万元），已上缴财政金额556万元（包含以前年度应上缴财政金额77万元）；应归还原渠道金额52万元，已归还原渠道金额3万元；应调账处理金额183万元，已调账处理金额267万元（包含以前年度应调账处理金额88万元）。并针对被审单位的实际情况，提出审计建议96条，被采纳29条，提交审计专题、综合性报告和信息简报8篇，被批示、采用4篇。内部审计项目45个。

【财税审计】　2012年，县审计局在对县财政2011年度预算执行情况审计中着重反映财政部门财政收入和支出情况。县财政部门积极组织收入，配合地税部门护税协税，协助国土部门加强国有土地使用权出让金的收支管理和清收追缴工作；国有资产处置收入与收益的收缴，以及加强非税收入征管和落实“收支两条线”计划任务。财政支出方面以调整优化支出结构、惠民生为重点，在预算内财力规模、各项转移支付补助逐步壮大的情况下，加大了海丰县重点项目、义务教育、社会保障、水利建设等社会民生工程的投入。同时财政部门在本级财力有限的情况下，对保证华润电厂、北三环公路、省道242线等重点项目的建设全力筹资，优化海丰县投资环境。审计表明：在预算执行过程中，一般预算收入在近几年连续高增长的基础上，2011年再度增长30.58%，其中工商税收入超收弥补了税收短收的不足，保证了年度预算任务的完成；年度预算安排坚持保证重点、压缩一般性支出的原则，保证重点项目和各项中心任务以及正常运转的资金需要。同时，根据预算执行中经审计发现存在的问题，在向人大工作报告中提出了审计建议。年内，县审计局对县地税局2011年度税收征管情况和财务收支情况进行审计。经审计，对地税部门的房地产企业入库税款电脑数据审核后，发现存在计税依据不一致，多预征或少预征税款问题；抽查延伸审计的房地产业企业，发现存在少申报缴纳当期税费问题，而且地税部门在征管过程中也不够严格、规范，税源管理情况不够健全完善，其中的纳税评估和税务稽查工作效果不佳。对此县审计局向地税部门提出应积极向政府提议建立涉税信息交换与共享平台，加大税收征管力度、公平税负，要严格、规范、正确计征房地产企业税款等建议，积极提高税收征管质量和水平。

【经济责任审计】 2012年，县审计局面临各级领导班子换届时期，实施领导干部经济责任审计工作任务大增的局面。根据县经济责任审计工作联席会议成员单位领导人员的变动情况，及时建议县政府对联席会议成员作出调整，确保海丰县经济责任审计协调机制得到有效运行，确保各成员单位各司其职，协调配合。同时，兼顾审计人员少、任务重的实际情况，结合县委、县政府的要求，经县经济责任审计联席会议商定，由县审计局派员担任审计组长，聘用具备与审计相关的专业技术资格条件的外部审计人员作为审计组组成人员，参与了多个项目的审计。2012年度完成经济责任审计项目25个（其中任中审计3个、离任审计22个），占年度计划的76%，被审计的领导干部25人，其中：乡镇党委书记6人，乡镇镇长6人，县直行政事业机关领导干部11人，国有企业领导人员2人。审计查出违规金额151万元，管理不规范金额4464万元；应缴财政和税金金额23万元，已上缴财政和税金93万元（含以前年度应上缴财政和税金77万元）；应归还原渠道资金6万元，已归还原渠道资金3.5万元；应调账资金159万元，已调账资金243万元（含以前年度应调账资金88万元）。提交审计报告和审计结果报告50篇，提出审计建议75条，被采纳25条。通过审计，对一些单位漏纳税款、没执行政府采购规定、部门预算执行不够严格、违规收费、挤占专项资金、违规转让土地、大额现金支付工程款及自行结算工程造价等问题进行了披露和处理、处罚，并向被审计单位提出了切实可行的审计整改建议意见，规范内部管理和建立、完善相关制度，堵塞漏洞，规范财经行为，同时促进领导干部遵守各项廉政规定，提高依法行政水平和严格履行职责的自觉性，为管理、评价和考核使用干部提供了有力的依据。

【政府投资审计】 2012年，县审计局对海丰县城污水处理厂土建工程中的厂区土建工程项目进行审计。通过采取详查及抽查相结合的方式，对二沉池工程项目及对氧化沟基础土方、淤泥外运、砼垫层、砼底板基础及基础加强带、桩承台工程项目进行审核。通过审计，核减厂区土建工程项目工程造价459892.48元。

【专项资金审计和审计调查】 2012年专项资金审计有3项：①对海丰县公安机关使用交通技术监控设备查处道路违法行为信息系统（下称“电子警察”）建设、运行、管理以及交通安全执法行为等的专项审计调查，客观评价公安交警部门在维护交通安全方面是否依法履行职能、“电子警察”是否真正发挥应有的社会效果。通过调查，县交通“电子警察”尚存在处理处罚不规范和关系单位、人员的违章执法处理处罚不一致等问题。②对海丰县2012年广东扶贫济困日活动捐赠款物募集和使用管理情况的审计。截至2012年8月31日止募集到扶贫济困捐赠资金264.41万元，发现了尚有赤坑镇仁家村、黄羌镇东陇村等6个村委会项目配套使用扶贫济困捐赠资金30万元因项目建设进度慢的原因未向财政所申请拨款;赤坑镇尧陂村、长围村等6个村委会结存11.08万元尚未使用等情况，县审计局就以上情况向县扶贫办提出了加强监管，督促有关村委会加快抓紧项目实施工作，保证资金专款使用，充分发挥财政资金的使用效益的建议。③对农村低收入住房困难户住房改造建设资金的专项审计。经审计，对59户农房改造对象的县市级配套农房改造建设资金184.7万元尚未安排拨付的情况进行了反映，从而促进有关部门将该资金拨付到位;同时，审计中还发现一个村委将完成农房改造的50多户对象的省级补助资金存折存放在村干部保管未予发放，经审计指出后该村委及时进行了发放，确保了专项资金的安全。

【财务收支审计】 一是对海丰县城东镇中心小学2008年8月至2011年11月财政财务收支情况的审计。发现该校存在未向教职工扣回应由个人负担缴纳的社会保险费，个别小学领取备用金及预借款项未及时入账反映，财务管理会计核算不规范等问题，对此提出相关整改建议。二是对海丰县金叶发展公司2002年2月至2011年9月资产负债及损益的审计。发现该企业存在管理费用偏大、超范围发放补贴和超标准列支接待费、个人所得税缴交不足、费用支出手续不合规等问题。对此向该企业提出要继续做好资产保全工作、严格控制补贴发放和费用支出和清理往来款项，理顺往来资金手续等整改建议。

【配合审计审核】 一是配合广东省审计厅和汕尾市审计局开展对社保资金的审计工作。县审计局抽调4名工作人员配合市审计局对县社保资金的审计工作。不但核准了各项社保资金数据，而且对审计发现存在的农村医保会计账务处理不规范、离休干部报销医疗费用占用现有在职干部职工医疗费用等问题，也及时上报市审计组。二是抽调4名审计人员配合汕尾市审计局专项审计组开展对农村中小学布局调整的专项审计调查。县审计局王则琴同志在参加该审计调查组期间，工作表现突出，获得省审计厅的表扬和市审计局的表彰。三是县审计局抽调人员配合汕尾市驻深汕特别合作区审计组开展对深汕合作区所辖的后门、小漠、赤石及鹅埠等4个镇场截至2011年12月31日资产负债的审核工作。通过利用县审计局以前年度对各镇领导干部实施经济责任审计的结果，在该结果的基础上对其后期发生的各镇账面新增或减少的资产负债情况进行全面的清理审核。

【内部审计】 2012年，海丰县有内部审计机构5个，配备专、兼职审计人员15人，开展内部审计项目45个（其中经济责任审计5个、财务收支审计40个），出具报告45篇，审计资金总金额36704万元，提出建议19条，全部被采纳。

【审计机关规范化建设】 2012年，县审计局加强机关规范化建设。一是学习贯彻审计法律法规，提高审计工作质量。2012年抽派了22人次80天的时间，参加上级各部门组织的新法律法规及业务知识学习培训，其中选派1人参加了由广东省审计厅组织的为期40天的计算机审计强化培训。二是继续加强审计宣传工作。开办审计简报，对审计工作过程中发生的重大事项和重要会议实行审计简报通报制度，全年编写出版审计简报7期，为开展纵向和横向的信息交流开创了新平台。三是加强对审计人员的廉政监督和审计项目的事后监督。坚持开展审计回访，由一年一次的回访制度，更改为不定期的回访制度，一方面对审计查出问题的整改情况及审计决定的执行落实情况进行跟踪监督，另一方面通过回访对审计人员在开展审计工作过程中执行廉政纪律和工作纪律的情况进行了解考察。四是加强和完善审计专职机构的配置。根据县政府《关于调整海丰县经济责任审计工作联席会议成员的通知》重新调整联席会议成员和办公室有关人员；同时借机构改革的契机，向县政府争取增加3个人员编制（人员编制达24个），配齐总审计师和整改监督股的职能，完善审计专职职能的配置。

（罗挺中）

附：2012年海丰县审计局领导名录

局　　长：余德钦

副 局 长：骆科俊　叶宽存

总审计师：林伟雄（4月起任）

统　计

【简述】 2012年，海丰县统计工作紧紧围绕县委、县政府确定的工作目标，坚持以促进经济发展为中心，以提高基层统计工作和统计数据质量为目的，精心组织第六次全国人口普查工作数据开发工作、人口变动情况和劳动力调查等抽样调查以及统计“四大工程”建设等工作。加快统计信息化进程，加强对经济运行和社会发展的统计监测，为领导决策当好参谋，为企业提供优质的统计服务，努力推进全县经济又好又快发展。

【统计法制建设】 2012年，县统计局以依法保

※ 11月8日上午，省统计局局长辛晓维到海丰县调研基层统计工作。

障统计工作顺利进行为目标，以依法保障统计数据质量为中心，优化统计环境，不断加强统计管理和监督，使统计工作逐步走上法制化、规范化轨道。一是大力开展统计法制宣传教育工作。各专业经常利用召开业务会议的机会，向调查单位进行统计法制宣传教育；印发“统计法律事务告知书”200多份，发至全县统计人员和有关企事业单位，通过多种形式营造依法统计的良好环境。二是大力开展统计执法检查。8月15日至9月30日，县统计局在全县范围内开展统计执法大检查，全县重点检查16家“三上企业”，详细检查原始记录，统计台账、统计档案、统计报表以及持证上岗等情况。在抽查中，共查出统计违法行为5宗。通过检查，使统计人员和企业领导明确统

※ 按照国家统计局统一部署，9月16日，海丰县全国统计从业资格考试在中共海丰县委党校海丰考场举行，来自全县的68名考生参加了考试，参考人数创历年新高。

计数据质量的重要性和统计基础建设的必要性，为确保统计源头数据质量把好关。三是大力开展统计教育培训工作。全县有78名统计人员参加统计从业资格和统计专业技术资格培训班，其中68名统计人员参加统计从业资格考试，参考人数创历年新高。

【国情国力调查】 一是继续做好第六次人口普查数据开发工作，围绕“高质量完成人口普查、搞准人口数据”，认真抓好各阶段工作任务，安排专人负责人口普查技术业务论文撰写工作并通过报纸、网络、内刊等媒体发布第六次人口普查公报。海丰县人口普查工作得到了上级部门的肯定被授予“第六次全国人口普查国家级先进集体”荣誉。二是认真做好人口变动和劳动力抽样调查工作。按照国家、省统计部门的统一部署，县统计局严格执行国家统计局《人口变动情况抽样调查制度》和《劳动力调查制度》，周密细致地安排好各个环节，确保调查数据质量。

【统计分析调研】 2012年，县统计局坚持党委政府决策到哪里，统计服务就延伸到哪里的工作理念，全面把握经济发展趋势，全身心解读经济发展进程，全力为县委、县政府决策提供准确的信息、科学的判断和可行的政策建议。通过全面总结“十一五”期间海丰经济社会发展情况，为县委、县政府科学谋划“十二五规划”提供坚实基础。积极参与“十二五”规划的调研和编制。加强横向联系，认真做好数据比对工作，加强与各县市统计部门的沟通联系。为充分发挥统计信息咨询、监督和服务的职能作用，对社会的热点问题进行跟踪调查、分析原因，提出建议。2012年编印了《统计信息》7期、《内部通报》12期、《海丰县统计月报》11期，为更方便、及时提供统计信息和经济运行动态，升级改换了海丰县统计信息网（网址：www.hftjxx.com）网页并加强维护和运行，及时做好信息更新，切实提高了统计服务水平。

【统计信息化建设】 2012年，海丰县将统计“四大工程”建设作为全年工作的一项重点工作，围绕联网直报，狠抓了硬件建设和统计制度改革，以“三上企业”为重点，强力推进网络直报，对传统的统计报表报送方式进行改革完善。积极做好单位名录库比对、核实和确认等工作，研究名录库与常规统计调查单位及单位基本情况数据的统一衔接，深入重点企业进行数据质量抽查，切实提高“三上企业”数据上报质量。县统计局积极争取县政府支持，专门配置了10兆的专线光纤，为按时、保质完成网上直报任务提供了保障。2012年度海丰县统计局被评为企业“一套表”联网直报工作省级先进集体。

（黄俊荣）

※ 11月8日上午，举世瞩目的中国共产党第十八次全国代表大会在北京隆重开幕，海丰县统计局组织全局干部职工20多人在局会议室收看十八大开幕式直播，认真聆听中共中央总书记胡锦涛工作报告。会后，大家表示一定要认真学习好、领会好十八大工作报告，原原本本贯彻落实到工作中去，为海丰的经济社会更好更快发展作出应有的贡献。

附：2012年海丰县统计局领导名录

局　长：李小平

副局长：陈银友　黄洪霞（女）

城镇建设与管理

综述

2012年，海丰县城镇建设以科学发展观指导城乡规划建设，促进海丰县城镇化进程。以县委《关于制定全县国民经济和社会发展第十二个五年规划的建议》为发展方向，以“树正气、强管理、促发展、惠民生”为主线，全力打造中等现代化城市，实现城乡规划建设管理的全面创新发展，“由县域中心城镇向现代中等城市转变”、“打造宜居宜业城市”的总体要求，强化规划先行意识并严格实施，加强建筑市场监管，加快民计民生工程建设步伐，促进房地产市场健康发展，加强党风廉政建设，切实转变工作作风，促进海丰县经济社会全面发展。

年初，按照县委、县政府确定的32个重点项目，县建设局着手编制了2012年的工作计划，并做出具体分工安排和优惠政策，为重点项目的顺利建设打下基础。市民广场正在抓紧进行规划；华润电厂、华城石化二期、大中华“三旧”改造开发、大湖风电正在建设；县中等职业技术学校教学楼、学生宿舍及师生食堂配套设施、县彭湃中学新校区、县影剧院已完成基础施工建设工作；县城污水处理厂、富基水泥制品厂已竣工验收并投入使用；碧桂园（一期）、海悦名城、地王广场、凯旋花园（二期）、第一城（一期）等10个大型高层的房地产项目已全面施工建设，部分项目已竣工验收。

至年末，海丰县城的建成区已达27平方公里。全年办理建设工程规划许可证92宗，总建筑面积约141.2万平方米；办理选址意见书4份，建筑红线图140宗，建设用地规划许可证38宗，办理建设工程施工许可证28宗，总建筑面积69万平方米，基本建设总投资约9.6亿多元。

（郭志峰）

城乡规划

【简述】　海丰县在历次规划修编的基础上，千方百计克服资金短缺困难，加大投入，切实推进规划编制工作。县城总体规划已通过县人大审查，已报市审批中；公平、梅陇、可塘、鹅埠、小漠等镇的总体规划已完成修编，城镇规划体系基本完成。县城在总体规划的指导下，基本完成新规划区控制性详细规划的编制工作。继324国道县城段复线、海丽大道、城东至公平公路（S242）先后投入使用后，又建设了北三环路、绿道网，县城部分主干道道路绿化、交通管制改造等一批市政项目，使全县城镇基础设施不断完善。

【城市总体规划】　2012年，海丰县在已编制完成的县城总体规划的基础上，编制完成《海丰县城总体规划（1998～2020）》和《海丰县总体规划（1998～2020）实施评估报告》，县城总体规划已通过县人大审查，已报市审批中；加快各功能小区控制性详细规划的修编和建设进程。按照县委九届十次全会提出的“建设宜居宜业现代化中等城市”要求，加快编制“轻工贸易发展区”、“生态农业发展区”和“区域合作示范区”三大经济功能区的控制性详细规划。同时，组织编制南部片区、北部综合工业片区、西南片区三个控制性详细规划，编制北三环路两侧控制性规划方案，确保大面岭环境保护与土地开发有序进行。完成了9.7万平方米行政小区修建性规划方案。做好“三旧”改造项目编制规划，完成1.2万平方米的粉围群南生产队“三旧”改造一期规划；1.4万平方米附城镇南湖居委“三旧”改造规划；2.8万平方米南湖城市房地产开发有限公司“三旧”改造规划。

【小城镇规划】　2012年，根据国家的有关推进社会主义新农村建设工作部署和《中华人民共和国城乡规划法》的有关要求，县住房与规划建设局

对全县16个乡镇各方面情况进行了全面的调查摸底，建立了规划建设档案。公平、梅陇、可塘、鹅埠、小漠等镇的总体规划已完成修编，城镇规划体系基本完成。全年编制完成17.8万平方米小漠镇招挂用地的规划；鲘门镇百安9.7万平方米储备用地的规划；梅陇镇天星湖12万平方米和梅陇镇安步溪北片19万平方米的储备；可塘双桂山汕尾市生活垃圾无害化处理中心26.8万平方米用地的规划，并着力组织实施，积极推进社会主义新农村建设，打造宜居宜业环境，进一步促进城乡的协调发展。

【新农村规划】 以农村村居规划为依托，在村居建设和示范带动等方面取得了阶段性成效。村居规划建设是一项有利于改善农民群众的生活条件，提高农村品位的民心工程，要以科学的方法制定村居规划，以统筹的方法引导群众按照规划进行村居建设，使村居规划建设工作取得实质性进展。2012年，编制完成可塘镇陈厝村和联安镇唐厝村农村村居规划编制工作。将被确定为省级新农村建设的试点村的新农村建设，按照“统一设计、按图施工、加强管理”的要求加快推进建设，为社会主义新农村建设提供示范。加大对海丰县名镇名村示范村建设的实施，加大力度对海城镇莲花村的乡村旅游名村和梅陇镇梅联村的农业特色名村的建设，为全面建设社会主义新农村描绘好设计蓝图。

村镇建设

【村居建设】 根据国家的有关推进社会主义新农村建设工作部署和《中华人民共和国城乡规划法》的有关要求，县建设局对全县16个乡镇各方面情况进行了全面的调查摸底，建立了规划建设档案。村居规划建设是一项有利于改善农民群众的生活条件，提高农村品位的民心工程，要以科学的方法制定村居规划，以统筹的方法引导群众按照规划进行村居建设，使村居规划建设工作取得实质性进展。以一体规划、统筹发展，因地制宜，突出特色，高起点规划、高标准建设中心镇、专业镇。加快省级中心镇总体规划修编和评审。以农村村居规划为依托，在村居建设和示范带动等方面取得了阶段性成效。第二批汕尾市宜居城镇为附城镇，宜居村庄为平东镇谷刀村委新东村，公平胜高楼村，城东桂树港村，可塘仓前村。黄羌镇坑联村已于2011年12月被省住建厅批准为广东省第一批宜居村庄。同时加快省级中心镇总体规划修编和评审，积极配合申报第三批国家发展改革试点镇，做好各镇小区控制性详细规划，按照中心镇建设的标准和要求，着力做好各项控制性规划，按照宜居宜业的发展理念，大力打造“轻工商贸发展区”“生态农业发展区”和“区域合作示范区”三大经济功能区的规划。

建设管理

【建设市场秩序管理】 2012年，为确保城乡建设发展按城建规划实施建设管理，对每一宗建设项目都实施报建管理，严格实行“一书两证”制度和设计、施工图会审制度，特别是对县城主干道路两边的建设项目和一些重点项目，都认真组织技术人员进行汇编、评审，从建设项目的立面、层高、体量等进行层层严格把关，实施统一规划、统一设计、统一建设。进一步强化职能，坚决杜绝招投标过程中的违规行为，坚持公开、公平、公正原则，进一步创新管理机制和规范全县招投标管理、代理机构的代理行为。对招投标公告、专家的抽选、评标的管理、中标公示制度、备案制度等一系列的制度进行修改，规范了操作程序，使招标交易更加规范，保证招投标活动公开、公平、公正进行。2012年工程建设招投标项目41个，涵盖了公路、水利、学校、保障性住房等项目，交易额2.53亿元，中标造价2.43亿元，应招投标率和公开招标率均达到100%，通过招投标，节约工程投资1024万元。

【建设工程安全质量管理】 全年质安站共监督工程项目20个，受监面积约62.8万平方米，竣工验收监督工程22个，建筑面积22.7万平方米，工程造价2.8亿元，全县在建工地一年来没发生质量安全事故，实现了年度制订的质量安全零事故的目标。采取安全例会制度和日常工程安全监督与质量监督相结合的管理模式，强化建筑市场安全生产管理措施的落实。认真实施建筑施工企业安全生产许可证制度，建立健全了黄牌警告制、不良行为公示制等。对一些存在安全隐患的工地实施重点监控和督查，全年发出停工通知书27份，整改通知书136份，落实整改60多处；开展“平安卡”工作，组织一期500多名民工参加的安全培训班。

【城建行政执法管理】 2012年，积极组织学习，严格执法，提高服务水平，积累经验。同时，依据现行的建设规范标准，加大对建设各主体资质的清查，杜绝无资质进入和跨资质的建筑现象；加大对建设各主体管理人员的资质督查力度，确保工程现场、质量安全保证体系进一步健全、完整。对建筑企业违法违规行为的坚决查处，强化动态管理，县住房与规划建设局及时将建筑企业的不良行为进行量化扣分并进行网上通报60多人次。全年检查工程12次，下发停工通知书1份，暂停施工通知书5份，安全隐患整改通知书85份，通过出台的各项规范措施，有效地促进了建筑市场的和谐发展，确保了建筑市场的建设安全。

※ 海丰县住房和城乡规划建设局办公楼。

【燃气管理】 2012年，以“安全生产月”为契机，通过燃气企业向用户发放“安全用气、天天注意”的宣传资料1.2万多份；同时充分利用电视媒体制作公益广告，大力宣贯新《城镇燃气管理条例》，开展燃气安全“进校园、进社区、进企业、进机关”的“四进”活动，提高了燃气安全生产的知识普及面，增强了群众对液化石油气的理解。全县8家燃气企业及管道企业从制度到岗位责任都全面上墙，其次，与各气库签订了安全生产责任书和消防目标管理责任书，进一步明确责任。坚持“安全第一，预防为主”，加强安全生产监督管理，采取每月一小查，每季度重点查办法。在开展燃气整治行动中，全年共出动检查人员近260多人次，排除安全隐患2处，建立巡查记录台账80份，强制检测钢瓶近3.5万多个。会同县有关部门联合执法8次。先后查处和移交充装外地气源的钢瓶1000多个。通过深入的开展燃气市场安全专项整治活动，有效地维护燃气企业和消费者的合法权益。

房地产与建筑业

【房地产建设】 2012年，县住房与规划建设局在认真做好房地产业发展方面锐意进取、积极探索，按照局的工作部署积极做好房地产业管理工作。积极开展房地产权登记发证工作，在办理房地产权证登记中，严格依照办证操作程序办事，进一步优化服务，确保办证质量。碧桂园（一期）、海悦名城、地王广场、凯旋花园（二期）、第一城（一期）等10个大型高层的房地产项目已全面施工建设，部分项目已竣工验收。

【房地产交易】 2012年，是海丰县房地产交易的高峰期。县房地产交易所为更好地服务群众，依据《中华人民共和国城市房地产管理法》《房屋登记办法》《广东省城镇房地产权登记条例》等法规，在办理房地产登记中，首先要求办证人员严格要求自己，提高服务质量，加快办事效率。从受理、测绘、初审等程序上，严格依照办证程序办事，确保办证质量。全年共办证4378宗，建筑面积95.77万平方米。房产交易2378宗，实际销售面积27.89万平方米，交易额31800万元；抵押登记1651宗，建筑面积29.05万平方米。

【房地产管理】 县住房与规划建设局认真按《中华人民共和国城市房地产管理法》《城市房地产开发经营条例》和《城市商品房销售管理办法》，加强对房地产业的管理和监督，通过加大对开发项目的监管力度，整顿和规范房地产市场秩序，认真核发“商品房预售许可证”，进一步规范房地产市场秩序。据统计，全县有房地产开发企业34家，开发房地产项目28个，总投资9600万元。全年房地产开发项目核发“商品房预售许可证”24宗，建筑面积14.43万平方米，共开发商品房1200套，比增23.3%。

【住房解困】 2012年，为解决市民的住房困难问题，县住房与规划建设局加大廉租房建设力度，采取集中建设的形式，县城镇保障性住房建设任务共为350套。至年底,4个建设项目中已有1个竣工验收，3个已办理完前期手续及招投标工作，将进入施工阶段。其中：海丰县2012年度公共租赁住房建设项目100套，占地面积2000平方米，计划投资800万元；海丰县2012年度直管公房改造公共租赁住房建设项目185套；海丰县彭湃医院综合楼改造公共租赁住房建设项目35套；小漠镇公租房建设项目30套。2012年度全县城镇保障性住房开工率为100%。

【建筑业管理】 2012年，县住房与规划建设局对建筑企业违法违规行为坚决查处，强化动态管理，及时将建筑企业的不良行为进行量化扣分并进行网上通报60多人次。全年检查工程12次，下发停工通知书1份，暂停施工通知书5份，安全隐患整改通知书85份。通过出台的各项规范措施，有效地促进了建筑市场的和谐发展，确保了建筑市场的建设安全。县局严格按照检测规范和条例对建筑材料进行了检测，为做到检测数据的科学性、准确性、公正性，局及时对检测设备进行了更新维护，有效地杜绝了不合格建材的使用。全年共完成：红砖检测101组，水泥152组，砼7000组，砂浆2003组，钢筋原材2320组和焊接3890组，回弹检测20000个测区。超额完成局布置的年度经济指标任务。（郭志峰）

附：2012年海丰县住房与规划建设局领导名录
局　长：刘城芳
副局长：陈俊如　李德新
陈汉排　姚宇忠

城镇管理与公用事业

【简述】 2012年，县公用事业局以县委第十次党代会、县第十四届人民代表大会和“十二五”规划确立的目标任务为指导，以“推动创新发展、建设幸福海丰”为目标，以城市“四化”建设管理转型升级、提升县城形象为着力点，进一步采取有效措施，加大管理力度，推进县城市政综合管理再上新台阶。

【市政建设】 根据县城市政公用设施现状和年初制订工作计划，结合市政规划和建设管理转型升级的要求，采取“整体规划，分步实施”的原则。2012年，共投入资金约6500万元，完成了红城大道第一期改造、龙津河两岸景观改造和附城镇三阳路、南二环30米大道等市政建设。完成了县城西排洪沟、西南片排洪沟改造和人民西路改造的立项、设计、工程预算等前期工作。同时，对县城各主干道破损路面维护及绿化补植、县城主次干道排水配套设施和下陷路面抢修，确保交通安全及排水畅通。

【治理“脏、乱、差”】 2012年，针对县城占道经营、农贸市场、酒楼宾馆配套设施滞后、市民城市管理意识薄弱，造成交通拥堵的实际。采取重点整治与全面管理相结合的办法，强化违规占道、乱摆乱放的规范管理，做到管理到位、责任到位、标准到位。坚决拆除占道经营构筑物和棚遮招牌，清除一切不文明违规障碍物。把红城大道、二环路、海丽大道、广富路等主干道设定为市容市貌管理严管路，指定专人负责，巡逻管理，确保道路两侧无违规占道经营、乱停乱放、乱搭乱建等现象发生。把新园市场、南湖市场、后沟市场、狮山市场等进行重点管理，实行定人定岗，执勤管理。全年共出动人员13000多人次，出动执勤车辆3000多辆次，发出“整改通知书”500多份，收缴乱摆乱放移动广告牌300多个，拆除固定广告牌80多宗，查处建筑材料违规占道40多宗，取缔固定摊档占道经营10多处，纠正流动摊档占道经营500多起，清理乱挂乱拉横幅1000多条。通过整治，县城各种违规现象得到有效遏制，市容市貌“脏、乱、差”现象明显好转。

【亮化建设】 2012年，按照省、市、县关于路灯设施采用LED照明产品有关要求，拟定了《海丰县道路照明设施推广应用LED照明产品改造实施方案》和《海丰县推广应用LED照明产品进度计划》。投资近600万元，完成了北三环公路9.7公里LED路灯建设，安装路灯245盏。投入230多万元，在龙津河、红城大道、二环路、美食街设置迎春灯饰，美化了县城环境。完成了县城二环路、南门湖路灯节能改造规划。同时，对县城路灯设施进行了全面检修维护，确保路灯安全正常运行。

【园林绿化】 县公用事业局园林绿化管理部门继续加大县城绿化管理整治力度，对县城红城大道、二环路、广富路、龙津河两岸等主干道路的绿篱、树木进行修剪、整形。对重点路段进行扩种补植、施肥管理，逐步扩大县城绿化面积。完成了西三环绿化配套建设。至2012年末，县城建成区绿化面积达1900公顷，绿化覆盖率28%，人均公共绿地面积8.6平方米，花坛绿化面积50万平方米。

【环卫保洁】 2012年，根据县委、县政府县城环境卫生整治工作要求。针对市民城市管理意识薄弱，造成垃圾乱倒乱放的实际。采取重点整治与全面管理相结合工作方法，强化生活垃圾清扫收集的规范管理。红城大道、二环路、广富路、海丽大道等主要道路实行全天候保洁，做到定时

① 北三环公路LED路灯建设。
② 红城大道第一期改造工程。

定点、生活垃圾随到随清。其他支干道定人负责，定时清运，路面出现垃圾和花槽垃圾及时清理，确保路面清洁。同时，加强巡查，督促各责任单位、沿街商户、住宅区、农贸市场门前“三包”制度的落实。全年县城生活垃圾产生量约291.8吨/日，无害化处理量221.8吨/日，处理率占76%。县城生活垃圾日产日清，得到有效处理。

（何海平）

附：2012年海丰县公用事业局领导名录
局　长：黄汉标
副局长：宋南荣　李克如

【城镇供水】　海丰县自来水公司承担县城及附城镇108个自然村供水任务。公司有两座现代化制水厂，分别建在县城西部和东北部。建在西部的称青年水厂，水源取于青年水库，建于1986年，占地30802平方米，设计供水能力3万立方米，首期建成日供水能力1.5万立方米生产线。2010年4月被县列为重点民生建设项目进行扩建，设计日供水能力6万立方米，首期建设日供水能力3万立方米生产线，该项目于2011年年底完成厂区主体工程建设并投产试运行。建在东北部的称拦河坝水厂，水源取于红花地水库，建于1995年，占地3万平方米，设计日供水能力6万立方米，首期建成4万立方米生产线。随着县城城市化建设步伐的加快，加大了对供水基础设施的投入，扩大了供水区域。2012年日供水能力达10.5万立方米，2015年计划日生产能力达13.5万立方米。水厂生产流程采用现代化制水工艺和全自动消毒设备，建立了水质化验检测中心，自检能力按照上级要求达到42项，水质检测项目在汕尾地区同行业中名列前茅，自来水出厂水合格率达到国家饮用水卫生标准。县自来水公司多年来被上级机关评为“先进党支部”“先进单位”和“纳税大户”等称号。至2012年年末，拥有自来水用户7万多户，供水面积约90平方公里，供水人口约30多万人，自来水普及率达96.3%，其中，居民生活用水占总水量比例73.9%，工业用水占7.9%，行政机关团体用水占4.6%，经营服务用水占7.9%，特殊用水占3%，综合用水占1.62%。供水管网铺设长度为491公里，其中DN75以上的管网为285公里，其中铸铁管为220公里、球墨铸铁管为60公里、PE管5公里、其他为206公里。2012年全年供水量2917万立方米，比2011年2685万立方米增长8.5%，售水量1610万立方米，比2011年同期1491万立方米增长7.98%；上缴税费310万元。

（马　民）

附：2012年海丰县自来水公司负责人名录
经　理：黎斯凯
副经理：董位文　唐汉铁

※海丰县自来水厂

教科文卫体

教 育

综 述

【概况】 2012年，海丰县全面按照《国家中长期教育改革和发展规划纲要》及全国、省、市、县教育工作会议的安排部署，结合海丰教育发展实际，按照县第十次党代会提出的工作思路，以办好人民满意教育为出发点，充分调动广大干部职工和教师的积极性、主动性和创造性，进一步解放思想、锐意进取、狠抓落实，全县教育教学各项工作得到顺利推进。一是全力推进教育重点建设项目和民生实事工程实施。表现在县中等职业技术学校、县实验中学、教育园区双桂中学等教育重点建设项目快速推进，全面完成了中小学校舍安全工程建设。二是切实抓好基础教育普及率的巩固与提高。三是积极推动全县教育教学质量的稳定提高。四是学校办学条件得到不断改善。师资队伍建设得到进一步加强，师德师风明显好转。五是义务教育保障新机制得到进一步贯彻落实。六是学校德育工作、党风廉政建设和治理教育乱收费工作教育、教育人事工作、信访维稳工作、校园安全管理工作等各项综合工作稳步推进。

【教育督导】 海丰县制订并印发《海丰县创建教育强县规划纲要（2012～2015）》。2012年，全面启动教育强县、强镇创建工作，力争用3～4年的时间完成广东省教育强县创建任务，通过省级教育强县督导验收。年内，完成了全县23所中小学规范化建设并通过市级督导验收，被确认为“汕尾市规范化学校”称号。加强对全县各学校“防流控辍”工作的检查督导，并组织对全县各镇党政领导干部落实科学发展观教育部分工作进行考评。组织开展了学校评估工作。海丰县仁荣中学在4月份接受省教学水平评估，并获得省级教学水平优秀等次学校的称号；陆安中学顺利通过市一级学校评估并获得市一级学校称号;德成中英文学校通过县一级学校的等级评估，成为海丰县一级学校。

※ 2012年教育局民主评议。

【教育投入】 2012年，全县教育经费投入合计89182万元，其中：财政拨款74173万元，事业收入11120万元，其他收入（含捐款）1055万元，民办学校收费2834万元。全县教育经费支出合计89182万元，其中：在职人员经费40160万元，离退休人员经费7779万元，校舍建设及维修费用12174万元，设备购置费10332万元，公用经费18737万元。

【民办教育】 2012年，全县有民办中小学13所[其中高（完）中4所，九年一贯制4所，完全小学5所]。有345个教学班，学生18013人。其中，小学188班、9566人，九年一贯制学校94个班、5010人，高（完）中63个班、3437人。民办学校约占全县总学生数的13.3%。全县民办中小学教职工1200人，其中专任教师857人。约占全县专任教师11.1%。

普通教育

【学前教育】 2012年，全县有幼儿园181所，在园幼儿589个班、18211人、教职工1547人，（其中专任教师1051人）。其中公办1所，12个班，556人，教职工60人（其中专任教师39人）；民办幼儿园180所，在园幼儿577个班，17655人，教职工1487人（其中专任教师1012人）。在180所民办幼儿园中，已经县教育行政部门审批的只有15所、在园幼儿125个班、5137人。约占全县幼儿总入园人数的28.2%。教职员工527，其中专任教师281人。约占全县幼儿园专任教师26.7%。

【基础教育】 2012年，全县有中小学校224所、2772个班、在校生135033人、教职工8947人（其中专任教师7712人）。其中民办中小学教职工1200人、专任教师857人。盲聋哑随班就读人数359人。小学专任教师3751人，高中阶段毕业及以上学历3748人，学历达标率99.92%；初中专任教师2485人，大学专科及以上学历2459人，学历达标率98.95%；高中专任教师1476人，大学本科及以上学历1387人，学历达标率93.97%。7～12周岁校内外适龄儿童65157人，已入学65157人（其中读初中72人），入学率99.9%；上学年初在校小学生65848人，辍学8人，辍学率0.012%；年巩固率99.99%；上学年小学减少376人，减少率0.58%;上学年小学毕业生12396人，升上初一就读12191人（其中县内11969人、外省市222人），小学毕业生升初中率98.34%。13～15周岁校内外初中学龄人口43266人，已入学42960人（其中入读高中127人），入学率99.3%。上学年初在校初中生49033人，辍学428人，辍学率0.87%，年巩固率99.13%。上学年初中减少917人，减少率1.87%。上学年初初中毕业班学生16988人，实际毕业16974人，毕业率99.92%。7～15周岁三残儿童366人，已随班就读359人，入学率98.09%。上学年初初中毕业生16974人，升上高中阶段16126人，占95%，其中升上普通高中一年级有8883人（其中本地8533人、市直350人），占52.3人。16至18周岁人口数54198人，进入高中阶段就读的有46935人，其中普通高中在校生27931人（其中县内26726人、市直1059人，外市146人），外送、非全日制及本地中职19004人。高中阶段毛入学率86.6%。上学年初普通高中在校学生数24971人，辍学108人，辍学率0.43%。上学年普通高中高三毕业生6807人，已升学5953人，占87.5%。

【德育教育】 海丰县中小学组织开展一系列德育活动，继续加强中小学法制和交通安全教育、禁毒教育、文明礼仪教育，并要求各学校把这些工作列入学校教学计划，每周安排课时授课。3～4月，举行全县中小学生礼仪知识竞赛活动。各校积极组织学生全员参与，并选派优秀选手参加全县决赛。此次活动，对加强全县中小学生的礼仪教育和行为规范教育，增强了广大中小学生的文明礼貌意识，对全县学校养成教育工作的深入开展起到积极的推动作用。开展全县中学生“优干”、“三好”评选工作和少先队先进集体、优秀个人评选活动。评选出县级“优干”153名、“三好”205名，被评为市“优干”41名、市“三好”72名。6月1日前，举行全县庆祝“六一”儿童节暨少先队先进集体和优秀辅导员、优秀队员表彰大会，对一学年来表现优秀、取得一定成绩的集体和个人进行表彰。开展一系列以爱党、爱国、爱社会主义教育为主题的中小学生教育活动。6月，开展全县学校禁毒教育活动。根据省教育厅的部署,5月起,进行全县中小学德育工作绩效评估。至年末，全县已有17所中小学通过评估，达到县达标或县示范等级。

【学校体育】 2012年，投资600万元，建成海丰县公办学校首个标准PU塑胶，EPDM面层400米田径场——海丰实验中学田径场。由海丰中职学校、实验中学、陆安中学、海丰中学等县直学校组成科教总支代表团参加全县第四届全民运动会，荣获团体总分第2名。年内，全县有80位体育术科学生，被3A以上大学院校录取。

【高招考试】 2012年，全县参加高考考生6032人，其中，普通类5983人，高职类49人。被高等院校录取人数共4856人，录取率80.50%。其中：普通类本科以上录取人数共1061人，占17.73%；普通类专科录取人数3761人，占62.86%；高职类专科录取人数34人，占69.39%。

成人教育

【成人文化技术培训】 2012年，全县参加成人高考282人，录取248人，录取率88%；参加成人文化技术培训18200人次，投入资金220万元。海丰县中等职业技术学校在全县36所分校非全日制中职在校生6862人，毕业生2437人，县财政投入资金60万元；退役士兵中职学历教育在校生103人，毕业生27人。

教育管理

【师资队伍】 2012年，全面完成了新一轮中小学校长换届聘任工作。通过不断整顿，补充、招考、培训、扩大了教师队伍，提高了教师素质，教师专业化水平大大提高。年内，新招聘本科以上学历教师149名，其中，新招聘的教师中有“211工程”本科院校毕业生10人，硕士研究生12人，这是历年来在招聘教师中，这两类层次的教师人数最多的一年。通过公开招聘考试，录用了17名非师范类本科毕业生补充到县中职学校和4名“三支一扶”人员补充到二、三类地区初中学校，全县师资力量得到极大充实。同时，加大中小学教师培训力度，全县有3500余人次的中小学教师参加各种形式的培训。组织完成200名教师资格的认定工作；按照事业单位聘任要求，完成教育系统事业单位的岗位设置及聘任工作；完成了全县7800名教职工和局机关96名干部职工编制实名制录入工作；完成初级250人，中级338人，高级88人专业技术职务的申报和评审工作；筹备了第二十八个教师节庆典活动，表彰省、市、县各级优秀教育工作者、优秀教师191名。

【教育科研】 2012年，海丰县教师申报的广东省中小学教学研究“十二五”规划项目课题，经广东省教育厅批准立项并通过中期验收的共有2项。其中彭湃中学韩松霖主持的《海丰白字戏与高中政治课程文化生活内容的整合研究》被列为广东省中小学教学研究“十二五”规划重点课题。申报的汕尾市教育科学“十二五”规划课题，共23项。7月，经汕尾市教育科学规划领导小组办公室中期评审、验收合格，批准正式立项的，共有12项。12月，申报的海丰县教育科学高效课堂微型课题，共有108项。年内，在参加省、市教学论文评比中,全县教师有1326篇教育教学论文获市以上奖项，其中获市一等奖以上133篇、市二等奖435篇、市三等奖758篇。

【教育信息化】 2012年，全县所有中学、乡镇中心小学从四年级开始开设信息技术课，实施“中小学教师教育技术能力建设计划，至年末，全县中小学教师共有7562人次参加了中小教育技术能力培训，有17名教师参加了信息技术与学科整合培训、智能机器人应用研究培训等省市级培训，通过培训提高了农村教师的信息技术应用能力。全县师生在踊跃参加省、市组织的教育软件设计竞赛、机器人设计竞赛、学生电脑作品比赛、电教论文竞赛中都有不俗的表现：有105人次教师在省市举办的课题评审、计算机教育软件评审等竞赛活动中获奖，22人次学生在省市举办的中小学电脑制作活动、电脑机器人竞赛活动中获奖；共有21名教师在国家、省、市电教论文、案例评选中获奖。特别是近年来，借全省普及高中教育和创建教育强县的东风，海丰加大了对中小学信息化基础的投入力度，2011年县教育局与中国电信股份有限公司海丰分公司签订了“教育信息化促进教育现代化”战略合作协议，大幅度提升了全县教育技术应用水平。至2012年年末，全县中小学校224所，在校生135033人，专任教师7712人。全县有计算机网络教室 36 间，电脑3910台；多媒体综合电教室45间；配备多媒体投影设备的教室有287间；语音实验室30间；省现代教育技术学校4所，有208所学校接入了ADSL宽带，全县中小学基本上安装了闭路电视系统，镇中心小学以上学校基本实现校校通的目标，彭湃中学建起千兆校园网，全县高考及部分中考考场实现与省教科网视频系统互通，完成全国家教育统一考试电子巡考系统的建设，初步建立全县教育系统办公自动化平台。力争2014年年底前，完成全县中小学多媒体教室的装备；基本实现全县学校网络“班班通”，生机比达10∶1；师机比达1∶1，初步形成“设施完备，功能齐全，运行高效，应用广泛”的教育信息化格局。

【学校安全】 2012年，坚持不懈抓好学校安全工作，加强全系统的安全管理。局和各学校组织开展了多次的校园安全大检查和学校周边社会治安综合治理活动，确保了学校的安全稳定，全县学校没有发生任何重特大安全事故。

（林雅棠　龙信荣）

附：2012年海丰县教育局领导名录

局　长：黄坚如（任至8月）
　　　　张翰文（8月起任）
副局长：吴焕新　蔡旭彪　邓务力

学校选介

【海丰县彭湃中学】 彭湃中学是广东省教学水平优秀学校、广东省国家级示范性普通高中。学校占地22.5万平方米，建筑面积8万平方米；校园布局合理，建筑物整齐对称，环境清雅宜人。2012年，有：88个高中教学班，学生5436人；教职员工370名，专任教师320人，其中特级教师1人、高级教师65人、一级教师154人。学校教师38人先后参加了省普教系统“百千万人才工程”培训以及国家级、省级骨干教师培训，师资队伍建设领先。学校教学设施先进齐全，有千兆校园网，配备多媒体会议厅、计算机室、语音室、功能室及多媒体教室100间；建有体艺馆1座，图书馆1座、学术报告厅1间、篮球场7个、排球场3个、羽毛球场4个、400米环形跑道的田径场（内含足球场1个）。学校秉承“承先、求实、拓新、奋进”的校训，在长期的教学实践中，形成“严谨、勤奋、务实、求活”的校风，确立“以人为本，和谐发展”的办学理念，确定“把学生培养成品学兼优、身心健康、个性优良、特长明显、全面发展的现代文明人”的培养目标，充分挖掘学校的人文资源，形成独具特色的以文天祥爱国主义精神、彭湃革命精神为主题的校本德育体系。学校教育质量逐年提高，高考升学率连续3年保持在91%左右。全校教师发表在国家、省、市各级刊物的论文有92篇，省级立项重点课题2个，市级立项课题6个。学校先后获得“国家级绿色学校”“广东省现代教育及技术实验学校”“广东省实施新课程样本学校”“广东省模范职工之家”等荣誉称号。

【海丰县陆安中学】 陆安中学位于县城二环北路，为市一级学校。学校是由原来的具有革命光荣传统、办学历史悠久的陆安师范经转制而举办的一所完全中学。办学以来，学校在“陆安雁行文化“的指引下，以“秉承百年陆安传统，以德兴校，严谨治学，质量立校，彰显特色，构建平安和谐校园”为办学理念，以“打好基础、全面发展、鼓励特长、培育英才”为办学宗旨，以“培养可持续发展的学生，培养可持续攀升的师资，实现学校的可持续进步”为办学目标，以“止于至善，成于精勤”为管理目标，以“厚德、睿智、健体、尚美”为校训，形成了“承先、勤勉、文雅、奋进”的校风，“爱生、严谨、博学、创新”的教风，“自主、合作、探究、进取”的学风。学校的办学规模迅速扩大，办学条件不断完善，教育教学质量跃居同类学校前茅，逐渐形成了“一主两翼，打造特色术科”的办学特色。2012年，有57个教学班，学生3500人，其中高中部40个班、初中部17个班。在职教职工220人，其中南粤优秀教师1人、特级教师1人、高级教师12人、一级教师47人、县级以上优秀教师30多人。教师中本科以上学历215人，学历达标率为95%。教师撰写的教育教学论文多次在省市级论文评比中获奖，部分论文还发表于省市级刊物上。学校所承办的科研课题在省“十一五”规划中立项并成功结题，有6个课题获省市“十二五”规划立项并通过了中期验收。县委县政府为加快普及高中阶段教育的步伐，已将陆安中学列入重点建设学校之一，

【海丰县广播电视大学】 海丰电大坚持以“一切为了学习者，为了一切学习者”的办学宗旨，依照落实科学发展观的要求，坚持走内涵式发展道路，不断适应新形势发展，学校整体变化大，入学率稳步增长，教学管理质量进一步提高，为当地社会培养了一大批实用型、技术型的优秀人才，已成为汕尾地区开放教育单位中极具特色的

※ 陆安中学教学楼。

※ 海丰电大新教学楼。

办学品牌。海丰电大建筑面积1万多平方米，有标准教室30间、80座大课室6间、64座语音教室1间、多媒体计算机室6间、多媒体报告厅2间。学校共有教职工38人，其中高级职称有13人、中级职称有12人。2012年度在校生1921人，其中专科生1301人、本科生620人，共38个教学班，开设有本、专科汉语言文学教育、行政管理、法学、会计学、英语教育、电子商务、土木工程、建筑施工与管理、计算机信息等专业。学校加大硬件建设，建立了比较完善的开放教育网络环境，与市电大组成城域网，光纤接入中国教科网和电信公网，千兆校园网基本实现了网上教学管理和网上办公，同时学校在整合电大在线平台的教学资源基础上，建成了“天地网相结合，三级平台互动”的全新开放教育教学环境，优质高效的教师队伍也为广大学习者提供了有力的保障。

【海丰县中等职业技术学校】 学校坐落于海丰县城莲花山新寮，是省教育厅列入广东省首批骨干示范性中等职业学校建设项目的学校，是一所公办全日制中等职业技术学校。学校总占地面积14.5万平方米，按“总体规划、分期实施”的原则，分3个区建设。学校教职员工总人数129人，拥有以高级讲师、高级工程师为主的“双师型”专业教师多名。学校依据自身实际，坚持正确导向，放眼市场，以大胆创新的教学理念，以服务为宗旨，以质量求生存，以管理求效益，以特色求发展，大力推进工学结合、联合办学、校企合作办学等开展创新办学模式。开设了小学英语教育、初等数学教育、音乐教育、美术教育、体育教育、动漫画设计与制作、服装设计与工艺、汽车检测与维修、电子信息技术、计算机应用、学前教育、会计、商务英语等专业，其中汽车检测与维修和电子信息技术两个专业，已申报为广东省重点建设专业。至2012年末，在校生1800余人，尤其是与汕尾职业技术学院联合办学，开办一系列专业的五年制大专班，定向培养作为海丰县小学教师300名，分三年实施，毕业后分配到海丰县二、三类地区乡镇小学任教，享受县公办教师待遇。学校还与汕尾职业技术学院开办“三二分段”教育的联合办学模式，为学生继续就读大专创造条件。另外，学校将广开渠道，联系广东海洋大学、珠江学院、汕尾职业技术学院等大专院校设点函授，与西南大学、北京航空学院合作开办远程教育，以多种形式设立大专及本科学历的函授点，发挥远程教育覆盖面广和网络资源丰富的优势，为学生的继续深造创造更好的条件和平台。学校为学生提供双向选择的机会，学生毕

※ 海丰县中等职业技术学校。

业后，既可以选择继续就读大专或本科，也可就业，学校将学生就业的方向辐射全省，尤其是珠三角经济发达地区。

【海丰县红城中学】 学校坐落于海城二环北路，校园占地66389平方米，建筑面积28219平方米。半个多世纪的办学历程，使学校形成了艰苦创业、严谨治学的优良传统，沉淀了丰富的人文底蕴，具备较强的综合办学能力。学校拥有多媒体电脑网络室、语音室、理、化、生实验室等一大批现代化设施，有400米环形跑道运动场、足球场、篮球场、排球场、快乐体育场，体育设施完善。2012年，全校初、高中共有82个教学班，学生人数5500多人。全校在职教师344人，有中、高级职称以上教师210人，硕士研究生学历的教师2名，教师学历达标率100%。国家级骨干教师两名，省、市骨干教师及学科带头人一批，师资力量雄厚，教学、科研能力强，多次承担国家、省、市科研立项课题并获得表彰。学校坚持教育的“三个面向”，坚持“育人为本、教学为主、发展为先”的办学理念和“以生为本、合作相长、灵动个性”的教学理念；以“勤奋、守纪、立志、进取”为校训；以“文明、奉献、严谨、拓新”为校风；以“精博、求实、敬业、爱生”为教风；以“谦虚、刻苦、好学、活用”为学风，面向全体学生，注重特长培养，为高等院校输送了大批优秀的特长学生。

【海丰县梅陇中学】 梅陇中学为汕尾市一级学校，在汕尾市高中教学水平评估中被评为优秀等级。2012年，学校有高中教学班22个，学生1216人；初中教学班25个，学生1628人。全校教职工共223人，其中专任教师213人，教师学历达标率：初中为100%，高中为95.5%。有高级教师 16人、一级教师92人。学校领导班子设校长1人、副校长3人，有中层干部12人。学校占地面积约6.33万平方米，校舍建筑面积约2.30万平方米，有教学楼5栋、实验楼1栋、教学综合楼1栋、图书馆综合大楼1栋、学生宿舍楼2栋、教师宿舍楼13栋。同时配置了多间多媒体教室等设备设施，进一步完善了教育教学条件。学校校园环境优雅，建筑物错落有致，水泥校道环绕其间，古木参天，绿树成荫，堪称园林式学校。学校坚持“以德立校、依法治校、科研兴校、质量强校、特色名校”的办学宗旨，秉承“团结、守纪、勤奋、创新”的校训，树立“求索、慎思、开拓、向上”的校风，倡导“博学、敬业、务实、奉献”的教风，培养“知礼、乐学、诚实、进取”的学风，坚持“以人为本、和谐互动、合作探究、全面发展”的办学理念，以教育科学为先导，以创新教育为核心，不断深化教育改革，全面实施素质教育，为国家培养了一大批具有创新能力、综合素质优秀的毕业生。发展体育艺术，培养体艺人才是梅陇中学的一大办学特色。梅陇中学是广东省排球传统项目学校，也是广东省体育特色学校。近几年学校男子排球队代表汕尾市参加全省中学生比赛

① 海丰县红城中学全景图。
② 梅陇中学程练传博士图书馆揭幕。

均获佳绩。2012年12月25日学校举行建校七十周年庆典，海丰县委书记沈木荣、代县长陈德忠等领导亲临指导，中国工程院陈克复院士、总参原防化部黄旦群将军、汕尾市政协莫英群主席等校友以及社会各界3000多人齐聚一堂，共商发展教育大计。

【海丰县赤坑中学】 赤坑中学是1所完全中学、县一级中学。学校地处广东省海丰县赤坑镇上埔垭，占地面积53330平方米，总建筑面积11553平方米，建有2栋教学楼、1栋综合楼、8栋教师宿舍楼、1栋学生宿舍和1栋食堂。学校配有电脑室、多媒体教室、英语人机对话训练室、各类实验功能室、阅览室、音乐室和美术室等。2012年，学校有教学班27个（其中高中部9个、初中部18个）、在校学生1576人、教职员工118人。其中中学高级教师1人、中学一级教师36人、2人被评为广东省南粤优秀教师。学校确立“以人为本，为学生适应未来发展奠基”的理念，围绕“办好初中，发展高中”的办学思路，以“办好赤坑中学，造福家乡人民”为己任，全校师生秉承“修身、进学”的校训，在长期的办学实践中，学校教育教学理念科学、管理规范，质量不断提高。尹萍老师在2012年广东省高中青年数学教师优秀课评比中荣获特等奖。2012年高考上广东高考第二批院校分线学生共3人，完成市县下达的上线指标100%；第三批院校学生共60人，完成上线指标181%。全校教师参加汕尾市教育教学论文评选共58人获奖，一批教师先后受到上级嘉奖和在各级教学比赛中获奖。

【海丰中学】 海丰中学占地面积2.55万平方米，校舍建筑面积约2万平方米，2012年底拆除了1栋2层危楼，校园布局合理，教学设备设施齐全，环境优雅。学校有40个初中教学班，学生2586多人，年巩固率达98.8%。学校教职工176人，（其中有中学高级教师11人、中学一级教师86人，本科学历以上135人），学历达标率100%。学校以“定导向、谋佳策、下大力、重创新、树品牌”为工作思路。学校以“八项评比”为德育纽带，注重学生文明礼貌行为习惯的培养，开拓创新了德育工作，学生素质得到全面提高。强化教学管理，以校本教研为主，加强新教师培养，开展“一带一帮扶”活动，不断提升新教师的综合能力。同时，加强课堂教学研究，深入推进课改，构建高效课堂教学模式，着力提高课堂教学效率和质量，逐步形成了以“面向全体，分层教学，人人成才”的办学特色。2012年荣获“汕尾市语言文字规范化学校”称号，2012年中考，学生陈舒晴以总分691的成绩名列全县第一，进入全县前10名的有3人，进入全县前100名的有16人。

【海丰县公平英豪学校】 公平英豪学校是集小学、初中、高中为一体的全日制民办学校，是汕尾市一级学校、高中教学水平优秀学校，占地面积8.6万平方米，建筑面积3万多平方米，布局合理，是一所集绿化、美化、净化于一体的园林式学校。学校小学毕业班自首届小学毕业会考连续十届为公平镇第一名。初中毕业班自首届连续六届获得海丰县二类地区综合评价第一名，高中部自2007首届高考连续五届都双超额完成县下达各项高考指标，获高考达标奖，2011年被县授予“高考优胜单位”。2012年，学校有64个教学班、学生人数4000多人、教职员工200多人。公平英豪学校办学13年来，以“管理严，校风好，质量好”赢得社会各界广泛赞誉，有一大批师生在各类竞赛中频频获奖。获得国家级奖项的有81人次，获得省级的有28人次，获得市级的有124人次，获得县级的有202人次。

【海丰县仁荣中学】 仁荣中学是由汕尾市海丰县仁荣实业发展有限公司董事长陈介仁先生于1999年秋季经汕尾市教育局批准创办的全日制完全中学。学校占地面积7.6万平方米，建筑面积5.8万平方米，累计投入资金2亿元。学校校园环境优美，办学基础雄厚，教学条件优越，有满足现代化教学的完善设施和设备，每年接待来校参观交流的社会各界人士超过5000人次。学校将始终坚持扶贫助学的办学特色，秉承“为民办学、奉献社会、以人为本、和谐发展”的办学理念和“面向全体、尊重个性；合作探究、德才并举”的教学理念，坚定“以法治校、以德立校、以情兴校”的办学思路，办学质量和社会效益不断提升。近年来获得的荣誉有“广东省一级学校”“国家绿色学校”“全国青少年体育训练基地”“广东省十佳民办中学”“汕尾市关心一下代先进集体”“汕尾市先进职工之家”“汕尾市高考进步单位”“汕尾市高考优秀单位”等。2012年4月，经广东省人民政府教育督导室评估专家组验收通过为“广东省普通高中教学水平优秀学校”；同年10月，获得汕尾市教育局颁发的“高考优胜奖”。2012年，全校有初、高中60个

教学班，在校学生3000多人，教职工250多名。学校始终践行“奖学助学”的社会责任，平均每年拿出专项经费400万元用于扶助600名品学兼优的困难学生，受惠学生累计超过3000人，资助金额超过5000万元。

【海丰县德成学校】 德成学校创办于2000年，是1所十二年一贯制民办学校。坐落在海丰云岭山下，校园葱茏簇拥，风景秀丽，布局和谐，环境优雅，有“绿色花园学校”和“书香校园”的美称。学校教学设施先进完备，功能齐全，建有现代化的物理、化学、生物实验室及多媒体电教室、图书室、舞蹈室、心理咨询室等功能室28个，并配有标准的篮球场、排球场、塑胶跑道和羽毛球场，每个教室都配有多媒体设备。曾先后获“小学毕业班教育教学一等奖”“初中毕业班教育教学二等奖”“高考达标单位”“先进学校”等荣誉称号。2012年，学校有51个教学班、在校学生3000人、教职员工144人，教师是从全国各地优选而至并都具有专科或本科学历，其中研究生2人。教师们秉承“天行健，君子以自强不息；地势坤，君子以厚德载物”的精神，恪守“立信、导行、拓智”教风，努力实践“相信差异，因材施教、挖掘潜力、多元培养、开阔视野、张扬个性”的工作思路。学校办学12年，师生参加各级各类竞赛均取得优异成绩，学校集体和师生个人获得县级以上各种荣誉、奖励达1000多项，连年高考中考小考成绩优异。2012年，全校高考考生280人，上本科线43人，专科线159人，上线总人数202人，专科上线率72.9%。中考以平均分405.5分居全县一类地区第二名，小考成绩历年来都位居海城镇前茅。

【海丰县林伟华中学】 林伟华中学位于海丰县附城镇，开办于2005年9月，是一所海丰县政府创办、县教育局主管、林伟华先生捐资兴建的县直公办学校。2006年6月被评为县一级学校。县委、县政府的规划定位是建成高标准、现代化、园林式的国家示范性中学。学校有食堂1栋3000多平方米、教学楼1.8万平方米、标准学生宿舍160间、教师宿舍（三房两厅）72套，配备有足够的标准化物理、化学、生物实验室，电脑室、语音室、音乐室、美术室、图书馆和多媒体教室等。2012年，学校有高中三个年级52教学班、学生3000人、教职员工180人，教师本科达标率97.8%。具有高级职称的教师27人、中级职称66人。2012年7月，学校党支部被中共广东省委教育工委授予“广东省教育系统创先争优先进基层党组织”称号。

【海丰县实验中学】 实验中学是一所县直属正科级建制的完全中学，校园用地面积14万平方米。学校坚持“培养可持续发展的学生，造就可持续攀升的师资，实现学校的可持续进步”的办学目标，以“着眼整体发展，立足个体成才”为办学理念，不断加强内涵建设，落实精细化管理，教育教学质量全面提升。2012年，有74个教学班，学生4300多人，其中，高中44个班、学生2400多人，初中30个班学生1800多人，教职工264人。2012年被评为“海丰县先进单位”。学校按照县委、县政府提出的高起点规划、高标准建设的要求，委托省高教规划设计院对学校改扩建进行科学规划，拟建成1所拥有96个班，（初中30个班高中66个班）学生近6000人的高标准、规范化、园林式示范性完全中学，至2012年底已投入学校建设资金近亿元，新建综合楼、教学实验楼、学生宿舍、食堂、教师工作楼、田径运动场，学校路道场地等项目，以上建设项目将在2013年全面竣工交付使用。

【海丰县光明职业技术学校】 光明职校是中国民主同盟海丰县委主办的，创办于1984年。学校位于县城北郊，二环路北侧，龙津河畔，占地面积约1万平方米。有教学办公大楼3座，学生宿舍1座。有幼师实习基地、多媒体教室、计算机实操室、音乐室、琴室、幼师练功室、电子专业实训室、图书室、教工文体室等及相应的教学设施设备。2012年，有教学班11个，学生540人，开设了计算机应用、财会电算化、民航服务、商务英语、学前教育等专业。县中学教师计算机应用培训点；是省计算机等级考证、电子电工、普通话等技能考证考场。学校与县农业局联合开办了“农村劳动力转移阳光工程”培训班。2012年高职“3+证书”高考升学率98%；各种技能证书考证合格率100%；办学业绩显著，升学就业取得双赢，学生就业率100%。2012年，学校被评为“广东省先进民办中职学校”。

科学技术

【简述】 2012年，海丰县深入实施科教兴县战略，充分发挥科技部门职能作用，努力提高全民科技素质，构建技术创新平台，培育产学研基地，扶持专业镇特色产业发展，推进传统农业向现代农业转型，加强知识产权的发展保护。2012年度县科技发展基金立项项目31个,投入经费865.4万元。鼓励扶持企业开展技术创新活动，促进经济增长方式的转变，科技创新能力与综合实力进一步增强。

【科技计划】 2012年，海丰润生有机农业科技有限公司的“有机蔬菜病虫害生态调控技术集成与示范”，获省科技厅农业攻关科技计划立项。其生产示范面积6.67公顷，技术覆盖面积超过53.33公顷。省科技计划项目“可塘专业镇多元化技术创新示范平台建设”（2009年立项），完成项目实施的各项指标要求，通过省级验收。海丰县绿洲蔬菜科技有限公司的“无公害蔬菜加工技术研究与开发”项目（2010年市立项），顺利完成课题，获市验收通过。

【科普宣传】 2012年，组织开展科普宣传活动主要以“科技进步活动月”和科技“三下乡”为重点。6月中旬，在县博物馆举办“走进神秘大自然”3D大型图片展，展期15天，参观的各界群众、学生达5000多人。“科技活动月”期间，县直部门、乡镇和学校共展示350多块科普知识展板，发放科普宣传资料2.5万余份，赠送书刊2000册，组织医护专家义诊300多人次。科普活动营造了良好的科技创新氛围。

【科技示范】 按上级有关规定和企业申请，通过组织专家论证，海丰县有记养生茶业有限公司获市批准为2012年度汕尾市企业研究开发中心建设单位。该公司的“益肝凉茶制备技术研究”项目获汕尾市2012年度科技进步二等奖。澎湃医院的“经皮肾小通道治疗上尿路结石的临床研究与应用”“计算机辅助重建在髋臼骨折手术中的应用”“纳美芬与纳洛酮治疗急性酒精中毒疗效对照研究”等3个项目获市科技进步三等奖。为海丰县科技进步与创新起到和示范作用。

【科技服务】 根据企业特别是特色产业发展升级的需求，先后把可塘“宝石检测平台”、公平“服装检测平台”等16个项目纳入科技信息库。挖掘资源，跟踪服务。通过牵线搭桥，2012年有柏林电子封装材料有限公司、海鹏水产科技养殖有限公司、绿沃种植有限公司等3家企业，分别与武汉理工大学、南海水产研究所、省农科院蔬菜研究所建立产学研合作关系，搭建科技创新平台。

【知识产权】 2012年，县科技局开展重点行业、重点企业的专利申请和保护服务，提高企业运用知识产权制度的能力和水平。全年专利申请208件，其中发明专利申请9件、实用新型专利申请26件、外观设计专利申请173件。申请净增142件，增幅215%。全年3项专利授权144件，增幅279%。申请量和授权量均排在全市各县（区）第一位。

【防震减灾】 10月，县科技局、县科协、县博物馆和仁荣中学联合举办“青少年防震减灾与地震应急知识”的科普知识讲座，邀请上级有关专家授课，1200多名师生参加培训。在仁荣中学举办“自然灾害科普教育——大地之殇”图片展览开幕式，之后在全县部分中小学巡回展出，展览摆放展板80多块，发放《超强台风》《地震、火山、海啸知识简答》等16种防震减灾、自然灾害宣传资料3000多份。科技进步活动月期间，县科技局、县科协、县教育局联合举办“防震减灾科普知识竞赛”活动，竞赛活动在《海丰报》第四版全版刊登，印发试卷2万份，宣传效果很好。

【农业技术培训】 结合海丰县农业产业的布局和特色，组织农科专家、专业协会会长、农村致富带头人，分期开展农村实用新技术应用、新品种推广、创业经验交流等培训活动和讲座。全年组织活动24场次，参加人数1500多人，发送标准化生产技术、栽培技术、病虫防治技术资料6000余份，接受咨询近800人次，帮助解决技术难题20项。

【科技队伍建设】 2012年被省科技厅选派为广东省农村科技特派员10人，其中：农村科技特派员（个人）5人；农村科技特派员（工作站）为汕尾市中荣农资有限公司，负责人郭浩荣；农村科技特派员（法人）有海丰县海鹏水产科技养殖有限公司柯海鹏、海丰县龙飞果蔬种植专业合作社钟造宏、汕尾市金长农机有限公司陈金长、海丰县绿沃种养有限公司吴小锋等。农村科技特派员为农业先进实用技术推广应用、市场信息、生产流通等多方面提供服务。

（蔡小健）

附：2012年海丰县科技局领导名录

局　长：唐宗平

副局长：蔡伟娜（女）

文化

综 述

2012年，海丰县文体广电旅游工作按照党中央“深化文化体制改革，推动社会主义文化大发展、大繁荣”的战略部署和县委、县政府“推进创新发展、建设幸福海丰”的核心任务和工作部署，切实抓好文化公共服务体系和基础设施建设。1月1日起，县图书馆开始全面实行免费开放。大力发展文化事业，加强和完善广播电视电影行业的管理，开展群众文化活动，加强文物和“非遗”项目的挖掘、传承、保护工作，西秦戏、白字戏两个剧团继续保持总数超过400场的演出场次。县文化主管部门继续探索新时期文化市场管理工作，促进文化事业和文化产业的不断壮大和发展，使人民群众的文化生活更加丰富和谐。

文化设施建设

【农家书屋工程】 农家书屋工程是落实省“文化惠民”的重要举措，为进一步发挥农家书屋功能，在原有基础上，2012年海丰县农家书屋增至248家，省下达器材配套156家，每家书屋配送书架3个、桌椅8套、阅报栏2副、各种书籍2000多册；县财政共投入资金86万元，配套设备92家，实现了全县村（社区）农家书屋建设的全面覆盖。

【综合文化站改建扩建工程】 根据省、市有关镇级文化站达标升级建设要求，2012年对海城、城东、可塘、小漠、陶河五镇文化站分别进行改建、扩建。海城镇文化站另择址在青年公园内建设综合楼二楼，占地面积200平方米，建筑面积500平方米；城东镇文化站新择址城东二环路旁（五龙寺路口），占地面积250平方米，建筑面积约500平方米，图纸、预算已上报县财政局审核；可塘镇文化站将原镇礼堂改为文化站，实建面积800平方米；小漠镇文化站选址在旺鱼村沙园尾片，占地面积750平方米，建筑面积1500平方米，陶河镇文化站新选址在原镇教办，占地面积500平方米，计划投资150万元，11月开始动工。

【文化室设施配套建设】 2012年，按省、市下达文化室达标建设任务86个，海丰县从16个镇274个村（社区）中，选择基础条件较好的进行文化室配套建设，已完成30个均配套公共电子阅览室、网络设备、电视设备、文艺器材和音响，同时向省、市申报了全县行政村287个文体协管员资金补助，使村（社区）文化生活更为充实和提高。

【乡镇健身工程和广场建设】 根据广东省要求，至年末，海丰县乡镇健身工程和广场建设已基本完成配套工作，其中：篮球架274套配送已全面完成；乒乓球台180套，完成40%；镇级体育健身广场建设已完成的有海城、可塘、大湖、小漠四镇。

【电影放映“3121”工程】 2012年，县电影公司组织7支农村电影放映队，深入农村各放映点，全年放映电影3600场，全面完成了省下达的农村电影放映任务，实现农村电影免费放映全覆盖。

【广播电视“村村通”“户户通”配套工程】 2012年，全县广播电视信号覆盖率达98%以上。在20户以上“村村通”安装工作完成之后，又开展20户以下通电自然村广播电视“户户通”工程，已完成3903套设备的安装工作，并通过了省的全面验收。

文学 艺术

【书法活动】 2012年，县书法家协会活动频繁。1月，开展“春联进万家”活动，为群众义务书写、赠送春联；春节期间，有“迎春书法展”；5月，协助县委宣传部组织县内和省内书法家，在彭湃中学举行笔会；同月，组织会员参加汕尾市书法电视大赛；6～9月，组织举办和联合举办有深圳市盐田区书协会员和梅陇镇、赤坑镇书法爱好者参加的笔会、创作交流活动；12月，举办会员作品展。会员作品参加全国和各省、市展览、比赛，全年共有23人次获奖或入选。协会交流书画报《水墨印象》正常出版。刘春秋、彭国坤、余作明、钟鸣峰被省书协吸收为会员。

【马思聪研究】　2012年是音乐大师马思聪诞辰100周年，3月开始，按照县委、县政府部署和工作安排，研究会开始参加由县委宣传部主持的马思聪诞辰100周年纪念音乐会和马思聪生平图片展的相关筹备工作。5月7日晚，由中共广东省委宣传部和汕尾市委、市政府主办的马思聪诞辰100周年纪念音乐会在汕尾马思聪艺术中心隆重举行，马思聪生平图片展于同日起在海丰县博物馆开展。

【楹联活动】　2012年，县楹联学会办公地址新迁至海城镇中山东路44号。年内，学会以“植树造林、护林防火、保护森林生态”为主题，创作对联50多副；出版学会交流刊物《海丰联苑》第七辑，其中增设《名城史海》《姓氏文化》栏目，介绍海丰县历史、人文和姓氏源流等。

【文学艺术作品成果】　2012年，海丰县文学艺术作品主要成果有小说、西秦戏、白字戏、书法等作品获全国、广东省等奖项。

2012年海丰县文学艺术作品获奖、出版情况一览表

表8

作品名称	奖项（出版）	获奖人	获奖（出版）时间
长篇小说《决战高四》	中国文联出版社出版	石磊	2012年
西秦戏新编历史剧《留取丹心照汗青》	第八届广东省精神文明建设“五个一工程”奖 第九届广东省鲁迅文艺奖 第十一届广东省艺术节表演一等奖 音乐一等奖、 剧本二等奖 导演二等奖	陈中秋（编剧） 涂玲慧（导演） 严木田、刘锦和、陈勇铁（音乐唱腔设计、配器） 吕维平（主演）	2012年
白字戏小戏《领导亲笔信》	广东省第七届群众戏剧花会金奖	李向钦（编剧） 余锦程（导演） 李启忠（音乐唱腔设计、配器） 余荣贵、吕君展、马四香（主演）	2012年
书法作品	广东省群众文化廉政书画作品展银奖	林景南	2012年
书法作品“皓月禅心”	全国书画作品优秀奖	林　敏	2012年

群众文化

【群众文化活动】　2012年，海丰群众文化活动有传统节庆的文艺晚会、戏剧晚会、民乐八音演奏、灯谜竞猜等一系列活动，还有按照县委、县政府部署举办的各主题活动。由县文体旅游局、文化馆主办和协办的有元旦文艺晚会、新年舞会、迎春文艺晚会、迎春灯谜晚会、迎春书展和老干部书画展。元宵节，由县委、县政府主办的庆元宵花车文化巡游活动暨经贸洽谈活动在县城隆重举行。“六一”儿童节期间，有“少年棋王杯”围棋比赛和全县少儿围棋比赛以及“金色童年”文艺晚会。国庆和中秋节，县文化馆举办文艺晚会。

【文化馆活动】　2012年，由县文化馆主办和协办的群众文化活动有新年舞会、迎春文艺晚会、迎春书法展、老干部书画展、灯谜等。6月，举办“金色童年·快乐成长”文艺晚会、“少年棋王杯”围棋比赛、全县少儿围棋比赛；9月，承

办县“南粤幸福活动周”启动仪式；10月，举办庆国庆、贺中秋文艺晚会。由文化馆组织排练的广场舞在全市广场排舞展演比赛中获第一名。开设少儿美术、舞蹈、围棋、电子琴和交谊舞培训班，举办全县广场排舞培训。组织全县业余作者开展文学创作，坚持编辑出版馆办刊物《海丰文艺》。为活跃群众文化生活，在开展各类公益演出活动的同时，筹集资金采购了一批舞台设备。2012年，海丰县文化馆申报国家三级文化馆成功，成为全市唯一的一个三级馆。

图书　文物

【图书馆】　2012年1月1日，县图书馆开始全面实行免费开放。在图书馆门口立有“海丰县图书馆免费开放暨公共文化服务的告示”广告牌，并在县城重点区域进行宣传，详细为广大群众解答各项开放细节。为迎接4月23日“世界读书日”，于4月18日由县委宣传部和文化主管部门主办、图书馆承办，举行了“全民读书日暨捐书活动启动仪式”，号召全县各乡镇、机关企事业单位和各界热心人士为县图书馆捐献书籍，并到各单位、基层进行宣传和发倡议书，共收到捐书款6万元、图书2000册，丰富了图书馆馆藏资源。为加强馆藏建设，订有20种报纸和100多种期刊和一批图书。至2012年年末，全年进馆借阅人数达40万人次，借阅册数约12万册，咨询1.3万人次，上网人数达到0.85万人次。

【博物馆】　2012年，根据国家、省文物部门要求，县博物馆积极开展第二批广东省博物馆达标申报工作，共提供各项活动相片40多张以及安全预案、藏品保护规定、文物管理规定等附件120多项，得到省的好评。5月7日，全国博物馆达标现场评审，省文物局专家组组长张建军等一行到县博物馆现场进行评审，对县博物馆各方面的工作给出了比自评还高的评审分。9月，博物馆被省文化厅公布为广东省第二批达标博物馆。博物馆还利用省博物馆丰富的展览资源，开展青少年科普知识、自然环境等的展览，主要举办的活动有：野生动物科普展、“走进大自然”青少年科普知识3D图片展、青少年地震安全知识讲座暨自然灾害知识图片展、大型海洋生物科普展等，其中还穿插邀请专家讲课、图片授课等环节；参观人数近6万人次。5月7日，承办马思聪诞辰100周年图片展，中国音乐界名家盛中国、卞祖善、向泽沛等莅临参观。另外，汕尾市“三打两建”图片巡回展也在博物馆举办，展期10多天，县四套班子领导成员参加开幕式，全县机关、事业团体，学校及社会各界1.5万余人参观。

【红宫红场纪念馆】　2012年，重点抓好创建网络的宣传教育平台和完善红宫红场主体建筑、公共服务设施的修整建设。5月，聘请专业人员为红宫红场设计创建的网站已正式投入使用，扩大了教育宣传的覆盖面和功能。纪念馆还投入资金，对彭湃烈士铜像、红场大门内两旁防盗铁栏杆进行维护保养。红宫文物主体建筑包括大成殿、大成门、两庑等较大规模的维修工程，已于7月份动工；景区内洗手间的修整等均已完成。据统计，全年共接待参观和游客约46.4万人次。

【《海丰县文化志》编修工作】　2012年底，《海丰县文化志》初稿进入征集意见阶段，拟在编委会各成员和县内外有关专家、文化学者反馈意见、建议的基础上，开始第二稿的编写。

文化遗产保护

【非物质文化遗产保护】　2012年，加大对全县“非遗”普查工作的力度，发动、组织和举办各类民俗活动，掌握和整理、保存各个非遗项目的资料。在第七个文化遗产日主题活动中，举行“国家级非物质文化遗产名录代表作·麒麟舞”专题展览和展演。选送的《梅陇龙舞》《名园舞金龙》在省文化厅举办的“龙舞盛世——2012年广东龙舞网上大汇演”中双获“银龙奖”；《五福狮舞》在“加多宝”全省醒狮网上比赛中以投票量第一获“人气奖”。11月，由省文化厅主办的全省首届非物质文化遗产麒麟舞大赛暨麒麟头制作技艺赛在东莞市举行，县“非遗”中心组织并指导改编、选送的附城圆山麒麟舞队参赛节目《麒麟献瑞》获传统组金奖，陈维帆获麒麟头制作技艺金奖。

【西秦戏】　西秦戏剧团新编历史剧《留取丹心照汗青》在中央电视台CCTV戏曲11频道“九州大戏台”首播，开创了海丰戏剧在央视播出的先河，并引起了文化部有关领导的关注，由文化部和中央电视台主持，在北京召开专题研讨会，主创人员应邀参加。该剧还获得2011年度广东省文化精品工程扶持专项基金，并获得第八届广东省精神文明建设“五个一工程”奖和“广东省鲁迅文学奖”，该剧还参加首届岭南民间文化节、第四届潮剧艺术节、“幸福家园——汕尾市首届文化惠民活动周”，并应邀赴潮州进行文化艺术交流。5月，西秦戏国家级传承人吕维平获省文化厅授予非物质文化遗产“优秀传承人”荣誉称号。9月，南方卫视、都市频道和潮商卫视先后对《留取丹心照汗青》进行专场播出。另外，西秦戏剧团参加第七届广东省戏曲演艺大赛，获得1金1银4铜共6个奖项，其中陈美珍所获金奖为汕尾市历届参加演艺大赛的首个。年中，西秦戏剧团节目在广东卫视播出。剧团改编排练的传统戏《小红袍》演出也获得成功，得到了观众和行家的赞誉。

【白字戏】 2012年，县白字戏剧团首次推出白字戏卡拉OK精选唱段。2月，接受“沿海行·远方的家”专题采访，并首次在央视国际频道播出。在参加第七届戏曲演艺大赛中，获2银2铜奖项。12月，廉政题材的白字小戏《领导亲笔信》在广东省第七届群众戏剧花会上获金奖。另外，由县委、县政府领导主持，特邀省内外专家、教授加盟，省艺术研究所与县文化主管部门联手作为文艺精品打造，根据马思聪作品《晚霞》改编创作的大型白字戏《龙宫奇缘》，得到社会各界热心人士的鼎力支持，正在紧锣密鼓地筹备排练。

文化市场

【文化市场管理】 2012年，全县文化产业拥有：网吧营业场所42家，总投资约3500万元，从业人员460人，其中海城镇24家、梅陇镇8家、公平镇5家、可塘镇3家、鹅埠镇2家；有证娱乐场所38家（停业5家），其中游艺娱乐场所16家、歌舞娱乐场所22家，总投资约7500万元，从业人员810人；新闻出版业106家，其中包装装潢印刷16家、其他印刷23家、“三印”22家、出版物（图书）16家、音像制品32家。县文化主管部门继续探索新时期文化市场管理工作。一是严格把关，做好经营场所年审工作，以“三打两建”为契机，严格按照法律法规和上级主管部门的工作部署，审核网吧场所、娱乐场所、演出团体、新闻出版、音像、图书和印刷行业等共142多家，其中，印刷行业57家，图书、出版物15家。二是与经营者签订守法经营责任书和禁毒承诺书，规范文化市场管理。在做好法制教育和警示教育的基础上，与各行业的经营者签订守法经营责任书和安全生产责任书，既让经营者明确守法经营的范围，又让经营者增强了守法经营的责任感。三是抓好安全生产和“打黄打非”专项行动，确保文化市场经营场所不出事故，特别是“五一”“十一”和党的十八大期间，文化主管部门对全县文化市场安全生产的要求更为严格，逐间进行检查，对存在问题限期整改，并在各个网吧和娱乐场所门口统一悬挂“不准接纳未成年人及超时经营”的警示牌，对娱乐场所每间卡拉房的容纳人数进行核定，确保安全不出事故。四是实行管建结合，建立健全文化市场的长效管理机制和创新机制，严格执法，把“三打两建”工作、“扫黄打非”专项行动与文化市场行政执法结合起来，对新闻出版市场、网吧、娱乐场所违法违规经营行为和广播电视荧屏低俗之风采取措施；大力整治校园周边文化市场死角，坚决查缴各类非法出版物，严厉打击接纳未成年人等违规经营活动，加大对娱乐场所的监管力度，随时掌握文化市场的发展动态。据统计，文化主管部门全年出动管理和执法人员1750多次，出动车辆290多车次，查处违法违规经营案件58宗，结案58宗。全县文化市场经营场所违规违法行为得到有效整治，文化市场继续保持健康稳定发展。

【版权保护工作】 按照中央、省、市有关部署，推进政府机关软件正版化工作。2012年，县文化管理部门对县直各机关单位1254部在用电脑和服务所使用的软件（包括操作系统、杀毒软件等）进行了全面整改。

（陈海明　陈伊拉　程传穆）

附：2012年海丰县文体旅游局领导名录

局　长：卢小娟（女）

副局长：罗金泉　林永隆　陈飞腾

杨爱妮（女）

传播媒体

【海丰报】 2012年，海丰报社围绕县委、县政府中心工作，以领导的关注点、群众反映的热点、社会关注的焦点作为报社宣传工作的着力点，细心制定宣传报道计划，以社论、消息、述评、通讯、图片新闻、专题报道、系列报道等形式，灵活多样的开展宣传报道工作。全年海丰报社共出版《海丰报》49期，刊发各类图片、新闻稿件940多篇（幅），新闻稿件、副刊作品合计110万字，全面地反映了海丰各地各单位2012年度的工作实况，为推进海丰县经济社会跨越发展，建设幸福海丰、平安海丰、和谐海丰提供了强大的精神动力和思想保证。

年内，宣传报道工作主要有以下内容：①做好经济工作的宣传报道。根据县委、县政府年初提出的经济工作思路，海丰报社结合实际，制定了周密的宣传方案。除在第一时间刊出有关经济工作的会议消息和县党政主要领导相关讲话以外，开辟了专栏《推动创新发展、建设幸福海丰》，及时、全面地宣传海丰县在推进经济社会发展方面的最新进展情况。同时对涉及经济工作的方方面面，如招商引资、工业、第三产业等都及时进行了宣传报道，在全县营造了浓厚的思发展、谋发展的良好氛围，掀起了经济建设的热潮。②做好县人大、政协“两会”的宣传报道。为做好一年一度的县人大、政协“两会”报道，报社制定好详细的宣传报道方案，做到会前有专题或专栏介绍，营造会议的浓烈气氛，会中及时、全面地进行报道。会议期间，记者、编辑加班加点，做好每个环节的策划、采访、写稿、审稿、编排，按时刊发“两会”新闻消息，撷取“两会”的一些精彩镜头，推出图片新闻专版《人大代表、政协委员访谈录》，对一些代表、委员关于海丰县推进经济社会发展的建议和意见进行宣传，完成“两会”的宣传报道任务。③加强对重点项目建设的报道。为推动重点项目、重点工程建设，报社唱响“又好又快发展”主旋律，聚焦企业和重点项目工程建设第一线，全力以赴为重点项目工程建设服务；展示重点项目工程建设日新月异的变化和重点项目重点工程的建设实施如何惠及普通百姓。对重点项目的引进、落户、建设过程，重点企业的成功经验进行采访报道，吸引客商来海丰投资创业。④开辟专栏报道全县“三打两建”工作。为营造深入开展打击欺行霸市、制假售假、商业贿赂等违法行为的专项行动的良好氛围，报社充分利用海丰报新闻报道、宣传标语等常规方式，并在一版或二版设立“深入开展‘三打两建’”专栏对海丰县开展“三打两建”活动进行广泛宣传，时刻提醒广大群众关注“三打两建”工作，警惕欺行霸市、制假售假、商业贿赂的违法行为。通过报纸宣传，切实提高人民群众对“三打两建”工作的知晓率，扩大“三打两建”宣传工作的影响力。⑤做好《行风热线》栏目的宣传报道。根据县纪委的部署和要求，营造全县风清气正的干事创业氛围，海丰报社与县纪委联合开辟《行风热线》专栏，对上线单位主要领导进县电台直播间接听、答复群众诉求电话的情况进行跟踪报道，强化行政执法监督和行政效能监察，促使各级各部门转变行风政风、提高行政效能，接受社会监督，及时解决群众关心的热点、难点问题，不断密切党群、干群关系，进一步优化了海丰经济社会发展软环境。⑥做好学习宣传贯彻党的十八大精神宣传报道。海丰报社以迎接党的十八大、学习宣传党的十八大精神为主线，坚持贴近实际、贴近生活、贴近群众，紧紧围绕学习、宣传党的十八大精神，充分运用海丰报新闻、专刊、图片、文艺等多种宣传形式，唱响共产党好、社会主义好、改革开放好的主旋律，为建设幸福海丰提供强大的思想保证、舆论支持、精神动力。同时，还以专栏的形式刊登各级领导干部学习十八大精神的体会文章。此外，宣传报道各级各部门贯彻落实十八大精神，做好本地本单位工作，为实现地方经济社会又好又快发展，推动幸福海丰建设的典型做法。⑦深入报道建设文化强县的情况。大力宣传县委、县政府加快推进文化强县建设的方针政策和重大决策部署，在推进文化强县工作中涌现的好做法、好经验、好典型。同时，充分利用举办2012年庆元宵文化巡游活动、马思聪诞辰100周年纪念活动的契机，推出专版、专刊，以图文并茂的形式，刊发 “庆元宵文化巡游活动”摄影作品选登的专版，和3个纪念马思聪诞辰100周年的专版，向社会各界以及全县人民展现了和谐海丰的新形象。⑧大力宣传扶贫开发“双到”工作的特色、亮点。海丰报社根据县委、县政府的工作部署，落实专人负责，除了做好扶贫日常工作宣传报道以外，广泛宣传省、市、县“三级”领导检查指导扶贫开发工作的新动态，以及各地各单位扶贫开发工作新进展、新情况，为全县深入

开展扶贫开发“双到”工作营造浓烈的宣传舆论氛围。（郑建程）

附：海丰报社主要负责人名录
社长（总编）：谢立群

【海丰县广播电视台】 按照广东省广电网络改革重组的部署和要求，抓好改制工作。为加快全县网络改革重组工作步伐，按照“先挂牌后理顺”的原则，海丰县广播电视台于2012年1月12日举行正式挂牌仪式，蓝纯台长被广东省广播电视网络股份有限公司任命为广东省广播电视网络股份有限公司汕尾海丰分公司总经理，并按省网络公司的要求，申请了工商营业执照及启用了网络分公司账户和印鉴。8月1日起，海丰台重新设立自办节目频道，每天播出16小时。全天候播出自办节目，节目经过精心的整体组合，集合了新闻性、教育性、文艺性、服务性等类别节目。海丰广播电视台以县城网络为中心，发展城乡光纤联网，加大新建设区域的网络建设，并通过继续完善和改进内部管理机制，逐步促使内部管理规范化，有力促进经济效益的提高。

自2012年1月1日起，广播节目从每天播出16小时压缩为13小时，从早6：30至晚22：00，12：00至14：30为休息时段；固定节目设有《海丰新闻》《人口与计生》《法制园地》《科普天地》《音乐之声》等11个栏目。海丰电视节目频道自2012年8月1日起，每天从早8：00至晚00：00，连续播出16小时。重新开办的自办节目定位于“以新闻节目为主，人文风情节目为基，系列专题为助力的综合类节目”，始设有《海丰新闻》《政务之窗》《报网之窗》《天气预报》《读书有益》《请您欣赏》《电视剧场》《戏曲天地》《一周要闻》《专题报道》《行风热线》等十几个主要栏目。

2012年，海丰广播电视新闻报道工作紧紧围绕党的十八大的召开和县委、县政府中心工作，

① 圆墩山发射塔。
② 海丰县广播电视台办公大楼。
③ 电视播音主持人录播节目。

坚持以新闻立台，办活地方特色报道为基调，创建新平台，对自办节目进行改版升级。加强舆论引导和宣传力度，全面深入系统地宣传全县经济社会和人民生活的巨大变化，加大对项目引进、大项目建设、民心工程等重大题材的深度报道，着力宣传报道好转型升级中的好企业好典型。配合县开展"三打两建"、"殡改"、"计生"等专项行动，营造声势、引导社会关注的热点问题。同时，加强通联工作，积极选送优秀作品上市和省台，加大对外宣传工作力度，把海丰改革开放的成果、经济建设的成就、良好投资环境、优秀的资源品牌宣传出去。全年共采编播出广播电视各类新闻5225篇，播放相关工作宣传标语9000多条。其中，播出电视新闻2610条，电视专题245辑，电台新闻2370条；选送市电视台播出289条，获省台播出海丰新闻11条，获央视选播3条。年内，重新组织、精心策划的专题栏目从周一至周日分《与你同行》《龙津两岸》《多棱镜》《民生视点》《关注三农》《养生与健康》《时尚菜谱》7个专栏播出，每日一辑。抓住全县各地经济社会发展的新风貌，积极宣传各地各部门在落实科学发展观、构建和谐社会、幸福海丰等新进展、新成果，加大反映社会生活的报道。着重加强"文化大县"建设的宣传报道，把社会动态、民情警讯、凡人佳事、民间艺术、风俗风情、文物保护、城乡山水以及新的生活方式等生动而富有地方特色的形式呈现给观众，进一步增强全社会关心海丰经济社会发展的乡情。年内，本着于长远发展，按照全省"一张网"的目标要求，大力推进城乡光纤网络联网工作，着力抓好与乡镇光纤网络联网建设，努力营造加快发展的良好局面。一是着力抓好与乡镇光纤网络联网建设。至年末，已铺设县城至乡镇联网光缆线路239公里，总芯数8芯，布设光节点22个，并向全县各镇开通光缆信号，全面贯通县城与乡镇的光纤网络联网，为实现全县整合联网打下良好的基础。二是进一步优化县城光纤网络，为电视数字化整体平移创造条件。谋划好县域网络升级改造工作，科学布设网络线路，采取增设关节点和更换破旧缆线等办法，进一步优化网络结构，提高用户的信号质量，个别区域采用光纤直接到户新做法。全年新增设光节点42个，布设光纤线路约11千米，其中，布放光缆96芯1000米、24芯100米、12芯3700米、8芯1800米、4芯4710米；拆除杆线路1300米,架设干线80千米，新安装光机箱58个、放大器箱58个、分配箱208个；截至当年12月，县城区布设光缆已达307.5KM，设光节点达156个，已拥有有线电视用户达到61592户。三是更新设备，加大硬件建设，并着手加强对网络管理人员数字技术培训和进行数字电视整改前期准备工作。为迎接中共十八大胜利召开，全面部署，彻底排查，抓好安全检查和整治工作。依照省广电局、

① 播控电视幕墙。
② 行风热线节目直播。

南方传媒集团等上级单位有关文件精神和要求，积极抓落实，组织队伍全面深入检查系统配置、安全播出管理、安全生产、信息安全、广播电视设施保护、应急保障、消防设施、配电监控系统等，全方位进行隐患排查整改，第一次比较系统全面地出台《安全播出和安全生产保障措施》安全保障机制，将安全生产工作任务和责任落实到具体部门和具体人，进一步明确检查内容和责任人，特别制定了台重要设备运作和光纤线路的正常传输管理及集中和日常化检查检测保障措施。在全省安全大检查中，得到上级的充分肯定，综合评分取得90.3的高分，获省广播电视局、南方传媒集团、广播电视网络公司颁发的“十八大安全播出奖”等表彰。

（郑江利　李向东）

附：2012年海丰县广播电视台（广东省广播电视网络股份有限公司汕尾海丰分公司）领导名录

台长（总经理）： 蓝　纯

副台长： 郑江利　陈华泰　余俊冰

※　2012年8月30日，海丰县广播电视台民主评议政风行风工作座谈会会场。

医疗卫生

综　述

【概况】 2012年年末，全县共有各类卫生医疗机构554个，其中，医院5家，镇卫生院17家（含中心卫生院5家），妇幼保健机构1家，专科疾病防治站2家，预防控制中心1家，卫生监督所1个，中心血库1个，诊所、卫生所、医务室54个，农村卫生室471个，其他医院2家。全县共有卫生技术人员2637人，其中执业医师776人、执业助理医师648人、注册护士738人、其他技术人员123人、乡村医生484人。全县医疗业务用房面积4.95万平方米，拥有病床2444张。列入国家和省2011年改扩建项目的5家镇级卫生院中，赤坑镇中心卫生院、后门镇中心卫生院、平东镇卫生院、联安镇卫生院4家改扩建项目基本完成；梅陇人民医院、海城镇卫生院已做好立项、用地等前期工作；可塘镇中心卫生院、附城镇卫生院、陶河镇卫生院3家基层卫生院已列入省改扩建项目。这些基层医疗单位工程的完工进一步改善了人民群众就医环境和医疗基础设施。

【机构改革】 根据中共海丰县委、海丰县人民政府《关于印发〈海丰县党政机构改革实施意见〉的通知》（海委〔2011〕30号），将原县卫生局、原县食品药品监督管理局的职能整合划入县卫生局，不再保留县食品药品监督管理局。新组成的县卫生局按编委文件规定，设置10个股室，机关行政编制34名，其中局长1名，副局长3名，正副股级干部19名；执法稽查编制13名；后勤服务人员编制5名。

（钟秀业　陈永强）

预防与保健

【疾病预防控制】 2012年，疾病预防控制工作坚持“预防为主”的工作方针，各类法定传染病发病率得到有效控制，卫生监测检验工作有序开展。严格执行传染病报告制度，及时收集整理分析传染病报告病例、网络直报审核上报。全县报告疫情直报率比2011年有所提高，总发病率为256.20/10万，比2011年的337.65/10万有所下降，总死亡率为1.46/10万；未发现SARS、人禽流感病例。年内，开展二轮消灭脊髓灰质炎疫苗强化免疫活动，通过了省麻疹疫苗强化免疫评估组的现场接种率快速评估。计划免疫接种率调查，建册率100%，发证率100%，“六苗”（卡介苗、麻疹、百白破、糖丸、乙肝、乙脑）全程免疫接种率98.46%；入园入托入学查验预防接种证，儿童接种证查验率98.51%以上；扩大免疫程序疫苗接种，全年免费调拨第一类疫苗13种32.1万人份，累计接种29.5万人，推广二类疫苗接种13种3.4万人份，累计接种3.4万人。全县高血压患者估算人数91810人，已管理人数44695人，规范管理人数44695人，糖尿病患者估算人数17611人，已管理人数10705人，规范管理人数10705人。全年完成食品生产经营企业从业人员健康体检3245人，监测餐饮业食具2222份,合格1862份,合格率84%。公共场所服务行业人员健康体检1955人，卫生监测168间，监测物品530份，合格452份，合格率86%。企业从业人员健康体检9917人，监测221间次。供水厂生活饮用水卫生监测水样155份，合格率65.8%。监测碘盐288份，合格碘盐263份，合格碘盐食用率91.32%，通过国家、省、市考核评估小组验收，全县基本实现消除碘缺乏病目标。

（许海明）

【妇幼保健】 贯彻落实《海丰县妇女发展规划》《海丰县儿童发展规划》，开展全县孕产妇死亡、5岁以下儿童死亡、出生缺陷“三网合一”监测；开展全县三级妇幼保健网队伍管理、妇女儿童保健系列服务，开展“0～6岁儿童健康管理服务”、“孕产妇健康管理服务”等国家基本公共卫生服务；开展预防艾滋病、梅毒、乙肝母婴传播、新生儿疾病筛查、地中海贫血预防控制、

农村妇女宫颈癌、乳腺癌免费筛查等国家重大公共卫生服务项目。2012年全县产妇数16112人，活产数16130人。孕产妇系统管理率97.4%，0~6岁儿童系统管理率94.2%，住院分娩率99.8%，新法接生率100%，非住院分娩新法接生率100%，高危孕产妇监护率100%，低出生体重儿发生率3.2%，围产儿死亡率5.5%，新生儿死亡率2.0%，婴儿死亡率3.4%，0~4岁儿童死亡率4.8%，新生儿出生缺陷率30.4/万，孕产妇死亡率为18.6/10万。继续加强儿童保健系统管理，为0到36个月58897名婴幼儿建立保健手册，对12462名新生儿开展访视，纳入儿童保健系统管理有13462名。开展孕产妇保健管理，为13447名孕产妇建立保健手册，为11430名孕产妇开展孕期保健服务，对13447名孕产妇进行产后访视。为7824名孕产妇免费补充叶酸。县保健院与中山大学附属六院建立技术协作关系，拓展服务项目。开展阴道镜技术、蓝氧妇科生殖道康复治疗（阴道冲洗）、利普刀技术、臭氧雾化治疗，开设生殖内分泌诊治中心，开展不孕不育诊断和治疗。开展G6PD、甲状腺低下、

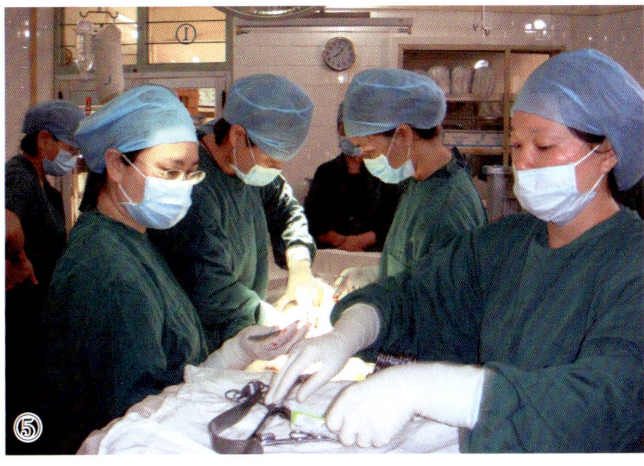

① 2012年10月，陈文楷院长主持召开创建二级甲等妇幼保健院动员会。
② 2012年10月，医务人员为群众开展义诊场面。
③ 2012年10月，陈文楷院长带领医疗业务骨干查房。
④ 2012年10月，新生儿游泳室，医护人员在精心护理新生儿游泳。
⑤ 2012年10月，医务人员正在手术中。

苯丙酮酸等新生儿疾病的筛查。开展梅毒TPPA确诊试验、微柱法血型卡、新生儿溶血、特异性抗等检查，建立血库，开展五分类血球仪监测项目。B超室开展先心病筛查。（陈冬妮）

【爱国卫生运动】 继续开展省卫生村创建工作，经省爱卫会验收合格，2012年，陶河镇下家村等18个村被评为“广东省卫生村”。至年底，全县累计获得“广东省卫生村”称号34个，“创卫”工作继续走在全市前列。开展“全国城乡环境卫生整洁行动”，12月5日，省督查组对海丰县有关工作给予了充分肯定。农村改水改厕工作稳步开展，全县自来水普及率为88%，卫生厕所普及率为88.2%。开展卫生健康教育，编印发放宣传资料，以省卫生村为教育基地，设固定健康教育宣传栏，定期更换宣传内容。在全县中小学生中进行“拒吸第一支烟，做不吸烟新一代”禁烟宣传活动。组织全县除“四害”活动，共投入灭蚊药1000多公斤，其他药物一批。（林学愚）

卫生监督执法

【卫生监督】 2012年，根据省、市、县统一部署，开展“三打两建”专项行动，打击餐饮食品及公共场所日化用品制假售假行为，规范医疗服务市场行为。检查宾馆、旅店、发廊等公共服务场所109间次，发出卫生监督意见书32份，立案8宗，结案8宗。没收不合格化妆品、洗面奶、护发素等一批，罚款0.66万元，取缔无证窝点2家。取缔无牌无证诊所19间，对26间坐堂行医药店提出了立即停止行医行为的警告，对跨区域超范围经营20间诊所责令限期整改，并对违规药店、诊所予以行政处罚，没收药品10箱、医疗广告一批，罚款10多万元。（卓晖山）

【餐饮环节食品安全监管】 县卫生局探索建立餐饮监管体系和诚信体系，积极实施餐饮食品安全监督公示栏管理制度、餐饮服务食品安全“黑名单”制度，推进餐饮业及集体食堂餐饮服务安全监管量化分级管理制度、卫生监督协管员制度。2012年，检查餐馆、酒楼250间次，发出卫生监督意见书210份，立案139宗，结案139家，取缔无证经营餐馆6家，没收各种不合格食品、餐饮用具一批，罚款6万多元。10月23日，省卫生监督所检查组一行5人到县卫生监督所检查2010年至2011年卫生监督专项稽查工作。

（卓晖山）

【卫生知识普及】 2012年，各卫生部门积极开展各项卫生知识普及教育，做好公共服务从业人员上岗前卫生知识培训。县爱卫办开展卫生健康教育，编印发放宣传资料，以省卫生村为教育基地，设固定健康教育宣传栏，定期更换宣传内容。在全县中小学生中进行“拒吸第一支烟，做不吸烟新一代”禁烟宣传活动。县疾控中心开展预防接种、艾滋病防治、碘缺乏病防治等宣传活

① 2012年6月，海丰县卫生局稽查分局开展“三打两建”药品安全稽查专项行动。
② 2012年7月26日，省药监局陈德深入海丰县调研卫生工作。

① 2012年，县卫生局局长颜荣林率领海丰县卫生局医务人员看望麻风病患者。
② 2012年，海丰县卫生系统运动会。

动，全年共发放宣传资料共计58万份。县卫生监督所举办全县餐饮服务单位、学校、幼儿园、厂矿集体食堂食品安全管理员卫生法律法规知识培训班，参加培训600多人次；举办全县公共场所卫生法律法规知识培训班，培训相关人员162人次；举办全县集中式供水卫生知识及相关法律法规培训班，培训相关人员30人次；开展生活饮用水卫生宣传周活动，发放宣传物品4类2100份，提高群众生活饮用水卫生安全知识。

（钟秀业）

医疗工作

【中医事务】　2012年，海丰县紧紧围绕发展中医的路子，不断发掘地方中草药及其验方。一是邀请了蔡胜钦（老药师）返回工作岗位，实行对草医草药进行栽培、对中药人员进行培训，取得良好效果。二是对民间验方进行发掘，制剂室进一步研制出一系列的外用膏、药醋等，对膏、丸、剂、散等也进一步研制出一系列的外用之膏、丸、剂、散，疗效十分显著，深受群众好评。三是与广州中医药大学附属骨伤科医院技术合作，与省中医院进行技术交流，经常举办中医培训班，西医转中医培训班。2012年共输送中医药业务骨干到省级医疗机构进修学习15人次。上级医疗机构专家教授到院举办中医药学术讲座5场次。县中医医院承担对全县基层卫生院中医药医技人员的培训、带教，不断提高全县的中医药医技水平。各镇卫生院大部分设有中医药服务，村卫生站（室）设有中药柜，开展6项以上中医适宜服务。各镇均有私人开始的中医诊所。

（郭务民）

【新型农村合作医疗】　2012年，全县新型农村合作医疗参合人数521224人，参合率100%，筹资总额1.4073亿元（270元/人·年），其中中央、省、市财政共配套1.0398亿元共（199.5元/人·年）、县财政共配套0.2111亿元（40.5元/人·年）、农民自筹0.1564亿元（30元/人·年）。新农合住院补偿标准：镇级医院补偿比例75%，县级医院65%，市外医院50%，最高补偿限额10万元。1～12月，全县享受新农合补偿的共23473人次，补偿资金共8857.55万元。新农合管理职能按照县编委关于机构改革文件要求，于2012年8月移交给县人力资源和社会保障局。

（林　斌）

医疗卫生管理

【县级公立医院综合改革】　海丰县被确定为全省16个县级公立医院综合改革试点县之一。按照本县实际，彭湃纪念医院作为全县先行试点单位，坚持公立医院面向城乡居民提供基本医疗服务的主导地位，坚持公益性，以破除“以药补医”机制为关键环节，取消药品加成，将公立医院补偿由服务收费、药品加成收入和财政补助三个渠道改为服务收费和财政补助两个渠道，控制医疗费用增长；推行临床路径，探索开展单病种质量控制，规范医疗行为；推行各种便民惠民措施；规范医用耗材的集中采购工作；聘请省级权威专家做业务指导，派出业务骨干到省级以上医院进修学习。

【医院管理年活动】 2012年，继续推进医院管理年活动，狠抓以医疗服务质量为核心的检查落实，提升医疗服务质量。一是规范医疗质量管理。检查各医疗单位医疗、护理、院感、病历等情况，并将检查结果通报，不合格单位、诊所责令整改。二是规范医疗机构及医务人员的资格准入。严格执行医疗机构准入制度和医务人员准入制度，做好医师执业注册、护士注册、乡医资格认定；完成医疗机构年度校验换证 25个；组织445人参加执业医师与执业助理医师资格考试。三是开展“平安医院”创建活动，加强医院医疗质量管理，提高医院领导和医务人员责任意识、法律意识。全县组织召开11次医疗质量学术交流活动，其中国家级2次、省级5次。

【巩固和完善基本药物制度】 2012年，海丰县巩固17家乡镇卫生院实施基本药物制度成果，落实基本药物全部配备使用和医保支付政策，推进有条件的村卫生站实施基本药物制度，进一步规范基层医疗卫生机构用药行为。

【开展“三好一满意”活动】 全县各级各类医疗卫生机构持续开展“服务好、质量好、医德好、群众满意”为主要内容的活动，以此提升医疗服务水平，改进医疗质量，弘扬高尚医德。6月份由县卫生局组织开展对县级3家医院的问卷调查，满意率达98%。

【规范临床护理管理】 全年执业护士首次注册62人，全县执业护士共有840人。举办护理人员业务培训班8次。坚持护理工作“贴近病人、贴近临床、贴近社会”的指导思想。根据省卫生厅下发的护理安全质量目标，完善和落实11个专科护理的安全质量目标。（马泽葵）

【卫生科研】 2012年，海丰县医疗卫生系统科研项目立项共有15项，参加研究人员共有42人次。其中：彭湃纪念医院13项，参加人员39人次；县妇幼保健院2项，参加人员3人次。年内，各类医疗卫生科研成果共10项，研究人员10人。其中彭湃纪念医院4项、县中医医院2项、县妇幼保健院4项。

（林加樟）

2012年海丰县医疗卫生科研立项情况一览表

表9

序号	科研项目	研究单位	研究人员
1	早期高危宫颈癌术前新辅助化疗临床研究	彭湃纪念医院	吴丽玲　吕辉生　钟少卿
2	低位负压吸引提高经皮肾镜取石术效率的临床研究	彭湃纪念医院	吴文校　蓝　林　马　戟
3	液基薄层细胞学检测联合阴道镜Leep术在宫颈病变筛查及诊治中的临床应用	彭湃纪念医院	钟少卿　吴丽玲　陈小丹
4	复发性外阴阴道假丝酵母菌病的自我感染、性传播探讨和治疗研究	彭湃纪念医院	余苑婷　蔡勤辉　刘慈花
5	奥沙利铂联合氟尿嘧啶、甲酰四氢叶酸钙两周方案（mFOLFOX6）在进展期胃癌新辅助化疗的前瞻性研究	彭湃纪念医院	刘赞伟　缪锦超　施珊格
6	内镜下结扎术治疗食管静脉曲张急性出血的疗效研究	彭湃纪念医院	陈伯良　陈正道　周雪强
7	64排螺旋CT冠状动脉成像对冠心病的诊断价值	彭湃纪念医院	吴汉维　丛喜达　王立娟
8	精蛋白锌重组赖脯胰岛素混合注射液的临床疗效23观察	彭湃纪念医院	江　锋　吴诗聪　罗小勇
9	伤椎植骨内固定预防椎体矫正高度丢失的研究	彭湃纪念医院	卢小健　郭小明　曾丹阳
10	早期去骨瓣减压治疗大面积脑梗死的临床研究	彭湃纪念医院	蔡　程　刘俊辉　柯胜蓝
11	研究脑梗死超早期、重症进展期的治疗	彭湃纪念医院	全仁子　罗家扬　翁玉贞

（续上表）

序号	科研项目	研究单位	研究人员
12	循证治疗老年性膝关节骨性关节炎的临床研究	彭湃纪念医院	陈巨鹏　施权峰　陈和平
13	消化内镜新技术治疗消化道黏膜下肿瘤的应用研究	彭湃纪念医院	叶丁容　廖方清　王荣国
14	益气养阴法对早产孕妇TLRs∽NF-kB信号介导前列腺素合成酶的左右研究	县妇幼保健院	魏雪雄　陈锦容
15	胶体金法检测丙型肝炎病毒抗体	县妇幼保健院	陈锦容

2012年海丰县医疗卫生科研成果一览表

表10

序号	科研项目	研究单位	研究人员	获奖或论文发表情况
1	经皮肾小通道治疗上尿路结石的临床研究与应用	彭湃纪念医院	林文彬	汕尾市科技进步三等奖
2	新生儿窒息对糖代谢影响的研究	彭湃纪念医院	王璇珠	
3	计算机辅助重建在髋臼骨折手术中的应用	彭湃纪念医院	吕厚忠	汕尾市科技进步三等奖
4	纳美芬与纳洛酮治疗急性酒精中毒疗效对照研究	彭湃纪念医院	黎立明	汕尾市科技进步三等奖
5	复杂胫骨平台骨折三柱分型及治疗分析	县中医医院	庄科雄	《海南医学院报》（2012年6月）
6	复方丹参注射液治疗膝关节骨性关节炎生活质量改善临床疗效观察	县中医医院	柯　青	《中国医学研究》（2012年1月）
7	中西医结合治疗158例输尿管阻塞性不孕的临床效果观察	县妇幼保健院	魏雪雄	《中医临床研究》（2012年第4卷第1期）
8	临床检验中不合格	县妇幼保健院	陈锦容	《检验医学与临床》（2012年第9卷第14期）
9	妊娠中晚期阴道菌群与妊娠结局的相关性研究	县妇幼保健院	谢晓艺	《中国医药指南》（2012年6月第10卷第17期）
10	妊娠期血红蛋白与低出生体重的相关性分析	县妇幼保健院	谢晓艺	《延边医学》（2012年1月第6卷第1期）

【卫生信息化建设】　2012年，海丰县加快卫生信息化建设，提高诊疗服务效率和内部管理水平。3家县级医院都与社保部门联网，方便患者结算治疗费用。彭湃纪念医院作为全县最大的医疗卫生单位，加快建设现代化的医疗服务系统，按照卫生部数字化医院建设的标准，结合全县人民群众医疗保健服务需求和医院的实际情况，建设全新的医院信息管理系统；年底上线实施门诊电子挂号、门诊收费、门急诊住院一卡通，以及门诊医生工作站、门诊药房库存管理、住院管理、住院医生、护士工作站、体检系统、合理用药系统、电子病历系统、患者自助查询系统、医学影像信息系统（PACS）、门诊诊间分诊系统及药房排队叫号系统等实行信息化，开设医院网站和网上医疗服务等。县中医医院加快信息化硬件建设，全院各科室基本上实行电脑化办公。同时，加强网络安全管理，确保数据安全。县妇幼保健院实现了门诊、住院、医技检查“一卡通”的现代化医院模式，并在门诊、住院大厅提供了触摸查询系统，满足部门间的业务信息处理和信息共享，也给病人提供快捷、称心、放心的服务，提高医院医疗质量和医疗效率。各级各类医疗卫生单位都配备了基本的电脑和宽带连接。县疾控中心、慢病站等公共卫生项目管理单位都实现了数据网络上报，并基本实现信息化管理。各镇卫生院基本实现网络上报数据工作。县卫生局建立了

门户网站，进一步提高卫生部门的信息化水平。

（钟秀业）

附：2012年海丰县卫生局领导名录

局　长：颜荣林

副局长：洪献就　陈春晖（女、任至1月）

吴仁声（1月起任）

林秀兰（女、1月起任）

医院选介

【彭湃纪念医院】 位于海丰县城繁华商业中心区红场路18号，是一所以革命先烈彭湃烈士英名命名的县级综合医院，为汕尾市规模最大、设备最精良、技术力量最强的集医疗、预防、教学、科研于一体的综合医院。1995年被卫生部评定为二级甲等医院和国家级爱婴医院，2001年被省卫生厅和省教育厅评定为汕尾市唯一一家广东省高等医学院校教学医院，是南方医科大学、广东医学院和汕头大学医学院等高等医学院校教学医院。医院先后被评为“广东省文明医院”“广东省行业作风建设先进单位”“广东省百佳医院”“广东省十佳百姓放心品牌医院”“汕尾市先进基层党组织”“汕尾市白求恩式先进集体”“汕尾市精神文明窗口单位”“汕尾市巾帼文明岗”“海丰县民主评议行风先进单位”“海丰县先进单位”“海丰县重点项目先进单位”等荣誉称号。医院环境优美，规划合理。占地面积约3万平方米，建筑面积6.8万多平方米。医院的主要建筑有：门诊大楼、住院大楼，肿瘤综合治疗楼、医技大楼和一批配套建筑；2011年4月新门急诊综合楼投入使用，大楼在设计和管理上充分体现了人性化、现代化、信息化的现代化医院气息。医院配置有1.5T MRI、64排螺旋CT、DR、CR、数字减影胃肠X光机、Pacs信息影像系统、全自动生化分析仪（3部）、彩色B超、腹腔镜、前列腺电灼镜、电子胃镜、结肠镜、德国西门子直线加速器、模拟定位机、后装治疗机、全自动呼吸机、多参数监护仪等先进医疗设备。2012年，医院开放病床750张，年门诊量50万人次，年出院病人约2万人次，年手术量约6000人次。2012年业务收入23921.9万元。现有在职职工989人，其中卫生技术人员772人（高级职称98人、中级职称138人）、行政管理和后勤人员

① 彭湃纪念医院门诊综合楼外景。
② 彭湃纪念医院门诊大厅。

217人。

（蔡春富）

【海丰县中医医院】 位于海丰县城九都山烈士陵园左侧，是一家集急救、医疗、康复、保健、教学、科研于一体的具有专科特色的县级综合性中医医院，是汕尾市技术力量最雄厚、建院历史最悠久的中医医院。近年来医院加快发展，按照“大专科小综合”的发展思路，努力打造成1所集医疗、保健、教学、康复为一体的花园式医院。医院建筑面积7000平方米，配置有螺旋CT、DR、日本岛津500毫安X光机、骨密度仪、结肠灌肠机、各种康复治疗仪等多种先进医疗设备。医院是韶关医学院教学医院，是省人民医院、广州中医药大学附一院的附属骨伤科医院，为省药学院附院联合医疗基地。2001年被评为广东省文明中医院，2005年被省卫生厅评为农村中医药先进单位，2007年定为首批省中医名院创建项目单位；是广东省“十一五”期间农村医疗机构中医药特色专科、广东省“十二五”期间中医重点（特色）专科建设单位、2012年广东省中医药管理局专科建设项目单位。2012年，开设病床140张，年门诊量约8万人次，年出院病人近2000人次，年手术量约500人次。2012年业务收入2134.2万元。全院有职工257人，卫生技术专业人员121人（含中、高级职称人员29名），聘请上级医院骨伤科教授、博士生、硕士生导师5人。医院设骨伤科、急诊科、内科、康复科等4个一级临床学科、13个二级学科。独具特色的骨伤科、康复科2个重点学科配套较为完善的设施设备。2012年，骨伤科被省卫生厅、省中医药管理局定为全省特色专科。

（郭务民）

【海丰县妇幼保健院】 是一所集妇女儿童保健、医疗、科研、教学于一体的县级妇幼保健医疗卫生机构。始建于1956年，1994年经卫生部、联合国儿童基金会、世界卫生组织评审通过，成为汕尾市首家爱婴医院。医院以妇、产、儿科为业务主体。门诊部开设孕、产、儿数十项服务项目。妇产科配备了温馨套房，开展住院分娩和妇科、产科各类大中型手术，开展新生儿游泳、胎儿监护系统、产后康复治疗等一系列适宜技术，开展一系列高危妊娠监护、治疗和各项产后母婴保健服务。新生儿区专业特色强，实行全程专人监护，配套高新医疗设备，开展新生儿常见病和多发病的诊断及治疗、危重新生儿的抢救及处理、早产儿及低体重儿救治等医疗服务。2012年，全院干部职工193人，其中高级职称13人、中级职称29人，有开放床位110张，年门诊量11万人次，年住院量1.37万人次。全年业务收入3544.1万元。2012年9月，经县编委批准，加挂“海丰县妇女儿童医院”牌子，将积极拓展妇儿医疗保健项目。由于业务发展迅猛，经县政府批复同意医院择址新建。年内已完成新院建设工程可研报告、前期设计、办理工程立项等工作。计划于2014年底在县行政小区建设成一所现代化、上规模的妇幼保健院。

（陈冬妮）

体　育

【简述】　2012年，海丰县体育工作在实施全民健身计划、普及群众体育、学校体育、老年人体育、竞技体育以及体育设施建设等方面均取得较大成绩，完成了上级的各项工作任务，为海丰体育事业的向前发展起到推动的作用。

【体育设施建设】　2012年，县体育部门投资8万元，在文天祥公园建成一个面积600平方米的健身活动场地，已投入使用，向群众全面开放。乡镇农民体育健身工程建设按计划进行，海城、小漠、可塘、大湖等四镇政府，按照省体育局规定要求，已于12月前完成健身广场建设任务，其中，海城镇建设面积2500平方米，投入资金86万元；小漠镇建设面积5000平方米，投资800万元；可塘镇建设面积4000平方米，投资60万元；大湖镇建设面积2800平方米，投资120万元。四镇所建健身广场还配备有篮球架、乒乓球台、健身路径等一大批活动器材和设施，皆已正式投入使用，向群众开放。

【国民体质监测】　9月，县体育局成立国民体质监测工作小组，开展2012年海丰县国民体质监测工作。组织15名业务熟练的测试人员，对机关、各事业单位、工人、农民、学生等不同人群进行国民体质测试活动达8次，时间1个月，测试总人数1200人，100%完成省、市交办的监测任务。

【社会体育指导员】　2012年，根据汕尾市体育局关于开展社会体育指导员培训的通知精神，县主管部门于11月份组织全县各镇场、机关、企业单位、学校和社会团体等，举办三级社会体育指导员培训班学习，经考试合格，共培训各种三级社会体育指导员150人，超额完成培训任务。

【全民健身活动】　2012年是实施全民健身计划、普及群众体育较为重要的一年。春节期间，县体育部门在正月初三、初四举办三人篮球赛，初四、初五举办围棋赛，初五、初六有乒乓球赛，初六、初七有中国象棋赛，初四至初十有足球赛。6月，组织举办百城千村健身气功交流活动，红场站健身气功队在城隍庙表演气功“六字诀”。8月6日，海丰县足球代表队参加广东省首届足球赛汕尾赛区获第一名，并获汕尾赛区优秀组织奖和体育道德风尚奖，代表汕尾市参加省总决赛。8月8日全民健身日，在县烈士陵园举办一场大型健身气功活动，有“六字诀”“五禽戏”“八段锦”等项目的表演，还有梅陇镇、海城镇、鲘门镇、小漠镇、赤坑镇、公平镇、县老年体协、县体校、县民政局等单位举办了篮球、足球、乒乓球、排球、健身舞、太极拳等体育活动。10月14日，在广东省南粤活动周海丰县启动仪式中，体育部门组织了别具特色的篮球投篮比赛。10月2日，海丰县第四届全民健身运动会暨第六届老年人运动会开幕，共有47个代表团、2000多名运动员参赛，设有田径、篮球、排球、乒乓球、羽毛球、门球、柔力球、风筝、太极拳、太极剑、广场舞、钓鱼、拔河、象棋、围棋、体操等16个比赛项目。整个运动会历时2个月，海城镇代表队等6支参赛队伍分获团体总分前六名；县民政局等8个单位获赛区优秀组织奖；黄羌镇代表队等15支队伍获体育道德风尚奖。

【体育产业】　2012年，经核查统计，全县经工商局注册经营的体育产业60家，其中，不经营体育产业的企业有45家，注销的企业有3家，现存与体育产业相关的企业有12家，其中体育协会3家、行政事业单位2家、体育用品销售3家、体育休闲健身企业4家。

【体育人才培养】　海丰县业余体校的任务，主要是抓竞技体育中的体操项目，对教育质量和业余训练工作高度重视，坚持常年不间断地训练。2012年，在执行“十二五”计划中，继续保持与深圳体校合作，确保海丰体操项目能长期有效地发展，在校学生达40多人。经体校培养成才送省、深圳市的运动员有李宇润、黄佳茵、叶晓欣等3人。年内，县体操队参加广东省青少年体操锦标赛，获得男子团体赛第4名。另外，单项赛获奖的有：周伽民获得跳马第4名；钟佳宇获得吊环第7名；施潼悦获得山羊第8名。2011年输送到深圳体工队的王俊林，代表深圳队获得团体第1名，个人自由体操第2名；曾捷凯获得双杠第4名，参与女子团体获得第7名；黄佳茵获得跳马第7名。另外，输送往中山市的刘佳文，获得平衡木和高低杠第3名、自由操第2名、跳马第1名。

【体育彩票】 2012年，海丰县体育彩票全年销售额再创新高，达3268万元，为海丰增创地方税收400多万元。全县体育彩票销售网点已扩充至42家。体育彩票服务部因成绩突出，被广东省体育局授予县级体彩突出贡献奖；伍远光获广东省体育彩票管理中心2012年度先进工作者称号。

（陈海明　陈伊拉　程传穆）

社会生活

社会生活

劳动就业 社会保障

【简述】 2012年，海丰县人力资源和社会保障局在县委、县政府及上级主管部门的领导下，围绕“创新跨越发展，建设幸福海丰”的奋斗目标，坚持“民生为本、人才优先”的工作主线，进一步推进城乡统筹就业、人力资源管理和社会保险规范化工作等，全面完成各项工作任务，充分发挥机构合并、资源整合新优势，开创了人力资源和社会保障工作新局面。

【城乡统筹就业】 2012年，继续大力促进城乡统筹就业和农村劳动力转移就业工作。一是认真贯彻实施积极的就业政策，组织公共职介机构开展免费职介服务，并在县城红场门口等地组织举办了5场大中型企业用工招聘会，为求职者和用工单位提供了良好的劳动力资源供求平台。全年全县城镇新增就业人员1.56万人，完成市下达任务的107.4%。二是抓好各项优惠扶持政策的落实，促进再就业工作。城镇下岗失业人员实现再就业0.8万人，完成市下达任务的114.6%，城镇登记失业率控制在2.63%。三是扎实推进农村劳动力培训转移就业，全年新增转移就业农村劳动力6843人，完成市下达任务的105.3%，农村劳动力技能培训转移就业工作得到省的肯定。四是认真做好高校毕业生就业工作，通过多种形式为高校毕业生提供就业岗位，如举办现场招聘会和人才网络招聘会，鼓励部分毕业生到农村基层从事“三支一扶”等。2012年回海丰县报到的高校毕业生有2190人，实现就业的有2103人，就业率达96%，其中“双困”毕业生就业率达100%。五是积极做好外来工人员和高技能人才积分入户工作，办理农民工积分入户1025人，高技能人才入户1102人。全县城乡统筹就业工作步上新台阶，就业情况稳定。

【下岗再就业】 贯彻落实各项再就业优惠政策。一是落实兑现了社会保险补贴5800元，岗位补贴13200元，职介补贴310160元。通过免费推荐、牵线搭桥，使8019名下岗失业人员、638名“4050”再就业困难人员走上再就业之路。二是落实发放小额担保贷款，鼓励下岗失业人员创业和自谋职业，全年办理小额担保贷款61户，已发放小额担保贷款130万元。再就业工作对降低失业率、和谐劳动关系、稳定社会起到一定积极作用。

【人事管理】 2012年，海丰县人事管理工作，一是提高全县机关事业单位干部职工津贴补贴，从7月起为全县21359名机关事业单位工作人员提高津贴补贴平均每人月309元，月增资总额达660万元。二是加强全县公务员管理、信息入库和公务员招考录工作。根据省公务员管理要求，对全县2300多名公务员的信息进行电脑录入、统一管理，同时做好2012年度75名公务员的招考录工作和80名新任公务员的转正工作。

【职业技能培训】 按照“培训为就业服务，就业依托培训，培训与就业紧密结合”的培训方针，加大培训力度和培训范围，充分利用培训资源，在技术技能培训的同时，把就业指导、职业道德、礼仪、劳动维权等“就业技能”内容纳入培训课程，使“就业技能”与“职业技能”有机结合，让学员树立正确的就业观念，增强劳动权益保护意识，提高就业竞争力。2012年，多形式多渠道开展培训，一是举办农村劳动力转移就业技能培训，参加培训人员6200人，通过培训和考核取得单项职业技能证书。二是举办在岗提升技能培训，参加培训人员2272人。三是举办事业管理人员和专业技术人员的继续教育培训，参加培训人员达9800多人。此外，通过民办职业培训机构举办各类技能培训班，培训人员1288人。培训工作有力地促进了就业，提高了就业率。

① 2012年2月13日，副县长陈凯婵在海城红场前广场举办的海丰县企业用工招聘会上讲话。

② 2012年2月13日，黄小平局长在海城红场前广场举办的海丰县企业用工招聘会上讲话。

③ 2012年2月13日，黄智伟主任在海城红场前广场举办的海丰县企业用工招聘会上讲话。

④ 2012年6月15日，在海丰县就业培训中心培训基地举办海丰县农村劳动力培训转移就业第6期培训班。

⑤ 海丰县就业培训中心服装缝制工艺培训实习基地。

⑥ 2012年6月29日，在海丰县就业培训中心培训基地举办海丰县农村劳动力培训转移就业第7期培训班。

⑦ 2012年7月19日，在海丰县就业培训中心培训基地举办海丰县农村劳动力培训转移就业第8期培训班。

① 2013年1月5日，省人社厅、住建厅、公安厅、国资办、工商局、总工会等六部门对海丰县春节工资情况检查。
② 2012年12月10日，在海丰县青少年宫 召开全县职工医疗保险业务培训会议。
③ 2012年8月2日，省社保局领导郭伍义（中）调研海丰县社保工作。
④ 2012年8月2日，省社保局领导郭伍义（前左一）调研海丰县社保工作。

【劳动信访与劳动监察】 2012年，严格开展劳动执法检查。依法深入用人单位开展劳动用工和用工管理情况检查956户次，涉及职工5.8万人，督促补签劳动合同1万多份，纠正违反法律法规的企业管理制度8条，督促17家用人单位进行社保登记。同时，及时化解劳动关系矛盾，妥善调处劳动纠纷，接待信访和受理举报投诉案件223宗，涉及劳动者657人，已处理解决221宗，为劳动者追回被拖欠的工资达350万元，维护了劳动者的合法权益，促进劳动秩序稳定、社会和谐发展。

【劳动仲裁与工伤认定】 坚持以科学发展观为统领，以构建和谐劳动关系为主线，按照“公平、公正、公开”的原则，实行立审分离、即收即立、分类处理。开辟农民工“绿色通道”，做到快立、快调、快审、快结。2012年受理劳动争议案件45宗，经调查取证、协调处理，成功案外调解11宗，开庭审理裁决34宗，结案率为100%，涉及经济标的657.89万元，依法维护劳动关系双方合法权益。同时，依法做好工伤认定调处工作，全年受理工伤认定申请31宗，经调查取证给予工伤认定23宗，不予受理8宗；另外接待来信来访55宗，成功调解55宗，结案率100%。

【社保扩面征缴】 2012年，社会保险工作进一步扩大社会保险覆盖面，提高基金征缴率，实现社保基金收支平衡、略有结余的目标。全县企业养老保险参保人数91908人，完成市下达任务的102.12%；征缴企业养老保险基金19521万元，完成市下达任务的101.15%。参加城乡居民养老保险人数243648人，100%完成市下达任务。参加城乡基本医疗保险778542人（其中职工医疗保险参保

72411人、居民医疗保险参保184907人、新农合参保521224人），完成市下达任务的103.81%；征缴职工医疗保险基金5784万元，完成市下达任务的93.29%；征缴居民医疗保险基金2215万元，完成市下达任务的82.04%。参加失业保险4474人，完成市下达任务的98.83%；征缴失业保险基金1523万元，完成市下达任务的92.3%。参加工伤保险20958人，完成市下达任务的82.19%；征缴工伤保险基金274万元，完成市下达任务的94.48%。参加生育保险28818人，完成市下达任务的102%；征缴生育保险基金238万元，完成市下达任务的183.08%。

【社保基金管理】 一是强化社保基金专项审计，确保基金运行的安全性，有效防止挪用基金等违法违纪现象的发生，确保各项社保基金安全完整，促进海丰县社会保险事业的健康发展。二是建立和完善内部控制机制，规范社会保险经办业务管理工作，明确管理责任规程，明确各业务岗位操作权限，实行计算机内外网物理隔离，确保数据安全。三是采用定期或不定期的方式对各定点医疗机构进行核查，有效防止基金流失，提高基金的安全运行。四是严格执行社保基金的收支核算，做到各险种分别建账、分账核算、专款专用。2012年，全县征缴各项社会保险费30763万元，比2011年同期增加1359万元。社会保险基金历年累计结余41386万元。全县各项社会保险待遇按时足额发放，其中领取社会养老保险待遇的离退休人员10254人，人均每月发放养老保险待遇1396元。

（郭耀鸿）

附：2012年海丰县人力资源和社会保障局领导名录

局　长：黄小平

副局长：罗锡金（任至7月）　黎光辉

陈长征（兼社会保险基金管理局局长）

吴敬耀　刘小武

人口与计划生育

【简述】 2012年，海丰县人口和计划生育工作认真贯彻实施《中华人民共和国人口与计划生育法》《广东省人口与计划生育条例》。按照上级的工作部署和要求，巩固“国优”的工作思路，紧紧围绕稳定低生育水平、控制出生人口性别比、全员人口信息系统工作、国家免费孕前优生健康检查项目试点工作等几项工作重点，积极开展人口计生工作。根据统计报表和人口抽样调查分析，全年全县共出生100904人，政策生育率为70.02 %，出生人口性别比111.28，综合节育率为61.18 %，全面完成各项工作任务。

【建立和落实计生层级动态管理责任制】 海丰县全面落实计生层级动态管理责任制，明确规定，县驻镇四套班子领导成员与镇党政一把手为该镇计生第一责任人，镇驻村党政成员、县机关驻村工作组长与村党支部书记和主任为该村计生第一责任人，县机关、镇、村其他驻队干部负有包村、包户、包人的计生责任，并把干部包干责任和包干对象的情况全部列榜上墙公布，接受群众监督，真正做到计生职责明确，责任到人，监督有力，把人口计生工作责任层层分解到每位干部身上。有效地推动了全县人口计生工作的扎实、有效开展。

【落实生育节育政策】 2012年，加强人口计生工作例会制度，按时召开计生例会，规范例会程序，按照包村包居包组包户、对地对人对事的原则，对每个月每个人落实责任制的情况、所掌握的育龄妇女的婚情、孕情、育情。把经常性工作和集中服务活动有机结合起来，积极开展了春、夏、秋、冬四季集中服务活动，狠抓查环查孕和各项节育措施的落实。

【计划生育队伍建设】 海丰县高度重视人口计生系统队伍建设，并作为推动全县人口计生工作深入开展的重要措施来抓，切实强化领导，落实责任，完善管理，加强培训，增加投入，进一步强化了全县人口计生系统队伍建设。至年末，全县各级计生机构和工作人员都已配备齐全，各项工作职能运转正常，其中，有县、镇两级计生机构36个（县级4个、镇级32个），有县、镇两级计生工作人员316人（计生专干125人、医技人员115人），有计生行政编制68个、事业编制113个。全县283个村委（社区）的计生办和服务室的机构、人员也都已配备齐全，从而有效地推动了全县人口计生工作的扎实开展。

【流动人口计生服务管理】 2012年，海丰县紧紧围绕上级关于流动人口服务管理“一证通”和

“一盘棋”的工作要求，形成齐抓共管、综合治理流动人口的工作格局，全面提升了流动人口计划生育服务管理水平。至年末，全县共有流动人口89662人，其中流入31885人、流出57777人，流入成年育龄妇女持证率80%，流出成年育龄妇女持证率95%，全县共投入专项经费179.5万元，其中免费技术服务约65万元。

【计生宣教与综合治理】 2012年，海丰县被广东省人口计生委评为宣教项目创新奖；海丰县人口计生局被中国人口报社评为“新闻宣传先进单位”。主要做法：一是强化“基础设施建设，优化计生服务环境”。在全县各地主要交通路口、重点区域设置大型的人口计生宣传牌和宣传长廊，进一步健全完善人口计生宣传栏、读报栏、公布栏等硬件配套，印制各项宣传资料和宣传品，并及时发放到育龄群众手中。县广播、电视台和《海丰报》都设有人口计生专题栏目，定时播放和及时刊登全县开展人口计生工作的情况，在全县形成报刊有文、广播有声、电视有影、公路有牌、镇村有栏、户户有品的人口计生宣传格局。全年投入资金260万元，其中用于县服务站、16个服务所更新宣传栏170多个，设立304个免费避孕药具发放点，国、省道主要路口设立大型宣传牌17个，283个村（居）委更新“三栏”500多个，印制计生宣传品20多万份（册）。二是抓好人口和计生宣传创新工作。挖掘具有地方特色的宣传资源古韵“八音”奏唱计生曲，作为计生宣传的手段，宣传新型的婚育观念和婚育文化。该团已为群众演出共80多场次，观看群众达5万多人。三是做好计生优惠政策。认真落实农村部分计划生育家庭奖励制度、农村计划生育节育奖励制度、农村计划生育家庭特别扶助制度和城镇独生子女父母计划生育奖励制度等。2012年，全县共有符合计生奖励家庭条件对象2016人，共发放164.9万元。同时，对126名计生困难群众实行救助，发放公益救助金39万元。四是切实抓好人口计生综合治理改革工作。按照省人口计生委工作机制建设的要求，县研究出台《海丰县计划生育综合改革实施方案》，为全县人口计生工作的开展提供了健全的制度保障。县卫生、公安、民政、人社等部门密切配合计生部门认真做好出生人口信息反馈、建档等工作，全面掌握人口出生动态，使人口计生工作健步向信息化、网络化方向迈进。

【开展计生活动】 2012年，海丰县积极开展国家免费孕前优生健康检查项目试点工作。7月13

① 2012年11月29日，副省长林少春（右三），省人口计生委主任骆文智（左二）由市、县等领导陪同到海丰县人口计生局检查指导工作。
② 2012年11月29日，副省长林少春（左二）在市、县等领导陪同下到海丰县人口计生局检查指导工作。

日，启动开展免费孕前优生健康检查试点单位仪式，年度目标人群16862人，至年末接受优生健康检查人数15408人次，接受医学检查人数1712人次，孕前优生健康覆盖率91.38 %，医学检查率10.15%。投入资金16.8万元，购置部分仪器设备及对优生检测实验室进行规范化标准化改造；印刷优生健康检查宣传资料，发放到每对计划怀孕的育龄夫妇；聘请4名有资质的医技人员充实县计生服务站医技队伍，确保免费孕前优生健康检查顺利进行。年内，认真开展春、夏、秋、冬四季集中服务活动。全县各地充分认识开展计生集中服务活动的重要性和必要性，推动全县人口计生工作深入开展，全面完成各项工作任务。

（周初现）

附：2012年海丰县人口与计划生育局领导名录

局　长：郑永城

副局长：吴志胜　黎义坤

黄岱芬（女、任至2月）

黄少文（女、2月起任）

民　政

【简述】　2012年，海丰县民政局继续围绕保增长、保民生、保稳定、促发展的大局，以创先争优活动为动力，以迎接中共十八大胜利召开为契机，认真落实科学发展观，坚持“以人为本、为民解困、为民服务”的民政工作宗旨，加大社会管理力度，强化社会组织自律诚信建设，发挥社会组织协调社会服务经济建设的作用；强化地名公共服务管理，积极开展第二次地名普查试点工作；强化村、社区自治管理工作，开展创建村（居）务公开民主管理示范活动；强化殡葬管理，全面推进火化“一刀切”制度；健全老龄工作机制，提高老年人福利待遇，保障老年人权益；依法依规落实各项优抚政策，健全重点优抚对象抚恤优待自然增长机制；加强复退军人稳控工作，维护社会稳定；加强城乡低保和“五保”动态管理，扩大医疗救助覆盖面，制订救灾救济应急措施；扶贫双到工作认真细致，三年的扶贫双到工作得到各级充分肯定，县民政局被县委、县政府推荐为全省扶贫双到工作先进单位；强化婚姻法规制度，依法规范婚姻登记管理。民政属下的流浪乞讨、孤儿收养、殡仪服务、陵园管理、军人接待、军休服务等工作全面推进，行风政风评议获上级表扬，民政工作全面向前推进，被县委、县政府评为2012年度先进单位。

【最低保障与“五保”供养】　2012年，全县列入低保救助有12443户，35268人，全年支付低保救助金4180万元；“五保”救助4516人，全年支付资金1300多万元；列入孤儿救助的有468人，年发出资金348.96万元。低保人数和低保资金分别是10年前的10倍以上。资助城乡低保对象以及农村“五保”对象、城镇“三无”人员参保参合，每人每年40元，共162万元。2012年度解决弱势群体医疗困难的救助资金530多万元，救助群众7500多人次。2013年春节前，及时下拨中央和省财政的低保困难群众一次性临时生活和价格补贴1674万元。2012年度全县投入民房受灾损害的重建家园资金101万元，下拨自然灾害补助资金359万元。

※　海丰县民政局办公厅大楼　（2012年7月1日摄）。

※ 2012年6月30日，县民政局局长黄小流带头开展扶贫捐赠活动。

【规范低保、"五保"与孤儿管理】 为进一步规范海丰县低保、"五保"、孤儿等救助（供养）管理工作，切实维护低收入困难群众的基本生活权益，根据《广东省城乡居（村）民最低生活保障制度实施办法》、《广东省农村五保供养工作规定》和《国务院办公厅关于加强孤儿保障工作意见的通知》等文件精神，县民政局、县监察局、县财政局联合印发《关于进一步规范低保五保孤儿管理工作的通知》等有关规定。①要求各镇（场）要组织专门人员负责，定期对现有列入低保、"五保"、孤儿等救助（供养）对象的家庭经济收入和家庭成员变化等情况进行清理检查，对不符合救助（供养）条件的要及时予以调整核销，并将核销对象名单报送县民政局终止救助（供养）。②对生活确属困难且符合低保"五保"条件的人员（包括下待岗失业困难人员等）申请救助（供养）时，要严格按规范程序办理，由本人向户籍所在地的村（居）委提出申请，村（居）委、镇应组织干部入户调查，进行评议，在村（居）委张榜向群众公示，并出具评议公示证明，做到公开、公平，把好第一关。做到"应保尽保，应退尽退"，增加工作的透明度。③要求各镇（场）要按省民政厅《关于应用民政业务统一软件强化业务工作管理的通知》的精神，对列入救助（供养）对象等数据,落实专人负责，录入电脑导入省民政厅低保"五保"业务统一软件，并将申请相关材料和花名册审核汇总、负责人签名盖章后，集中报送县民政局。县民政局对上报数据进行核查审批，并会同县财政局将符合条件列入救助（供养）对象的名单送银行开设专户办理存折和拨付救助金，救助（供养）对象按月凭本人身份证到银行支取救助金。

【双拥、优抚工作】 2012年，海丰县围绕创建全国双拥模范县的目标，开展了一系列"创模"活动。"八一"、春节期间，各镇（场）召开优抚对象代表座谈会118多场次，参加座谈会4500多人，慰问经费共支出84万元。在"关爱功臣行动"中，全县对109个单位定点定户挂钩帮扶结对109名孤老烈属、孤老复员军人和六级以上在乡伤残军人进行慰问。全县服现役义务兵 580人，每

① 2012年1月17日，县民政部门组织"送温暖、献爱心"捐赠大米活动。
② 2012年4月1日，市县领导、机关事业单位、学校、社会各界人士在县烈士陵园参加清明扫墓活动。

人（户）义务兵家庭发给优待金3000元，其中进疆46人，每人（户）义务兵家庭发给优待金9000元，全年全县共发出义务兵家庭优待金 202万元。抚恤定补优抚对象住院治疗实行“一站式”结算服务，至年末，有住院优抚对象313人，付给优抚医疗补助金20.785万元。非“一站式”结算住院优抚对象246人，发出补助金41.587万元。建立健全重点优抚对象抚恤定补自然增长机制。在春节后，还发给享受国家抚恤补助的“三属”、在乡复员军人、红军失散人员、带病回乡退伍军人、在乡残疾军人、在乡参战涉核退役人员及60岁以上在乡退伍军人一次性生活补贴每人510元，共发出246万元。年内，海丰县根据新的退役士兵安置政策，全面推进退役士兵安置改革，建立“扶持就业为主，发给退役金后自主就业、政府安排工作等多种方式相结合、城乡一体的安置制度”。全县共接收2011年冬季退役士兵、转业士官共299人，其中：农村退役士兵173人，城镇退役士兵120人、转业士官5人、复员干部1人。发放城镇退役士兵自谋职业安置一次性补助金176.2万元，农村退役士兵一次性生产生活补助金124.1万元。完成21名重点安置对象就业安置的资格审查工作，组织退役士兵参加免费职业技能培训155人，其中高等职业技能培训5人、中等职业技能培训150人。

【基层村（居）委建设】 2012年，继续推进基层社区管理体制改革，理清政府与社区的责权关系，推进城乡社区“六个一”工程建设，逐步实现有条件的社区要建有一个公共服务站、一个文体活动中心、一个健康计生服务中心、一个家庭服务中心、一个综治信访和维稳工作站、一个小广场或公园，并抓好各村（居）委会的村（居）务公开栏的普及安设工作，落实各村（居）委会办公室内悬挂村民自治制度牌等硬件设施，扩大公开阵地，增加办事透明度。年内，根据中共海丰县纪委《海丰县农村党风廉政信息公开工作职责》的通知，加强对全县279个村、社区（居）委村务公开、民主管理工作的检查、督促和业务指导，做好对各镇报送村、社区（居）委村务的村委会组成分工，村委会任期目标，年度计划及工作完成情况，按季度进行审核公布。促进村务公开、财务公开和民主管理工作的深入开展。年内，按照省委办公厅、省政府办公厅《转发〈省纪委、省委组织部、省民政厅关于治理村、社区组织牌子过多过滥问题的意见〉的通知》精神，由县纪委牵头县委组织部和县民政局制定了《关于治理村、社区组织牌子过多过滥问题的实施方案》报县委领导批准，由县委办公室转发各镇（场）贯彻实施，各镇场认真组织清查治理。至年末，基本完成治理工作。全县279个村、社区统一由县政府安排印制村、社区党组织，村、社区委员会牌子，县财政拨款14.5万元，制发统一规格的牌子558块，规范了村级组织牌子。年内，按照市纪委《关于进一步开展农村“三资”清理监管工作的意见》及县纪委《关于海丰县开展农村“三资”清理监管工作实施方案》要求，全县建立村、居务监督委员会。同时，再由县纪委、县委组织部、县民政局拟订《关于全面建立村务监督委员会的实施意见》发至各镇（场）贯彻实施。全县已建立村、居务监督委员会279个，人数1239人。全县237个村委会都领到由省民政厅统一规格、统一印制的《广东省村民委员会“十簿一卷”》。即村民会议、村民代表会议记

※ 2012年7月30日，县委、县政府领导带队慰问市军分区并参加座谈会。

录簿；村民委员会会议记录簿；村民委员会工作大事记录簿；村民委员会值班记录簿；人民调解记录簿；村“两委”联席会议记录簿；村务监督记录簿；村务公开记录簿；村“一事一议”记录簿；村民委员会公章使用记录簿。供各地在今年10月起统一实施记录，进一步规范了村务公开工作的管理。

【村（居）务公开民主管理示范创建活动】 认真抓好村（居）务开民主管理示范创建活动工作，保证按时按质圆满达标。这次创建活动从2011年起到2015年，五年创建示范点的任务按各镇（场）村（居）委总个数占70%的比例确定，逐年创建，2011年已上报57个村（居）委已由省厅批准为示范点。2012年做好44个村社区申报，同时，还认真搞好村（居）务公开民主管理调查研究工作，全面摸清各村（居）委村（居）务的工作现状，总结推广经验。为推动“六好”平安社区的深入开展，争创全国和谐社区 建设示范社区，根据省民政厅文件要求，结合海丰实际，制订了《海丰县实施强居促和谐，强村促稳定工作方案》。通过实施“双强双促”计划，力争用五年时间把全县村社区总数10%的24个村委会和4个居委会打造成符合民政部全国和谐社区建设示范单位标准的示范社区。2011年，新园社区和沙大村委已通过省市检查验收。2012年继续抓好桥东社区等村（居）委的扩建和配套设施建设及申报工作。

【区划地名工作】 认真贯彻省政府《转发国务院办公厅关于开展第二次全国地名普查试点的通知》的文件精神，2011年7月8日县政府召开了全县第二次地名普查工作试点动员会。2012年，县民政局领导针对此次地名普查工作涉及面广、技术含量高、信息资料填写和数据库以及电子图标注的要求高、工作量大的实际，切实加大人力、财力、物力的投入，添置办公技术配备，借用技术人员，抽调本局文字能力较强和电脑技术较好的人员参与地名普查办。全体人员加班突击，利用周六、周日、节假日、晚上休息时间，奋战10个多月，形成3000条地名信息资料，得到省市地名普查验收组的好评。同时，组织各镇编写《政区大典》。全年共组织各镇地名普查员的业务培训19场次，编写地名信息和《政区大典》共150多万字，得到各级的充分肯定。

【社会组织管理】 2012年，海丰县依照国务院《社会团体登记管理条例》和《民办非企业单位登记管理暂行条例》的规定，依法成立登记的社会团体2个，民办非企业单位13个。截至2012年12月31日，全县共有社会团体38个，民办非企业单位46个。全县社会组织全面开展行业自律体系建设和社会组织信用体系建设，建立和健全社会组织规范运作、诚信执业、信息公开、公平竞争、奖励惩罚和自律保障六大机制，增强诚信自律和守法意识，提高社会组织公信力，为海丰社会稳定和经济建设、构建幸福海丰发挥积极作用。

【老龄工作】 继续贯彻执行“政府主导、社会参与、全民关怀”的老龄工作方针，在“敬老月活动”、元旦、春节期间，全县各单位、部门开展丰富多彩的老年人活动，组织离退休老干部外出参观，召开座谈会，走访慰问老年人，举行茶话会、座谈会，举办联欢活动、文体活动等。2012年，共为全县64名百岁老人发放长寿保健金，每人月100元，共7.68万元。为老年人办理“汕尾市老年人优待证”731份。为80岁以上的老人办理津补贴金。县老龄办被评为广东省2012年度老龄工作先进集体。年内，为进一步贯彻落实《全民健身计划纲要》，促进群众体育及全民健

※ 2012年12月23日，省领导、专家到海丰检查验收第二次全国地名普查工作现场。

身工作的开展，按照海丰县第四届全民健身运动会暨第六届老年人运动会组委会的部署，在县烈士陵园举办门球比赛，县老龄办获得了优秀组织奖。

【婚姻登记管理】 2012年，海丰县民政局登记机关加强婚姻登记法律法规的宣传教育，强化婚姻登记规范化建设，建立健全婚姻登记员业务学习培训制度，提升了婚姻登记窗口服务水平。全县婚姻登记逐步规范化、制度化，为计划生育工作掌握育龄夫妇的基本情况提供了依据。为依法推行婚姻登记服务工作做出成绩。据统计，全县共办理国内婚姻登记10656对。一、结婚登记8921对，其中新婚登记6888对；补办登记1476对，再婚登记435对，复婚登记122对。二、补领结婚登记389对。三、离婚登记1321对。四、补领离婚登记25对。

【殡葬管理】 2012年，县委、县政府制订了《关于进一步明确有关部门殡葬管理职责及建立殡葬管理工作联席会议制度的通知》，出台《中共海丰县委、海丰县人民政府关于推进殡葬改革加强殡葬管理工作的实施意见》，县政府印发《海丰县开展占地毁林建坟专项整治行动方案》，县殡改领导小组印发“致镇委书记、镇长的一封信”和“致全县共产党员、干部和各界人士的公开信”。县纪委印发《海丰县开展殡改专项督查工作方案》，全县上下真抓实管，级级签订殡葬管理目标责任书，层层落实殡改工作责任制。全县殡改宣传执法攻势达前所未有。全县召开殡改动员大会和专题会400多场次；出动宣传车超万车次；悬挂殡葬改革宣传牌超千幅；印发市、县有关殡改文件、通告10万多份；印发殡改公开信20多万份；印发火化进度简报200多期；印发殡改攻坚战通报40多期。6月1日起，对镇（场）火化管理实行每月一结补贴办法，凡是月火化率达90%以上的镇场，每火化一具遗体补贴火化管理费2000元；对火化率90%以下的补贴火化管理费为每具1500元；对全年平均火化率达90%以上的镇（场）年终一次性奖励3万元；对年终火化率100%，清坟和公益性公墓山建设达标，其他各项殡管目标考核合格的镇（场）年终一次性奖金10万元；对连续二季度火化率低于90%的最后2名给予问责处理。2012年，全县殡葬管理工作达历史最好年份。海丰县紧紧围绕市委、市政府的殡改目标，以敢担当、善作为、争先锋的工作姿态，乘势而上、攻坚破难，向封建迷信丧葬陋习展开一场时间长、力度大的殡改攻坚战，这场硬战，彻底杜绝了变相收费默许土葬等各种殡葬违规行为。仅攻坚战的7个月，全县火化遗体2074具，平均火化率100%。清理乱葬坟573穴。文明、节俭、环保的绿色殡改有序推进。

※ 2012年5月28日，县委、县政府召开全县殡葬管理工作会议。

【福利彩票工作】 海丰福利彩票坚持“安全运行、健康发展”的工作方针稳步发展，至2012年末，全县福利彩票销售点共有120个，销售量8000多万元，占地区市场份额约55%以上，筹集的福彩公益金，资助光荣福利院、敬老院的建设，资助贫困儿童，关爱留守儿童，积极支持公安部门打击私彩，充分发挥“福彩网”和“福彩论谈”的功能，使慈善福彩事业获得社会更广泛的理解和支持。（王小明　黄建平）

附：2012年海丰县民政局领导名录

局　长：黄小流

副局长：余经佩（任至1月）
　　　　黎祥流（任至11月）
　　　　彭小辉（2月起任）
　　　　郑木楦（7月起任）

扶贫开发

【简述】　海丰县经省核定贫困村83个，贫困户4659户、贫困人口20357人。其中：由中山市帮扶25个村，汕尾市直单位帮扶21个村，县直单位帮扶37个村。2012年，县扶贫办在县委、县政府正确领导下，紧紧围绕“六有”（即：被帮扶的贫困村有较强的领导班子、有科学的发展规划、有稳定的集体收入、有整洁的村容村貌、有民主的管理制度、有文明的社会风尚）、“八个确保”（即：确保被帮扶贫困户至少有一个稳定的增收项目和自我发展能力，实现稳定脱贫；确保贫困户家庭完成危房改造；确保符合条件的贫困户家庭被纳入最低生活保障；确保贫困户家庭能参与农村合作医疗；确保贫困户子女接受义务教育不辍学；确保贫困户家庭应届初中毕业生能免费接受职业技术教育，并顺利完成学业；确保符合条件的贫困户劳动力能免费参加职业技术培训；确保每一贫困户学会1～2门种养技术或手工加工技术，提高种养劳动技能）的目标，坚持科学规划、创新举措、突出重点、强力推进，促使全县扶贫开发“双到”工作三年任务提前一年基本完成，扶贫工作得到了省市扶贫部门的充分肯定。

【农村低收入困难户住房改造】　2012年，全县农村低收入住房困难户住房改造任务1800户。根据省扶贫办《关于抓紧做好2012年度农村低收入住房困难户改造建设工作的通知》和《广东省农村低收入住房困难户住房改造建设实施细则》文件规定，高度重视，积极实施，至10月底顺利完成1800户住房改造任务。

【实施“大禹杯”项目】　海丰县在2011年获省“大禹杯”专项资金 110万元，自筹128万元，其他投入40万元，合计投入278万元。至2012年年末，投工733个，修建“三面光”灌溉渠道1050米，机械路2500米，村道5800米，涵洞3座，整治农田面积60公顷，增加灌溉面积140公顷，解决部分群众行路难问题，受益农户263户，人口1155人，其中贫困户80户、人口350人。

【“两不具备”贫困村庄搬迁安置】　2012年，全县“不具备生产生活条件”的搬迁安置任务有4个自然村、140户、640人。在各级政府和有关部门的努力下，经过精心组织规划，积极实施。至11月底，已顺利完成4个自然村、140户、640人的搬迁安置，共投入资金约1600万元，完成搬迁建房（含自购）面积12470平方米。

【贫困户生活质量明显提升】　至2012年年末，全县被帮扶的83个贫困村、有劳动能力的4600多户贫困户、近2万贫困人口全部达到年人均纯收入6500元以上，远远超过年人均纯收入2500元的脱贫标准。在实施扶贫开发“双到”工作过程中，贫困人口的其他民计民生问题也不断改善。全县贫困户100%参加新型农村合作医疗，60岁以上贫困老人全部纳入新农保；贫困村内贫困户低保人口纳保率96.2%；累计组织农民参加专业技能培训2.3万人次，农村剩余劳动力转移就业6230人，贫困户自我发展能力明显提高。

【贫困村生产生活条件有效改善】　2012年，全县83个贫困村年集体经济纯收入全部达到或超过9万元。贫困村基础设施提到有效改善：饮水安全问题基本解决，一批贫困村用上了自来水；公共服务设施明显改善，新建村办公楼、敬老院、卫生室、书屋等公共文化卫生设施285个。2590户贫困户实施了住房改造，全县贫困村村容村貌根本改观，其中公平镇五联村，平东新东村和坑联村等还成为幸福示范村。

【中山市对口帮扶成效显著】　中山市对口帮扶海丰县由板芙等5个镇区和33个中直、省直帮扶责任单位组成19个联合工作组，帮扶海丰县25个贫困村、2933户贫困户、13315名贫困人口。至2012年末，共投入帮扶资金1.5亿元，村均投入超600万元。2012年，村均集体收入超12万元，贫困户人均纯收入超9000元，全面完成了省委、省政府下达的三年扶贫开发“双到”任务，取得了显著成效。

【“一村一基地”帮扶项目】　2012年，海丰县扶贫工作以“一村一基地”建设为切入点，各联合工作组因地制宜发展特色农业产业基地，探索土地“反承包”、“公司+农户”合作经营、参股经营、种植补贴等各种灵活多样的经营模式，共发展经济项目118 个，其中建设“一村一基地”项目34个，建设规模达374.66公顷，打造一批省市亮点工程。如中山市国税局帮扶黄羌镇合门村百亩黄花菜种植基地；神湾镇帮扶梅陇镇3个贫困村火龙果种植基地；板芙镇帮扶小漠镇旺渔村水产品交易市场；民众镇帮扶陶河镇的陶香猪养殖基地等一批优秀项目。通过以“一村一基地”为核心的经济项目建设，大大提高了贫困村的集体经济收入，25个贫困村集体收入全部超过5万元，最高达41万元。根据帮扶的25个贫困村的产业特色，大力扶持培育主导产业发展，成立农民专业合作社，广泛动员农户参与，带动农户2231户，平均每户增收近5000元，辐射带动效果明显，为贫困村、贫困户稳定脱贫打下坚实基础。

【打造贫困户社保体系】 海丰县实施以幸福安居工程为抓手，全面打造社会保障体系，确保贫困户实现有效稳定脱贫。2012年，全县贫困户人均收入超9000元，全面完成948户低收入住房困难户改建任务，2933户贫困户全部脱贫，13315贫困人口全部参加新型农村合作医疗，贫困村60岁以上贫困老人全部纳入新农保，累计组织技能培训11000人次。帮助贫困户全部参加农村合作医疗，对符合低保条件的全部纳入低保，资助贫困户子女入学等。

【扶持基础设施项目建设】 2012年，各帮扶单位联合当地镇村广泛发动、积极筹资，投入大量人力物力，修建了一大批民生工程：投入500多万元整治农田水利设施，受益农田2733.33公顷；投入400多万元，解决10527户饮水安全问题，使贫困村村民全部用上了安全饮用水；投入300多万元，通硬底化道路111公里，300人以上自然村全部实现道路硬底化；完善村“五有”（即：有牌子、有活动场所、有电教设备、有宣传栏、有工作制度）阵地，新建村委办公场所5座，改建、修缮村委办公楼8间；25个贫困村全部有独立村委办公楼；建设文化卫生设施124宗；安装路灯，植树造林美化村庄。 （黄信鑫）

附：2012年海丰县老建、扶贫办公室负责人名录

主　任：林来佳（4月起任）

副主任：李少芬

消费者权益保护

【企业诚信建设】 2012年，海丰县开展“守合同重信用”企业公示活动，推荐经营效益和社会信誉较好、合同信用管理体系健全、合同行为规范的企业参加国家总局的评选，促进企业诚信建设。全县现有“守合同重信用企业”106家，其中10年以上的有42户、5～9年26户、2～4年20户、1年18户。年内，组织召开文明企业、文明经商户表彰大会，对获得“文明经营企业”和“文明经商户”等荣誉称号的150户企业和400户个体工商户进行授牌表彰。县长沈木荣、县委常委刘剑平、副县长陈凯婵等领导出席会议，沈木荣县长发表讲话，并对获得荣誉称号商户代表进行授奖。

【新闻消费导向】 2012年，县消委会紧紧围绕“消费与安全”年主题，认真履行《消费者权益保护法》赋予的职能，积极服务于经济社会全面发展，积极稳妥，扎实工作，为保护消费者合法权益，维护社会和谐稳定作出了新贡献。受到了上级的充分肯定，得到了消费者和社会各界的广泛认可。通过与县电视台合作，制作“3·15”专题报道和打假案件跟踪报道，以及联合报纸等媒体向消费者发布消费警示，引导科学消费，提高消费者的维权意识和自我保护能力。

【受理消费者投诉咨询】 积极推进基层维权网络建设，继续加大“一会两站”建设和“12315”“五进”工作力度，建立健全消费维权工作站和服务点。2012年，在全县商场（超市）等消费场所、社区等设立消费维权工作站51个。积极调解消费纠纷，消委会投诉举报网络共受理咨询3人次，接到群众投诉48宗，帮助消费者挽回经济损失140113元；“12315”受理申诉371宗、举报案件155宗，帮助消费者挽回经济损失近10万元。

【“3·15”系列宣传活动】 2012年3月13～15日，分别在县城红场、梅陇镇、公平镇组织举办纪念“3·15”国际消费者权益日宣传咨询服务活动。3月13日，举行“三打”行动阶段性、消费者权益日销毁假冒伪劣商品现场会，集中销毁“三打”行动以来及近期查获的假冒“红牛”饮料、“海飞丝”洗发水、“金龙鱼”食用油和伪劣农药以及电子游戏机、黑网吧电脑等一大批物品。海丰县委常委刘剑平、县工商局局长张辉民参加了现场会并分别发表讲话。

【开展食品安全系列活动】 ①开展宣传，送资料下乡，悬挂宣传横幅14张，深入到所辖商场、超市和食杂店进行食品安全现场培训及发放宣传资料。6月15日，以县消委会名义联合质监、卫

生、酒类、烟草、盐务等六部门在红宫红场门口开展食品安全宣传周活动，发放宣传册、宣传资料约2000份。结合“消费维权和社会监督体系”建设工作，印制了2000张‘12315’消费维权宣传标语提示牌，张贴到食品经营商铺门面提示消费者，同时向社会公布举报投诉电话。②加强食品安全专项整顿工作。一是强化流通环节食品质量监测。组织和配合上级局抽检食品137批次，其中乳制品114批次、食用油23批次，对抽检不合格的2个批次的乳制品，及时进行清查处理，并加强了上级部门食品抽检后续处理工作。二是加强对食品经营主体资格进行检查和规范，全年办理食品流通许可证1169份，依法查处和取缔25户无证无照经营食品的商贩。三是结合“三打”专项行动，重点抓好以乳制品、食用油、米面制品、桶装水、饮料等重点食品的专项执法检查。严厉打击销售过期霉变食品、“三无”食品等违法行为，至2012年末，全局共出动执法人员5809人次，检查食品经营者5841户次，检查批发市场96个次，捣毁售假窝点25个，查处涉及食品案件183宗，查处违反《食品安全法》的案件34宗，查扣不合格食品4900公斤。严厉查处生猪私屠滥宰行为，以工商为执法主体的县生猪管理执法大队，共查处私屠滥宰、经销不合格肉类案件175宗，无检疫检验猪肉3956.55公斤、牛肉344公斤；病死猪肉1668公斤、牛肉404.5公斤；无合法来源手续冻肉315公斤；无照经营猪（牛）肉经营户101户，较好地维护了食品市场安全和人民群众的消费安全。四是推进食品安全示范店建设。至2012年末已发展县级“食品安全示范店”并授予牌匾的有37家，市级“食品安全示范店”4家。

（姚汉斌）

附：2012年海丰县消费者委员会负责人名录

会　长：张辉民

副会长：吴清瑜　罗宗好
林伟明　周木明

镇区概况

经济开发区

【简述】 广东海丰经济开发区于1992年12月经广东省人民政府批准设立，是通过国家发改委审核批准保留的省级开发区。开发区位于海丰县城东侧，地理位置优越，交通便利，国道324线、省道242线、县城红城大道、北环路纵横贯穿全境。在海汕公路15公里处可上深汕高速公路，在开发区北面可上在建的潮莞高速公路；海丰县最大河系黄江河在开发区东部穿越而过，上航可通公平镇，下航直达汕尾市，入南海。

海丰经济开发区内有各类企业46家，投资规模较大的有广东汕尾移动第一本地网通信机楼、海丰顺盈纸品有限公司、海丰溢盛针织有限公司、汕尾市可喜可乐有限公司、汕尾市尤妮佳生活用品有限公司、永佳精细化工有限公司、海丰高斯迪首饰厂等企业，形成了以电子、服装、毛织、纸品、珠宝、首饰、食品加工等为支柱的产业体系。开发区内拥有1座11万伏的输变电站和1个日供水2万吨的自来水厂，供电供水十分宽裕，通信发达。开发区基础设施日臻完善，已建立金园、东城、金岸3个工业小区。

2012年，全区工业总产值79121.4万元，比增10.9%，其中规模以上企业工业产值63963.4万元，比增14.1%；地方税收收入829万元，比增39%；社会固定资产投资13307万元，比增18.3%；社会消费品零售总额3510万元，比增63.8%。

① 经济开发区办公大楼（摄于2102年12月）。
② 经济开发区办公楼正面及大门（摄于2012年12月）。

【招商引资】 2012年，开发区招商引资势头良好，新上项目5家，总投资1.08亿元，分别为：娜菲纸品厂、幸源物流分公司、广州中野电子科技有限公司、顺德家俬批发商场、仁荣水果批发市场等。

【重点项目建设】 2012年，主要在建项目有四项：一是尤妮佳生活用品有限公司投资3000万元，建设了工业厂房，安装了8条生产线，已投产运营。二是投资1亿元的重点项目——汕尾移动第一本地网通信机楼，已安装好设备，预计2013年上半年可开始运营。三是宝路莱登服装厂增资1000万元，扩大生产规模。四是老区人民医院增资2000万元，扩建住院部，购进先进设备，增设床位等，服务水平大大提高。

（叶楚东）

附：2012年广东海丰经济开发区领导名录

党委副书记：林舜杰（负责全面工作）
黄荣鑫　陈裕斌

管委会副主任：林舜杰（负责全面工作）
黄荣鑫　陈裕斌

海城镇

综合概况

【简述】 海城镇位于县境中部，西距广州290公里，距深圳197公里，东距汕头180公里，水路至香港81海里，为海丰县政府所在地，是全县的政治、经济、文化中心，是广东省275个中心镇之一。地理位置优越，交通便利，区域总面积187.03平方公里，下辖22个村（社区）委会，户籍人口17.3万人。2012年，海城镇坚持以科学发展观为指导，围绕“优环境、强基础、兴产业、促发展”的工作思路，以“创先争优”活动为主线，以“创新管理”为突破口，以“项目建设”为契机，以“促进发展”为载体，突出生态建设、经济发展、社会和谐、改善民生等重点，全镇各项工作取得了明显成效。

2012年，全镇工农业总产值15.37亿元，比增18.2%，（其中，工业总产值13.47亿元、比增19.4%，农业总产值1.9亿元、比增6.8%）；第三产业增加值46亿元，比增12%；社会商品零售总额110.70亿元，比增43%；全社会固定资产完成总额27.67亿元，比增30%；规模以上工业增加值达到3.25181亿元，增幅高达150%；税收收入11666万元，完成县任务11426万元的102.1%，其中，国税完成3845万元、占任务的96.4%，地税任务7821万元、占任务105.2%；居民可支配收入14314元，农民人均收入6565元，分别比增11.1%和11%。

2012年，海城镇被汕尾市委、市政府评为“创先争优先进基层党组织”。在县委、县政府组织的落实科学发展观考核中，海城镇一举摘取了8个奖项中的7个（分别是先进镇、文明镇、扶贫开发“双到”工作先进镇、人口和计划生育先进镇、平安创建和综治工作先进单位、信访工作先进镇、安全生产先进单位），实现了“先进镇”的双连冠。

【招商引资】 2012年，海城镇加大招商引资力度，把招商引资作为转化优势资源，促进经济发展的重要抓手，积极引进农业名优特产品，全年新上4家县级农业龙头企业，分别是：海丰县有记养生茶业有限公司、海丰县长威农机专业合作社、海丰县南埔种养专业合作社、海丰县旦丰养猪专业合作社；引进汕尾市岁宝百货有限公司、海丰县凯旋实业有限公司和海丰港威房地产开发有限公司等多家大型实业企业；全年实际吸收外资1264万美元，超额完成264万美元，发展后劲明显增强。

※ 海城镇政府办公大楼。

【重点项目建设】 2012年，妥善解决了碧桂园、县公办高中、县中等职业技术学校等建设项目的征地遗留问题；县气象探测基地、县中医馆、县天主教堂、潮惠高速公路等项目征地工作有序推进；筹集资金150余万元，完成了农村安全饮水工程，投资140余万元的坝仔水库除险加固工程即将完工；还筹资250余万元，完成了山塘、陂头和排洪排污渠道等农田水利设施建设。

【旅游开发】 中国第一个苏维埃政权发祥地、全国爱国主义教育基地——红场、红宫；彭湃故居、烈士陵园、方饭亭等历史文物保护单位；鸡鸣寺、云莲寺、白云寺、金竹古寺等寺庙相互呼应，形成海城旅游网络带。2012年，海城镇着力抓好红色旅游项目、莲花山度假村三期工程、鸡鸣寺扩建工程和莲花山土特产购物中心的上马建设，积极规划建设莲花山森林公园为国家A级景区和红宫、红场AAA级旅游景区，不断推动海城旅游由过境地向目的地转变，突显“红、绿、古”旅游特色，带动镇域经济发展。

【基层组织建设】 2012年，海城镇党委进一步深化“抓党建促发展”的理念，按照开展“创先争优”和“基层组织建设年”活动的工作部署，以迎接十八大和学习贯彻十八大精神为契机，深入开展了“八看八比”、“双考双评”和“讲理想、敢担当、争先锋”主题实践活动，切实抓好队伍建设，创建“五个好”基层党组织。

（戴晓震）

附：2012年海城镇党委、政府、人大领导名录

党委书记：林木森

副 书 记：庄　政　吴德胜
黄胜国（12月起挂职）

镇　　长：庄　政

副 镇 长：吕伟成　缪惠文　陈若龙（任至7月）
林丽容（女）　施晓彬（7月起任）

人大主席：林木森

副 主 席：林炳珠

① 2012年1月，北门社区安装电子信息屏幕。
② 2012年9月28日，海城镇十五届人民代表大会第三次会议。
③ 2012年北三环云岭山庄鸟瞰图。
④ 2012年碧桂园正门。

村（社区）选介

【海城镇长埔村】 位于海丰县城北部地区，距离县城4公里，处于海银路与北三环路边，地缘优势较好，地势平坦，交通便利，总面积约22平方公里，耕地面积66.67公顷。辖8个村民小组（分别是长埔一村、长埔二村、双桂山、红勤村、大水坑村、水库村、崎岭村、熟皮寮村），总户数495户、总人口2561人，村党支部下设 6 个党小组，共有党员 44 人，村“两委”干部 7人。长埔村充分利用本地特点发展集体经济，主要是造林绿化，种植生态林和经济林。水田种植水稻，旱地种植蔬菜、花生、番薯，山塘养殖淡水鱼，塘基养殖生猪上规模的有4家，占地20公顷。长埔村村委班子团结一致，干群齐心协力，按照“生产发展，生活宽裕，乡风文明，村容整洁，民主管理”的要求，协调推进全村的经济建设、政治建设、文化建设、社会建设和党的建设等项工作，新农村建设不断取得喜人成果。

长埔村按照海丰县和海城镇的总体规划，通过几年的共同努力，基础设施不断完善。全村硬底化村道建设占70%，形成了长埔工业功能区，规划路宽都在20米以上。村委建有农家书屋、卫生站、警务室等。2012年，县重点项目规划14.38万平方米的海丰县教育园区公办高中落户长埔村，教育园区的征地、建设等工作进展顺利。农电村村通达100%，住房建设符合新农村规划要求的占85%以上，各自然村都配套有公共厕所以及卫生垃圾池等环卫设施，相应配好环卫人员，人畜粪便处置率均达80%以上，做到了垃圾收集、运输、处理日产日清，符合环境保洁要求。村容村貌得到改观，优化了投资环境。新型农村合作医疗参保率98%，全村贫困人口中的残疾人员全纳入农村低保，计生“独生子女户”、“双女户”经费保障兑现。扎实做好困难党员、困难群众的助帮扶解困工作，村委每年都开展对老党员、老干部的节日慰问工作。继续在扶贫救济和优抚工作方面拿出资金6万多元，解决实际困难。计划生育工作围绕计生目标，加强宣传教育和流动人口管理，积极开展创“国优”活动，出色完成各年度计生工作。大力宣传贯彻殡改政策，提倡移风易俗，树立新风尚，全村火化率达100%。社会治安综合治理工作得到进一步加强，全村矛盾纠纷做到小纠纷不出村，大纠纷不出镇，充分利用综治工作室这个平台调解处理争议。

【海城镇新园社区】 是海城镇人口较多，经济文化较为活跃的社区，于1987年8月由原城北居委划出河园村5个农队、笃志围村4个农队及原第二居委（现新桥社区）部分居民而组成的居委会。辖区东起龙津河畔，西至海银路，南起红城大道，北至北三环路。随着改革开放不断深入发展，社区范围内陆续建立起密集的居民住宅区、商品楼。县委党校、县广播电视大学、陆安中学、红城中学、新园小学都在社区范围内；并建有幼儿园多所。辖区内的青年公园、仁荣大酒店、新园市场，金海市场、富嘉市场、仁荣市场、华泰综合市场、海虹超市、佳美超市、解放北路两边小百货商店等，凝聚人气、活跃经济。龙津工业区内的鞋厂、服装厂、首饰厂等促进了社区经济发展。2012年，总面积2平方公里，22条巷和2个自然村（含9个农队），设有31个居民小组，有常住人口约5万人，其中户籍7904户，25986人。社区“两委”干部10人，其中支部委员7人（交叉任职），共有党员242人，设有4个党小组，配8名党小组长，社区年均收入50万元。新园社区历届领导班子以构建和谐新园社区为目标，因地制宜引导群众发展经济，不断完善民主法治，树立文明风气，开展创建民主法治社区活动，健全社区自治组织，社区干部依法实行民主管理，村民自治章程和村规民约健全，社区公章，财务账务，集体财产管理有序。社区政务公开制度健全，社区干部遵纪守法，依法依章办事，人民群众生活水平不断提高，群众的物质文化生活丰富多彩，特别是河园、笃志围两个自然村更具独特的乡村风情，悠久的历史文化和民俗风情得到了良好保留。

城东镇

综合概况

【简述】 城东镇位于海丰县县城的东部，处于北纬22° 59′ 、东经115° 21′ ，北倚将军山和骑岭山与公平镇接壤，东峙大嶂山与可塘镇交界，东南面和南面分别与可塘镇、陶河镇相望，西南面和西面分别与附城镇、海城镇相邻。西南距汕尾市区约25公里，西距县城约1公里，总面积75.60平方公里。1993年1月，改乡为镇，城东镇人民政府设于上埔。1999年3月，划出该镇关东、安东2个行政村归属海丰老区经济开发试验区，2003年6月，关东、安东2个行政村划归城东镇。辖名园、龙山、赤山、新江、北平、河中、圆墩、后林、大嶂、梓里、后塘、汀洲、安东、关东、台东、东园16个行政村委会和桥东1个社区居委会，119个自然村，157个村民小组。2012年，区域内总人口13.2万人，其中常住人口9.2万人，另有外来人口近4万人，有港澳同胞、台湾同胞及华侨1.5万余人。

2012年全镇工农业总产值达59.03亿元，比增22.72%；工业总产值55.38亿元，比增23.64%，其中规模工业产值达43.1亿元，比增29%；农业总产值3.65亿元，比增12.48%；社会固定资产投资18.95亿元，比增41.54%；社会商品零售贸易总额20.09亿元，比增29.52%；农民年人均收入7194元，比增12%；完成工商税收12805万元；完成外贸出口总额22000万美元，比增76%。规模工业产值、工商税收、外贸出口三大指标保持较好的增长势头。

【重要会议】 2012年5月16日，在城东镇政府大院内4楼会议厅，召开了城东镇第十届人民代表大会第二次会议，选举陈锦锋为城东镇人大主席，王少远为城东镇人民政府镇长。

【农田水利建设】 2012年，全镇共投入农田水利基础建设资金400余万元，北平、新江农田整治、龙津河截污整治工程以及各大排洪整治加固工程如期完成，同时下拨资金，帮助各村委对辖区内的渠道进行了清淤维修，进一步改善农业生产条件。

【招商引资】 城东镇积极开展招商引资，年内先后引入三阳饰品、广富混凝土厂、鸿发环保机砖厂、新洲塑料制品厂、金庄电器、顺盈糖业等近10家企业。

【重点项目建设】 2012年，完成了北环公路、红城大道东赤岸桥至二环路段改造亮化工程；金山小区、海富豪庭、龙津水岸、金东方财富花园（5、6期）等大型楼盘正在加紧建设，名园木材市场“三旧”改造项目进入建设前期筹备工作；城东自来水扩建改造工程进展顺利，已完成水厂的主体建设。

【工业转型升级】 2012年，城东镇继续推动工业转型升级，新洲塑料制品有限公司投资近5000万元，先后购置6条新的生产线，增加了机械技术含量。至年末，敏兴集团正在办理相关手续，购置新一批电脑组机。

【民生工作】 至2012年末，完成梓里、赤山、新江3个贫困村扶贫开发申报工作；稳步推进农村“五改”工程；农村新型合作医疗覆盖率达100%，全面落实“五保”、“低保”应保尽保的工作，按时发放年度种粮直补、能繁母猪、农机补贴等惠农资金。

【基层组织建设】 2012年是基层组织建设年，城东镇推进党代表工作室建设，密切党代表与基层党员、群众的联系，拓宽了民意民情诉求渠道，发挥了党代表的作用；积极推进“两新”组织的组建工作，扩大“两新”党建影响，发挥党组织先锋模范作用。2012年“七一”城东镇被省委授予“南粤七一奖章”称号。

【其他工作】 2012年，完成计生全员清理核查和数据录入工作，年度人口控制指标顺利完成；坚决执行火化“一刀切”政策，通过采取各种有效措施，确保了全面完成上级下达的火化任务；解决了多宗历史遗留的信访案件，对“三打”线索、“两抢一盗”、吸贩毒、“六合彩”、邪教组织等违法犯罪活动保持高压态势；切实抓好教育、文化、卫生、安全生产、工青妇等各项工作。

（陈高贤）

附：2012年城东镇党委、政府、人大领导名录

党委书记：卓凛波（任至4月）
陈锦锋（4月起任）

副书记：林建新（任至4月） 王少远
陈耿锋（7月起任）

镇　长：林建新（任至4月）
王少远（4月起任）

副镇长：陈耿锋（任至7月）
杨润铖（7月起任）
黄文旭　欧荣锋

人大主席：卓凛波（任至5月）
陈锦锋（5月起任）

副主席：黄艳阳

村（社区）选介

【城东镇龙山村】　距城东镇政府约1公里，北面接桥东居委和安东村，东面与赤山村相邻，与新江村隔河相望，国道324线、省道242线、县城二环南路经此交叉。龙山村委会辖有大夫寨、汾东、汾南、汾西、墩南，墩北、龙山、下坑、石塘、路东、路西等11个自然村，居住着李、廖、彭、潘、林、陈、杨，黄、蓝、柯、张、卢、姚、吕、王等20多个姓氏人口。辖区人口3600余人，旅港同胞100余人，有龙山小学1所，在校学生800余人。龙山村有明代准提阁、天后宫、五龙寺、灵雨庵等名胜古迹，近代有赤山约农会、海丰总农会、海丰农民运动讲习所、海丰妇女解放协会等省级和县级革命文物保护单位，现代有海丰革命烈士纪念碑等名胜。龙山村利用靠近县城的地理优势，大力发展房地产及大型商场建设，辖区内有金伯爵花园、龙津河岸、东骏花园，金东方财富花园等大型楼盘，及龙山批发市场，金伯爵广场等大型商场。随着城市建设和经济发展，村容村貌和交通有明显改观。至2012年末，全村有耕地面积100公顷，种植水稻、番薯、蔬菜等作物，随着经济发展，现除少数务农之外，大部分劳力务工经商，经济比较活跃。农村新型合作医疗覆盖率达100%，全面落实“五保”、“低保”应保尽保的工作，按时发放年度种粮直补、能繁母猪、农机补贴等惠农资金。村委会加大社会治安综合治理力度，社会和谐稳定。

【城东镇汀洲村】　距城东镇政府约3公里，西至黄江边，北至后塘村，南至国道324线的广汕公路，东至大嶂路。汀洲村委会辖有汀洲、塘东、塘西、埔美4个自然村，居住着陈、张、林、刘4个姓氏，人口7000余人，有港澳同胞1000余人，有汀洲小学1所，在校学生300余人。汀洲村耕地面积约333.33公顷，山林面积约66.67公顷，其中果林面积约100公顷，种植水稻、番薯、蔬菜、甘蔗等作物。汀洲村主动吸引乡贤回村投资建设，2012年新洲塑料制品厂投资近5000万元，先后购置6条新的生产线，增加了机械技术含量；利用该区农户有种植甘蔗和制糖的经验，引入了汕尾市顺盈糖业有限公司，该公司由香港顺盈纸品有限公司投资44513.71万元组建的一家以制糖为主的外资独家企业，填补广东汕尾地区没有糖厂生产高品质砂糖的空白。村委会落实农村医疗保险、义务教育、种粮直补、农机（家电）补贴、低保五保、危房重建和农村政策性住房保险等惠农政策，农村社会保险全面覆盖。同时，加大社会治安综合治理力度，维护社会和谐稳定。

① 2012年8月8日，城东镇人民政府在二环路城东段中国邮政储蓄所广场开展“三打两建”宣传活动。

② 海珍酒店。

③ 龙津河东段城东龙山公园。

④ 纬兴毛织厂。

附城镇

综合概况

【简述】 附城镇位于海丰县城南郊，属城乡结合部。辖区总面积69.71平方公里，下辖4个社区委、14个村委会，共有167个自然村，户籍人口60418人，外来人口近7万人。附城镇主要经济特点是：以中高档房地产开发、大中型超市、星级宾馆和酒店餐饮业为主的商贸业较为繁荣；以种植优质水稻、蔬菜和淡水养殖为主的农业基础地位牢固；工业发展则相对滞后。

2012年，全镇工农业总产值17.16亿元，其中工业产值13.98亿元、农业产值3.18亿元，分别比增26.6%和7.5%；社会商品零售总额20.25亿元，比增16.7%；全社会固定资产投资20.03亿元，比增31.78%；农民年人均收入6468元，比增8%；完成国地两税收入1.5亿元，比增20%。2012年被县委、县政府评为先进镇，同时还获得社会主义精神文明建设先进镇、殡葬管理先进镇、平安创建和综治工作先进镇、安全生产先进镇和信访工作先进镇等荣誉称号。

【农业经济】 附城镇立足本地资源优势，加大农业结构调整步伐，大力发展高产、优质、高效、生态、安全的现代农业，进一步提高农业产业化水平，促进全镇农业增效、农民增收。2012年，全镇粮食种植面积2830公顷，总产量16936吨，其中水稻种植面积2786.67公顷，总产量16680吨；蔬菜种植年复种面积1887.33公顷，产量52793吨，产值1.87亿元。全镇拥有农村经济合作社178家，“有记”牌益生茶系列产品获得省以上品牌奖。

【重点项目建设】 2012年，附城镇坚持把大项目、大建设作为推动经济发展的“生命线”和主抓手，想方设法推进重点项目建设，取得显著成效。至2012年，先后引进建设精勤皮革厂、新大兴线路板厂、成通水泥线杆厂等产业项目，合群汽车贸易城、嘉年华休闲会所、中华鹏大酒店、立德药业等商贸项目。历时多年的县行政小区征地取得新突破，完成首期工程14.5万平方米的征地工作。全面完成丰南三期20万平方米土地储备项目，并于上年底，进入土地市场公开挂牌、拍卖成功。正升华府、海悦名城、雍悦豪苑、云岭山庄三期、富汇华庭、富嘉名城、华富花园等7个高层高档房地产项目加紧建设，部分楼盘已竣工，交付业

※ 附城镇一角。

主使用；绿道网首期工程、西三环、北三环公路附城段建设工程已竣工投入使用。龙津河整治工程、百里海堤建设工程等项目正在强势推进。

【综治信访工作】 附城镇信访维稳工作成效明显。2012年全镇未发生恶性群体性事件，越级上访问题得到有效遏制，镇综治信访维稳中心全年共受理各类信访案件20宗，调处成功18宗，调处成功率90%。结合“三打两建”工作，大力开展“打黑除恶”专项斗争，始终保持对各类刑事犯罪严打的高压态势，坚决遏制刑事案件的高发势头，建立良好的社会秩序。2012年全镇刑事立案108宗，破获74宗，破案率69%，破案率提高22%。

【民主法治建设】 2012年，积极开展普法教育，深入开展党风廉政建设，严肃查处违法违纪案件，从源头上预防和治理腐败，全年共查处违纪违法案件9件，受理群众来信来访8件（次），立案7件，结案7件。

【基层组织建设】 附城镇严格按照上级建设“五好镇党委”的目标，坚持从严治党，在思想上、组织上、作风上全面加强党的建设。一是深入开展学习实践科学发展观、创先争优、“双融双建”和“双考双评”等活动，学习贯彻党的十八大精神，有效地解决了广大党员干部在党性党风方面和工作上存在的问题，党员干部的思想政治素质进一步提高。二是大力加强基层干部培训，切实协调“两委”关系，基层党组织的凝聚力和战斗力进一步增强。切实加强“后进村”转化工作，农村突出问题得到较好解决，农村基层组织的整体水平有了较大提高。2012年，全镇新发展党员23名，新成立非公有制党支部3个；新成立23个团支部，涵盖非公有制企业、农业专业合作经济和新兴经济组织等。

（欧文铁）

① 嘉年华休闲酒店。
② 精勤皮具厂。
③ 圆山麒麟舞。
④ 道山水稻生产基地。

附：2012年附城镇党委、政府、人大领导名录

党委书记：陈鸿锐

副 书 记：陈坤宝　李海涛

　　　　　刘明杰（12起挂职）

镇　　长：陈坤宝

副 镇 长：薛明汉　张泗锄　蔡炫杰

人大主席：陈鸿锐

副 主 席：郑向全

村（社区）选介

【附城镇城南社区】　位于龙津河西侧，东与城东镇相邻，北与海城镇接壤，西与该镇中河社区相连，属城乡结合部。社区下辖5个自然村13个居民小组，有常住人口3375人，党员36人，“两委”干部5人。2012年社区集体经济收入约13万元，农民人均年收入7380余元。近年来，城南社区按照上级党委、政府的工作部署，紧紧围绕建设中等现代化城市的目标，认真抓好占地近15万平方米的县重点项目行政小区及占地5万平方米的雍悦豪苑等项目建设，进一步推动了镇村经济的发展，形成土地升值、经济发展的良好局面。同时，社区认真完成上级布置的各项社会事业发展任务，尤其是高度重视做好社会治安综合治理工作，立足社区外来人口较多的实际，组建了全县第一支社会治安夜巡队伍，实行24小时治安巡逻，有效遏制了各类刑事案件的发生，“平安社区”深入推进。城南社区社会和谐稳定，人民群众安居乐业，各项事业协调发展。从2000年起，连续12年被评为全县先进村（社区）委和文明社区先进单位；2007年被评为广东省文明社区；2009年被省民政厅评为“六好平安和谐社区”。

※　雍悦豪苑。

【附城镇圆山村】　位于县城南端，与联安镇、红草镇相邻，距县城约5公里，省级工程百里海堤横亘穿越而过，交通便利，土地肥沃，是一个纯农乡村，耕地面积214公顷。辖有6个自然村，总人口约6000余人，村“两委”干部7名，有中共党员86人。2012年村集体经济收入约12万元，人均年收入7150元。近年来，圆山村紧紧围绕“党员干部受教育、科学发展上水平、人民群众得实惠”的要求，创新工作方法，促进全村各项事业全面协调发展。在确保全县粮产区地位的同时，发挥近郊和沿海优势，年复种蔬菜面积66.67公顷，产值250万元；海淡水养殖面积200余公顷，以养鱼、蟹、蚝为主，产值1000余万元。社会主义新农村建设方面，投入资金200万元，对全村的路道、巷道进行改造，并安装照明路灯，建设花园5处，无害化厕所6间，排污沟2000米，垃圾处理池3个，晒谷町10个1.7万多平方米，全村面貌大大改观；投资180万元对6个自然村重新更换自来水管道，让1150户群众吃上“放心水”。扶贫“双到”开发方面，挂驻单位市纪委牵头在村委扶持建设了苗圃场扶贫项目，可增加村集体收入近5万元。圆山村各项事业全面协调发展。2010年被市评为生态文明村，2012年被县评为先进村委。圆山麒麟舞被列入第二批国家级非物质文化遗产项目，并多次代表海丰县参加省内外的麒麟舞大赛，均获得金银奖的殊荣。

联安镇

综合概况

【简述】　联安镇位于海丰县西南部，辖区面积53.49平方公里，有16个村委和1个社区，户籍人口35932人，是一个纯农业镇。距县城6.2公里，东与附城镇一河相隔；西与梅陇相邻；南是沿海滩涂，是国际重要湿地的东关联安围；北倚莲花山脉。全镇地势自西北向东南倾斜，中间为广阔的冲积平原，是海丰县七大产粮区之一，也是海淡水养殖基地。有“中国水鸟之乡”“中国最佳绿色生态名镇”等称号。2012年，全镇完成工农业总产值6.81亿元，其中工业总产值1亿元，农业总产值4.59亿元，农民年人均收入5780元，全社会固定资产完成总额6.01亿元，规模企业产值5001.2万元，完成县财税任务978万元。年内，联安镇被省计生委评为“计划生育依法行政先进单位”，被县委、县政府评为“先进镇”“计划生育先进单位”“精神文明先进单位”和“平安创建和综治维稳先进单位”等荣誉称号。

【招商引资】　2012年，联安镇把招商引资列为工作重点，积极优化投资环境，提高为投资者服务水平，为投资者提供安全、可靠的投资环境。成功引进计划投资1.3亿元的广东美嘉有机纸品有限公司，正在抓紧征地上马；计划投资1.4亿元的海亮集团公司，正在全力以赴做好耕地流转工作；计划投资5亿元的深圳影视传媒公司，已进入项目的洽谈签约阶段；计划投资3亿元的休闲农庄，吸引一批大企业纷纷到联安镇考察。

【重点项目建设】　至2012年末，投资480万元的联安新建大桥已基本完工；投资1300万元，全长7.6公里的沿山公路联田至柴格陂公路已开工建设；投资1500余万元，全长11.2公里道山至大液公路已完成招投标阶段；投资1300万元的566.67公顷高标准农田建设，预计2013年度可全面建设完成；总投资420万元，除险加固联新桂岭水库、联川记厝埔水库和联田坑口水库；投资2000万元的大型机电排涝工程和投资1000余万元的新陂溪流域整治工作已上报省立项审批。

【教育事业】　联安镇被县定为三个“创建教育强镇”之一。一是对整个镇区的中小学进行整体规划，分步骤整合和优化教育资源；二是完成按一级幼儿园标准进行择地规划。与此同时，坚持下大力气抓好九年制义务教育普及率，全镇教育质量大大提高，尤其是在中考中，考进彭湃中学的人数、考试总成绩都比2011年实现新的飞跃，取得稳步提高的可喜成绩。

【计划生育】　2012年，全面完成春夏秋冬四季计生集中服务活动各项任务，切实开展经常性工作，全面完成全年人口控制指标，年内，联安镇被省计生委评为“2012年度计划生育依法行政先进单位”。

【社会保障】　2012年，进一步巩固镇和村两级卫生服务网络，使农民健康、医疗机制得到了较大的完善。全镇农村合作医疗参保率达100%，居民医疗保险参保率达95%以上。2012年办理住院报销的人数达1800余人次，报销金额达480余万元。社会保障体制建设逐步完善，民政优抚等工作进一步加强。

【基层党建工作】　2012年，联安镇继续坚持把加强党的基层组织建设摆上重要位置。通过抓方案、抓思想、抓制度、抓队伍、抓好典型，进一步推进“五个好”党支部和“六个好”乡镇党委的创建活动，使全镇干部队伍素质高、党性强、有活力、敢担当，执行力明显提高。为建设幸福联安提供坚强的组织保障。

【社会管理工作】　联安镇坚持把发展社会事业和改善民生作为贯彻落实科学发展观的重要任务，在抓好经济发展的基础上，注重经济社会的协调发展。2012年，通过发挥维稳信访综治中心

平台作用，妥善处置化解矛盾纠纷。严打整治斗争、禁毒、打击“两抢一盗”等专项斗争以及“610”等工作取得明显成效，保持全镇社会和谐稳定。有力促进社会各项事业的全面进步。尤其是从6月1日开始全面实行火化“一刀切”制度，镇村两级干部严格按照市、县的工作部署，月月全面完成火化任务，成为全县乃至全市火化“一刀切”先进镇。

【扶贫开发“双到”工作】 2012年，全镇共有贫困村5个，贫困户228户，两年来投入扶贫资金550余万元。至年末，上马建设贫困村集体经济项目、村容村貌建设、水利设施建设等17个项目，一村一法、一户一策的帮扶措施得到有效落实，尤其是中山市埠沙镇驻田心村委扶贫工作组，已投入100余万元，兴建一条近600米长的大型引水渠道，动工兴建了无公害化公厕，新安装了路灯；投资近100万元，办起了有机米生产基地。使5个贫困村集体收入实现了大幅增收，特别是田心村集体收入达7万元，5个贫困村中100%贫困户实现脱贫。

【惠民政策落实】 在做好低保、“五保”供养，救灾，救济工作，帮助残疾人完成危房改造任务及解决贫困残疾人生活保障问题的同时，配套建设敬老院一座，供养孤寡老人一批。并投入大量资金对他们的生活进行补贴救济，春节前夕广泛开展送温暖活动。2012年联安镇又有1000余户，5000多人得到慰问，慰问资金达100余万元。同时，认真做好种粮、柴油农机各项补贴工作，2012年仅种粮直补款就发放280余万元。

【乡村生态旅游】 联安镇有得天独厚的自然资源，2012年联安镇把培育和发展乡村生态旅游作为工作重点，千方百计打开旅游事业新局面，通过对生态资源的有效整合。全县三大河流之一的大液河原生态风光，国际重要湿地的红树林、水鸟、滩涂养殖景观，美丽的田园风光以及环绕联安的县城绿道网等一系列宝贵资源已构成联安镇原生态旅游观光带，成为繁荣联安经济的一项新产业。

（吴国和）

附：2012年联安镇党委、政府、人大领导名单

党委书记：黄信乐
副书记：吴斐斐　刘美进
镇　长：吴斐斐
副镇长：张文辉　陈扬语
人大主席：黄信乐
副主席：杨德枝

东关联安围红树林

蚝町与红树林

联安有机水稻示范基地

联安有机农业园区

国际重要湿地——红树林与水鸟

国际重要湿地——东关联安围

东关联安围蚝町景观

原生态河流——大液河

亚洲博鳌·中国最佳绿色生态名镇
——海丰县联安镇

联安镇田园风光

村（社区）选介

【联安镇优冲村】 位于联安镇东南部，辖7个自然村，户数530多户，人口2300多人，耕地面积120公顷，水产养殖面积80公顷。村“两委”干部7名，党员51名。按照镇党委、镇政府“全面加快有机产业基地建设、全力打造南粤农业强镇”的目标，依托绿色生态名镇和水稻生产有机认证的闪亮名片，通过多渠道争取资金投入，加大农田水利和基础设施建设，确保水利设施的安全运行，保证农业生产旱涝保收。优冲村作为海纳联安现代有机农业示范基地，大力发展种植有机大米，种植的有机大米已实现标识上市，并由于安全、有机、绿色，获得汕尾市十大金牌产品和广东省名牌产品荣誉称号，“产量不低、成本不高、价格翻倍”的有机大米给广大农户实现种田致富和经济腾飞带来极大希望。在保证农业生产稳步发展的同时，村委积极引导广大养殖户大力发展海水养殖，主要养殖中华鳢（土鱼）、沙虾、班节虾、南美白对虾、白刺虾、花虾、膏蟹、乌羽蟹、牡蛎、乌鱼、赤九、茳蓠等水产品，通过科学养殖，海洋经济也呈现喜人局面。2012年，村集体年收入20多万，农民年人平均收入4800多元。

优冲村委坚持实践“三个代表”重要思想，坚持用科学发展观统领经济发展全局，认真按照镇委、镇政府的工作要求，以加快经济社会转型升级、实现发展方式转变为核心，团结和带领全村人民致力于联安现代有机农业园区建设，使整个村经济社会发展取得了重大突破，人民生活得到较大改善，同时在开展村务公开工作中，推行村财务管理“阳光化”，大大地减少了因村级财务引起的矛盾纠纷，对村农业农田水利设施、公路、学校、村委办公楼和村容村貌进行有效的建设和整治,计生、殡改等各项工作的开展十分顺利。

【联安镇坐头村】 位于联安镇南部，辖5个自然村，总人口1900多人、耕地面积845亩，水产养殖面积124公顷，是联安镇重要的海淡水养殖基地，主要海产品运销港澳及广州、深圳等地，村委会每年集体经济收入达40多万元。2012年3月5日，中共汕尾市委书记郑雁雄就到坐头村进行了考察调研，由于各项工作成绩显著，该村同时成了县国土部门的土地管理示范点、县纪委部门廉政村建设示范点、县组织部门党务工作示范点单位。

坐头村委找准抓好基层党建促发展的着力点，坚持做到“四个结合”，即将党建工作与村班子建设相结合、与经济建设相结合、与平安创建工作相结合、与精神文明建设相结合，积极实施以“为民、富民、安民、乐民”为主要内容的“惠民”工程，不断推进村的各项事业发展，取得了较为明显的效果。2012年，村支部在45名党员中选调出27名有工作能力和养殖经验的党员，分别联系96户贫困户，并根据各户的不同情况进行“团、帮、带”，帮助村150多名剩余劳动力实现了就业。11户海水养殖专业户由村“两委”组织到外地观摩学习，借鉴外地先进技术和管理经验，在党员的帮扶下开展养殖技术培训活动，传授给本村广大养殖户，实现了养殖技术创新，提高了村民经济收入。年内，实施了“安民工程”，坐头村党支部与联安镇派出所联合成立了治安联防队，确定12名党员为巡逻员，义务承担起全村的治安联防。年内，实施“乐民工程”，建成投资20多万元，占地面积2000多平方米的联安镇首个村级文体活动中心，该中心集文化娱乐、老人颐养、健身运动、青少年教育、种养技术培训于一体，功能齐全、设备完善，内设农家书屋、棋牌室、健身房及球类活动场地等。为丰富群众文化生活、提高广大村民素质、发挥当地的综合文体水平奠定了基础。满足了广大村民日益增长的文化需求。通过抓党建与具体工作的有机结合，村“两委”成员形成了一个常交心、多交流，轻松、有序、融洽的工作氛围，相互配合并大胆开展各项工作；在开展村务公开工作中，推行村财务管理“阳光化”，大大地减少了因村级财务引起的矛盾纠纷；村农业农田水利设施、公路、学校、村委办公楼和村容村貌得到有效的建设和整治，各项工作的开展十分顺利，加快坐头村社会主义新农村建设步伐，促进坐头经济社会全面发展!

可塘镇

综合概况

【简述】 可塘镇位于海丰县东部，东与陆丰交界，西与城东镇接壤，西南面、南面分别与陶河镇、赤坑镇隔河相望和相邻，北临乌面岭山和大嶂山。1987年撤区设镇。地处海陆丰、汕尾市城区的结合部，是“三县二区”相互连接的经济纽带，地理位置优越，交通便利，有汕尾市“小金三角”之称。是国家“规划建设重点镇”“小城镇综合开发试点镇”广东省“中心镇”“专业镇技术创新试点镇”“技术集成应用试点镇”和“山区信息化建设试点镇”。全镇总面积77.23平方公里，辖有可塘社区和联金、凤山、溪头、下可塘、东新、陇东、仓前、上达、下达、埔陇、罗南、罗西、黄厝港、罗东、罗北、罗山、城格山、陈厝陂、长桥、可北、可新21个行政村，78个自然村。户籍总人口5.8万人，其中非农业人口1.2万人、农业人口4.6万人；外来人口1.9万人；有港澳同胞近万人。

2012年，全镇工农业总产值414141万元，固定资产投资170240万元，社会商品零售总额73298万元，国、地两税征收3212.5万元，农村居民纯收入6735元，比上年同期6485元增加250元，比增3.9%。其他各项经济指标都完成较好。

【农业经济】 2012年，全镇有耕地面积2046.33公顷，水果种植面积229.2公顷，水产养殖168公顷，林业面积2566.67公顷。全年全镇农业总产值39676万元，比2011年增长11.26%。农业种植以水稻、番薯、花生、蔬菜等为主，畜牧业方面以养猪、养牛、饲养鸡鹅鸭等为主。有罗北葛薯、可北花卉、北山湖综合种养、埔陇养殖等10多个农业生产基地。全镇良种覆盖率达98%，农业生产逐步实行机械化，全镇拥有收割机等各类农业机械1300余台。

※ 可塘镇镇委、镇政府办公楼。

【珠宝产业】 珠宝首饰加工业是可塘镇的支柱特色产业。全镇有珠宝、塑料、毛织、手套等工企业近800家，其中珠宝加工企业489家。2012年全镇工业总产值374465万元，珠宝产业产值占80%以上。主要特色产品有珍珠宝石首饰、仿真及宝石工艺品、地球仪等。规模以上珠宝加工企业9家，产值74893万元，已形成了以珠宝加工业为龙头的良好发展态势。可塘珠宝市场有珠宝商铺和原材料行400余家，水晶产品1万多种，水晶加工量占全球加工量70%，年销售额3亿多元。

①

②

③

④

⑤

⑥

① 广东可塘珠宝交易市场。
②③④ 珠宝市场门店。
⑤⑥ 可塘镇部分珠宝产品。

【招商引资】 至2012年末，广东时尚饰品工业园区规划建设，已完成10万平方米征地工作，正加紧做好产业发展和建设规划；东和实业有限公司木板材加工项目，已完成项目建设的申报工作，正在装设机械，近期内可投入生产，项目全面投产后，可完成年产值5亿元，创税利1500万元。

【重点项目建设】 ①可塘珠宝产业园建设项目属县重点建设项目，总投资5亿元，占地18万平方米，于2011年动工建设，已完成一期工程建设，二期工程已建成占地2万多平方米的原材料市场、珠宝加工作坊60多套、C区成品展销铺位300余间，引进20余家原材料供应商，力争建成国内较大规模的珠宝原材料综合市场，为可塘珠宝业发展转型升级创造优越的条件。②位于可塘镇可新村委双桂山村的汕尾市垃圾无害化处理中心建设项目属汕尾市重点建设项目，占地面积35万平方米，计划总投资9亿元，首期投资4.6亿元。至年末，已完成厂区36.67公顷土地的征收、地上作物补偿和BOT招投标等工作，首期工程之一的填埋区、调节池等已进入全面建设阶段。③可塘镇汽车客运站，该项目占地面积5000平方米，已投入资金2000余万元，完成建筑面积1万平方米的项目主体工程。④公益性公墓山园区的建设，已进入清迁工作阶段，该项目建设征地33.33公顷，计划投资3000万元，规划建成较大规模的公墓园区。

【村镇基础建设】 2012年，可塘镇围绕“专业镇”、“中心镇”的建设目标和要求，进一步加大投入，整合资源、优化环境，狠抓基础设施建设。一是加大公路规划建设力度，抓好可塘至陶河公路、省道241复线公路危桥的修建和省道241复线的改道立项上报工作。通过精心组织，协调解决，省道241复线可塘段断桥于3月份修复并正式通车。二是进一步美化市容市貌，投入资金50万元，搞好镇区主干道路的绿化、美化和交通秩序整治；多方筹措资金60万元，完成镇内主要巷道的硬底化建设，增加环境卫生设施投入，完善垃圾收集处理办法，投入资金130万元完成圆山岭河水环境综合整治二期项目，开展镇区排污渠道清淤，努力改善生活环境，为创建“宜居城镇”打好基础。三是抓好农村学校师生饮水安全工程项目建设。该项目投资200万元，目前正加紧建设中。

【科教文卫事业】 2012年，不断增加投入，投资30多万元扩建镇文化站，兴建了22个农民图书室，藏书量达到3万册以上；建立行政村级文化室22个，配置农家书屋管理员22人。全年全镇演大戏300场，放映电影600多场，丰富了群众的文化生活。联合工商、公安等部门，对镇内的黑网吧和地下电子游戏机进行不定期的清理、打击，加强学校周围环境卫生管理和校园安全，学校正常的教学秩序得到有效保证。中小学危房校舍得到全面改造，新建了一批教学楼，改善学校办学条件、教学水平有了大幅度提高，教学质量明显提高，素质教育得到进一步加强，“防流控辍”取得新成效；完善可塘镇教育发展总体规划，做好

陶河镇

综合概况

【简述】 陶河镇位于海丰县东南部，处于海丰县内最大的潮汐河——黄江的下游，形似五角形，西北与黄江为界与附城镇隔江相望；北和东北以东溪为界与城东镇、可塘镇分江而治；西南与红草镇接壤；东南与赤坑、东冲两镇相邻。镇政府地驻在陶塘圩，距海城16公里，离汕尾22公里，为全镇政治、经济和文化的中心。行政区域面积64.11平方公里，全镇共有18个村（社区）委会、64个自然村，总人口3.5万人。2012年，全镇工农业总产值8.88亿元，其中工业产值6.85亿元、农业产值2.03亿元。农村人均年收入6564元，全镇完成社会固定资产投资 4.01亿元。

【农业经济】 2012年，陶河镇农业经济稳步发展，依托农业技术服务站，大力发展区域优势和特色产业，在原有五大产业基地的基础上，引导特色农产品莲藕、黑猪仔饲养和优质水稻等向规模化、基地化、产业化发展。同时，落实能繁母猪补贴、种粮直补等各种惠农政策。2012年全镇水稻种植面积3501公顷，按良种补贴1元/公顷、种粮补贴5.5元/公顷的标准，全镇早、晚稻补贴资金4722639元。

【工业发展】 2012年，镇党委、政府不断提升传统工业产业格局，助推工业转型升级，对新都毛织厂、仲辉照明有限公司以及天成贝雕厂、大年珍珠厂等传统产业，加大扶持力度和税收优惠，保证了工业企业的长足发展。年内，桂埔工业园区投资5000余万元的惠州人防设备有限公司主体工程已建设完毕，同时完成招拍挂手续，预计年产值约9000万元，已正式对外招工，计划于2013年投产运营。至年末，全镇共有大小工企业80多家。

【基础设施建设】 2012年，陶河镇加强基础设

① 陶河镇政府旧大门（摄于2013年1月4日）。
② 陶河镇政府新大门（摄于2013年1月4日）。

施建设。① 农村环境整治。开展了“乡村美、大清洁”活动，镇政府成立农村清洁工程专项活动工作领导小组，投入资金30余万元，设立了生活垃圾集中投放点，改造部分厕所，集中清理清洗部分村卫生死角、排污沟等，有效缓解了部分村庄“脏、乱、差”现象，改善了农村卫生条件和人居环境。② 镇办公楼大门改造及文化广场工程。该工程于2012年10月1日开工，共投入资金100余万元，拆除旧办公危楼，在旧楼址新建办公楼大门，并配套建设了门卫室等，办公楼大门于农历腊月二十六建成并举行了简单的揭牌仪式；拆除旧楼前进入政府大院的石板路，浇筑6米宽的水泥路面，并在道路两边铺上广场砖，架设了路灯；同时将原电影院旧址整修为800余平方米的文化广场，为广大群众提供运动休闲的活动场所。③农家书屋建设。镇委、政府加强农村农家书屋建设力度，投入资金15万元，为全镇18个村（社区）配套电脑、桌椅、打印机等办公器材，添置部分书籍，为农民群众提供一个舒适的学习环境。④ 樱花观赏园建设。由邱家儒先生出资种植的樱花观赏园计划征（租）地13.33公顷，已租用土地3.33公顷，其中1.33公顷作为樱花苗培育基地，另2公顷已种植1万多株有观赏价值的樱花树。

【民生工作】 一是落实社会保障政策，2012年全镇共登记在册低保户647户共1778人、五保户246户共257人，全年落实优抚资金130万元，医疗救助资金18.7万元，自然灾害救助资金7.8万元，优抚对象生活补助费140万元，临时优抚慰问金15.5万元。二是积极推进农村医疗保障建设，全镇农村合作医疗参合人数28825人，参合人数占全镇总人口的83.1%，全年镇农合报销金额284万元，减轻农民负担。三是扎实推进扶贫开发工作，全镇7个贫困村、468户贫困户生产生活环境得到明显改善，陶东村委会代表陶河镇顺利通过省扶贫开发“双到”考核组验收。

①②③ 2012年5月28日，陶河镇召开十五届人大二次会议。
④ 2012年11月30日，陶河镇召开“传达贯彻党的十八大会议精神”大会。

赤坑镇

综合概况

【简述】 赤坑镇位于海丰县东南部，东北面隔东溪与陆丰相望，西北面与陶河、可塘镇毗邻，西南面与汕尾市城区东涌镇接壤，东南面与田墘、大湖两镇以羊牯岭山脉分界。交通四通八达，可塘至汕尾公路经过镇境，可接连广州至汕头、海城至汕尾、汕尾至遮浪等公路。水运经流冲河通东、西溪、进入红海湾与碣石湾。赤坑镇所在地青坑圩距海丰县城27公里，距汕尾市区15公里。全镇总面积104.82平方公里，辖青坑1个居民社区和南土、下兰、古流、茅湖、赤花、岗头、尧陂、上埔、船坞、下围、大化、石望、下埔、沙大、社美、仁家、屿仔、吉屿、长围、溪金等20个行政村，共有人口7万多人，有耕地约3466公顷（包括坡度在25度以下的旱地），其中水田2533公顷、旱地933公顷，是海丰县第三人口大镇，也是海丰县的农业大镇。2012年，赤坑镇经济社会平稳发展，工农业总产值10.27亿元，比增13%。其中：工业总产值6.9亿元，增长13%。其中，规模以上工业3120万元、比增55%，规模以下工业6.6亿元、比增12%；农业生产总值3.37亿元，比增13%；社会消费品零售总额9.03亿元，比增15%；全社会固定资产投资总额4.9亿元，比增10%；居民在当地的储蓄余额达9500万元，比增5%。全镇文化建设进一步推进，基础设施建设日趋完善。基层法治建设进一步加强，社会稳定、各项事业齐步迈进。

【农业经济】 赤坑镇是农业大镇。2012年，在稳定2533公顷优质粮种植面积的前提下，大力发展特色种养业。一是古流、社美、上埔、屿仔等村的农户种植辣椒400公顷，形成中片“红色经济”。二是以荔枝、龙眼为主的水果基地达2000公顷，大小果场604个。并引进优良品种“凤山红灯笼”15000多株，邀请汕尾市、海丰县农业局等相关单位为种植户培训。2012年，全镇挂果面积1666.67公顷，总产量2.8万吨，产值近3500万元。三是全镇已形成400公顷以养殖罗非鱼为主的淡水养殖基地及400公顷以虾蟹混养为主的咸水养殖基地，其中汕尾市五丰水产公司在中河片、下埔、石望片养殖面积达267公顷，汕尾国泰、珍岛水产公司在南土片和屿仔片开发罗非鱼养殖66.7公顷，“公司+基地+农户”的现代化养殖模式逐步壮大发展。四是全镇拥有上规模养猪场6个，共有3万多头。“三鸟”饲养大户100余户，预计出栏量在54万羽，总产值约2800万元，较为突出的有古流、大化、沙大、下兰等村委，利用池下养鱼、池上养鸭、池坝种果的立体互利种养模式，取得较好的经济效益。

【重点项目建设】 2012年，全镇农田水利项目有8个，总投资约1.2亿元，省级补助资金达6000余万元。一是全面完成投资1400余万元的茅湖片农田整治项目。二是投资1000万元的省“小型农田水利示范镇”建设；投资1800余万元的赤花围万亩农田标准化整治；投资260万元的船坞灌区改造、虎陷水库除险加固等5个工程已全部开工建设。三是集资50余万元进行羊牯岭截山洪渠道清障加固和沙港分渠道清淤疏浚工程。四是投资近3000万元的赤坑电排站建设工程已获得省发改委、省水利厅批准，可望短期内上马建设；还有3个小型机电排灌、4个水库除险加固、2个灌区改造以及龙船溪小流域整治等一批项目已上报或正在抓紧申报。鼎榄山物流园区规划占地100公顷，拟投入建设资金约1亿元，已完成土地用途的调整，并逐步开展引资、规划、设计、征地等工作。

【招商引资】 2012年，占地2公顷、投资2000余万元的茅湖利群农产品加工厂已完成立项、土地规划、环保测评、征地拆迁等工作，办公主楼已建设完成。安宇科技有限公司、丰隆米机厂、汇盛塑料有限公司等3家企业成为赤坑镇企业发展的龙头。同时，已申报丰隆大米为名优特农产品，丰隆米机厂达到县规模企业的新标准，赤坑镇规模以上工业企业逐年增加。

【基础设施建设】 2012年，全镇多渠道投资近300万元，新建镇级客运站和7个候车亭、镇府办公楼副楼、镇府食堂；投资近200万元，新建垃圾集中处理池40余座，铺设村道5公里，架设路灯200余座。完成了投资1100万元的农村饮水安全第二期工程，受益群众达3万多人，群众饮水安全问题得到初步解决。全年累计投入资金100余万元进行村容村貌整治，溪金村新建村口牌坊、铺设进村路道、完善村民饮水设施，青坑、社美、岗头、茅湖等村（社区）对村前町、农家书屋等基础设施进行修整或配套。

【民生工作】 至2012年末，全镇农民参加医保50620万人，全年群众报销医药费800余万元。年内，扶贫开发“双到”工作扎实推进，全镇254户贫困家庭1114人已实现脱贫；认真做好困难群众救济工作，实施最低生活保障线制度，确保了“低保户”应保尽保。按时发放年度种粮直补、农机补贴、全倒房重建等惠农资金，确保党和政府的惠农惠民政策落到实处。

【综治维稳工作】 赤坑镇以综治中心为平台，努力做好矛盾纠纷的调处工作，较好地协调处理了石望、沙大等村群众因村务上访的问题。同时，结合“三打两建”活动，打击一批制假售假，欺行霸市的行为，有力地维护了全镇社会的稳定。2012年综治中心共接访18宗，成功调处18宗，调处率100%；全镇共立刑事案件26宗，已破案15宗，破案率57.7%，抓获犯罪嫌疑人16名，其中破获贩毒案件5宗，抓获贩毒人员5人；查处行政案件90宗，抓获各类违法人员90名，其中抓获吸毒人员35名，有力震慑了犯罪。

【教育事业】 全镇2012年度适龄儿童入学率达

① 赤坑镇农业龙头企业利群农副产品加工厂主楼。
② 2012年8月7日，骆金堤副市长（左二）由市农业局局长陈德忠（左一）陪同在赤坑镇调研。
③ 2012年10月25日，县委书记沈木荣（中）深入赤坑镇调研。

99.18%，小学生、中学生入学率达100%。普九成绩显著，其中小学毕业生升学率达100%，“三残”儿童入学率达100%，小学在校辍学率控制在0.5%以下。2012年秋季共有196人进入高中继续学习。赤坑中学高中部参加高考人数共有127人，其中上本科线有3人，完成县下达任务的100%，上3A线有12人，完成县下达任务的92.3%，上专科线有82人，完成县下达任务的140%。同时，加强学校的硬件建设，多渠道筹资近100万元完成一批学校的基础配套设施建设。

【群众文化】 2012年，着力抓好镇综合文化站、文化广场等文化设施建设。全镇共建立农家书屋21家；积极保护和发展正字、白字两种稀有剧种，合理安排镇7家业余剧团和30部放映机的演出及播放时间，丰富人民群众的文化生活，弘扬赤坑“戏剧之乡”的文化传统。年内全镇放映电影1000余场，演戏300余台。同时，加强对文化市场的清理、整顿和管理，多部门联合清理黑网吧3间，收缴电脑40余部。

【医疗卫生和计划生育工作】 2012年，投资100余万元、建筑面积720平方米的综合住院大楼已建成投入使用，进一步改善医疗环境和条件。积极配合做好汕尾市第三人民医院的征地工作，确保市十大民生工程的顺利进展。全镇认真组织开展“大清洁、乡村美”农村环境卫生整治活动，环境面貌明显改善。年内，赤坑镇创新机制，扎实开展计生集中服务活动，全镇落实“四术”措施593例，节育率达73.4%，计划生育率达70%，人口出生率12.2‰，自然增长率6.7‰。

【基层组织建设】 2012年，赤坑镇通过“争先创优”“双考双评”等活动的开展，切实加强了基层组织建设。镇党委、政府立足当地实际，不断完善工作机制，健全镇党政联席会、干部职工上下班、工作汇报、公务接待、大型会议及活动等方面的制度，建立领导班子成员进村调研、信访包案等制度，坚持“镇长一支笔”和“单项支出必上党政联席会”的原则，并形成制度化、常态化。

（刘锦琪）

附：2012年赤坑镇党委、政府、人大领导名录

党委书记：马学仲

副 书 记：郭立坚　黄海湧

镇　　长：郭立坚

副 镇 长：吴忠生　陈岳文　周达明

人大主席：马学仲

人大副主席：曾少群

村（社区）选介

【赤坑镇岗头村】 位于赤坑镇北侧，距离海丰县城25公里，下辖岗头、乐郊、鹤发3个自然村，农田耕地面积166.67公顷，人口4000余人。岗头村已有400余年的历史，因原村庄有三个小山岗，故取名为“岗头”。聚落整齐美观，沿沙大公路向南呈块状分布，村内道路水泥硬底化，建筑多为钢筋混凝土结构的楼房，部分保留岩石瓦木结构的平房。经济以农为主，其中水稻66.67公顷，属赤坑镇产粮区之一。水果生产是岗头村一项重要经济收入，荔枝为当地特产，共有200余公顷，此外，村民还兼养鱼26.67公顷。交通方便，村有水泥公路通赤坑镇、可塘镇、海城镇及汕尾等地。2012年，岗头村多渠道筹集资金，修整了村前町，完善了农家书屋，及时更新了书籍，组织多种文化活动，营造了较好的文化氛围。被评为“2012年社会主义新农村建设先进单位”。

【赤坑镇石望村】 位于赤坑镇东侧，距离海丰县城30公里，下辖中村、东村、西村、曼辽、新圩5个自然村，耕地面积233.3公顷，人口3394人，两委干部共7人。石望地属冲积平原，咸淡水养殖资源丰富，土地肥沃，是赤坑镇主要粮产区之一。相传350多年前，建村时面临大海，周围尽置大石头，故名石头村，现改称“石望”。聚落整齐，沿东西方向呈长方形分布。建筑为岩石瓦木结构的平房，部分为钢筋混凝土结构的楼房。经济以农为主，种植水稻和番薯等约200公顷，兼以海、淡水养殖，养殖罗非鱼、虾、蟹等。

石望村戏剧文化事业兴旺发达，村内有玉春香、鸿兴正字、白字等三个业余剧团。2012年，石望村开展社会主义新农村建设，力争建成海丰县社会主义新农村示范点。经规划设计，近期将开展修建村前广场约1.2万平方米、修整村前池塘、扩宽原有村道、新建两座无公害厕所和疏通排水沟等项目，计划投资约500万元。

【赤坑镇溪金村】 位于赤坑镇东南侧，距海丰县城30公里，村委会辖溪山、金山2个自然村，耕地面积111.87公顷，共375户1970余人。该村约450年前从金山村迁此建居，因地近溪河，又是从金山出祖，故取名“溪金村”，沿用至今。聚落沿溪河西东向呈块状分布，建筑为岩石瓦木结构的平房与钢筋混凝土结构的楼房。经济以农为主，种植水稻，兼以海淡水养殖业，其中淡水养殖罗非鱼29.4公顷、白对虾29.3公顷，剩余劳力外出务工。2012年，村两委干部带领村民通过多渠道、多形式筹集资金近100万元，进行村容村貌、交通等各项基础设施建设。投入30万元新建村口牌坊；投入23.5万元，铺设宽3.5米、长近2公里的通自然村水泥道路，并架设路灯；完善村民饮水设施，保障村民安全用水，同时解决群众关心的难点、热点问题。2012年，溪金村被评为“海丰县计生先进村”。

大湖镇

综合概况

【简述】　大湖镇位于海丰县最东端，北纬22° 8′、东经115° 5′。因大德、湖仔为该地区较早较大的村庄，合称“大德湖仔”，故取名“大湖”并一直沿用至今。明、清时期，大湖属海丰金锡都，设大德约。民国时期属六区（赤坑）。新中国成立后仍属六区，1987年撤区设镇至今。全境地势西高东低，西南倚大德山，东南、南边和东北三面临海。东北以东溪河中心线为界，与陆丰市上英镇隔河而治；西北毗邻赤坑镇；西南至南部以大德山脉为界，与红海湾田墘街道接壤。区域总面积31.85平方公里，其中陆域面积28平方公里、海域面积30平方公里、海岸线长21.8公里。大湖镇距离汕尾市区约30公里，距离海城45公里，距离红海湾内湖7公里，距离陆丰市上英镇6公里，水陆交通便利。大湖镇管辖石牌社区、高螺、大德、山脚、新置、湖仔等6个村（社区），共有17个自然村，总人口1.26万人，居民多为汉族。大湖镇系以养殖业为主、种植业为辅的滨海乡镇。

2012年，全镇有各类养殖面积666.67余公顷，耕地面积576.67公顷。工农业总产值18381.41万元，其中：渔业产值11783万元，农业产值3960.57万元；规模以下工业总产值2637.84万元，年人均收入5500元。名优土特产品主要有高螺蚝、东溪虾、蟹以及大湖花生、红肉柚、咸鸭蛋等。

【农业经济】　2012年，按照高效生态农业项目要求，大湖镇党委、政府加强引导、鼓励，已在经营的养殖公司加大投资，采用高效养殖技术，对塭池进行技术改造，发展高科技、高效益养殖。至年末，已先后引导东海湾养殖公司和钰丰、裕民等养殖公司采用高效养殖方法，积极促使养殖产业规模化、产业化发展。

【重点项目建设】　2012年，投资2000余万元的大湖至汕尾遮浪沿海公路建设已竣工通车；以省二类标准建设的大湖渔港工程已获县政府常务会议同意，正积极向上级申请立项建设；大湖镇公益性公墓山建设进展顺利，建成后将进一步促进丧葬文明新风；大湖妈祖后山公园风景区各项前期工作有序推进；129县道大湖至赤坑大化段拓宽工程建设在即，大湖至陆丰上英（公路桥）工程

即将进入招投标、建设阶段。年内，50年一遇的南北堤围除险加固工程上报手续和大湖北堤至南堤公路建设工程已经开始各项前期工作。另外，投入资金建设大湖镇全民健身广场工程，进一步丰富群众文体生活；大湖客运站、镇区至湖仔村水泥路面修建等建设工程已相继完成。

【旅游资源开发】 大湖镇境内拥有大湖鸟类省级自然保护区、始建于明嘉靖十年（1531）的大德妈祖庙旅游区、延绵21.8公里的海岸线和木麻黄防护林带及螺地等一批名胜景点，以及风光旖旎的高螺湾，有状似乌龟伸颈饮水的海岸滩林带及“大德山马地峡瀑布”“石牌狮山球”“海岩礁石奇观”等景观。谚云：“螺地山向北斗，狮山、象山把水口，空壳山做印斗”，十分壮观。还有位于高螺村新寨内山的清初苏成、苏利驻兵古遗址。至2012年，海湾观光区、东海湾生态湿地等景观在有序建设中。

（林基谋）

附：2012年大湖镇党委、政府、人大领导名录

党委书记：余长华

副 书 记：罗 恒 刘加惠

镇　　长：罗 恒

副 镇 长：余炳卫 施养雄

人大主席：余长华

副 主 席：施明镜

① 广东海丰鸟类省级自然保护区“鹭洲”核心区。

②③大湖银滩。

村（社区）选介

【大湖镇高螺村】　位于大湖镇西北部，聚落坐西向东，三面环水，面向东溪。全村有3941人，高螺村自然生态保护完好，拥有省级鸟类保护区大湖鸟岛、风光旖旎的高螺湾，闻名于粤东地区的名穴“螺地”等一批名胜景点。经济收入主要以吊养蚝为主，有养殖面积86.67公顷。形成由高螺村生蚝养殖户带动全镇生蚝养殖的发展势头，“高螺蚝”驰名中外。高螺村积极响应上级党委、政府的号召，深入开展社会主义新农村建设，2011年被省评为“卫生村”，2012年成功申报省级生态村。

【大湖镇山脚村】　位于大湖镇东部，村落至南向北沿公路呈块状分布，背靠大德山，面朝碣石湾，并有184公顷的防护林，是一条美丽的绿化带，拥有洁净的沙滩长达5公里。全村共有2400余人，村民以农业为主，养殖为辅，农业以种植秋花生和水稻为主。秋花生种植是山脚村的一项特色优势产业，该村出产的花生壳薄果满，香脆可口。近年来通过科学改进农业种植提高产量和成立大湖镇山脚村绿田花生合作社等方式，提高村民的收入。山脚村委创新工作方式，积极完成镇党委、政府统一部署的各项中心任务，多次被评为先进单位。

梅陇镇

综合概况

【简述】 梅陇镇位于海丰县西南部，镇政府驻地梅陇圩，距县城16公里，距汕尾市区45公里。东连联安镇，西与鲘门、赤石相毗邻，北靠莲花山脉，南临红海湾，海岸线全长14公里；土地总面积152.25平方公里。2012年，辖银丰、银液、梅西、梅星、月池、屿岭、仓兜、联兴、梅联、梅尖、新渔、竹符、东联、新寮、东风、红阳、永红、联平、石洲、石安、石南、围湖、南山、新兴、高中、东港、云路、东家亚、水踏、梅东、梅陇等31个行政村，和西兴、梅北、中兴、东兴、梅南等5个社区，计有154个自然村，常住人口约10万人，外来人口3.3万人。

2012年，镇党政领导班子坚持以邓小平理论、“三个代表”重要思想和科学发展观为指导，紧紧围绕县委、县政府的各项工作部署，按照镇委年初提出的“开通一条路、建设两个区、打好三张牌、开展四大整治”的工作思路，不断加强自身建设，团结带领全镇人民，求真务实，开拓创新，攻坚克难，采取有力措施，保证了各项工作任务顺利完成，全镇经济建设和社会各项事业取得又好又快发展，人民群众生活水平得到不断提高，生活和投资环境得到进一步改善。

2012年，梅陇镇完成工农业总产值53.95亿元，同比增长18.5%。其中，完成工业产值46.8亿元，同比增长30.4%；完成农业产值7.15亿元，同比增长6.84%。全镇规模以上工业企业8家，规模以上工业产值27.79亿元，比2011年同期增长48%；完成固定资产投资12.12亿元，同比增长34.4%；社会商品零售总额30.7亿元，同比增长28.7%；超额完成下达任务。完成税收5045万元，其中，国税完成2290万元，完成全年任务的203.39%；地税完成2755万元，完成全年任务的111.5%。

【农业经济】 2012年，梅陇镇为促进农业生产，一是大力掀起水利建设热潮，不断强化农业基础设施，协调好广东省千里海堤东关联安围段的建设工程；维修加固东、西干渠、九径山塘、天星湖排灌渠道等水利设施，投入170万元资金整治了新寮灌区水利设施。二是加强对计划总投资1200万元，涉及联兴、仓兜、东港、东联、竹符5个村666.67公顷农田的高标准农业建设示范工程的跟踪联系，促其尽快上马建设。三是加紧做好农业综合整治工程、鱼仔潭水库、马福兰水库的项目组件上报工作。

【重点项目建设】 2012年，梅陇镇积极推行重点项目建设，力求在宜居宜业梅陇建设中有新突破。全镇重点进行3个项目建设：一是梅陇西环路。梅陇西环路是海丰县重点项目，路线全长5.75公里，项目按一级公路双向四车道设计，总投资1.3亿元。梅陇镇不遗余力地开展工作，先后完成了“工程可行性研究报告”、确定公路走向等。年底完成公路用地及储备地用地的报批工作。二是梅星储备地。梅星储备用地占地20万平方米，计划用于梅星商住小区建设。2012该镇抽调精干力量分三组全力以赴投入梅星储备地的征用工作，并于年底全面完成征地协议书的签订，顺利进入招拍挂阶段。三是天星湖高新科技园区。自开展征地以来，该镇集中领导，集中精力，夜以继日进村入户开展工作，并取得大部分村民同意，正在抓紧相关手续的报批工作。

【民生工作】 2012年，在产业扶持、危房改造、助学、整治村容村貌等方面继续加大投入，共投入资金260余万元，收益5个贫困村。红阳村火龙果种植示范基地扩建2.66公顷，示范和辐射作用大大增强。年内，以梅陇中学70周年校庆为契机，加大筹资力度，筹得约400万元资金，上马多媒体课室、教师、学生宿舍、图书馆等建设工程。文化体育事业蓬勃发展，组队参加了县元宵节文化巡游活动及县2012年运动会，取得优异成绩；梅陇龙舞获广东省龙狮汇演三等奖。

【信访维稳工作】 2012年，梅陇镇高度重视信访维稳工作，采取强有力的工作措施，加大排查力度、实行党政领导包案等方式，确保群众来信件件有回音，来访事事有落实。以镇派出所为主力，在全镇范围内开展打黑除恶工作。坚持民警上街巡逻制度，安装高清摄像头一批，开展节前治安大整治工作；加大“三打”工作力度，共掌握线索103条，核查103条，核查率100%；其中办结81条，办结率78%。

【环境卫生整治】 镇党委、政府千方百计加大投入，力促梅陇环境卫生问题得到根本性解决，环卫基础设施有了较大改善。一是实行了社会化管理模式，实现事企分开，节约管理资源，提高工作成效。实行社会化管理以来，承包方投入资金300余万元进行设备的更新完善，设备更新力度之大属近几年之最。二是改进了垃圾收集方式，由环卫工人每天一次收集垃圾变成早晚各一次定时收集垃圾并及时运往附近垃圾中转站，节假日根据情况还再增加清洁次数。三是设立轮回清运保洁组，不定时巡回镇区各条街道、各个垃圾收集点，根据垃圾数量进行清运，保持镇区环境长期干净整洁。四是不定期开展大清洁活动，力求环境卫生整洁。经过大力整治，有效地扭转了卫生工作落后的局面。

【基层组织建设】 2012年，梅陇镇坚持从严治党，思想上、组织上、作风上全面加强党的建设。深入开展学习实践科学发展观活动、创先争优活动和“双融双建”“双考双评”等活动，学习贯彻党的十八大精神，有效地解决了广大党员干部在党性党风方面和工作上存在的问题，党员干部的思想政治素质进一步提高。大力加强基层干部培训，切实协调“两委”关系，基层党组织的凝聚力和战斗力进一步增强。加强“后进村”转化工作，农村突出问题得到较好解决，农村基层组织的整体水平有较大提高。深入开展党风廉政建设，领导干部廉洁自律、纠正部门和行业不正之风、查处违法违纪案件、从源头上预防和治理腐败等工作取得新成果。2012年，全镇新发展党员102名，新成立非公有制党支部4个，建立“书记项目”2个；建立了党代表工作室，坚持党建带团建工作，率先完成乡镇实体化大团委的建设工作；新成立30个团支部，涵盖了非公有制企业、农业专业合作经济和新兴经济组织等。

（颜雅静）

附：2012年梅陇镇党委、政府、人大领导名录

党委书记：郑惠暖
副 书 记：谢江威 许泽武
镇　　长：谢江威
副 镇 长：林建国 曾钰淮 罗鸿雁
人大主席：郑惠暖
副 主 席：施华森

村（社区）选介

【梅陇镇梅陇村】 位于梅陇镇圩内西侧，人口密集，全村总户数675户，总人口2950人，分布在7个自然村22个村民小组，有村民代表50人、支部党员67人、村“两委”干部8人。全村有农田面积20公顷，村民人均年收入6000元以上，农民家庭经济收入主要有首饰加工、经商、农业收入等，村集体经济年收入约180万元，先后投资固定资产总额（账面值）2400万元。梅陇村委大力推行规范化管理，建立推行公开制度，订立了村议事规则、宅居地分配、计划生育、殡葬改革等村规民约，健全了村委财经管理制度，全面推行党务、村务、财务公开，让群众对村内各项重大事务、建设项目及财务收支情况一目了然。同时通过宣传栏、横幅标语等形式大力进行宣传，让法治意识深入民心，营造了浓厚的法治文化氛围。

梅陇村在经济收入基本稳定的情况下，村委发展再生产，逐步扩大固定资产的投入，扩大集体经济收入；完善村务管理体制，实行村务、政务公开制度。每年从村集体经济中筹出资金10万元为全村村民办理农村合作医疗保险（每人年30元），从各方面减轻群众的负担，每年给全村女55周岁以上、男60周岁以上老人发放慰问金500元，90～100岁的老人发放慰问金700元，100岁以上的老人发放慰问金1000元，每年发出救助扶贫资金10余万元。梅陇村是海丰县法治文化建设示范村，梅陇村委积极参与，认真组织开展“社会主义法治文化建设”活动，结合镇情实际，切实加强法治文化示范点建设工作，社会建设硕果累累。2011年度获市级“第六次全国人口普查先进单位”、县级“先进基层党组织”、镇“红旗团（总）支部”等荣誉称号。

【梅陇镇西兴社区】 位于海丰县梅陇镇墟内公路西片，南至公路涵，辖区内超市、商铺林立。

居民住户1015户、人口5004人，共管辖8个居民小组。2012年，社区党支部共有党员61人，8个人被评为优秀党员。随着经济的蓬勃发展，首饰行业不断扩大，社区拥有首饰厂100余间，工人4000余人，首饰加工已成为社区居民主要的经济来源。

西兴社区文化建设逐步得到提高，至2012年，共有沿溪跳舞队5个，每天晚上在沿溪路开展舞蹈等文娱活动，已成为社区一条美丽的风景线；社区地理位置优越，环境优美，西山公园的健身设施也得到长足发展，社区居民和梅陇墟内居民长年在此进行体育运动。由于辖区范围较大，人口众多，各类社会矛盾时常发生，如邻里纠纷、家庭矛盾等，通过人民调解这个窗口，将很多可能激化的矛盾化解于萌芽状态。10余年来，社区从未出现上访及矛盾激化上交的情况，多次被省、市、县评为“优秀社区”。

① 2012年10月23日，县委副书记、代县长陈德忠（右二）深入梅陇镇金桔莱黄金首饰有限公司调研。
② 2012年10月23日，县委副书记、代县长陈德忠（左二），在县委常委刘剑平（左三）的陪同下，深入梅陇镇金桔莱黄金首饰有限公司调研。

鲘门镇

综合概况

【简述】 鲘门镇位于海丰县城西南部的红海湾畔，距海丰县城31公里，东北面与梅陇镇接壤，西北与赤石镇接壤，西南与小漠镇相邻，西南方面向大海。全镇总面积35.42平方公里，海岸线全长23公里，芒屿岛、鸡心岛、江牡岛属鲘门镇管辖。下辖1个社区居委会和7个村委会，有41个自然村，常住人口18962人，共5515户。鲘门镇属南亚热带海洋性气候地区，自然环境优越，海产资源丰富。海陆交通便利，广汕公路（国道324线）、深汕高速公路与广汕公路贯穿全境，建设当中的厦深铁路经过镇境；有渔业码头2个，大小渔船700余艘，距汕尾港17海里，距香港64海里。

2012年，鲘门镇立足镇区实际，抓住深汕合作区成立的机遇，务实创新，进一步加强党的建设、政治文明建设和精神文明建设，努力提高经济运行质量，增强全镇经济实力。实施“旅游兴镇”战略，充分发挥区位和自然资源优势，在全面提升饮食服务业的基础上，积极推进商贸、旅游度假等现代服务业的发展。打造旅游美食重镇，建设滨海休闲基地，促进企业转型升级，推进城镇化发展。全年完成农业总产值30785万元，完成规模以上工业产值8752万元，完成固定资产投资46650万元；完成社会消费品零售总额39932万元，实现税收收入2253万元。

【招商引资】 2012年，鲘门镇通过优化投资环境，完善投资政策，调动积极因素，运用有效方式，全力开展招商引资工作。立足区位和资源优势，以构建滨海旅游城镇为目标，有针对性地开展招商引资工作，引进了海景国际旅游度假村、金丽湾大中华会所、金海花园二期等大型旅游项目，另外，通过公开招拍挂的形式以862万美元的竞标价出让百安9.7万平方米土地给香港汇通天下集团。这些大项目的落户为提升滨海旅游特色镇的品位、增强综合实力奠定了坚实基础。

【重点项目建设】 2012年，重点项目建设顺利推进。一是渔港建设初见成效。总投资2309万元的鲘门“省二类渔港”一期工程建设进展顺利，至8月，已完成95%以上的工程量。第5号台风“泰利”来袭，不但400余艘小船能够进入内港避风，就连平时必须到外地避风的大、中型船也都能在码头安全避风。省、市海洋局领导莅临鲘门渔港建设现场检查指导时，对建港工作予以高度

※ 鲘门镇新貌。

肯定。另外，鲘门“省二类渔港”二期工程也正处于招商、工程及监理招投标工作中。二是厦深铁路海丰鲘门段扫尾工程顺利进行，完成了房屋的拆迁和路基回填。镇政府积极向上级争取资金支持新乡村新农村建设，新乡村安置地的道路、文化室、水电、电视、电话、路灯、绿化等项目已经陆续投入建设，预计2013年1月前可全部完工。三是积极筹备鲘门特色美食长廊。充分发挥深汕特别合作区的品牌效应，引进有实力的企业和财团，加快实现对鲘门餐饮业的转型升级，坚持高起点设计，高标准建设，打造百安路口至火车站国道324线两侧餐饮美食长廊。

※　市县领导检查厦深铁路建设情况。

【民生工作】　一是推进扶贫开发工作，争取省、市、县各级挂扶单位的支持，发动社会各界力量，扶持贫困村发展经济，通过“一对一”的帮扶，实现贫困户的稳定增收。二是完善农村社会保障制度，实现城镇居民医疗保险、新型农村合作医疗的全覆盖，2012年度农村合作医疗的参保人数11675人，覆盖率100%，切实让农民得到了实惠。三是全面发展文教体事业，大力推广各项群众性文娱体育活动，年内组织举办“海韵杯”排球赛和“东成杯”乒乓球赛，组团参加县乒乓球和广场舞比赛，进一步推动了全民健身运动；防流控缀工作成效显著，适龄儿童入学率100%，小学升中率100%，中学义务教育入学率97.8%，升学率94.1 %。四是全面优化城乡卫生居住环境，定期检查村、社区卫生环境，督办垃圾清理、村容整理；雇佣环卫工人，每日清扫市区，保证市容整洁；成立城建工作队，对乱摆乱放、占道经营等违法行为进行整治，营造良好市场环境。

【计划生育】　鲘门镇认真宣传贯彻计划生育法律、法规，强化依法管理，完善服务体系；严格落实干部层级动态管理责任制，进一步建立健全计划生育工作机制；继续深入开展计生宣传教育，增强群众依法婚育新观念；建立健全利益导向机制，实施计划生育奖励优惠政策；精心组织实施计生集中服务活动，积极开展计生常规工作；全面推行综合治理，管理服务能力不断增强，工作水平迅速提高。2012年，全镇出生率13.99‰，计划生育率69.65%，人口自然增长率7.46‰。

【综治维稳工作】　2012年，鲘门镇认真落实海丰县委提出的“六提高，六减少”工作重点，以综治制度建设为突破口，树立“保稳定，促发展，创和谐”的工作理念，紧紧围绕省委政法委开展“强综治，创平安，促发展”活动总体部署，坚持“打防结合，预防为主，标本兼治，重在治本”的方针，以建设和谐文明社会为目标，以建设综治服务中心为平台，充分调动各方面力量，完善镇、村、组三级治安联防网络，全面开展“安全文明小区”和警务区建设。派出所、维稳综治办、司法所等部门通力合作，开展打击走私、“双抢一盗”“黄赌毒”等专项整治活动，确保社会治安稳定，形成良好的社会治安秩序。及时排查调处各类矛盾纠纷，变上访为下访，有效控制了越级上访、集体上访，有力地维护了社会稳定；同时加大安全生产管理力度，全年未发生一起安全生产责任事故。

【基层组织建设】　一是推进“两新”组织党建工作，扩大党的工作覆盖面。高度重视，严格按照市、县关于实施抓“两新”组织党组织覆盖“百日攻坚行动”工作方案要求，精心组织，广泛宣传，进一步加大“两新”组织党组织组建力度。对辖区内有实体、有人员、有业务活动的“两新”组织进行摸查，建立“两新”组织工作台账。制定《鲘门镇“两新”组织党组织组建工作方案》，并成立鲘门镇“两新”组织党组织组建工作组。因企制宜，加大“两新”组织党组织组建力度，5月成立鲘门镇首个非公有制企业党支部，并建立完善的工作制度，实现了制度上墙。至年末，全镇27家非公有制企业已建立或联合建立党组织的企业有18家，党建工作覆盖率达到67%。二是积极开展“书记项目”，不断提高基层党建科学化水平。确立了《提升镇党委对村“两委”班子的管控能力》书记项目，采取加强教育培训、强化党务村务财务公开监督、推行“述职述廉”双述制度和镇党委书记定期约谈村党支部书记制度等有力措施，提升镇党委对村“两委”班子的管控能力。在红泉村支部和百安村支部设立了党建工作示范点，力争创建“五个好”党支部。三是认真落实“三老”暖心项目，促进党内关爱新局面。为进一步将党的惠民政策落到实处，认真贯彻实施广东省党内三大工程“三老”暖心项目实施方案，从2011年起，每年将县委组织部发给“三老”人员的生活补贴及时足额发放到位，同时对生活困难的党员在每年“七一”或春节前进行慰问。

（黄奕添）

附：2012年鲘门镇党委、政府、人大领导名录

党委书记：李锦梅

党委副书记：陈腾渊　吴智强

镇　　长：陈腾渊

副 镇 长：古俊敏　马　论

人大主席：李锦梅

人大副主席：罗　瑞

① 渔船归来。
② 渔民取海胆

村（社区）选介

【鲘门镇民新村】 位于鲘门镇通港路边，距离镇政府约0.5公里，是一个以农为主的村委会。近年来，民新村结合本地的交通区位优势和特色旅游资源，利用政府招商政策，积极发展村级集体经济；通过规范管理，优化服务，加大了计划生育宣传力度，全面提升人口与计划生育管理和服务水平；坚持以人为本，以科学发展观为指导思想，竭力创建和谐社会，建设社会主义新农村；提高党员干部的素质，并进一步发挥和加强党员的先锋模范作用。2012年，民新村民委员会被评为海丰县先进村集体。

【鲘门镇鲘门社区】 位于鲘门镇西南方向，距鲘门镇政府约0.5公里，下辖5个居民小组，土地面积约3平方公里，总人口5372人。近年来，鲘门社区居委会始终把计划生育工作置于重要位置，踏实工作，取得显著成绩。主要是领导重视，社区书记总负责，亲自抓，实行小组承包责任制，真正把计划生育落实到实处；工作细致，常常进村入户，摸清底数，分类管理，对外来人员进行登记造册；大力宣传，到各家各户发放计生宣传材料，接受群众咨询，广泛宣传各种避孕节育知识；方便群众，不断提高计生优质服务水平，以全面提升计划生育服务质量为核心，以满足广大育龄夫妇需求为抓手，开展了扶贫、优惠、新生儿报生入户等保障制度。2012年，鲘门社区居委会被评为海丰县计生先进村集体。

① 2012年端午节鲘门镇龙舟赛。
② 鲘门美食街。
③ 金丽湾度假别墅。
④ 金丽湾度假村。

①②③ 鲘门海景。

小漠镇

综合概况

【简述】 小漠镇位于海丰县西南部，东南临海，西与惠东县黄埠镇接壤，北与鲘门镇隔赤石河相望，西北与鹅埠镇交界。小漠镇因驻地小漠圩而得名。小漠圩原称洪官圩，又名旺官圩。1987年4月，小漠设镇。小漠地处红海湾畔，海拔在2米～5米之间，背山面海，属丘陵地形，海岸线长19.5公里，浅海滩涂广阔。小漠镇自南向北呈三角形片状分布。自然资源十分丰富，濒临沿海，发展海洋经济特别是发展水产养殖，具有得天独厚的自然优势，是海丰县的重点渔业镇和海水养殖专业镇。港口优势明显，乌山海区具有建设10万吨级码头的潜力。小漠渔港是广东省十大重点渔港之一，海丰县水产现代化养殖基地，又是汕尾市沿海渔船主要避风港和休渔期停泊港。旅游资源独特，小漠镇南方澳东西两侧延伸山丘礁岩石，2公里长的沙滩宽阔平坦，沙粒细小均匀，纵深腹地浅水区数十米，海水碧绿清澈，风静浪平，是得天独厚的天然海滨泳场。

2012年，全镇总面积36.45平方公里，下辖1个旺官社区及旺渔、东旺、南香、云新、元新、大澳等6个村民委员会，有17个自然村，总人口1.2万余人。

【革命历史】 小漠有着反帝反封建的光荣传统。明朝末期，小漠村民曾配合郑成功的反清复明义军全歼九兴群炮台守军30余名，表现出革命的斗争精神。大革命时期，小漠人民积极投身于反封建官僚豪绅，反国民党反动派的斗争洪流中。南君寮村是当时的红色革命区。1928年，南君寮村成立农会和组织赤卫队，与敌人进行了不折不扣的斗争。1928年9月，南君寮村遭受国民党反动派烧毁洗劫一空。村民逃难他乡，无家可归，12名革命志士在这块土地上献出了宝贵的生命。抗日战争和解放战争时期，小漠村民顽强斗争，为海丰人民的翻身解放作出应有的贡献。

※ 2012年12月23日，小漠镇召开十二届人大第二次会议。

【经济发展】 2012年，小漠镇完成农业总产值3.16亿元，比2011年增长6.88 %；工业总产值18.11亿元，比2011年增长54.67%，其中规模以上工业产值17.04亿元，比增55.96%；社会商品零售总额2.17亿元，比增29.66%；固定资产投资7. 72亿元，比增43.28%；年人均收入6920元，比增11%。全镇水稻种植面积80公顷，经济作物种植面积120公顷。水产养殖业是支柱产业，全镇建成了鲍鱼、虾蟹、牡蛎、海胆以及培苗五大水产养殖基地，养殖面积1000公顷，是广东省农业现代化示范区之一。全镇拥有纯渔业人口2000余人，集中在旺渔村委，主要从事简单海上捕捞，拥有大小渔船200余只。总投资2500万元的渔港（省二类标准）建设工程已动工建设。近几年，先后引进市、县重点项目华润海丰电厂、华城石化，改变小漠工业基础薄弱的状况，发展成为汕尾市能源基地和石化基地。华润海丰电厂于2011年10月23日正式动工建设，首期投资83亿元，建设2台100万千瓦燃煤发电机组，配套建设一个10万吨级散货泊位及一个3000吨级重件码头。2012年累计完成投资12亿元，机组机房主体工程正在建设中，预计2014年可投入发电。华城石化能源有限公司一期工程全面建成、顺利投产，全年实现产值17.04亿元，成为海丰县重点的规模以上企业；二期工程进展顺利，石化园区规划编制已完成初稿，5万吨级码头前期工作有序开展。

※　华润电力海丰电厂鸟瞰图（图片由华润公司提供）。

【重点项目建设】　2012年，小漠镇各项基本建设有序进行。交通建设：利用政策扶持，积极争取省人大、省交通运输厅的支持，累计争取资金850万元，投入小漠至黄埠公路改造工程及小漠渔港环镇公路18米宽大道，工程已完成水泥路面的铺设；小漠至鹅埠公路、大澳大桥建设工程已完成申报立项、可研及初步设计等前期工作。渔港建设：总投资2500万元的渔港（省二类标准）建设工程已动工建设。预计可争取省资金补助1000万元和合作企业资金投入1500万元。赤石河口小漠段治理工程得到省人大高度重视，列入督办项目并交由省水利厅承办，并结合小漠渔港续扩建工程进行合并治理。

【环境整治】　小漠镇新农村建设以环境整治为重点，引导各村加强规划、分步实施，认真开展村容村貌整治，使农村"脏、乱、差"现象得到有效整治，农村生产生活环境明显改善。尤其是云新、南香村力度大、投入多、效果好，成为全县新农村建设亮点之一，其中香坑村被市定为生态文明村，并通过市、县的验收。

【旅游开发】　2012年，总投资5000万元的南方澳度假村，建成了融海洋景色、美食、娱乐于一体的滨海消闲避暑中心。南方澳度假村不断配套完善，成为小漠镇旅游发展的龙头项目。以拉大网、休闲娱乐、烧烤、游泳、沙滩排球为主的旅游项目成为海丰县特色旅游品牌之一。同时，通过积极开展招商活动，引进了九龙湾生态园旅游度假村、小漠游艇会所暨文化创意产业园等旅游项目，增强小漠旅游业的发展后劲。此外，小漠镇还有宝华林庵（明末）、狮山深藏寺（明末），正觉庵（明末）等古迹。

【社会事业】　一是教育事业发展势头良好，危房校舍改造全面完成，教学设施、设备不断改善，尤其是通过召开助教兴学座谈会和助教议教会议，掀起了集资办学热潮，2012年，筹集资金130余万元，上马了小漠中学校园整治及教学配套工程、教师宿舍建设工程和元云小学校园整治工程。同时，中心校宿舍改造、中心幼儿园工程正在着手立项、规划等前期工作。二是文化体育事业不断发展，小漠镇大力开展社会主义新农村文化建设，投资550万元的文体综合中心建设完成，正在配套相关设施。全镇"农家书屋"和农村健身广场建设已经完成。在县全民健身运动会上，小漠镇取得篮球和女子乒乓球两个项目第1名的佳绩。三是计生工作取得成绩，获得2012年度海丰县人口和计划生育先进镇称号。四是认真做好安全生产工作，全镇没有发生安全生产事故，获得2012年度海丰县安全生产先进单位。五是社保扩面征收力度进一步加大，县下达的扩面征收任务全面完成。医疗卫生环境得到改善，城乡居民医疗参保率不断提高。

（林镇城）

附：2012年小漠镇党委、政府、人大领导名录

党委书记：刘锦荣

副 书 记：谭梅昏　林大壮

镇　　长：谭梅昏　　镇人大主席：刘锦荣
副 镇 长：涂　木　张小亚　　人大副主席：李桂州

① 南方澳一角。
② 海丰县“社会主义新农村”示范村云新村委。
③ 在狮山上俯视小漠全景（拍摄时间：2012年9月9日）。
④ 小漠码头。
⑤ 小漠南方澳旅游区黄昏景色（拍摄时间2012年8月12日）。

村（社区）选介

【小漠镇云新村】 位于海丰县西南部45公里处，东面接壤元新村，南面接壤大沃村，西距惠东县黄埠镇约6公里，北距鹅埠镇西南村约5公里。土地面积约9平方公里，其中耕地94.33公顷、山坡地约666.67公顷。辖大云坡、埔仔、九香群、新寨、新田坑村5个自然村，328户2453人。经济以种养、务工为主，种植水稻、蔬菜等，养殖对虾、螃蟹等；务工人员多往惠东县黄埠镇鞋业制造厂做工。公路西线有小漠至黄埠公路，东线有小漠至排角接连广汕公路。

云新村有小学1所，在校学生200人，适龄儿童入学率达99%，有文化娱乐场所5个。有2个小（二）型水库，保证云新村吃用水之外，还供给元新村委金兴园村和大沃村委沙埔心村，以及南方澳度假村。2005年，云新村全面开展新农村建设，实施建设休闲旅游示范村规划。经过6年多的建设，村貌发生了巨大变化，建起一座座新楼房，村前红花绿草相映，全村铺设水泥道路4公里，地下铺设近3公里排污管道，建设无公害公厕5座，改建房屋82座，进行村庄绿化，改善村容村貌等。2006年被评为省“文明卫生村”，2007～2012年被评为县“社会主义新农村”示范村、先进村。

【小漠镇大澳村】 位于小漠镇西南侧，辖有沙埔心、澳仔沟、大围、叶舟山5个村，面积901.25公顷，人口1154人。经济以海洋养殖为主，特色产品有鲍鱼、南美白对虾、膏蟹等，兼以浅海捕捞作业，村人均收入5200元。大澳村拥有丰富的旅游资源，有建成度假酒店、别墅以及发展拉大网、游泳、沙滩排球等项目的小漠南方澳度假渔村，是海丰县特色旅游品牌之一。

大澳村拥有优越条件的港口，航道天然水深6.5米～7.0米，具有建设万吨级码头的潜力，拥有简易3000吨级码头1座，拥有建5万吨级码头的潜力。省重点建设项目华润海丰电厂已正式落户大澳村，并开始围填海场工程。首期投资83亿元，计划建设2×100万千瓦发电机组。电厂建成投产后年发电量达110亿千瓦小时，销售收入近55亿元，预期实现利税近6亿元。建有县重点规模以上企业——华城石化基地，拟引入水上加油站项目和南方澳桥建设工程。有公路通小漠圩，水路可达鲘门、马宫、汕尾等港口。2012年，大澳村被县评为计划生育先进村。

赤石镇

综合概况

【简述】 赤石镇位于海丰县西部：东部依双宫岭与梅陇镇相连；东北部依东都岭往北延接白马山，与惠东县和海城镇交界；西北部犁黄凹山接黄竹径而至观音坐凉山，与惠东县多祝镇接壤；西部是亚婆髻山，与惠东吉隆镇相邻；西南是谷岭山，与鹅埠镇交界；南部与小漠镇相邻；东南部依羊蹄岭与后门交界。镇政府驻赤石社区，距县城51公里。全镇区域面积306.14平方公里，其中山地面积占总面积的80%。海拔平均高度500米，最高的水底山主峰禾镰石海拔1282米。赤石河是海丰县第二大河系，干流长36公里，流域面积382平方公里。2012年，全镇辖赤石、园林2个社区，和赤石、大安、新联、新里、新城、明热、冰深、明溪、碗窑、洛坑、圆墩等11个村，86个村民小组，总人口23870人。

2012年，赤石镇利用山多、地广、水丰的资源优势，大力实施“农业富镇，工业强镇、旅游兴镇、环境立镇”战略，深化农业结构调整，优化经济发展环境，经济保持平稳持续发展。2012年全镇工农业总产值101036.95万元，比增35.83%；全社会固定资产投资44475万元，比增43%；财税征收2414万元，比增246.31%；农民人均纯收入6392元，比增11%。2012年，赤石镇被县委、县政府评为“先进镇”“文明镇”“信访先进镇”和“平安创建和综治工作先进镇”等荣誉称号。

【农业经济】 全镇已建成以西番莲、葛薯、柑橘、蜜柚为主的农业生产基地，全镇农作物种植面积2000余公顷，农业总产值18192.25万元，比2011年增长12.7%。2012年西番莲、葛薯、柑橘、蜜柚、沙羌等主导农产品喜获丰收，增产增效明显。在大安村建立有机农业生产基地的海丰润生有机农业科技有限公司荣获汕尾市农业龙头企业。

※　赤石镇新貌。

【重点项目建设】 2012年，赤石农村道路建设工程投入资金700万元，其中投入230余万元建设的赤石镇新里大桥已建成通车；完成全长5公里赤明线至明溪公路拓宽修复工程，路面宽度由原来的3米扩至5.5米，并对受损的部分路面进行修复；完成赤明至汤湖大安公路马头岭段0.5公里长的混凝土铺设和南华塘、胡安桥涵工程，全线实现了硬底化。年内，水利设施建设加大投入。总投资2840余万元的赤石河防洪整治工程于4月开工建设，至年末已完成工程总量的70%；沈坑、洋坑水库除险加固工程投入资金330余万元。年内，引资项目建设步伐加快。田园沐歌温泉旅游度假村投入资金6500万元、大百汇生物科技园投入资金8500万元、大安润生源有机种植基地续建工程投入资金4180万元、赤石林木基地种植投入资金1760万元、海丰县海润河砂有限公司投入资金5200万元、赤石柏权食品厂投入资金2200万元。

【社会保障】 2012年，新增就业人数360人，比2011年增加2.9%，城镇净增就业人数875人，比2011年增加6.1%；下岗再就业人数100人，“4050”人员再就业8人；农村劳动力开展培训120人，比2011年增加9.1%；新增农村劳力转移350人，完成100%；城镇社保扩面完成760人，完成全年任务，基本养老保险按月配套缴交；城镇居民参加医疗保险2400人，完成全年任务。年内，接待事访16宗，涉及上访人数40人，帮助追回拖欠工资30万元，结案率达100%；受理劳动争议案件7件，全部调解结案。劳动合同签订率100%，鉴证劳动合同190份。新型农村合作医疗参合的农民群众有17835人，全年累计报销497人次，报销总支出1641761元。全面建立农村居民最低生活保障制度，全镇五保197人、低保495人，“五保”供养金和低保补助金于每月10日前发放。

① 深汕特别合作区党工委马智华书记深入明热温泉度假村调研。
② 深汕特别合作区管委会主任马裕滨深入赤石镇镇调研。
③ 赤石老区经济文化促进会会员大会会场。

【综治维稳工作】 2012年，进一步完善综治信访维稳中心的运作，全面建设“平安工程”。成立了镇调解委员会，聘请当地有威望、办事公道正派的退休老干部、村委老干部作为调解委员会成员。全年，镇综治信访维稳中心共受理信访案件39宗（土地、林地、房产矛盾纠纷33宗，环保问题2宗，经济纠纷1宗，交通事故2宗，其他1宗），比2011年增加10%，已办结17宗；司法受理调解民事纠纷9宗，指导和配合村委调处9宗，调解成功率100%。另外，镇不断增加社会治安综合治理的投入，成立治安联防队，设立综治工作站，各村（社区）成立3～5人的巡逻队，定时进行巡逻，群防群治工作得到明显加强。“无毒村”合格率达95%以上。成功处置5月12日海丰县运达时皮业有限公司涉外、涉少数民族的群体性斗殴事件。人民的生命财产得到有效保障，创造了良好的社会政治环境。

【计划生育】 2012年，继续坚持计划生育“三为主”方针，紧紧围绕“一法一例”内容，完善层级动态管理责任制和服务工作机制；健全计生例会制度和服务周制度，坚持经常性工作与突击性活动相结合；建立健全利益导向机制，实施计划生育奖励优惠政策；健全综合治理机制，构建齐抓共管的工作格局；建立健全广东省全员人口信息系统，发挥统计信息在人口工作综合决策、科学管理和优质服务中的基础性和导向性作用。加大宣传投入，全年全镇投入资金14万元，制作大型计生墙标、宣传栏、宣传牌，并征订各类计生宣传品8000余份分发给育龄对象，创造良好的计生宣传氛围。全年妇检率达94%以上，出生率13.8‰，自然增长率8.78‰，计划生育率66.74%，全面完成县下达的各项人口控制指标。

【社会事业】 2012年，赤石镇文化体育事业稳步发展，端午期间举行龙舟友谊赛，赤石圩街道龙舟赛参赛队伍7支，振兴街龙舟队获冠军；新联村委龙舟赛参赛队伍6支，厦围龙舟队获冠军；国庆期间组织举行“南粤幸福活动周”文艺表演，赤石向阳舞队和赤石八音队以及特邀的鲘门镇、小漠镇广场舞队联手奉献了一场丰富多彩、别开生面的文艺演出；组队参加海丰县第四届全民健身运动会暨第六届老年人运动会，在43个代表队中取得总分第6名的好成绩。10月7日，占地面积近300平方米，投资72万元的赤石图书馆举行落成剪彩暨开馆仪式，填补了赤石镇没有图书馆的空

①② 2012年端午节赤石镇举行端午节龙舟赛。
③ 2012年10月赤石镇举行南粤幸福活动周文娱活动。

白；适龄儿童入学率、年巩固率均达100%；高度重视文化遗产保护，积极开展省级古村落申报工作，新厝林寨、秋塘寨、洋坑寨和新城寨被广东省文学艺术界联合会和广东省民间文艺家协会认定为第三批广东省古村落，成为海丰县首个荣获省级古村落称号的镇。

（陈智军）

附：2012年赤石镇党委、政府、人大领导名录

党委书记：吴筱聪

副 书 记：林永长　林春生

镇　　长：林永长

副 镇 长：邱平钦　杨镇浩

人大主席：吴筱聪

副 主 席：李志山

① 广东省古村落揭牌仪式现场。
② 赤石镇镇长林永长和新厝林村村长林东共同揭牌。
③ 广东省古村落牌匾。
④ 中秋前夕戏剧演出。
⑤ 迎新春庆元宵文艺晚会。
⑥ 赤石中学图书馆落成暨开馆仪式。

① 2012年9月3日市委常委、秘书长、县委书记郑佳（后排中）、县长沈木荣（右二）深入赤石镇调研。

② 2012年9月12日，汕尾市人大副主任刘雪真（中）、县人大副主任陈木（左一）在镇长林永长（右一）陪同下深入赤石镇调研。

③ 2012年9月26日，海丰县委副书记、代县长陈德忠（中）深入赤石镇调研。

① 2012年2月17日，汕尾市市委书记郑雁雄（前中）深入赤石镇调研。
② 2012年3月6日，汕尾市市长吴紫鹏（前中）深入赤石镇调研。

①

②

③

① 赤石镇第十五届人大二次会议。
② 赤石镇学习贯彻十八大精神大会。
③ 赤石镇庆祝建党91周年暨创先争优表彰大会。

① 润生源有机种植基地柑桔丰收。
② 润生源有机种植基地硕果累累（柑桔）。
③ 润生源有机种植基地牌楼。

村（社区）选介

【赤石镇新里村】 位于赤石镇南部，区域面积11平方公里，村委会所在地里鱼埔距集镇2公里，山地面积773.33公顷，耕地面积190.8公顷，其中水田91.53公顷、旱地14.53公顷。新里村辖里鱼埔、深冲、秋塘、大山头4个村民小组，总户数383户，总人口1880人（其中男975人、女905人）。新里村全部实现村道硬底化，赤石至新里公路直通集镇。水利资源丰富，有小Ⅱ型秋塘水库和深冲水库2座，总库容分别为24万立方米和12万立方米。新里村依山傍水，是一个以农为主的山区村，兼以水产养殖，农业以种植水稻、番薯、葛薯、花生为主，兼以种植柑橘、蜜柚、西番莲等。畜牧业主要以养猪为主，家禽主要以养鸡鸭为主。

新里村旅游资源丰富，海丰古八景之一的“风河晚渡”在村辖区内，谭公爷寺庙，是海丰县首届人民政府成立之地；千秋塘古寨至今已有近350年的历史，飞龙瀑景点就在该村五龙峰山上。2012年，新里村荣获海丰县先进村荣誉称号。年内，村引进的玖龙秋塘度假村公司出资230余万元修建的新里大桥竣工投入使用，为新里、冰深两村3000余名群众出行提供了方便。

【赤石镇大安村】 位于赤石镇的北部，在赤石镇三块小盆地之一的“大安峒”内，是著名的革命老区，区域面积90平方公里，村委会所在地塘尾距离集镇9公里。大安村是赤石镇区域面积最大、人口最多的行政村，山地面积8080公顷，耕地面积231.6公顷，其中：水田165公顷，旱地18.33公顷。大安村辖中心段、含头岭、东坑、新杏、榕树仔、东围、江仔下、新陂头、龙新、鸡龙山、大竹园、埔顶、塘尾、横路、何兴围、上田心、下田心、胡安、南华塘、三角坑、上村、新屋22个村民小组，2012年，全村811户，总人口3982人（其中男性2073人，女性1909人）。大安村以农为主，主要种植水稻，兼以种植葛薯、沙羌、番薯。水果以种植蜜柚、柑橘、西番莲等为主。畜牧业主要以养猪、养牛为主，家禽主要以养鸡鸭为主。全村22个村民小组全部实现村道硬底化，赤石至大安公路直通集镇。水力资源丰富，赤石河支流大安河发源于本村辖区内最高山峰梨子耳（海拔1032米）北延的白马山（海拔1256米），流经辖区。区域内新安水库为小（二）型，总库容50万立方米。

大安村旅游资源丰富，有铜锣湖的奇山异石，还有红军洞、红军医院、革命烈士纪念碑、革命文物、革命遗址等红色旅游景点。区域内建有装机总容量6400千瓦的九江河水电站和装机总容量1900千瓦的莞塘水电站各1座。2012年，大安村在中山市板芙镇、中山市水务局的对口帮扶下，贫困户已全部实现脱贫。

①② 建设中的新里大桥。

鹅埠镇

综合概况

【简述】 鹅埠镇位于海丰县西部，全镇总面积90.18平方公里，其中耕地面积880公顷，林地面积6700公顷。鹅埠镇鞋业从20世纪80年代中期开始发展，由最初的家庭作坊式小鞋坊逐渐演变发展成现在初具规模的制鞋专业镇。

2012年，全镇工业总产值达20.21亿元，比增16.9%，其中规模以上工业产值8.71亿元；农业总产值1.48亿元；农村人均纯收入6622元；固定资产投资累计达24.45亿元；社会消费品零售总额2.55亿元；完成税收2782.3万元（其中国税1832.3万元、地税950万元）；全年用电量4434.05万千瓦小时。镇党委、政府始终坚持以人为本、执政为民，牢记全心全意为人民服务宗旨，把改善民生作为党政第一责任，大力抓好各项惠民实事，让广大群众共享经济发展成果。

【产业转移园区建设】 2008年开始，深圳和汕尾两市在鹅埠镇辖区范围内合作共建深圳（汕尾）产业转移园区，合力创建区域合作创新示范区。镇委、镇政府以此为契机，坚持“筑巢引凤”发展战略，全力配合推进产业转移园区建设，充分利用自身区位资源优势、努力营造大办工业、大上项目的发展氛围，努力打造高端产业聚集地。至2012年末已完成土地征收面积5.5平方公里，为产业园区提供了充足的建设用地，产业园区建设进展顺利。通过几年不断搭建优质的工业发展平台，吸引了大量大型企业到鹅埠洽谈投资。年内，在大型优质项目带动下，多家高新技术企业也纷纷落户鹅埠投建投产，腾讯云计算数据中心、广东恒兴水产饲料科技有限公司、芯灵电子科技有限公司、晟火科技电子有限公司等20多家大型高新技术企业相继在鹅埠落户投建投产。2012年，引进了占地8万平方米的广东瑞和产业园、占地约100万平方米的深圳凌阳实业有限公司等规模企业在鹅埠落户建设。年末，两个项目已经完成规划设计，正式开工建设。

① 产业转移园区。
② 工业园路口。

① 瑞和产业园一期项目工程。
② 深圳罗湖国际珠宝产业园区。
③ 腾讯云计算中心。
④ 芯灵微电子产业园。

【鞋业生产】 2012年，鹅埠镇共有制鞋及制鞋配套企业约100家，全镇从事鞋类行业人员约1万多人。较大规模的制鞋企业有占地3.5万平方米、员工2200人的广信鞋业有限公司；占地3万平方米、员工1800人的美盛鞋业有限公司。2012年全镇实现工业总产值20.21亿元，其中鞋业产值约11亿元，占全镇工业总产值的54.43%。

【新农村建设】 2012年，全镇共投入资金320万元，打造宜居农村新环境，对农村村容村貌和环境卫生进行大力整治，实施绿化、美化、亮化措施，有效改变了农村面貌。镇环卫站在全镇范围内增设了垃圾中转点8个，杜绝了乱倒乱丢垃圾现象，切实改善了镇容镇貌。以农业基础设施建设为重点，全面提高农业生产能力和防灾功能。投入大量建设资金，使水利设施防洪抗灾功能得到加强，全镇农业生产条件进一步改善。

【扶贫"双到"工作】 2012年，鹅埠镇继续加大扶贫开发力度，进一步落实"规划到户、责任到人"扶贫开发工作。切实帮助贫困群众脱贫致富奔小康，全镇贫困村有劳动能力的贫困户脱贫率达到了100%。

【社会保障】 鹅埠镇落实农村医疗保险、城镇医疗保险和最低生活保障政策，切实解决人民看病和养老的后顾之忧，让全民共享发展成果。2012年，全镇农村合作医疗覆盖率达100%，参合率达100%，全年农村合作医疗和城镇医保办理报销540宗，报销金额约183万元。积极开展农村富余劳动力再就业培训，全镇农村劳动力转移就业率达72%。

【民生工作】 2012年，全镇共投入资金280万元，进一步完善了镇自来水改造续建工程及配套设施建设，完成了部分自然村自来水安全饮用改造工程、南门河下游清瘀和堤坝加固工程、下径水库除险加固工程等一批项目。

【文化事业】 2012年，鹅埠镇加快镇文化站"农家书屋"建设，推动下乡送电影工程，丰富人民群众精神生活，满足人们日益增长的文化生活需要。全镇共有村（社区）11个，配有农村文化室的村（社区）有2个，配有农家书屋的村（社区）11个，有水泥篮球场或乒乓球桌的村（社区）6个。年内，镇组团参加县元宵文化巡游活动和县全民健身运动会的部分比赛项目，取得优异成绩，镇花车组和草龙布龙组分别获得一等奖和二等奖，带动鹅埠全民健身运动的发展。

【旅游服务】 鹅埠镇有宾馆、酒店、餐饮业共23家，其中环境设施较为完善的有日月湖生态农

① 2012年10月29日，马国超将军到鹅埠镇调研。
② 2012年10月29日，全国政协委员马国超将军及民委领导到红罗畲族村调研。

业园和红罗畲族旅游度假村。日月湖生态农业园属集吃、住、玩于一体的综合旅游度假观光休闲场所，内设有酒店、宾馆、游泳池、真人CS场所、培训拓展场等一系列配套设施，是休闲度假的好场所。红罗畲族旅游度假村正处于开发建设阶段，该项目主要是根据畲族的传统文化和习俗开发的旅游度假项目，建成后将具备富有少数民族特色的餐饮、射击、狩猎等活动项目，可让游客身临其境的体验民族风情和融入到少数民族的风俗习惯中。

【基层组织建设】 2012年，鹅埠镇党委紧紧围绕新时期党建工作总目标。一是抓好党政班子队伍建设，坚持民主集中制，理顺工作关系，班子成员合理分工，做到分工协助，互相配合。形成了团结、坚强、能干事、敢担当的领导集体。二是抓制度规范，不断加强作风建设。通过建立和完善机关工作制度、绩效考核制度、上下班考勤制度等，坚持作风整顿和规范管理，干部的事业心、责任感明显增强，干部队伍精神焕发，形成了奋发向上的良好工作局面。三是抓好基层组织建设，调整充实村级班子队伍。按照村级组织“五好五有”的要求，镇党委结合全镇村级干部结构现状和实际，对5个村的支部书记和部分干部进行了调整充实。四是抓好党风廉政建设。通过开展先进性教育活动，深入贯彻落实《廉政准则》，推进党务公开，促使全镇各级党员干部树立正确的人生观、世界观、价值观，坚持廉洁从政、干净干事。通过学习教育，在干部队伍中筑牢了拒腐防变的思想防线。

（黄德银）

① 红罗畲族村篝火晚会。
② 红罗畲族村谭公爷庙。

附：2012年鹅埠镇党委、政府、人大领导名录

党委书记：李特清
副书记：吴海林　林坤生
镇　长：吴海林
副镇长：曾广浩　孙火祥
人大主席：李特清
副主席：杨致业

村（社区）选介

【鹅埠镇红罗畲族村】 位于鹅埠镇北部山区，是汕尾市唯一的少数民族畲族村和少数民族聚居地，2011年成立村委会。红罗畲族村区域总面积近2平方公里，人口约300人。该村历史悠久，是全国迄今畲族语言和文化传承保留最为完整的畲族村之一。畲族村在清朝初期始居于莲花山区罗裙山北麓嶂背。民国初期迁至罗裙山山腰处，刀耕火种，狩猎为生。1998年起，在民族政策和各级政府的大力支持下，全村分批从深山迁至山下村口集中居住，完成了有历史记载的第四次村落迁徙。红罗畲族村至今仍然保留着畲族同胞纯美的民族习俗和独特的文化。

【鹅埠镇蛟湖村】 位于南门河中游河畔，北面紧靠广汕公路，沿广汕公路东行一公里就是镇区。该村委由蛟湖，下城，西寨3个自然村组成，人口约2300人。地理位置优越，深圳（汕尾）产业转移园区落户该村，工业发展前景较好。2012年，蛟湖村年集体经济收入达20万元以上，农村人均收入5000余元，全村90%以上的农户均有50万元以上的可支配资金，60%以上都发展起了较为固定的家庭实业。全村义务教育普及率100%，农村劳动力转移占全村劳动人口50%以上，参加新型农村合作医疗人员占全村农业人口的100%。

公平镇

综合概况

【简述】　公平镇位于海丰县东北部，是已故民俗文学泰斗钟敬文先生的故乡。公平镇东邻平东镇，南与城东镇、海城镇接壤，西与海城镇莲花山森林公园相连，北邻惠东县高潭镇、海丰县黄羌镇和公平水库。公平在唐元和年间（公元806～820）已形成圩市，因货物交易兴旺而且合理，故誉公平，俗称公平圩。1985年前隶属公平公社（后改为公平区）管辖，1985年3月经广东省批准建制为镇。2003年被省政府定为全省275个中心镇之一。经2002年10月和2004年12月两次撤乡并镇，公平镇总面积140.41平方公里，耕地面积1636.8公顷，山地面积8791公顷。公平镇下辖23个行政村、119个自然村、7个社区。海丰县林业西坑管理处委托公平镇代管。至2012年年底，公平镇总人口约11万人，其中户籍人口70267人。

2012年，公平镇实现生产总产值60.8亿元，比增12.16%；工业总产值53.2亿元，比增26.8%；农业总产2.4亿元，比增6.4%；第三产业为5.1亿元，增加值与2011年基本持平；社会消费品零售总额21.7亿元，比增23%；全社会固定资产投资总额21亿元，比增36%；上缴国地两税6034万元，比增7.1%；城镇居民人均可支配收入13870元，比增8%；农村居民年人均收入6684元，比增9%。各项主要经济指标稳中有进，经济运行质量和经济效益不断提高。

【服装产业】　2012年，为加快服装产业的转型升级，公平镇充分利用劳动力、人缘、地理位置和专业镇等优势条件，积极采取措施，大力推进服装产业稳步发展。一是拟订方案，加快服装产业转型升级。镇委、镇政府结合实际拟定《公平镇产业转型升级先行点工作实施方案》，以龙头骨干企业广东百斯盾服饰有限公司为转型升级工作的先行点，以点带面，逐步提高全镇服装产品开发能力，进一步提升产业经济效益和市场竞争能力。二是当好推手，切实为企业排忧解难。为进一步带动企业的发展，镇委镇政府审时度势，结合企业自身实际，多次组织安排有实力的企业参加“省市产品展销会”，抢抓订单。与此同时，推荐百斯

公平圩鸟瞰图。

① 广东省百斯盾服饰有限公司。
② 广东文时特制衣实业有限公司。

盾、文时特、威文、金鸟来等10家建立电子商务的骨干企业参加省政府主办的“广货网上行”活动，逐步推进公平镇服装业产销对接，提高服装产业的竞争力，并想方设法简化企业的融资和贷款步骤，切实为企业提供融资便利。三是坚定信念，继续实施质量兴企战略。稳步推进规模工业的发展，2012年新上规模工业2家，全镇22家规模工业产值达32.25亿元，与2011年22.57亿元同比增长42.91%，有效拉动了经济的增长。

【农业经济】 2012年，公平镇坚持以现代技术带动传统农业的发展战略，深入推广“一村一品”生产模式。全镇发展了后山村韩诚种养专业合作社、联和村天韵种植专业合作社、龙岗村龙岗美种养专业合作社等9家种植专业合作社。与此同时，质量兴农得到有效落实，公平镇绿沃种养有限公司被省认定为无公害农产品产地，平岗种养专业合作社无公害杨桃获得省“三品一标”认证产品。进一步巩固农业基础，加强对基本农田的保护。至2012年末，全镇累计投入资金188.1万元，整修排水沟31条，总长21.8公里；投入资金25.8万元，修建坡头12个；投入资金110万元拓宽河床、河道清理和河堤建设，保证了农田灌溉用水需求，增强了农业发展后劲。

【城乡建设】 2012年，全镇全力以赴做好青围工业新区的征地拆迁工作，部分征地款已发到各村民账户。年内，坚持把“三旧”改造工作列入镇的重要议事日程，按照已划定的“三旧”改造区域，有序推进“金山岭” 2万平方米老居民区的三旧改造”工作。与此同时，建设了富华花园商住区一期工程、新恒安公平购物中心、新恒安大厦和龙庭小区一期工程。全镇累计投入资金340余万元，完成十三坑、高联和下洞等村的自然村路8条，总长9.72公里，并认真做好省道242线公平至高潭段以及赤跃公路的上马建设。年内，在镇集体经济财力依然困难的情况下，仍坚持加大投入，改善镇区居住环境，投入资金30余万元对日兴河进行清淤；投入资金63万元，上马建设了垃圾中转站；投入资金10万元，对海紫路变电站至中学路口两边的排水沟进行修缮。加快新农村建设，充分发挥五联、赤坭等县级新农村建设示范点的带动作用，多渠道筹集新农村建设资金，以建设新农村示范点为目标，进一步加强村容村貌的建设。公平镇十三坑、后山、龙岗、平三和白山5个村再次被县定为社会主义新农村建设示范村。

【综治维稳工作】 公平镇深入开展社会治安专项整治。2012年，全镇刑事案件立案34件，破17件，破案率50%；立治安案件168件，查处153件，查处率91%；抓获吸毒人员101名，其中强制戒毒79名，社区戒毒17名。年内，健全维稳及综治领导工作机构。全镇建立7个警务室，调整充实社会治安巡逻队员12名，配齐各村（社区）治安队员80人，切实加强治安巡逻工作。同时，完善外来人员的服务管理，对外来人员统一造册登记，进行信息录入，纳入计算机管理，便于掌握外来人员的动态。积极开展“三打两建”工作。根据省市县的工作部署和要求，成立专项行动工作小组，制订行动方案，全面铺开“三打两建”工作，全镇先后集中力量组织整治行动4次，出动有关人员80余人次，进一步净化了市场环境。

【民生工作】 在发展经济的同时，镇党委、政府加大工作力度，不断提高民众生活水平。全镇549户贫困户2272人的贫困人口中，有370户1602人已全面脱贫。同时，弱势群体救助工作扎实推进，全镇有1045 户五保户及低保户定期享受到政府救济。

【社会事业】 大力发展教育事业，紧紧围绕提高办学质量，完善办好环境的目标，认真做好稳定义务教育入学率和教育资源均等化等工作。注重加强素质教育，全镇教育教学质量不断提升。2012年，公平中学中考，考生100%考过高中阶段录取分数线，全县前100名中，该镇占4人，居全县第三位；英豪学校高三学生（第六届）参加高考，入围率83.6%，是6年来上线率最高的一届。稳步发展文化事业，认真开展文化市场的整顿和管理工作，深入清理黑网吧和地下电子游戏室，净化了文化市场。积极抓好文化阵地建设，不断完善镇综合文化站和村、社区农家书屋的配套设施，丰富人民群众的文化生活。大力推进全民健身运动，成功举办了象棋、乒乓球赛，不断提高广大人民群众身体素质。

【安全生产】 2012年，公平镇被定为全省第四批火灾隐患重点整治地区之一。按照省政府火灾隐患重点整治地区的工作部署和要求有序推进火灾隐患整治工作，11月初顺利通过考核验收。以火灾隐患整治为契机，建立安全生产长效机制，充分发挥镇安监站的作用，不断加大对安全隐患检查的力度，确保辖区内不发生较大安全事故。

【基层组织建设】 2012年，积极响应市委开展的“讲理想、爱家乡、争上游”主题活动，结合全县“讲理想、敢担当、争先锋”主题实践活动，扎实推进创先争优活动的开展。全镇30个村（社区）支部书记围绕“强化党组织的领导，整改转化相对后进村的工作”书记项目，以创先争优为载体，结合村（社区）“两委”换届“回头看”活动，积极探索后进村整顿的有效途径，推进后进村的整顿转化，逐步巩固了后进村整顿转化成果。年内，公平镇又新增“两新”组织5个（4个“两新”组织单独组建，1个“两新”组织联合组建）。与此同时，加强指导，镇党委为每个“两新”组织指派1名党务工作者，协助配合5个新增“两新”组织的组建、选举工作及指导日常党务工作的开展。 （黄志雄）

附：2012年公平镇党委、政府、人大领导名录

党委书记：卓辅烈
副 书 记：余正茂（任至4月）
　　　　　郑增城（4月起任）
　　　　　周奋羽　许宝城（12月起挂职）
镇　　长：余正茂（任至4月）
　　　　　郑增城（4月起任）
副 镇 长：王少明　邓金明　朱伟军
人大主席：卓辅烈
副 主 席：戴智全

① 公平镇联丰花园。
② 公平镇新恒安购物中心。

① 2012年2月4日，沈木荣县长在海丰县公平水库除险加固工程竣工典礼上致辞。
② 2012年2月4日，海丰县公平水库除险加固工程竣工典礼。海丰县公平水库除险加固工程于2010年1月正式开工建设，2012年2月竣工。该工程项目列入省水利专项建设项目，设计总投资15473万元，省级拨款12378万元。
③ 公平水库泄洪闸泄洪（摄于2012年6月23日）。
④ 公平水库远眺。

村（社区）选介

【公平镇五联村】 位于海丰县城东北部13.5公里处、公平水库东侧，距公平镇区约2.5公里。五联村原为公平水库管理处（后改公平水库管理局）管辖的行政村，2003年12月并入公平镇，由胜高楼新村、平富寮、紫湄坑3条自然村组成，人口2140人，耕地面积117.33公顷。该村沿S335公路东西两则方向呈长块状分布。经济以农为主，种植和养殖相结合。随着人民生活水平的提高，村民居住的楼房正逐步以钢筋混凝土结构取代老式住房，是公平镇新农村建设的亮点村。也是海丰县第一批社会主义新农村建设的试点示范村。

【公平镇笏雅村】 位于海丰县城东北12公里处，原属公平镇胜山村委会管辖的自然村，1987年从胜山大队划分设为独立的行政村，下辖围内、洪厝围、洋尾3条自然村，人口2270人，耕地面积154公顷。该村有公路直通公平镇和城东镇，交通十分方便，地处黄江河畔，地势平坦，沿海丰赤埔至公平公路东北、西北方向呈带状分布。农业主要种植水稻、番薯、花生等。村委会鼓励农户发展多种经营，大面积种植木瓜、生姜等农产品，涌现出一批如“勤之富专业种养合作社”之类的种养合作组织或龙头企业，村民经济收入可观。竹器编织为传统副业，主要产品有竹萝、戽斗、竹篮、包装筐等。笏雅村有相当部分农民进城经商务工。是海丰县社会主义新农村建设的试点示范村。

① 公平镇玉虚宫。
② 钟敬文广场。

村（社区）选介

【平东镇双墩村】 位于平东镇中部，区域面积8.24平方公里，村委会驻地双墩距离集镇3公里，山地面积260公顷，耕地面积282.6公顷，其中水田75.8公顷、旱地206.8公顷。双墩村辖双墩、新塘围、大溪头、社背、东坑、连塘尾、龙吟塘、红湖、下陂、新楼10个村民小组（其中公平水库移民村7个）， 至2012年底，全村总户数558户，总人口3322人。

双墩村位于省级大型水库公平水库东侧，是海丰大湖公平省级自然保护区的重要组成部分，全村地势较为平坦，是一个以农为主，兼以水产养殖的村庄。省道S335线海陆公路在村中经过，交通便利，全村全部实现村道硬底化。农业以种植水稻、番薯、花生、芝麻以及西瓜、冬瓜、南瓜等瓜类作物为主。畜牧业主要以养猪为主，家禽主要以养鸡鸭为主。2012年，该村经济社会取得较好成绩，荣获海丰县先进村荣誉称号。该村引进的陆港种养基地被省政府公布为广东省重点农业龙头企业，总投资近2000万元的高效节水灌溉项目进入招投标阶段，将为该村发展有机生态农业发挥重要作用。

【平东镇南门村】 位于平东镇东部，有据考证是明代军屯时所开凿的水利工程“南门吊涧”。区域面积8.75平方公里，村委会驻地南门距离镇区2.5公里，有山地面积622.7公顷，耕地面积163公顷，其中水田126.67公顷、旱地36.33公顷。南门村辖南门、屯下、下陂塘、九莱坑、下再、桥头、上新7个村民小组， 至2012年底，全村总户数608户，总人口3019人。

南门村依山傍水，是一个以农为主的山区村，农业以种植水稻、番薯、花生以及瓜类作物为主。畜牧业主要以养猪、养牛为主，家禽主要以养鸡鸭为主。交通方便，全村7个村民小组全部实现村道硬底化，南门行政村道直通集镇。水利资源丰富，有省级中型水库南门水库一座，总库容1527万立方米，总装机容量750千瓦。该村青山绿水，生态环境良好，辖区内有省级生态公益林地74.1公顷。2012年，该村在中山市大涌镇的对口帮扶下，该村的贫困户已全部实现脱贫，全村经济社会取得了较好成绩。

※ 海丰公平大湖省级自然保护区。

①② 社会主义新农村示范村—新东村。
③ 宽敞光亮，富有现代城市气息的省道海陆公路平东穿镇路段。

村、社区开展科技宣传30余次，开展咨询活动5场，义务科技咨询300人次，举办各类科技培训10余场，培训1000余人次，发放各类科技宣传资料1000册（份）。科技人员进村入户100余人次，科技专家指导示范基地、示范户360人次，受益人口5000人，受益面积666.66公顷。四是开展法治宣传教育。借助坑联村被县定为"法治文化示范村"的契机，加大宣传力度，在各村（社区）、中小学组织普法教育培训班，培训达1200人次。此外，积极开展唱戏、篮球比赛等文体活动，丰富群众的精神生活，组派运动员参加县第四届全民健身运动会。更新广播站设备，广播电视实现村村通。

【安全生产】 2012年，坚持"安全第一，预防为主，综合治理"的方针和安全生产"一岗双责"责任制，强化领导、强化教育、强化培训、强化安全生产现场管理、强化打击力度，巩固安全生产专项整治成果，结合"三打"、"两违"清理专项行动，积极开展安全生产隐患排查治理，确保安全生产实现"零事故"目标。在公安和林业部门的紧密配合下，查封8个私采矿点，防止了矿产资源的流失，消除了安全隐患。

【其他工作】 扎实抓好民兵、预备役建设工作，全年完成冬季征兵任务；深入贯彻国家殡改工作法规，大力提倡移风易俗、文明治丧，完成县下达火化任务100%；共青团、妇联、工会等群众团体围绕中心工作，找准位置，当好参谋和助手，为建设黄羌，努力做好本职工作。

【基层组织建设】 以基层组织建设年为契机，深入开展"讲理想，敢担当，争先锋"主题实践活动，将"培育骨干、规范制度、破解难题"作为农村发展的基础点来抓，着力提高党建工作水平。一是加强村级班子建设。利用党员干部联系群众这个纽带，深入开展"创先争优"活动，党员、干部与农民结对帮扶形成链条，互相交流、互相关心、互相帮助，理顺了干部、党员、群众三者关系，形成"大家一条心，共同谋发展"的工作格局。不断强化宗旨意识，促进支部一班人想事、谋事、干事。进一步加强村级干部队伍建设，增强两委班子的凝聚力和战斗力，促进了基层组织建设整体水平的提升。二是加强党员队伍建设。全年新发展党员35名，其中，年龄35岁以下党员24名，高中以上文化程度党员17名，女性党员9名；吸收入党积极分子34名。三是强化"三资"清理。通过"三资"清理工作，消除村支两委对开展村级"三资"清理工作的思想顾虑，做到还干部一个清白，还群众一个明白，进一步融洽和改善干群关系、党群关系。激发了群众的参与热情，形成了和谐的清理工作氛围。四是开展党风廉政建设。开展纪律教育学习月活动，增强党员干部的宗旨意识、党性观念、纪律意识以及廉洁意识，树立良好的党风、政风，营造风清气正的工作环境。

（张志刚）

附：2012年黄羌镇党委、政府、人大领导名录

党委书记：陈智钥
副 书 记：罗火贵
钟长道（任至4月）
张流超（7月起任）
镇　　长：罗火贵
副 镇 长：张业敬　李振威
人大主席：陈智钥
副 主 席：戴汉泉

① 2012年1月11日，市委郑雁雄书记深入黄羌镇慰问老红军、烈属。
② 2012年3月6日，市委郑雁雄书记一行深入黄羌镇坑联村调研。
③ 2012年6月22日，黄羌镇遭受特大暴雨袭击，市、县各级领导亲临黄羌指导抢险救灾工作。
④ 2012年12月19日，镇领导部署教育创强工作。
⑤ 2012年12月26日，县委沈木荣书记来检查黄羌镇里坑村整村推进工作。
⑥ 2012年12月26日，县委沈木荣书记一行听取黄羌镇移民工作汇报。

① 市、县教育局领导莅临黄羌镇调研教育创强工作。
② 市、县领导在黄羌镇坑联村调研。
③ 县委沈木荣书记莅临黄羌镇调研。

村（社区）选介

【黄羌镇虎噉村】 位于黄羌镇西南部，与公平镇的西坑村和惠东县的高潭镇相邻，处在群山环抱之中，距黄羌镇区11公里，村委会下辖圳肚、米塘、坑仔、木棉、廖屋共5个自然村，335户1886人。全村有耕地86.67公顷，属纯农业地区。几年来，虎噉村社会主义新农村建设稳步发展，在上级有关部门以及帮扶单位的帮助下，先后投入资金320万元铺筑了5.9公里的村公路；兴建了水利陂头3座及1500余米的灌渠；新建了村办公场所和公共厕所；通过县供销社帮扶及村自筹方式，共筹集资金195万元用于发展金针菜产业，村有了金针菜种植基地和烘干加工厂，每年有8万元稳定的集体收入，使村民在发展生产中得到实惠。同时，还多方集资修建铺设自来水管道，村容村貌有了很大改变。全村参加农医保1886人，参保率100%，没有出现适龄儿童辍学情况。全村50%的群众新建了楼房，95%以上的群众拥有电视、电冰箱、摩托车、固定电话、移动电话，基本实现了通电，通邮。此外，虎噉村具有丰富的旅游资源。该村石莲庵旅游风景区自2007年开始筹建，该区自然风光优美，有着浓厚的宗教文化氛围，具有一定的旅游价值。2010～2012年虎噉村党支部被汕尾市委评为“创先争优先进基层党组织”。 虎噉生产的金针菜品质独特，营养丰富，味道鲜美，并且含有人体所需的16种氨基酸、多种维生素、胡萝卜和多种矿物质，因而久负盛名。近年来，村委会因势利导，以省扶贫开发“双到”工作的开展为契机，按照“政府主导、部门支持、群众参与”的发展思路，积极争取上级的政策扶持，切实加强与县果菜公司合作，积极动员和组织群众扩种，加大专业化基地建设，采用“合作社+基地+农户”的发展模式，大力发展农村合作经济组织，成立了虎噉皇斋金针菜种植合作社，举办种植培训，发动群众和贫困户种植名优农特产金针菜，创建虎噉金针菜种植基地，建设金针菜烘干加工厂，统购农户金针菜加工，统一销售，保障农户的利益。使农民通过自己辛勤劳动脱贫致富，也做大做强了虎噉金针菜农业支柱产业。2006年1月，“皇斋虎噉金针菜”被国家食品论证中心认定为“国家绿色食品A级产品”。品牌效应效果明显，现已初步形成规模化生产模式。2012年，全村共有230余户群众种植金针菜，并创建2个金针菜专业合作社，种植面积66.67公顷。

① 黄羌金针菜培植基地。
② 黄花菜丰收。

【黄羌镇坑联村】 位于黄羌镇东北部，罗蕃河上游，距离镇中心区7公里，与陆河县新田镇相邻。该村自然环境优美，罗蕃河穿境而过，四面青山环抱，中为平坦良田，耕地面积31.4公顷（其中水田面积27公顷）。全村辖坑一、坑三、坑四、坑五、黄坑、坑田、坑寨、寨下、坑新共9个自然村，256户，1587人。2006年，坑联村被海丰县委、县政府定为海丰县建设社会主义新农村四个试点之一，该村按照“一年一小变，三年了变样，六年大变化，九年建成生态村”的发展思路，不断加快社会主义新农村建设步伐。几年来，该村发动外出乡贤捐资，筹集建设资金2000余万元，先后规划新建5条行政村通自然村公路，全长4公里，实现了村道全面硬底化目标；村道路两边都种植绿化林，并安装了照明路灯；清理并修筑了4米高穿村坑联河河堤2公里，完成了河道净化加固；修建了10个垃圾集中池和1个垃圾中转站，定时安排人员清理打扫全村卫生，并积极宣传落实环境综合整治规定，使村民做到文明卫生生活，并对全村长4公里的排污渠道进行整修改造，保证水沟畅通，无污水溢流；为改善群众住房条件，村采取“政府补贴一点，企业资助一点，家庭自筹一点”的办法，对全村24户贫困户的泥瓦房实施改造，统一建成混凝土结构住房，全村全面告别泥瓦房。在抓好村容村貌整治建设的同时，该村狠抓生产发展、推进生态文明建设，促进经济、社会、生态文明协调发展。该村已投入资金500万元，上马小水电建设项目，年可增加村集体收入60万元；投资50余万元上马自来水工程，2012年可增加村集体收入4万元；发展优质黄花菜种植基地3.33公顷，年可增加收入60万元。此外，坑联村治保、调解、巡逻队等群防群治队伍健全，活动能正常开展，作用发挥好，积极配合上级各种集中打击、专项整治行动。维护稳定责任制落实，无群体性事件发生，无恶性刑事案件和恶性治安事故，无流氓恶势力，无非法组织，无“黄、赌、毒”等活动窝点。无重大生产安全事故，无重大安全生产责任事故。坑联村两委班子齐心协力，作风民主，配合默契。自2004年以来，该村党支部多次被评为市先进基层党组织。该村干部重视带头廉洁自律，村干部中无违法违纪现象，在群众中威信高、口碑好。村党支部的“三会一课”制度有效落实，作风民主，勇于开展批评与自我批评；村民委员会工作制度健全，村内重大事项的决策程序民主规范，建立和完善了村民委员会、村民代表大会的议事规则；村内民主渠道畅通，民主管理科学，坚持村务、财务、党务、事务定期公开，重大事项随时公开，接受村民监督；监督小组成员认真负责、工作踏实，有严格的监督程序。2007年，坑联村被评为海丰县社会主义新农村建设先进单位、汕尾市文明村；2009年，被评为广东省文明村、广东省卫生村、海丰县社会治安综治先进单位；2010年，荣获汕尾市生态文明村等称号；2011年，荣获全国文明村称号；2012年被县定为“法治文化示范村”。

① 全国文明村——坑联村村道。
② 全国文明村——坑联村一景。

黄羌林场

【简述】 黄羌林场地处海丰县东北部山区，毗邻紫金、陆河、惠东和海丰县黄羌镇、公平镇。总面积44.85平方公里，林业用地面积3585.6公顷，其中商品林2710公顷，生态公益林875.9公顷。下设朝面山、江西坪、富足园共三大林业工区，陆安、麻竹、十字岗、富足园4个村委会，24个自然村，8000余人。辖区内有朝面山、朝阳两大中型水库，是海丰县直属单位，系海丰县公平水库源头之一。黄羌林场是全县有名的边、穷、远红色革命老区，也是全市唯一带农队的国有林场。

2012年，黄羌林场坚持以“科学发展观”理论为指导，按照省委、市委、县委的工作部署，坚持改革开放抓机遇、促管理、求效益，结合黄羌林场的实际，切实维护社会治安保一方稳定，较好的完成全年的各项工作任务，实现社会经济持续稳定和谐发展。全年全场：社会总产值1807万元，比2011年递增4%；固定资产400余万元，比2011年递增6%；社会消费品零售总额186万元，比2011年递增6%；农村人均年收入2450元，比2011年递增1%；种植粮食作物112.67公顷，总产425吨；种植其他经济作物78公顷，总产值136万元；牧业收入120万元；林业收入400万元；水果业收入86万元。

【林业生产】 加强林区治安秩序的整顿治理和防火工作，场领导班子成员、林业公安派出所及护林工作人员，深入基层做好护林防火的宣传工作，成立以民兵骨干小分队为主体的“三防”扑救队伍，坚持严格的日常森林防火值班制度，采取“定片、定点、定地段、定人员、定职责”的办法，场与相关护管工作人员签订责任书，建立健全森林防火应急处理机制，提高扑救火灾的能力。全年发生了2宗山林火灾，都被及时扑灭，确保了森林生态资源和人民生命财产的安全。年内没有出现乱砍滥伐现象，较好地维护林区的社会治安秩序，促进林业经济稳步发展。

【民生工作】 2012年，推进扶贫开发“规划到户、责任到人”工作，坚持“工作到村，扶贫到户”的工作格局。在上级有关部门的大力支持下，汕尾市残联、海丰县医药联合总公司、海丰县档案局、中共海丰县委党校4个单位对林场4个贫困村和80户贫困户进行挂钩帮扶。扶持贫困村发展经济项目建设4个；对全场80户贫困户采取“一户一策”帮扶，使贫困户实现了稳定增收。全面建立农村居民最低生活保障制度，落实农村低保103户，五保11户，共发放低保、五保、优抚救济款共40.5万元，帮助贫困户的经济收入。抓好危旧户改造工程，全年共投入资金78万元，资助78户危旧房改造。切实做好农村合作医疗工作，全场参加农村合作医疗投保共2720人，报销金额25万元。认真抓好农村安全

※　黄羌林场办公楼。

饮水工作，共投入资金65万元建设自来水建设，解决了部分农村居民安全饮水。

【基层组织建设】　黄羌林场加强农村党的建设。场党委根据农村党员在思想、作风、能力还存在与党先进性不相符的问题，强化农村党员先进性教育活动，完善各项活动制度，增强了农村党组织的创造力、凝聚力和战斗力，促进了农村经济社会持续稳步发展。2012年，按照党员标准要求，认真做好发展党员工作，着重培养发展有文化有技能的优秀青年加入党组织，严格程序，成熟一个发展一个，共发展党员9人，全场党员人数增至212人，保持了党的旺盛战斗力。年内，加强基层党支部建设，坚持党组织民主生活制度。场坚持每年召开一次民主生活会和民主评议党员的活动制度，基层党支部坚持走群众路线，实事求是，开展批评与自我批评，切实解决人民群众难点问题，把党和国家的惠民政策落实到实处，使党风廉政建设取得明确效果，提高了党组织在群众中的威信。

【计生与殡改工作】　2012年，黄羌林场严格控制出生指标，人口出生率控制在11.43‰以下，人口自然增长率控制在6.69‰以内，计划生育率达到100%，征收社会抚养费3.5万元。坚决抵制封建迷信活动，提倡移风易俗，100%完成火化任务。

（陈建东）

附：2012年黄羌林场党政领导名录

党委书记：罗坤照

副 书 记：曾锦坤

场　　长：张金城

副 场 长：池晓宇　宋华贵

梅陇农场

【简述】　梅陇农场地处汕尾市海丰县西南部沿海地区，是广东农垦属下一个以水稻种植生产和水产养殖生产为主、禽畜生产为辅，种、养、加、运、建、服综合经营的中央农业企业，全称“广东省梅陇农场”。2012年，全场下辖7个管区、1个科研所、1个水产养殖基地，总人口8000余人，其中职工1900余人（其中退休职工800余人），共有11个党支部，有386名党员。总面积37.30平方公里，其中：土地面积3133.33公顷（耕地面积573.33公顷），水产养殖面积800公顷。

梅陇农场大部分土地由滨海滩涂围垦而成，土地平坦连片，土层深厚，土壤肥沃，属亚热带季风气候，全场有海岸线24.5公里，沿海浮游生物丰富，水质、土质十分适宜种养，是省级水稻种植和水产养殖高产示范基地。梅陇农场以市场为导向，按照“宜种则种，宜养则养，综合开发、全面发展”的经营方针，大力发展现代农业和科技养殖。通过引进良种、良法，推行农业机械化和无害化生产，着力打造农场有机农业品牌。切实加强对水产养殖的服务和引导，多渠道投入资金对养殖区进行全面改造，加快水产养殖区水、电、路等基础设施建设，不断改善养殖条件，提高养殖效益。

农场主要盛产大米、鱼、虾、蟹等产品，全场年产优质稻谷6800余吨、水产品2500余吨，享有海丰西南部“鱼米之乡”的美誉。酿酒是梅陇农场自建场之始就有的传统工业，具有年产2000余吨的生产规模和较为先进的生产技术工艺，主要系列品种有“粤海米酒”和“丰梅春黑米酒”，产品市场前景相当广阔。

【农业经济】　水稻种植和水产养殖是梅陇农场两大支柱产业，近年来，农场把搞好“两水”生产当做全场经济建设的头等大事，切实加强农业基础地位，依托国家强农惠农政策，千方百计加大农业基础设施建设的资金投入，同时结合农场实际，不断转变农业经济发展方式，加快推进农业现代化建设进程，确保农场经济持续平稳发展。一是切实抓好水稻生产管理工作。2012年，农场在切实加强耕地承包管理和不断改善农业生产条件的基础上，大力引进、推广水稻生产的良种、良法，继续推行农业机械化和无害化生产，进一步加快了农业科技创新步伐，不断提高专业化管理服务水平，加大农田水利建设工作力度，提高了农业抵御自然灾害的能力，确保农业增产、农户增收。全场573.33公顷水稻种植面积主要引种了金花粘、合美粘、风华粘、天优2160、秋优998等高产、优质品种。在全场333.33公顷低平农田推广“水直播”和“抛盘”耕作方式，有效降低生产成本、提高产量。虽然在冬收时期遭遇连续降雨天气影响，但在全场各级的共同努力下，多措并举，确保绝大多数农户在大灾之年不减产。全场水稻平均亩产达450公斤以上。此外，农业部和省农业厅在梅陇农场燕洲管区创建的水稻高产示范基地也连续取得了高产丰收，平均亩产达到500公斤以上，对全场水稻种植生产起到了辐射带动作用。二是重视水产养殖生产。近几年内，针对水产养殖业存在病害频发、产品质量不高、良种化水平低下等突出问题，梅陇农场坚持以科学发展观为指导，以强化水产科技服务和管理体系建设为突破口，大力倡导、推广水产健康养殖方式和技术革新试验，不断增加科研投入，大力实施“鱼虾混养”技术、“池底管网增氧高产健康养殖”技术和“冬棚反季节养殖”技术的试验和推广，提高养殖户利用先进科技增产增收的能力，从而不断提高总体经济效益。在切实加强对水产养殖服务和引导的同时，通过逐步收回到期养殖面积，积极采取有效措施，多渠道投入资金对养殖区进行全面改造，加快水产养殖区排灌系统的维护改造、三相农电的供应配套和道路硬底化等基础设施建设，养殖条件得到了进一步改善，养殖效益也得到了大大提高，土地的利用价值也得到了大幅提升。农场收回河浦区域2012年3月到期的25.33公顷粗养鱼塭，进行新一轮的发包，按照农场的规划，由承包方投资，将其改造成精养虾池，年承包金由原来的每亩220元提高至每亩600元，年增加收入14.44万元。同时收回船路区域原汕尾市国泰公司承包的养殖基地16.8公顷养殖面积，由农场投入资金改造后进行重新发包，年承包金由原来每亩360元提高到每亩1800元，年增加收入30余万元。不但大大提高了农场的经济收入，而且辐射推动了全场水产养殖业的发展，为新一年提高全场水产养殖池承包金奠定了基础。

【基础设施建设】 2012年，为改变农场基础设施建设迟滞、生产生活环境较差、可持续发展基础不牢固等落后状况，农场多渠道筹集资金投入水利、交通、饮水、场容场貌等方面的配套设施建设，大大提升了居民点的交通运输和生产、生活环境，增强了农业基础设施的排涝抗逆能力，确保农业生产旱涝保收，为农业增产、农户增收提供了有力保障。投入资金50万元，改造船路、河浦养殖区域供电设施，安装变压器2座，配套供电线路6000米；投入资金80万元，建设梅岩公路（通村四级公路）长2.6公里，已竣工投入使用；投入资金100万元，在燕洲管区66.67公顷农田进行标准化建设，计划建设三面不见土排灌渠5条共1600余米，机耕路7条共约2400米，预计春节前竣工；投入资金70万元，建设梅场中学教室5间，总面积约600平方米，已竣工投入使用。农场还以“一事一议”财政奖补政策为契机，抓基层公益事业建设，认真按照“一事一议”资金的使用范围，结合农场实际做好规划并选择确定建设项目。年内，通过多方筹措资金190.7万元，完成大港管区文化室、场部社区绿化、太阳能路灯照明设施、垃圾处理站、排污沟和居民点水泥巷道等项目建设，高起点、高质量、高品位规划建设农场小城镇。

【民生工作】 一是做好危旧房改造后续配套工作。2011年年底，农场1082户危旧房改造任务已全面完成，该项工作还受到省农垦总局的充分肯定和表扬。为进一步做好危改后续配套设施建设工作，2012年农场投入大量资金，切实搞好船路管区澳山队、燕洲管区岩前队和场部社区河浦队三个居民点的场地平整、挡土墙、水泥巷道、排污沟以及绿化设施工程建设，做到亮点突出、以点带面、全面推进，逐步完善了各居民点的基础设施配套。二是做好综治与信访维稳工作。农场综治信访维稳中心等职能部门始终坚持把维护本辖区政治安定和社会治安稳定作为中心工作来抓，一方面认真开展普法教育，增强职工群众的守法观念和安全意识；一方面积极落实治安联防措施，大力配合上级公安部门开展各项严打和专项斗争，认真开展矛盾纠纷的排查调处工作，消除各种不稳定因素，取得了显著的效果。2012年全场共发生刑事案件1宗，破获1宗，抓获犯罪嫌疑人1人；处置治安案件13宗13人；调处各类民事纠纷14宗，已办结14宗；接待来访4宗，处理4宗，为全场的经济发展创造良好的社会环境。三是做好农村合作医疗工作。农场根据上级有关指示精神和工作部署，认真做好宣传工作，大力发动农场职工群众参加新型农村合作医疗，经过职能部门和全场各单位的共同努力，取得了较好的成绩。全场参合人数达7055人，参保率100%，参合职工群众中因病住院累计541人次，得到医疗补偿资金245万元，让职工群众真真正正得到了实惠，从而大大减轻了农场和职工群众的经济负担。四是做好水稻种粮直补申报发放工作。农场在切实做好耕地生产承包管理和完善农业生产条件的基础上，按政策要求着力做好水稻种粮直补申报工作。2012年，全场水稻种植面积575.4公顷，种粮直补（包含四项补贴）每年每公顷为2910元，全场种粮直补金额为167.44万元，直补金额已全额发放到各农户。

【基层组织建设】 2012年，农场坚持以邓小平理论、“三个代表”重要思想为指导，深入贯彻落实科学发展观，以“创先争优”和“学习型党组织建设”等主题活动为契机，以党员先进性教育为主线，着力加强党的思想建设、组织建设、作风建设和制度建设，有效促进人才队伍管理工作。一是吸收文化程度高、工作能力强、思想觉悟高的职工充实党员队伍。全年共发展预备党员7人、转正党员8人。狠抓场、区两级班子建设，坚持以抓班子带队伍、抓作风树形象为重点，促进两级班子建设。通过班子会和“谈心交心”等形式增进两级班子团结，思想达成共识，为完成农场各项任务提供保障。

（程少章）

附：2012年梅陇农场党政领导名录

党委书记：陈贤泽
副 书 记：李梅生 陈火斯
纪委书记：余秋伦
场　　长：李梅生
副 场 长：邓建龙 曾 多 庄秋红
工会主席：许淑标

人物与先进集体

先进人物

2012年度海丰县受省、部级以上表彰的先进工作者名录

表11

序号	姓名	所在单位或镇村	荣誉称号	授奖单位	授奖年月
1	吴堂泽	海丰县公安局	个人一等功	公安部	2012-04
2	曾小彪	海丰县公安局	个人一等功	公安部	2012-04
3	马汉强	海丰县公安局龙津派出所	广东省劳动模范	广东省委、省政府	2012-04
4	陈　聪	海丰县彭湃中学	广东省劳动模范	广东省委、省政府	2012-04
5	马汉强	海丰县公安局龙津派出所	全国优秀人民警察	公安部	2012-05
6	辛海洪	海丰县环境保护局	广东省环境保护先进工作者	广东省人民政府	2012-12
7	黄智伟	县劳动就业服务管理中心	广东省就业先进工作者	广东省人民政府	2013-01

2012年度海丰县受市委、市政府和省厅级表彰的先进人物名录

表12

序号	姓名	所在单位或镇村	荣誉称号	授奖单位	授奖年月
1	马汉强	海丰县公安局龙津派出所	落实三项重点工作构建和谐广东	广东省委政法委	2012-02
2	陈惠如	海丰县公安局监督室	全省“涉案财物治理”先进个人	广东省公安厅	2012-04
3	陈火荣	海丰县公安局云岭派出所	全省“五好”所队长	广东省公安厅	2012-04
4	陈剑武	海丰县公安局警备保障室	全省“审计整改年”先进个人	广东省公安厅	2012-04
5	李吉宁	海丰县公安局法制室	全省“清网行动”先进个人	广东省公安厅	2012-04
6	郑海陆	海丰县公安局	全省“清网行动”先进个人	广东省公安厅	2012-04
7	钟伟雄	海丰县公安局	个人二等功	广东省公安厅	2012-04
8	朱炯宁	海丰县公安局政工室	全省优秀人民警察	广东省公安厅	2012-04
9	卓鸿文	海丰县公安局刑侦大队	个人二等功	广东省公安厅	2012-04
10	廖焕标	海丰县公安局联安派出所	全省优秀人民警察	广东省公安厅	2012-05
11	马汉强	海丰县公安局龙津派出所	个人二等功	广东省公安厅	2012-05
12	黄小海	中国电信海丰分公司综合部	优秀共产党员	中国电信广东分公司党组	2012-06
13	李锦梅	中共鲘门镇委	优秀共产党员	中共汕尾市委	2012-06

（续上表）

序号	姓 名	所在单位或镇村	荣 誉 称 号	授 奖 单 位	授奖年月
14	张琼声	海丰县城东镇圆墩村	2001～2012年度创造争优活动优秀共产党员	中共汕尾市委	2012-06
15	刘少彬	海丰县气象局	广东省气象局2012前汛期重大气象服务先进个人	广东省气象局	2012-07
16	姚海双	海丰县人口和计划生育局	《中国人口报》新闻宣传工作先进个人	中国人口报社	2012-07
17	郑永城	海丰县人口和计划生育局	优秀共产党员	中共汕尾市委	2012-07
18	黄燕城	县人力资源和社会保障局	全省优秀劳动人事争议仲裁员	广东省人力资源和社会保障厅 广东省劳动人事争议仲裁委员会	2012-08
19	廖斯秋	海丰县赤石中学	南粤优秀教师	省教工委、教育厅、人社厅、省总工会	2012-09
20	黄汉忠	平东镇中心校	广东省山村优秀教师	广东省教育厅、广东中华民族文化促进会、广东教育学会	2012-11
21	李月玲	海丰县公安消防大队	个人三等功	广东省公安厅	2012-12
22	王 新	海丰县公安消防大队	党的十八大消防安全保卫战先进个人	广东省公安消防总队	2012-12
23	罗好平	海丰县人民法院	办案标兵	广东省高级人民法院	2012
24	罗好平	海丰县人民法院	办案标兵	广东省高级人民法院	2012
25	马泽峰	海丰县人民法院	“广东省保密工作铜质纪念章”荣誉称章	广东省委保密委员会	2012
26	马泽峰	海丰县人民法院	荣获“广东省保密工作铜质纪念章”荣誉称章	广东省委保密委员会	2012
27	钟锦秀	海丰县公安消防大队文员	业务技术能手	广东省公安消防总队	2013-01
28	李月玲	海丰县公安消防大队	优秀警官	广东省公安消防总队	2013-02
29	曾运飞	海丰县公安消防大队	优秀警官	广东省公安消防总队	2013-02
30	辛海洪	海丰县环境保护局	广东省环境保护先进工作者	广东省人民政府	2012-12

先进集体

2012年度海丰县受省、部级以上表彰的先进单位名录

表13

序号	先进单位名称	荣誉称号	授奖单位	授奖年月
1	海丰县人民政府	广东省2011年度人口与计划生育先进单位	广东省人民政府	2012-02
2	海丰县人民政府	2012年广东省“金融稳定奖”	广东省人民政府	2012-06
3	海丰县人民政府	建设节约集约用地试点示范省先进单位	广东省人民政府	2013-02
4	海丰县城东镇	南粤七一奖章	中共广东省委	2012-07
5	海丰县国土资源局	建设节约集约用地试点示范省先进单位	广东省人民政府	2013-02
6	海丰县住房和城乡规划建设局	全国住房城乡建设系统先进集体	国务院人力资源社会保障部、住房城乡建设部	2012-12
7	海丰县人武部党委	先进党委	广东省军区党委	2012-07
8	海丰县人武部	“粤防-12”演习保障先进单位	广东省军区	2012-08
9	海丰县人武部	先进人武部	广东省军区	2012-12
10	海丰县城东镇大嶂村	人口与计划生育基层群众自治示范村	国家计生委、计生协会	2012-12

2012年度海丰县受市委、市政府和省厅级表彰的先进单位名录

表14

序号	先进单位名称	荣誉称号	授奖单位	授奖年月
1	海丰县人民政府	2011年度汕尾市吸引外商直接投资一等奖	汕尾市人民政府	2012-02
2	海丰县人民政府	2011年度汕尾加工贸易转型升级一等奖	汕尾市人民政府	2012-02
3	海丰县人民政府	2011年度汕尾吸收世界500强企业和境外大型企业投资一等奖	汕尾市人民政府	2012-02
4	海丰县人民政府	2011年度汕尾市外贸进出口一等奖	汕尾市人民政府	2012-02
5	海丰县公安消防中队	集体三等功	广东省公安消防总队	2012-02
6	海丰县公安消防中队	集体三等功	广东省公安消防总队	2012-02
7	海丰消防中队	集体三等功	广东省公安厅	2012-02

（续上表）

序号	先进单位名称	荣誉称号	授奖单位	授奖年月
8	海丰县公安局城东派出所	全省“清剿火患”战役先进单位	广东省公安厅	2012-03
9	陶河镇人民政府	人口与计划生育工作先进单位	中共汕尾市委、汕尾市人民政府	2012-03
10	中国建设银行股份有限公司海丰支行	巾帼文明岗	广东省妇女联合会	2012-03
11	海丰县城东派出所	全省“清剿火患”先进单位	广东省公安厅	2012-04
12	海丰县附城派出所	全省优秀基层单位	广东省公安厅	2012-04
13	海丰县公安局城东派出所	全省“清剿火患”先进单位	广东省公安厅	2012-04
14	海丰县公安局附城派出所	全省优秀基层单位	广东省公安厅	2012-04
15	海丰县公安局刑侦大队	全省“清网行动”突出基层所队	广东省公安厅	2012-04
16	海丰县公安局刑侦大队	全省“清网行动”突出基层所队	广东省公安厅	2012-04
17	海丰县人民法院	刑事审判庭获“集体二等功”	广东省高级人民法院	2012-04
18	海丰县食品企业集团公司	连续20年广东省守合同重信用企业	广东省工商行政管理局	2012-05
19	广东海丰鸟类省级自然保护区管理处	全省林业系统自然保护区建设管理工作先进集体	广东省林业厅	2012-06
20	海丰县公安消防中队	集体三等功	广东省公安消防总队	2012-06
21	海丰县公安消防中队	集体三等功	广东省公安消防总队	2012-06
22	海丰县劳动人事争议调解仲裁院	全省劳动人事争议调解仲裁工作先进单位	广东省人力资源和社会保障厅 广东省劳动人事争议仲裁委员会	2012-06
23	黄羌镇虎噉村委	2010～2012年度创先争优先进基层党组织	中共汕尾市委	2012-06
24	陶河镇下边村委	2012～2012年度创先争优活动先进基层党组织	中共汕尾市委	2012-06
25	中共海城镇委	2010～2012年度创先争优活动先进基层党组织	中共汕尾市委	2012-06
26	中国电信海丰分公司党总支部	先进基层党组织	中国电信广东分公司党组	2012-06
27	中国移动海丰分公司	中国移动广东公司基层党组织	中国移动广东公司党组	2012-06
28	海丰县人口和计划生育局	2012年度《中国人口报》新闻工作先进单位	中国人口报社	2012-07

（续上表）

序号	先进单位名称	荣誉称号	授奖单位	授奖年月
29	中国移动海丰分公司	2011～2012年先进党支部	中共中国移动通信集团广东有限公司汕尾分公司委员会	2012-07
30	海丰县经济促进局	2011年度汕尾市节能先进单位	汕尾市人民政府	2012-08
31	海丰县食品企业集团公司	广东省名优企业质量领先品牌	中质信消费者满意度测评中心	2012-08
32	海丰县食品企业集团公司	消费者最领带省十大食品行业质量放心品牌	中国质量领先企业专家评审委员会	2012-08
33	海丰县烟草专卖局工会委员会	广东省爱心父母大联盟银奖	广东省妇女联合会、广东省爱心父母大联盟	2012-08
34	海丰县博物馆	广东省达标博物馆	广东省文化厅	2012-09
35	海丰县供销社果蔬加工厂	第十届中国国际农产品交易会金奖	第十届中国国际农产品交易会组委会	2012-09
36	海丰县食品企业集团公司	2012年度广东省最佳诚信企业	中国质量领先企业调查组委会	2012-09
37	海丰县委老干部局	通讯发行先进单位	中共广东省委老干部局	2012-09
38	中共梅陇镇委	无偿献血促进奖	广东省卫生厅、广东省红十字会	2012-10
39	海丰县人民检察院	广东省检察机关计财装备工作先进集体	广东省人民检察院政治部	2012-11
40	海丰县人民政府地方志办公室	全省地方志工作先进集体	广东省人力资源和社会保障厅 广东省人民政府地方志办公室	2012-12
41	公平水库管理局	2006～2012年广东省实施水库移民后期扶持工作先进集体	广东省水利厅	2012-12
42	海丰县白字戏剧团	广东省第七届戏剧曲艺花会（金奖）	中共广东省委宣传部、广东省文化厅	2012-12
43	海丰县妇女联合会	家庭文化建设工作先进集体	广东省妇女联合会	2012-12
44	海丰县海洋与渔业技术推广站	全国养殖渔情信息采集工作先进单位	国务院农业部渔业局	2012-12
45	海丰县纪委、监察局	全省纪检监察信访举报工作先进单位	中共广东省纪委、广东省监察厅	2012-12
46	海丰县纪委监察局	全省纪检监察信访举报工作先进单位	中共广东省纪委、广东省监察厅	2012-12
47	海丰县纪委监察局信访室	全省纪检监察信访举报工作先进单位	中共广东省纪委、省监察厅	2012-12
48	海丰县联安镇	计划生育依法行政先进单位	广东省人口计生委	2012-12

（续上表）

序号	先进单位名称	荣誉称号	授奖单位	授奖年月
49	海丰县人口和计划生育局	海丰县“古韵”“八音”唱计生“项目为2012年度全省宣教创新项目	广东省人口和计生委	2012-12
50	海丰县人力资源和社会保障局	全省人力资源社会保障系统先进集体	广东省人力资源和社会保障厅	2012-12
51	海丰县人力资源和社会保障局	全省人力资源社会保障系统先进集体	广东省人力资源和社会保障厅	2012-12
52	海丰县食品企业集团公司	2010～2012年连续3年广东省肉类协会诚信企业	广东省肉类协会	2012-12
53	海丰县食品企业集团公司	广东省首批法治文化建设示范点	广东省依法治省工作领导小组 广东省普及法律常识领导小组	2012-12
54	海丰县水务局移民办	2006～2012年广东省实施水库移民后期扶持工作先进单位	广东省水利厅	2012-12
55	海丰县统计局	广东省企业“一套表”联网直报先进集体	广东省统计局	2012-12
56	海丰县西秦戏剧团	第九届广东省鲁迅文学艺术奖（艺术类）	广东省文学艺术界联合会	2012-12
57	中共海丰县委宣传部（《留取丹心照汗青》）	广东省第八届精神文明建设“五个一工程”奖	中共广东省委宣传部	2012-12
58	中共海丰县委组织部	全省提高选人用人公信度示范创建活动先进单位	中共广东省委组织部	2012-12
59	海城镇新园社区	全省党员干部现代远程教育领导带学活动“优秀终端站点”	中共广东省委组织部	2013-01
60	海丰法院司法警察大队	执法规范化先进单位	广东省高级人民法院	2012
61	彭湃纪念医院	先进基层党组织	中共汕尾市委	2012
62	海丰县工商行政管理局	“三打”专项行动先进集体	广东省“三打”办	2013-01
63	中共黄羌镇委员会	全省党员干部现代远程教育领导带学活动“优秀终端站点”	中共广东省委组织部	2013-01
64	海丰县司法局	全省司法工作先进单位	广东省司法厅	2013-02
65	中国工商银行海丰支行	小企业信贷工作进步奖	中国工商银行广东省分行	2013-02
66	中国工商银行海丰支行	2012年度最佳合作市场营销方	中国工商银行广东省分行	2013-02
67	海丰法院刑事审判庭	集体二等功	广东省高级人民法院	2013-04

海丰年鉴2013

附　录

社会经济统计资料

2012年海丰县国民经济和社会发展统计公报

2012年，面对复杂形势和严峻挑战，全县上下坚持以科学发展观为统领，牢牢把握“主题主线”和加快转型升级、建设幸福海丰的核心任务，坚定实施工业强县战略，大力促进结构调整和经济发展方式转变，克服各种困难和挑战，社会保持和谐稳定，国民经济保持平稳较快发展，各项社会事业取得新的进步。

一、综合

初步核算，2012年全县生产总值201.6亿元，比上年增长13.6%。其中：第一产业增加值31.1亿元，增长6.3%，对GDP增长的贡献率为6.7%；第二产业增加值89.4亿元，增长21.0%，对GDP增长的贡献率为71.0%，第二产业贡献率创历年新高；第三产业增加值81.1亿元，增长7.7%，对GDP增长的贡献率为22.3%。产业结构进一步调整优化，三次产业结构由2011年的15.2∶43.6∶41.2调整为15.4∶44.4∶40.2。全县人均GDP为25173元，增长13.0%。

“双转移”力度进一步加大，全县新增城镇就业15572人，城镇登记失业率控制在2.63%；转移劳动力6843人，农村劳动力转移率达到74.9%。

社会保障制度进一步完善，社会保险覆盖面逐步扩大。2012年年末，全县102735人参加城镇职工基本养老保险，44474人参加失业保险，257318人参加城镇基本医疗保险。社会保险基金全年征缴收入30763万元，年末社会保险基金累计结余41386万元。

二、农业

全年累计完成农业总产值50.5亿元，比上年增长6.3%。其中：种植业产值25.3亿元，比增6.2%；林业产值1.1亿元，比增14.8%；牧业产值6.3亿元，比增2.4%；渔业产值14.3亿元，比增7.4%；农林牧渔服务业产值3.5亿元，增长7.6%。

全年：粮食作物种植面积35016.4公顷，增长0.4%，其中水稻种植面积30926公顷，增长0.4%；油料种植面积3201.2公顷，增长0.9%，蔬菜种植面积16792.1公顷，增长1.0%。

全年：粮食产量183285吨，增长3.9%，其中，水稻产量162548吨，增长4.5%；油料产量5958吨，增长3.0%；蔬菜产量415374吨，增长7.2%；水果产量72970吨，增长8.3%。

全年肉类总产量23394吨，增长3.1%。其中猪肉产量10821吨，下降0.7%。禽肉产量10563吨，增长7.3%。全年肉猪出栏量累计14.6万头，下降0.7%,生猪年末存栏量8.7万头,增长2.3%。累计家禽出栏量770.9万羽，增长7.2%。

全年水产品产量142793吨，增长2.9%。其中：海洋捕捞25670吨，与上年基本持平，海水养殖88223吨，增长2.6%；淡水捕捞2412吨，增长0.5%，淡水养殖26488吨，增长7.4%。

三、工业和建筑业

全年完成工业总产值324.4亿元，增长25.6%，其中，规模以上工业总产值214.5亿元，增长37.1%，占全社会工业总产值的比重由上年61.5%上升为66.1%。全年全部工业完成增加值75.6亿元，增长24.5%。其中，规模以上工业增加值49.6亿元，增长36.0%。

全年资质等级以上建筑企业9个，受国家房地产调控政策影响，全年完成建筑业总产值3.3亿元，比上年下降37.1%；实现利润总额389.2万元，比上年下降42.9%；利税总额693.5万元，比上年下降74.5%。全社会建筑业增加值8.6亿元，增长18.0%。

四、固定资产投资

全年全社会固定资产投资179.1亿元，比上年增长30.0%。分城乡看，城镇投资169.0亿元，增长30.0%，农村投资10.1亿元，增长30.1%。分投资主体看：国有和集体经济投资26.1亿元，下降26.7%；民间投资92.0亿元，增长48.6%；港澳台、外商经济投资33.1亿元，增长108.2%。

分三次产业看：第一产业投资14.2亿元，下降2.4%；第二产业投资68.4亿元，增长76.1%；第三产业投资96.5亿元，增长14.1%。

全年房地产开发投资9.5亿元，比上年下降54.0%，按工程用途分：商品住宅投资7.2亿元，下降50.7%，商业营业用房投资0.6亿元，下降67.6%；其他投资1.5亿元，下降64.6%。全年房屋施工面积158.9万平方米，比上年下降12.7%；全年房屋竣工面积24.7万平方米，增长182.3%；全年商品房销售面积40.0万平方米，下降4.7%。

五、国内贸易

全年社会消费品零售总额177.1亿元，比上年增长12.4%。分城乡看，县城消费品零售额94.2亿元，增长17.8%；农村消费品零售额82.9亿元，增长6.8%。分行业看，批发和零售业零售额154.3亿元，增长12.3%；住宿和餐饮业零售额22.8亿元，增长12.4%。

在限额以上批发零售业销售额中，食品、饮料、烟酒类销售额6.3亿元，增长7.7%；服装、鞋帽针织品类销售额0.3亿元，增长6.0%。

六、对外经济

全年进出口总额70655万美元，比上年增长0.19%。其中，贸易出口总值49233万美元，增长3.6%；进口总值21422万美元，下降6.84%，实现顺差27811万美元，增长13.4%。

全年新签外商直接投资项目19个，合同吸收外资金额38552万美元，增长33.57%；实际使用外商直接投资金额12680万美元，增长20.92%。

七、交通、邮电和旅游

全年交通运输、仓储和邮政业实现增加值6.3亿元，比上年增长2.3%。

全年货物运输总量1176万吨，比上年增长6.1%；货物运输周转量176810万吨公里，增长4.5%；全年旅客运输总量2460万人，增长2.1%；全年旅客运输周转量292122万人公里，增长5.8%。

全年完成邮电业务总量55842.3万元，增长6.5%。其中，邮政业务总量3392.81万元，增长12.35%;电信业务总量52499.49万元，增长6.1%。

旅游业持续快速发展。据旅游部门统计，全年全县接待旅客总人数达21824万人次，比上年增长13.8%；旅游收入11.74亿元，增长13.3%。

八、财政和金融

全年全县财政一般预算收入113459万元，增长26.01%；其中税收收入70611万元，比增29.43%；非税收入42848万元，比增20.76%，税费比达到6.22:3.78。财政一般预算支出197107万元，增长9.84%。

年末全县银行业金融机构各项存款余额131.7亿元，比年初增长12%。其中，城乡居民储蓄存款余额108.0亿元。增长14%；年末全县各项贷款余额40.6亿元，增长38%。其中，短期贷款余额6.1亿元，增长32%；中长期贷款余额34.3亿元，增长39%。

九、教育 文化 卫生 体育

全年中等职业技术教育在校学生数9526人，比上年减少15.9%；普通中学在校学生数69793人，减少5.7%；小学在校学生数65240人，减少0.9%；幼儿园在园人数9037人，增长90.1%。

年末全县共有各类专业艺术表演团体2个，文化馆1个，公共图书馆1个，博物馆、纪念馆各1个。全县有线电视用户13.2万户，比上年增长3.9%。

年末全县拥有医院、卫生院26个，医院、卫生院床位2294张，增长6.1%；卫生技术人员2880人，其中执业医师和执业助理医师1454人，注册护士759人。

十、人口与人民生活

年末户籍人口814557人。其中，非农业人口为404880人，男性424863人，女性389694人。全县常住人口为80.32万人，增长5.9‰。据计生部门统计年报显示，全年出生人口10904人，出生率为13.13‰；死亡人口5098人，死亡率6.22‰；人口自然增长率为6.91‰。

城乡居民生活水平逐步提高。据城乡居民住

户抽样调查，2012年，农民人均纯收入为9142.14元，比上年增长17.3%；农村居民家庭恩格尔系数为46.9%。城镇居民人均可支配收入16031元，比上年增长15.0%。城镇居民家庭恩格尔系数为47.23%。全县单位从业人员年平均工资为32696元，增长8.3%。

2012年海丰县主要经济指标完成情况一览表

表15

主要经济指标	单位	全年计划数	预计比2011年增长(%)	12月份		占全年计划数（%）	备注
				主要指标完成情况	比2011年同期增长（%）		
一、地区生产总值	亿元	215.3	16	201.6	13.6	93.6	
二、工业总产值	亿元	317	25	324.4	25.6	102.3	
其中：规模以上工业产值	亿元	220	42	214.5	37.1	97.5	
规模以上工业增加值	亿元	51	36	49.6	36	97.3	
三、农业总产值	亿元	51	6.5	50.5	6.3	99	
四、社会商品零售总额	亿元	205	17	177.1	12.4	86.4	
五、全社会固定资产投资	亿元	179	30	179.1	30	100.1	
六、出口总值	万美元	56000	15	49233	3.6	87.9	外经部门提供
七、实际利用外商直接投资	万美元	12590	20	12680	20.9	100.7	外经部门提供
八、财政一般预算收入	万元	113400	26	113459	26.01	100.05	财政部门提供
财政一般预算支出	万元			197107	9.84		财政部门提供
九、城镇居民人均可支配收入	元	15980	12	16031	15	100.3	预 计 数
十、农民人均纯收入	元	8565	12	9142	17.3	106.7	

填表时间：2013年3月1日

文献选编

关于印发《中共海丰县委关于进一步加强基层组织建设的实施意见》的通知

海委〔2012〕14号

各镇（场、经济开发区）党委，县直各单位：

现将《中共海丰县委关于进一步加强基层组织建设的实施意见》印发给你们，请结合本地本部门实际，认真贯彻落实。

中共海丰县委

2012年4月9日

中共海丰县委关于进一步加强基层组织建设的实施意见

为贯彻落实市第六次党代会、县第十次党代会精神，进一步加强基层党组织建设，使基层党组织成为推动发展、服务群众、凝聚人心、促进和谐的坚强战斗堡垒，为推动创新发展、建设幸福海丰提供坚强的组织保证。结合我县实际，现就进一步加强基层组织建设提出如下实施意见。

一、指导思想

加强新时期、新形势下的基层组织建设，必须坚持以邓小平理论和“三个代表”重要思想为指导，深入贯彻落实科学发展观，围绕我县第十次党代会提出的全面推进党的先进性建设、执政能力建设和廉政建设，全面提高党建科学化水平的目标要求，以科学发展为主题，以实施“三项工程”为载体，以提高基层党员干部素质，增强党组织功能为内容，以落实党建责任制为保障，充分发挥基层党组织的战斗堡垒作用和党员的先锋模范作用，力争经过几年的努力，促使基层党的组织和工作覆盖更加广泛，领导班子和党员干部队伍的整体素质明显提高，基层党建工作机制更加完善，党的基层组织凝聚力战斗力明显增强，为推动创新发展、建设幸福海丰，争当转型升级先行点、县域经济排头兵提供坚强的组织保证。

二、实施“强基工程”，加强领导班子建设

1、切实加强镇级班子建设。按照“德才兼备、以德为先”的用人标准，合理配置，优化结构，配备强有力的镇级领导班子，特别是选优配强党委书记。要贯彻落实市委《关于进一步加强基层组织政权建设的若干规定》要求，加强镇级领导班子思想作风建设，在领导班子中开展“五好五强”创建活动，打造“作风好、核心强，协作好、素质强，机制好、管理强，业绩好、服务强，形象好、能力强”的领导班子，着力提升执行政策的能力、维护团结的能力、总揽全局的能力、加快发展的能力、处理复杂关系的能力。加强后备干部队伍建设，做好从县直单位选派优秀年青干部到基层任（挂）职锻炼。重视选拔长期在一线工作业绩突出、群众认可的优秀干部，打造扎根在基层、奉献在基层的优秀干部队伍。

2、切实加强村级班子建设。按照村党支部“五个好”的要求，充分发挥党支部核心领导作用。建立培养一支政治素质好、群众评价好、致富能力强和社会工作能力强的“双好双强”村党支部书记队伍。强化村党支部书记向支部承诺、党支部向党员群众承诺以及支部委员评议书记、党员群众评议支部的“双诺双评”措施。注重从农村致富带头人、返乡学生、复转军人以及乡土人才、企业管理人才中配好村级领导班子。实施“三个一批”计划（5%优秀支部树典型，10%中间支部促升级，5%后进支部抓转化），建立后进村台帐，重点整治软弱涣散领导班子，不断提高村（社区）党支部领导班子的凝聚力、战斗力。聘请一批党建工作监督员，加强村级组织党风廉政建设。积极推行选聘“大学生村官”工作，有计划地向社会选聘大学生充实到村级组织，力争

达到村村有大学生村官。

3、强化基层党组织管理。要切实加强基层单位党建工作，集中力量抓支部，努力提高基层党支部“五个一”（一个好的带头人、一个好的发展思路、一个好的工作制度、一个好的活动阵地、一个好的保障机制）建设水平。坚持以增强基层组织活力为着力点，积极推进干部人事制度改革，优化管理，配强组织班子、切实加强党员队伍建设。开展机关“五好”领导班子、企事业单位“四强”党组织创建活动，不断增强党组织的凝聚力、战斗力和创造力。创新非公经济组织和社会组织党建工作，推行单独组建、区域联建、行业统建和依托管理、属地管理的“三建两管”组建方式，探索成立专门工作机构，加强对非公经济组织和社会组织党的建设工作的组织领导，探索非公经济组织和社会组织党的工作示范点创建活动，促进党的工作全覆盖。

三、实施“素质工程”，加强党员干部队伍建设

1、提高党员干部队伍素质。切实抓好广大党员干部的政治理论学习和业务培训，推进学习型党组织建设。充分发挥党校主阵地作用，加大干部轮训力度，重点加强对镇级领导班子成员和村（社区）党支部书记的教育培训，不断提升政策水平、业务水平及依法行政水平。依托红宫红场等党员教育基地，开展“讲理想、敢担当、争先锋”主题实践活动，不断增强各级领导干部责任意识、担当意识、先锋意识。注重发挥网络资源和远程教育网等现代信息技术，增强培训教育的整体效益。

2、发展壮大党员干部队伍。按照“坚持标准、保证质量、改善结构、慎重发展”的方针，加大发展党员工作力度，注重在生产工作第一线和高知识群体、青年、妇女、非公有制经济组织和社会组织中发展党员,切实解决基层党员年龄偏大、学历偏低、能力偏弱等问题。建立健全“乡土人才库”，深化“双培双带”活动，加大村（社区）后备干部培养力度，把能人培养成党员、把党员培养成干部，引导党员带头致富、党组织带领群众致富。

3、增强党员干部队伍活力。整合区域工作资源，构建城乡一体化党建新格局。加强对流动党员的管理，制定流动党员管理办法，健全城乡一体化党员动态管理服务机制，扩大党组织活动开放性，实现党群互动，增强工作活力。建立健全党内关怀激励机制，促进党内和谐，不断完善党组织与党员谈心谈话、党内关怀慰问、党内“一帮一、结对子”帮扶制度等,建立为特殊困难党员服务的长效机制。

四、实施“活力工程”，创新基层组织生活

1、创新服务形式，深化创先争优活动。要以创先争优为动力加强基层组织建设，以基层组织建设年为抓手深化创先争优。围绕加快转型升级、创新社会管理、服务改善民生、夯实基层基础四个重点，培育选树一批整体水平高、特色突出、示范带动作用强的先进基层党组织和优秀共产党员。继续开展“三亮三比三评”和“党员示范岗”活动，深入推进窗口单位和服务行业创先争优。村党支部要在围绕发展现代农业、培养新型农民、带领群众致富、维护农村稳定上创先争优；社区党支部要在围绕服务群众、凝聚人心、优化管理、维护稳定上创先争优；企业党组织要在围绕服务生产经营、凝聚职工群众、构建和谐劳动关系，促进企业健康发展上创先争优；机关、社会组织等单位党组织要在围绕完成中心任务、促进业务工作上创先争优。

2、创新工作方法，推动基层党内民主。积极创新党的基层组织工作方法，继续推行“四议四公开”、“四民主工作法”，不断完善基层党组织班子议事规则及民主决策管理机制。积极开展“三个一”活动（每个月向党员发一次短信，每季度与党员联系一次，每半年向党员通报一次工作情况），健全党内通报制度，全面推行党务公开，不断增强党组织的影响力和凝聚力。建立健全流动党员信息库。全面加强党代表工作室的建设，做好党代表提案、提议、询问、质询等制度落实，推行党代表定期联系党员群众制度，进一步推进党内民主建设。

3、创新活动内容，密切党群干群关系。认真研究把握新形势下群众工作的特点和规律，不断提高做好群众工作的能力和水平。以“双融双建”和扶贫“双到”工作为载体，推行“五送三互一构建”党建工作模式，通过送党课、送科技、送文化、送政策、送温暖等形式，继续开展机关党组织联系村（社区）、党员干部联系群众的结对帮扶活动，丰富党的组织生活，促进基层党组织支部互联、工作互帮、干群互动，构建城乡统筹党建新格局。

4、创新考核体系，健全目标管理机制。深化“双问双责”、“双考双评”活动，建立基层领导班子任期目标和年度目标责任制，分解细化任务，明确工作目标。实施基层党组织每年向党员报告党建工作情况、镇党委每年向县委报告抓党建工作履职情况和党员群众定期评议制度，完善基层党建工作考核办法。建立健全科学发展观考核评价体系，用正确的政绩观考察领导班子和领导干部，确保使干事创业、谋发展有更具体的方向、更明确的标准、更科学的衡量尺度。

5、创新运行机制，强化党组织核心地位。镇党委、政府要切实加强对村（居）委会的领导和指导，建立制度完备、权责一致、运转协调的工作机制。村（社区）党支部要加强对同级自治组织的领导，完善村（社区）“两委”联席会议制度和“一事一议”制度，坚持重大事项由党组织集体研究决策。建立健全基层群团组织，深化“党建带工建”、“党建带团建”、“党建带妇建”等工作，积极支持群团组织围绕党的中心工作开展活动，切实加强对群团组织的领导。

五、加强对基层组织建设的领导

1、强化组织领导。各基层党组织要结合实际，制定具有针对性、可操作性的实施方案，明确工作内容、时间步骤和落实措施。经常性组织召开会议，专题研究和部署党建工作。要落实农村基层党建工作联系点制度，镇党政领导班子成员至少联系1个村（社区），经常深入基层调查研究，每年至少撰写1篇基层党建工作专题调研文章或理论文章。

2、加强检查督导。进一步健全完善基层党建工作考核评价制度，坚持每年对全县基层党组织党建工作的情况进行检查考核，其结果作为评价党建工作的重要依据。对于思想不重视、工作不得力、年度目标任务完成差的当年不能评优，并通报批评，限期整改；对不认真履行职责，党组织软弱涣散、造成不良影响和严重后果的，要追究相关责任人的责任。

3、加大宣传引导。要加强舆论宣传，充分发挥报刊、广播、电视、互联网等媒体的作用，及时宣传推广好做法、好经验，积极营造良好的舆论氛围。要积极选树培育先进典型，以点带面。要采取座谈会、研讨会、经验交流会等形式，积极探索总结基层党建的创新办法，提升基层组织建设整体水平。

关于印发《海丰县法治文化建设实施方案》的通知

海委〔2012〕18号

各镇（场、经济开发区）党委，镇人民政府，县直各单位：

经县委同意，现将《海丰县法治文化建设实施方案》印发给你们，请遵照执行。

中共海丰县委
2012年7月11日

海丰县法治文化建设实施方案

（2012～2013年）

为贯彻落实全省县域法治文化建设云安现场会精神，进一步推动我县法治文化建设深入开展，争创全省第一批法治文化建设示范点，特制定本实施方案。

一、指导思想

以邓小平理论和“三个代表”重要思想为指导，深入贯彻落实科学发展观，坚持党的领导、人民当家作主和依法治国有机统一，以弘扬社会主义法治理念、增强全民法治意识、提高法治素养为根本，以“推进法治文化、弘扬法治精神、建设法治海丰”为宗旨，以普法教育、文化活动、阵地建设为载体，全力营造学法、懂法、守法、用法、护法的法治文化氛围，促进依法执政、依法行政、公正司法和基层法治建设，为推动创新发展、建设幸福海丰、当好全市区域协调发展排头兵的主力军创造良好的法治环境。

二、总体目标

通过2年左右的时间，积极探索一条具有海丰特色的法治文化建设的新路子，不断增强法治文化的吸引力、影响力、感染力和渗透力，努力达到“五个增强、五个营造”的目标：增强宪法法律意识，营造有法必依、违法必究的法治氛围；

增强依法执政意识，营造依法决策、执政为民的法治氛围；增强依法行政意识,营造公开透明、执法规范的法治氛围；增强公正司法意识，营造公平公正、高效权威的法治氛围；增强守法用法意识，营造依法诉求、依法维权的法治氛围。

三、主要任务

（一）强化普法宣传教育，着力培养公民对法律的崇尚和信仰

以提高公民的法治理念为中心目标，强化普法宣传教育，培养公民对法律的崇尚和信仰，使法治理念转化成公民的自觉行动。大力开展“六五”普法教育，继续深入推动“法律六进”活动，通过经常性的普法教育，将法律知识送到社会各个层面，送进千家万户。结合扶贫开发‘双到’工作，开展“送法上门、以法扶贫”活动。抓住领导干部、公务员、企业经营管理人员、居民和青少年等重点群体，强化法律法规培训教育，提高法律素养，模范遵守法律。加大力度宣传与人民群众关系密切的法律法规，让人民群众知道自己的权利和义务，懂得法律保护什么、限制什么，让法治精神真正深入人心，成为人们日常生活中崇拜和敬仰的价值追求，营造全民学法、守法、用法的大环境。

（二）加大载体建设力度，努力营造浓厚的法治文化氛围

用人性化、艺术化、渗透式和群众爱看、爱听、爱学、爱参与的形式，倡导和弘扬法治文化。一是加强法治文化设施建设。建立法治文化广场、法治文化墙、法治文化主题公园、法治文化道路等，在人民群众学习、生活、休闲、娱乐场所，营造一个“出门有法，抬头见法，办事依法”的法治教育氛围。同时，加强文化馆、图书馆和镇文化站、村（社区）文化室等公共文化设施建设，逐步增加法治文化的内容。二是创新法治文化载体。在公交主干线中开通“法治文化班车”，建设流动的法治文化宣传教育阵地。利用有线电视、互联网、法治电话彩铃、法治移动短信平台、法治电子显示屏等宣传媒介，开展多种形式的法律宣传，拉近法治与人民群众的距离，做到“法在身边，与法同行”。在党政信息网、电视台等开设法治专栏，丰富法治文化内容，增强与群众的交流互动。三是强化领导干部和公务员法治意识。在办公场所、机关周边设置法治名言、警句、格言，教育和告诫国家公务员“带头学法守法，模范依法办事”。

（三）不断整合文化资源，积极培育法治文化

以建设“文化强县”为契机，将法治文化建设与海丰传统文化、廉政文化、行业文化、社区文化、校园文化、企业文化等有机结合起来，与“六五”普法教育有机结合起来，与活力海丰、平安海丰、文明海丰等工作有机结合起来，重点抓好六大主题的法治文化建设：一是以“廉洁从政、规范执法”为主题，建设机关法治文化；二是以“阳光审判、阳光检务、阳光警务”为主题，建设司法法治文化；三是以“依法治校、法育未来”为主题，建设校园法治文化；四是以“遵纪守法、树文明新风”为主题，建设社区法治文化；五是以“学法助致富、共建新农村”为主题,建设农村法治文化;六是以“诚信守法经营、共谋企业发展”为主题,建设企业法治文化。

（四）积极开展法治实践，大力弘扬法治精神

广泛开展法治实践活动，加强公务员和执法人员法律知识学习和培训，不断增强权力责任对等、实体程序并重的意识，大力弘扬法治精神，进一步提高领导干部依法执政、执法部门依法行政、司法机关公正司法水平。全面开展基层依法治理，不断深化乡村、社区、企业、学校等基层单位依法治理，建立和规范基层经济发展、利益协调、矛盾处理、社会建设和社会管理机制，引导基层组织和基层干部依法办事，引导基层群众依法参与公共管理。坚持法治与德治并举，建立健全法治文化建设与道德教育、法治实践与道德实践相结合的长效机制。

（五）加强法治文化队伍建设，为法治文化建设提供有力的保障

不断充实普法宣传力量，形成普法讲师团、普法骨干队伍及各类法律服务志愿者、农村法律顾问组成的普法宣传队伍。配齐配强全县所有的中小学校法制副校长和法制辅导员。积极培育和扶持法治文艺骨干及演出人员、理论研究人员以及热心法治文化建设的各类人才，为不断丰富和发展法治文化提供强有力的人才和智力支持。

四、工作步骤

法治文化建设活动从2012年启动实施，到2013全面总结。共分三个阶段：

第一阶段，宣传发动。2012年下半年，做好法治文化建设的启动工作。各试点单位要制定法治文化建设实施方案，明确目标、任务和要求。

要深入宣传，广泛发动，营造浓厚的社会氛围。

第二阶段，组织实施。2013年上半年，在总结试点单位建设经验的基础上全面开展法治文化建设活动。各单位要制定法治文化建设的实施方案，对本单位的法治文化建设工作作出具体安排，突出重点、督查到位，确保计划的全面落实。

第三阶段，检查验收。2013年下半年，按照本规划确定的目标、任务和要求，在各单位自查的基础上，由县依法治县办组织考核验收，并对表现突出的单位和个人进行表彰。

五、工作要求

（一）强化领导，加强督查

法治文化建设工作实行党委领导，成立县法治文化建设领导小组及办公室，负责具体推进工作。把法治文化建设工作纳入经济社会目标综合考核，列入党政领导干部落实科学发展观的政绩考核。人大、政协要把对创建活动监督检查作为年度工作计划的重要内容。各镇、各有关部门要建立法治文化建设工作机构，明确职责，落实人员，确保法治文化建设工作落实到位。

（二）健全机制，落实责任。

各级党委（党组）主要领导作为第一责任人负总责，分管领导具体抓落实，把创建工作摆上重要议事日程。建立法治文化建设联席会议制度。有牵头承办法治文化活动任务的部门要根据职责分工，结合工作实际，制定工作方案，扎实有效开展法治文化建设活动。建立和完善经费保障机制，各级、各部门要根据创建工作的目标任务，安排落实好专项工作经费，确保创建活动持续有效开展。县财政要把法治文化建设纳入年度经费预算，确保全县法治文化建设的顺利开展。

（三）创新发展，打造特色。

在巩固扩大普法教育和依法治理成果的基础上，围绕法治文化建设规划目标，本着因地制宜、创新发展的原则，在深化内容、丰富载体、扩大阵地等方面不断创新理念、创新工作思路，积极打造法治文化品牌，着力培育具有地域特色、单位特色的法治文化建设的新形式、新内容、新亮点。

（四）典型示范，以点带面

选择1个县直单位、1个镇、1个村（社区）、1个学校、1个企业作为各领域法治文化建设的试点单位，通过选树各种领域的法治文化建设示范点，及时总结创建经验，以点带面，并加以推广。同时，对在开展法治文化建设活动中富于创造性、取得显著成效、收到良好社会效果的单位和个人，予以表彰奖励。

（五）联系实际，注重实效

围绕“五个增强、五个营造”的目标要求，统筹规划、分段实施、稳妥推进。把法治文化建设与本地区、本行业、本单位工作实际结合起来，把普法宣传与教育培训结合起来，把学法用法与文化建设结合起来，把制度建设与依法行政、公正司法结合起来，采取形式多样、生动活泼、寓教于乐的方式，注重实际，注重实用，注重实效，增强法治文化建设的实际效果。

中共海丰县委 海丰县人民政府关于全面创建平安海丰的实施方案

海委〔2012〕35号

各镇（场、经济开发区）党委、人民政府，县直（含驻海）各单位：

为深入贯彻落实《中共广东省委、广东省人民政府关于全面创建平安广东的意见》（粤发〔2012〕19号）精神，推进我县社会经济发展，创新社会管理，建设幸福海丰。根据《中共广东省委办公厅、广东省人民政府办公厅关于印发〈创建平安广东行动计划（2012—2022）〉的通知》（粤发〔2012〕34号）和中共汕尾市委、汕尾市人民政府印发《关于全面创建平安汕尾实施方案》的通知（汕委〔2012〕12号）要求，结合海丰实际，特制定关于全面创建平安海丰实施方案。

一、指导思想

坚持以邓小平理论和“三个代表”重要思想为指导，深入贯彻落实科学发展观，坚持社会主义市场经济的改革方向，紧紧围绕加快转型升级、建设幸福广东的核心任务，以提高群众安全感和满意度为出发点和落脚点，以维护社会稳定为核心，以解决群众最关切的公共安全、权益保障、公平正义等问题为主题，以加强和创新社会管理为主线，坚持源头治理、预防在先、法治保障、文化引领，尊重人民群众的主体地位和首创精神，组织动员各方面力量，全面深入开展创建平安海丰活动，着力在防范违法犯罪、化解社会矛盾、消除安全隐患上下功夫，实现维稳工作的体制机制创新，更加主动地适应经济社会发展的新要求。

二、总体目标

通过广泛深入地开展创建平安海丰工作，着力解决影响社会和谐稳定的基础性问题，实现“一强二升三降”（群众安全感不断增强；破案率、起诉率、审结率、执结率、调解率上升，人民群众对政法工作的满意度上升；重大刑事案件下降、重大群体性事件下降、重大安全事故下降）的目标。经过5～10年的努力，把我县建设成为促进区域协调发展的排头兵，社会和谐稳定、人民群众安居乐业的法治县。

三、行动步骤

围绕总体目标，全面部署、分步实施，条块结合、重点突破，有序推进创建平安海丰各项工作。

第一阶段（到2013年底）：全面铺开。创建平安海丰工作全面启动、形成声势，规划实施一批创建项目，创建工作机制基本建立，创建指标体系基本形成。维稳形势和治安状况初步好转，人民群众安全感有所增强。

第二阶段（到2015年底）：系统推进。每年完成一批工作项目，突破一批重点、难点问题。党委领导、政府负责、社会协同、公众参与、法治保障的社会管理格局基本形成，维稳长效机制基本健全。维护公共安全能力明显提高，影响社会稳定和社会治安的突出问题得到较好解决，维稳形势明显好转，人民群众安全感明显增强。

第三阶段（到2017年底）：形成体系。平安海丰创建体系全面建成，防范违法犯罪、化解社会矛盾、消除安全隐患的各项工作制度化、常态化，各种社会矛盾和问题得到积极预防和有效治理，可持续稳定工作局面基本形成，人民群众安全感在全市的排位大幅提升。

第四阶段（到2022年）：巩固提升。经济建设与社会建设协调发展，社会安定有序，人民群众安居乐业。维护社会稳定和社会管理工作位居全市前列，海丰成为全市最稳定、最安全地区之一。

四、领导机构

全县创建平安海丰工作由县委书记沈木荣负总责，县委政法委、县综治办（县创建平安海丰领导小组办公室）具体协助和组织落实，领导小组组成人员如下：

组　　长：沈木荣（县委书记）
第一副组长：陈德忠（县委副书记、代县长）
副 组 长：林建隆（县委副书记）
陈连郑（县委常委、政法委书记）
廖汉生（县委常委、县委办主任）
陈智景（县人大常委会副主任）
余振光（县政府副县长）
王楚雄（县政府副县长、县公安局局长）
施培养（县政协副主席）
成　　员：县全面创建平安海丰工作成员单位的主要领导（见附件5）

领导小组下设办公室，办公室设立督导协调组、考核组、综合组、宣传组。办公室主任由陈连郑同志兼任，副主任由陈智景、施培养、郭庆寿、刘永贺同志兼（担）任。陈智景同志兼任督导协调组组长，施培养同志兼任考核组组长，郭庆寿同志兼任综合组组长，刘永贺同志兼任宣传组组长，办公室工作人员由县委组织部从创建平安成员单位中抽调。

创建平安海丰领导小组办公室主要职责：一是组织协调县创建平安海丰工作有关单位，整合资源要素，具体推进实施创建平安海丰十大工程，并根据实际情况推出创新性项目；二是根据形势发展变化，加强对全县创建平安海丰有关工作的调查研究、检查督导、分类指导和推动落实，及时了解掌握工作情况，发现和协调解决遇到的困难和问题，确保平安创建工作有序开展；三是研究制订考评县直相关部门的办法并组织实施，对全县考评工作进行指导协调，并具体负责组织对各镇（场、开发区）开展平安创建工作的检查和考评；四是及时总结、推广基层的做法和经验，指导面上工作，不断建立健全平安创建工作长效机制；五是承办省、市、县创建平安广东（汕尾、海丰）工作领导小组交办的其他工作。

五、任务分工

创建平安海丰工作分为十大工程：即法治建设工程、民生保障工程、群众权益保障工程、社会矛盾化解工程、公共安全防控工程、人口服务管理工程、“两新”组织建设工程、信息网络服务保障工程、基层基础建设工程、平安文化建设工程（见附件1）。围绕十大工程，各地各部门既要组织实施好规定项目，又要根据形势发展变化，主动推出新项目，将创建平安海丰工作不断引向深入。

六、组织实施

（一）加强组织领导。各级党委、政府要把平安创建工作作为一项重要政治任务和执政为民的系统工程，摆到与经济建设同等重要的位置，精心谋划，周密部署，狠抓落实。按照属地管理和"谁主管、谁负责"的原则，主要领导作为第一责任人负总责，分管领导作为具体责任人抓好组织实施。各地各部门要建立健全平安创建工作运行机制，整合资源要素，制定创建方案，实施目标化管理、项目化推进、规范化运作、标准化考评，切实抓出成效。

（二）落实齐抓共管。建立党政统一领导、部门各司其职、行业全面推动、全民共创共享的平安创建工作格局，各地各部门要充分发挥调查研究、组织协调、检查督导、考评推动等作用，紧紧围绕十大工程，落实具体项目，各地各承办部门（单位）要逐一分解任务，责任到人，措施到位。建立健全社会参与机制，充分调动各类社会组织、企业、新闻媒体、民间智库等积极性，扎实开展形式多样、覆盖面广的平安创建活动。充分尊重人民群众的主体地位，激发基层和群众的积极性、主动性和创造性，发动广大人民群众共建平安海丰。

（三）严格督导检查。坚持分类指导、分级督导，采取日常指导与明察暗访相结合、例行检查与专项督导相结合，全面了解掌握工作进度，及时发现和协调解决遇到的困难和问题，确保平安创建工作有序开展。要及时总结、推广基层的成功做法和经验，指导面上工作，形成长效机制。

（四）加大保障投入。各级政府依照经济发展和财政收入增长水平，逐年增加平安创建工作投入。按照"属地管理"的原则，逐步建立健全政府、企业、社会相结合的平安创建经费保障机制。

七、考评奖惩

（一）考评工作组织。加强对平安创建工作的检查、考评，分层次、分类别出台平安创建考评指标体系，并适时修改完善。考评工作由各级综治委组织实施，采取下考一级、条块结合的办法，每年组织一次。

（二）考评内容及程序。严格按照《创建平安海丰考评试行办法》进行（见附件2）。县考评镇（场、开发区）和县直相关部门，镇（场、开发区）考评所辖村（社区）办法参照上一级做法进行。

（三）考评结果运用。把平安创建考评结果作为各级领导班子考核和干部选拔任用的重要依据。对考评成绩优秀的，予以表扬奖励；对考评成绩差的，予以批评问责。

附件：1. 创建平安海丰十大工程分工

2. 创建平安海丰考评试行办法

3. 平安创建表

4. 平安绩效表

5. 县全面创建平安海丰成员单位名单（58个）

中共海丰县委　海丰县人民政府
2012年12月27日

中共海丰县委　海丰县人民政府关于表彰2011年度全县先进单位的决定

海委〔2012〕3号

2011年，我县各级党政在上级党委、政府的正确领导下，坚持以邓小平理论和"三个代表"重要思想为指导，深入贯彻科学发展观，认真落实中央和省、市的决策部署，按照"树正气、强管理、促发展、惠民生"的总体工作思路，充分发挥领导班子的集体智慧和领导核心作用，带领全县人民抢抓机遇、团结拼搏，积极实施县委九届十次全会提出的"推动创新发展、建设幸福海丰"、重点打造"一城三区五基地"的战略决策，狠抓重点项目建设、招商引资、财税征收，以及计生、教育、维稳等工作，使我县经济保持较快增长，社会各项事业取得显著成效，形成了政通人和、经济发展、社会和谐、文明进步的良好局面。为总结成绩，树立典型，弘扬正气，进一步调动全县广大干部群众的积极性，推动创新发展、建设幸福海丰，经各地、各部门认真评选，并经县委、县政府研究同意，决定授予海城镇等5个镇为"海丰县2011年度先进镇"，县委办公室等19个单位为"海丰县2011年度先进单位"，海城镇北门社区等28个村（社区）为

“海丰县2011年度先进村（社区）”，海城镇等13个单位为“海丰县2011年度扶贫开发‘双到’工作先进单位”，城东镇北平村委桂树港村等9个村为“海丰县2011年度社会主义新农村建设示范村”，海城镇等33个单位为“海丰县2011年度人口和计划生育先进单位”，海城镇等3个单位为“海丰县2011年度移风易俗（殡改工作）先进镇”，城东镇等17个单位为“海丰县2011年度社会主义精神文明建设先进单位”，海城镇等7个单位为“海丰县2011年度综治信访维稳先进单位”，附城镇等6个单位为“海丰县2011年度安全生产先进单位”，广东烟草汕尾市有限公司海丰县分公司等32个单位为“海丰县2011年度模范纳税大户”，并颁发奖牌和奖金，以资鼓励。同时，对2011年度获得省级以上荣誉称号的县武装部、县人口和计划生育局等20个单位，给予通报表彰。

县委、县政府希望受表彰的单位，戒骄戒躁，发扬成绩，再接再厉，再创佳绩，为推动创新发展、建设幸福海丰做出更大的贡献。

县委、县政府号召，全县各地、各单位要认真学习先进单位敢于克服困难、勇于开拓创新的精神，学习先进单位的好经验、好做法，以他们为榜样，把思想和行动统一到党的十七届六中全会、中央经济工作会议和省委十届十一次全会、市第六次党代会精神上来，紧紧围绕县第十次党代会提出的目标、任务、要求，把握科学发展主题，抓住加快转变经济发展方式主线，突出“一条主轴”、推动“三大创新”、建设“十大工程”，为推动创新发展、建设幸福海丰，勇当科学跨越发展先锋，努力使我县成为全市产业转型升级先行区、县域经济发展排头兵，全面推进政治、经济、文化、社会、生态文明和党的建设，以优异的成绩迎接党的十八大和省第十一次党代会胜利召开。

附件1：海丰县2011年度先进单位名单

附件2：海丰县2011年度获省以上荣誉称号名单

中共海丰县委　海丰县人民政府

2012年1月16日

附件1：

海丰县2011年度先进单位名单

一、先进镇（5个）

海城镇
城东镇
附城镇
鹅埠镇
平东镇

二、县机关先进单位（19个）

县委办公室
县人大办公室
县政府办公室
县政协办公室
县委组织部
县委宣传部
县公安局
县民政局
县工商局
县财政局
县地税局
县国土资源局
县交通运输局
县经济促进局
县卫生局
县人口和计划生育局
汕头海关驻海城办事处
县农业局
县水务局

三、先进村（社区）（28个）

海城镇北门社区
海城镇城西社区
海城镇莲花村委
附城镇圆山村委
附城镇新山村委
城东镇名园村委
城东镇桥东社区
公平镇新城社区
公平镇五联村委
公平镇白山村委
梅陇镇梅北社区
梅陇镇西兴社区
梅陇镇联兴村委
可塘镇可塘社区
可塘镇黄厝港村委
赤坑镇沙大村委
赤坑镇溪金村委
联安镇坣头村委

陶河镇陶塘社区
黄羌镇黄羌村委
平东镇平东村委
小漠镇云新村委
鹅埠镇西湖村委
赤石镇新联村委
后门镇百安村委
大湖镇山脚村委
黄羌林场陆安村委
梅陇农场大港管区

四、专项先进奖

（一）扶贫开发“双到”工作先进单位（13个）

1、扶贫开发“双到”工作先进镇（5个）
海城镇
梅陇镇
联安镇
陶河镇
平东镇
2、扶贫开发“双到”工作先进单位（8个）
县委办公室
县政协办公室
县住房和城乡规划建设局
县民政局
县水务局
县供销合作联社
县档案局
县广播电视台

（二）社会主义新农村建设示范村（9个）

城东镇北平村委桂树港村
梅陇镇梅联村
可塘镇陇东村
公平镇五联村委胜高楼村
公平镇赤坭村
陶河镇陶西村
小漠镇云新村委埔仔村
黄羌镇坑联村
平东镇谷兜村委新东村

（三）人口和计划生育先进单位（33个）

1、人口和计划生育先进镇（4个）
海城镇
联安镇
赤石镇
大湖镇
2、计划生育兼职成员单位先进单位（4个）
县公安局
县财政局
县民政局
县卫生局
3、人口和计划生育先进村（社区）（25个）
海城镇海珠社区
海城镇新园社区
附城镇城南社区
附城镇联西村委
城东镇赤山村委
城东镇大嶂村委
梅陇镇中兴社区
梅陇镇屿岭村委
公平镇公一村委
公平镇西山村委
可塘镇东新村委
可塘镇罗山村委
赤坑镇岗头村委
赤坑镇下兰村委
联安镇联北村委
陶河镇杨南村委
大湖镇湖仔村委
黄羌镇松林村委
平东镇南门村委
小漠镇旺渔村委
鹅埠镇蛟湖村委
赤石镇赤石社区
后门镇红泉村委
梅陇农场场部社区
黄羌林场麻竹村委

（四）移风易俗（殡改工作）先进镇（3个）

海城镇
后门镇
黄羌镇

（五）社会主义精神文明建设先进单位（17个）

1、文明镇（5个）
城东镇
梅陇镇
可塘镇
联安镇
平东镇

2、文明单位（12个）

县纪委
县委政法委
县地方志办公室
县人力资源和社会保障局
县信访局
县住房和城乡规划建设局
县科技局
县扶贫办公室
县国税局
县供电局
县旅游发展总公司
县邮政局

（六）综治信访维稳工作先进单位（7个）

海城镇
可塘镇
黄羌镇
鹅埠镇
小漠镇
县公安局
县民政局

（七）安全生产先进单位（6个）

附城镇
公平镇
赤坑镇
县海洋与渔业局
县食品企业集团公司
海深汽车运输公司

（八）模范纳税大户（32个）

广东烟草汕尾市有限公司海丰县分公司
海丰县供电局
中国移动通信集团广东有限公司海丰分公司
海丰碧桂园房地产开发有限公司
纬兴毛织（海丰）有限公司
海丰县新基房地产开发有限公司
超群（海丰）首饰厂有限公司
敏兴毛织（海丰）有限公司
海丰县凯旋实业有限公司
海丰县怡和建筑安装工程有限公司
海丰县万业房地产有限公司
海丰县华泰房地产开发有限公司
海丰县励嘉针织有限公司
海丰县海崇畜牧发展有限公司
海丰金伯爵广场
海丰联岭针织有限公司
汕尾市东骏房地产开发有限公司
永安达开发（汕尾）有限公司
维多利亚（海丰）轻工实业有限公司
汕尾市兴亿房地产有限公司
海丰县新洲塑料制品有限公司
广东百斯盾服饰有限公司
海丰金鹏国际酒店有限公司
海丰县恒安居房地产开发有限公司
海丰县新富源投资有限公司
海丰县顺盈纸品有限公司
汕尾市宏基房地产有限公司海丰分公司
广东威文服装有限公司
海丰县后门东成饭店
海丰县附城金华酒店
海丰县附城大好彩酒家
海丰县后门华晖饭店

附件2：

海丰县2011年度获省以上荣誉称号名单

表16

编号	获奖单位	获奖名称	颁发单位
1	县武装部	全面建设先进单位	广东省军区
		基层民兵营（连）“四个基本”达标建设先进单位	广东省军区
		新闻宣传工作先进单位	广东省军区
		第二轮军事志编撰工作先进单位	广东省军区
2	县编委办	广东省机构编制工作先进集体	广东省机构编制委员会办公室、 广东省人力资源和社会保障厅
3	县纪委监察局	广东省纪检监察系统先进集体	中共广东省纪委、广东省监察厅
4	县委组织部	全省组织系统先进集体	中共广东省委组织部
5	县委老干部局	广东省老干部工作先进集体	中共广东省委组织部、 中共广东省委老干部局、 广东省人力资源和社会保障厅
6	县教育局	广东省教育系统先进基层党组织	中共广东省委教育工委
7	县人口和计划生育局	全国计划生育优质服务先进单位	国家人口和计划生育委员会
8	县国土资源局	全国国土资源系统推进依法行政先进单位	国家国土资源部
9	县水务局	广东省水利系统创建学习型党组织先进单位	广东省水利厅
10	县司法局	2006—2010年广东省法制宣传教育先进集体	广东省普及法律常识领导小组
		广东省司法行政系统“五五”普法工作先进集体	广东省司法厅
11	县林业局	广东省森林资源林政管理先进单位	广东省林业厅
12	县统计局	广东省第六次全国人口普查先进集体	广东省第六次全国人口普查领导小组、 广东省统计局
13	县残联	广东省残疾人工作先进单位	广东省人民政府残疾人工作委员会
14	县科协	广东省科普惠农兴村计划实施工作先进集体	广东省科学技术技术协会、 广东省财政厅
		广东省全民科学素质行动计划纲要实施工作先进集体	广东省科学技术技术协会、 广东省发展和改革委员会、 广东省财政厅、 中共广东省委组织部、 广东省教育厅、 广东省人力资源和社会保障厅、 中共广东省委宣传部、 广东省科学技术厅、 广东省农业厅
15	西秦戏剧团	第十一届广东省艺术节优秀剧目二等奖	广东省文化厅
16	白字戏剧团	第十一届广东省艺术节优秀剧目奖	广东省文化厅

（续上表）

编号	获奖单位	获奖名称	颁发单位
17	城东镇	广东省先进基层党组织	中共广东省委
		全国先进基层党组织	中共中央组织部
		全国计划生育协会先进单位	中国计划生育协会
18	公平镇	广东省文明镇	广东省人民政府
		广东省专业镇产业集群标准化示范镇试点良等单位	广东省质监局
19	陶河镇	广东省“千人戒毒帮教工程”先进集体	广东省禁毒委员会、广东省禁毒基金会
20	黄羌镇坑联村	全国文明村	中央精神文明建设指导委员会

关于印发海丰县加快推进农村综合改革工作意见的通知

海委办〔2012〕47号

各镇（场、经济开发区）党委，镇人民政府，县直各单位：

经县委、县政府同意，现将《海丰县加快推进农村综合改革的工作意见》印发给你们，请认真遵照执行。

中共海丰县委办公室
海丰县人民政府办公室
2012年9月4日

海丰县加快推进农村综合改革的工作意见

根据中共广东省委农村工作办公室、广东省机构编制委员会办公室、广东省发展和改革委员会、广东省财政厅《印发2012年山区县农村综合改革要点的通知》（粤委农工办〔2012〕16号）文件精神，结合今年6月6日至8日省委农办在清远市阳山县召开的全省农村综合改革现场会的要求，为做好2012年我县农村综合改革的各项工作，特提出如下工作意见。

一、总体要求

深入贯彻落实科学发展观，进一步贯彻省政府《关于推进山区县农村综合改革的指导意见》精神，紧紧围绕推动创新发展，建设幸福海丰为目标，以促进农民增收为核心，统筹城乡区域协调发展。按照“巩固、完善、创新”要求，积极推进改革工作，明确县域内各镇功能定位，建立起科学考评机制，深化富县强镇、简政强镇事权改革，完善农村公共服务体系，增强县域农村发展活力，为建设幸福海丰构建和谐农村筑牢基础，提供支撑保障。

二、工作任务

1、落实主体功能区规划。要以主体功能区建设为切入点，实现“功能互补、错位发展、有序竞合”发展格局。宜居宜业新城区要突出抓好规划建设、产业优化和公共服务配套，着力打造成为宜居宜业新型城市。新型工业发展区要打造成为工业商贸发展区，轻工产品产业基地和电力能源基地以及电子信息高端产业基地，突出抓好招商引资和工业开发，为建设幸福海丰提供经济保障。现代农业生态区以保护生态环境，发展粮食生产，提供生态产品和农产品为主，突出打造成为现代农业、生态农业和生态旅游的现代农业生态区。（由县发改局牵头落实）

2、建立健全乡镇政绩考评机制。从2012年开始，围绕落实主体功能区划，对全县镇级领导干部实行分类考评。要精心组织，做好部署，建立

不同功能定位的分类考评制度，务求以科学发展的政绩观带动县域经济社会实现转型发展。（由县委组织部牵头落实）

3、建立镇村财政保障机制。要按照“省级财政以奖代补、市级财政定额支持、县级财政全额保障”的要求，加大财政支持力度。县财政部门要制订出台财力保障激励机制，确保生态发展镇正常运作所需经费每年达到160万元以上。全县村级干部补贴每月达到1000元以上（所需资金由省、市、县、村按4.8：1.6：1.6：2的比例分担），村级组织运作经费不少于4万元/年。从2013年至2015年，村干部补贴逐步达到每月2000元以上。（由县财政局牵头落实）

4、开展镇村综合服务平台建设。整合现有资源，全县各地均应设立镇、村综合服务平台，要求镇级有独立办公地点，面积不少于20平方米，配备有电脑、办事规程、并派驻有行政审批权的农业、林业、计生、国土、民政等相关部门人员进驻，实行“一站式办公、一条龙服务、阳光下操作、规范化管理”的运作模式，实现政务服务网络全覆盖，方便群众办事。村一级也要相应设立行政服务代办站（点），建立办事章程，指定专人负责，为农民群众提供便利服务。镇村综合服务平台建设工作，要求在今年7月底前全面建成。（由县农业局牵头落实）

5、完善乡镇农业公共服务体系。鼓励各地整合现有农业（畜牧）技术推广等资源，明确职能、充实力量、完善条件，综合设置农业服务机构。进一步完善乡镇农业公共服务体系，健全乡镇区域性农业技术推广、动植物疫病防控、农产品质量监管等公共服务体系，提高公共服务能力和水平。（由县农业局牵头落实）

6、建立民事民治管理机制。探索政府行政管理与村民自治管理的有效衔接。按照“民事民办、民事民治”的原则，在自然村建立农村专项理事会或村级社会组织，结合村级公益事业“一事一议”财政奖补政策，推行“以奖代补”鼓励和引导农民群众参与村庄基本公共服务，形成村民“共谋共建共管共享”良性机制，激发农村发展活力，促进农村公益事业发展，维护农民合法权益。（由县民政局牵头落实）

7、大力改善镇村宜居宜业环境。要把村庄环境卫生整治作为强化农村基本公共服务的重要内容。以名镇、名村、示范村建设和新农村建设为切入点，开展“大清洁、乡村美”活动，并逐步建立长效保洁机制，以县为单位，逐步建立“户收集、村集中、镇转运、县处理”农村垃圾处理模式，全面整治农村垃圾污染。要大力整治农村“水体污染”，实施“雨污分流、人畜分离”，因地制宜采用人工湿地、氧化塘等方式处理农村生活污水。因地制宜发展农村沼气工程。鼓励有条件地方将农村生活污水和垃圾处理纳入城乡统筹解决。（由县住建局牵头落实）

8、加大农民土地权益的保障力度。县国土、农业部门要加快推进农村土地承包确权颁证工作。在二轮土地承包关系不变、农户实际承包地块不变的前提下，以镇为单位对农户承包地的面积、地类、权属进行全面核查，逐户确权、登记入册，并全面完成农村集体土地所有权确权登记发证工作。同时，逐步推进集体建设用地和宅基地使用权确权发证工作，凭证用地，保护农民土地权益。（由县国土资源局牵头落实）

9、加快农村集体资产管理体制改革。有序推进农村集体经济组织登记发证工作，全面完成全县1850个农村集体经济组织审核登记，录入发证。加强农村土地承包经营权流转的管理和服务。各镇要按照“依法、自愿、有偿”原则规范农村土地（包括耕地、林地、水面）流转行为、流转程序和合同管理。建立农村土地流转交易平台（与镇综合服务平台合署办公），对土地承包经营权流转以及集体建设用地使用权出让、出租实行招标、拍卖、挂牌或网上竞价公开交易。鼓励土地面积较大、土地流转比较活跃的镇建立健全农村土地承包经营权流转管理服务平台，开展土地流转信息搜集发布、法律政策咨询、合同鉴证备案、纠纷调解等服务工作。巩固集体林权体制度改革成果，大力实施以生态建设为主的林业发展战略，不断创新集体林业经营的体制机制。（由县农业局牵头落实）

三、保障措施

1、加强组织领导。农村综合改革工作是一项长期、艰巨、复杂的任务，牵涉到党委、政府工作的方方面面。各地各部门一定要从全局和战略的高度，充分认识推进农村综合改革的紧迫性、艰巨性和长期性，坚持正确的改革方向，统一思想，坚定信心，摆上位置，加强领导。

2、加强协调配合。各地、各部门要服从、服务于农村综合改革大局，认真履行自己的职责，积极支持和配合农村综合改革工作。要把农村综合改革与新农村建设紧密结合起来，统筹兼顾，协调推进，并注意做好农村综合改革与其他改革政策之间的配套衔接工作。要妥善化解改革中的各种矛盾，营造良好的改革环境。

3、加强指导督促。各地、各有关部门要加强指导督促，形成一级抓一级、层层抓落实的督查工作机制；要深入基层开展调研，及时掌握农村综合改革工作的落实和进展情况，及时研究解决推进工作中出现的新情况新问题，确保农村综合改革的各项措施落到实处。

关于落实《海丰县国民经济和社会发展第十二个五年规划纲要》主要目标和任务工作分工的通知

海府〔2012〕4号

各镇人民政府（场、经济开发区），县直各单位：

《海丰县国民经济和社会发展第十二个五年规划纲要》已经海丰县十三届人大七次会议审议批准，纲要明确了我县“十二五”期间发展的指导思想、工作目标和发展任务，是加快推进我县“十二五”国民经济和社会各领域发展的纲领性文件，是依法履行宏观调控、市场监管、公共服务职责的依据。为扎实落实好实施工作，现将分工任务落实各地、各部门。

一、分工原则

（一）正确处理政府公共管理与市场调节的关系。切实推进政府管理工作转变，逐步实现“小政府、大社会”，明确政府进入领域，并充分发挥市场对经济调节和资源配置的基础性作用。对政府履行公共服务的目标和任务进行分解，对依靠市场调节的目标和任务不予分解。

（二）正确处理部门和地方责任主体关系。按照政府部门职能设置以及公共资源配置情况，突出将纲要提出的主要目标和任务分解落实，由相关部门切实负责。同时明确提出各镇（场）履行规划职责，将部分指标和任务分解落实到镇级单位。

（三）正确处理重点和全面的关系。全面落实好经济社会各领域发展任务。重点将政府履行公共管理和服务的一系列约束性指标、政策措施、规划配套实施、地方性法规和规章的制订等进行分解。

二、主要目标和任务分工安排

（一）约束性指标

城镇职工基本养老保险覆盖率达到71.7%。（县人社局）

城乡基本医疗保险覆盖率达到96.4%。（县人社局）

新型农村合作医疗覆盖率达到100%。（县卫生局、人社局）

人口自然增长率5.5‰。（县人口与计生局）

万元GDP能耗完成市下达目标。（县经促局）

单位GDP水耗控制在市下达任务内。（县水务局）

耕地保有量控制在55.18万亩。（县国土资源局）

单位GDP二氧化碳排放总量减少完成市下达任务。（县发改局）

主要污染物（二氧化硫、化学需氧量、氮氧化学物、氨氮）排放量完成市下达任务。（县环保局）

森林覆盖率达到53%。（县林业局）

对万元GDP能耗、单位GDP二氧化碳排放总量、主要污染物排放减少等约束性指标，由牵头单位在市下达任务后二个月内提出分解方案下达各地各单位执行，确保完成任务。

（二）加速产业发展

1、做大先进制造业。

实施名牌带动的转型升级战略。改造提升传统优势产业，培育行业龙头企业，形成集群发展格局。加快发展石油化工、电子电器、精密机械、装备制造业。（县经促局、发改局、科技局、住建局、国土资源局、相关镇）

2、积极发展滨海重化工业和高新产业。

大力发展能源项目，构建能源基地，推进石油化工产业基地建设，构建滨海重化工业发展体系。培育高端新型电子信息产业等战略性新兴产业。（县经促局、发改局、科技局、相关镇）

3、大力发展现代服务业。

着力发展现代旅游业，培育旅游品牌，打造全省旅游强县。（县文体旅游局）

加快现代物流业发展，推进特色专业市场建设，积极培育新兴消费热点，大力发展新兴服务业。（县经促局、发改局、人行、相关镇）

4、加快发展现代农业。

提升农业机械化水平，强化农产品质量安全

管理，积极建设现代农业示范园，扶持农业专业合作组织，培育农业龙头企业。（县农业局、农机总站、各镇、场）

推进种植业结构和布局调整。鼓励发展规模化畜牧业。做大做强水产养殖业。创建林业生态县。加大农业科技创新体系建设。（县农业局、畜牧局、海洋与渔业局、林业局、科技局、各镇、场各自负责）

（三）统筹城乡发展

1、加快现代中等城市建设。

强化县城规划管理，着力打造宜居宜业城市。（县住建局、海城镇、城东镇、附城镇）

2、推动西部组团发展。

配合合作区修编四镇规划，合理划分功能区，形成产业聚集、功能互补的新型经济区域。（县住建局、国土资源局、环保局、发改局、鹅埠镇、赤石镇、小漠镇、鲘门镇）

3、提升中心镇发展水平。

修编公平、梅陇、可塘三个省级中心镇规划，完善各项基础设施建设，提升特色产业发展规模。（县住建局、国土资源局、环保局、公平镇、梅陇镇、可塘镇、发改局、财政局）

4、推进新农村建设与城乡一体化。

强化其他建制镇及广大农村规划，推进城乡基本公共服务均等化，缩小城乡公共服务差别。（相关镇、县住建局、国土资源局、交通运输局、水务局、农业局、财政局、发改局）

落实强农惠农政策，出台扶持农业农村发展政策措施。完善农村社会保障制度。加强农村劳动力技能培训。（县农业局、人社局、财政局各自负责）

健全农村民主管理机制，推进村民自治制度化，保障农民享有更多的民主权利。推进户籍、就业、社会保障等配套制度改革。（县民政局、农业局、公安局、人社局各自负责）

（四）推进城乡基础设施建设

1、构筑现代交通网络。

推进公路网、铁路网、港口群建设，抓好乡镇客货运站场以及公交体系建设。（县交通运输局、公路局、公用事业局、住建局、国土资源局、发改局）

2、加强城乡电力、信息基础设施、城乡统一的垃圾转运及处理系统、城乡水利及其他市政设施建设。（海丰供电局、县信息产业局、环保局、水务局、公用事业局各自负责）

（五）加强生态环保

1、加强环境保护和整治。

制定环保规划，严格环保准入，控制产业污染，推进污染物减排。加强农村环境保护。（县环保局、发改局、住建局、国土资源局、相关镇）

实施最严格水资源管理制度，加强水资源管理。（县水务局）

2、加强生态环境建设和保护。

推进生态林保护、沿海防护林、湿地保护区建设。加强重大项目建设和重大区域开发的生态保护。切实保护海洋资源。加大水土流失防治力度。（县林业局、环保局、海洋与渔业局、水务局各自负责）

推进工业企业集中进园。（县经促局、发改局、环保局、住建局、国土资源局、相关镇）

3、提升集约用地水平。

加强土地利用总体规划引导，严格管理建设用地，强化耕地保护。（县国土资源局、农业局、相关镇）

4、推进节能、资源节约与循环利用。

大力推广应用节能先进技术和工艺，推进清洁生产。大力发展循环经济，提高资源利用率。（县经促局、发改局、相关镇）

（六）保障改善民生

1、优先发展教育事业。

加大教育投入，提升义务教育发展水平，积极发展职业教育和成人教育，合理调整教育布局，促进民办教育发展，创建教育强县。（县教育局、财政局、发改局、相关镇）

2、提升医疗保健及人口计生工作水平。

建设覆盖城乡的基本医疗卫生制度，完善医疗服务体系、公共卫生服务体系和基本药物供应保障体系，大力推进农村卫生事业发展，提升医疗保健水平。（县卫生局、发改局、相关镇）

严格控制人口增长，稳定低生育水平，提高人口素质，促进人口均衡发展。（县人口与计生局、相关镇）

3、完善就业和社会保障体系。

落实就业和再就业政策。健全城乡平等的就业培训制度、城乡一体的人力资源市场和就业信息网络等公共就业服务体系。建立健全工资分配制度以及劳动争议协调长效机制。（县人社局、相关镇）

加大财政对社会保障体系投入。完善养老、失业、工伤、医疗、生育及住房等社会保障制度，扩大社保覆盖面。完善社会福利体系和救助体系。完善扶贫开发机制。（县人社局、财政

局、民政局、住建局、扶贫办各自负责）

4、构筑防灾减灾网络与保障公共安全。

重点加强水利防灾减灾、气象防灾减灾、地质灾害预警求援、海洋灾害监测预报、平战结合综合防护等体系建设。完善食品药品安全网络建设。推进综治信访维稳工作。（县科技局、水务局、气象局、海洋与渔业局、武装部、卫生局、县委政法委各自负责）

（七）推进文化发展

1、提高全民文明素质。

广泛开展社会主义道德教育，拓展群众性精神文明创建活动。净化社会文化环境，宏扬社会主旋律。（县委宣传部、县文体旅游局、各镇、场）

2、完善公共文化服务体系。

加大文化投入，推进公共文化设施建设。（县文体旅游局、财政局、发改局、住建局、国土资源局、环保局、各镇、场）

3、大力发展文化产业。

整合文化资源优势，做强传统优势文化和地方特色文化，提升先进文化品质和文化软实力，打造全省文化强县。建立文化产业经营机制，打造文化产业龙头企业。（县文体旅游局、各镇、场）

4、积极发展体育事业。

广泛开展全民健身活动，加强体育设施建设，增强公共体育服务的供给能力。（县文体旅游局、各镇、场）

5、推进政治文明与法制建设。

推进依法治县工作。强化基层民主政治建设。完善重大决策的规则和程序，健全重大事项集体决策、专家咨询、民主党派和公众参与的决策评估等制度。建立决策反馈纠编机制和责任追究制度。加强新闻舆论监督。（县人大治县办、县民政局、县委办、县委宣传部各自负责）

（八）加快开放创新

1、加大区域合作力度。

实施东联西融战略，积极对接深汕特别合作区，打造"珠三角"东岸一小时经济圈。（县经促局、发改局、各镇）

2、积极承接产业转移。

配合市搞好深汕特别合作区建设，明确各镇工业园区、经济开发区发展功能，设定准入标准，建立退出机制。（县经促局、发改局、环保局、住建局、国土资源局、鹅埠镇、小漠镇、赤石镇、后门镇、开发区、相关镇）

3、提高利用外资水平。

完善招商引资优惠政策，创新招商引资工作机制。优化外商投资格局，提高利用外资水平。（县经促局、各镇、场）

4、优化对外贸易结构。

落实各项鼓励进出口的政策措施，加强对外贸企业的服务，推进外贸经营模式转型升级。（县经促局）

5、推进民营经济发展。

推进企业制度改革，加快建立现代企业制度。出台扶持民营企业发展优惠政策，打造龙头企业，提高民营经济的规模化、集约化。（县经促局）

6、加强自主创新体系建设。

加快建立以企业为主体、产学研相结合的创新体系。引导社会资金加大对技术创新的投入，积极鼓励企业自主创新。加强科技领军人才的培养和引进。（县科技局、人社局、经促局、发改局）

（九）完善保障措施

1、推进重点项目建设。

加强重点项目组织领导和协调服务，强势推进项目落地建设，有效促进规划实施。（县发改局、住建局、国土资源局、环保局、交通运输局、水务局、农业局、经促局、海洋与渔业局各自负责）

2、提高政府服务水平。

加快政府职能转变，规范行政审批行为。全面公开政务，提升电子政务水平。发展服务外包业。改善人文环境和政务环境。（县府办、相关职能局）

深化投资、财税、金融等体制改革。（县法制局、发改局、财政局、人行）

3、加快干部知识结构转型。

全面培训干部，完善干部知识结构，优化知识结构的转型和综合素质的提升，提高各级领导班子的执政能力。（县人社局、县委组织部）

4、强化政府绩效考核。

健全促进科学发展的领导干部考核评价机制，建立和完善政府绩效评价指标体系。（县委组织部、县府办、人社局、监察局、发改局、统计局）

三、工作要求

（一）强化组织领导。各地、各部门要严肃履行职责，充分发挥主动性、积极性和创造性，制定本地区本部门落实重点工作的配套实施方案，并报县政府，同时抄送县发改局。各部门要形成合力，加强配合，牵头部门要切实负起责任，相关部门要主动配合。

（二）加强中期评估。按照国家和省市惯例，在规划实施中期阶段，各牵头单位要将相关指标和任务完成情况报告县政府，并同时抄送县发改局。

（三）加强督促落实。各地、各部门要切实落实责任，将规划中的指标和任务细化，作为“十二五”期间工作目标。县委、县政府对“十二五”规划实施情况将实施专项督查，确保相关任务能够全面落实完成。

海丰县人民政府

2012年3月16日

关于印发《海丰县妇女发展规划（2011–2020年）》和《海丰县儿童发展规划（2011–2020年）》的通知

海府〔2012〕44号

各镇人民政府（场、经济开发区），县直有关单位：

现将《海丰县妇女发展规划（2011–2020年）》和《海丰县儿童发展规划（2011–2020年）》印发给你们，请认真组织实施。实施中遇到的问题，请径向县妇儿工委反映。

海丰县人民政府

2012年11月19日

海丰县妇女发展规划（2011–2020年）

实行男女平等是我国的基本国策，男女平等的实现程度是衡量社会文明进步的重要标志。妇女占全县人口的一半，是经济和社会发展不可代替的重要力量。维护妇女权益，促进妇女发展，是实现妇女解放的内在动力和重要途径。保障妇女权益、促进妇女发展、推动男女平等，对实现好我县经济社会又好又快发展具有重要意义。

2002年，海丰县政府颁布了《海丰县妇女发展规划（2001–2010年）》（以下简称《规划》），确定了妇女与经济、妇女参与决策和管理、妇女与教育、妇女与健康、妇女与法律、妇女与环境六个优先发展领域的主要目标和策略措施。十年来，全县各级政府把妇女发展规划纳入当地经济和社会发展总体规划，强化政府管理妇女事务的主体责任，加大实施妇女发展规划的经费投入，加强统筹协调，加强全社会的宣传动员，有力地推动了我县妇女事业的全面发展，妇女生存、保护和发展的条件明显改善。据监测数据显示，我县妇女发展规划确定的主要目标基本实现，男女平等基本国策得到广泛贯彻，妇女参政议政能力明显增强，妇女参与经济建设的作用更加凸显，妇女的健康水平明显提高，人均预期寿命延长；妇女受教育水平大幅度提升，教育性别差异基本消除；妇女合法权益保护进一步落实；妇女生存发展环境全面改善，妇女事业取得了长足的发展。促进妇女全面发展和男女平等方面取得了重大进展。

受经济社会发展水平的制约和影响，妇女发展仍然面临诸多问题和挑战。侵犯妇女劳动保障权益的现象尚未彻底消除，妇女参政能力和程度仍需提高，农村地区、欠发达地区和流动人口中的妇女公平享受文化教育、卫生保健、社会保障、法律保护等权利和公共服务的水平偏低，城乡和区域间妇女协调发展仍需做出艰巨的努力。

未来十年，是我县实施 “十二五”规划，加快经济社会转型，建设幸福海丰的重要时期，我县将以“科学跨越发展，建设幸福海丰”为主题，以“转变方式 、共享和谐”为主线，以“十年大发展”为目标，努力争当促进区域协调发展排头兵。新形势、新任务既为我县妇女发展提供了前所未有的发展机遇，也对妇女发展提出了新的挑战。

依照《中华人民共和国宪法》的基本原则，根据《中华人民共和国妇女权益保障法》和有关法律规定，以《中国妇女发展纲要（2011–2020年）》和《广东省妇女发展规划（2011–2020年）》为指导，按照我县国民经济和社会发展的总体目标和要求，结合我县妇女发展的实际情况，制定本规划。

一、指导思想和基本原则

（一）指导思想

高举中国特色社会主义伟大旗帜，以邓小平理论和“三个代表”重要思想为指导，深入贯彻落实科学发展观，坚持男女平等基本国策，坚持以人为本，广泛动员各种社会力量，保障妇女合法权益，提高妇女社会地位，优化妇女发展环境，推动妇女平等依法行使民主权利，平等参与经济社会建设，平等享有改革发展成果，促进妇女全面发展。

（二）基本原则

1.全面发展原则。从妇女生存发展的需求出发，着力解决关系妇女切身利益的现实问题，努力实现妇女在政治、经济、文化和社会等各方面的全面发展。

2.平等发展原则。注重社会公平，完善和落实促进男女平等的法律和政策，构建先进的性别文化，营造良好的社会环境，进一步缩小两性社会地位差距，促进两性和谐发展。

3.协调发展原则。坚持以人为本，加大对农村及欠发达地区妇女发展的支持力度，积极推进基本公共服务均等化，通过制度建设、资金投入、项目布局等措施，缩小城乡之间、区域之间、社会群体之间妇女在收入水平、生活质量、文化教育、医疗卫生保健服务、社会保障和福利等方面的差距。促进妇女协调发展。

4.妇女参与原则。依法保障妇女平等参与经济社会发展的权利，尊重妇女的主体地位，引导和支持妇女在推动社会主义经济建设、政治建设、文化建设、社会建设以及生态文明建设的实践中，实现自身的进步与发展。促进妇女与经济社会同步发展。

二、总目标

将社会性别意识纳入法律体系和公共政策，促进妇女全面发展，促进两性和谐发展，促进妇女与经济社会同步发展。保障妇女平等享有基本医疗卫生服务，生命质量和健康水平明显提高;平等享有受教育的权利和机会，受教育程度持续提高;平等获得经济资源和参与经济发展，经济地位明显提升;平等参与国家和社会事务管理，参政水平不断提高;平等享有社会保障，社会福利水平显著提高;平等参与环境决策和管理，发展环境更为优化；保障妇女权益的法规政策体系更加完善，妇女的合法权益得到切实保护。

三、发展领域、主要目标和策略措施

（一）妇女与健康

主要目标：

1.妇女在整个生命周期享有良好的基本卫生服务。

——女性人均预期寿命延长。

——到2020年，妇女常见病定期筛查率达到80%以上。宫颈癌和乳腺癌的早诊早治率提高，“两癌”死亡率降低。

——建立妇女健康档案。到2020年，建立健康档案率达90%，健康档案使用率达80%以上。

2.提高孕产妇医疗保健水平。

——孕产妇死亡率控制在15/10万以内。逐步缩小城乡、区域差距。

——孕产妇系统管理率达到90%以上。

——全县孕产妇住院分娩率达到98%以上，农村孕产妇住院分娩率达96%以上。

——孕产妇中重度贫血患病率降低。

3.妇女享有优质避孕节育计生服务，人工流产率降低。

4.妇女艾滋病、性病感染率得到控制。

5.妇女心理健康知识和精神疾病预防知识知晓率提高。

6.妇女经常参加体育锻炼人数比例提高，城乡妇女体质达到《国民体质测定标准》合格率90%以上。

——到2015年，力争妇女经常参加体育锻炼人数占全县女性人口总数的48%。

策略措施

1.加强妇幼卫生服务体系建设。坚持妇幼保健机构的公益性质，促进妇女享有均等化保健服务。加强农村乡镇卫生院、村卫生站和城市社区卫生服务机构建设，强化基层妇幼卫生服务能力。每个乡镇有一所政府举办，标准化建设、规范化管理的乡镇卫生院，每个行政村都有村卫生站。落实妇幼保健机构人员编制政策，按照妇幼保健机构等级建设标准加强基础设施建设和人才建设，加强综合性医疗机构妇幼保健相关职能科室建设。加强妇女保健特色专科服务能力建设，提升基本和重大公共卫生服务妇女保健相关项目工作水平。加大执法监督力量，严肃查处危害妇女健康的非法行为。

2.加大对妇幼卫生投入力度。优化卫生资源配置，增加农村和欠发达地区妇幼卫生经费投入，进一步完善公共卫生财政经费保障机制，缩小城乡和地区之间基本公共卫生服务“差距”，提高政府卫生支出比重，重点支持公共卫生、农村卫生和社区卫生发展。针对严重危害妇女健康的问题，不断加强妇幼安康工程实施力度，不断丰富妇幼重大公共卫生项目，推动设立妇女重大疾病防治基金。

3.加快基本公共卫生服务均等化进程。到2020年，全县妇女逐步享有免费婚前医学检查、孕前医学检查、产前医学检查。有效控制出生婴儿的残障率和死亡率。加快实施重大公共卫生服务项目，全面实施农村孕产妇住院分娩补助项目、农村妇女“两癌”检查项目、农村妇女增补叶酸预防神经管缺陷项目。

4.建立妇女健康档案。乡镇卫生院、村卫生站通过接诊、入户服务（调查）、疾病筛查、健康体检等多种信息采集方式建立健康档案。不断完善妇女健康信息库，逐步建立互联互通、功能完备的信息化管理系统，实现资源共享。

5.加大妇女常见病防治力度。建立妇科疾病普查普治规范化流程，建立妇女常见病定期筛查制度。加大宫颈癌、乳腺癌防治资金投入，全面实现免费的“两癌”检查。提高医疗保健机构“两癌”诊治能力，对贫困和重症患者治疗给予补助。

6.提供优质生殖健康服务。提供规范的青春期、育龄期、孕产期、更年期和老年期妇女生殖保健服务，有针对性地解决妇女特殊生理期的健康问题。研究推广避孕节育新技术、新方法，推行避孕节育的知情选择，提供生殖保健和避孕节育优质服务，降低计划生育手术并发症发生率。提高妇女自我保护意识和选择科学合理避孕方式的能力，预防和控制非意愿妊娠和人工流产。严厉打击非医学需要的胎儿性别鉴定和选择性别的人工终止妊娠活动。强化男女共同承担避孕节育责任意识，开发、研制男性避孕节育产品，提高男性避孕方法使用比重。

7.保障孕产妇安全分娩。提高住院分娩率，为孕产妇建立保健手册，进行孕早期、孕中期、孕晚期、产褥期保健和产后42天健康检查。加强产科建设和妇幼保健人员医疗技术培训，提高产科服务质量和孕产妇卫生保健水平。健全危重孕产妇急救网络，保证妇幼保健院、中心镇卫生院救护车配备，推广适宜助产技术，加强孕产妇危重症救治。减少不必要的医学干预，控制剖宫产率。

8.加强流动妇女卫生保健服务。完善流动人口妇女服务机制和保障制度，逐步实现流动人口妇女享有与流入地妇女同等的卫生保健服务。加强流动人口妇女孕产期保健管理，提高流动孕产妇系统管理水平。卫生行政部门将流动人口孕产妇保健纳入医疗保健单位综合目标考核内容。

9.预防和控制艾滋病、梅毒等性病传播。完善艾滋病和梅毒等性病防治工作机制。针对妇女重点人群加强宣传教育，推广有效干预措施。有效控制传染途径。强化对娱乐场所的监管，严厉打击吸毒、嫖娼卖淫；加强对采血机构和血制品生产单位的管理；预防艾滋病、梅毒母婴传播。将艾滋病、梅毒检测与咨询纳入妇幼保健常规服务，孕产妇艾滋病、梅毒检测率分别达到80%和70%，对感染孕产妇及所生儿童采取预防母婴传播干预措施的比例均达到90%。

10.加强妇女健康相关科学技术研究。组织科研攻关，加强对影响妇女健康因素和干预措施研究。鼓励自主创新，促进成果转化，推广促进妇女健康的新技术和适宜技术。

11.提高妇女营养水平。加强营养健康知识普及宣传教育，面向城乡居民提供基本健康教育信息与咨询服务，提高妇女自我保健和利用卫生服务的能力。完善健康教育网络，倡导健康生活方式、良好行为习惯和科学膳食结构，对孕前、孕产期和哺乳期妇女等重点人群开展针对性干预。

12.提高妇女的心理健康水平。建立覆盖城乡、功能完善的精神卫生防治和康复服务网络，重点推进以社区卫生机构为基础的精神卫生工作，社区机构逐步配备心理咨询师、社会工作者、社区志愿者，针对妇女不同时期生理和心理特点，开展心理咨询、辅导和干预。对妇女婚恋问题、更年期心理、抑郁症等进行心理疏导和干预，对妇女产后抑郁症实施预防、早期发现和干预。

13.推动妇女参加全民健身运动。充分利用现有体育设施，在社区、公园兴建健身场所，为妇女健身提供条件。加强对老年妇女、残疾妇女体育活动的指导和服务。

（二）妇女与教育

主要目标：

1.教育工作全面贯彻性别平等原则。

2.到2015年，学前教育毛入园率达到90%，女童平等接受学前教育。

3.基本消除义务教育阶段女童辍学现象。

——在保障小学适龄女童100%入学率的基础上，确保5年保留率达到99%。

——初中女童的毛入学率达到100%，适龄女童九年义务教育保留率达到93%。

——保障残疾女童接受义务教育。到2020年，适龄残疾女童入学率达到97%。

4.普及高中阶段教育。

——女生高中阶段毛入学率2020年达到90%以上。

——降低女生高中阶段辍学率，确保贫困家庭女生完成高中阶段教育。

——逐步实行中等职业教育免费制度。

5.提高妇女终身教育水平。

——到2020年，企业女职工普遍接受职业技能培训。

——农村妇女普遍接受实用技术培训。

——在职妇女平等接受继续教育。

6.提高妇女平均受教育年限。

——新增主要劳动年龄人口中女性平均接受教育年限14年。

7.困境妇女优先获得教育培训支持。

8.性别平等原则和理念在各级各类教育课程标准及教学过程中得到充分体现。

策略措施

1.教育工作全面落实性别平等。探索在中小学逐步开展自尊、自信、自立、自强的“四自精神”为核心的女性教育。增强教育工作者的社会性别意识。增强对教育管理者社会性别理论的培训。

2.基本消除女童义务教育阶段辍学现象。加强农村学校基础设施建设和师资培训，缩小城乡差距。全面落实困难学生资助政策，确保每个适龄女童不因家庭经济困难、学习困难或就学困难失学。提高家长依法保障女童接受义务教育的自觉性。建立健全防止义务教育阶段女童辍学制度，加大各地管理、督查和劝学工作力度，确保适龄女童接受良好的义务教育。

3.加大财政对困境女童的扶持力度。确保贫困家庭女童、留守女童、流浪女童和残疾女童接受义务教育。建立健全关爱留守女童健康成长的扶助体系。结合推进产业和劳动力转移战略，坚持以流入地政府管理为主、以全日制公办中小学就读为主的原则，多形式多途径保障进城务工随迁女童接受义务教育。加快特殊教育学校建设，健全特殊教育保障体系。

4.保障女性平等接受高中阶段教育。实施高中阶段教育普及工程，全面满足初中女生接受高中阶段教育需求，多渠道筹措资金，确保贫困家庭女生完成高中阶段教育。保障未升入高中的女生在就业前接受必要的职业培训。

5.提高妇女接受高等教育的比例。提高女性主要劳动年龄人口中受过高等教育的比例，落实贫困女大学生资助政策，保障妇女平等接受高等教育。

6.满足妇女职业教育需求。坚持职业学校教育与职业培训并举的方针，为妇女接受职业教育提供更多机会和资源。为困境妇女提供教育培训支持。加大农村妇女免费技能培训，为失业妇女提供多形式职业教育，为残疾妇女提供教育、培训和职业技能鉴定机会，为失学大龄女童提供补偿性教育。建立贫困妇女资助基金，扶持贫困地区妇女接受职业教育、职业技能培训与鉴定。

7.提高妇女终身教育水平。推进学历教育和非学历教育协调发展、职业教育和普通教育相互连通、职前教育和职后教育有效衔接，构建妇女终身教育体系。鼓励妇女接受多种形式的继续教育，为妇女提供多样化的终身教育机会和资源。健全继续教育激励机制，支持用人单位为从业妇女提供继续教育的机会。提高妇女利用新型媒体接受现代远程教育的能力。大力支持农村妇女接受实用技能培训，办好农村妇女学校，提高妇女科技致富能力，促进农村女性劳动力转移就业。

8.加强基层妇女教育培训机构建设。加大力度建设基层妇女教育培训机构。统筹开发社区教育资源，为妇女提供就业培训、婚姻家庭咨询、健康指导、法律宣传、生涯规划等内容的社区教育服务，发展社区老年教育，推动学习型社区建设。

（三）妇女与经济

主要目标：

1.保障妇女获得经济资源的平等权利和机会。

2.消除歧视，促进男女平等就业

——城镇从业人员女性比例保持在42%以上。

——高级专业技术人员的女性比例达到35%。

3.确保农村妇女平等享有土地经济权益。

4.男女非农就业率和男女收入差距缩小。

5.保障妇女劳动权利，实现男女同工同酬。

6.缓解妇女贫困程度，减少贫困妇女数量。

——到2020年，企业女职工接受职业技能培训的比例达到90%以上。

——农村技能培训女性比例达到总培训人数的45%以上。

7.保障女职工劳动安全，降低女职工职业病发病率。

8.保障流动妇女、留守妇女劳动权益。

策略措施

1.加大妇女经济权利的法律保障力度。制定和完善妇女平等参与经济发展的法律政策，确保妇女平等获得经济资源和有效服务。缩小男女两性在分享经济决策权上的差距，拓宽妇女平等参与经济决策的机会和途径，提高妇女参与经济决策及管理的水平。严格执行《就业促进法》、《劳动合同法》、《劳动争议调解仲裁法》等法律法规。

2.保障农村妇女土地经济权益。落实保障农村妇女土地权益政策，纠正损害农村妇女土地权益的村规民约，确保农村妇女平等获得土地、技术、信息、信贷、资本等资源，平等享有土地承包权、生产经营权、宅基地分配权、集体资产收益分配权等权益。

3.帮助和鼓励妇女就业和自主创业。支持和引导妇女兴办私营企业、个体工商户和发展科技型企业。宣传女性就业典型，引导和激励妇女创业。完善创业扶持政策，落实技能培训、小额贷款扶持、跟踪指导等措施，支持和帮助妇女创业。积极开辟适合妇女特点的就业领域，探索灵活多样的就业形式，为妇女创造新的就业机会和就业岗位。采取有效措施，推动妇女在新兴产业和行业就业。大力发展家庭服务业，扶持培育一批具有一定规模的品牌企业，促进妇女就业。

4.优化妇女就业结构。完善女性人才培养、评价、激励政策，通过定点培训、定向和挂钩形式，加强妇女职业培训，加强高新科技行业和信息产业女性人才培养，提高中、高级专业技术人员和技能人才中女性的比例。引导妇女积极参与自主创新、科学研究和基数改造，建立梯队式的女性人才链，实现女性人才队伍的协调发展。

5.全面落实男女同工同酬。建立健全劳动保障监察体系，健全完善劳动人事争议调解仲裁工作网络，重点监控对妇女劳动权益受侵害比较严重的环节。推进企业劳动保障守法诚信和履行社会责任的制度建设，为妇女创造良好的就业环境。

6.促进农村妇女顺利实现非农转移。多渠道引导和扶持农村妇女向非农产业转移。加强农村妇女转移培训，开发适合农村妇女的职业工种，增强其非农就业和适应城镇生活能力。

7.帮助困难妇女就业。制定扶持政策，为失业女性、残疾、贫困以及单亲特困母亲、零就业家庭妇女提供经济援助和就业信息、政策咨询、职业技能培训等就业帮助。实施城乡贫困妇女小额信贷项目。鼓励支持以妇女为主的扶贫经济实体发展。

8.消除就业性别歧视。健全法律法规体系、劳动监察执法体系、劳动人事争议调解仲裁体系保障，为妇女获得平等就业权利提供保障。禁止招工、招聘中的性别歧视，用人单位招用人员，除国家规定的不适合妇女的工种和岗位外，不得以性别为由拒绝录用妇女，不得在劳动合同中规定或以其他方式变相限制女性结婚、生育。

9.提高农村妇女的经济收入。面向农村妇女开展金融服务和相关培训。开展形式多样、适合农村妇女特点和具有市场导向性的职业培训，突出实用技术培训和创业培训。为留守妇女和返乡妇女提供就业、技术、金融服务和支持。鼓励农村妇女发展二、三产业，帮助农村妇女增收致富。

10.保障女职工的特殊劳动权益。加强对女职工“四期”（经期、孕期、产期、哺乳期）劳动保护的法律宣传教育，提高女职工维护自身合法权益的法律意识。严格执行《劳动合同法》和有关女职工特殊劳动保护规定，保障女职工与用人单位签订劳动合同，提高企业女职工权益保护专项集体合同的签订率，规范用工时间，合理安排劳动量。将女职工劳动保护作为劳动监察和劳动安全监督的重点内容，依法查处侵犯女职工权益案件，及时处理涉及女职工的劳动争议案件。

11.加大女职工职业安全保护力度。扩大工伤保险覆盖面，不断优化女职工工作劳动条件，加强对重点工种和重点岗位的妇女劳动安全教育和保护，确保女职工按规定享受职业安全健康体检。不断完善女职工“四期”特殊劳动保护措施，加强职业病危害的管理与监督，降低妇女职业病发生率。

（四）妇女参与决策和管理

主要目标：

1.提高妇女参政议政比例。

——县人大、政协领导班子至少各配1名女干部。

——县人大代表、政协委员以及人大、政协常委中女性比例逐步提高。

2.提高妇女参与决策和管理比例。

——县级党委、政府工作部门领导班子配备女干部的比例逐步提高。

——县级党委、政府领导班子和乡镇党政领导班子中，应各配备1名以上女干部。

3.推动妇女广泛参与基层民主管理。

——社区“两委”成员中女性比例保持在50%左右。

——村“两委”女性比例提高，村委会成员中应当至少有1名妇女，村委女性比例达到30%以上。女村委会主任比例达到10%以上。

4.拓宽妇女参与决策和管理渠道。

——企业董事会和监事会成员及管理层中的女性比例逐步提高。

——企业职工代表大会、教职工代表大会中女性代表比例提高。

——女性较集中的部门、行业管理层中女性与女职工比例相适应。

策略措施

1.制定和完善有关促进妇女参与决策和管理的法规政策。积极推动有关单位采取措施提高人大代表、政协委员、村民委员会、社区委员会中的女性比例及候选人中的女性比例。

2.创造有利于妇女参与决策和管理的良好社会环境。通过各种途径，提高各级领导和全社会的性别平等意识、对妇女在推动民主法治建设和促进两性和谐发展重要作用的认识以及对培养选拔女干部工作重要性和紧迫性的认识。

3.完善妇女平等竞争机制。为妇女提供平等竞争机会，促进优秀妇女人才进入决策层和管理层。健全监督机制，贯彻公开、公平、竞争、择优原则，在考录公务员和招聘企事业单位人员时，不得对女性提高标准，不得以性别为由拒绝录用符合条件的女性；在干部选拔、晋升时，保障女性不受歧视。

4.加强女干部培养选拔。扩大基层女干部来源，注重从基层、生产一线培养选拔女干部。通过培养、交流等形式，选拔一定比例的女干部到重要部门和关键岗位担任主要领导职务。加强女干部储备，抓好女干部理论业务培训和实践锻炼，加强教育管理，提高女干部的整体素质。

5.推动妇女广泛参与基层民主管理。完善和落实村（社区）委员会基层民主选举制度，确保村委会中至少有1名女性，社区委员会女性比重进一步提高。完善以职工代表大会为基本形式的民主管理制度，保障企事业职工代表大会女代表比例与女职工比例相适应。鼓励女大学生到基层工作，支持流动人口中的妇女参与基层事务管理。

6.推动女职工参与企业经营管理。深化企业人事制度改革。以公开、透明、择优的选拔原则，采取组织推荐、公开招聘、民主选举、竞争上岗等方式，选拔更多中、高层次女性管理人才，不断提高国有企业董事会、监事会和管理层中的女性比例。

7.坚持妇女参与原则。在制定影响妇女生存发展的方针政策和涉及妇女根本利益的重大问题决策时，听取女人大代表、女政协委员、妇女组织和妇女群众的意见。拓宽妇女参与决策和管理渠道，鼓励女人大代表、女政协委员积极提交议案、提案。大力发展重要行业、领域和民间妇女社团组织，增加妇女参政议政影响力。

8.充分发挥妇联组织参与决策和管理作用。重视妇联组织在培养选拔女干部、推动妇女参政议政方面的意见和建议，把妇联组织的妇女人才库作为组织部门培养选拔女干部的重要来源。

（五）妇女与社会保障

主要目标：

1.建立覆盖城乡的养老保险制度、医疗保险制度和退休人员社会化管理服务体系。

2.形成覆盖城乡妇女的生育保障体系。

——到2020年城镇职工生育保险参保率达到90%以上。

——到2020年，城乡居民生育医疗保险覆盖率达到98%。

3.完善城镇女职工工伤保险与失业保险制度。

——有劳动关系的女性劳动者全部参加工伤保险。

——城镇女职工失业保险覆盖率和保障水平逐步提高。

4.完善城乡社会救助和社会福利制度及社会养老服务体系、退休人员社会化管理服务体系，残疾人康复设施能基本满足残疾人康复需求，妇女享受社会福利程度和妇女养老服务水平明显提高。

策略措施

1.加快完善社会保障法规政策。完善社会保障体系、社会服务体系、社会救助体系相关法规政策，制订发展规划和规范管理标准，为妇女普遍享有生育保险、医疗保险、养老保险、失业保险和工伤保险提供法律制度保障。

2.加快推进社会保障领域基本公共服务均等化进程。统筹社会保障资源在城乡、区域之间的均衡配置，城乡一体化的社会保障制度，全面提高妇女社会保障水平。

3.进一步完善城镇社会保障体系。努力推动城镇女职工按规定参加养老、医疗、生育、失业、工伤等各项社会保险，不断提高城镇女职工社会保险参保率。切实保障女职工享受各项社会保险待遇。

4.形成覆盖城乡妇女的生育保障体系。以职工生育保险、城镇居民基本医疗保险和新型农村合作医疗制度为依托，完善城乡生育保障体系，覆盖所有城乡妇女。重点保障女职工生育期间基本生活和医疗保健需求。

5.稳步提高妇女医疗保障水平。逐步扩大妇女常见病、多发病保障范围，稳步提高城镇居民基本医疗保险和新型农村合作医疗的待遇水平。

6.为残疾妇女提供社会保障。进一步完善残疾人社会保障体系，为符合条件的重度和贫困残疾妇女参加新型农村合作医疗、城镇居民基本医疗保险、新型农村社会养老保险等社会保险提供财政补助。多渠道保障残疾贫困妇女基本生活。不断完善残疾人康复服务体系，实施重点康复工程，建立残疾妇女康复服务中心，使残疾人普遍享受康复服务。

7.保障老年妇女享有基本养老服务。落实对民办养老机构的扶持优惠政策，落实对养老床位的建设补贴和运营补贴。大力发展居家养老服务，鼓励发展非赢利性社区养老服务机构，完善社会养老服务体系，以政府购买社会服务、专业化社工队伍服务和项目管理等形式，提高社区的养老照护能力和服务水平。

8.提高妇女享受社会福利的程度。建立与经济增长和物价水平相适应的救助标准调整机制。完善社会福利体系，推行最低生活保障制度，实施应保尽保，逐步提高供养标准，稳步提高老年补贴。加大困境妇女社会救助力度。以社区为依托，为单亲特困母亲和贫困、残疾、失业、老年等特殊困境妇女提供创业、就业、生活、医疗、照看等服务。采取有效措施，对失去独生子女的家庭、农村纯女户、军人烈士家属等给予优先照顾，提高其社会保障水平和社会福利标准。发展慈善事业，培育和鼓励社会各类慈善资金为困难妇女提供救助。

（六）妇女与环境

主要目标：

1.营造有利于妇女全面发展的社会环境。

——加强男女平等基本国策宣传力度，提高全社会的性别意识。

——性别平等原则在环境与发展、文化与传媒、社会管理与家庭等相关政策中得到充分体现。

——完善传媒领域的性别平等监管机制。

——加强妇女活动阵地的建设，为妇女搭建展示自身魅力与价值的平台。

2.覆盖城乡的公共文化服务体系不断完善，妇女享有的公共文化服务水平不断提高。

——到2015年，实现全县基层文化设施全覆盖。

——到2020年，县城建成“十分钟文化圈”、农村建成“十里文化圈”。

——力争到2015年，文明村镇创建覆盖面达到80%以上，到2020年覆盖面达到95%以上。

——力争到2020年，卫生镇、卫生村普及率分别达到50%、70%。

3.家庭环境和谐，妇女生活质量提高。

4.妇女享有适宜的人居环境

——力争到 2020年，农村卫生厕所普及率提高到90%，农村无害化卫生厕所普及率达到85%。城镇公共厕所男女厕位比例与实际需求相适应。

——到2020年，城镇生活垃圾无害化处理率、城市污水处理厂集中处理率、城市人均公园绿地面积、农村自来水普及率、农村生活饮用水合格率达到省规划的标准，妇女的环境权益得到有力保障。

5.倡导绿色环保生产生活方式，鼓励妇女积极参与环境保护和节能减排。

6.提高妇女应对自然灾害和重大公共安全事故的能力。

策略措施

1.加大男女平等基本国策宣传教育。将男女平等基本国策宣传培训教育纳入党校和各级干部的培训规划，列入中小学基本常识教育中。采取多种宣传形式，提高全社会的性别意识，营造男女平等竞争、和谐共进的舆论环境。大力宣传妇女儿童发展规划。在全社会特别是在妇女中，开展妇女儿童发展规划的专项宣传教育，增强妇女儿童发展规划的公众参与度和社会影响力。

2.将性别意识纳入传媒和文化艺术工作。大力宣传先进妇女典型，充分展示妇女参与和推动经济社会发展的作用、价值和贡献，树立自尊、自信、自立、自强的女性形象，营造尊重妇女的社会氛围。禁止在网络等媒体中出现贬抑、否定妇女独立人格等性别歧视现象。积极推动广播电视媒体制作、播出宣传性别平等和妇女儿童发展内容的公益广告。加强对媒体从业人员的专题培训，提高其社会性别意识。

3.提高妇女享有的公共文化服务水平。实施文化强县工程，实现基础文化设施全覆盖。逐步完善县、镇、村（社区）三级公共文化设施网络。到2020年，全县每万人拥有公共文化设施面积（按常住人口计算，不含室外文化设施面积）达到1200平方米，广播电视全面实现户户通。在主要媒体创办女性专题栏目。县级主要媒体率先并引导创建女性专题栏目，倡导积极、理性、健康的妇女风尚。提高妇女运用媒体获取知识和信息的能力。尤其是为山区、农村和流动人口中的妇女学习和运用大众传媒，提供条件和机会。支持和促进边缘农村和贫困、流动、残疾等妇女使用媒体和通信传播技术。鼓励民间机构和企业等运用各类信息通信技术，帮助边远地区妇女获得信息和服务。

4.加强对女性用品的质量监督与卫生检查。提高妇女护理、保健及卫生用品的送检率和合格率，依法查处假冒伪劣产品。保障妇女合法的消费权益。

5.建设文明和谐家园。开展以家庭美德建设为主要内容的宣传教育活动，弘扬尊老爱幼、男女平等、夫妻和睦、勤俭持家、邻里团结的家庭美德，倡导文明和谐的家庭关系及科学健康的生活方式。健全婚姻家庭咨询服务网络，鼓励婚姻家庭指导师、专业社会工作者、心理师等参与咨询服务，提高婚姻家庭生活质量。

6.深入开展家庭教育指导服务和宣传活动。多形式、多渠道宣传和普及家庭教育知识，积极引导儿童家长接受家庭教育指导服务和家庭教育实践活动，树立科学的教育理念。采取有效措施，吸纳妇女参与家庭教育研究，推广家庭教育成果。

7.增加女性可自我支配的时间。提高家务劳动社会化程度，在社区优先发展对家庭生活有直接影响的公共服务。倡导男女双方共同承担家庭责任，使女性拥有更多时间用于自我完善与自我发展。

8.为妇女健康创造良好的工作生活环境。推进环境优美乡镇、生态文明村、绿色社区、绿色企业、绿色学校、绿色家庭和绿道网建设。加快建设污水和生活垃圾无害化处理设施，提高污水和生活垃圾处理水平。推进城市园林绿化建设，改善生态环境，减少环境对妇女的危害。城镇公共厕所建设更加满足实际需求、在公共场所设施建设中，从性别视角合理设置男女厕位比例。组织动员妇女积极参与环境保护。增强妇女的环保意识，促进妇女主动参与节能减排，绿色消费，低碳生活。

9.在减灾工作中体现性别意识。根据妇女特殊需求，在减灾工作中对妇女提供必要的救助和服务。通过宣传培训，提高妇女预防和应对灾害的能力，吸收妇女参与相关工作。加强对灾区妇女的生产自救和就业指导。

10.加强妇女发展问题研究。鼓励和资助社会各界加强对男女平等基本国策、妇女理论及妇女发展等问题的研究，为全县妇女工作提供科学依据和理论支持。加强促进妇女发展的交流与合作。

（七）妇女与法律

主要目标：

1.促进男女平等的法规政策不断完善。

2.建立健全法规政策的性别平等审查机制。

3.妇女普法教育不断加强。

——到2015年，妇女法律普及率达到90%，到2020年，达到98%以上。

4.保障妇女在婚姻家庭关系中的财产权益。

5.维护农村出嫁女在集体经济组织中的合法权益。

6.预防和制止针对妇女的家庭暴力。

——提高家庭暴力案件的受理率。

——为妇女提供法律保护和社会救助。

7.预防和制止针对妇女的性骚扰。

8.严厉打击卖淫嫖娼丑恶行为。

——逐步构建挽救帮助失足妇女的社会机制。

9.严厉打击侵害妇女的各类违法犯罪活动。

——降低侵害妇女的刑事案件发案率，提高破案率。

10.建立健全妇女法律援助、司法救助和维权服务网络。

——初步建立刑事受害人救助机制。

——到2015年，建立覆盖全县城乡的妇女维权工作服务网络。

策略措施

1.制定和完善保护妇女合法权益的法规政策。针对妇女权益保障中的家庭暴力、职工生育保险等热点难点问题，推动制定和修订相关法规政策，保障妇女在政治、文化、教育、人身、财产、劳动、社会保障、婚姻家庭等方面权利。引导和鼓励广大妇女通过多种途径，发表意见和建议。

2.加强对法规政策中违反男女平等原则内容的审查。依法加强对违反男女平等原则法规政策的备案审查，对法规政策中违反男女平等原则的

条款和内容进行清理。

3.大力宣传保护妇女合法权益的法律法规。把保护妇女合法权益法律法规的宣传纳入县法制宣传教育规划。组织面向城乡妇女的专项宣传教育活动，大力宣传《中华人民共和国妇女权益保障法》、《中华人民共和国母婴保护法》、《广东省实施<妇女权益保障法>办法》等法律法规，提高妇女法律素质。从2012年开始，定期发布分地区、分领域的妇女权益状况报告。

4.加强社会性别理论培训。将社会性别理论纳入立法、司法和执法部门常规培训课程，结合实际开展有关妇女发展规划、维护妇女权益法律法规的培训，提高立法、司法和执法人员的社会性别意识。

5.加大执法和司法过程中维护妇女权益的工作力度。积极探索通过司法程序解决出嫁女权益诉求问题，优先审理涉及妇女的矛盾易激化和严重影响妇女生活的诉讼案件。在执法和司法过程中，切实保护妇女的实体权利和诉讼权利。鼓励和推荐符合条件的妇女担任人民陪审员，鼓励和推荐有专业背景的妇女担任人民检察院特约检察员或人民监督员。

6.维护婚姻家庭关系中的妇女权益。在离婚案件和继承案件审理中，切实保护妇女的婚姻自由权、财产权、子女抚养权和继承权。打击重婚、包养婚外情人行为，依法惩处危害妇女婚姻家庭权益的违法犯罪行为。

7.维护农村出嫁女合法权益。依照法律的相关规定，通过集体协商等有效方式，帮助认定出嫁女农村集体经济组织成员资格。引导农村建立健全体现男女平等的村民自治章程和村规民约。及时处理、纠正侵害出嫁女合法权益的行为，保障出嫁女依法平等获得土地增收补偿费、股份分红和其他经济补偿，享有与居住地男子平等的各项土地权益。

8.有效预防和制止针对妇女的性骚扰。明确用人单位在预防和制止性骚扰方面的责任和义务，加大对性骚扰行为的打击力度。针对性骚扰的潜在受害人群，加强防范性骚扰宣传教育。

9.坚决打击一切侵害妇女人身权利的违法犯罪活动。严厉打击奸淫幼女、强奸妇女、猥亵侮辱妇女、卖淫嫖娼、强迫妇女卖淫陪侍等侵害妇女人身权利的违法犯罪活动。坚持预防为主、防治结合，提高妇女防范拐卖的意识，加大对拐卖妇女犯罪行为的打击力度。

10.综合治理和有效防范家庭暴力。推动预防和制止家庭暴力的立法进程。进一步完善多部门联动机制，强化预防、制止、救助一体化工作。积极调处涉及家庭暴力矛盾纠纷，为家庭暴力受害妇女提供法律帮助、心理辅导和社会救助。

11.为妇女提供法律援助。保障法律援助经费，优先向符合条件的妇女提供法律援助。加强法律援助建设，支持妇联、工会、共青团和残联建立法律援助分支机构，鼓励法律服务机构、社会组织为妇女提供公益性法律服务和援助。

12.为妇女提供司法救助。为经济困难或者其特殊情况需要救助的妇女提供司法救助，实施诉讼费缓交、减交或免交。建立完善刑事被害人救助制度，对因犯罪侵害而陷入生活困境的妇女实行国家救助，保障受害妇女的基本生活。

13.鼓励社会参与妇女维权工作。整合社会资源，扶持妇女维权和服务机构的发展，鼓励民间机构、非政府组织、专业社会工作者、社区义工和志愿者为妇女提供法律服务，建立妇女维权工作站和妇女庇护所，完善12338妇女热线，为有需要的妇女提供法律、生活、心理帮助。

四、组织实施

（一）加强对规划实施工作的组织领导。各有关部门结合各自职责，根据规划要求，承担规划中相应目标任务，制定具体方案，认真组织实施。县妇女儿童工作委员会（以下简称妇儿工委）具体负责规划实施的组织、协调、指导和督促。

（二）加强《规划》与国民经济和社会发展规划的衔接。将妇女发展的主要指标纳入经济和社会发展总体规划和专门规划，统一安排，统一部署，同步实施，同步发展。

（三）保障妇女发展的经费投入。各级政府将实施规划所需经费纳入财政预算，加大经费投入，并随经济增长逐步增加。重点扶持欠发达地区和农村妇女的发展。动员社会力量，多渠道筹集资金，支持妇女事业发展。

（四）建立健全实施《规划》的工作机制。建立政府主导、多部门合作、全社会参与的工作机制，共同做好规划实施工作。建立目标管理考核问责制，将主要目标纳入相关部门的目标管理和考核体系，考核结果作为对领导班子和有关负责人综合考核评价的重要内容。健全报告制度，各有关部门每年向县妇儿工委和上级主管部门报告实施规划的工作情况。健全会议制度，定期召开妇儿工委全委会、联络员会议，汇报交流实施规划的进展情况。加强妇儿工委办公室的建设。大力培育和发展妇女工作组织，鼓励其积极参与妇女培训、妇女维权、妇女就业和法律援助等工作。

（五）探索总结实施《规划》的工作方法。及时开展对妇女发展和权益保护状况的调查研究，掌握新情况、分析新问题，为制定法规政策提供依据。加强对妇女发展领域的理论研究，总结探索妇女发展和妇女工作规律。在规划实施中不断创新工作方法，坚持和创新立项攻坚、项目实施、实事化运作等方式解决重点难点问题；坚持分类指导、示范先行的原则，及时总结推广具有实效和创新的经验。促进规划的全面实施。县妇儿工委将定期召开妇女儿童工作会议，总结规划实施经验。

（六）加大实施《规划》的宣传力度。多渠道、多形式面向各级领导干部、妇女工作者、广大妇女和全社会，广泛宣传国家纲要和规划，宣传规划实施中的典型经验和成效，宣传促进妇女保护和发展的国际公约、法律政策，营造有利于妇女发展的社会氛围。

（七）加强实施《规划》的能力建设。将男女平等基本国策相关内容和妇女保护法规政策纳入党校课程。将实施规划所需业务知识纳入培训计划，开展对相关工作者的培训。举办多层次、多形式的业务培训与研讨，增强政府及各有关部门、机构相关人员、相关专业工作者实施规划的责任意识和能力。

（八）鼓励妇女参与《规划》的实施。注重发挥妇女的作用，听取妇女的意见和建议。鼓励妇女参与规划实施，提高妇女参与意识和能力，实现自身的发展和进步。

五、监测评估

（一）工作内容。对规划实施情况进行年度监测评估、中期监测评估和终期监测评估。科学设定监测评估指标体系，确定重点监测指标和评估指标，明确指标定义。建立重点监测统计制度，及时收集、整理、分析反映妇女发展状况的相关数据和信息，动态反映规划目标进展情况。系统分析和评价规划目标达标状况，评判规划策略措施和规划实施工作的效率、效果、效益，预测妇女发展趋势。通过监测评估，准确掌握妇女发展状况，制定和调整促进妇女发展的政策措施，监督与推动政策措施的落实，推动规划目标的实现，为规划未来妇女发展奠定基础。

（二）机构职责。县妇儿工委设立监测评估工作机制，负责组织领导监测评估工作，审批监测评估方案，审核监测评估报告等。监测评估工作机制包括监测组和评估组。

监测组由统计部门牵头，成员由承担规划目标任务单位的统计、业务和信息技术人员组成。负责组织对规划实施情况的统计监测工作，培训相关工作人员，研究制定监测方案，收集、整理、分析数据和信息，撰写并提交年度监测报告等。

评估组由妇儿工委办公室牵头，成员由承担规划目标任务的有关单位业务人员和相关专家组成。负责组织对规划实施情况的评估工作，培训相关工作人员，制定评估方案，组织开展评估工作，撰写并提交评估报告等。

（三）措施保障。县政府将监测评估工作所需经费纳入财政预算，安排落实监测评估人员。各地政府及有关部门结合监测评估结果开展宣传，研究利用监测评估结果，加强规划实施。

（四）基础建设。规划和完善与妇女生存、发展有关的统计指标和分性别统计指标，将其纳入县和部门常规统计或统计调查。加强监测统计队伍建设，加快监测统计的信息化、自动化建设，建立监测数据网上报送系统，建立和完善妇女发展监测数据库。

（五）工作要求。实行监测评估工作报告制度。县妇儿工委向市妇儿工委提交评估报告。县妇儿工委对各地、各有关单位的监测评估工作进行指导，对规划实施情况进行检查和督导。各有关单位要切实履行职责，保证监测评估工作有序开展，取得实效。监测组要向县妇儿工委提交年度监测报告，加强监测预警工作，完善规划实施达标情况预警督办制度，为促进规划目标如期达标发挥警示监督作用。规范各级数据信息的收集、发布和展示，加快数据信息的交流、反馈和利用，逐步实现数据资源共享。评估组要向县妇儿工委提交评估报告。

附件：
八大主要实施项目

1.妇女“两癌”检查与救治
2.妇幼安康工程——三级妇幼保健网建设
3.妇女维权工作站服务网络建设
4.困境妇女的社会救助与帮扶
5.育龄妇女享有生育医疗保障工程

6.妇女就业培训
7.妇女创业小额贷款支持
8.基层妇干参政培训

海丰县儿童发展规划（2011-2020年）

儿童是人类的未来，是社会可持续发展的重要资源。全社会都要树立一切为了儿童的理念和道德，让每个孩子身心健康、快乐成长。儿童发展是社会发展和文明进步的重要组成部分，为儿童提供良好的生存、发展、受保护和参与的机会和条件，最大限度地满足儿童发展需要，发挥儿童的潜能，为儿童的健康成长奠定重要基础，是各级党委、政府和全社会的共同责任。

2002年，海丰县人民政府颁布了《海丰县儿童发展规划（2001—2010年）》（以下简称《规划》），确定了儿童与健康、儿童与教育、儿童与法律保护、儿童与环境四个优先发展领域的主要目标和策略措施。10年来，我县各级党委政府高度重视，把儿童发展规划纳入当地经济和社会发展总规划，集中力量，攻坚破难，基本实现规划确定的主要目标，有力地推动了全县儿童事业的全面发展。

由于我县正处于经济社会发展转型时期，受社会、经济、文化等因素制约，儿童发展仍面临不少问题与挑战。儿童优先的意识有待进一步加强，教育资源配置有待进一步均衡，儿童健康水平有待进一步提升，儿童享有的社会福利范围有待进一步扩大，儿童生存与发展的环境有待进一步优化，这是今后一个时期儿童事业发展的重大任务。

未来十年，是我县实施“十二五”规划，加快转型升级、建设幸福海丰的关键时期。这将为我县儿童健康成长提供前所未有的政策保障和良好条件，儿童发展迎来前所未有的机遇。

根据《中华人民共和国未成年人保护法》和有关法律规定，以《中国儿童发展纲要（2011—2020年）》和《广东省儿童发展规划（2011—2020年）》为指导，按照我县国民经济和社会发展的总体目标和要求，结合我县儿童发展的实际情况，制定本规划。这是今后十年海丰儿童发展的纲领性文件，也是全县各地、各单位履行维护儿童权益、促进儿童发展、保障儿童优先职责的重要依据。

一、指导思想和基本原则

（一）指导思想

高举中国特色社会主义伟大旗帜，坚持以邓小平理论和“三个代表”重要思想为指导，深入贯彻落实科学发展观，紧紧围绕“树正气、强管理、促发展、惠民生”的总体工作思路，坚持儿童优先原则，切实保障儿童生存、发展、受保护和参与的权利，以优先保护、平等发展、扶贫济困、普惠福利为重点，提高儿童整体素质，促进儿童与海丰经济社会同步发展。

（二）基本原则

1.依法保护原则。在儿童身心发展的全过程，依法保障儿童合法权利，促进儿童全面健康发展。

2.儿童优先原则。在制定法规、政策、规划制定和公共资源配置等方面，优先考虑儿童的利益和儿童成长的需求。

3.儿童最大利益原则。处理与儿童相关的一切事务应充分考虑儿童身心发展特点，保障儿童利益最大化。

4.平等发展原则。为所有儿童创造公平的社会环境，确保儿童不因户籍、地域、性别、民族、信仰、受教育状况、身体状况和家庭财产状况等差异受到任何歧视，保障所有儿童享有平等的权利与机会。

5.儿童参与原则。创造有利于儿童参与的社会环境，鼓励、支持儿童参与家庭、文化和社会生活，畅通儿童表达渠道，重视吸收采纳儿童意见。

二、总目标

完善覆盖城乡儿童的基本医疗卫生制度，提高儿童身心健康水平；促进基本公共服务均等化，保障儿童享有更高质量的教育；扩大儿童福利范围，建立和完善适度普惠的儿童福利体系，提升儿童工作社会化服务水平，创建儿童友好型社会环境，完善保护儿童的保护机制，依法保护儿童合法权益。到2020年，儿童整体素质、教育程度和发展水平明显提高。

三、优先发展领域主要目标和策略措施

（一）儿童与健康

主要目标：

1. 提高出生人口质量。

——降低严重多发致残的出生缺陷发生率，重症地中海贫血、重度先天性心脏病、唐氏综合症等高危出生缺陷发生率以2010年为基数下降1/2。

——低出生体重儿发生率控制在4%以下。

——新生儿破伤风发病率以县为单位降低到1‰以下。

——新生儿遗传代谢性疾病筛查率达90%以上，新生儿听力筛查率达85%以上。

——逐步降低艾滋病、乙肝、梅毒的母婴传播率，通过母婴传播的儿童艾滋病感染率下降。

2.降低儿童死亡率，减少儿童伤害所致死亡和残疾。

——婴儿死亡率控制在6‰以下。

——5岁以下儿童死亡率控制在8‰以下。

——降低流动人口中婴儿和5岁以下儿童死亡率。

——18岁以下儿童伤害死亡率以2010年为基数下降1/6。

3.提高儿童健康水平。

——5岁以下儿童贫血患病率控制在12%以下，中小学生贫血患病率以2010年为基数下降1/3。

——5岁以下儿童生长迟缓率降低到7%以下，低出生体重率降低到5%以下。

——提高中小学生《学生体质健康标准》达标率。

——控制中小学生视力不良、龋齿、肥胖和营养不良等儿童常见多发性疾病和结核病、艾滋病、乙肝等传染性疾病。

4.儿童卫生保健水平大幅提高

——0～6个月婴儿纯母乳喂养率达到50%以上。

——纳入国家扩大免疫规划的疫苗接种率以镇为单位达到95%以上。

——到2020年，3岁以下儿童系统管理率达到80%以上，7岁以下儿童保健管理率达到95%以上。

——保障流动儿童获得与户籍儿童同等的儿童保健和计划免疫接种服务。

——中小学生每年进行一次免费体检。建立学生健康档案。

5.降低儿童心理行为问题发生率和儿童精神疾病患病率。

6.提高适龄儿童生殖健康知识普及率。

7.减少环境污染对儿童的伤害。

策略与措施

1.调整卫生经费投入结构，优化卫生资源配置，加大妇幼卫生经费投入。合理安排公共卫生服务项目妇幼卫生项目所需资金，针对严重危害妇女儿童健康的问题，适时扩大实施妇幼重大公共卫生项目。逐步增加农村和贫困地区妇幼卫生经费投入，促进城乡妇女儿童享有均等化的卫生保健服务。

2.加强妇幼服务体系建设。加强妇幼保健机构建设，落实相关人员编制政策，按照妇幼保健机构等级建设标准加强基础设施建设和人才建设。儿童保健专业技能培训每年覆盖50%的乡镇和社区，以及40%的儿科和儿童保健科医护人员。加强区域性中小学卫生保健机构和学校卫生室的建设，落实校医和保健教师的配备。加强镇卫生院、村卫生站和县城社区卫生服务机构建设，增强基层妇幼卫生服务能力。加强综合性医疗机构妇幼保健相关科室建设。

3.完善出生缺陷防治体系。加强婚检知识宣传，规范婚检内容，改革婚检服务模式，逐步实现免费婚检，提高婚前医学检查率。加强孕产妇保健管理。推行免费孕前优生健康检查。开展产前筛查、产前诊断服务，不断提高产前筛查和诊断水平，重点针对重症地中海贫血、重度先天性心脏病、唐氏综合症设立专项防治项目，为高危人群提供免费筛查和诊断，将治疗费用纳入医疗保障制度。健全新生儿疾病筛查网络，在所有助产机构中落实采血和听力初筛，加强筛查实验室规范化建设和质量控制，落实阳性患儿的转诊、确诊、治疗及随访，提高新生儿疾病筛查率，逐步扩大筛查病种，并为贫困患儿提供救助。加大力度宣传出生缺陷防治知识，服务对象出生缺陷防治知识知晓率达到90%。建立全县性的出生缺陷和儿童残疾信息网络，实现各部门、各系统之间数据的互通、共享。

4.加强儿童疾病防治。扩大国家免疫规划范围，加强冷链系统建设和维护，规范预防接种行为。以县城为重点，普及儿童健康基本知识。规范儿科诊疗行为，积极防治儿童常见病和多发病。加强儿童健康相关科学技术研究，促进成果转化，推广实用技术，降低新生儿窒息、肺炎和先天性心脏病等的死亡率。将预防艾滋病母婴传播及先天梅毒综合服务纳入妇幼保健常规工作中，孕产妇艾滋病、梅毒检测分别达到80%和70%，对感染孕产妇及所生儿童采取预防母婴传播干预措施比例均达到90%以上。

5.加强儿童卫生保健管理和服务。实施0～6岁儿童健康管理基本公共服务项目，保障流动儿童享有与本地儿童同等水平的基本公共卫生服务。为0～6岁儿童提供出生缺陷筛查与诊治、生长发育监测、喂养与营养指导、早期综合发展、心理行为发育评估与指导、免疫接种、常见疾病防治、健康安全保护、健康教育与健康促进等基本保健服务。实施0～6岁残疾儿童抢救性康复工程。实行早期发现、早期诊断和早期干预，提供以社区为基础的康复服务。为0～6岁残疾儿童提供康复医疗服务，学前残疾儿童符合规定的医疗康复费用纳入医疗保险报销范围。

6.加强儿童健康档案管理。把0～6岁儿童列入居民健康档案管理项目重点人群，到2020年，儿童健康建档率达95%，健康档案使用率达80%以上。开展中小学校儿童年度体检考核，体检资料纳入居民健康档案管理范畴，逐步提高学校儿童年度体检执行率。

7.加强儿童成长规律心理研究和心理卫生保健服务。针对儿童特点，开展健康科学的娱乐、体育、科普等活动，缓解学习压力。加强青春期心理和情感教育，调试青春期儿童心理需求。推进以社区为基础的心理卫生保健工作，在学校开设心理健康指导课程，在中小学校逐步设立心理咨询室，落实教育师资、心理咨询师、社会工作者的配备和培训，为儿童开展不同时期行为心理问题的筛查、咨询、辅导和干预。在妇幼保健院、彭湃医院以及精神专科医院中建立儿童心理门诊。

8. 加强对儿童的健康教育、指导和干预。加强托幼机构和中小学校卫生保健管理，将健康教育纳入义务教育课程体系，对儿童开展疾病预防、心理健康、生长发育与青春期保健等方面的教育和指导，提高儿童身心健康素养水平。帮助儿童养成健康行为和生活方式。加强儿童视力、口腔和听力保健，以幼儿园、中小学为重点，开展牙病防治和控制屈光不正的工作。实行儿童膳食、体育锻炼和用眼卫生指导，培养良好卫生行为习惯，防治中小学生肥胖、近视和龋齿。预防和制止儿童吸烟、酗酒和吸毒。严禁向儿童出售烟酒和违禁药品。

9.改善儿童营养状况。加强爱婴医院管理，积极推行母乳喂养。开展科学育儿教育，培养儿童健康的饮食习惯。预防和治疗营养不良、贫血、肥胖等儿童营养性疾病，实施贫困地区学龄儿童营养与健康干预。制定和推动中小学生营养改善计划。

10.提高儿童身体素质。全面实施国家学生体质健康标准。合理安排学生的学习和锻炼时间，保证学生睡眠时间。保证学生每天锻炼一小时。完善和落实学生健康体检制度和体质监测制度。

11.加大环境保护和治理力度。控制和治理大气、水、土地的环境污染以及工业、生活和农业面源污染，加强饮用水源保护。加强监管，确保主要持久性有机污染物和主要重金属（铅、镉等）暴露水平符合国家标准。

（二）儿童与教育

主要目标：

1.发展儿童早教教育，促进0～3岁儿童早期综合发展。

——建立0～3岁儿童早期教育、康复指导与服务体系。到2020年，全县城镇社区办好0～3岁教养支持中心，每个乡镇均办起0～3岁1个教养支持中心。

2.到2015年，全县基本普及学前教育。

——2015年全县学前教育毛入园率达到90%，2020年全县学前一年毛入园率达到95%。

——到2015年底，全县80%以上的乡镇建成1所规范化公办中心幼儿园。

3. 高质量高水平普及九年义务教育。

——小学适龄儿童入学率达到100%，五年保留率达到99%。

——九年义务教育巩固率达到95%。

——到2020年，初中毛入学率达到100%，辍学率控制在1%以下。

——到2015年，初中毕业升学率达到98%

——到2020年，全面实现县域义务教育均衡发展。

——到2015年，全县义务教育学校达到规范化标准。

——保障残疾儿童接受义务教育。到2020年，适龄残疾儿童入学率达到97%。

——保障流动儿童平等接受义务教育。

4.普及高中阶段教育

——逐年提高高中阶段教育毛入学率，到2020年高中毛入学率达到90%以上。

——到2015年，高中阶段教育毛入学率达到95%，2020年达到95%以上。

5.扩大中等职业教育规模，不断提高教育质量和办学水平。

6.提高教育质量和效益，全面提升学生的综合素质和能力。

7.全面普及家庭教育，提高家庭教育水平。

策略与措施

1.推进依法治教。加大推进家庭教育、学前教育、留守儿童教育等执法力度，完善教育法规政策体系。加大教育执法力度，健全教育督导机构和制度。

2.落实教育优先发展战略。保障经济社会发展中优先发展教育。切实加大财政对教育的投入总量，不断提高财政性教育经费占财政总支出的比例。

3. 推进义务教育均衡发展。建立城乡一体化的教育均衡发展保障机制和基本公共教育服务体系，加快规范化学校建设和薄弱学校改造，缩小城乡办学条件、师资水平、教育质量差距。扩大农村中小学建网学校比例和农村现代远程教育网络覆盖面，建成覆盖城乡的学校数字化教育体系，逐步实现教育信息化。

4.全面推进素质教育。以培养学生的道德情操、创新精神和实践能力为重点，注重培养学生的健康人格、良好品质、科学精神和人文精神，提高学生的学习能力、实践能力、创新能力、社会适应能力和思想道德素质、科学文化素质、身心健康素质。

5.重视和加强0～3岁婴幼儿教育。努力做好0～3岁儿童家长育儿知识培训工作，支持和扶持早教机构发展，推行科学保教方法，保障幼儿健康成长。

6.逐步普及3～6岁儿童学前教育。建立政府主导、社会参与、公办民办并举的办园体制，突出公益性和普惠性。各地要将学前教育经费列入财政预算。从2011年起，新增教育经费要向学前教育倾斜，优先满足学前教育发展需要。保障流动儿童、残疾儿童接受学前教育。加大公办幼儿园建设力度，完善幼儿园设置审批制度，建立教师持证上岗制度、教育质量标准和监测评估体系。加强幼儿园管理，规范办园，提高保教质量。

7.保障流动儿童接受义务教育的权利。以流入地政府管理为主，以全日制公办中小学为主，多形式、多途径为异地务工人员随迁子女提供学位，实现进城务工随迁子女平等接受义务教育。加大对接受进城务工随迁子女就读的民办学校扶持和管理力度。

8.关爱农村留守儿童少年健康成长。在留守儿童集中的学校增加驻校社会工作者，为留守儿童提供学习指导、心理辅导和生活帮助为一体的扶助服务。落实留守儿童监护责任，试点建立对留守儿童家庭定期访问制度、与在外务工父母定期联系制度、与留守儿童定期心理交流制度。

9.保障特殊、弱势儿童接受义务教育的权利。落实孤儿、残疾儿童、贫困儿童就学的保障及资助政策。鼓励社会公益和慈善机构参与，加快特殊教育学校建设，基本实现建立1所标准化特殊教育学校。完善普通学校接受残疾儿童少年随班就读办法。消除制度障碍，为流浪儿童、具有严重不良行为和违法犯罪行为的儿童平等接受义务教育创造条件。

10.消除义务教育大额班现象，推行标准班教学。加大中小学基础设施建设力度，确保有足够学位满足适龄儿童少年入学需要，鼓励有条件的地方开展小班化教学，到2015年，全县义务教育班额普遍达到国家标准。

11.减轻儿童学习心理压力。切实减轻中小学生课业负担，建立学生课业负担监测和公告制度。引导、组织学生参加社会实践活动。加强学生校外活动基地、青少年宫、儿童活动中心的建设和管理。

12.优化普及高中阶段教育。实施高中阶段教育普及工程，推动普通高中进一步向县域集中。有条件的地区逐步推行高中阶段教育免费政策。到2020年，全县高质量高水平普及高中阶段教育。

13.保障少数民族儿童平等接受义务教育权利，加大教育对口支援力度，促进民族融合。

14.大力发展中等职业教育。以就业为导向，以提高质量为重点，深化职业教育改革，以县中等职业技术学校为主体，扩大办学规模，提高教育质量和办学水平。逐步推行中等职业教育免费制度。

15.创新和改进家庭教育。加强家庭教育工作研究及分类指导。建立多元化的家长学校办学体制。帮助家长树立正确的儿童观、教育观和成才观，掌握现代科学育儿的知识和方法。利用手机短信、互联网等现代信息渠道开展家庭教育知识宣传和咨询。在流动儿童、留守儿童、残疾儿童相对集中的学校，对其监护人或临时监护人进行家庭教育指导。

16.提高教师师德修养水平。加强教师职业理想和职业道德教育，将师德作为教师考核、聘任和评价的首要内容。

（三）儿童与福利

主要目标：

1.扩大儿童福利范围，推动儿童福利由补缺型向适度普惠型转变。

2.保障儿童享有基本医疗和保健服务，提高儿童基本医疗保障覆盖率和保障水平。

3.增加孤残儿童养护、流浪儿童专业服务机构数量

——到2015年，建有至少1个儿童福利机构，至2020年，有1个相对独立的儿童福利机构。

——到2020年，建有1所集养护、医疗康复、教育、技能培训综合功能的重度残疾儿童教养学校。

——建立流浪儿童救助保护机构。

4.提高残疾儿童康复率。

5.完善儿童福利津贴制度。

——2012年，继续落实散居孤儿最低养育标准每人每月600元、福利机构集中供养孤儿每月1000元的政策。孤儿福利保障经费随经济增长和物价水平变化逐步提高。

6.完善困境儿童社会救助体系。

——加快流浪未成年人救助保护机构建设，不断扩大救助规模，减少街面流浪儿童的数量和反复性流浪现象。

——保障孤、病、残、贫困儿童和服刑人员未成年子女生活、教育、医疗、就业等权利。

7.探索建立和完善流动儿童和留守儿童的服务机制。

策略与措施

1.提高面向儿童的公共服务的供给能力和供给水平。将儿童发展纳入国民经济和社会发展的总体规划，加大对儿童事业的投入。完善服务体系和机制，增加财政对儿童福利的预算，逐步实现儿童公共服务均等化。

2.保障儿童基本医疗。在城镇居民基本医疗保险和新型农村合作医疗制度的框架内完善儿童基本医疗保障制度，保障儿童从出生起即享有医疗保障，逐步提高儿童医疗保障水平。

3.扩大儿童福利范围。完善城市和农村最低生活保障制度，通过分类施保，提高贫困家庭儿童的生活水平。探索对儿童实施营养干预和补助的方法，改善儿童营养状况。逐步提高农村义务教育寄宿制学校家庭经济困难学生生活补助标准，扩大补助范围。

4.完善孤儿基本保障制度。按照全省城镇和农村居民人均消费性支出的增长幅度建立孤儿基本生活最低养育标准的自然增长机制，保障孤儿基本生活不低于当地平均生活水平，满足孤残儿童生活、教育、康复、医疗和就业、住房等多方面的基本需求。对孤儿参加城镇居民基本医疗保险、新型农村合作医疗个人缴费部分予以政府补贴。探索建立受艾滋病影响的儿童、服刑人员未成年子女的替代养护制度，为受艾滋病影响的儿童和服刑人员子女的生活、医疗、教育、就业提供制度保障。

5.完善孤儿养育和服务模式。全面提高儿童福利机构的管理服务水平。探索适合孤儿身心发育的养育模式。提倡社会收养，规范家庭寄养，鼓励社会助养。建立和完善家庭寄养监督和评估体系，提高家庭寄养孤儿的养育质量。

6.建立健全残疾儿童康复救助制度。实施0—6岁残疾儿童免费抢救性康复项目，建立残疾儿童抢救性康复救助制度，逐步扩大康复救助范围。优先开展0—18岁残疾儿童的抢救性治疗和康复。提高残疾儿童康复机构服务的专业化水平，以专业康复机构为骨干、家庭为基础、社区为依托，以居家养护为主，以社区养护为辅，建立残疾儿童康复服务体系，全面提供康复医疗、功能训练、辅助器具适配、心理辅导、康复转介、残疾预防、知识普及和咨询、职业技能教育和使用技术培训等服务，增强残疾儿童生活自理、社会适应以及参与社会生活的能力。对残疾儿童家长进行康复知识培训和指导。

7.加强流浪儿童救助保护工作。完善流浪儿童救助保护网络，加强流入地与流出地的沟通协调，健全流浪儿童生活、教育、返乡和安置保障制度，对流浪儿童开展教育、心理辅导、行为矫治、医疗卫生和技能培训，提高流浪儿童救助保护工作的专业化和社会化水平。鼓励并支持社会力量保护和救助流浪儿童。

8.探索建立流动儿童和留守儿童的服务体制机制。完善以社区为依托、面向流动人口家庭的管理和服务网络，不断提高服务能力。健全农村留守儿童服务机制，加强对留守儿童心理、情感和行为的指导，提高留守儿童家长的监护意识和责任感。

9.鼓励公众参与儿童福利事业。建立健全服务儿童的社会工作和志愿者服务机制和网络。政府通过政策支持、购买服务、舆论引导等措施，依托社会和民间力量，构建儿童福利事业的社会支撑体系。

（四）儿童与社会环境

主要目标：

1.营造尊重、爱护儿童的社会氛围。保障儿童合法权利，消除对儿童的歧视和伤害。

2.为儿童创造积极向上的文化环境。

3.保护儿童免受网络、手机、游戏、广告、图书和影视中不良信息的影响。

4.健全儿童安全网络体系。

——中小学校安全设施达标率达到100%。

——中小学生安全知识知晓率达到100%。

——确保儿童药品、食品、玩具质量和娱乐设施安全。

5.优化儿童成长的家庭环境。

——适应城乡发展的家庭教育指导服务体系基本建成。

——儿童家长家庭教育知识基本普及，家庭教育参与率提高。

6.培养儿童阅读习惯，增加阅读时间和阅读量。

——90%以上的儿童每年至少阅读一本图书。

7.加快建设儿童活动场所和设施。

——90%以上的城乡社区均有建立一所为儿童及其家庭提供游戏、娱乐、教育、卫生、社会心理支持和转介等一体化服务的儿童之家。

——增加儿童校外活动场所的数量，建有少年宫和儿童科普基地。

8.保障儿童参与家庭生活和社会事务的权利。

9.保障儿童享有闲暇和娱乐的权利。

策略与措施

1.强化儿童权利的舆论宣传。广泛开展以儿童优先和儿童权利为主题的宣传教育活动，提高公众对儿童权利尤其是儿童参与权的认识，形成有利儿童生存与发展的社会舆论环境。

2.净化儿童成长的环境。加强儿童的中华民族传统美德教育，广泛宣传健康向上的儿童形象，屏蔽、阻断社会不良信息，减少色情、暴力等信息对儿童身心健康的损害。

3.为儿童提供健康向上的文化产品。办好少年儿童广播电视报刊专题栏目，扶持优秀儿童文艺作品、儿童读物的创作，鼓励和推动适宜向儿童普及的优秀传统文化、乡土文化产品的生产，举办全县大型儿童文化娱乐活动，加强校内儿童艺术培训，鼓励和规范社会力量举办的各类儿童文艺和艺术培训、评比活动。加强各级公共图书馆特别是镇、村（社区）图书馆（室）建设，加大儿童读物在公共藏书中的比例，鼓励建儿童图书馆。

4.加强校园安全建设和监管。大力开展警校共建安全文明校园活动，加强托儿所、幼儿园、校园的周边治安综合治理，清理整顿校园周边文化娱乐场所、商业网点、音像市场和网吧，禁止在学校周边200米内开设歌舞厅、游戏机室和网吧。加强校园安全建设，加强校车监管。中小学校按规定配备校园保安，严格进出验证，配齐安保器械。

5.加强儿童食品、药品、用品、玩具和游乐设施的质量和安全监管。完善相关检测标准、安全认证和质量认证制度，并纳入法制轨道。加强公共设施的管理和安全监察，提高儿童及家长的安全意识，减少儿童意外伤害。学校、儿童活动场所装修应达到绿色环保标准，进出口处设置交通标识。

6. 加强儿童安全知识教育。培养儿童尊重生命、珍惜生命和自我保护意识，创设安全的儿童生活环境。全面开展儿童应急避险安全教育，建立儿童应急避险演练机制。加强自然灾害和突发事件应急和生存训练，提高儿童应急避险和逃生能力。

7.将家庭教育指导服务纳入城乡公共服务体系。普遍建立各级家庭教育指导机构，90%的城镇社区和80%的行政村建立家长学校或家庭教育指导服务点。培养合格的专兼职家庭教育工作队伍。加大公共财政对家庭教育指导服务体系建设的投入，鼓励和支持社会力量参与家庭教育工作。

8.普及家庭教育知识。推广运用手机、网络、社区服务三位一体的工作模式，建立县儿童家庭教育综合服务指导平台。发展家庭教育讲师团队伍，深入基层开展家庭教育咨询和研究。不断扩大和提高家长教育的覆盖面和合格率，确保儿童家长每年接受两次以上家庭教育指导服务，参加两次以上家庭教育活动。逐步推进家长教育的有效化、制度化、常态化。

9.营造保障儿童健康成长的家庭氛围。重视培养儿童的独立意识，保障儿童合理自主选择、适度娱乐、自由支配休闲时间。多形式推广“亲子日”等活动，增加儿童尤其是留守儿童与父母交流的机会和时间。预防和制止虐待、忽视、家庭暴力等危害儿童安全事件的发生。

10.加快儿童活动场所和设施建设。提高儿童活动场所利用率，提高各级少年宫和青少年、儿童活动中心的服务水平。开放学校活动资源，建设校园网络。增加儿童课外活动设施，扩大活动场所。支持社会力量开办儿童文化活动机构，规范城乡儿童活动场所的管理，逐步实现各类文化、科技、体育等公益性设施和活动场所向儿童免费或优惠开放。

11.支持儿童参与儿童事务。在儿童事务与儿童服务决策过程和决定有关儿童的重大事项时，听取儿童意见。支持儿童参与家务劳动和自身事务管理，增加儿童的社会实践机会，鼓励儿童以志愿者等角色参与社会公益活动，提高儿童的社会参与能力。

12.强化社区儿童服务、管理和教育功能。以社区为基础，动员社会工作者、社区志愿者、社会团体和机构参与儿童工作，建设儿童之家，发挥社区在儿童服务、管理和教育上的作用。每个镇至少配1名专职或兼职的儿童社会工作者。

13.加强留守儿童工作。全面推进农村留守少年儿童“希望家园”建设，建立健全农村关爱留守少年儿童健康成长服务体系，为留守儿童提供学习指导、心理辅导、亲情关怀和生活帮助。建立留守儿童家访制度，关注留守儿童的身心健康和发展。在留守儿童较多的学校，配备一名专职的儿童社会工作者。组建农村留守儿童志愿辅导员服务队伍，为留守儿童提供心理辅导等社会服务工作。

（五）儿童与法律保护

主要目标：

1.加强保护儿童的执法力度和有关政策规章的制定。

2.儿童自觉自主的法律保护认知、意识及行动能力逐步增强。

——2015年，全县中小学生中《中华人民共和国未成年人保护法》、《中华人民共和国预防未成年人犯罪法》、《中华人民共和国未成年人保护条例》、《广东省预防未成年人犯罪条例》的宣传普及率达到95%，2020年达到100%。

3.儿童监护人的法律责任和保护意识明显增强，履行职责的能力明显提高。

4.出生人口性别比趋近正常水平。

5.对儿童的各类暴力得到有效遏制。

6.少年儿童网瘾拯救法律行动取得明显成效。

7.预防并减少侵害儿童人身权利的违法犯罪行为。

8.保护儿童的合法财产权益。

9.依法保障儿童获得出生登记和身份证登记。

10.禁止使用童工（未满16周岁）和违规使用未成年工。

11.预防儿童违法犯罪，降低儿童犯罪率和重新犯罪率。

——未成年罪犯占刑事罪犯的比重降低。

12.保障儿童依法获得及时有效的法律援助和司法救助。

策略与措施

1.加强保护儿童的法规政策的执法力度。加强保护儿童权利、促进儿童发展工作，推进儿童福利、学前教育以及保护残疾、孤困、流动、流浪、留守等特殊儿童群体的政策规章的制定。

2.加强法制宣传教育。进一步贯彻落实《中小学法制教育指导纲要》，做到“大纲、教材、教师、课时”四落实，所有中小学设立法制副校长，定期开展儿童法律知识的宣传普及。中小学校法制宣传教育普及率纳入各级教育行政部门的绩效考核体系。

3.加强执法检查监督。定期开展专项执法检查，促进执法和司法人员儿童权益保护观念的提升、知识强化和技能培训，提高执法水平。

4.完善儿童监护制度。提高儿童父母和其他监护人的责任意识，逐步建立以家庭监护为主体，以社区、学校等有关单位和人员监督为保障，以国家监护为补充的监护制度。

5.保护儿童人身权利。严厉打击强奸、拐卖、绑架、虐待、遗弃、胁迫、诱骗、利用儿童犯罪、利用儿童进行乞讨、卖艺、卖淫等违法犯罪行为。保护儿童免遭一切形式的性侵犯。建立受暴力伤害儿童问题的预防、强制报告、反应、紧急救助和治疗辅导、康复回归工作机制，探索建立儿童庇护中心。加强预防和打击拐卖儿童犯罪的宣传教育，建立完善DNA检测制度，依法打击拐卖儿童犯罪活动。严厉打击干扰学校正常教学秩序和危害儿童人身安全的违法犯罪行为。

6.落实儿童出生登记制度。提高社会各界对出生登记的认识，完善出生登记相关制度和政策。加强部门协调和信息交流共享，简化和规范登记程序。逐步建立16周岁以下流动儿童登记制度，为流动儿童享受均等化的基本公共服务提供依据。

7.消除对女童的歧视。建立有利于女孩及其家庭的利益导向机制，落实奖励生育女孩家庭的优惠政策，提高农村生育女孩家庭的经济和社会地位。加大对非医学需要的胎儿性别鉴定和选择性别人工终止妊娠行为的打击力度，有效遏制出生人口性别比升高趋势。

8.加强对儿童财产权益的保护。依法保障儿童的财产收益权和受赠权、知识产权、继承权、一定权限内独立的财产支配权。禁止对儿童一切形式的经济剥削。建立健全监督、惩罚机制，严厉打击使用童工的违法行为。

9.确保儿童网络空间安全。加强对营业性网吧的日常管理，开展经常性的检查和治理，防患青少年网瘾和网络、网吧犯罪。加强学校、社区、家庭的健康网络空间建设，为少年儿童提供绿色的安全网络空间。

10.建立和完善不良行为儿童矫治制度。对有不良行为的儿童进行早期介入、有效干预和行为矫治，加强对严重不良行为儿童的教育与管理，探索学校教育、社区矫正和行为矫治的有效途径和方法，预防和减少儿童违法犯罪发生。

11.加大对儿童的法律援助和司法救助工作力度。充实基层法律援助工作队伍，支持和鼓励社会团体、事业单位等社会组织为儿童提供法律援助，引入社会工作者和自愿工作者机制，扩大儿童接受法律援助的覆盖面。落实司法救助政策。贯彻教育、感化、挽救的方针，坚持教育为主、惩戒为辅的原则，做好失足儿童的教育挽救和重返社会工作。消除对失足儿童复学、升学、就业的歧视。

四、组织实施

（一）加强对规划实施工作的组织领导。各有关部门结合各自职责，根据规划要求，承担规划中相应目标任务，制定具体方案，认真组织实施。县妇女儿童工作委员会（以下简称妇儿工委）具体负责规划实施的组织、协调、指导和督促。

（二）加强规划与国民经济和社会发展规划的衔接。在经济和社会发展总体规划中体现儿童优先原则，将儿童发展的主要指标纳入经济和社会发展总体规划和专项规划，统一安排，统一部署，同步实施，同步发展。

（三）保障儿童事业发展的经费投入。各级政府要加大儿童事业发展所需经费的投入，将实施规划所需经费纳入财政预算，重点扶持欠发达地区和农村地区儿童事业的发展，促进儿童事业基本公共服务均等化。动员社会力量，多渠道筹集资金，支持儿童发展。

（四）建立健全实施规划的工作机制。建立政府主导、多部门合作、全社会参与的工作机制，共同做好规划实施工作。建立目标管理问责制，将主要目标纳入相关部门的目标管理和考核体系，考核结果作为对领导班子和有关负责人综合考核评价的重要内容。健全报告制度，各有关部门每年向县妇儿工委和上级主管部门报告实施规划的工作情况。健全会议制度，定期召开妇儿工委全委会、联络员会议，汇报交流实施规划的进展情况。加强儿童工作机构建设。

（五）探索总结实施规划的工作方法。及时开展对儿童发展和权益保护状况的调查研究，掌握新情况、分析新问题，为制定法规政策提供依据。加强对儿童发展领域的理论研究，总结探索儿童发展和儿童工作规律。在规划实施中不断创新工作方法，坚持和创新立项攻坚、项目实施、实事化运作等方式解决重点难点问题；坚持分类指导、示范先行的原则，及时总结推广具有实效和创新的经验。促进规划的全面实施。县妇儿工委定时召开妇女儿童工作会议，总结规划实施经验。

（六）加大实施规划的宣传力度。多渠道、多形式地面向各级领导干部、儿童工作者、广大儿童和全社会，广泛宣传国家纲要和规划，宣传规划实施中的典型经验和成效，宣传促进儿童保护和发展的国际公约、法律政策，营造有利于儿童生存、保护、发展和参与的社会氛围。

（七）加强实施规划的能力建设。将儿童优先原则相关内容和儿童保护法规政策纳入党校课程。将实施规划所需业务知识纳入培训计划，开展对相关专业工作者的培训。举办多层次、多形式的业务培训与研讨，增强政府及各有关部门、机构相关人员、相关专业工作者实施规划的责任意识和能力。

（八）鼓励儿童参与规划的实施。注重发挥儿童的作用，听取儿童的意见和建议。鼓励儿童参与规划实施，提高儿童参与意识和能力，实现自身的发展和进步。

五、监测评估

（一）工作内容。对规划实施情况进行年度监测评估、中期监测评估和终期监测评估。科学设定监测评估指标体系，确定重点监测指标和评估指标，明确指标定义。建立重点监测统计制度，及时收集、整理、分析反映儿童发展状况的相关数据和信息，动态反映规划目标进展情况。系统分析和评价规划目标达标状况，评判规划策略措施和规划实施工作的效率、效果、效益，预测儿童发展趋势。通过监测评估，准确掌握儿童发展状况，制定和调整促进儿童发展的政策措施，监督和推动政策措施的落实，推动规划目标的实现，为规划未来儿童发展奠定基础。

（二）机构职责。县妇儿工委设立监测评估工作机制，负责组织领导监测评估工作，审批监测评估方案，审核监测评估报告等。监测评估工作机制包括监测组和评估组。

监测组由统计部门牵头，成员由承担规划目标任务单位的统计、业务和信息技术人员组成。评估组由妇儿工委办公室牵头，负责组织对规划实施情况的评估工作，培训相关工作人员，制定评估方案，组织开展评估工作，撰写并提交评估报告等。

（三）措施保障。各级政府将监测评估工作所需经费纳入财政预算，安排落实监测评估人员。政府及有关部门结合监测评估结果开展宣传，研究利用监测评估结果，加强规划实施。

（四）基础建设。规划和完善与儿童生存、发展有关的统计指标和分性别统计指标，将其纳入县和部门常规统计或统计调查。加强监测统计队伍建设，加快监测统计的信息化、自动化建设，建立监测数据网上报送系统，建立和完善儿童发展监测数据库。

（五）工作要求。实行监测评估工作报告制度。县妇儿工委向市妇儿工委提交评估报告。县妇儿工委对各有关单位规划的监测评估工作进行指导，对规划实施情况进行检查和督导。各有关单位要切实履行职责，保证监测评估工作有序开展，取得实效。监测组要向县妇儿工委提交年度监测报告，加强监测预警工作，完善规划实施达标情况预警督办制度，为促进规划目标如期达标发挥警示监督作用。规范各级数据信息的收集、发布和展示，加快数据信息的交流、反馈和利用，逐步实现数据资源共享。评估组要向县妇儿工委提交评估报告。

附件：

八大主要实施项目

1.儿童友好社区建设项目

2.每乡镇建设一所规范化公办乡镇中心幼儿园

3.流浪儿童和留守儿童的救助与服务机构建设（如未成年人救助庇护中心）项目

4.0～6岁残疾儿童抢救性康复项目

5.出生缺陷干预工程（含地贫防治项目和新生儿疾病筛查项目）

6.民办义务教育学校标准化项目

7.继续实施“儿童福利机构建设蓝天计划”建设项目

8.留守儿童关爱行动

印发2012年海丰县推进扩大就业工程工作方案的通知

海府办〔2012〕52号

各镇人民政府（场、经济开发区），县直有关单位：

《2012年海丰县推进扩大就业工程工作方案》业经县政府同意，现印发给你们，请认真组织实施。实施中遇到的问题，请径向县人力资源和社会保障局反映。

2012年7月17日

2012年海丰县推进扩大就业工程工作方案

根据市政府《印发〈2012年市政府重点工作分工责任表〉和〈2012年市政府十件惠民实事分工责任表〉的通知》（汕府办〔2012〕11号）精神，为全力推进扩大就业工程，实现推动创新发展，建设幸福海丰，结合我县实际，特制订本工作方案。

一、指导思想

坚持以邓小平理论和“三个代表”重要思想为指导，全面贯彻落实科学发展观，“推动创新发展，建设幸福海丰”，坚持把促进就业摆在经济社会发展的优先位置，努力实现社会就业更加充分。

二、目标任务

2012年，全县新增城镇就业人员14500人，下岗失业人员再就业7000人，就业困难人员实现再就业600人，实现创业620人（其中大学生创业20人）；城镇登记失业率控制在3.0%以内；转移农村劳动力7500人，开展各类职业培训16400人（含高技能人才培训110人），其中，农村劳动力技能培训6200人，在岗职工培训8000人（含农民工技能提升培训2200人），新成长劳动力培训1400人，失业人员培训800人。应届高校毕业生离校时初次就业率达到70%以上，年内总体就业率达到90%以上。

三、工作措施

（一）落实促进就业扶持政策，稳定和扩大就业

1、落实税收优惠政策。大力引导和促进就业结构调整，充分发挥市场引导作用，通过落实扶企稳岗的税收优惠政策，切实减轻中小微企业负担，支持劳动密集型企业、中小企业、非公有制经济发展，稳定就业岗位，帮扶就业困难人员和鼓励劳动者就业。

2、落实财政补贴政策。加大力度落实职业培训、技能鉴定、社会保险、岗位补贴、创业培训、创业资助等财政补贴政策，鼓励企业接收就业困难群体就业。

（二）强化“三项建设”，夯实就业工作基础

1、建立完善职业培训体系。一是建设县技能人才公共实训基地综合楼。实行基地化、规范化、制度化运作，围绕我县技能人才需求，开展技能人才培养工作。二是建设综合性职业技能培训基地。各镇结合产业特点和农村劳动力分布情况，建设1个综合性职业技能培训基地，综合培训基地把农村劳动力培训转移就业和农民工技能提升培训统一纳入综合性基地建设的总体计划，综合性培训基地主要承担新成长劳动力、下岗失业人员、城镇其他登记失业人员以及需要转移就业的农村劳动力、农民工培训任务，开展劳动预备制培训、职业技能培训、创业培训和专项能力培训等培训项目。三是大力发展职业教育。充分发挥职业学校作为技能培训主阵地作用。四是建立覆盖城乡劳动者的远程职业培训网络，分步推进远程网络终端基础设施建设，把远程培训网络延伸到镇、社区（村），实现城乡劳动者自主灵活选择职业培训。

2、建立完善就业服务体系。建立健全县、镇、社区（村居委）公共就业服务机构，落实人员编制和财政核拨经费。一是加快乡镇人力资源和社会保障平台的规范化建设，实现基层服务平台属性名称、场所标准、设备配置、窗口流程、信息网络“五统一”；二是进一步推进社区（行政村）人力资源和社会保障服务站建设；三是进一步完善人力资源市场信息网络建设，重点推进乡镇、社区（行政村）就业公共服务平台信息网络建设，加快就业服务业务系统的推广应用，推动数据集中和信息共享，提升监测统计能力，推广全省统一的就业失业管理系统，提高公共就业服务信息化水平，提高服务效率。四是加强就业服务窗口建设。结合创先争优活动，大力推进服务窗口标准化建设，完善服务设施和手段，提高现代化服务水平。

3、建立创业带动就业载体。一是以职业院校、培训中心为依托，建立创业培训体系，在各镇建立创业培训定点机构；二是落实创业扶持政策，对符合条件城乡创业者，给予免费创业培训、小额担保贷款、社保补贴、税费减免、租金、水电费补贴等相关政策扶持；三是各镇公共就业服务机构设立创业服务公共平台，为创业者免费提供政策咨询、创业培训、项目推介、跟踪扶持、用工登记、代存档案等服务，实现“一站式”、“一条龙”服务。

（三）实施“四项计划”，培育就业增长点

1、实施产业园区劳动力就业拓展计划。强化产业园区就业服务平台建设，大力开发园区就业岗位，广泛开展园区专场招聘活动，积极推进校园对接产业园活动，推广“校企合作”和“村企合作”合作模式，促进园区企业劳务对接。

2、实施发展家庭服务业促进就业计划。建立健全发展家庭服务业促进就业工作联席会议协调机制，大力发展家庭服务业，带动就业。

3、实施创业带动就业计划。积极做好小额担保贷款发放工作，对具有创业愿望和具备创业条件的城乡劳动者开展创业培训和创业服务，建立集政策咨询、创业培训、创业项目推介、办理小额担保贷款、专家指导、跟踪服务等功能的服务体系。

4、实施增技能促就业计划。积极组织企业在岗职工、城镇新成长劳动力、农村富余劳动力、失地农民、转产渔民、返乡农民工进行技能

培训，提高其就业竞争能力。开展农村劳动力调查，完善农村劳动力资源数据库，为培训转移就业提供科学、准确依据。

（四）开展“四项活动”，创新公共就业服务

1、深入开展“春风行动”和“南粤春暖”活动，密切监测就业形势，及时掌握农民工就业失业动态。全县组织开展“就业援助月”、“民营企业招聘周”等专项活动，积极开展各类专场招聘会，组织各类用人单位提供适合的就业岗位。

2、继续深入实施南粤高校毕业生就业推进行动，统筹实施“三支一扶”，见习计划等大学生服务项目。加强高校毕业生就业信息系统建设，推进“实名制”就业服务，加大对就业困难高校毕业生的援助力度，多渠道、多形式开展招聘活动。

3、实施新型农民科技培训活动。围绕主导产业、培养专业农民的总体思路，培养有文化、懂技术、会经营的新型农民，实施新型农民培训、阳光工程培训工程。开展从事农业生产经营的专业农民以及村级动物防疫员、植保员、农机手、农机推广员等农业社会化服务人员的农业专业技术培训；开展种养能手、农业科技带头人、农村经纪人和专业合作社组织领办人等农村实用人才培训；开展有创业意向的外出务工返乡青年、种养大户、农机大户等农民创业培训。着力提升农民的专业技能，提高增收能力。

4、广泛开展 “助残春风行动”活动。加强培训和就业的衔接，提升残疾人职业技能水平。制订计划，建立完善残疾人就业困难援助和帮扶制度，通过“送政策、送岗位、送服务、送温暖”等多形式、多渠道促进残疾人就业。

四、部门职责

（一）县人力资源和社会保障局负责牵头各镇政府、各有关单位组织实施就业促进工程，分解下达各项任务指标，指导各镇开展就业促进工作。

（二）县发展和改革局负责将各项任务指标纳入社会发展计划，将就业工作纳入地区经济社会发展目标。

（三）县财政局负责安排就业专项资金和就业工作经费，并监督资金使用。

（四）县农业局负责农村劳动力农业种养等农村实用技术培训。

（五）县残联负责统筹残疾人就业工作，开展就业、失业情况调查摸底、登记造册，培训、就业服务工作。

（六）县国税局、县地税局、县工商局落实有关扶持企业吸纳就业的优惠政策和措施。

（七）县教育局大力发展职业教育，发挥职业学校资源优势开展职业培训，培养技能人才。

（八）各镇政府按照分解任务（详见附件一）完成各项目标任务。

五、保障措施

（一）把促进就业放在经济社会发展的优先位置。各镇政府加强对就业工作的领导，把促进就业摆在重要议程，加强就业形势的分析和就业重点难点问题研究，把就业工作纳入地方政府目标责任制管理，建立健全目标责任制度，分解落实目标任务，开展目标责任制考评工作。

（二）落实保障经费。县财政安排就业专项资金用于促进就业。加大对综合培训示范基地建设和公共就业服务机构投入，落实安排城镇贫困家庭成员就业、农村劳动力培训转移就业、劳动力市场基础设施及信息网络建设、镇（街道）社区劳动保障工作平台等专项经费。

（三）建立健全信息通报制度。各镇、各有关部门要成立领导机构，制订具体方案，落实责任。各镇政府和各有关责任单位在每季度结束后5日内将上季度工作进展情况（详见附件三）报送县人力资源和社会保障局就业促进股。第一次上报材料时同时报送各镇政府和县直有关单位联系人名单（详见附件二），由县人力资源和社会保障局汇总后报县政府。

联系人：黄燕城，联系电话：6893278，传真：6891309

关于印发《海丰县2012年度地质灾害防治方案》的通知

海府办〔2012〕33号

各镇人民政府（场、经济开发区），县直有关单位：

《海丰县2012年度地质灾害防治方案》已经县政府同意，现印发给你们，请认真贯彻执行。

2012年4月10日

海丰县2012年度地质灾害防治方案

为有效防治我县境内发生的地质灾害，提高防治工作水平，避免和减轻地质灾害的损失，维护人民群众生命财产安全和社会稳定，根据省国土资源厅《关于做好2012年地质灾害防治工作的通知》（粤国土资地环发〔2012〕4号）的要求，结合我县实际，制定本方案。

一、总则

（一）本预案所称地质灾害是指自然因素或者人为活动引发的危害人民群众生命和财产安全的崩塌、滑坡、泥石流、地面塌陷等与地质作用有关的灾害。

（二）本预案适用于发生在海丰境内的地质灾害防治工作。

（三）地质灾害按危害程度分为四个等级：

特大型：因灾死亡30人（含30人）以上，或者直接经济损失1000万元以上的；

大型：因灾死亡10人（含10人）以上30人以下，或者直接经济损失500万元以上1000万元以下的；

中型：因灾死亡3人（含3人）以上10人以下，或者直接经济损失100万元以上500万元以下的；

小型：因灾死亡3人以下，或者直接经济损失100万元以下的。

（四）本预案编制和实施的基本原则是：贯彻行政首长负责制，统一领导，统一指挥，预防为主，防治结合，防救结合，全面部署，保证重点，分级管理，属地为主，部门分工，综合协调，工程措施与非工程措施相结合，针对性地采取监测、防御、避让、治理等措施，确保防治工作顺利开展和取得成效。

二、防治重点

（一）我县自然地质灾害在台风暴雨袭击下大多属于小型山体滑坡、风化表土层塌方和山洪冲刷塌陷三种类型，这三种类型地质灾害在我县常年发生，且点多面广，危害性大。

（二）按行政区域划分，主要分布在小漠镇东部、鲘门镇、梅陇镇中部、联安镇北西部、海城镇南部、陶河镇南部、赤坑镇、大湖镇等地。

（三）时间上多发生在多雨年份和台风多雨季节，即每年的5—9月，灾害发生较普通、灾情来势较急。

（四）我县的山洪和地质灾害的发生有区域性和习惯性，以往多次发生地质灾害的镇村应在雨季给予高度重视。

（五）我县东部的赤坑镇、大湖镇、南部的陶河镇，西部的梅陇镇、小漠镇、鲘门镇、赤石镇，北部的黄羌镇等镇是地质灾害的防治重点。要减少地质灾害的发生，必须认真改善和维护生态环境，增强抵御自然灾害的能力，加强森林资源的保护，禁止和减少挖山动土，保护好植被和做好复垦工作，这是我县地质灾害防治的基本方法之一，同时在久雨季节，应着重加强对房前屋后、道路、渠坝的检查防范。

三、防治方案：

（一）做好灾前与灾期的调查工作。

1、由县国土资源部门组织专业力量，根据已掌握的情况和线索，对本县的地质灾害情况进行调查，做到心中有数。

2、划分重点防治区域和重点地质灾害防患点及防范措施。

3、制订分级分类的监测、调查、报告制度。

（二）加强监测和巡回检查。

1、重要地质灾害隐患点和重点防治区段，由所在地镇村负责日常监测，明确监测人、责任人，监测内容和方法，发现异常应及时上报县政府和县国土资源部门。

2、县国土资源部门应加强对重点灾害点的巡视检查，每年检查不少于4—6次，主要加强业务指导和现场分析。

3、监测巡检期间如发现异变情况，县国土资源部门应按照速报要求及时上报上级主管部门。

（三）认真做好预防、预报、预警工作。

1、对县城内各地质灾害隐患点均应采取相应的防范措施，制订防灾预案和治理规划，着重抓好交通干线滑坡、崩塌，小中型水库库区滑坡，露天采矿废矿渣，泥石流、崩塌等问题的监测治理。

2、做好重要地质灾害气象预报预警工作，县国土资源部门和县气象部门共同合作发布地质灾害气象预报预警工作，地质灾害气象预报预警分为5个等级（一级、二级、三级、四级、五级）。

一级（灰色）至二级（绿色）为提醒级，三级（黄色）为注意级，四级（橙色）为预警级，五级（红色）为警报级

（四）做好应急准备和避险工作。

1、一旦发生险情，根据险情等级启动应急预案，确认险情级，一级至二级预警点，县国土资源部门应立即派员加强现场巡查、监测和现场技术指导，三级、四级、五级险情应迅速报省、市主管部门。

2、险情发生所在地镇人民政府要立即成立有关部门参加的防灾领导小组，加强对险情监测、避险救灾工作的领导，组织制定避险、抢险、救灾方案，做到必要的抢险救援力量和抢险器材物资的准备。

3、做好人员撤离，财产转移和重要设施保护工作。

（五）抢险救灾。

1、灾情发生后，县国土资源部门应立即查明情况，迅速上报，各有关部门按照分工要求赶赴现场，参加抢险、救灾。

2、县国土资源部门应迅速查明灾害范围，活动情况，发展趋势，圈定危险地段，加强现场监测，参与指导安全抢险、救灾。

3、做好善后工作，统计人员伤亡情况，调查评估灾害损失，提出灾害治理意见等。在完成抢险救灾任务后，5天之内上报抢险救灾情况总结，以争取上级部门的支持。

四、实施措施

（一）加强组织领导，落实行政首长责任制。

地质灾害防治工作实行行政首长负责制，县成立以分管副县长为组长的地质灾害防治工作领导小组。领导小组下设办公室，办公室设在县国土资源局，由国土资源局长兼任办公室主任，分管副局长兼任办公室副主任。领导小组负责领导、规划、协调全县地质灾害防治工作。县国土资源局应按照县政府的指示，认真做好地质灾害防治的具体管理工作，各镇、场均应成立相应的地质灾害防治领导小组，落实防治责任制度，汛期前应上报名单给领导小组办公室。

县国土资源局负责履行地质环境和地质灾害监督管理职能，并实行地质灾害防治工作责任制，坚持防灾期间24小时值班制度，公布报警应急电话。县地质灾害报警应急电话：6606210 。

县地质灾害防治工作领导小组各成员单位及有关部门，在县政府和领导小组的统一指挥、协调下，各司其职，通力合作，做好地质灾害防治工作。

（二）加强监测预报，实行专防与群防相结合。

1、对危及人民生命财产安全的重大地质灾害隐患点，应以镇、村两级为主，层层建立监测责任制，指定领导负责，固定专人观察监测，国土资源部门定期督促，实行业务指导，及时收集和负责向上级报告重大险情变化，指导并协助当地政府组织防险抢险工作。

2、做好地质灾害监测、预报和应急的调查工作，对灾害易发区，要指导当地政府和群众开展群测群防工作，建立监测预报网络。

3、加强科普教育。让防灾组织及群众认识，地质灾害防治主要是对地质灾害点的动态情况变化，危害现状，防治情况及避险措施的落实。

（三）加强宣传教育，强化监督管理。

充分利用广播电视、报纸等媒体宣传地质灾害防治基本知识，克服部分干部群众思想中存在麻痹思想和侥幸心理，充分认识地质灾害的突发性和危害性，提高全民防灾意识。

坚持执行《地质灾害防治条例》，切实加强对地质灾害防治的监督管理，对可能导致重大地质灾害的违规工程采矿等活动，要根据“谁诱发，谁治理，谁受益，谁治理”的原则，督促责任单位负责治理，坚持建设项目环境影响评价审批，把好地质环境影响评审关。

县、镇二级应通力协作，切实保证地质灾害监测、预报所必需的交通、通讯条件和工作经费，合理安排和使用地质灾害专项治理资金。对重点地质灾害防治项目，要积极申报立项，争取国家、省扶助专项资金，从而进一步搞好我县地质灾害的防治、救治工作。

印发海丰县气象灾害应急预案的通知

海府办〔2012〕79号

各镇人民政府（场、经济开发区），县直有关单位：

经县政府同意，现将《海丰县气象灾害应急预案》印发给你们，请认真组织实施。

海丰县人民政府办公室
2012年11月8日

海丰县气象灾害应急预案

1.总则

1.1目的与指导思想

加强我县气象灾害监测、预报预警、警报等工作，建立健全气象灾害应急响应机制，全面提高应对气象灾害的应急能力和综合管理水平，形成反应迅速、处置高效的应对机制，最大限度减轻或者避免气象灾害造成的人员伤亡、财产损失，为加快转型升级，建设幸福海丰提供保障。

1.2工作原则

1.2.1 气象灾害应急工作坚持以人为本，树立和落实科学发展观，体现“公共气象、安全气象、资源气象”的原则。

1.2.2 气象灾害应急工作应当坚持人民政府统一领导、分级管理、条块结合、以块为主的原则。

1.2.3气象灾害应急工作应当坚持防灾与抗灾并举、以防为主的原则。

1.2.4气象灾害应急工作应当实行资源整合、信息共享，形成应急合力。

1.2.5本县防御气象灾害及抢险救灾工作实行行政首长负责制。

1.2.6任何单位和个人都有参加防御气象灾害及抢险救灾的义务。

1.3编制依据

根据《中华人民共和国突发事件应对法》、《中华人民共和国气象法》、《中华人民共和国防洪法》、《人工影响天气管理条例》、《中华人民共和国防汛条例》、《中华人民共和国抗旱条例》、《森林防火条例》、《气象灾害防御条例》、《国家突发公共事件总体应急预案》、《国家气象灾害应急预案》，《广东省突发事件应对条例》、《广东省突发事件总体应急预案》、《广东省突发事件预警信息发布办法（试行）》、《广东省突发气象灾害预警信号发布规定》、《广东省气象灾害应急预案》、《汕尾市气象灾害应急预案》等法律法规以及有关规定，结合我县实际，制订本预案。

1.4适用范围

在本县范围内对台风、暴雨、寒冷、高温、森林火险、大雾、灰霾、干旱等的防御与抢险救灾活动适用于本预案。

气象因素引发水旱灾害、地质灾害、海洋灾害、森林火灾等其他灾害的处置，适用有关应急预案的规定。

2.组织体系与职责

2.1海丰县气象灾害应急组织机构

成立“海丰县气象灾害应急指挥部”（以下简称指挥部），统一领导和指挥气象灾害及其次生、衍生灾害的应急处置工作。指挥部下设“海丰县气象灾害应急指挥部办公室”（以下简称应急办公室）和“海丰县气象灾害应急专家组”（以下简称应急专家组）。

各有关单位按照县人民政府的统一部署和各自职责，配合做好气象灾害的应急防御与处置工作。

县气象部门要建立气象灾害应急专家咨询机制，成立专门咨询机构，为重大气象灾害预警应急工作提供技术支持。

2.2应急指挥部组成及主要职责

应急指挥部由主管副县长任总指挥，县政府办主管副主任、县气象局局长任副总指挥。应急指挥部成员单位包括：县应急办、县气象局、县财政局、县水务局、县三防办、县公安局、县交通运输局、县海洋与渔业局、县住建局、县公共事业局、县教育局、县武装部、县公路局、县供电局、县卫生局、县经促局、县民政局、县国土资源局、县农业局、海丰县广播电视台、县自来水公司。

各有关单位按照县人民政府的统一部署和各自职责，配合做好重大气象灾害预警应急工作。

应急指挥部职责：

（1）指挥协调全县气象灾害预防、预警工作，负责灾害性天气和重大、突发气象灾害事件的预测、预警工作，按有关规定，及时发布气象灾害信息。

（2）组织有关单位会商气象灾害发展趋势。

（3）决定气象灾害应急预案的启动或终止。

（4）建立健全气象灾害事件监测和预警系统。

（5）完成县人民政府交办的其它事项。

2.3应急指挥部成员单位的职责

2.3.1县气象局负责对台风、暴雨、寒冷、高温、森林火险、大雾、灰霾、干旱等气象灾害的监测和预报，并发布相应的预警信号；组织有关单位会商气象灾害发展趋势；及时收集气象灾害的实况；为各职能部门及社会公众提供防御气象灾害所需的气象信息；建议启动或解除气象应急预案；

2.3.2县三防指挥部办公室负责组织防洪防风防旱安全检查，发布洪水预警信号，组织制定防洪防风防旱预案并监督实施；联络、协调各有关部门抢险救灾工作，编制险情、灾情报告及抢险救灾情况报告；

2.3.3县宣传部门负责督促媒体向社会公众及时传播气象灾害的预警信息，并宣传相应预警信号的含义和防御措施，预警信号的含义和防御措施资料由县气象局提供。

2.3.4县教育局负责协调和指导各学校防御气象灾害工作，向学生宣传预警信号的含义以及相应的防护措施；

2.3.5县公安局负责各级防灾指挥车辆、抢险车辆的优先快速通行和道路上车辆的安全，协助危房群众疏散及维护灾区社会治安；县公安局110报警服务台接受陆地及海上群众的报警求助，根据警情调派警力处置，并向县三防指挥部及相关职能部门通报情况；

2.3.6县交通运输局负责维持公共交通和车船避险工作。遭遇大灾时，调配抢险救灾车、船运送抢险物资；

2.3.7县公路局负责组织抢修损毁公路；。

2.3.8县海事、渔政部门负责督促船舶避风，辖区水域搜救的组织指挥和协调工作；

2.3.9县电力部门负责管辖区域内供电设备的安全供电，配备足够的供电应急抢修队伍和材料、物资，及时修复故障；

2.3.10县供水部门负责供水值班调度和抢修工作，准备必要的供水抢修设备、材料；做好低洼水厂的防洪工作，设置防洪挡水设施，协助水库的防洪抢险工作；

2.3.11县城乡住建局负责掌握全县危房信息，负责建筑物及相关设施的防御气象灾害检查和落实工作，负责在危险建筑物附近挂出警戒标志并组织警戒，并组织危房、倒塌房屋等人员、物资的转移和疏散；协助灾后重建；

2.3.12 县公共事业局负责县城道路绿化树木的防风修枝，遭遇灾害时，及时通知供电部门切断电源；负责扶正和清理影响交通的树木；负责路灯及其设施的安全；负责市政设施的防风防暴雨检查工作；

2.3.13 县卫生局负责本辖区内灾害发生时突击救护和防病工作；县级医院应组成医疗救护队，参与特大灾害发生时的医疗救护，县疾控机构负责灾区的卫生防疫工作；

2.3.14县水务局负责对所管辖的水库、堤防、水闸、排涝泵站的巡查，按规定标准储备抢险物料；

2.3.15县物价局负责稳定市场物价；

2.3.16县经促局负责协调生活必需品的供应；

2.3.17县民政局负责开放、管理庇护所，对灾民进行安置，发放灾民生活必需品，并协助做好灾后救助工作，统计受灾情况；镇、街道办事处协助民政部门做好各项救灾措施的落实；

2.3.18县国土资源局负责全县山体滑坡、泥石流等地质灾害防治的组织、协调、指导和监督工作。

2.3.19县农业局负责部署和指导农业生产各项防御气象灾害工作，统计灾害损失情况，部署和组织农业生产自救；

2.3.20驻海军警部队根据《军队参加抢险救灾条例》负责解救、转移或者疏散受困人员；保护重要目标安全；抢救、运送重要物资；参加道路（桥梁、隧道）抢修、海上搜救、核生化救援、疫情控制、医疗救护等专业抢险；排除或者控制其他重要危重险情、灾情；协助政府灾后重建工作。

2.3.21县财政部门：负责应由财政部门承担的气象灾害事件预警等工作所需资金。

2.4应急指挥部办公室组成及主要职责

应急办公室设在县气象局，主任由县气象局主管领导担任。

应急办公室的职责：

（1）负责按照应急指挥部的指令，完成各项应急工作；

（2）负责组织有关部门和专家会商灾害发展趋势，对灾害损失及影响进行评估，向应急指挥部汇报灾害信息，为指挥部决策提供依据和决策建议；协助指挥部组织气象灾害应急预案的实施；

（3）负责向相关单位通报应急信息；

（4）负责组织制定气象灾害应急对策和措施；

（5）负责对社会公众开展气象灾害应急的科普宣传工作；

（6）完成应急指挥部交办的其他工作任务。

2.5应急专家组组成及主要职责

应急专家组组长由县气象局分管局长担任，成员包括县三防指挥部办公室和县气象局等单位的专家组成。

主要职责是：

（1）负责为应急指挥部提供现场应急决策建议并指导应急工作；

（2）负责参与对应急专业技术人员和管理人员的培训；

（3）完成应急指挥部、应急办公室交办的其它工作。

3.应急预警级别及启动、解除

按照气象灾害及其引发的次生、衍生灾害的程度和范围，结合《广东省突发气象灾害预警信号发布规定》，由低到高，气象灾害应急响应级别分为Ⅰ级、Ⅱ级、Ⅲ级、Ⅳ级四个等级。

应急启动与解除：

（1）达到相应的预警级别，启动相应的应急令。

（2）原则上，由低到高启动应急。在未及时启动较低等级的预警应急时，可视情况启动较高等级的预警应急。

（3）Ⅳ、Ⅲ级应急，由应急指挥部副总指挥签发启动或终止令（附件二、四），通报分管县领导，并报县政府应急办，由县政府应急办通知各相关单位启动或解除应急预案，各单位通过启动或解除相应的部门预案来响应应急。

（4）Ⅱ、Ⅰ级应急，由应急指挥部总指挥（分管副县长）签发启动或终止令，通报县长，并报县政府应急办，由县政府应急办通知各相关单位启动或解除应急预案，各单位通过相应的部门预案来响应。

3.1台风预警级别

3.1.1 Ⅳ级预警：

在本县区域内，县气象局预报或监测到：“24小时内可能受热带气旋影响,平均风力可达6级以上，或阵风7级以上；或者已经受热带气旋影响,平均风力为6～7级，或阵风7～8级并可能持续”或气象局发布台风蓝色预警信号。

3.1.2 Ⅲ级预警：

在本县区域内，县气象局预报或监测到：“24小时内可能受热带气旋影响,平均风力可达8级以上，或阵风9级以上；或者已经受热带气旋影响,平均风力为8～9级，或阵风9～10级并可能持续”或气象局发布台风黄色预警信号。

3.1.3 Ⅱ级预警：

在本县区域内，县气象局预报或监测到：“12小时内可能受热带气旋影响,平均风力可达10级以上，或阵风11级以上；或者已经受热带气旋影响,平均风力为10～11级，或阵风11～12级并可能持续”或气象局发布台风橙色预警信号。

3.1.4 Ⅰ级预警：

在本县区域内，县气象局预报或监测到：“12小时内可能或者已经受台风影响，平均风力可达12级以上，或者已达12级以上并可能持续”或气象局发布台风红色预警信号。

3.2暴雨预警级别

3.2.1 Ⅳ级预警：

在本县区域内，县气象局预报或监测到：“预计未来6小时内本地可能有暴雨发生，或强降水将可能持续”或气象局发布暴雨黄色预警信号（所有指标参考范围为：县城遥测站或超过2/3的乡镇自动气象站）。

3.2.2 Ⅲ级预警：

在本县区域内，县气象局预报或监测到：“预计未来24小时内可能有大暴雨发生，或过去的三小时内，降雨量超过50毫米且雨势将可能持续”或气象局发布暴雨橙色预警信号（所有指标参考范围为：县城遥测站或超过2/3的乡镇自动气象站）。

3.2.3 Ⅱ级预警：

在本县区域内，县气象局预报或监测到：“在过去的三小时，全县降雨量已达100毫米以上且降雨可能持续” 或气象局发布暴雨红色预警信号（所有指标参考范围为：县城遥测站或超过2/3的乡镇自动气象站）。

3.2.4 Ⅰ级预警：

在本县区域内，县气象局预报或监测到：“预计24小时内可能有大暴雨以上量级（不包括大暴雨）降雨出现”，或县气象局发布暴雨红色预警信号达6小时还未解除，或暴雨红色预警信号降级为其它等级后，6小时内不会解除。（所有指标参考范围为：县城遥测站或超过2/3的乡镇自动气象站）。

3.3寒冷预警级别

3.3.1 Ⅳ级预警（可视人体感受情况启动预警）：

在本县区域内，县气象局预报或监测到："因北方冷空气侵袭，预计在24小时内气温急剧下降达10℃以上，同时最低气温降到15℃以下"或"因北方冷空气侵袭，预计在24小时内气温急剧下降，本县最低气温降到10℃以下，5℃以上"或"日平均气温维持在12℃以下"或气象局发布寒冷黄色预警信号（所有指标参考范围为：县城遥测站或超过2/3的自动气象站）。

3.3.2 Ⅲ级预警：

在本县区域内，县气象局预报或监测到："因北方冷空气侵袭，预计24小时内本县最低气温降到5℃以下0℃以上"或气象局发布寒冷橙色预警信号（所有指标参考范围为：县城遥测站或超过2/3的自动气象站）。

3.3.3 Ⅱ级预警：

在本县区域内，县气象局预报或监测到："因北方冷空气侵袭，预计24小时内县最低气温降到0℃以下"或气象局发布寒冷红色预警信号（所有指标参考范围为：县城遥测站或超过2/3的自动气象站）。

3.3.4 Ⅰ级预警：

在本县区域内，县气象局预报或监测到："预计24小时内可能有雨雪、冰冻天气"，或"已经出现雨雪、冰冻天气，24小时内无明显改善"。

3.4高温预警级别

3.4.1 Ⅳ级预警（可视人体感受情况启动预警）：

在本县区域内，县气象局预报或监测到："预计未来12小时内本县最高气温将接近或者达到35℃，或最高气温已大于或等于35℃但小于37℃且持续"，或气象局发布高温黄色预警信号（所有指标参考范围为：县城遥测站或超过2/3的自动气象站）。

3.4.2 Ⅲ级预警：

在本县区域内，县气象局预报或监测到："预计未来12小时内本县最高气温将接近或者达到37℃，或最高气温已大于或等于37℃但小于39℃且持续" 或气象局发布高温橙色预警信号（所有指标参考范围为：县城遥测站或超过2/3的自动气象站）。

3.4.3 Ⅱ级预警：

在本县区域内，县气象局预报或监测到："预计未来12小时内本县最高气温将接近或者达到39℃，或最高气温已大于或等于39℃且持续"，或气象局发布高温红色预警信号（所有指标参考范围为：海城遥测站或超过2/3的自动气象站）。

3.4.4 Ⅰ级预警：

在本县区域内，县气象局发布高温红色预警信号超过3天，且未来24小时内不会降级。

3.5森林火险预警级别（只启动Ⅳ级预警）

3.5.1 Ⅳ级预警：

在本县区域内，县气象局预报或监测到："气候干燥，高度危险，林内可燃物容易燃烧，森林火灾容易发生，火势蔓延速度快，森林火险等级连续10天以上达到或超过4级且可能持续"或"极度危险，林内可燃物极易燃烧，森林火灾极易发生，火势蔓延速度极快，森林火险等级连续5天以上达到或超过5级"或"已经出现森林火灾，火势未扑灭"。

3.6大雾预警级别

3.6.1 Ⅳ级预警：

在本县区域内，县气象局预报或监测到："预计12小时内可能出现能见度小于500米且相对湿度大于或等于90%"或"已经出现能见度小于500米、大于等于200米的浓雾且可能持续"或气象局发布大雾黄色预警信号（所有指标参考范围为：县城遥测站或超过2/3的自动气象站）。

3.6.2 Ⅲ级预警：

在本县区域内，县气象局预报或监测到："预计6小时内可能出现能见度小于200米且相对湿度大于或等于90%"或"已经出现能见度小于200米、大于等于50米的浓雾且可能持续" 或气象局发布大雾橙色预警信号（所有指标参考范围为：县城遥测站或超过2/3的自动气象站）。

3.6.3 Ⅱ级预警：

在本县区域内，县气象局预报或监测到："预计2小时内可能出现能见度低于50米且相对湿度大于或等于90%"或"已经出现能见度低于50米的强浓雾且可能持续" 或气象局发布大雾红色预警信号（所有指标参考范围为：县城遥测站或超过2/3的自动气象站）。

3.6.4 Ⅰ级预警：

在本县区域内，"发生持续浓雾，达到发布大雾红色预警级别，且浓雾持续时间超过8小时后，仍未消散"或"因大雾影响，已经出现重大交通堵塞或事故，且大雾天气持续"。

3.7灰霾预警级别（只启动Ⅳ级预警）

3.7.1 Ⅳ级预警：

在本县区域内，县气象局预报或监测到："预计12小时内可能出现灰霾天气"或"者已经出现灰霾天气且可能持续”或气象局发布灰霾黄色预警信号（所有指标参考范围为：县城遥测站或或超过2/3的灰霾监测站）。

3.8干旱预警级别

3.8.1 Ⅳ级预警：

在本县区域内，降水持续偏少，旱情开始蔓延。

3.8.2 Ⅲ级预警：

在本县区域内，已经出现中旱程度的气象干旱，对农作物和生态环境造成一定影响，并可能持续。

3.8.3 Ⅱ级预警：

在本县区域内，已经出现重旱程度的气象干旱，对农作物和生态环境造成较严重影响，对工业生产、人畜饮水产生一定影响，并可能持续。

3.8.4 Ⅰ级预警：

在本县区域内，已经发生特旱程度的气象干旱，对农作物和生态环境造成严重影响，工业生产、人畜饮水产生较大影响。

4.应急响应与处置

各相关部门接到气象应急启动报告后，根据情况启动相应的部门预案，也可参照以下建议，做好相应的响应及处置工作：

4.1发布台风白色预警信号或启动暴雨Ⅳ级应急后：

4.1.1新闻宣传单位应提示公众注意防风、防雨；

4.1.2海洋与渔业部门启动应急预案，海事、渔监部门应通知辖区船舶做好避风准备，港口管理部门应做好货物抢装或抢卸工作。

4.2台风Ⅳ级应急或暴雨Ⅲ级应急启动后：

4.2.1新闻宣传单位应将预警信号的含义等相关信息和主要防御措施告知市民；

4.2.2水务工程管理单位对达到防洪限制水位的水库，应排泄其部分库容，排涝泵站要根据实际情况开机排水；

4.2.3海事、渔监部门负责通知船舶适时进入避风锚地，并做好船上人员转移的准备工作；交通部门负责对水浸严重的路段进行封锁；国土部门对易发生山体滑坡和泥石流的路段进行巡查和设置警示标志。

4.3台风Ⅲ级应急启动后：

4.3.1全县的幼儿园、小学停课；

4.3.2辖区内有危房区的镇政府，应及时确定并公布拟向公众开放的庇护所；

4.3.3新闻宣传单位负责播报台风信息并宣传防护措施，向公众公布临时庇护所的地点；民政部门负责检查对公众开放的临时避险场所；

4.3.4各乡镇负责组织检查小组，检查辖区的防灾抗灾准备工作；负责督促辖区临时房屋或危房，特别是天台上搭建的临时房屋、广告、招牌的业主进行加固；

4.3.5海洋与渔业部门负责检查船舶避风情况，督促船舶进入避风锚地并做好防抗台风工作；

4.3.6县公共事业局负责县城道路绿化树、路灯、下水道、排水口的防风防暴雨工作；

4.3.7其它同台风Ⅳ级预警应急。

4.4台风Ⅱ级应急或暴雨Ⅱ、Ⅰ级应急启动后：

4.4.1幼儿园、学校、院校停课，学校负责对已到达学校学生的安全保护；

4.4.2 干部、职工留在安全地方暂避（抢险救灾人员除外）；

4.4.3居委、村委负责督促辖区内物业管理公司检查有挡土墙和山泥倾泻隐患的地段，挂出警戒标志并负责疏散、转移有关人员；

4.4.4在危房的居民和所有新垦区的人员要转移到庇护所，由经营垦区的公司或主管部门负责组织实施，所在地政府负责督促落实；

4.4.5各单位的抢修、抢险队伍集中候命；

4.4.6开放所有的庇护所；

4.4.7民政、卫生部门负责对庇护所里庇护人员的生活物资、防疫情况进行检查和落实；

4.4.8受台风、洪水影响地区的所有单位组织本单位的防风、防洪抢险工作；水库下游或受堤围内保护的单位要专人收看、收听电视、广播电台、手机天气短信等发布的防风防汛通告，及时组织转移人员和物资；

4.4.9其它同台风Ⅲ级预警应急。

4.5台风Ⅰ级应急启动后：

4.5.1电影院、商场等公共场所停止营业；

4.5.2公安部门组织力量，协助指挥人员疏散，维护治安秩序；发生灾情时，启动公安部门的防御气象灾害应急预案；

4.5.3交通运输部门停止沿海路段和郊区的公共汽车交通服务；根据三防指挥部发布的防风通告分阶段停止公共交通服务，启动交通防御气象灾害应急预案；

4.5.4供电部门视实际情况断开对行人有危险的部分电源，启动供电防御气象灾害应急预案；

4.5.5其它同台风Ⅱ级预警应急。

4.6 台风应急解除后：

4.6.1各级领导应迅速组织人力、物力投入抗灾救灾工作；

4.6.2民政、卫生部门应抓紧抢救伤病员，优抚死难者,加强灾区防疫工作；

4.6.3供水、供电、邮电、交通、公路等部门负责水电、通讯设施及损毁公路的修复；

4.6.4发改、财政、经贸等部门应按各自的职责，组织供应抢险救灾物资、器材等，优先安排大江、大河及水库的堵口修复所必需的资金、物资；

4.6.5海事、渔监部门应加强巡查，维护通航秩序，处理突发事件；

4.6.6新闻宣传单位负责报道各地灾情并协助三防指挥部整理灾情音像汇报材料。

4.7寒冷Ⅳ级应急启动后：

4.7.1新闻宣传单位应提示公众注意添衣保暖；

4.7.2 农业、水产、畜牧业等部门和有关人员应做好相关防寒措施。

4.8 寒冷Ⅲ、Ⅱ、Ⅰ级应急启动后：

4.8.1 新闻宣传单位应提示公众（尤其是老弱病人）注意防寒保暖；

4.8.2农业、水产业、畜牧业等要积极采取防霜冻和冰冻措施，尽量减少寒害损失；

4.8.3民政部门应开放庇护所供有需要的人员避寒。

4.9 大雾Ⅳ级应急启动后：

交通运输、公安等部门加强对机场、高速公路、轮渡码头巡逻，提示驾驶员小心。

4.10 大雾Ⅲ级应急启动后：

4.10.1卫生部门、新闻宣传单位提示公众浓雾使空气质量明显降低，指导公众适当防护；

4.10.2交通运输、公安等部门采取必要措施，确保高速公路、轮渡码头的交通安全。

4.11 大雾Ⅱ、Ⅰ级应急启动后：

4.11.1卫生部门、新闻宣传单位加强宣传浓雾对人体健康的影响；

4.11.2交通运输、公安等部门采取有力措施控制受强浓雾影响地区的高速公路和码头等秩序；

4.12 高温Ⅳ级应急启动后：

4.12.1新闻宣传单位应提示公众（尤其是老、弱、病、幼人群）注意防暑降温，避免长时间户外或者高温条件下作业，并加强防暑降温保健知识的宣传；

4.12.2供电、供水等部门做好用电、用水的准备工作。

4.13高温Ⅲ级应急启动后：

4.13.1 供电部门应注意防范因用电量过高，电线、变压器等电力设备负载大而引发火灾；

4.13.2各主管部门落实防暑降温保障措施，督促户外或者高温条件下的作业人员采取必要的防护措施；

4.13.3新闻宣传单位应加强防暑降温保健知识的宣传，提示公众（尤其是老、弱、病、幼人群）尽量避免午后高温时段的户外活动，并采取必要的防护措施。

4.14高温Ⅱ、Ⅰ级应急启动后：

4.14.1 新闻宣传单位应提示公众注意防暑降温，白天尽量减少户外活动，建议停止户外露天作业；

4.14.2各有关部门要特别注意防火，供电、供水、卫生等部门做好各项应急工作；

4.14.3其它同高温Ⅲ级预警应急。

4.15灰霾Ⅳ级应急启动后：

4.15.1卫生部门、新闻宣传单位加强宣传，指导公众适当防护；

4.15.2交通运输、公安、海事等部门采取措施确保海、陆交通安全。

4.16森林火险Ⅳ级应急启动后：

4.16.1林业部门及各级森林防火机构高度注意森林火情动态，及时将森林火险等级预警警报通知到下级森林防火机构和同级森林防火扑救应急响应联动部门；严密监视辖区各种情况，加强对重点林区巡查；严格制止一切违规违章用火现象，扑火队伍做好一切扑火准备。

4.16.2公安部门协助有关部门进行防火安全的宣传教育，协助教育部门进行火灾自救教育，指导防火安全演练；消防部门随时准备按照应急指挥部指令参与森林火灾的扑救工作。

4.16.3各乡镇政府加强家居用火安全宣传，开展防火法律法规教育；加强林火安全教育，协助森林防火部门检查、制止违规用火现象，清除火险隐患。

4.16.4卫生部门落实应急救援队伍，以保证发生灾害时能迅速组织救护人员赶赴火场，并做好灾区紧急药品支援、卫生防疫、伤员救治等工作。

4.16.5新闻媒体做好森林防火宣传，及时跟踪刊播森林火险天气预警等级、林火预测预报预警情况。

4.17干旱Ⅳ、Ⅲ级应急启动后：

4.17.1新闻媒体及时宣传节约、合理用水。

4.17.2水务部门合理调配水源，做好蓄水工作。

4.17.3农业部门做好农业防旱生产指导工作。

4.18干旱Ⅱ级应急启动后：

4.18.1各有关部门和单位按照职责做好防御干旱的应急工作；

4.18.2水务部门启用应急备用水源，调度辖区内一切可用水源，优先保障城乡居民生活用水和牲畜饮水；

4.18.3供水部门压减城镇供水指标，优先经济作物灌溉用水，限制大量农业灌溉用水；限制非生产性高耗水及服务业用水，限制排放工业污水；

4.18.4气象部门适时进行人工增雨作业。

4.19干旱Ⅰ级应急启动后：

4.19.1各有关部门和单位按照职责做好防御干旱的应急和救灾工作；

4.19.2各级政府和有关部门启动远距离调水等应急供水方案，采取提外水、打深井、车载送水等多种手段，确保城乡居民生活和牲畜饮水；

4.19.3政府部门采取限时或者限量供应城镇居民生活用水，缩小或者阶段性停止农业灌溉供水；严禁非生产性高耗水及服务业用水，暂停排放工业污水；

4.19.4气象部门适时加大人工增雨作业力度。

5.应急评估

应急办公室应当组织办公室成员与专家对气象灾害应急行动进行评估，总结经验，分析问题，吸取教训，提出改进意见和建议，并对本方案中存在的问题和不足及时进行完善和补充。

6.应急保障

6.1技术保障

县政府支持县气象局加强气象灾害预警预报业务体系建设，支持气象灾害预测预警、预警信息发布技术和应急处置的技术研究。

县气象局应当积极开展气象灾害应急预警预报、灾害调查、评估、趋势预测等技术研究，密切跟踪国内外先进的信息、通信技术，不断开发和更新气象灾害应急决策服务信息系统，为气象防灾减灾提供科学决策依据。

6.2通信保障

建立跨部门、跨地区，有线和无线，地面和卫星等多种方式相结合、稳定可靠的气象灾害信息通信系统，建立全县预警信息发布平台。

加强对重要通信设施、传输线路和装备的日常管理和维修养护，配置备份设施，建立健全紧急保障措施和应急车辆，确保应急信息及时、准确、可靠地传递。

6.3经费保障

气象灾害应急准备、预警应急和救援工作经费，按照市、县有关规定给予落实。

6.4宣传、培训、演练保障

充分利用广播、电视、互联网、报纸等各种媒体，加大对防御重大气象灾害的宣传，提高全民的气象防灾减灾意识，使社会群众了解气象灾害特征，增强自身防护能力。对应急队伍进行应急管理等方面的培训。气象部门每年应组织有针对性的气象灾害应急演习。

7.责任与奖惩

对在突发气象灾害事件应急处理工作中作出贡献的先进集体和个人要给予表彰和奖励。对玩忽职守、失职、渎职的有关责任人，要依据有关规定严肃追究责任，构成犯罪的，依法追究刑事责任。

8.附 则

1、本规定自签发之日起施行。

2、本预案由海丰县气象局负责解释。

9.附件

（1）海丰县气象灾害应急启动请示表

（2）海丰县气象灾害应急启动令

（3）海丰县气象灾害应急终止请示表

（4）海丰县气象灾害应急终止令

关于公布海丰县不可移动文物名录的通知

海府办〔2012〕82号

各镇人民政府（场），县直各单位：

在第三次全国文物普查中，我县发现了一批古遗址、古墓葬、古建筑、石刻以及近现代重要史迹及代表性建筑物。为了更好地保护普查成果，根据《国务院关于开展第三次全国文物普查的通知》（国发[2007]9号）的要求，经县政府同意，将红宫红场旧址等109处不可移动文物点列入海丰县第三次全国文物普查认定的不可移动文物名录，现予以公布。

各镇、各部门要按照《中华人民共和国文物保护法》和《国务院关于加强文化遗产保护的通知》（国发[2005]42号）的规定，认真贯彻落实

"保护为主、抢救第一、合理利用、加强管理"的文物工作方针和原则，采取有效措施，切实做好各镇辖区各类不可移动文物的管理和保护工作。

附件：海丰县不可移动文物名录

海丰县人民政府办公室
2012年11月20日

附件：

汕尾市海丰县不可移动文物名录

表17

序号	名称	年代	保护级别	地址
1	狮地山营寨趾	明末	尚未核定为保护单位	小漠镇南香村狮山约300米处的半山腰
2	可塘宋溪遗址	南宋端宗	尚未核定为保护单位	可塘镇溪头村宋溪头自然村前后
3	鲘澳遗址	东周	尚未核定为保护单位	海丰县鲘门镇百安村地名鲘澳海边
4	吊牌山窑址	明代	尚未核定为保护单位	鹅埠镇上北村鹿湖自然村吊牌山东北方
5	老厝山窑址	明代	尚未核定为保护单位	海丰县赤石镇碗窑村老厝山东北方
6	东都岭窑址	明代	尚未核定为保护单位	海丰县赤石镇碗窑村碗窑自然村东都岭古商道南面
7	鲘门炮台遗址	清乾隆五十九年（1794）	尚未核定为保护单位	海丰县鲘门镇鲘门社区圩内西侧的海边
8	羊蹄峻岭古道遗址	晋-明代	尚未核定为保护单位	海丰县赤石镇新联村（与鲘门、梅陇三镇交界处的高山上）
9	可塘古城墙遗址	清	尚未核定为保护单位	海丰县可塘镇可塘社区圩内
10	龙牙营寨遗址	清初	尚未核定为保护单位	海丰县可塘镇可北村委龙牙村北侧
11	安东村亭墓	明代	尚未核定为保护单位	城东镇安东村上安东自然村内
12	彭孝女墓	明嘉靖	市级文物保护单位	附城镇联西村西屯佛子岭
13	吴坦夫夫妇合葬墓	明正德	尚未核定为保护单位	陶河镇霞雅甘下自然村后山
14	徐庐山夫妇合葬墓	明代	尚未核定为保护单位	赤坑镇石望村网寮自然村东北侧约100米处
15	陈前川墓	明万历	尚未核定为保护单位	平东镇九龙村"福老窝"山坡上
16	谢如恭李氏夫妇合葬墓	宋代	尚未核定为保护单位	公平镇西坑社区石壁窝
17	石塘石亭墓	明代	尚未核定为保护单位	联安镇联川石塘自然村后山上
18	黄守谦夫妇合葬墓	明代	尚未核定为保护单位	海城镇总寮社区把水宫后面的高山半山腰上
19	黄松轩墓	明万历	尚未核定为保护单位	海城镇长埔村竹仔坑水库尾
20	黎阿毕井	宋-清	尚未核定为保护单位	海城镇新城社区夏港
21	西门街井	明洪武年间	尚未核定为保护单位	海城镇新城社区西门街12号内
22	海城龙津桥	明天顺七年（1463）	尚未核定为保护单位	海城镇龙津社区龙津河上

（续上表）

序号	名称	年代	保护级别	地址
23	方饭亭	明代	市文物保护单位	海丰县海城镇城北社区
24	通平桥	清代	尚未核定为保护单位	海城镇召贡村飞瓦庵路中段
25	汇津桥	清代	尚未核定为保护单位	梅陇镇梅星村华帝古庙前
26	樑美桥	清乾隆年间	县文物保护单位	陶河镇陶北村港口自然村
27	金盘围	清	县文物保护单位	梅陇镇永红村金盘围自然村
28	曾世合民居	清初	尚未核定为保护单位	梅陇镇梅陇村曾厝埕
29	南门吊涧	清代	尚未核定为保护单位	平东镇南门村南门水库副坝口约50米处
30	成昌楼	清代	尚未核定为保护单位	黄羌镇东岭村罗輋屯自然村
31	新寮古寨	清代	尚未核定为保护单位	海丰县梅陇镇新寮村
32	金岗围古寨	明—清	尚未核定为保护单位	梅陇镇东风村西北角2公里处
33	海丰县城隍庙	明代	县级文物保护单位	海丰县海城镇新城社区
34	新厝林古寨	清乾隆	市文物保护单位	海丰县赤石镇赤石村
35	秋塘古寨	明—清	县级文物保护单位	海丰县赤石镇新里村
36	赤山宝塔	明代	县级文物保护单位	海丰县城东镇安东村
37	谢道山宝塔	清康熙	县级文物保护单位	海丰县附城镇道山村
38	洋坑古塞	元—清	尚未核定为保护单位	赤石镇新城村东北侧1公里处
39	新城古塞	明—清	尚未核定为保护单位	赤石镇新城村东南方5公里处
40	黄守谦府第旧址	明代	市级文物保护单位	海丰县海城镇龙门社区寨仔埔
41	里仁围	明代	尚未核定为保护单位	海丰县海城镇新安社区
42	和庆宫	清嘉庆	尚未核定为保护单位	海丰县黄羌镇东坑村
43	长安桥	清光绪	尚未核定为保护单位	黄羌镇下寨村溪背自然村
44	海城南门湖	清康熙	尚未核定为保护单位	海丰县海城镇南门社区
45	安东村佛法僧宝石雕	清代	尚未核定为保护单位	城东镇安东村寨仔自然村
46	鹿境山圣井古迹摩崖石刻	南宋	尚未核定为保护单位	附城镇新南村鹿境山南面半山腰
47	大元戎宋公单骑克捷处碑	明崇祯末年	尚未核定为保护单位	平东镇双墩村石牌公平水库边
48	壮帝居石刻	明代	市级文物保护单位	鲘门镇朝面山村的后面山腰
49	凤河义渡碑	清咸丰	尚未核定为保护单位	赤石镇新里村深涌自然村凤河边
50	埔仔峒奉天诰命碑	清乾隆	尚未核定为保护单位	海城镇埔仔村埔仔峒村后面
51	海丰红宫红场旧址	1927年	全国重点文物保护单位	海丰县城海城镇南门社区
52	中山路骑楼	中华民国	尚未核定为保护单位	海丰县海城镇龙津社区
53	农民药房旧址	1922年	县级文物保护单位	海丰县海城镇龙津社区中山中路
54	马思聪故居	中华民国	市级文物保护单位	海丰县海城镇龙门社区
55	中共海陆丰地方委员会旧址	1925-1926年	县级文物保护单位	海丰县海城镇南门社区

（续上表）

序号	名称	年代	保护级别	地址
56	革命保𡒄户蔡算同志纪念碑	1983年	尚未核定为保护单位	平东镇坑口村坑口自然村北面半山腰
57	海丰县第一区苏维埃政府旧址	1927年	县级文物保护单位	海丰县海城镇龙门社区
58	海丰县少年先锋队队部旧址	1925年	县级文物保护单位	海丰县海城镇龙门社区
59	彭母苏太安人墓	1927年	尚未核定为保护单位	城东镇赤山村虎亭自然村赤山约农会旧址后面约100米
60	海丰县烈士陵园	1963年	尚未核定为保护单位	海丰县海城镇城北社区
61	海丰县革命烈士纪念碑	1958年	尚未核定为保护单位	海丰县城东镇龙山村
62	海丰县农民运动讲习所、妇女解放协会旧址	1925年	县级文物保护单位	海丰县城东镇龙山村
63	海丰县第一个农村党支部旧址	1926年	县级文物保护单位	海丰县城东镇龙山村
64	柯麟故居	中华民国	县级文物保护单位	海丰县附城镇中河社区
65	莲花红军烈士墓	1985年	尚未核定为保护单位	海城镇万中村莲花山公墓上
66	埔仔村红四师师部旧址	1928年	县级文物保护单位	海城镇莲光村浮潭自然村内
67	彭湃烈士故居	中华民国	省级文物保护单位	城东镇桥东社区龙津河边
68	共青团海陆丰地方委员会旧址	1925年	县级文物保护单位	海丰县海城镇南门社区
69	海丰工农革命军团队部旧址	1925年	县级文物保护单位	海丰县海城镇南门社区
70	石埂陇红军洞	1928-1932年	尚未核定为保护单位	黄羌坑联村坑尾自然村尖石山
71	海丰县总工会旧址	1926年	县级文物保护单位	海丰县海城镇龙津社区
72	海城社会主义研究社旧址	1921年	县级文物保护单位	海丰县海城镇海珠社区
73	龙舌埔海丰总农会活动旧址	1923-1928年	县级文物保护单位	海丰县海城镇海珠社区
74	海丰县农民协会旧址	1928-1927年	市级文物保护单位	海丰县海城镇海珠社区
75				
76	海丰县总农会旧址	1923年	市级文物保护单位	海丰县城东镇桥东社区
77	赤山约农会旧址	1922年	省级文物保护单位	海丰县城东镇桥东社区
78	彭湃同志宣传农运遗址	1922年	县级文物保护单位	海丰县城东镇桥东社区
79	赤坑革命烈士纪念碑	1958年	尚未核定为保护单位	赤坑镇青坑社区赤坑自来水厂20米处
80	海丰六区苏维埃南路指挥处旧址	1928-1929年	尚未核定为保护单位	赤坑镇船坞会全福自然村内北侧
81	杨其珊烈士墓	1954年	尚未核定为保护单位	公平镇公二村中学后山顶
82	大湖红军洞	1929年	尚未核定为保护单位	大湖镇高螺村大德山北侧半山腰
83	沙港革命烈士陵墓	1985年	尚未核定为保护单位	赤坑镇沙大村沙港后山东侧

（续上表）

序号	名称	年代	保护级别	地址
84	鲘门侵华日军防空洞	中华民国	尚未核定为保护单位	海丰县鲘门镇鲘门社区
85	可塘红四师党代会旧址	1928年	尚未核定为保护单位	海丰县可塘镇下可塘村
86	可塘革命烈士纪念碑	1958年	尚未核定为保护单位	可塘镇联金村金竹围自然村北侧山岗上
87	黄汉宗故居	清末	尚未核定为保护单位	可塘镇黄厝港自然村
88	丘东平故居	中华民国	县级文物保护单位	海丰县梅陇镇东风村
89	梅陇解放战争革命烈士纪念碑	1954年	尚未核定为保护单位	梅陇镇梅陇公园内
90	小漠革命烈士纪念碑	1952年	尚未核定为保护单位	小漠镇大澳村南君寮自然村虎坑涵大路边
91	陈炯明都督府旧址	1920年	市级文物保护单位	海丰县海城镇南门社区
92	陈其尤故居	清代光绪年间	县级文物保护单位	海丰县附城镇城南社区
93	抗日时期海陆丰中心县委党训班旧址	1941年	尚未核定为保护单位	平东镇九龙村九龙洞塘背自然村南侧
94	黄羌革命烈士墓	1954年	尚未核定为保护单位	黄羌镇黄羌社区大面园自然村后小山岗上
95	海丰县临时革命政府旧址	1924年	尚未核定为保护单位	黄羌镇东陇村官田自然村
96	中国工农革命第二师战壕遗址	中华民国	尚未核定为保护单位	海丰县黄羌镇黄羌村
97	海丰县工农兵代表住宿地旧址	1927年	县级文物保护单位	海丰县海城镇南门社区
98	赤石解放战争革命烈士纪念亭	1954年	尚未核定为保护单位	赤石镇赤石社区镇府后面西北角20米处
99	赤石革命烈士纪念碑	1959年	尚未核定为保护单位	赤石镇赤石社区大安路中段碗窑路口三角坑村第二路口处
100	黄正文烈士纪念碑	1953年	县级文物保护单位	城东镇安东村赤山宝塔西北侧100米处
101	流冲渡槽	1973年	尚未核定为保护单位	赤坑镇古流村委北侧流冲河上
102	九龙渡槽	1976年	尚未核定为保护单位	平东镇九龙村九龙自然村
103	平民医院旧址	1925-1929年	县级文物保护单位	海丰县海城镇南门社区
104	赤花村抗日战争遗址	1945年	尚未核定为保护单位	赤坑镇赤花村赤花自然村前约300米
105	赤坑联乡抗日战场遗址	1945年	尚未核定为保护单位	赤坑镇石望村石望自然村后山西南面山坡
106	大茂楼	1942年	县级文物保护单位	海丰县平东镇谷兜村
107	黄鼎臣故居	清末	县级文物保护单位	海丰县海城镇南门社区
108	成昌学校旧址	中华民国	尚未核定为保护单位	黄羌镇东岭村罗畬屯自然村
109	彭湃母亲居室	1957年	尚未核定为保护单位	海丰县城东镇桥东社区

印发海丰县地方志事业“十二五”发展规划的通知

海府办〔2012〕22号

各镇人民政府（场、经济开发区），县直有关单位：

经县政府同意，现将《海丰县地方志事业“十二五”发展规划》印发给你们，请你们认真贯彻执行。

2012年3月12日

海丰县地方志事业“十二五”发展规划

为明确未来五年我县地方志事业发展的目标和任务，进一步推动全县地方志事业的深入发展，更好地发挥地方志事业在文化强县建设和经济社会发展中的积极作用，根据国务院《地方志工作条例》（国务院令第467号）和《广东省地方志工作规定》（省政府令第120号）、《广东省地方志事业“十二五”发展规划》（粤志办发〔2011〕34号），以及《海丰县建设文化强县规划纲要（2011—2020）》（海委〔2010〕33号），结合我县地方志工作实际，特制定本发展规划。

一、指导思想

以邓小平理论和“三个代表”重要思想为指导，全面贯彻落实科学发展观，存真求实，继承创新，以科学发展为主题，以“加快转型升级、建设幸福海丰”为核心，以服务经济社会发展和文化强县建设为重点，推动地方志事业的全面深入发展，为推动我县经济社会发展和文化强县建设更好地发挥资政、存史、教化的作用。

二、发展思路

贯彻编修志书与研究开发地情资源相结合的工作方针，围绕党和政府的中心工作，以志书编修为基础，以地方志馆建设为依托，以信息化、网络化建设为手段，以志、鉴、系列地情书和媒体为载体，以开展地情资源研究开发为动力，以机构与队伍、法制与制度为保障，以推动文化强县建设和经济社会发展为落脚点，推进地方志事业全面发展，为建设经济强县、文化强县、法治社会、幸福海丰作出应有的贡献。

三、总体目标

以当好全市地方志事业发展排头兵为总目标。至2012年底，全面完成《海丰县志（1988~2004）》的编修出版任务；2015年动工兴建海丰方志馆；把海丰方志馆建成我县一个重要的文化阵地和文化品牌；建立起门类较齐全、内容较系统的地情基础数据库，地情咨询服务水平有显著提高；县情研究和地情资源开发取得新成果，资政作用进一步加强；加强地方志法制化建设；我县地方志事业发展的总体水平居全省前列。

四、发展任务

（一）全面完成第二轮修志任务

《海丰县志（1988~2004）》于2012年底出版。部门志、镇场志规划58部，至2015年全面完成。确保全县各镇、场、县直机关单位都有志书编纂出版。

（二）编纂出版《海丰年鉴》和各类地情书

2012年编纂出版《海丰年鉴·2012》创刊号。一年一鉴；推动具有海丰风格与时代特色的历史文化名城的镇志、部门志等各类地情书的编纂出版。

（三）全面实施地方志资料年报制度

认真执行《海丰县地方志资料年报制度》和《地方志资料年报编写要求》（海委办[2008] 27号），全县各单位要逐年搜集、编写与报送地方志资料，为下一轮修志积累全面翔实、准确客观的资料。

（四）建立海丰县情信息网络

按照统一部署、分级管理、资源共享的原则，以县情信息库为中心，以县党政信息网络平台为依托，建立上连省、市，下接镇、村的地情资源网，实现地情资料数字化和网络化，向社会提供全方位的地情信息服务。

建立和完善地情基础数据库。包括：综合志库、年鉴库、地情书库、多媒体库、馆藏资料库等。

利用修志和地情研究成果，开辟和丰富网站浏览内容，以适应社会公众的需求。

建立全县地情信息员队伍，完善地情资料的征集机制。

（五）建成海丰方志馆

2015年建成海丰方志馆。依托海丰方志馆，更好地组织全县的地方志书编修和地方志理论与地情研究交流；全面收集、整理海丰地方文献；设立海丰历史与人文展厅；健全县情信息网络。使海丰县方志馆成为集地方志书编纂、地方文献收藏与服务和县情展示、咨询、研究与交流为一体的重要的文化阵地。同时，积极推动我县有条件的单位建立地方文献资料室。

海丰方志馆计划占地面积1200平方米，建筑面积2500平方米。计划投资600万元（包括馆藏设备与装修），2015年动工兴建。

（六）编辑出版《海丰史志》

《海丰史志》是省新闻出版局批准、县政府主管、县人民政府地方志办公室主办的史志期刊（半年刊）。以“信史、资政、实学”为宗旨，秉承“真诚、严谨、创新”的办刊理念，为海丰新方志的学术研究和信息交流提供一方平台，为展示海丰历史文化名城而发挥窗口作用。《海丰史志》对《海丰县志》续其所有、补其所无、正其所误、存其所异的“资政、存史、教化”功能是其他刊物无法替代的！《海丰史志》始终坚持存真求实的方针，研究史志理论，了解史志动态，探讨志鉴实务，传扬志鉴成果，融思想性、知识性、趣味性、学术性、资料性于一体，极具地方特色，得到本系统本行业广大读者的高度赞赏和各级党政领导的充分肯定。必须按时连续出版，发挥《海丰史志》应有的作用。

（七）收集整理地方文献

全面收集、整理各历史时期海丰人的著作和记述海丰的著作以及志书、年鉴、牒谱、书籍、报刊、资料汇编、简报、侨批、乡土教材、图照片、地图、家谱、影音像作品和名人书信、礼记、诗文、回忆录、纪念集、字画、照片以及祖籍海丰的华人、华侨、港澳台同胞的著作和资料。同时，积极收集全国各地的地方志书。

（八）开展地情调查研究和开发利用

开展区域地情现状调查。进一步摸查本地区的历史文化资源和自然资源、山川资源、民风民俗、方言、自然村落、名街名巷及姓氏、特有文化现象等。

开展地情专题研究，建立全县地方志系统地情研究课题申报制度，各地各单位要围绕我县的中心工作，结合实际，拟定研究课题，县地方志办公室统筹、规划，五年中，县人民政府地方志办公室组织开展2~3个项目的全县性地情研究，并争取1~2个课题纳入县级社科研究规划项目。

推动地情资源开发利用。利用各种媒体宣传、推介地情研究成果，提出开发建议，参与区域发展研讨、论证和开发利用。

（九）开展地方史志理论研究与对外交流

开展地方志学科理论、地方志编纂理论、区域史等专题研究，积极参与全省地方史志学术研讨会；加强与省内外史志办、港澳台学者及海外华人华侨组织的学术与文化交流，每年组织一次交流活动。

五、保障措施

（一）全面推进依法修志。坚持“党委领导、政府主持、地方志部门组织实施、依法修志、专家修志”的工作体制。各级政府要切实加强对地方志工作的领导，把地方志工作纳入各地经济社会发展规划和各级政府的任务之中，把地方志工作经费列入财政预算，完善地方志工作体制机制，做到领导到位、机构到位、经费到位、队伍到位、条件到位。

（二）加强地方志队伍建设。建立和健全县、镇地方志工作机构，按照德才兼备的原则，配足配强各镇各单位地方志工作机构的领导班子。建设一支高素质的地方志队伍，按照专兼职结合的原则，吸纳社会力量，建立一支结构合理的地方志队伍；配备好志书主编；建立和完善培训制度，不断提高队伍的综合素质。

（三）认真贯彻地方志条规。加大地方志法规和制度的宣传力度。要认真贯彻国务院《地方志工作条例》、《地方志书质量规定》和《广东省地方志工作规定》，明确地方志工作的性质、任务、要求和县、镇政府与县直机关单位的职责；建立地方志工作督查、督办制度，完善地方志工作体制和机制，使地方志工作逐步法制化和规范化。

附：《海丰县部门志、镇场志编修规划》

海丰县部门志、镇场志编修规划表

海丰县人民政府地方志办公室　　2012年2月2日

表18

志书名称	断　限	责任单位	完成时间	备　注
海丰县委志	—2010	县委办公室	2013年12月	县纪委、组织部、宣传部、统战部、老干局、县直工委、党校、党史办配合
海丰人大志	—2010	县人大办公室	2013年12月	
海丰政府志	—2010	县政府办公室	2013年12月	
海丰政协志	—2010	县政协办公室	2013年12月	
海丰人事劳动志	—2010	县人社局	2013年12月	
海丰青年志	—2010	县共青团	2013年12月	
海丰妇女志	—2010	县妇联会	2013年12月	
海丰工会志	—2010	县总工会	2013年12月	
海丰审计志	—2010	县审计局	2013年12月	
海丰档案志	—2010	县档案局	2013年12月	
海丰法院志	—2010	县人民法院	2014年6月	
海丰检察志	—2010	县人民检察院	2014年6月	
海丰公安志	—2010	县公安局	2014年6月	
海丰司法志	—2010	县司法局	2014年6月	
海丰广播电视志	—2010	县广播电视局	2013年12月	
海丰教育志	—2010	县教育局	2013年12月	
海丰文化志	—2010	县文体旅游局	2012年12月	包括体育志、旅游志
海丰人口计划生育志	—2010	县人口计生局	2014年12月	
海丰卫生志	—2010	县卫生局	2013年12月	
海丰科技志	—2010	县科技局	2013年6月	
海丰计划志	—2010	县计划局	2013年12月	
海丰统计志	—2010	县统计局	2013年12月	
海丰财政志	—2010	县财政局	2013年12月	
海丰税务志	—2010	县国税局 县地税局	2014年12月	县国地税合编
海丰物价志	—2010	县物价局	2013年12月	
海丰技监志	—2010	县技监局	2013年12月	
海丰经济贸易志	—2010	县经促局	2014年12月	包括外经贸、中小企业
海丰粮食志	—2010	县粮食局	2013年12月	
海丰国土志	—2010	县国土局	2013年12月	

（续上表）

志书名称	断限	责任单位	完成时间	备注
海丰环保志	—2010	县环保局	2013年12月	
海丰农业志	—2010	县农业局	2013年12月	
海丰林业志	—2010	县林业局	2013年12月	
海丰水利志	—2010	县水利局	2014年12月	
海丰交通志	—2010	县交通局	2014年12月	
海丰公路志	—2010	县公路局	2014年12月	
海丰供电志	—2010	县供电局	2014年12月	
海丰烟草专卖志	—2010	县烟草局	2014年12月	
海丰气象志	—2010	县气象局	2014年12月	
海丰畜牧志	—2010	县畜牧局	2014年12月	
海丰邮电志	—2010	县邮政局 县电信局	2015年12月	县邮政电信合编
海丰移动通讯志	—2010	县移动公司 县联通公司	2015年12月	县移动联通合编
海丰金融志	—2010	县人民银行	2015年12月	县各家银行合编
海城镇志	—2010	海城镇政府	2015年12月	
附城镇志	—2010	附城镇政府	2015年12月	
城东镇志	—2010	城东镇政府	201412月	
梅陇镇志	—2010	梅陇镇政府	2015年12月	
联安镇志	—2010	联安镇政府	2015年12月	
后门镇志	—2010	后门镇政府	2014年12月	
小漠镇志	—2010	小漠镇政府	2014年12月	
赤石镇志	—2010	赤石镇政府	2014年6月	
鹅埠镇志	—2010	鹅埠镇政府	2013年6月	
陶河镇志	—2010	陶河镇政府	2014年12月	
赤坑镇志	—2010	赤坑镇政府	2014年6月	
大湖镇志	—2010	大湖镇政府	2014年6月	
可塘镇志	—2010	可塘镇政府	2012年12月	
公平镇志	—2010	公平镇政府	2014年6月	
黄羌镇志	—2010	黄羌镇政府	2012年12月	
平东镇志	—2010	平东镇政府	2014年6月	
经济开发区志	—2010	老区开发区	2013年6月	

地方综合年鉴编纂出版规定（试行）

（2012年7月13日中国地方志指导小组四届三次会议通过）

第一章　总　则

第一条　为了规范地方综合年鉴编纂出版，提高质量，发挥地方综合年鉴在促进经济社会发展中的作用，根据国务院《地方志工作条例》，制定本规定。

第二条　本规定所称地方综合年鉴，是指系统记述本行政区域自然、政治、经济、文化、社会等方面情况的年度资料性文献。

第三条　本规定适用于以县级以上（含县级）行政区域名称冠名的地方综合年鉴（以下简称“年鉴”）。

第四条　年鉴编纂出版坚持以马克思列宁主义、毛泽东思想、邓小平理论和“三个代表”重要思想为指导，全面贯彻落实科学发展观。

第五条　年鉴编纂出版应遵守国家关于保密、著作权、出版、广告等方面的法律、法规或规章，遵守党和国家关于民族、宗教和对外关系等方面的法规或政策，维护国家利益、民族团结和社会稳定。

第六条　年鉴编纂出版应做到：观点正确，框架科学，资料翔实，记述准确，编写规范，编辑出版符合国家标准。

第二章　框　架

第七条　年鉴框架应涵盖年度内本行政区域的基本情况。

第八条　年鉴框架应做到：分类科学，层次清晰，领属得当，编排有序。

第九条　年鉴框架应突出年度特点和地方特色。

第十条　年鉴框架应相对稳定，同时依据年度特点和事物变化情况作适当调整，以体现稳定和创新的有机统一。

第十一条　年鉴分类可参照国民经济行业分类标准，并结合社会实际分工和本行政区域特点进行。

第十二条　年鉴框架各层次标题应简洁、准确、规范。

第三章　资　料

第十三条　年鉴主要辑录反映本行政区域自然、政治、经济、文化、社会等方面的基本情况，以及与本行政区域密切相关的资料。

第十四条　年鉴主要辑录年度性资料，一般不上溯下延。

第十五条　年鉴资料应突出时代性、年度性和地方性，具有为现实服务的价值和存史的价值。

第十六条　年鉴资料应具有连续性和可比性，能正确反映事物发展的脉络和轨迹。

第十七条　年鉴资料应真实，人名、地名、时间、事实、数据、图片、引文等应准确。

第十八条　年鉴采用的数据应以统计部门提供的为准，未列入统计范围的，以业务主管部门的为准。数据不一致时，应加以说明。

第十九条　年鉴编纂单位应拓宽资料搜集渠道，资料除依靠各供稿单位提供外，还要通过查阅档案、报刊和提炼网络信息，以及调查访问等方式进行搜集。

第四章　内　容

第二十条　年鉴内容应存真求实，客观反映经济社会发展中取得的成绩和存在的问题。

第二十一条　年鉴内容记述应综合运用多种形式，其主要形式是条目，条目分为综合性条目和单一性条目等类型。

第二十二条　条目。条目编写应做到：

（一）选题选材注重有效性、完整性和新颖、准确、系统。

（二）综合性条目反映年度内各个领域发展变化的总体情况和主要特点，具有高度的概括性；单一性条目一事一条，基本要素齐全。

（三）信息含量大，避免空洞无物和简单重复。

（四）坚持述而不论，寓观点于记述之中。

（五）标题中心词突出，题文相符。

（六）条目排列有序。

第二十三条　大事记。选录大事要得当，做到重要事项不漏，记述要素齐备。可将编年体和纪事本末体相结合。

第二十四条　图片。图片选用注重典型性、资料性，突出反映重大事件、重要成果和热点问题。

图片要清晰、美观；文字说明应简洁、准确、要素齐全。

地图选用和绘制应遵守国家关于地图管理的

法规和有关规定、办法。

第二十五条　表。表格包括表题、表体以及必要的表注等。

表格内容要准确，设计要规范。

第二十六条　附录。附录内容应具有参考性、实用性和便览性。

第二十七条　其他形式。年度内具有特殊意义的资料可采用特载、特辑、专文、专记或其他形式集中汇辑。

第二十八条　人物记述可采用简介、名录、表等形式，入鉴人物应严格掌握标准，人物记述应做到客观、准确、公允。

第二十九条　年鉴应设编辑说明，主要介绍年鉴编纂的指导思想、记述的时空范围、栏目的设置情况、资料的来源等事项。

第三十条　年鉴具有工具书性质，应有完备的检索系统。

年鉴应编制中文、英文目录；中文目录详至条目。

索引应提供丰富的检索信息，名称概念清晰，标目符合主题原意，标引准确。

第三十一条　年鉴内容记述应减少交叉重复，多处记述同一事物的应各有侧重。

第三十二条　年鉴使用记叙文、说明文等文体，文风要朴实，记述要流畅。

第三十三条　年鉴使用规范、统一的简称和缩略语，名称、时间、地点、事实、数据、计量单位、术语等的表述前后要一致。

第五章　出　版

第三十四条　年鉴编纂应建立健全审读、审核和校对制度，以确保质量。

第三十五条　语言文字、标点符号、汉语拼音、数字、计量单位使用和索引编制、图片选用等，应符合国家有关法律、法规和规章、规定。

第三十六条　编辑校对应符合国家出版物质量管理的规定，差错率不超过万分之一。

第三十七条　封面设计应庄重大方，年鉴名称、卷号要醒目。

第三十八条　版式设计应疏密得当，留白页少，字体、字号选择要既能区别结构层次，又有较好的视觉效果。

第三十九条　版权页刊载版本记录应完整。

第四十条　采用16开本（889×1194mm），文字横排。

第四十一条　印刷、装帧应符合国家出版物质量标准。

第四十二条　制作出版电子版年鉴，应遵守国家关于电子出版物管理的规定。

第四十三条　年鉴应逐年编纂，做到在出版年度的上半年内出版。

第六章　附　则

第四十四条　各省、自治区、直辖市地方志工作机构可根据本规定，结合本地区实际，制定实施细则。

第四十五条　专业年鉴可参照本规定执行。

第四十六条　本规定由中国地方志指导小组办公室负责解释。

关于印发《广东省地方志资料年报制度》的通知

粤志办发〔2012〕68号

各地级以上市人民政府，各县（市、区）人民政府，省直及中央驻粤有关单位：

《广东省地方志资料年报制度》业经省人民政府同意，现予以印发。请各地、各单位结合实际，抓好落实。

广东省人民政府地方志办公室
2012年12月25日

广东省地方志资料年报制度

第一条　为促进我省地方志资料搜集和整理工作制度化、规范化，根据《地方志工作条例》（国务院令第467号）和《广东省地方志工作规定》（省政府令第120号），结合我省实际，制定本制度。

第二条　地方志资料年报（以下简称资料年报）工作的主要任务是按年度全面搜集、整理、汇编和撰写第二轮地方志书下限年后自然、政治、经济、文化、社会等各方面的资料。

第三条　县级以上人民政府要加强对资料年报工作的领导，将资料年报工作所需经费列入本级财政预算。

第四条　县级以上人民政府地方志工作机构负责本行政区域资料年报工作的规划、组织、指导、培训和督促检查，制定资料年报征集纲目与编写规范，确定承报单位，组织对年报资料的审查验收与整理、汇编，指定专人、专室集中妥善保管年报资料。

第五条　各级机关、社会团体、企事业单位、其他组织和上级驻地单位为年报资料承报单位。承报单位应把资料年报工作列入年度工作计划，明确工作部门、人员，按要求搜集、整理、汇编、撰写和报送本单位、本行业年报资料。

负责资料年报的工作人员应熟悉本单位、本行业情况，完成相关业务培训，掌握资料年报的业务要求。

第六条　年报资料主要包括概况资料、大事记资料、专题资料、人物资料、文献资料、图片音像资料及其他具有存史价值的资料。全面客观准确反映本地区、本行业经济社会发展情况。

第七条　承报单位要拓宽年报资料搜集渠道，除档案资料外，注意搜集媒体资料、口述资料和实地调查资料等。必要时，地方志工作机构可以购买服务的方式向社会组织、民营企业等征集年报资料。

第八条　年报资料以第二轮地方志书下限年为起点逐年报送，保持年度资料之间的连续性。

第九条　县级以上人民政府地方志工作机构应于每年3月底前下达本行政区域上年度资料年报工作任务，承报单位应于每年9月底前完成年报资料的搜集整理并报送同级地方志工作机构审查验收。地方志工作机构应于20个工作日内完成审查验收。如果未通过验收，承报单位应于20个工作日内按要求完成修改并再次报送。

第十条　2012年起的年报资料，自2013年起逐年报送。第二轮地方志书下限年至2011年的年报资料，应于2015年底前完成报送。

第十一条　县级以上人民政府地方志工作机构应逐年通报各有关单位资料年报工作完成情况。

第十二条　县级以上人民政府地方志工作机构应及时制定本行政区域资料年报制度实施细则。

第十三条　本制度自公布之日起执行。

《孙文与陈炯明史事编年》增订本说明

事隔八年之后，广东人民出版社决定出版《孙文与陈炯明史事编年》的增订本，并纳入《岭南文库》，这对我们是又一极大的鼓励。

《孙文与陈炯明史事编年》于2003年出初版后，颇受多方重视。多年来，研究者大量引用本书资料；一些学术界朋友来信对此书问世多有嘉许勉励。可见，本书对推进孙、陈关系的研究起过一定作用。这些，增加了我们的责任感和使命感，敦促我们仍须勉力以为，往前趱行。在编撰《孙文与陈炯明史事编年》之后，我们又相继出版了《历有争议的陈炯明》（中山大学出版社，2006年）、《陈炯明集》增订本（中山大学出版社，2007年）、《陈炯明》（广东人民出版社，2009年，收入《岭南文库》）。在这一过程中，我们又发现本书初版尚存许多应该补充之处，故陆续将有关待补资料记入初版本相应位置，希望有增订出版之机会，而今所望终成事实，曷胜欣慰感奋。

《孙文与陈炯明史事编年》从初版到增订本，受惠于广东人民出版社甚多。该社社长金炳亮先生、岭南文库执行主编岑桑先生对本书一直深切关注，力促其成。岭南文库编辑沈展云主任和谢尚对本书编辑出版又多费心尽力。还令人十分感动的是长期热心于文化教育事业的广东海丰县陈介仁先生慨然赞助本书出版津贴，海丰县地方志办公室主任蔡忠先生亦对此热情支持。对于上述先生、女士，自是感纫尤深。

本书重印时，我们对原书稿力谋修订和增补。新添进了约六十余种报刊、图书、档案及一些访查材料，逾十万字，其中包括为纪念辛亥革命百年而出版的一些文集、资料汇编和著作。望能为探讨孙文与陈炯明的关系，特别是二者的政治主张、政治理念及其活动的同异合离多提供一点参考。诚然，我们的眼界和水平仍很有限，此增订本无疑仍存不足，乃至谬误，尚冀读者、方家续予批评指教，以匡不逮，俾有助于这项研究的更好开展。

在本书增订过程中，得到很多学术界朋友的支持和帮助，其中有：广东省立中山图书馆倪俊明研究馆员，中山大学汤锐祥、李吉奎、桑兵、赵立彬、孙宏云、敖光旭、谷小水、何文平诸教授，以及招忠劲博士和历史系研究生张风平先生，广东社会科学院王杰研究员、张金超副研究员，广东省博物馆萧洽龙研究馆员等，对于他们，亦谨在此深表谢忱。

编著者　2012年2月

专　记

可塘镇珠宝产业的发展

可塘墟自古商贸活跃，对来自各地的商贾兼容并蓄，是有名的杂姓墟，但一直是较为贫穷落后的墟埠。改革开放后，工业兴镇，外出贤达回乡投资，可塘镇在经济、文化、教育、卫生、交通、城建等各方面得到发展。尤其是珠宝产业，得到了飞速发展。

可塘珠宝业的发展是从王瑞宝等村民开始起步的。改革开放后，不甘贫穷落后的王瑞宝和几个村民外出寻找机会，到深圳的珠宝加工厂做工。他们从对珠宝一无所知，到逐渐上手，再到深谙熟稔，干了整整8年。王瑞宝和同伴们学到了过硬的珠宝加工技术和本领，也掌握了一定的珠宝原料进口套路和市场信息，同时也完成了办厂的原始积累。1996年，他们先后回到家乡——可塘。王瑞宝率先投资3.5万元，办起可塘第一家小型珠宝加工厂。随后，他的同伴们也先后办起加工厂。因为当时国内外市场对水晶等珠宝产品的需求很大，可塘珠宝加工业的规模逐渐扩大，数量也逐渐增多，并由兰头村向周边村庄和镇内扩散，产品供不应求。在王瑞宝等人的带动下，希望致富的同乡们也纷纷“洗脚上田”，学习珠宝加工技术，办起了大大小小的珠宝加工厂以及家庭式作坊。王瑞宝把当初的小工厂发展为具有一定规模的鸿利达宝石有限公司，产值达3个亿。随后，他又在广州开设了珠宝行。

可塘镇委、镇政府及时对可塘镇珠宝首饰加工业因势利导，筑巢引凤，先后开设了北门、圆山岭、长桥工业园区，对宝石加工企业给予税收、地价等诸多政策优惠，有效地促进了宝石加工业的发展。至2000年，可塘成为远近有名的珠宝加工专业镇，先后被国家命名为“小城镇综合开发示范镇”、省命名为“中心小城镇”、“科技专业试点镇”和“中心镇”。可塘珠宝的品牌逐步打响，并成为全国珠宝产业较重要的生产基地和交易中心。2002年，中国加入世界贸易组织后，可塘镇宝石加工企业的数量猛增，且分布密集，如陇东村仅530户3000余人，就有宝石加工厂89家。至2003年，全镇宝石加工企业总数近千家，后经整顿、重组后，企业数量有所回落，规模增大并趋于稳定。2004年，广东可塘珠宝交易市场的建成营业，结束了可塘镇珠宝首饰加工业产销分离的局面，有力地推动了可塘镇珠宝首饰加工业的发展和升级，扩大了可塘镇珠宝首饰加工业的辐射力和影响力。

经过可塘历届党委政府的重点扶持，可塘珠宝产业技术逐步成熟，知名度也越来越高。可塘镇坚持“工业立镇，农业稳镇”和“外向带动，发展民营”的经济发展战略，优化投资环境，采取优惠灵活的发展措施，拓展外资民营经济发展空间，使可塘形成了以工业园区为载体、珠宝首饰加工基地为依托、以外资民营企业为主体、以珠宝市场为龙头的多元化产业格局。至2007年，全镇在工商所注册的宝石加工厂有80家，若加上未注册的小型加工厂，共有400余家。随着对国内外市场的了解与熟悉，许多企业已能够自行设计产品，有手工串珠制作，也有银饰、合金、K金与半宝石的巧妙组合。

可塘镇的珠宝首饰加工业在发展过程中，遇到了以下发展瓶颈: ①品牌意识缺乏。随着社会发展，品牌效应起到的作用越来越大，人们也越来越倾向于购买品牌产品。十几年来可塘镇珠宝产业的发展虽然态势喜人，单独水晶产品就达1万多种，但可塘镇珠宝产业中为人所熟知的品牌却寥寥无几，企业自身缺少品牌意识，不注重品牌的建立，造成这种结果有两个原因，一是有些企业只是家庭作坊式，资金、人力、技术、管理等因素制约其发展，尚未意识到品牌价值以及品牌的盈利能力。二是由于企业贪图眼前利益，虽对品牌逐渐开始重视起来，但当销量提升和品牌建设相矛盾的时候，往往抓销量，很难持之以恒地坚持对品牌的追求。②产业链两头在外，处境尴尬。可塘镇珠宝产业的原材料供应主要来源于广州、义乌。原料供应、销售都不在本地，使可塘珠宝产业面临着“两头在外，受制于人”的产业链困境。在产业链中处于承担风险较大，且获取利润较低的环节，如果不能解决珠宝产业两头在外这一难题，企业生产成本也将高居不下，同时能难以将可塘镇打造成专业化产业格局。③珠宝行业标准化有待提高。珠宝产业作为传统产业，在蓬勃发展的高峰时期，普遍面临技术转型升级和人才制约瓶颈，而同时行业标准的缺失也成为行业向前发展的关键障碍。近年来，国内珠宝业在国际贸易争端中多次涉及技术壁垒等问题。2009年底,美国以镉、铅等有害元素含量超标为由，由议员向国会提起议案，全面抵制中国的流行饰品。这一事件给可塘销往国外的珠宝产品予以警示，也从侧面表示了珠宝标准化工作存在诸多问题，珠宝业标准化程度也急需进一步的提高与巩固。又如在当前珠宝合成技术相对成熟、真假难辨的情况下，珠宝玉石应如何鉴定和分级，需要一个规范、全面、具有可操作性的珠宝首饰行业标准。④企业满足于现状发展，缺乏创新意识。创新是企业发展的根本。可塘镇珠宝产业经过长期发展似乎已经进入一个较成熟的时期，因此当前大部分企业也安于现状，这种创新意识的缺乏主要表现为技术和营销管理理念的创新缺乏。缺乏技术创新，导致产品设计能力差，行业出现款式同质化；缺乏市场营销创新，导致缺乏高层次的营销管理理念，生产、销售等各方面的运作模式依然停滞不前，处于相对落后的状态。这对树立一个强有力的产业品牌、打造全国水晶珠宝第一大市场是一个很大的瓶颈问题。⑤高层次人才严重匮乏。随着近年来珠宝消费的不断升温，珠宝市场的规模日趋扩大，对高水平的设计制作加工人才的需求也越来越大。珠宝首饰设计是首饰的灵魂，更是塑造品牌的基石，纵观可塘各珠宝企业，自己具有设计师队伍的珠宝首饰加工厂商少之又少，唯一有自己的设计师的企业就是雅天妮。另外，对珠宝检验、鉴定、评估专业人才也非常紧缺。⑥中小企业融资困难。近些年石油、人民币、劳动力等成本不断攀高，企业生产成本也随之水涨船高。在这个过程中，企业特别是中小企业出现资金紧张的情况。中小企业融资渠道少，融资困难等问题日益突出。这些问题在很大程度上制约着可塘镇珠宝首饰加工业的可持续发展。

为发展经济，开辟可塘镇新的发展空间。近几年来，镇政府把发展工业企业，发展珠宝企业放在更加突出的位置，紧紧把握住省委省政府加大对粤东地区发展扶持力度、汕尾加快推进融入珠三角和汕尾、深圳建立特别合作区等机遇，充分利用可塘镇的土地、劳动力、人缘、地理位置和专业镇等优势条件，努力抓好招商引资工作和对民营企业的扶持发展壮大。把重点项目建设作为打造“海丰东部经济中心”的突破点和切入点，抓实抓好可塘珠宝产业园建设。该项目属于县重点建设项目，位于国道324线可塘圆山岭路段，总投资5亿元。项目于2011年上半年完成了建设规划调整及产业发展规划，并着手全面动工建设。至2012年年末，已投入资金近1 亿元，基本完成园区内主要道路路基及管网铺设，并建成集珠宝加工作坊和销售铺面为一体的厂房32栋，建筑面积2.56万平方米；高档珠宝交易厅3000平方米；占地面积8000平方米的珠宝原材料临时交易场所,已有10余家珠宝原材料供应商进驻经营。整个园区规划占地20万平方米，计划投入资金5亿元，建设期为3年，规划建成占地面积1万平方米的原材料批发交易市场、建筑面积2万平方米的珠宝会展中心、建筑面积10万平方米的珠宝加工厂房、工业废渣及污水处理、配套的酒店及写字楼等。其中二期工程占地面积18万平方米，主要是建设原材料供应门市、珠宝会展中心、标准化厂房和环保处理厂等;二期工程已建成占地2万多方的原材料市场、珠宝加工作坊60多套、C区成品展销铺位300多个。预计2013年底，还将继续动工建设B区成品展销铺位、占地5万多方的简易厂房及原材料仓库、环保处理厂等。市场的建成，将逐步完善全镇工业生产的研发、环保、营销等环节，对提高可塘珠宝的知名度，促进可塘镇珠宝产业上水平、上台阶将起到积极的意义。

至2012年末，可塘镇珠宝首饰加工产业化水平已初具规模，共有珠宝企业489家，其中资产过百万的珠宝企业已超过50家；既拥有一批上规模、上档次外资、民营企业，又有一批小规模、家庭式的珠宝加工厂，主要骨干企业有超群、金盛、高艺、联兴、淡水珍珠、顺和成等公司。可塘珠宝行业从业人员4.16万人，年缴纳各类税收4000多万元。尤其是可塘珠宝交易市场的投入使用，形成了可塘镇珠宝行业“产、供、销”一条龙的发展局面，市场竞争力明显增强。可塘珠宝首饰产业已成为可塘镇工业发展的支柱产业和特色产业，已从初期的单一加工型向加工贸易型转变；从低档产品发展到中高档产品；由初期的白水晶和缅甸玉到碧玺、珍珠宝石首饰、仿真及宝石工艺品、地球仪等。每年加工各种宝石超过5万吨，主要产品有白水晶、紫水晶、黄水晶、粉水晶、茶（烟）水晶、紫黄晶、草莓晶、金发晶、红发晶、黑发晶、绿发晶、铜发晶、钛晶、石榴石（红、紫、橙色）、碧玺（颜色齐）、绿幽灵、红幽灵、黑曜石、金曜石、玛瑙、玉髓、红绿宝、萤石、月光石、虎眼石、松石、青金石、东陵玉、海蓝宝、红纹石、闪光石、珍珠、橄榄石、葡萄石、杂石类等；形状以圆珠链、手镯、手排、吊坠、杂件、戒面、不定形链、发财树、水晶珠、观赏摆件、小型雕件为主；产品销往欧美、东南亚和国内各地。在东南亚最大的宝石批发基地广州荔湾广场、华林玉器广场二楼宝石专区、凌阳珠宝城等专业宝石市场，可塘商铺就占有80%以上。

梅陇镇首饰产业的发展

梅陇镇的首饰业始于20世纪80年代，至今已有将近30年发展史，在国内乃至国际市场享有盛名，据不完全统计和《南方》杂志2006年撰文记载，在全国各地，每10件金银饰品中就有1件产自海丰梅陇。

改革开放前，一些梅陇人迁居香港，在香港从事金银首饰加工行业，学会了加工金银首饰的手艺。改革开放后，他们了解到政策对返乡投资的支持和梅陇劳动充足、人力费用较香港低廉的情况，于是带着资本和技术回到家乡，开办了金银首饰来料加工厂。1985年，梅陇第一个首饰厂——梅陇首饰厂开始投入生产，专营铜和银首饰的来料加工。随着改革开放的不断深入，“三来一补”的政策日臻成熟，这种加工贸易形式逐渐盛行，在港经商的梅陇人纷纷返乡建首饰来料加工厂，几年内就发展到五六家。1990年后，随着技艺的成熟、资本的积累和市场需求的增加，各厂开始陆续增加金饰的生产。1991年，梅陇成立了第一家集体经营首饰厂丽恒首饰厂投入生产，同时，丽恒首饰厂管理办公室成立。20世纪90年代后期，随着国内经济社会迅速发展，对金银首饰需求的增加，梅陇镇内的金银首饰来料加工企业迅速增多。至1997年，已达30多家，其中包括华美、金辉等较为有名的工厂。

1998年，受香港金融海啸的影响，梅陇镇多家加工厂接不到海外订单，出口受阻。香港金融海啸过后，为减少企业对外界环境的依赖，不少企业开始谋求新的发展，出现了由来料加工转型为自主生产的经营方式。但由于资金、创新能力、技术的限制，转型升级的速度较为缓慢。

进入21世纪，随着企业各方面条件和梅陇经济社会发展，首饰产业从原来单一的来料加工发展到上规模、上档次生产，由原先的小打小闹家庭式生产，发展至个体、私营、集体经营，在梅陇镇工业中占有举足轻重的地位。同时，梅陇镇坚持把首饰业作为经济发展的主攻方向，通过加强引导扶持、优化服务、提高自主创新能力、加快转型升级和加强载体建设等措施，使首饰加工业得到空前迅猛发展，成为该镇富民强镇的一大支柱产业。镇政府把建设首饰城，为行业提供一个上档次、上规模的发展平台，作为推动专业镇建设提速发展、做强做大特色产业的头等大事抓紧抓好。

2006年10月21日，由东莞市东怡数码科技有限公司投资兴建的珠宝首饰交易场所开始动工；2007年9月，东怡珠宝首饰交易广场建成交付使用，并正式营运。交易广场设立近200个展位，容纳50多家首饰企业集中经营生产，集展销、洽谈、交流、技术开发、质量检测以及生产加工等商贸、技术和生产综合性功能与一体。从根本上完善了该镇首饰产业的网络体系。2008年，在交易广场上设立展销摊位的国内各地珠宝首饰企业已超过100家，其中30多家来自福建、浙江、广州、深圳等省市。但是，到目前为止，由于经营不景气，在交易广场上设立展销摊位仅存10家左右，其大部分摊位是首饰原料的供应商，首饰产品在广场销售交易的厂家为数不多。为改变这种局面，镇与东莞三凯电子商务有限公司合作，创建三凯第三方电子商务平台，力争抓住我国电子商务发展正处于重大战略机遇期的契机，把消费者、供货商、诚信渠道商的商品资源、服务资源、资金资源、人脉资源整合到一起，创造社会、商家和消费者的共赢局面。

2009年3月8日，经过梅陇镇政府和各界人士的努力和近一年的筹备，汕尾市金银珠宝首饰行业协会在梅陇镇正式成立。现拥有会员企业111家，基本上覆盖了全镇各类较大规模的首饰企业。协会渐步成为梅陇镇首饰产业的“大管家”“代言人”，促进企业之间实现优势互补和强强联合，发挥出政府与企业联系和沟通的桥梁和纽带作用，有效地推进梅陇镇首饰产业的集群发展。由于首饰业的总量不断扩大，逐步形成规模经济，首饰模具厂、宝石厂和物流业等配套产业应运而生。

梅陇镇加大扶持力度，打造一批首饰加工骨干企业。2009年9月15日，汕尾市展鹏珠宝首饰有限公司建成开业，投产后不断发展壮大，成为国际知名首饰品牌“金六福”指定合作伙伴，月黄金加工量超1吨；2010年8月31日，海丰县金桔莱黄金珠宝首饰有限公司成立，大力引进新设备、新技术，实现了跨越发展，成为上市公司北京颐和集团旗下的子公司。汕尾市展鹏珠宝首饰有限公司和海丰县金桔莱黄金珠宝首饰有限公司都是海丰县首饰行业中的标杆企业。

梅陇珠宝首饰行业坚持重点放在工业人才的培养和引进，鼓励和引导企业引进、培养了一批高科技人才，政府则把工作重点放在协调的服务，加大引进人才力度。近两年全镇各较大规模的首饰企业从各院校和人才市场招聘技术和管理专业人才220人，其中，中高级技术人才56人。人才引进和技术创新工作也得到一定程度的发展。2012年，全镇首饰产业拥有中、高级以上技术和管理人才有760多人，其中大专以上技术和管理人才有350多人。

梅陇镇首饰产业基本上属粗放型发展，高能源消耗、环境污染严重等现实情况制约着企业的壮大发展。镇政府意识到该发展模式所凸显的弊端，大力鼓励和支持企业推动转型升级，以汕尾市金银珠宝首饰行业协会为龙头带动，引进先进生产技术，从政策和资金方面支援企业消化吸收先进技术，并加以研究、改进和创新，建立属于自己的技术体系。并积极扶持企业开展自主创新活动。在行业规模和经济总量不断扩大的基础上，规模较大的企业设立技术和工艺自主研发专职部门，拥有专门人才，拥有具备世界先进水平的自动织链机、融金机、倒模机、电子激光测试机等生产线和技术设备，产品从初始阶段单一的K金首饰，通过自主开发研制，发展到镶钻石、蓝宝石、红宝石、晶石、纹银、铜镶杂石等系列首饰146个品种，并以其工艺精湛、款式新颖深受国内外客户青睐，在香港、东南亚以及欧美等国际市场享有盛誉。尤其值得一提的是，近几年来，随着梅陇镇工业经济结构的不断调整优化，全镇工业经济组成成分的比重日趋合理。至2011年末，全镇各类金银首饰加工企业（车间）共有765家，占全镇企业总数的76%；其中规模以上的7家；从业人员共24457人（本地劳动力占90%以上），全镇居民每10户有7户至少1人从事金银首饰加工业。2011年，年黄金加工量达20吨，银700吨，铜1500吨，加工料值约120亿元，占汕尾市同类加工料值的70%以上，实现工缴费收入7亿多元，创税利787万元。

首饰产业的迅速发展，成为该镇工业经济的生力军，民营经济的主力军，但发展中也出现挫折，县、镇政府部门都进行了认真处理。一是全镇拥有电镀厂共14家，2012年初，为缓解电镀行业对镇带来的环境污染，镇联合县环保、工商、公安等部门，对无证电镀厂进行整顿关闭，同时动员5家电镀企业搬迁进入合泰电镀厂，并着手规划建设一个电镀园区，将电镀厂集中在一起生产经营。二是2012年2月24日晚，梅陇镇发生银料供应商携带商户订金逃逸事件。事件发生后，海丰县高度重视，成立专案组，并把事件定性为诈骗案件，从速侦破。梅陇镇委、镇政府积极配合，认真部署，集中精力处置好银料事件，以此确保梅陇经济社会稳定发展。

2012年10月26日，召开汕尾市、梅陇镇两级金银珠宝玉石首饰行业工会联合会在梅陇镇举行成立大会，宣告行业工会联合会成立，为珠宝首饰从业人员的合法权益提供了保障。

2012年，梅陇镇首饰加工业的产值占民营企业产值的82%。全年黄金加工量达35吨，银700吨，铜1500吨，加工料值约180亿元，占汕尾市同类加工料值的70%以上，实现工缴费收入11亿多元，创税利达3000万元。

鹅埠镇制鞋产业的发展

鹅埠镇是汕尾市海丰县西大门，下辖11个村（社区），区域面积100.7平方公里，全镇总人口约2.4万人，其中户籍人口约1.6万人、外来人口约8000人。鹅埠镇毗邻粤东制鞋城惠东县黄埠、吉隆两镇，广汕公路和深汕高速公路横贯镇区，交通方便，区位优越，有利于承接珠三角产业转移，具有加快发展得天独厚的条件。

改革开放前，鹅埠经济为纯农结构，经济社会发展较落后，也没有制鞋业生产的记载。1984年，招商引资工作中，开始与港商李容秋先生洽谈，在鹅埠区大院小礼堂内办起“永丰鞋厂”，有工人30多人，产品销往香港，这是鹅埠第一家来料加工企业。同年，又引进香港立基鞋厂鹅埠制鞋二厂，手工制作，有工人100多人，产品销往四川、重庆等地。到1994年，鹅埠已有宜美鞋厂、怡泰鞋厂、恒发鞋厂、时艺鞋厂等制鞋企业

32家，从业人员2000多人，年产值达1500万元。

进入21世纪后，在市委、市政府和县委、县政府的领导和重视下，鹅埠镇确立“工业兴镇、鞋业富镇”的发展战略，并提出“穿鹅埠鞋，行万里路”的发展理念，围绕“整体推进、重点突破”的思路，全力构筑制鞋专业镇。通过突出工业主战场地位，加大招商引资力度，大搞工业园区建设，工业开发呈现出强劲发展势头。汕尾市第四次党代会之后，鹅埠镇紧紧围绕市委提出的“全面推进奔小康，再造一个新汕尾”的奋斗目标，制鞋专业镇地位进一步稳固，成为汕尾市科技创新试点镇、制鞋业成为海丰县五大支柱产业之一。

至2012年年末，鹅埠镇共有各类工业企业120多家，其中制鞋及制鞋配套企业近100家。并涌现出一批规模企业：如广信鞋业有限公司占地3.5万平方米，员工2200人；美盛鞋业有限公司占地3万平方米，员工1800人等。2012年，全镇实现工业总产值20.21亿元，其中鞋业产值约11亿元，占全工业总产值的54.43%。

鹅埠镇在大办工业中主要做了以下几个方面的工作：其一，更新发展观念，形成发展工业的共识。通过坚持树立和落实科学发展观，把全镇上下的思想统一到“希望在工业、重点抓工业、出路在工业”上来，全镇上下形成心齐实干、团结拼搏的可喜局面。其二，加强园区建设，为发展工业打造良好载体和平台。调整城镇建设总体规划，采取“引凤筑巢”的办法，克服政府缺乏资金投入的瓶颈。几年来新规划建设了紫云工业城、大埔工业小区和西湖工业小区，使鹅埠工业新区形成以广汕公路为轴心、规划面积4平方公里的沿路工业带。其三，坚持优惠让利，强化招商引资力度。坚持主要领导亲抓工业开发，全方位开展宣传推介活动，多形式招商引资，使现有企业不断扩大和增资扩产，企业数量不断增加，规模和效益不断扩大，涌现了广信、美盛等一批规模企业。其四，加强服务，取信于商，营造优良的投资软发展。为客商投资置业创造安全、文明、有序的发展氛围和生活居住条件，使客商在鹅埠投资顺心、放心。其五，落实责任机制和实绩激励机制，把全镇各级的主要精力都集中到办工业、服务工业上。现在鹅埠已形成了镇、村、组三级干部一起抓、全民积极参与的良好氛围。

通过鞋业的发展，使鹅埠镇经济社会各项事业都发生了可喜的变化：一是拓宽了农民就业渠道，增加了群众收入。以前，由于鹅埠工业几乎一空二白，没有就业岗位和创业的优良环境，大部分劳力都外出务工。鹅埠工业的较快发展，为社会创造了就业岗位，劳力都转回本地发展创业，一些家庭富余的闲散劳力也得到充分利用。全镇共有2500名农村劳动力改变过去早出晚归、奔波到吉隆、黄埠务工的状况，在自己家门口就能务工，大大增加了农民收入。2000年，鹅埠镇农村人均收入为2159元，2012年已超过6500元。二是加快了城镇化进程，改变了城乡面貌。大批企业和外来劳力的进入镇区和农村，加快了城乡一体化，促进了消费，带动了各行各业的快速发展。据统计，2000年以来新开发工业区面积近100万平方米，全镇新建居民楼房近1000余套，形成一批新的住宅新区，农村人口不断向镇区聚集，加快了城镇化进程。三是壮大了经济总量，活跃了商贸。2000年后，各项经济指标每年都呈现增长态势，2012年工业产值达20.21亿元，国地两税收入2782.3万元，全年用电量4434.05万千瓦时，各项指标均比2000年大幅度增长。四是密切了党群关系，促进了社会和谐发展。发展的成果使广大农民得到实惠，大大密切了党群关系。全镇基层组织坚强有力，社会风气良好，社会治安稳定，连续几年都没有越级上访案件发生。为此，鹅埠镇多次被县委、县政府评为“先进乡镇”“工业开发先进单位”“招商引资先进单位”“规模以上工业发展先进单位”等荣誉称号。

公平镇服装产业的发展

公平镇位于海丰县东北部，是广东省275个中心镇之一。全镇区域面积127平方公里，耕地面积1636.8公顷，集镇建成区面积5.7平方公里，下辖23个行政村和7个居民社区，2012年底户籍常住人口7万人，包括外来人口近11万人。集镇建成区人口（包括外来人口）近4.5万人。

公平镇是汕尾市服装专业镇，是海丰县以至粤东地区服装产业的主要研发、生产、检测基地。20世纪80年代中期，公平服装业初始起步，历经家庭作坊、规模扩张、全面提升水平的发展阶段。经过近30年的发展积累，形成了以服装为主导，资源、技术、信息相对较强的产业优势，产生了“簇群经济”效应，最高峰时镇内服装企业达1000多家。服装产品主要有西装、西裤、夹克、衬衣、休闲服饰等系列。市场以广州为营销中心，销往全国各大城市，并通过边贸销往俄罗斯、东南亚、中东、南非等国家和地区。随着近几年来专业镇的起步发展，公平镇的服装产业已经扩展到了周边乡镇乃至海丰县城地区，出现了跨镇域的产业格局，使公平服装产业链进一步得到延伸，推动了周边地区的经济发展，促进了产业集群规模的日益壮大，较好地辐射和推动了海丰全县服装产业集群的发展。

至2012年末，在全镇70多家服装及其配套企业中，有规模企业22家（年产值2000万以上），有20多家企业获得ISO0 9001：2000国际质量管理体系认证，有5家企业分别获得省服装服饰协会授予的广东省十大女装、男装、休闲装优势企业，获国家驰名商标1个（百斯盾），广东省著名商标9个[文时特、百斯盾、金鸟来、威粤（2）、贝克顿、适多莉、卡轩娜、海华拉链]，获省级名牌产品4个（百斯盾西裤、威文西裤和休闲服饰、文时特 休闲裤），有3家企业（威文、文时特、凯利来）被国家农业部定为“全国乡镇企业创名牌重点企业”，1家省级民营科技企业（凯利来）获国家知识产权局授权专利技术包装筒（A）（B）外观专利2项。并且，大部分上规模的企业都建立起新产品研发中心或技术开发中心，逐步形成了较为完善的技术创新体系，其中有20多家企业与全国5家高等院校和研究所建立了长期技术协作关系。凯利来实业有限公司被省科技厅定为省级科技民营企业。由于服装产业优势的突起，近几年来，公平镇工业总产值均占全县工业总产值的1/5强。2002年公平镇被省科技厅定为“广东省专业技术创新试点单位”，2005年被省科技厅、建设厅定为“广东省城镇化技术集成应用示范试点单位”，2006年10月被省经贸委定为“广东省服装产业集群升级示范区”。2012年，服装工业总产值达48.9亿元。

公平镇在促进服装工业形成产业集群，推进工业化和城镇化进程中，依靠技术创新，实施品牌战略，着力抓好“三大建设”，取得了较好的经济效益和社会效益，促进了社会各项事业的长足发展。几年来，主要是围绕产业集群升级做好如下工作：

一、以管理服务为宗旨，加强产业公共服务平台和支撑体系建设，为企业提供全方位优质服务

随着服装民营经济的迅猛发展和生产规模的日益扩大，公平服装产业从量的积累走到了寻求质的突破的阶段，镇委、镇政府意识到广大中小企业存在着开发设计能力薄弱、技术水平低下、产品质量差和信息闭塞等问题，这些缺陷成为公平镇服装民营经济实现跨越式发展的“瓶颈”，阻碍了服装特色产业进一步做强做大。为推动公平镇特色产业结构的优化升级，镇委、镇政府把打造产业公共服务平台和支撑体系建设，为产业发展提供了产前、产中、产后的服务，作为促进产业提升的重要环节来抓。一是建立服装集团公司。早在1992年，镇就根据服装产业发展的趋势和市场经济发展的特点，建立起“海丰县服装集团公司”。为服装产销做好服务，成立服装管理服务站，建立公平服装集团公司驻广州办事处，从镇企业办、财政所、国土所、税务、工商、劳务等部门抽调力量昼夜做好服务工作，简化产品外运和材料购进的环节，使服装厂家的所有产品和原料从服装管理服务站和广州办事处“一个窗口”往返运输、发货，并配车辆20多辆，为日产120多吨的服装产品和原料做好统一运输和配送的管理和服务，使服装产业逐步从“松散型”走向“团队型”管理的过程，为促进形成产业集群打下基础。二是抢抓机遇，推进科技进步。镇投入50万元，落实省科技厅“技术创新试点单位”的工作实体，建立起公平服装网站，投入近100万元，争取省技术质量监督局在公平建设“广东省质量监督服装产品（汕尾）检验站”，腾出建筑面积300多平方米的办公大楼，让其作检测场所。该站于2004年底通过省级计量认证和审查认可，于2005年1月正式在公平设立，设有外观检测、干洗试验、理化检测、配剂、恒温恒湿5个检验室，按国家一级检验室要求设置。该站开展检验的产品有35个类别，其中重要的检验项目达到20多个，特别是具有对产品纤维成分、日晒气候色牢度、游离甲醛、PH值、强力等的检验能力，成为服装生产企业的技术依托与支撑，使公平服装产品得以就地质检，既保证质量，提升品位和知名度，又为企业节约产品检验成本提供服务。三是引导建立服装协会，发挥协会自我管理、自我发展、自我教育的作用。2000年公平镇引导服装企业成立服装协会，使其发挥自身作用，在推进公平服装产业升级中作出了很大的努力，在接下来的几年，连续获得广东省服装服饰协会授予的5家休闲装、男装、女装、省级“十大优势企业”，就是协会发挥的作用。使公平民营服装企业经营观念大为改观。四是以企业为主体，鼓励、支持建立联合实验室，促进服装产业发展。镇通过联

合凯利来实业有限公司，与四川大学纺织研究所、东华大学、武汉科技学院和成都纺织高等专科学校等高等院校合作，构筑一个以国内研究机构、高校等为支撑的合作体系，成立“产学研”合作基地和“联合实验室”，为公平镇服装产业技术创新和集成提供了强大的技术支撑力量。以此为支撑，近年来，镇多次举办了服装发展研讨会和座谈会，聘请上海东华大学，武汉纺织研究所，四川大学等多位专家教授为企业上课，为公平服装业把脉，讲授服装发展的趋势和前景，增强企业主发展的紧迫感和忧患意识。镇政府通过凯利来实业有限公司与高校联合建立的实验室进行科研合作，聘请高级工程师和高校教授，进行成衣漂洗后处理课题的科研攻关，着重从技术设备及防皱助剂入手，改进生产工艺，形成一整套系统的成衣湿加工技术，并研制出一种保持成衣褶纹在洗水加工之后不变形的“美挺褶”助剂，为服装产品的质量保证做好产后服务。对服装产业的技术创新起到重要的带动和促进作用。

二、以自主创新为原动力，加强区域品牌建设，打造服装名牌产品

公平服装业的发展历程，生产从家庭作坊式手工加工起步，逐步形成家族式、粗放型模式，经营从“随风而起，跟潮而上”，走贴牌加工，经过创业的艰辛获得了规模扩张和资本积累的回报，走出一条特色产业发展之路。但是，公平服装业总体上以中小企业为主，原来具有品牌效应的企业并不多，自主创新能力薄弱，企业核心竞争力和产品的科技含量相对缺乏，因此，公平镇把提高企业自主创新能力摆上促进服装发展的核心地位，引导实现经济增长方式的转变。通过制订优惠、倾斜政策来引导和鼓励企业实现从“民牌”到品牌、由品牌到名牌，由国内名牌到国际名牌的特色发展道路，增强企业在国内外服装市场的效应，使企业由模仿型、低价销售型转变为特色型、品牌效益型，从相互模仿的竞争中解脱出来，转变为争创名牌，百家争鸣、百花齐放的良性竞争，通过相互竞争促进共同发展。一是鼓励企业建立技术创新中心，依靠科技进步，树立服装区域品牌形象。公平镇立足“服装专业镇”经济的特色产业，竭力鼓励企业组建技术创新集成中心，特别是通过服装网站链接各企业，运用信息网络技术服务于广大中小企业的品牌打造，使之成为企业开展产学研合作的纽带和平台，为广大中小企业提供技术改造、市场营销、管理创新等服务，吸引更多的技术人才和管理人才，应用高新技术改造和提升传统产业，实现企业管理的现代化和产业结构的优化升级。近年来，全镇有20多家规模企业通过信息网络技术，与高校科研机构进行产品开发、技术改造、营销管理、人才培训等方面合作，使企业逐步向现代化、集团化经营发展。现全镇大中型企业都拥有先进的电脑设备，如电脑割袋机、电脑绣花机、电脑裁剪机、电脑平缝车等，车间管理中设置有闭路电视监管系统，实施严格的质检制度，产品质量得到明显提高，全镇20多家企业获市级、省级“质量信得过单位”，农业部“质量目标管理达标企业”称号，20多家企业获得ISO 9001：2000等国际质量体系认证。服装业整体素质大为提高。二是实施“建名企、创名牌、出名品”战略。镇党委、镇政府按照扶优扶强，加强引导和适当扶持的原则，认真抓好以品牌效益拉动产业升级的工作，在支持企业更新改造设备，扩大资产的同时，促进量变向质变的突破。积极实施“名牌+科技”工程，竭力推进企业”建名企、创名牌、出名品，促使民营服装企业，从“制造型”时期逐步走向“创造型”时期的发展阶段。在镇的积极培育、促进下，各企业加大品牌宣传力度，全镇有威粤、玛莲露、百斯盾、古士旗、圣堡罗、来吉奇、卡轩娜、金鸟来、文时特、企业号等服装品牌接踵登上中央、省及其他市电视台的广告，全镇还有21个品牌在消费日报包版广告，请名模明星作形象代言人。与此同时，镇坚持推进企业坚持以标准和计量管理为基础，努力营造“质量兴企”的浓烈氛围，首先抓商标注册，消灭无标生产。通过狠抓商标注册，促使全镇各服装企业都有了自己的商标。其次抓信誉体系建设，把质量管理作为重合同守信用，诚信经营的重要内容来抓。许多企业还在外省自办产品展销会，并采用特许连锁经营的方式推广品牌，文时特、古士旗、百斯盾、威文、金鸟来、圣堡罗等企业在全国各大、中城市设有连锁经营网络，实行统一的店面设计、零售价格、物流配送等。百斯盾服饰有限公司、威文服饰有限公司、文时特制衣有限公司、圣堡罗服饰有限公司等每年还自行举行季节性服装订货会，推介产品，赢得商家的信赖。再者是抓好协调沟通，镇党政部门积极为企业创品牌提供服务，协助企业办理有关手续，撰写申报资料。经过努力，2003年以来，全镇有5家服装企业分别被广东省授予广东女装、男

装、休闲装“十大优势企业”，1个企业商标获得中国驰名商标，9个企业商标获“广东省著名商标”；“百斯盾”“玛莲露”“文时特”获“广东省名牌产品”，3家企业获“国家免检产品”，“百斯盾”获得“国家驰名商标”。

三、以优化集聚环境为载体，加强民营工业园区建设，提高服装产业的集聚度

1994年，镇委、镇政府就聘请中山大学教授，按适度超前和可持续发展的原则，以“高标准、高要求、高效能”的要求进行城区总体规划，规划面积12平方公里，分为商住、工业、噪音污染工业区三大功能区，推进了“服装城”的形成，被建设部定为“全国小城镇建设试点镇”。以后又根据经济社会发展的需要进行了两次详细规划和修编。2003年8月又投入90多万元，聘请中山大学规划设计研究院教授，对原总体规划进行了再次修编，其修编成果已经专家组审定，报市政府批准，报省备案，付诸实施。该总体规划到2020年城区面积将扩至20.47平方公里，人口规模达21.39万人。在总体规划的框架内，加强基础设施建设，成立了以镇长为组长，规划建设办、国土所、农业办、经济发展办、党政办等部门领导为成员的城镇规划建设和工业区建设领导小组。近年来，大力实施“园区带动”战略，在镇城区的西南部规划1.4平方公里的民营工业园区，并在东面和北面各规划10万和20万平方米工业小区，投入资金1500多万元，完成西南部60万平方米的征地工作，做好“三通一平”，吸引了百斯盾、诗丹等近30家服装企业落户该工业新区，东面和北面2个工业小区也已吸引了富华、皮尔家族、丽光塑料、胜星辅料、泰源纸箱、凯利来衬布、百利达洗烫厂等企业。2006年，在总体规划的框架下，开辟了一个新的工业园区，向西北方向延伸规划成为一个80万平方米的金鹏工业新区，以工业园区为载体，统筹规划，集中布局，集约开发，规模发展的新格局。今年公平镇又准备发展43万平方米的工业新园区——青湖工业新区，为服装企业的集聚发展创造更广阔的发展空间，为经济发展增强发展后劲。

同时，一批服务于服装工业的配套产业日趋完善，产业分工得到进一步细化，形成“一条龙”的服装工业产业链雏形。公平镇通过引进外资、扶持民资，创办了电脑绣花、拉链、标织、塑料、包装、辅料、衣架、制线、漂洗等20多家服务服装生产的配套企业，如百利达有限公司，在镇区东部投建3年多来，已发展成为集洗水、薄膜包装袋、彩印、微晶宝石切割生产为一体的综合性服装辅料和产后服务的配套企业，最近又在筹办纽扣厂的投建。本镇服装生产所需的配套材料和工艺在本镇都基本得到解决，形成了服装工业产业链，使全镇民营服装业的整体水平越来越高，较好地为周边服装产业向集群式的靠拢，产生了互动效应。

回顾公平服装产业近30年的发展历程，它是沿着“基本加工——贴牌生产——自主设计制造——自有品牌制造”的轨迹一路走来。站在公平服装业发展历史的战略高度来审视，公平不仅仅需要一个个著名商标、优势企业、名牌产品，更需要的是整合资源，优化升级，打造一艘真正的公平服装航母。为使公平镇真正成为粤东地区服装强镇，镇党委和政府对公平服装产业集群升级的工作提出如下的发展思路：一是加强人才开发战略，培养和吸引人才。地区产业竞争的实质是人才的竞争，因此公平镇服装产业的发展关键的一步是要利导、鼓励各类企业大力进行人力资源开发。企业要加大同服装类高职院校或职业中专学校合作，实施“联合办学”的人才培养计划，联合培养高级管理、设计、策划、营销人才和技术工人。加强对员工的培训，造就一批熟悉国际质量技术标准认证和国际国内惯用标准知识、掌握出口产品生产技术的国际化人才。建立现代企业制度，聘请职业经理人，逐渐摆脱家庭式、粗放型管理模式；引进国际高级服装设计人才，提高公平镇服装设计品位。二是加强品牌文化战略，扩张品牌效应。大力实施品牌文化战略，服装产业应从丰富文化内涵、突出个性元素入手，扩大服装产业在品牌层面上的占有率，增强品牌效应的冲击力。首先是再着力打造一批名牌产品、著名商标、驰名商标，进一步扩大公平服装的知名度；其次是鼓励服装商会出版服装专刊，并争取国家服装协会把公平服装定位为“中国裤业之乡”的品牌称号，进一步提高公平服装的知名度和美誉度；再者是推动服装区域品牌升级，塑造高档服装形象。三是实施技术创新战略，提高产品附加值。公平镇服装业中百斯盾、威文、文时特等品牌的附加值是产品成本的3～5倍，而国内一些知名服装品牌的附加值已达到成本的10倍，国外著名品牌的附加值更已超过10倍以上。因此，要积极引导服装企业加大研发投入，提高产品技术含量，增加附加值。要根据

消费市场高附加值产品设计的竞争策略，设计生产有创意的特色产品、新感念产品，以多样化的设计应对多样化的需求，吸引与满足消费者，提高市场的占用率。四是加强产业配套战略，重点发展面料产业。要在公平大道旁规划一个面积约10万平方米的服装城，做旺服装商贸市场。除此之外，突出重点，积极创造良好的投资环境，逐步吸引国内外先进服装面料生产企业来公平镇投资设厂。同时，鼓励基础较好的企业延长产业链条，进军高级面料生产领域，紧跟世界潮流，并尽快实现面料供应的本土化、高级化。

① 广东省百斯盾服饰有限公司。
② 广东文时特制衣实业有限公司。

联安镇全力打造特色农业

2012年，联安镇认真落实市、县委全会精神，坚持以科学发展观为指导，紧紧围绕县委提出的“三个坚持”“四个争当”“五个发展”的总体要求，强化认识，凝心聚力，全力以赴，狠抓落实，围绕镇委镇政府提出的“全面加快有机产业基地建设、全力打造南粤农业强镇”发展战略，精心打造绿色生态崛起，促进了全镇经济快速发展和社会全面进步。主要做到“六个坚持”：

一、坚持突出资源，发展现代农业

联安镇地处县城西南部，距离县城6.2公里，东有大液河通长沙湾与附城镇一河相隔，西与梅陇相邻，南便是沿海滩涂，是国际重要湿地的东关联安围，北面有群山重叠的莲花山脉，地势呈自西北向东南倾斜，中间为广阔的冲积平原。全镇区域面积50.08平方公里，辖有16个村委和1个社区，人口3.6万多人，区域内有近3万亩农田耕地和2万亩滩涂地，是海丰县的主要产粮区和海淡水养殖基地。境内具有大液河原生态风光、田园风光、鱼塭风光和乡村风情等自然资源；被称为“中国水鸟之乡”的东关联安围湿地，区内地肥、水美、山清、林绿、空气新，素有“鱼米之乡”称誉。2009年，联安镇在亚洲博鳌区域经济高峰论坛上荣获“中国最佳绿色生态名镇”的称号。

二、坚持绿色崛起的发展道路、全面绘制发展蓝图

联安镇是中国最佳绿色生态名镇，是一个以农业经济为主的纯农镇，拥有3万多亩的水稻标准化生产的播种面积，放养2万多亩的海滩涂养殖面积，复种近万亩的蔬菜种植面积，农业资源和生态环境得天独厚。联安镇引进惠州市海纳粮油食品有限公司农业龙头企业、全国种粮状元钟振芳先生落户联安镇优冲村试种500亩有机水稻并获得成功，生产出来的有机大米均符合国家有机大米质量要求，为农业产业化经营和产业升级提供了重要的信息资源和技术保障。

联安镇在推进农业农村工作中，充分利用“中国最佳绿色生态名镇”、有机水稻标准化基地和国际重要湿地的品牌效应，全面规划、分期实施、全力推进，继续以惠州海纳公司的现代有机农业示范基地为龙头带动；结合实际，2012年，早造有机水稻种植示范面积规划8000亩，晚造再加大推广力度，争取在2013年底前达到2万亩的规模。同时，在有机大米标识上市的基础上，促进和带动有机蔬菜和有机海产品的生产、认证，计划在霞埔、优冲、坣头3个村各规划500亩有机海产品养殖面积，在友爱、联川2个村各规划200亩有机蔬菜种植面积，通过示范先行、以点带面，逐村规划，有序渐进，实现全镇有机海产品和有机蔬菜的全面认证、标识上市。使全镇各项农产品全面得到国家的有机认证，进一步推进高端现代有机农业发展，提高农业综合效益和农民群众的经济收入，推进全镇农业产业的转型升级。

三、坚持落实“四十字”措施、做大做强有机农业品牌

为实施现代有机农业建设，联安镇切实落实“四十字”措施，确保全镇有机农产品做强做大。一是科学规划。联安镇农业资源得天独厚，拥有3万亩的水稻标准化生产的播种面积，拟在原有的有机水稻种植的基础上，加强土地流转，做到全面规划、合理布局、整体推进，完善科学规划，健全土地流转的长效机制。二是公司运作。要继续与惠州海纳粮油有限公司合作，将现代有机农业做大做强。三是科技先行。有机水稻的生产技术难度大，要求高，为解决多项相关问题，联安镇与中国科学院农业项目办公室、中山大学、华南农业大学、南京土肥所等科研机构，建立“院地合作”机制，重点解决优质品种、有机肥料研制施用、病虫害生物防治、机械化耕作等方面的高尖端技术问题，为联安镇有机水稻的生产提供强有力的技术支撑。四是基地示范。一示范现代农业科技机械化耕作、二示范灯光诱蛾杀虫设施、三示范有机肥料的施用、四示范害虫天敌赤眼蜂的放养繁殖、五示范定量放养家鸭、水鱼的除虫机制。五是农民参与。要以“六统一”的要求，实现统一管理，统一规划、统一种子、统一施肥、统一生物除虫、统一栽培技术指导的措施，与公司合作，在200多户种植大户的基础上，再发展全镇的农民参与到现代有机农业的生产，实行订单生产、保价收购，使种植农户的亩收入平均增长50%。六是品牌经营。要充分利用有机大米获得正式认证并标识上市的基础上，将

品牌延续好、发挥好、经营好，让市场和消费者都能认识联安的有机大米。七是品种多样。有机水稻的种植品种多样化，有常规有机米、有价格高的富硒米，要在有机大米标识上市的基础上，促进和带动有机蔬菜和有机海产品的生产、认证，使各项农产品全面得到有机认证。八是系列配套。配套烘干、仓储、加工、包装一体化的基地；配套有机农产品的多样性，从有机水稻逐步扩大到有机蔬菜、有机海产品；配套农民技术培训，使农民真正掌握每个生产环节的生产技术。九是监管到位。有机水稻生产要求严格，不能使用化肥和农药，为确保农民自觉做到这一要求，镇成立一支监督队伍，对水稻生产全过程进行全方位的监督，确保产品真正达到有机的要求。十是全面发展。有机水稻的种植争取在2～3年内实现3万亩的规模，在此基础上，推动有机蔬菜和有机海产品的生产，认证标识上市。同时通过有机农业的发展，促进联安生态环境改善，服务业的繁荣，新农村建设等方面的全面发展，推动全镇经济的全面发展和社会的进步，建设幸福联安。

四、坚持立足实际，加大农田水利设施投入

农田水利设施是关系着整个镇、村的生产、农田排灌、农业生产创造更优越的条件，2012年，联安镇对大液河堤、硫酸河、新陂溪及山塘水库险堤险段作一次全面排查，对排涝渠、闸涵、启闭机等设备使用状况逐一登记。根据损毁程度列为水利建设项目，按照轻重缓急予以实施，并明确实施主体。主要是：①投资450万元，对贯穿全镇长18公里的新陂溪及硫酸河的水浮莲进行清理，农田排灌用水得到了有效的解决。②总投资420万元的联新桂岭水库、联川记厝埔水库、联田坑口水库除险加固工程。③投资85万元对大液河三丰围段进行除险加固工程。④向省争取资金，建设大型的旱涝保收机电排涝工程，该工程经预算需2000万元，已上报省立项审批，该工程建成投入使用后，将可解决近2万亩的农田旱涝保收用水。

五、坚持示范带动，加快现代农业的发展

联安镇的农田具有得天独厚的自然资源，一年可以轮耕三季（两季水稻、一季冬种生产）。狠抓冬种生产，是联安镇着力发展现代农业的重要环节，也是联安镇实施绿色崛起发展战略的关键环节。有机产品是在无公害产品、绿色产品之上的最高端食品，其生产过程不但对环境的空气、水源和土壤有严格的要求之外，其生产过程和产品质量都有非常严格的要求。为解决各项相关的技术难题，联安镇充分发挥了海纳公司技术优势，与中科院农业项目办公室、中科院南京土壤研究所、华南农业大学、中山大学等科研机构建立“院地合作”机制，彻底解决有机水稻生产过程中相关的优质品种、有机肥料的施用，病虫害的生物防治、机械化耕作以及科学管理等问题，为有机水稻整个生产过程提供一系列的技术支撑。联安镇重点以联川、坡平、围寮、联南、唐寮等村种植8000多亩的西兰花、芥菜；以永乐、和平、联英、联新等村种植6500多亩的马铃薯、番薯；以优冲、友爱、田心、霞埔等种植5200多亩的芥菜、荷兰豆、椰花，作为示范基地用地。2010年有机水稻种植成功，当年就取得了国家有机产品的过渡性认证，经过24个月的过渡期生产之后，于2011年12月20日获得国家正式认证。2012年，联安镇立足以点带面，努力加快有机农业发展步伐，把有机水稻的种植向全镇逐步推广。全年全镇落实冬种面积2.1万亩，其中西兰花8500亩，番薯6400亩，芥菜、番茄、荷兰豆、马铃薯等6000亩，合计产值近1.42亿元，农民增加收入约7200万元。 全镇已有6个村几十户大耕户进行合作生产，按照“六统一”的生产要求，并确定水稻收购价格”的办法进行合作。至年末，联安镇有机水稻种植面积已从原来的3000亩示范点，扩大到8000多亩，联安镇计划再用2年的时间，将有机水稻的种植推广到全镇。

六、坚持加大培训，提高农业生产水平

结合海纳有机米、“一村一品”等产业的发展，认真开展农民专业培训，提高农民科技意识，通过组织技术人员主动深入村、户开展培训，积极主动地深入到田间地头指导服务，全力做好和依托各村农民科技学校和党员现代远程教育设备，加强农民农村实用技能培训，提高农民劳动力价值，积极发展劳务经济，促进农民增收，成为增加群众收入的最有效、最快捷的增收渠道。

报刊选摘

马思聪—音乐，越是民族的才是世界的

（载2012年9月13日《南方日报》）
记者 周豫　实习生 戴珂 郝帅

■核心提示　翻开中国近现代音乐史，上世纪20年代末，有一个令中国人自豪的响亮名字——马思聪，随着他美妙的琴声在中华大地响起；30年代一部充满民族神韵的小提琴杰作《绥远组曲》，让他名扬国内外，其中第二乐章《思乡曲》的艺术魅力，半个多世纪以来几乎成为马思聪的代名词。

2012年5月7日是马思聪诞辰100周年，广东省、汕尾市及海丰县各界人士隆重举办系列纪念活动，表达对大师的缅怀与崇高敬意，南方日报记者也有幸采访了马思聪堂侄女，也是马思聪在广州唯一的近亲马之庸女士和马思聪的入室弟子、跟随其学琴时间最长的学生、中国著名小提琴演奏家向泽沛先生及华南理工大学艺术学院的何平院长。

文化大革命期间“出走”
他既是为了保命，也是为保护艺术财富

南方日报：“文化大革命”期间，马思聪离开祖国举家赴美，当时被认为是“叛国投敌分子”，直到1985年才平反。2007年马思聪夫妇的骨灰得以归葬广州，当时其子马如龙曾说：“父亲生前一直对我们说，我没有对不起祖国。对的就是对的，总有一天会真相大白。”我们如何看待马思聪的“出逃行为”？

马之庸：其实，当时马思聪并不是自己想要跑，只是到处都没有人敢收留他，不走不行。当时他还犹豫，他以为“文化大革命”一阵风就过去了，但实际上不是的。在这样的情况下，他不走可能会死，但他又满怀理想，还有很多创作计划还没完成。毕竟作为一名艺术家，他应该还有很长的艺术生命，他的“出走”既是保命，也是在保护他的艺术财富。后来，他发表了一篇文章《我为什么离开中国》，里面提到“当时的人是没有理性的，我不能忍受这样的摧残”。

他爱祖国、爱中华民族5000年的文化，要创作自己民族的音乐。他不喜欢党派之争，艺术上的派别讨论他也不参与。他当时的心情是沉痛的，他爱国，但最后还是离开了，假如他不走，就没有后期的包括歌剧、舞剧、双小提琴协奏曲等等各种创作，也不会有台湾采风的经历，他当时创作了很多以高山族民歌为素材的《高山组曲》等等，所以知识分子采取不同的形式来抗争“文化革命”是对的。当然，虽然后来1985年“平反”，国家领导人一再邀请他，却因为心脏不好，加上当时歌剧《热比娅》也没有完成，迟迟没有回国，一直到1987年在费城去世，很遗憾。

向泽沛：“出逃”、“叛国”的说法这是一种错误，解放初期周恩来总理把他从香港召回来以后一直在为祖国的音乐事业做各种工作，包括他当院长、教学生以及到全国各地演出。据我所知，“文化大革命”时他女儿马瑞雪跟他说到南方避一下，当时斗争得太残酷了。在乡下待了一段时间后，马瑞雪说干脆咱们到香港避一段时间吧，他并不是真心想走。马思聪是很正直的儒家知识分子代表，他受不了那种侮辱。那个时代不能用非黑即白的眼光去看，他在国外一直惦记着回国，给自己定了大量的创作计划，一个老人每天还坚持创作。因为他在国内的很多手稿都丢了，到美国后他也为祖国的音乐积累了很多重要曲目。

致力小提琴普及
“中国音乐家除了向西洋学习，还要向老百姓学习”

南方日报：据悉，马家祖上并没有精通音律的人，马思聪这一辈兄弟姐妹10人，有2位夭折了，剩下的8个孩子中竟出了5位音乐家，马思聪是天赋异禀还是后天成长环境使然？他在生活中是个怎样的人？

马之庸：马思聪出生于一个民主革命家庭，他的父亲马育航是陈炯明的智囊之一，很有才能，与很多华侨有联络，又当过广州市财政局局长，所以陈炯明就请马育航出任广东省财政厅厅长，他担当下来了，但并不是为了发财。其实马育航19岁中秀才后出来从事民主共和活动以后，家里是没有一间房子的。由于这样的家庭背景，马思聪兄弟姐妹从小就受到民主共和思想的教育。马思聪的大哥马思齐业余喜欢拉小提琴，从法国回来时拉给9岁的马思聪听，马思聪听了之后就决定要去法国学习。到法国之后，哥哥经常要求他读中国名著、写毛笔字，家里也经常托人寄毛笔、宣纸给他。马思聪对中国的文化非常热爱，认为中国的民族音乐是一种宝藏，只是当时还没开发出来，所以他在学了西方音乐后就将此作为先进的技巧来发展中国民族音乐。

1929年马思聪17岁时第一次回国，作为第一个在上海举行独奏会的中国人，当时一直不乐意给中国人协奏的乐队却愿意与他合作，并演奏了莫扎特的小提琴协奏曲，当时特别轰动。回国后，他发现当时并没有中国人写小提琴作品，但他一直觉得中国人演奏小提琴一定要有民族的东西才能让群众接受，所以他一直致力小提琴在中国的普及。他一直很勤奋，1942年在重庆、桂林逃难时给难民开演奏会，除了西藏，他的琴声几乎响遍了全国，被称为“琴声响遍全国的音乐家”。当时他已做院长却时时不离舞台，他说，“中国的音乐家除了向西洋学习技巧以外，还要向老百姓学习，因为他们代表我们的土地、我们的民族。”

向泽沛：他们八个兄弟姐妹们都是音乐家其实并不罕见，音乐是会相互影响的，并不是遗传，相反环境作用非常大。像最小的弟弟马思宏就是马思聪指导的，马思琚、马思芸也都受到了马思聪的影响。父亲马育航小时候就喜欢民俗民间乐器，在家就会学一些，他的几个子女也会受到影响。

马之庸：他作为一个艺术家是很平民的，不仅知识渊博、文质彬彬，待人也很诚恳、有爱心，他经常帮助傅聪，从来没有回避他。1962年他来广州，还叫他儿子寄东西给傅雷，但他在艺术、专业上却非常固执，当时要庆祝第一届政协开幕，他写了《欢喜组曲》，结果被说成“形式主义”，用外国的乐器，最后就没演，他也不争辩，后来时间证明这是一部好作品。

最先刮起“西北风”
作品儒雅充满诗情画意，因为“民族”所以经典

南方日报：马思聪被誉为“中国小提琴第一人”，他在钢琴方面也有很高的造诣，他追求民族化的音乐语言，将中国民间音乐素材与西洋乐器融合得十分精妙，因此诞生了许多脍炙人口的经典，如何评价马思聪先生在中西音乐融合方面的贡献？他的成就在国内外造成了怎样的影响？

马之庸：马思聪的作品是最先刮起“西北风”的，比如1937年写的《绥远组曲》，他的民歌在形象等方面都很丰富，本人也很喜欢北京大鼓。他认为音乐与画是有互通的，在法国念书时候经常到卢浮宫看画。他说，“画会让你产生一种形象，在创作音乐的时候就会想到那幅画，看到画的时候又会想到音乐。”《思乡曲》中就有思乡的形象，思念是最有味道，有思念就有希望，所以它在每一个地方都有魅力。

马思聪在中国演奏是第一人，创作也是第一人。他演奏的作品就像他的人一样，深沉但充满诗情画意，不同于热情奔放，纯情、深刻而含蓄，耐人寻味，这跟他写的东西都是有感而发有关。就小提琴演奏的题材而言形式非常多样，1945年写了协奏曲，在此之前中国没有人写过，他也是第一人。

向泽沛：他的作品思想、情绪非常浓，很难用一种风格来说明，但马思聪的作品有个最大的特点是儒雅，像“何当共剪西窗烛，却话巴山夜雨时”那样娓娓道来。作品很精致，越听越有味道，既不像柴可夫斯基那种抽抽噎噎，也不像贝多芬那样涂涂抹抹，他就是“中国式的诉说”，自然、含蓄、内敛而不激烈。所以，他的作品并不狂野，因为他的为人就是儒雅含蓄的。

关于中西音乐融合问题，中国现在基本上也是在这个方面发展，但它必须要民族化才能被大

家接受。马先生的作品为什么经典？就因为它是民族的，民族的才是世界的。像《思乡曲》的和声非常精妙，他将法国浪漫主义手法运用到中国民谣中去，也是做了很仔细的研究。他的作品和声都是经得起推敲的，配器和声既像中国味道又不全是中国味道，还有些西洋元素，在民族素材的发挥上也不是按部就班，而是有自己创作的东西。

要求学生有想象力
讲究“琴与琴的对话”，培养耳朵的音乐感知力

南方日报：马思聪担任中央音乐学院院长16年间，培养了大批优秀的音乐家，如盛中国、林耀基、刘育熙、向泽沛、杨宝智、黄鼎新、顾小梅等，歌剧《草原之歌》的作者卓明理说马思聪曾自己出钱帮他交学费，还瞒过了妻子王慕理，令卓感动终生。著名音乐家冼星海也受过马思聪的提携，但他让女儿自己去考上海音乐学院，“说自己的子女就不要来这里了，不占用自己学校的名额。”还曾说中国是搞艺术的地方、美国不是，他在培养学生、子女上有什么独特的方法？

马之庸：马如龙是学小提琴，马瑞雪、马碧雪学的是钢琴，但马瑞雪到美国后就改为写作搞文学了，成了华文作家。马思聪说美国不是搞艺术的地方，有一技谋生最好，他让马如龙学习绘图，马碧雪考音乐学院的时候是六姑教的，马思聪让她去考上海音乐学院，不占自己学校名额。

他一直认为，小提琴是西洋乐器，就必须要培养一批人才才能发展中国的小提琴，所以选才不拘一格。当时他来广东听见林耀基在拉小提琴，很喜欢就决定把他带回北京好好培养，向泽沛六七岁时就跟着他，当时他父亲是从美国回国、在天津大学教书，1957年被打成“右派”，马思聪也不在乎。马思聪一次参加治理淮河工程，碰到一个会唱山歌的孤儿朱仁玉，也带回音乐学院附中培养。但他对学生的基本功要求非常严格，特别是视唱练耳。向泽沛就是一个典型的例子，跟了他16年，现在快70岁高龄仍然拉得很好，他自己也以身作则，当时在巴黎一天练六七个小时。

南方日报：马思聪是您的老师，您觉得您从他身上获得的最大的收获是什么？您曾说过，马先生教学生善于启发学生的想象力，您如何评价他的教学方法？

向泽沛：他是一个很伟大的音乐教育家，他的教学方法非常棒，现在马思聪全集、生平创作等都有了，唯独缺少马思聪的创作方法的详细介绍。他本人并不严厉，话也很少，但你一看他的脸沉下来就知道“大祸临头”了。学音乐的人有没有音乐才能要看他对音乐是否敏感，就像画画的人要对色彩敏感一样，这就要求必须要有很好的想象力。

马先生在这方面做得很好，他培养我的耳朵对音乐的感知能力，他沉默寡言但恰恰我的耳朵很灵敏，他上课时，只会拉一遍让我辨别是不是听懂了，与他差别在哪儿。也不会讲得很详细说“你的错误在第几小节”等等，而是他拉一遍问我听出来没有？让我自己去辨别。他讲究“琴与琴的对话”，我们常说“苍白的声音”，光用语言是解释不清的，必须要亲自拉。他是一个作曲家、音乐家、演奏家，这决定了他对乐曲有自己的理解，就像创作有一个意境，他给你描绘出来，这对孩子学习是很有帮助的，也是马思聪教学里面非常重要的地方。

马思聪对画是很懂的，他去蒋兆和家聊天，讲中国绘画历史，我就在旁边听，受益匪浅。他一直说，音乐家必须要有文化，他曾经带我去颐和园听佛香阁屋檐下的角铃，给我讲陆游的诗：“城上斜阳画角哀，沈园非复旧池台。伤心桥下春波绿，曾是惊鸿照影来。”他说这个声音在你悲哀的时候会出现一种悲哀的声音，但是可能佛的寺院也有禅的宁静。有可能风吹动角铃千军万马犀利的声音都能听出来，要看你的心情怎样的投射，同样是角铃的声音，你怎么去拉出各种不同的音色来。像这样的教育现在的老师很难做到的。

音乐教育要用琴来说话
音乐是一种语言，不光用嘴还要用琴说话

南方日报：现在的学生与当时学习音乐时相比有什么不同？您在教学过程中是否会借鉴马思聪当年教你们的方法？根据当今时代的新特点，您又做了哪些改进？

向泽沛：现在的学生负担更重，光做各种功课就累死了，毕竟音乐要静下心去体验、去思考，用时间去感受。现在的学生哪可能有那么多时间？他就光注重技术了，把技术与艺术分离开了，也没时间去思考体验，就只注重音符了。现在人心浮躁跟这个也有关系，当然老师的引导也很重要，要让他看到音乐中美好、美妙的东西，发现其中的那些伟大和激动人心的元素，他自然就会喜欢。

马思聪一直用琴在教导我，让我一直能领略到拉琴的美妙。现在很多老师都是语言教育，音乐的东西要用琴说话，不能光用嘴说，有些老师自己不动手，有的是懒得拉，有的是自己水平不够。音乐是一种语言，不需要慢慢去教，关键是让他去领悟。

南方日报：如何看待现在音乐考级和艺术院校扩招的热潮？当下的音乐教育还存在哪些问题？

何平：马思聪最大的贡献在于他的言传身教。现在的艺术学院扩招，人人都搞艺术，实际上学艺术还是一件很艰苦的事情，艺术发展也有其自身规律。目前的音乐教育主要欠缺的部分是近现代音乐史，但近现代音乐史因为历史距离的关系，研究的缺陷主要是因为没有一个足够长的时间和过程去认识。现在的学校把就业看得很重要，其实教育是应该引领社会的，而不是社会需要什么我们就培养什么。

我非常反对考级，这让音乐成了一种功利，更何况大家都是交钱考级为了拿证书，考官也是收钱给你个证书，完全变味儿了。最关键的是艺术从没有分级的。艺术不是商品啊，不能按级论价的。

●婚姻恋曲

师生变伉俪 羊城定终生

《南方日报》记者　郭　珊　实习生　黄泸容

马思聪与广州渊源深厚，幼年求学、恋爱、初登教坛都在这里。1921年9岁的马思聪随父从海丰来到广州，曾就读于培正学校附小。

1932年春，马思聪从法国回国不久，在惠福东路创办广州音乐院，与女弟子王慕理“琴”定终生，两人于同年结婚。王慕理为马思聪音乐会担任钢琴伴奏，夫妻携手55年，育有两女一子，无论颠沛流离、逃亡海外，也始终不离不弃。

后来，马思聪的学生、小提琴家杨宝智在文章中说，他从母亲、王慕理小学同窗刘慧娴处获悉了马王联姻背后的一段“逸闻”：王慕理爱慕马思聪的才华，担心自己比他大两三岁，便隐瞒已学过三年钢琴的历史，装作新生入初级班，跟当时既教小提琴又教钢琴的马院长学琴。马思聪见她进步神速，聪颖过人，又长得漂亮，于是堕入爱河。

文化大革命期间，马思聪遭批判，被抄家，王慕理无奈带着子女连夜离京，走时不忘把马思聪最心爱的小提琴藏了起来。流浪在外的她心系丈夫的安危，冒险进京，只为见上丈夫一面。

马思聪生命的最后日子里，王慕理一直在病床前守候。当医生宣布马思聪手术失败去世时，王慕理崩溃痛苦，闯进救护病房，哀求大夫继续抢救。

晚年马思聪和女儿马瑞雪合写歌剧《热碧亚》。马思聪欣赏女主角等待爱情和殉情的性格，剧中“等待”一幕写得特别曲折动人。有一次他握着王慕理的手，对马瑞雪说：“如果我死了，你妈妈也会死的。”马思聪去世13年后，王慕理于2000年因心脏病追随丈夫而去，享年91岁。

精细落实 用心倾情海丰加快重点项目建设进程

（载2012年10月8日《汕尾日报》）

本报讯（记者 庄小杰 通讯员 佘作明） 今年来，海丰县深入实施项目带动战略，坚持把重点项目建设作为经济发展的“第一抓手”，利用大好时期采取非常措施狠抓重点项目建设，推动经济结构调整优化升级和发展方式转变，促进县域经济又好又快发展。今年该县重点项目30个，续建或动工建设有24个，尚未动工6个，续建、动工率达80%。30个重点项目年度计划投资18.07亿元，1—8月完成投资10.6亿元，完成年度计划近60%。今年该县列入市重点建设项目有3个，分别为华润海丰电厂、海丰县中等职业技术学校、海丰县东关联安围海堤达标加固工程。项目总投资86亿元，今年度计划投资9.2亿元，1～8月完成投资5.17亿元，完成年度计划52%。其中：华润海丰电厂年度计划投资7.8亿元，1～8月完成投资4.4亿元，完成年度计划近60%，中职学校年度计划投资7040万元，1～8月完成3268万元，完成计划的46%，东关联安围海堤达标加固工程年度计划投资7000万元，1～8月完成投资4830万元，完成计划的70%。

重点项目建设向来是拉动海丰经济社会发展的龙头和引擎。近年来该县完成了一批符合实际、赢得民心的项目建设，不但促进了经济社会的发展，也锻炼和成就了一支敢于担当、团结拼搏、干事创业的干部队伍，得到了上上下下的广泛好评，市委郑雁雄书记更是在多个场合一再肯定海丰近年来以重点项目建设为主导推进经济社会发展所取得的成绩，总结了“敢于担当、精细落实、用心倾情、刻意动脑”的海丰精神和“班子敢担当，队伍敢争先，落实敢叫板；碰到问题淡定，确定目标咬定，落实过程坚定”的“三敢三定”的海丰经验。

2012年“双节”前夕，在海丰重点项目建设推进会上，该县对今后推进重点项目建设进行了部署，并且提出了三点主导性意见：认清形势，强化认识，进一步增强推进重点项目建设的紧迫感和责任感；突出重点，狠下工夫，全力打好重点项目建设硬战；强化领导，狠抓落实，确保全县重点项目建设顺利推进。提出在加快建设进度上狠下工夫，在征地拆迁上狠下工夫，在筹措建设资金上狠下工夫，在做好前期工作上狠下工夫，在项目谋划储备上狠下工夫。

该县大力推进华润海丰电厂、百里海堤达标加固工程、县中等职业技术学校3个市重点建设项目，以及金庄电器、中阳光研、三阳饰品、县影剧院、龙津河三期整治工程等重点项目建设。尤其要加快中阳光研、娜菲纸品厂、县中等职业技术学校、可塘珠宝产业园（二期）和保障性住房等项目的建设进度，全力确保这些项目在年底前竣工、投入使。对于华夏（东方）国际大酒店、陕西师大海丰实验学校、G324线梅陇西环路、陆丰上英至大湖公路海丰段及跨海大桥等6个未开工项目。该县认真总结，分析原因，制定出如何赶上进度的可行方案，克服一切困难，积极创造有利条件，力争在今年底前全面动工建设。同时，各重点项目的相关领导和单位已切切实实负起责任，严格按照重点项目进度表中预定的目标、进度，靠前指挥，合理安排，全力以赴，强力攻坚，抓紧抓实每一个阶段的工作任务，确保这些重点项目如期推进。该县行政小区已完成9.7万平方米的征地、平整和围墙；华润海丰电厂1～8月已完成年度投资计划近60%，工程进度按计划如期顺利推进；东关联安围海堤达标加固工程已完成年度投资计划70%，鲘门镇“省二类标准渔港”建设完成年度投资计划的88%；还有三阳饰品有限公司、娜菲纸品厂、保障性住房项目、可塘珠宝产业园、碧桂园一期等一批项目建设进度较为顺利。

该县在依法依规的前提下，采取更加灵活的思路和方法，加快征地和拆迁工作，破解“土地瓶颈”，推进项目进展。重点抓好县城北环公路联络线安东路段、县市民广场的征地拆迁，以及县青年水厂建设项目的地面作物及地面建筑物的补偿工作，各属地单位继续加大力度落实、承担征地拆迁工作主体责任，全力配合国土、建设、规划、劳动保障等部门以及项目单位做好各项工作，及时与项目单位签订征地拆迁工作协议，按计划进度交付项目建设用地。同时，各项目单位主动与中央和省有关部门沟通联系，争取更多的补助资金，特别是百里海堤加固达标工程、联安现代有机农业园区等建设资金短缺的项目，要在认真研究上级各项政策的基础上，积极利用各种关系、各种渠道，千方百计，积极向上争取专项资金补助，突破“资金瓶颈”。从而，大力推进了全县重点项目建设进程。

海丰大力推动经济社会发展再上新台阶——蓝图已绘就 号角已吹响

（载2012年10月25日《汕尾日报》）

本报讯（记者 庄小杰 通讯员 余作明）海丰正处于加快转型升级、建设幸福海丰的关键时期，也处于深化改革开放、加快转变经济发展方式的攻坚时期，面临着新形势、新机遇、新要求、对此，为实现新的更大发展，当好推动科学发展、促进社会和谐的排头兵，海丰县领导班子深谋远虑，明确了新的工作目标和发展战略，提出立足“三个坚持”，勇于“四个争当”，推动“五个发展”，全面推动海丰经济社会发展再上新台阶。

近日，海丰对今年以来的经济运行情况进行了总结和分析，并对今后一段时期的任务和发展战略进行全面部署。今年以来，海丰县委政府始终坚持以科学发展观统领经济社会发展全局，及时解决经济运行中出现的突出矛盾和问题，千方百计推动经济社会加快发展，全县经济建设呈现出了持续健康快速发展的良好局面。1～9月份，预计全县国内生产总值完成145.8亿元，比增12%。其中第一产业增加值22.6亿元，比增5.7%；第二产业增加值57.8亿元，比增18.8%；第三产业增加值65.4亿元，比增8.3%。三次产业结构比为15∶40∶45。总结起来，主要表现为“三个增长”：一是工业经济持续增长。工业总产值218.9亿元，比增21.3%；实现增加值51.5亿元，比增20.9%。其中，规模以上工业产值138.2亿元，比增30.6%；实现增加值32.3亿元，比增30.2%。二是农业经济稳步增长。 全县农业产值累计完成36.9亿元，比增6.2%。农业生产连年丰收，预计全年粮食总产量19.37万吨，比增9.8%。三是以旅游业为主的第三产业较快增长。1～9月份，全县共接待国内外游客148.43万人次，实现旅游综合收入8.03亿元，同比分别增4.71%和0.87%；全社会消费品零售总额完成131.2亿元，比增12.3%。

全县经济发展虽然取得了一定成效，但受全球经济形势影响，经济发展步伐整体放慢，部分指标都未能按时完成进度任务，对外经济发展疲软，房地产开发降温回落，财税增收乏力，收支结构失衡。为此，海丰积极应对突出重点，狠抓落实，全力抓好全年经济社会各项工作。抓经济调控，力促各项指标稳健增长。抓项目建设，力促发展后劲持续增强。抓财税增收，力促财力规模不断壮大。抓转型升级，力促经济发展提质增效。

面临困难与机遇并存，海丰县领导班子在新形势下，齐心协力，把“立足新起点、抢抓新机遇、谋求新发展、再上新台阶”，作为今后一切工作的出发点和落脚点，统揽海丰各项工作。并明确今后一个时期，海丰的总体工作思路是：坚持以邓小平理论和“三个代表”重要思想为指导，以科学发展观为统领，深入贯彻落实市汕尾市第六次党代会议精神，围绕“三个坚持”、“四个争当”、“五个发展”，推进海丰经济社会跨越发展，努力建设“幸福海丰、平安海丰、和谐海丰”，把海丰建设成为广东新崛起的宜居宜业现代中等城市和珠三角地区优质旅游休闲度假区。坚持县“十二五”规划确定的建设任务不动摇，坚持县第十次党代会确定的战略目标不动摇，坚持推进创新发展、建设幸福海丰的核心任务不动摇。争当融入珠三角的“桥头堡”，争当全市转型升级先行区，争当全市促进区域协调发展主力军，争当和谐社会建设排头兵。实现融入发展、优化发展、创新发展、绿色发展、和谐发展。

据了解，海丰县委、县政府决定把2013年确定为“大办工业年”。加快传统产业提质增效，大力发展现代新兴产业，创新招商方式，办好工业园区载体。全县上下掀起大办工业、办大工业的发展热潮，把工业作为转变经济发展方式的主战场，坚持增量提质并举、生态科技并进、内培外引并重，全面提升工业产业的规模化、集约化、效益化水平。海丰新发展、再上新台阶的宏伟蓝图已经绘就，进军的号角已经吹响。一个充满朝气活力、幸福和谐、文明富裕的新海丰，必将崛起在粤东大地！

海丰商贸物流业“热流”滚滚
引资10亿元将打造“南方国际商贸物流城”

（载2012年12月11日《汕尾日报》）

本报讯（记者 庄小杰　通讯员 余作明）今年以来，海丰商贸物流业发展迅猛，已涌现了一批规模大、发展快、效益好的商贸物流业，促进了市场经济的大流通。据了解，该县今年以来，全社会消费品零售总额完成131.2亿元，比增12.3%。货运量达到1200万元吨，客运量年可完成2500万人次。同时，还有来自专业镇的公平服装、可塘珠宝、梅陇金银首饰等产品，都运行在海丰方兴未艾的物流“经济圈”中。尤其是在金秋招商引资中，拟引进深圳一家投资发展公司，斥资10亿元打造“南方国际商贸物流城”，加快物流业的繁荣发展。

海丰县委、县政府高度重视发展商贸物流业，鼓励各种经济成分企业，积极投入大商贸，大流通。年初以来，物流企业增至60多家，其中大型的有12家。县城各大宾馆充分利用场地，新增商铺100多个。县城东门头、步行街、解放路、美食街等增设临时档口200多个。入冬以来，服装、鞋类、皮具、床上用品、家具等交易旺相，热流滚滚。前所未有的商贸繁荣主要是物流基础设施日臻完善。至目前，海丰水泥公路总里程达1500公里，居全市首位。而且完成了投资7500万元、全长8.1公里的省道242线公平至城东段改建工程，基本形成了以广州为中心流向，并向深圳、惠州、梅州、汕头等大中城市发展的主要交通枢纽。同时，大容量、多功能、高效率的现代通讯网络已形成，电信网络干线光缆基本覆盖经济发展区域，构筑物流业发展的信息通讯网络，得到了广大商户的24小时运用。

海丰中小企业局为了更好地为企业提供优质、高效地服务，精心打造电子商务平台。进一步提高全县中小企业的知名度，他们在不断健全完善服务体系的硬、软件设施建设的同时，专门为中小企业尽力打造了一个集自主发布、自主管理为一体的“电子商务平台”，努力为企业产品打开销路提供一个信息平台。至目前为止，全县有近3000家企业信息进入了数据库管理;纳入电子商务平台系统的企业达到6万多家，供求信息160多万条。这些日新月异的基础设施，为该县物流业发展打下了坚实的基础。

记者在采访中了解到，海丰商贸物流业的发展加快，得益于市场需求和市场经济意识不断提高的推动下，迅速发展壮大的。运输物流方向主要是广州、深圳和全国各地，大宗商品主要是粮食、副食品、农产品、建材、布匹、服装等。该县根据经济发展的需要，规划发展了珠宝、服装、制造业、食品、金银首饰市场，集市场信息、仓储、配送、多式联运及展示、交易等功能于一体，为现代物流业的发展提供了有利基础条件。

在县委、县政府和有关部门重视下，招商引资抱了一个“金娃娃”。深圳市一家投资发展有限公司，有意向计划在该县投资建设“南方国际商贸物流城”项目，该项目拟选址海丰县潮惠高速公路县城出口处，约计占地20万平方米，总占地面积50万平方米，项目总投资10亿元。该项目建设对行业提高研发、技术、工艺、品牌建设的创新能力，提升服饰行业的整体竞争力，对于纺织服饰产业实现转型升级及可持续发展具有深远意义。海丰目前经济虽取得了长足的发展，但产业链条较短，经济效益低，缺乏竞争力，建设海丰商贸物流产业园对提升该县产业竞争力意义重大，也符合省的物流产业发展规划。目前，一批批仓储物流区建设日渐兴起。计划总投资3200万元的广东农资海丰配送中心，占地面积6000平方米，配置有农产品展厅、培训中心、办公场等，该项目已建成投入使用。广东农资海丰配送中心是海丰县供销社与省农资总公司合作经营的农资连锁配送中心，也是海丰县供销社积极探索以现代物流方式改造传统经营网络、认真履行服务“三农”的宗旨、切实做好农资商品供应的具体行动。同时，该县准备兴建小漠海产品市场和大湖水产品交易市场，将东、西两翼纳入物流业经济循环。

目前，该县物流企业已增至60多家，其中大型物流企业有12个。从普通货运到国际货运代理，从中转到仓储服务，业务范围广泛，且快捷方便。初步搭建起社会公共物流信息交流平台，实现以电子商务物流平台为核心的物流、商流、资金流、信息流四流合一，使流通效率和服务质量得到同步提高，促进市场经济迅速、循环、健康发展。

评《海丰县志（1988—2004）》的成就和特色

林衍经

《海丰县志（1988—2004）》（以下称“续志”）历时六载成书面世，约140万字，堪称鸿篇巨制。细细读来，品味甘醇，深感其成就和特色显著，是以欣然命笔，试为评说。

一、继承、借鉴和创新相结合，篇目设置科学、合理

志书的篇目，是志书体例的具体化，志书的体例是由篇目体现的。“续志”的篇目设置重视继承、借鉴和创新相结合，明显地展示了科学、合理的优点和长处。

在结构上横分部类，类为一志，横排竖写，以横为主，纵横结合，这是方志编纂的传统做法。“续志”采用小篇体，共设35篇，卷首为概述、大事记，卷末设附录，全书结构体现了对传统方志编纂做法的继承，从根本上保障了志书体例结构循规合辙，不偏离，不异化。

二轮修志中，许多续修志书的篇目设置有所变化。这样的变化，“续志”中也出现了，例如：

旅游业的篇目，首轮志书大多在文化部类中设置篇章，“续志”将其置于商贸部类中，独立设篇，使之体现经营性服务的本质。

财税和金融，首轮志书一般是合为一编的，“续志”将二者拆分，金融设篇排在商贸部类旅游篇之后，更突出了经营性服务的本质。财政税务合为一篇，置于经济管理篇之前，体现出管理型经济工作的性质。

首轮志书记载中国共产党地方组织，几乎都是在县（市）委篇章下设党员代表大会章节，“续志”则在中国共产党海丰县地方组织篇下设第一章党员代表大会，然后才设第二章组织机构，理顺了组织关系。

首轮志书中，都重视在人物篇中记载英雄模范人物和先进工作者，而对长时期以来评选出来并受到表彰的先进集体，却忽于记载。“续志”第三十五篇“人物先进集体”，使先进集体在志书中有了立身之地。

“续志”篇目设置的这些变化，虽然不是编纂者的首创，但却充分证明，“续志”编纂者对各地续修志书创新经验和做法的关注与重视，这种注意吸收和借鉴外地编纂经验与做法的精神，是值得肯定和学习的。

可喜和可贵的是“续志”编纂者在篇目设计中不但重视继承和借鉴，下了功夫，还从实际出发，在创新篇目方面倾心尽力，收到了良好实效。这一类篇目，有的因地制宜，第十一篇海洋与渔业，军事篇第五章“双拥”共建工作的第五节提供海训保障，便是显例，不但适宜记载，还显示了鲜明的地情特色。有的是适应新事物的记载而设，“泰商林业”、“网络安全管理”等节即此，时代特点一眼可见。有的别具精思，见出了新意，例如义务教育，一般志书都是以小学、初中设章立节，“续志”则在“义务教育”章下设学制教材课程、德育工作、体育工作、卫生工作、美育、劳动技能教育等节，自成一格。

继承、借鉴和创新结合设置篇目，使全书篇目结构既得体而又科学、合理，为成就一部高质量的志书奠定了基础。

二、内容记述的指导思想和价值取向正确，特色鲜明

中国地方志指导小组颁发的《地方志书质量规定》第四章第十四条要求："内容完整，横不缺要项，纵不断主线；详略得当，重点突出；反映事物基本特征，记述有深度。"读完"续志"后掩卷深思，反复琢磨，得到的明确总体印象是：编纂者在实现这一质量要求方面尽了很大努力。其具体表现，大致有以下几个主要方面：

第一，实事求是，存真求实。"续志"在广泛、全面、详明记载县内经济社会发展辉煌成就的同时，对境内曾经发生的一些非正常现象和工作缺失，例如违章操作酿成死伤事故、运贩毒品、暴力犯罪、重大交通事故等，也都如实作了记载。对外贸易章第四节的"外贸出口专业公司简介"目里，也记载了三家公司涉嫌出口骗税的问题。这些内容，表面上似乎给志书投下了阴影、沾上了污渍，其实际作用则恰恰相反：由于这样实事求是的记载，大大增强了志书的信实性和可信度。编纂者的用心之细，于此可见一斑。

第二，关注新事物，重视正确导向。这从下述二例可以看出：

一个例子是招商引资章第六节投资环境与服务第二目"项目报批服务"里，以700字的篇幅分别列名立题具体记载了县外经贸局、县工商局、县国土局、县建设局、县环保局的"向客户承诺"。这是政府机构职能转变过程中出现的新现象，不但事实本身值得记载，彰显了改革开放的时代特点，而且对其它政府机构职能转变，具有积极的导向意义。

又一个例子是教育经费章第一节经费来源以400字的篇幅记载集资建校。其中既反映了全县各级政府和广大群众积极集资兴办学校的情况，还突出反映了海外侨胞、港澳台胞捐资办学的感人事实。这些内容，对于从舆论上引领县内群众和海外侨胞、港澳台胞支持办好学校，有着重大的导向意义。

第三，体现政策，反映深度。银行、信用社章第二节，记载了反假人民币的情况。这方面的内容，往往为一些志书的编纂者所忽。"续志"里则对1992、1996、1998年查获假人民币、缴获制贩假币的作案工具等情况，进行具体记载，从而充分体现了打击制贩假币犯罪活动、维护人民币尊严和信誉的坚定精神和政策措施。人事章第三节干部教育与奖惩第二目"干部奖惩"，在记述受奖、受惩情况之后，又列出"恢复干部队籍"小目，记载了"1988—1991年，受理留察期满，表现较好，给予恢复干部队籍的人员120人"的事实。短短一句话，30字，却生动真切地实证了党的"惩前毖后，治病救人"的干部政策。这两个实例，可以看出"续志"编纂者在取材用材方面慧眼独识、独具精思的长处。

第四，记述方法不拘于一，记述效果良好。其要者有二：

一是在条理化上下功夫，记载好纷繁复杂的事物。例如统战工作章第四节海外联络工作，头绪多，内容广，如果单纯用以时为序的办法记述，势必出现眉目不清的杂乱现象。因而，编纂者将其梳理细化，列出建立健全海外联络队伍、接待海外访问团、举行座谈会、引资落户海丰等四项。群众文化章第二节群众文化活动也是这样，分设为节日文化活动、纪念日文化活动、宣传慰问文化活动等三项记载。用这种办法，既条理明晰，又方便记载。

二是用散列和集中并举的办法记述，实现了突出重点的效果。改革开放，是当代中国社会最鲜明、最重大的时代特点，许多志书都采用设置"改革开放"卷篇的办法来突出重点，体现时代特点。"续志"则采用散列的做法，在各相关篇章中设置篇目，记载其改革开放的措施、进程和成效，使之在广阔面上闪射出改革开放的时代光芒，集聚成一股强烈的多彩豪光，从而使改革开放的内容成为突出的重点，避去了改革开放卷篇内容易与各行业改革开放内容交叉重复的弊端。

也有的内容是用集中记载的办法来突出重点的，第十九篇中国共产党海丰县地方组织的第三、四两章，便是典型的例证。第三章重大决策，分5节记述，约1万余字，鲜明突出地反映了执政党在经济社会发展中的领导地位和作用。第四章也分5节，记述了机构设置、党风党纪教育]廉政建设、案件查处、执法监察与纠风治乱，约2.6万字，集中反映了中国共产党的党风党纪和反腐倡廉的坚定立场。这样大篇幅集中记载，重点突出的效果十分明显。第十篇农业第二章种植业，不但将生态农业、特色农业立题设节，还分别以3000字、2000字的篇幅详为记述，既突出了重点，又体现出科学种田的时代特点，堪称方志编纂中突出重点的善举良法。

三、人物记载量多而广，关注普通劳动者中的优秀代表

人物传记载的17人中，有政界民主党派领导人、著名专家学者、优秀演员、立功受奖的革命烈士。人物简介分列党政军人物、科教文体卫人物、省级以上劳动模范、企业界人物、港澳台人物等5大类，记载了177人。人物表收录了1988—2004年海丰籍在外地工作的副处级以上领导干部377人，正高职称科技人员33人，省部级以上单位表彰的先进个人（含劳动模范、先进工作者、五一劳动奖章获得者）138人，革命烈士10人。凡此，充分体现了“续志”记载人物量多面广、关注普通劳动者中的优秀代表的特色。历史上曾有“一部志书半人物”的说法，说明志书中记载人物的必要和重要，但细审传统志书可知，其记载的人物限于达官显贵、忠臣义士、封建文人、孝子烈女之类，面很窄，根本没有劳动人民的地位。相比之下，“续志”的“人民的方志写人民”性质十分鲜明，读来让人顿生“数风流人物还看今朝”的感慨。

“续志”人物篇中所载人物的事迹，也感人至深。致公党领袖黄鼎臣“积极引导和动员致公党成员和侨胞，支援人民解放战争，推动致公党与中国共产党合作”；著名民间文艺学家、民俗学家钟敬文为民间文学和民俗学奋斗一生的杰出贡献；杨水桐“亲临现场，不惧危险，身先士卒，在最危险的地方指挥灭火，不幸壮烈牺牲”的英勇表现，谭妙容“几十年如一日，吃苦在前，拼博争先，敬业爱岗，不辞辛苦，积极带领制糖车间一班人扎实做好本职工作，按质按时完成工作任务”的奋斗精神；罗清良“勇挑重担，在环卫所一干就是几十年”，“对环卫管理工作进行大刀阔斧的改革”，“与环卫工人同甘共苦，奋战在县城环卫工作第一线”的模范业绩；普通农家妇女李贞珠带头试种西番莲，“刻苦钻研种植技术，自己培苗育苗免费提供给农户种植，从而带动赤石镇西番莲生产的发展”的朴实义举；以及众多港澳台人物支援家乡建设的爱国爱乡情怀，都令人肃然起敬，深受教育。此外，“前志人物补遗”中记载的施镇时“急病人之所急，解病人之所难”、“小药散，大用途”医风医德医技，抗日远征军军官吕自重身受不公正待遇却无怨无悔，“保持晚节”、“热心助人，服务群众，帮教少年，教育子女”的气度，也都跃然显于纸端，发人深思，很有教育意义。

“续志”记载人物的这些优点和长处，可圈可点，值得学习借鉴。

四、《陈炯明研究资料》——“续志”附录中的一个靓点

海丰籍人陈炯明，是一个具有曲折、复杂经历的多有争议的民国历史人物，人们对他的看法往往截然相反，罪之者、赞誉者都有，评价两极。如何客观公正地认识他？陈炯明究竟是何等样人？这是一个值得认真深入探讨的问题。

“续志”附录的《陈炯明研究资料》，包括《陈炯明的理想、情操及镜鉴》、《陈炯明与地方建设》、《陈炯明与致公党》、《陈炯明研究刍议》、《客观评价陈炯明——兼评〈陈炯明集〉的出版》等5篇文章。这些文章，都是20世纪90年代末以来几位作者的最新研究成果，根据大量史实史料，从各个不同层面和不同角度，探索了陈炯明的思想发展、道德情操和政见主张、军政实践，提出了实事求是地客观评价陈炯明，还历史真面目的诉求和建议。这是改革开放新时代发出的新声！没有改革开放带来的社会发展和进步，思想解放，这样的文章，这样的呼号，是难得见闻于世的。“续志”编纂者汇辑这些文章作为志书的附录内容，不仅对民国史的研究者有参考价值，对一般读者了解和认识陈炯明其人，也是打开了一扇窗子。从这个意义上说，《陈炯明研究资料》是引人注目的一个靓点，值得一读。

那么，将这些文章汇辑在志书里作为“附录”，是否有为乡人掩过、翻案之嫌呢？显然不能这么猜度编纂者的良苦用心。因为这些文章，没有一篇是为陈炯明饰非翻案的，无不体现了求真务实的精神，文章中映现在读者眼前的陈炯明是一个“有长处，也有短处；有贡献，也有错误和过失”的人物（段云章、倪俊明：《陈炯明的理想、情操及其镜鉴》）。

对陈炯明这样的历史人物能不能实事求是地进行研究、作出客观评价，这是思想解放程度的试金石。从这些文章中，我们窥知了文章作者们的实事求是研究精神和思想解放的步武，也见知了“续志”编纂者的胆识和求真务实的坚毅。

附录《陈炯明研究资料》5篇文章，看似小事，实则意义重大，不但有助于还历史的真面目，也折射出了新时代思想解放的光芒和实事求是精神的异彩。

五、总体评价和几点商榷意见

“续志”篇幅鸿大，优点多多，成就卓著，特色焕然，难以一一尽述，不免挂一漏万。但仅就以上浅识数端而言，已足可得出明确的结论，即：这是一部全体编纂人员心血的结晶，一部可贵的质量优秀的志书，其资治、兴利、存史、教化的价值和功用，自不待言。

然而，如此鸿篇巨制，书成众手，也难免存在某些不足之处，有一些可资商榷的问题。这里，谨以蠡勺之识，略陈数端：

其一，第一篇第一章第二节建置沿革，记述内容以5000多年前的新石器时代中、晚期开端，继后又历述秦、晋、隋、唐以至1988年隶属汕尾市的沿革历史，追溯过远，不但与“凡例”第二条“适当上溯”的规定相悖，与其他篇记述内容的断限之制不协，也与续志体例的记事时限要求不合。浅识以为，如果删去解放前的沿革内容，将第三节行政区划中首段“1988年1月7日……纳入海丰管辖”移入，是可以使这一节内容与续志体例记事时限要求相适应，与“凡例”规定相合，与其他篇记事时限协调一致的，与其贪多求全伤体例损质量，不如遵守续志体例更科学、合理。

其二，以事系人略嫌不足。笔者读志中注意到，自第二篇至第十八篇，仅第十篇第五章第三节以事系人五名，其中有二人以“一女职工”、“一职工”称之而未及姓名；第十一篇第一章第一节系载了四人，第五节系载了二人。浅识以为，人物篇里《1988—2004年海丰县受省、部级以上表彰的劳动模范、先进工作者名表》中，有许多人与这些篇的内容有关，若分别系载入志文，情况将大为改观。

其三，第十五篇旅游，记载的内容略嫌偏狭：记载了“接待境内游客”、“接待国际游客及港澳台同胞”，而对于海丰县人去大陆各地、港澳台地区以至国外旅游，却失于记载。这样，既产生了记载内容欠周全的问题，也使记载的深度受到影响。据笔者所知，自改革开放以来，随着我国经济社会不断发展，人民群众的经济来源逐步扩展，经济收入持续增长，生活水平日益提高，消费观念也发生了变化，外出旅游便是其中的变化之一。许多人不但走出家门远游祖国各地，还纷纷前往港澳台地区甚至走出国门、远涉重洋去观光，并因此催生了各地旅行社的兴起和发展。这些现象，生动实际地反映了改革开放的成就，在志书中记载了，其意义之重大可想而知。惜乎可能由于收集资料的困难，“续志”未能及此。

此外，全书图表的设计编排略嫌单调。志文中如果配印一些相应的照片，有些表格如果改以座标图、几何切割形示意图、曲线图，将会大大增强版面的美观，更显活跃。（本文原载《海丰史志》2012年第2期总第18期；《广东史志》2013年第1期总第55期。

（作者系：中国地方志协会学术委员
安徽省地方志学会副会长、学术委员）
通讯处：合肥市肥西路3号安徽大学153楼303室
邮编：230039

重要文件目录

2012年中共海丰县委文件目录

表19

序 号	文 号	名 称
1	海委〔2012〕1号	关于开展2011年度先进单位评选活动的通知
2	海委〔2012〕2号	关于印发《海丰县2012年庆元宵文化巡游暨经贸洽谈会活动总体工作方案》的通知
3	海委〔2012〕3号	关于表彰2011年度全县先进单位的决定
4	海委〔2012〕4号	关于举行海丰县2012年庆元宵文化巡游暨经贸洽谈会活动的报告
5	海委〔2012〕8号	关于调整充实海丰县防汛防旱防风指挥部领导成员的通知
6	海委〔2012〕9号	关于落实海丰县水利工程防汛责任地段抢险队伍带队领导的通知
7	海委〔2012〕10号	关于调整海丰县大中型水利工程防汛指挥及技术负责人的通知
8	海委〔2012〕12号	印发《中共海丰县委政治协商规程》的通知
9	海委〔2012〕13号	中共海丰县委关于贯彻落实《中共广东省委关于加强新形势下人民政协工作的决定》的实施意见
10	海委〔2012〕14号	关于印发《中共海丰县委关于进一步加强基层组织建设的实施意见》的通知
11	海委〔2012〕17号	关于成立海丰县法治文化建设
12	海委〔2012〕18号	关于印发《海丰县法治文化建设实施方案》
13	海委〔2012〕23号	印发《关于开展县领导班子成员到党代表工作室接待党员群众活动的工作方案》的通知
14	海委〔2012〕25号	调整充实海丰县防汛防旱防风指挥部领导成员的通知
15	海委〔2012〕26号	印发《关于加快县直属工业园区建设的工作意见》的通知
16	海委〔2012〕27号	关于表彰全县体育工作先进集体和先进个人的决定
17	海委〔2012〕28号	关于表彰新编历史西秦戏《留取丹心照汗青》创作中表现突出的先进单位和个人的决定
18	海委〔2012〕29号	关于印发《2012年度海丰县各镇党政领导班子和领导干部落实科学发展观评价指标体系考评实施细则》的通知
19	海委〔2012〕30号	关于印发《关于深化网络问政工作的若干意见（试行）》的通知
20	海委〔2012〕31号	关于印发《中共海丰县委全委会议事决策规则》等工作制度的通知
21	海委〔2012〕35号	关于全面创建平安海丰的实施方案

2012年中共海丰县委办公室文件目录

表20

序　号	文　号	名　称
1	海委办〔2012〕2号	关于成立海丰县“推动创新发展建设幸福海丰”工作监督检查领导小组的通知
2	海委办〔2012〕6号	关于成立海丰县社会工作委员会的通知
3	海委办〔2012〕8号	印发《海丰县开展“三打”专项行动方案》的通知
4	海委办〔2012〕9号	关于调整海丰县文化体制改革和文化大县建设领导小组成员的通知
5	海委办〔2012〕10号	关于调整县地方志编纂委员会成员的通知
6	海委办〔2012〕11号	关于调整《海丰年鉴》编纂委员会成员的通知
7	海委办〔2012〕13号	关于印发《〈海丰年鉴·2012〉编写大纲》和《〈海丰年鉴·2012〉基本条目与编写分工》的通知
8	海委办〔2012〕17号	关于调整县精神文明建设委员会成员的通知
9	海委办〔2012〕18号	关于调整县企业思想政治工作人员专业职务评定工作领导小组成员的通知
10	海委办〔2012〕21号	关于加强办公室系统信息工作的通知
11	海委办〔2012〕22号	关于成立海丰县清理整治违法用地和违法建设专项工作领导小组的通知
12	海委办〔2012〕23号	关于调整海丰县财税增收工作领导小组成员的通知
13	海委办〔2012〕26号	关于调整海丰县治理工程建设领域突出问题工作领导小组的通知
14	海委办〔2012〕28号	关于调整海丰县农村综合改革工作领导小组成员的通知
15	海委办〔2012〕30号	关于印发《海丰县组织开展“广东精神”宣传实践活动方案》的通知
16	海委办〔2012〕32号	关于调整县劳动竞赛委员会领导成员的通知
17	海委办〔2012〕36号	关于调整充实海丰县“三打”专项行动领导小组的通知
18	海委办〔2012〕42号	关于要求报送各地门户网站栏目内容做好内容保障工作的通知
19	海委办〔2012〕46号	关于转发《县纪委关于2012年全县开展纪律教育学习月活动的实施意见》的通知
20	海委办〔2012〕47号	关于印发海丰县加快推进农村综合改革工作意见的通知
21	海委办〔2012〕51号	关于印发《海丰县第四届全民健身运动会暨第六届老年人运动会工作方案》的通知
22	海委办〔2012〕52号	关于落实各帮扶单位及相关部门责任、迎接全省扶贫开发“双到”工作三年总验收有关要求的通知》的通知
23	海委办〔2012〕53号	关于印发《关于加强我县廉政风险防控工作的实施方案》的通知
24	海委办〔2012〕59号	关于调整海丰县森林防火指挥部成员的通知
25	海委办〔2012〕60号	印发《关于在全县开展“亮承诺、抓落实、促发展”活动的实施意见》的通知
26	海委办〔2012〕62号	关于成立深汕特别合作区“四镇一场”移交工作领导小组的通知
27	海委办〔2012〕67号	关于调整海丰县农村综合改革工作领导小组的通知
28	海委办〔2012〕68号	关于调整海丰县机构编制委员会成员的通知
29	海委办〔2012〕69号	关于成立海丰县“六五”普法领导小组成员的通知
30	海委办〔2012〕72号	关于调整海丰县教育工作领导小组成员的通知

（续上表）

序　号	文　号	名　称
31	海委办〔2012〕73号	关于调整海丰县社会治安综合治理委员会成员的通知
32	海委办〔2012〕74号	关于调整县地方志编纂委员会成员的通知
33	海委办〔2012〕75号	关于调整县委理论学习中心组成员的通知
34	海委办〔2012〕76号	关于调整充实海丰县殡葬改革工作领导小组
35	海委办〔2012〕77号	关于调整海丰县禁毒委员会成员的通知
36	海委办〔2012〕78号	关于调整海丰县清理整治违法用地和违法建设专项工作领导小组的通知
37	海委办〔2012〕80号	关于调整海丰县文化体制改革和文化大县建设领导小组成员的通知
38	海委办〔2012〕81号	关于成立海丰县广电网络改革重组工作领导小组的通知
39	海委办〔2012〕82号	关于调整充实海丰县“三打”专项行动领导小组的通知
40	海委办〔2012〕83号	关于印发《海丰县党政领导班子和领导干2012年度安全生产责任制考核实施方案》的通知
41	海委办〔2012〕84号	关于做好2013年度党报党刊发行工作的通知
42	海委办〔2012〕87号	中共海丰县委办公室 海丰县人民政府办公室关于成立海丰县转变政府职能决策咨询委员会的通知
43	海委办〔2012〕94号	关于印发《海丰县党政联席会议制度》的通知
44	海委办〔2012〕95号	关于印发《海丰县领导干部阅批群众来信制度》的通知
45	海委办〔2012〕97号	关于开展2012年度落实科学发展观评价指标体系考评工作的通知
46	海委办〔2012〕99号	关于成立海丰县全面创建平安海丰工作领导小组的通知
47	海委办〔2012〕100号	关于开展2012年度安全生产责任制考核工作的通知

2012年海丰县人民政府文件目录

表21

序　号	文　号	标　题
1	海府〔2012〕01号	关于转发汕尾市城乡居民基本医疗保险暂行办法的通知
2	海府〔2012〕02号	关于请求将公平水库水资源费征收权交还海丰县水利行政主管部门的请示
3	海府〔2012〕03号	关于要求将我县列入第四批新农保和城居保试点的请示
4	海府〔2012〕04号	关于落实《海丰县国民经济和社会发展第十二个五年规划纲要》主要目标和任务工作分工的通知
5	海府〔2012〕05号	关于要求申报海丰县公平木材检查站为第二批木材运输流动检查站的请示
6	海府〔2012〕06号	海丰县人民政府关于公布第四批海丰县文物保护单位的通知
7	海府〔2012〕07号	关于增设高考国家定点考场的请示
8	海府〔2012〕08号	关于要求将遮浪至大湖公路海丰段按省道灾害防治项目补助的请示
9	海府〔2012〕09号	关于要求提高海丰县城北环公路和国道324线至省道242线联络线建设工程补助标准的请示
10	海府〔2012〕10号	关于要求核定《海丰县新型农村社会养老保险试点实施办法》的请示

（续上表）

序号	文号	标题
11	海府〔2012〕11号	关于下达海丰县2012年国民经济和社会发展计划主要指标的通知
12	海府〔2012〕12号	关于要求核准设立海丰县鸿发小额贷款有限公司的请示
13	海府〔2012〕13号	关于对海丰县鸿发小额贷款有限公司董事和高级管理人员任职资格复审的请示
14	海府〔2012〕14号	关于印发公平水库防汛抢险应急预案的通知
15	海府〔2012〕15号	关于要求对海丰县农村义务教育债务清偿工作进行验收并拨给奖补资金的请示
16	海府〔2012〕16号	关于要求批准《海丰县菜牛（羊）定点屠宰厂（场）设置规划》的请示
17	海府〔2012〕17号	关于要求拨款支持大液河堤围加固工程建设资金的请示
18	海府〔2012〕18号	关于符坚副县长工作分工的通知
19	海府〔2012〕19号	印发海丰县查处违法用地和违法建设行为若干意见的通知
20	海府〔2012〕20号	关于请求帮助解决海丰县城市防洪工程建设资金缺口的请示
21	海府〔2012〕21号	关于请求帮助解决我县三防指挥和抢险救灾设备配套资金的请示
22	海府〔2012〕22号	关于要求支持解决我县体育馆建设项目二期配套工程资金的请示
23	海府〔2012〕23号	关于请求协调增加我县新洲塑料制品有限公司原料配额和协调进口原料就近报关的请示
24	海府〔2012〕24号	关于印发海丰县新型农村社会养老保险试点实施办法的通知
25	海府〔2012〕25号	关于要求解决我县灾民安置及灾后重建资金的请示
26	海府〔2012〕26号	关于要求解决海丰县“6·22”灾民安置及灾后重建资金的请示
27	海府〔2012〕27号	关于要求解决海丰县“6·22”洪灾水毁农田复垦资金的请示
28	海府〔2012〕28号	关于要求解决海丰县“6·22”洪灾水毁工程修复资金的请示
29	海府〔2012〕29号	关于要求申报汕尾港口岸设立海丰港区申报开放水域范围并对外开放的请示
30	海府〔2012〕30号	转发市政府转发省政府关于加强职业培训促进就业实施意见的通知
31	海府〔2012〕31号	关于请求免予海丰县承担公平灌区改造工程投资还贷分担的请示
32	海府〔2012〕32号	关于要求批准转让土地开发整理补充耕地储备指标的请示
33	海府〔2012〕33号	关于请求支持解决我县公平镇火灾隐患整治专项资金的请示
34	海府〔2012〕34号	关于要求解决华润海丰电厂规划用地指标的请示
35	海府〔2012〕35号	印发海丰县气象灾害防御规划（2010～2020年）的通知
36	海府〔2012〕36号	关于要求中山大学附属第一医院给予我县彭湃纪念医院技术帮扶的请示
37	海府〔2012〕37号	关于要求审批《海丰县县城总体规划（1998～2020）实施评估报告》的请示
38	海府〔2012〕38号	关于要求支持建设经费的请示
39	海府〔2012〕39号	印发《关于加快县直属工业园区建设 扶持产业发展的实施办法（试行）》的通知

（续上表）

序号	文号	标题
40	海府〔2012〕40号	广东省潮州至惠州高速公路（海丰段）使用林地权属证明
41	海府〔2012〕41号	广东省潮州至惠州高速公路（海丰段）被征占用林地补偿证明
42	海府〔2012〕42号	关于潮惠高速公路（海丰段）建设用地征地项目被征地农民养老保险情况的说明
43	海府〔2012〕43号	被征地农民养老保障承诺书
44	海府〔2012〕44号	关于印发《海丰县妇女发展规划（2011-2020年）》和《海丰县儿童发展规划（2011-2020年）》的通知
45	海府〔2012〕45号	关于要求帮助解决海丰县计划生育服务站（所）配套设施经费的请示
46	海府〔2012〕46号	关于要求支持开展“两建”试点工作经费的请示
47	海府〔2012〕47号	关于调整县突发公共事件应急委员会成员的通知
48	海府〔2012〕48号	关于要求设立海丰县综合保税区的请示
49	海府〔2012〕49号	关于要求返还农村劳动力转移就业培训补助资金的请示
50	海府〔2012〕50号	关于要求审批海丰县联河粉围村“三旧”改造项目的请示
51	海府〔2012〕51号	关于调整海丰县创建教育强镇的请示
52	海府〔2012〕52号	关于黄羌镇申报广东省教育强镇的推荐意见
53	海府〔2012〕53号	关于要求审批海丰县附城南湖旧厂房“三旧”改造项目的请示
54	海府〔2012〕54号	关于要求审批海丰县城东石塘山片旧厂房“三旧”改造项目的请示
55	海府〔2012〕55号	关于要求审批海丰县附城大云岭片旧厂房“三旧”改造项目的请示
56	海府〔2012〕56号	关于要求审批海丰县附城镇埔下旧气站“三旧”改造项目的请示
57	海府〔2012〕57号	关于要求审批海丰县鸿发服装有限公司旧厂房“三旧”改造项目的请示

2012年海丰县人民政府办公室文件目录

表22

序号	文号	标题
1	海府办〔2012〕01号	关于印发《海丰县春节、元宵节消防安全保卫工作方案》的通知
2	海府办〔2012〕02号	关于调整县财经工作领导小组成员的通知
3	海府办〔2012〕03号	关于公布海丰县基准地价的通知
4	海府办〔2012〕04号	关于成立海丰县全国水利普查水土保持数据审核专家组的通知
5	海府办〔2012〕05号	关于印发海丰县小流域综合治理规划报告书的通知
6	海府办〔2012〕06号	关于要求使用空缺编制的请示

（续上表）

序 号	文 号	标 题
7	海府办〔2012〕07号	关于要求使用空缺职数的请示
8	海府办〔2012〕08号	关于调整海丰县2011年度住房保障目标责任工作领导小组成员的通知
9	海府办〔2012〕09号	关于成立海丰县2011年度保障性住房工作目标责任考核自评小组的通知
10	海府办〔2012〕10号	关于调整海丰县道路交通安全管理联席会议成员的通知
11	海府办〔2012〕11号	关于调整海丰县生姜种植标准化示范区工作领导小组成员的通知
12	海府办〔2012〕12号	关于调整海丰县食品安全委员会成员的通知
13	海府办〔2012〕13号	关于调整海丰县爱国卫生运动委员会成员的通知
14	海府办〔2012〕14号	关于调整海丰县电网工程建设协调领导小组的通知
15	海府办〔2012〕15号	关于下达“十二五”海丰县单位生产总值能源消耗降低指标计划分解方案的通知
16	海府办〔2012〕16号	关于调整海丰县招生委员会成员的通知
17	海府办〔2012〕17号	关于成立海丰县打击制假售假专项行动小组的通知
18	海府办〔2012〕18号	关于调整海丰县质量强县工作领导小组的通知
19	海府办〔2012〕19号	关于调整海丰县经济责任审计工作联席会议成员的通知
20	海府办〔2012〕20号	关于调整充实海丰县石油价格形成机制综合配套改革工作领导小组成员的通知
21	海府办〔2012〕21号	关于印发《海丰县节能奖励试行办法（修订）》的通知
22	海府办〔2012〕22号	印发海丰县地方志事业“十二五”发展规划的通知
23	海府办〔2012〕23号	关于调整海丰县彭湃纪念医院创建三级甲等医院工作领导小组的通知
24	海府办〔2012〕24号	关于分解下达2012年全县规模以上工业总产值、新增企业单位数目标任务的通知
25	海府办〔2012〕25号	关于成立海丰县劳动人事争议仲裁委员会的通知
26	海府办〔2012〕26号	关于成立海丰县有线电视数字整转工作领导小组的通知
27	海府办〔2012〕27号	关于下达海丰县2012年各镇就业工作目标任务的通知
28	海府办〔2012〕28号	关于调整县节能减排工作领导小组的通知
29	海府办〔2012〕29号	关于成立海丰县打击欺行霸市专项行动领导小组的通知
30	海府办〔2012〕30号	关于印发海丰县重点地区火灾隐患整治工作方案的通知
31	海府办〔2012〕31号	关于调整海丰县消防安全委员会成员的通知
32	海府办〔2012〕32号	关于要求使用空缺编制的请示
33	海府办〔2012〕33号	关于印发《海丰县2012年度地质灾害防治方案》的通知

（续上表）

序号	文号	标题
34	海府办〔2012〕34号	关于印发《海丰县地质灾害险情巡查制度》等三个制度的通知
35	海府办〔2012〕35号	印发海丰县2012年度审计项目计划的通知
36	海府办〔2012〕36号	关于要求增设县人民防空办公室副主任职位的请示
37	海府办〔2012〕37号	海丰县清理化解农村义务教育债务工作实施方案
38	海府办〔2012〕38号	印发海丰县关于开展小额贷款公司试点工作方案的通知
39	海府办〔2012〕39号	关于建设海丰县生态景观林带的实施意见
40	海府办〔2012〕40号	关于印发海丰县电镀企业环境污染专项整治工作方案的通知
41	海府办〔2012〕41号	关于海丰县人民政府办公室所属事业单位分类改革方案的请示
42	海府办〔2012〕42号	印发海丰县2012年农业机械购置补贴工作方案的通知
43	海府办〔2012〕43号	关于印发海丰县火灾隐患排查整治专项行动方案的通知
44	海府办〔2012〕44号	印发海丰县清理整治违法用地和违法建设行为工作实施方案的通知
45	海府办〔2012〕45号	印发海丰县开展"大清洁，乡村美"农村清洁工程专项活动工作方案的通知
46	海府办〔2012〕46号	关于印发海丰县落实2012年度保障性住房目标责任工作实施方案的通知
47	海府办〔2012〕47号	转发市政府办印发汕尾市城镇居民社会养老保险试点实施办法的通知
48	海府办〔2012〕48号	关于印发海丰县镇人力资源社会保障服务所建设工作方案的通知
49	海府办〔2012〕49号	关于下达2012年度全县各镇新型农村和城镇居民社会养老保险任务的通知
50	海府办〔2012〕50号	关于印发《海丰县基层医改任务落实情况自查工作实施方案》的通知
51	海府办〔2012〕51号	关于印发海丰县"十二五"节能考核工作实施方案的通知
52	海府办〔2012〕52号	印发2012年海丰县推进扩大就业工程工作方案的通知
53	海府办〔2012〕53号	关于印发海丰县全民科学素质行动计划纲要实施方案（2011-2015年）的通知
54	海府办〔2012〕54号	关于印发海丰县2011年度经济适用住房配售方案的通知
55	海府办〔2012〕55号	关于印发海丰县2011年度廉租住房配租方案的通知
56	海府办〔2012〕56号	转发市财政局、监察局、纠风办、审计局关于印发《汕尾市强农惠农专项资金检查工作实施方案》的通知
57	海府办〔2012〕57号	关于印发海丰县开展残疾人基本情况调查工作实施方案的通知
58	海府办〔2012〕58号	印发海丰县镇（乡）财政和村级财务管理方式改革方案的通知
59	海府办〔2012〕59号	关于印发海丰县国土资源节约集约模范县创建活动宣传方案的通知
60	海府办〔2012〕60号	关于印发海丰县国土资源节约集约模范县创建活动工作方案的通知

（续上表）

序号	文号	标题
61	海府办〔2012〕61号	印发海丰县医药卫生体制改革2012年度主要工作安排的通知
62	海府办〔2012〕62号	关于印发海丰县2012年主要污染物总量减排工作实施方案的通知
63	海府办〔2012〕63号	关于印发《海丰县开展“国家免费孕前优生健康检查项目试点的工作实施方案》的通知
64	海府办〔2012〕64号	印发海丰县2012年对镇税收收入考核奖励办法的通知
65	海府办〔2012〕65号	印发海丰县2012年征收单位财政收入任务及其考核奖励办法的通知
66	海府办〔2012〕66号	关于印发海丰县公共照明设施推广应用LED照明产品实施方案的通知
67	海府办〔2012〕67号	印发海丰县气象灾害应急准备工作认证实施办法（试行）的通知
68	海府办〔2012〕68号	关于印发海丰县开展交通运输业和部分现代服务业营业税改征增值税试点实施方案的通知
69	海府办〔2012〕69号	关于印发海丰县县级预算单位实行公务卡结算制度改革实施方案的通知
70	海府办〔2012〕70号	印发海丰县市场监管体系建设工作方案的通知
71	海府办〔2012〕71号	印发海丰县社会信用体系建设工作方案的通知
72	海府办〔2012〕72号	印发《关于加快县直属工业园区建设 扶持产业发展的实施办法（试行）》的通知
73	海府办〔2012〕73号	印发《关于加快县直属工业园区建设的工作意见》的通知
74	海府办〔2012〕74号	关于下达2013年度海丰县城乡居民基本医疗保险任务的通知
75	海府办〔2012〕75号	关于调整海丰县厦门至深圳铁路海丰段建设指挥部成员的通知
76	海府办〔2012〕76号	印发海丰县2012年村级公益事业建设一事一议财政奖补工作实施方案的通知
77	海府办〔2012〕77号	关于印发2012年度海丰县名镇名村示范村建设实施方案的通知
78	海府办〔2012〕78号	印发《海丰县妇女小额担保贷款实施细则》的通知
79	海府办〔2012〕79号	印发海丰县气象灾害应急预案的通知
80	海府办〔2012〕80号	关于表彰2011年度县节能先进集体和先进个人的通报
81	海府办〔2012〕81号	关于县政府办正股级职位配置的请示
82	海府办〔2012〕82号	关于公布海丰县不可移动文物名录的通知
83	海府办〔2012〕83号	关于印发海丰县“三旧”改造项目地价款收取规定（试行）的通知
84	海府办〔2012〕84号	关于印发海丰县高标准基本农田建设实施方案的通知
85	海府办〔2012〕86号	印发海丰县梅陇西环公路建设工程征地拆迁补偿实施方案的通知
86	海府办〔2012〕87号	关于转发市政府办《印发〈汕尾市城镇职工基本医疗保险暂行规定（再次修订）〉的通知》的通知

（续上表）

序　号	文　号	标　题
87	海府办〔2012〕88号	关于印发海丰县推广应用LED照明产品工作考核办法的通知
88	海府办〔2012〕89号	印发2011年海丰县渔业柴油补助工作方案的通知
89	海府办〔2012〕90号	关于转发《广东省人民政府港澳事务办公室关于进一步加强我省因公赴港澳通行证管理工作》的通知
90	海府办〔2012〕91号	关于成立海丰县农村土地承包经营纠纷调解仲裁委员会的通知
91	海府办〔2012〕92号	关于印发海丰县推进政府机关使用正版软件工作方案的通知

海丰县2012年国税纳税超500万元以上企业名录

单位：万元

序号	纳税人名称	纳税金额
1	海丰县凯旋实业有限公司	754.63
2	海丰县万业房地产有限公司	551.71
3	敏兴毛织（海丰）有限公司	1149.23
4	纬兴毛织（海丰）有限公司	3343.13
5	海丰联岭针织有限公司	1737.11
6	海丰县协祥盛染织有限公司	1071.27
7	广东电网汕尾海丰供电局	3021.69
8	广东烟草汕尾市有限公司海丰县分公司	6013.51
9	海丰县金桔莱黄金珠宝首饰有限公司	1531.29
10	海丰县广信鞋业有限公司	564.56
11	海丰县海崇畜牧发展有限公司	621.37
12	海丰县运达时皮业有限公司	522.65
13	超群（海丰）首饰厂有限公司	614.36
14		
15		
16		
17		
18		
19		
20		
21		
22		
23		
24		
25		

（海丰县国家税务局提供）

海丰县2012年地税纳税超500万元以上企业名录

单位：万元

序号	纳税人名称	纳税金额
1	海丰碧桂园房地产开发有限公司	9199
2	海丰县凯旋实业有限公司	3322
3	广东烟草汕尾市有限公司海丰县分公司	2762
4	广东电网汕尾海丰供电局	1858
5	汕头市潮阳建筑工程总公司	1887
6	海丰县万业房地产有限公司	1704
7	海丰县公平房地产开发公司	1698
8	汕尾市兴亿房地产有限公司	1382
9	中国移动通信集团广东有限公司海丰分公司	1301
10	海丰县新基房地产开发有限公司	1294
11	广东深汕西高速公路有限公司	1237
12	中国电信股份有限公司海丰分公司	1229
13	敏兴毛织（海丰）有限公司	957
14	海丰县怡和建筑安装工程有限公司	826
15	海丰县彭湃纪念医院	824
16	纬兴毛织（海丰）有限公司	813
17	汕尾市骏业房地产有限公司	801
18	海丰县建筑安装工程总公司	780
19	海丰县城东房地产开发公司	698
20	海丰联岭针织有限公司	670
21	中国工商银行股份有限公司海丰支行	667
22	汕尾市永业房地产开发有限公司	565
23	广东华成峰投资有限公司	554
24	海丰县华泰房地产开发有限公司	549
25	海丰金伯爵广场	543
26	海丰县南湖城市房地产开发有限公司	533
27	海丰县金泰房地产实业有限公司	531
28	海丰县和荣贸易有限公司	524
29	广东电白建设集团有限公司	518
30	海丰县海城城镇建设开发公司	500

（海丰县地方税务局提供）

索 引

说明：

一、本索引分为条目索引和表格索引两部分，把年鉴所刊登的条目、表格、机构名称、人名、地名统一按标引词第一字汉语拼音（同音字按声调）顺序排列；第一字相同，按第二字音序排列。依次类推。

二、标引词后的阿拉伯数字表示内容所在页码。数字后的拉丁字母a、b,分别表示从左到右第一、二栏。

三、年鉴的特载、卷首彩页、大事记、图片照片、附录未做主题索引。年鉴中未设专条的人名与机构名称未予标引。

四、本索引分目采用黑体字，子目采用楷体字，条目采用宋体字。

五、内容有交叉的条目，为便于读者检索，在索引中重复出现。

条目索引

A
爱国卫生运动 294a
安全管理 151a
安全生产管理 183a
安全生产监督管理 257b
“安全生产年”活动 257b
安全生产监督检查 258a
安全生产行政许可 258a
安全生产行政执法检查 258a
安全生产宣传教育 258b
安全生产 377a 386a

B
部队管理与后勤保障 152b
边防管理 138a
帮扶困境妇女儿童 125a
办公经费管理 103b
保护区功能区调整 169a
保护区项目申报工作 172a
保护区多种形式的宣传活动 172a
保密工作 65a
版权保护工作 287b
殡葬管理 313a
保险 218a
部署开展“三打两建”工作 63a
办文办会 99b
博物馆 286a
保障进出口食品安全 202b
标准化与代码管理 252b
编制工作 82a
白字戏 287a

C
出版县级团刊《海丰·青年·志愿者》杂志（第二期） 123b
成本调查与成本监审 259a
查办违纪违法案件 115b
储备粮油管理 187a
城东镇 322
城东镇龙山村 323a
城东镇汀州村 323b
采购工作管理 103b
测绘管理 246b
残疾人“两项”调查 130b

残疾人就业培训 131a
残疾人康复服务 131a
残疾人文体工作 131a
参加经贸洽谈会 180b
传播媒体 288a
赤坑镇 342
赤坑镇岗头村 344b
赤坑镇石望村 344b
赤坑镇溪金村 344b
成人教育 275b
成人文化技术培训 275b
出入境检验检疫 201b
赤石镇 361
赤石镇新里村 368a
赤石镇大安村 368b
重新核定廉租房租金 260b
参与“三打两建”工作 101a
茶叶生产 160a
参政议政 116a 117a 118a 119b 130b
出租屋管理服务 140a
出租车运输 221b
财税审计 261b
城市总体规划 266b
财务收支审计 262b
城乡规划 266b
城乡统筹就业 304a
城乡建设 376a
餐饮环节食品安全监管 294b
财政 税务 232
财政 232a
财政预算 232a
财政收支 232a
财政征管 232a
财政监督 233b
城管行政执法管理 268a
村（居）务公开民主管理示范创建活动 312a
村（社区）选介 321a 323a 327a 332a 337a 340b 344b 348b 350a 354a 360a 368a 374a 379a 382a 389a
城镇客运 221a
城镇建设与管理 266
村居建设 267a
村镇建设 267a
村镇基础建设 335a
城镇管理与公用事业 269a
城镇供水 271a
产业转移园区建设 370b

D
档案工作 108a
档案工作目标管理与指导 108b
档案业务培训 108b
档案信息化建设 109a
带案下访、主动约访 81b
督查督办 64b
督查督办信访积案 82a
地方志工作 104a
地方武装 150a
打击刑事犯罪 136a
打击欺行霸市 136a
打击经济犯罪 136b
打击走私 200b
打击成品油走私活动 201a
党建与企业文化 184a
当好政府参谋助手和法律顾问 101a
渡口渡运 221b
大湖镇 346
大湖镇高螺村 348a
大湖镇山脚村 348b
大力推进“扶贫双到”工作 62b
德育教育 275a
道路交通安全管理 138b
“大流杯”汕尾青年乒乓球邀请赛 122b
地情信息化工作及时有效 106a
对外经济贸易 54a
对外经贸与口岸监管 199
对外经济合作 199a
对外贸易 199a
地方公路管养 222b
地方税务 235a
地籍管理 246a
地税队伍建设 237a
地形地貌 44a
地质灾害防治 247a
调研工作 65a
党内选举工作 74a
党史工作 79b
党史编研 80a
党务量化考评 74a
电网建设 183a
电信与信息化 228a

电信企业管理和改革　228b
电信内部建设　229a
电影放映“3121”工程　284b
党校　80b
党校教学创新　81a
党员的培养与发展　74a
党组织和党员情况　65b
大中型水库概况　175a
打造贫困户社保体系　315b

E

鹅埠制鞋专业镇　182b
鹅埠镇　370
鹅埠镇红罗畲族村　374a
鹅埠镇蛟湖村　374b

F

附城镇　325
附城镇城南社区　327a
附城镇圆山村　327b
房地产与建筑业　268a
房地产建设　268a
房地产交易　268b
房地产管理　268b
防范重特大安全事故会议　97b
伏季休渔管理　168a
发挥保护区行政执法职能　172a
防洪救灾工作　173a
防空警报试鸣　153b
防雷减灾管理　178b
防震减灾　282b
妇女儿童节日庆祝活动　124a
妇幼保健　292b
妇联基层组织建设　125b
法律服务　148b
福利彩票工作　313b
法律援助与咨询　149a
扶持基础设施项目建设　315a
扶贫开发　314a
扶贫开发“双到”工作　329a
扶贫“双到”工作　372a
扶贫开发工作　384b
法院规范化建设　147a
法院队伍建设　147b
法制建设　121a
服装业　180b
服装产业　375b
服务外贸发展　202b
服务业　205a
非物质文化遗产保护　286b
发展与改革　239a
发展现代服务业　240a

G

公安　135a
公安监管　137b
公安队伍建设　140a
关爱弱势群体　131b
港澳事务　74b
广播电视“村村通”“户户通”配套工程　284b
港口码头建设　221a
固本强基工程　72b
干部管理与监督　66b
干部培训　80b
供电　182b
供电服务　183a
耕地保护　245b
规范性文件审核　100b
规范两税管理　234a
规范收费管理　259b
规范农村道路客运票价管理　260a
规范临床护理管理　296b
规范低保、“五保”与孤儿管理　310a
贯彻汪洋书记对地方志工作的重要论述　106a
贯彻“以法治牧”　165b
贯彻落实《广东省反走私综合治理工作规定》　200b
贯彻税收政策　233b
“广东精神”宣传实践活动　72a
广东海丰鸟类省级自然保护区　168b
广东可塘珠宝产业园　181a
广告管理　248a
公共信息网络安全监察　139a
巩固政府机构改革成果　82b
巩固和完善基本药物制度　296a
国道、省道建设与管养　224a
国道、省道建设　224a
国道、省道养护　224a
国防动员　150a
国家重点建设项目档案　109a

国家税务 233b
管理体系认证与食品农产品认证监管 254a
国民体质监测 300a
国民经济发展 52a
革命历史 357b
国情国力调查 265a
国土资源管理 245a
国有资产管理 232b
革命遗址普查 80b
工会建设 121a
构筑社会治安防控体系 135b
共青团县委 122a
共青团海丰县第十四次代表大会 122a
工商联建设 119a
工商联党建工作 120a
工商行政管理 247b
工商企业登记管理 247b
工商行政执法 248b
高速公路建设 220a
高招考试 275b
个体劳动者协会 130a
供销安全生产 189b
工业经济 53b
工 业 180
工业行业 180b
工业园区与专业城镇 181a
工业产品质量管理 253b
工业锅炉专项与节能降耗整治 254a
工业转型升级 322b
工业发展 338a
公交运输 221b
公平服装生产专业镇 182a
公平镇 375
公平镇五联村 379a
公平镇笏雅村 379b
公益事业 120b
公证工作 149a
给省志办和市县党政领导赠送《陈炯明》系列史料 107a

H
环保宣教 51b
海城镇 319
海城镇长埔村 321a
海城镇新园社区 321b
“海丰精神”宣传实践活动 72b
海丰县人大常委会 85
海丰县人民政府 93
《海丰县志（1988～2004）》出版 104a
《海丰年鉴·2012》出版 105a
《海丰史志》总第17、18期出版发行 105b
海丰县地方志编纂委员会成员调整 106a
《海丰年鉴》编纂委员会成员调整 106a
海丰首例自愿人体器官捐献 132a
海丰县商业企业（集团）公司 196a
海丰县食品企业集团公司 198a
海丰县农村信用合作社联合社 217a
海丰县彭湃中学 277a
海丰县陆安中学 277a
海丰县广播电视大学 277b
海丰县中等职业技术学校 278b
海丰县红城中学 279a
海丰县梅陇中学 279a
海丰县赤坑中学 280a
海丰中学 280a
海丰县公平英豪学校 280b
海丰县仁荣中学 280b
海丰县德成中学 281a
海丰县林伟华中学 281a
海丰县实验中学 281b
海丰县光明职业技术学校 281b
《海丰县文化志》编修工作 286b
《海丰报》 288a
海丰广播电视台 289a
海丰县中医医院 299a
海丰县妇幼保健院 299b
海防基础设施建设 201a
海关监管 199b
海关队伍建设 200a
环境监测 50b
环境监察 51a
环境质量 49b
环境保护 49b
环境卫生整治 350a
环境整治 358a
黄羌镇 384
黄羌镇虎噉村 389a
黄羌镇坑联村 389b
黄羌林场 391
惠民政策落实 329a
鲘门镇 352
鲘门镇民新村 354a

鲘门镇鲘门社区　355a
环卫保洁　270b
红宫红场纪念馆　286b
后勤装备建设　151a
海外联谊　101b
海水、淡水养殖　167b
合同管理　248b
货物运输　221b
婚姻登记管理　313a
海洋资源　46a
海洋与渔业　167a
海洋捕捞　167b
户政管理　138a

J
基本概况　44
疾病预防控制　292a
检 察　141a
检察工作联络室　142a
检察队伍建设　142b
基层基础建设　142b
基层建设　247a
基层组织建设　320a　322b　326b　336a　340a　344a　350a　353b　373a　377b　381b　386a　394a
基层党建工作　328b
基层村（居）委建设　311a
基础教育　275a
基础设施建设　338b　394a
坚持组织收入原则　234b
接待工作　103b
禁毒工作　136b
机动车维修　221b
机关作风建设　73b
机关事务接待　103a
机关事务管理　103a
机关大院安保工作　103a
机构编制核查工作　83a
机构编制实名制动态管理　83b
机构改革　292a
价格监测　259a
价格认证工作　260a
价格调节基金　260a
价格管理　260a
经济责任审计　262a
经济社会发展概况　52
经济开发区　318
经济发展　357b
教科文卫体事业　54b
教科文卫事业　385b
教育管理　276a
教育科研　276a
教育信息化　276a
教育事业　328b　343b
计划生育队伍建设　307b
计划生育　328b　340a　353a　363a　385b
计量检测　252b
计生宣教与综合治理　308a
计生与殡改工作　392b
居民消费结构　185a
节能降耗工作　180b
加工贸易　199b
加强基层组织建设　60b
加强社会管理工作　63b
加强机构编制法制化和制度化建设　83b
加强编办自身建设　84b
加强因公出国（境）签证管理　102a
加强自身建设　102b
加强纪检队伍建设　115b
加强农机安全监管　166a
加强水产品质量安全管理　167b
加速信息化建设　228a
健全档案目录数据库　109a
建立完善归侨普查数据库　102b
建立和落实计生层级动态管理责任制　307b
金 融　206
驾驶员培训　223b
交通运输　220
交通设施建设　220a
交通管理　222a
交通运输综合行政执法　222a
交通工程质量管理　222b
交通行业安全生产管理　222b
建设项目环保管理　51b
建设广东省教育强县　99b
建设管理　267b
建设市场秩序管理　267b
建设工程安全质量管理　267b
军 事　150
军事训练　150b　152a
军事管理　151a
警卫与安全保卫　137a

警务督察 139b
检验检疫“质量月”活动 202a
检验检疫监管模式改革 202b
检验检疫队伍建设 203a
卷烟经营 191b
教 育 274
教育督导 274a
教育投入 274b
建置区划 44a
建置沿革 44a
建筑业管理 269a

K
矿产资源 45b
矿产管理 246b
控告申诉检察 142a
客货运输 221a
可塘珠宝专业镇 182a
可塘镇 333
可塘镇可北村 337a
可塘镇罗山村 337b
科普大篷车服务“三农” 128b
科学技术协会 126a
科学技术 282a
科技计划 282a
科普宣传 282a
科技示范 282a
科技服务 282b
科技队伍建设 283a
科教文卫事业 335b
客运站 221b
开展“五好五强”领导班子建设 65b
开展“讲理想、爱家乡、争上游”主题实践活动 66a
开展争先创优活动 66b
开展“同心”系列行动 76b
开展专项治理 115a
开展“青春流行色、使你更快乐”系列志愿服务实践活动 122b
开展科普宣传 126a
开展救助活动 131b
开展严打整治斗争 133b
开展安全生产“打非治违”专项行动 255a
开展“三好一满意”活动 296b
开展计生活动 308b
开展食品安全系列活动 315b

L
“两不具备”贫困村庄搬迁安置 314a
联安镇 328
联安镇优冲村 332a
联安镇坐头村 332a
劳动竞赛 121a
劳动就业 社会保障 304a
劳动信访与劳动监察 306a
劳动仲裁与工伤认定 306a
流动人口计生服务管理 307b
劳模工作 121b
领导班子和队伍建设 247a
老干部工作 78b
老干部工作调研 79a
老干部发挥作用 79a
老干部活动 79b
老龄工作 312b
绿化工程 161b
亮化建设 269b
“牢记使命，寻找星火之源”汕尾青年“讲理想、爱家乡、争上游”主题实践活动 122b
“两进三同”活动 123a
理论武装工作 70a
理论研究 81a
粮食生产 159a
粮食储备供应 185b
粮食工作政府责任制 185b
粮食宏观调控 186a
粮食市场监管 187a
粮食企业改革 187b
粮食应急体系 187b
历史名人 49a
落实老干部政治待遇 78b
落实老干部生活待遇 78b
落实强农惠农政策 166a
落实生育节育政策 307b
联通通信 231a
联通业务发展 231b
“六五”普法工作 148b
利用外资 199a
联谊活动 130b
林 业 161b
林业改革 162a
林业生产 391b
旅游服务业 204

旅游业　204a
旅游市场监管　204a
旅游宣传促销　204a
旅游设施建设　204b
旅游景点建设　204b
旅游开发　320a
旅游资源开发　347a
旅游开发　358a
旅游服务　372a
路政管理224b
林政管理　163a
良种良法　164a

M
民办教育　274b
民风民俗　48b
梅陇珠宝首饰城　181b
梅北工业园区　181b
梅陇金银首饰专业镇　182a
梅陇镇　349
梅陇镇梅陇村　350b
梅陇镇西兴社区　350b
梅陇农场　393
民生工作　55a　322b　336a　339b　343b　349b　353a　372a　377a　380b　391b　394a
民生保障　385a
民事行政检察　142a
民事审判　146a
民 政　309a
马思聪研究　285a
民心工程　99b
贸易出口　199a
民族　47b
民族事务管理　76a
民主党派工作　75a
民主党派与工商联　116
民主计量工作　252b
民主法治建设　326a
毛织业　181a

N
“南粤幸福周”健康直通车活动　123a
内部审计　263a
农村实用技术培训　128a
农村体制改革　156a
农村市场与城市市场　185a
农村客运　221a
农村低收入困难户住房改造　314a
农超对接建设平价商店　188b
年度计划编制与经济运行监测　239b
农机管理　166a
农机培训和农机服务　166b
农家书屋工程　284a
纳税服务　236b
农业生产　54a
农 业　156
农田基本建设　160a
农业发展概况　156a
农业产业化经营　156b
农业对外交流　156b
农业管理机构改革　157b
农业科技推广　160b
农业品牌建设　161a
农业技术培训　282b
农业经济　325b　333b　338a　342a　346b　349a　361b　376a　380a　384a　393a
农资和农产品质量安全监管　161a
农资供应和监管　188b
农田水利建设　322a

P
平东镇　380
平东镇双墩村　382a
平东镇南门村　382b
批发业和零售业　185a
配合审计核查　262b
平价商店等三项建设　260b
普及救护知识　131b
普通教育　274b
培训教育　120a
彭湃纪念医院　298a
贫困户生活质量明显提升　314b
贫困村生产生活条件有效改善　314b

Q
全国十省（市、区）十二县（市、区）人大工作研讨会第26次会议　87a
气候特征　45a
强化保护区监测　172a
强化盐业内部管理　195b

区划地名工作　312a
侨捐项目监管　102a
全民健身活动　300a
青少年科技教育　128a
千里海堤东关联安围达标加固工程　173b
其他工作　322b　336b　381a　386a
侨务工作　74b
全县领导干部会议　59b
气象　177b
气象现代化建设　178a
企业转型升级　180a
企业综合管理　229b
企业诚信建设　315b
群众团体　121
群众文化　285a　344a
群众文化活动　285a

R
人才队伍建设　67a
人大监督工作　89a
人大工作调研　90b
人防“结建”工作　153a
人防专业队伍训练　153b
人口　47b
人口和计划生育　307a
人民调解工作　149a
人民防空　153a
肉品卫生安全　165a
燃气管理　268a
人事管理　304b
人文风俗　47b
认真贯彻全省地方志工作总结表彰大会精神　107b

S
“3·15”系列宣传活动　315b
申报项目扶持农业企业发展　189a
社保扩面征缴　306b
社保基金管理　307a
市场监管　248a
市场物业管理　252a
市场监督巡查　253a
市政建设　269b
“三打两建”打击制假售假专项行动　255b
“三防”工作　172b
“三打两建”工作　385a
受理消费投诉咨询　315b
“三品一械”监管　257a
“四抓四促”助力转型升级　99a
生产加工环节食品监管　255a
书法活动　284b
水果生产　160a
水利与水务　172b
水行政执法　172b
蔬菜生产　160a
司法为民　146b
司法行政　148a
社保费征管　236a
社会购买力　54a
社会保障　55b　328b　362a　372a
社会服务　116b　117a　118a
社会治安综合治理　133a
社会体育指导员　300a
社会生活　304
社会管理工作　328b
社会事业　358b　363b　377a　380b
社会组织管理　312b
市际、县际班车客运　221a
社区矫正工作　149b
深化三大主体活动　125a
深入开展“三打”专项行动　133b
森林资源　46a
森林防火　163a
商标管理　247b
商贸流通业　185
商品供销　188a
商业经济发展概况　185a
商业企业选介　196a
审计　261a
审计机关规范化建设　263a
审判　146a
审理执行　146b
深汕特别合作区建设　52b
汕尾移动第一通信机楼在海丰投产　230a
生态保护　50a
生态工程　162a
送温暖工程　121b
实施妇女儿童发展规划　123b
实施科技兴渔战略　167a
实施中央湿地保护补助资金项目　169a
实施水库移民后期扶持政策　173b
实施“大禹杯”项目　314a

思想道德建设　72a
思想建设　116a　117a
声像档案工作　109a
“双打”活动取得成效　202a
双拥共建　151b
双拥、优抚工作　310a
双拥工作　153a
事业单位分类改革　82b
事业单位登记管理　83b
食品药品监督管理　256b
食品安全综合监管　256b
食盐专卖　195a
税收征管　235b
税收调研　236b
税收信息化建设　237b
税源分析监控　234b
水资源　45b
师资队伍　276a

T
提案办理　112b
提案议案的交办工作　101b
通村公路建设　221a
提高公安执法质量　140a
土地资源　45b
土地利用　245b
土地储备　245b
土地规划微调　246a
土地执法监察　246a
推广先进农机技术　166b
陶河镇　338
陶河镇陶塘社区　340b
陶河镇陶联村　341b
推进依法行政工作　100b
推进依法治渔（海）　168a
推进教育强镇　340a
天气预报服务　178a
投融资管理　240b
图书文物　286a
图书馆　286a
提升农业品牌经营水平　188b
台湾事务　75a
通讯设施建设　231b
统计　263b
统计法制建设　263b
统计分析调研　265a
统计信息化建设　265a
体育　300
体育设施建设　300a
体育产业　300b
体育人才培养　300b
体育彩票　301b
统战工作　74a
统战部自身建设　78a
调整县机构编制委员会成员　84a
特种设备管理及宣传　254b

W
“5·20”世界计量日活动　253b
未成年人思想道德教育　125a
物产　47b
物价管理　259a
物价监督检查　259b
“五个工作年”　99a
文化艺术工作　70b
文化设施建设　71a
文化体制改革　71b
文化　284
文化设施建设　284a
文化室设施配套建设　284b
文学艺术　284b
文学艺术作品成果　285b
文化馆活动　285b
文化遗产保护　286b
文化市场　287a
文化市场管理　287a
文化事业　373a
为侨服务工作　102b
维护青少年合法权益　122a
维护妇女儿童合法权益　124a
维护社会和谐稳定　133a
武警　152a
武警思想政治教育　152a
武警基层建设　152b
卫片执法检查　246a
卫生监督执法　294a
卫生监督　294a
卫生知识普及　294b
卫生科研　296b
卫生信息化建设　297a
维权宣传　121b
维稳工作　340a

污染控制 50a
外事·侨务 101b
文史工作 113a
完善惩防体系 115a
位置面积 44a

X
宣传工作 70a
宣传与海外联谊 119a
县残联 130b
乡村生态旅游 329b
县党政联席会议 59a
县党政领导轮值接访日制度 81b
消防安全工作会议 97b
消防管理 138b
信访工作 81a
信访维稳工作 350a
“幸福海丰·2012年圆贫困学生大学梦”爱心助学活动 123a
“幸福海丰·健康同行”活动 123b
县妇联 123b
消费者权益保护 315a
县工商联 119a
下岗再就业 304b
县公安机关机构设置 140a
县红十字会 131b
巡警工作 139a
县纪委（监察局）领导成员 114a
县纪委（监察局）工作机构 114a
县级公立医院综合改革 295b
畜牧业 163b
畜禽饲养 164a
新农村建设 156b 372a 384b
新农村规划 267a
新型农村合作医疗 295b
学前教育 274b
县人大常委会领导成员 85a
县人大常委会工作机构 85b
县人大常委会办公室和各工作委员会机构设置 85b
县人大常委会会议 86a
县人民政府领导成员 93a
县人民政府工作机构 94a
县十四届人大第二次会议 85a
厦深铁路建设 220a
新闻消费导向 315a
县委领导成员 58a
县委工作机构 58b
县委常委扩大会议 59a
县委理论学习中心组学习会 60a
县侨联 130b
县“三打两建”工作会议 98a
县乡公路建设 220b
县政府常务会议 96a
县政府安全生产专题常务会议 97a
县政协领导成员 111a
县政协工作机构 111b
县政协八届二次会议 112a
县政协主席会议 112a
县政协常委会议 112a
协商议政 112b
协助县领导抓好政法线条工作 101b
学校体育 275b
学校安全 276b
学校选介 277a
信息工作 65a
信息调研 99b
小城镇规划 266b
小漠镇 357
小漠镇云新村 360a
小漠镇大澳村 360b
小型农田水利建设 174a
小型水库除险加固工程 174b
“相约青春、缘聚莲花”交友节 123a
县直工委工作 72b
县总工会 121a
行政区划 44a
行政审批制度改革 83a
行政复议和行政应诉 100a
行政执法监督和培训 101a
行政审判 146b
行政执法 163a
刑事检察 141a
刑事审判 146a
乡镇健身工程和广场建设 284b
西秦戏 286b
鞋业生产 372a

Y
议案建议办理 87b
迎宾楼管理 103b
烟草专卖 191a

烟草行业内部建设 192a
移动3G业务规模发展 228a
移动通信 229b
移动业务发展 229b
移动网络运营 229b
依法开展税收稽查 235a
依法进行人事任免 88b
依法治县 92a
依法治盐 195a
依法治税 235b
预防与保健 292a
优化海关监管服务 199b
优化纳税服务 235a
银 行 207a
宜居城乡建设 54b
“一村一基地”帮扶项目 314b
一级公路建设 220b
舆论宣传工作 70b
园林绿化 269b
楹联活动 285b
医疗卫生 292
医疗工作 295a
医疗卫生管理 295b
医疗卫生和计划生育 344a
医院管理年活动 296a
医院选介 298a
药品经营审批认证 257b
药品价格“三控”管理 260b
野生动物 46b
运输市场管理 222a
遗体火化“一刀切” 99a
义务植树 162a
营销机制创新 229a
盐业企业改革 195b
语言 48a
110接处警 139a
营造食盐专营社会氛围 195b
邮政 电信 226
邮政业 226a
邮政网点整治与转型 226a
邮政业务 226b
邮政管理 227a
邮政队伍建设 227b

Z

治安管理 138a
珠宝产业 334a
治理“脏、乱、差” 269b
征兵工作 150b
珠宝首饰加工业 180b
制定《海丰县地方志事业“十二五”发展规划》 106a
指导工商联工作 75a
重大决策 60b
重大动物疫病防控 164b
重大项目建设 241a
重点建设项目责任制 62a
重点项目工作会议 97a
重点林场 163b
重点工程投资 233a
重点项目建设 53b 318a 319b 322b 325b 328a 335a 342b 346b 349b 352b 358b 361b 384b
最低保障与“五保”供养 309b
重特大事故隐患监控 255a
住房解困 269a
政 法 133
政法队伍建设 135a
质量技术监督 252a
“质量强县”工作 253b
职工教育 122a
职务犯罪侦察与预防 141a
中国民主同盟海丰县委员会 116a
中国农工民主党海丰县总支部委员会 117a
中国致公党海丰县委员会 117b
中国人民银行海丰县支行 207a
中国农业银行海丰县支行 209b
中国工商银行海丰支行 212a
中国建设银行海丰支行 212b
中国银行海丰支行 213b
中国农业发展银行海丰县支行 214a
中国邮政储蓄银行海丰县支行 216a
中国人民财产保险股份有限公司海丰支公司 218a
中国人寿保险股份有限公司海丰县支公司 219a
中共海丰县委员会 58
中共海丰县纪律检查委员会 114
中共海丰县第十届纪律检查委员会第二次全体会议 114b
中山市对口帮扶成效显著 314b
中医事务 295a

综合工作　64b
综合政务　99b
综合经济管理　239
综合文化站改建扩建工程　284a
镇级财政　233a
综治信访维稳三级平台建设　134b
综治信访工作　326a
专卖管理与依法打假　191b
组织机构　130a
组织工作　65b
组织人大代表视察　92a
组织收看收听全省2012年地方志工作电视电话会议　106b
组织发展　116a
组织建设　117a　117b
宗教　48a
宗教事务管理　76a
自然地理　44a
自然保护区　162a
政府自身建设　100a
政府信息公开工作　109a
政府法制　100b
政府采购　232b
政府投资审计　262a
知识产权　282b
招商经贸洽谈会　199a
招商引资　318a　319b　322b　328a　335a　342b　352b　380a
住宿业与餐饮业　205a
政务督办　100a
政协海丰县委员会　111
政协调研考察　112a
政协民主监督　112b
政协联谊活动　113a
制鞋业　181a
专项资金审计和审计调查　262a
“志愿服务集中行动月”活动　122b
志愿者服务工作　132b
资源物产　45b
重要会议　59a　85a　96a　112a　114b
重要会议　322a
重要决策　99a
主要工作　87b　112a　115a
主要活动　117b　130a
专业合作社建设188b
职业技能培训　304b
综治信访维稳　81b
综治维稳工作　336a　343b　353b　363a　376b　380b　385b
种植业　159a

表格索引

E
2012年海丰县人民政府工作部门机构设置一览表 94
2012年度海丰县受省、部级以上表彰的先进工作者名录 396
2012年度海丰县受市委、市政府和省厅级表彰的先进人物名录 396
2012年度海丰县受省、部级以上表彰的先进单位名录 398
2012年度海丰县受市委、市政府和省厅级表彰的先进单位名录 398
2012年海丰县人大常委会办公室和各工作委员会一览表 85
2012年政协海丰县委员会工作机构及专委会设置一览表 111
2012年海丰县金融存贷款及结售汇对照表 206
2012年海丰县经济社会发展计划执行情况表 239
2012年海丰县重点建设项目计划执行情况表 241
2012年海丰县文学艺术作品获奖、出版情况一览表 285
2012年海丰县医疗卫生科研立项情况一览表 296
2012年海丰县医疗卫生科研成果一览表 297
2012年海丰县主要经济指标完成情况一览表 406
2012年海丰县人民政府文件目录 489
2012年海丰县人民政府办公室文件目录 491
2012年中共海丰县委文件目录 487
2012年中共海丰县委办公室文件目录 488
2012中共海丰县委工作部门机构设置一览表 58

H
海丰县2011年度获省以上荣誉称号名单 417
海丰县部门志、镇场志编修规划表 459
海丰县2012年国税纳税超500万元以上企业名录 495
海丰县2012年地税纳税超500万元以上企业名录 496

S
汕尾市海丰县不可移动文物名录 453

版权声明